U0916740

资治通鉴全本新注

（全十四册）

第十四册

卷二七八至卷二九四及附录（后唐纪七至后周纪五及附录）

［宋］司马光　编著

张大可　注释

華中科技大學出版社
http://press.hust.edu.cn
中国·武汉

第十四册目录

卷二七八　后唐纪七

后唐明宗长兴三年至后唐潞王清泰元年（932—934 年）

【起玄黓执徐（壬辰，932 年）七月，尽阏逢敦牂（甲午，934 年）闰正月，凡一年有奇】

【大事提要】

本卷记事起公元 932 年七月，讫公元 934 年闰正月，凡一年又八个月。当后唐明宗长兴三年七月至后唐末帝清泰元年闰正月。后唐明宗本代北胡人，武勇不知书，性忠厚，因乱为众所推，不意得皇帝位，不懂治国之术，权落群小。先是安重诲执政，而有伐蜀之举，促成孟知祥据蜀，继又夏州守将李彝超不奉诏移镇，官军往讨无功，朝廷威信下落。秦王李从荣轻佻峻急，大臣畏避，明宗知其不才而不能裁制，导致从荣反叛被诛。明宗崩，第五子宋王李从厚即位，从厚仁弱，不能掌控朝政，胥吏小人朱弘昭、冯赟等专权，嫉贤妒能，朝廷威信扫地。孟知祥称帝于蜀。石敬瑭得机为北京留守，为后晋建立张本。

明宗圣德和武钦孝皇帝下

长兴三年（壬辰，932 年）

秋，七月朔[1]，朔方奏夏州党项入寇，击败之，追至贺兰山[2]。

己丑[3]，加镇海、镇东军节度使钱元瓘守中书令。

庚寅[4]，李存瑰至成都，孟知祥拜泣受诏。

武安、静江节度使马希声以湖南比年大旱[5]，命闭南岳[6]及境内诸神祠门，竟不雨。辛卯[7]，希声卒，六军使[8]袁诠、潘约等迎镇南节度使希范[9]于朗州而立之。

乙未[10]，孟知祥遣李存瑰还，上表谢罪[11]，且告福庆公主之丧。自是复称藩[12]。

庚子[13]，以西京留守、同平章事李从珂为凤翔节度使。

废武兴军[14]，复以凤、兴、文三州隶山南西道。

丁未[15]，以门下侍郎、同平章事赵凤同平章事，充安国节度使。

八月，庚申[16]，马希范至长沙；辛酉[17]，袭位[18]。

甲子[19]，孟知祥令李昊为武泰赵季良等五留后草表[20]，请以知祥为蜀王，行墨制[21]，仍自求朝廷旌节[22]，昊曰："比者[23]诸将攻取方镇，即有其地，今又自求节钺及明[24]公封爵，然则轻重之权[25]皆在群下矣；借使明公自请，岂不可邪！"知祥大悟，更令昊为己草表，请行墨制，补两川刺史已下[26]，又表请以季良等，五留后为节度使[27]。

初，安重诲欲图两川[28]，自知祥杀李严，每除刺史，皆以东兵卫送之[29]，小州不减[30]五百人，夏鲁奇、李仁矩、武虔裕各数千人，皆以牙队[31]为名。及知祥克遂、阆、利、夔、黔、梓六镇，得东兵无虑[32]三万人，恐朝廷征还[33]，表请其妻子[34]。

吴徐知诰广[35]金陵城[36]周围二十里。

（以上为第一段，写孟知祥请旨为蜀王。楚国马殷第四子马希范继马希声为节镇。徐知诰大筑金陵城。）

【注释】

[1]七月朔：七月一日。据张敦仁《通鉴刊本识误》，"月"下脱"辛巳"二字。 [2]贺兰山：一称阿拉善山。在宁夏西北边境和内蒙古接界处。 [3]己丑：七月九日。 [4]庚寅：七月十日。 [5]比年大旱：连年大旱。 [6]命闭南岳：下令关闭南岳庙门。南岳，衡山，在今湖南衡山县西，山势雄伟，古称衡山为南岳，山上有南岳庙。这里指衡山上的南岳庙。 [7]辛卯：七月十一日。 [8]六军使：皇宫禁卫军的统领官。 [9]希范（899—947）：马希范，字宝规，马殷第四子，以镇南节度使继楚王位，好学、善诗，性刚愎，奢靡而喜淫。公元932至947年在位。卒谥文昭。传见《十国春秋》卷六十八。 [10]乙未：七月十五日。 [11]上表谢罪：上表文追悔过去年与唐兵采取敌对行动的罪行。 [12]称藩：称臣。据章校，"藩"字下有"然益骄倨失"五字。 [13]庚子：七月二十日。 [14]废武兴军：前蜀于永平五年（915）置武兴军于凤州，割文、兴二州为属州；今废除，州还山南西道旧属。 [15]丁未：七月二十七日。 [16]庚申：八月十一日。 [17]辛酉：八月十二日。 [18]袭位：继承武安、静江节度使位。 [19]甲子：八月十五日。 [20]草表：起草请以孟知祥为蜀王的表文，上报后唐朝廷。 [21]行墨制：用黑墨水写的制书。意即非正式公文。 [22]自求朝廷旌节：自己向后唐请求赐给王的旌旗和节钺。按：原文无"朝廷"二字，据章校补。 [23]比者：从前。 [24]明公：指孟知祥。据章校，本句"自求"下有"朝廷"

二字。［25］轻重之权：称王的权力。［26］补两川刺史已下：有权用墨制任命西川、东川刺史以下的官吏。［27］五留后为节度使：即武泰留后赵季良、武信留后李仁罕、保宁留后赵廷隐、宁江留后张业、昭武留后李肇为节度使。［28］图两川：打算收取西川和东川。［29］东兵卫送之：后唐兵保卫他们，送他们至任所。东兵，因后唐在四川之东，故称东兵。［30］不减：不少于。［31］牙队：即衙队。州刺史的禁卫兵。［32］无虑：大约。［33］征还：征召他们回去。［34］表请其妻子：上表章请求将东兵的妻和子女送到两川来。［35］广：扩充。［36］金陵城：即今江苏南京市。

初，契丹既强，寇抄[1]卢龙诸州皆遍，幽州城门之外，虏骑充斥。每自涿州运粮入幽州，虏多伏兵于阎沟[2]，掠取之。及赵德钧为节度使，城阎沟而戍之[3]，为良乡县，粮道稍通。幽州东十里之外，人不敢樵牧[4]；德钧于州东五十里城潞县[5]而戍之，近州之民始得稼穑。至是，又于州东北百余里城三河县[6]以通蓟州运路，虏骑[7]来争，德钧击却之。九月，庚辰朔[8]，奏城三河毕[9]。边人赖之[10]。

壬午[11]，以镇南节度使马希范为武安节度使，兼侍中。

孟知祥命其子仁赞[12]摄行军司马[13]，兼都总辖两川牙内马步都军事。

冬，十月，己酉朔[14]，帝复遣李存瑰如成都，凡剑南[15]自节度使、刺史以下官，听知祥差署讫奏闻[16]，朝廷更不除人[17]；唯[18]不遣戍兵妻子[19]，然其兵亦不复征也。

秦王从荣喜为诗，聚浮华之士[20]高辇等于幕府[21]，与相唱和[22]，颇自矜伐[23]。每置酒，辄[24]令僚属赋诗，有不如意者面毁裂抵弃[25]。壬子[26]，从荣入谒，帝语之曰："吾虽不知书，然喜闻儒生讲经义，开益人智思[27]。吾见庄宗好为诗，将家子[28]文非素习，徒取人窃笑，汝勿效也。"

丙辰[29]，幽州奏契丹屯捺剌泊[30]。

前彰义节度使李金全屡献马，上不受，曰："卿在镇为治何如[31]？勿但以献马为事[32]！"金全，吐谷浑人也。

壬申[33]，大理少卿康澄上书曰："臣闻童谣[34]非祸福之本[35]，妖祥岂隆替之源[36]！故雊雉升鼎[37]而桑谷生朝[38]，不能止殷宗之盛；

神马长嘶[39]而玉龟告兆[40]，不能延晋祚之长。是知国家有不足惧者五，有深可畏者六：阴阳不调[41]不足惧，三辰失行[42]不足惧，小人讹言[43]不足惧，山崩川涸[44]不足惧，蟊贼伤稼[45]不足惧；贤人藏匿[46]深可畏，四民迁业[47]深可畏，上下相徇[48]深可畏，廉耻道消[49]深可畏，毁誉乱真[50]深可畏，直言蔑闻[51]深可畏。不足惧者，愿陛下存而勿论[52]；深可畏者，愿陛下修而靡忒[53]！”优诏奖之。

（以上为第二段，写赵德钧守幽州，缮守备，制止了契丹侵扰。大理少卿康澄上奏五不足惧六可畏，明宗优诏褒之。）

【注释】

[1]寇抄：侵犯、抄掠。[2]阎沟：地名，在今河北易县境内。[3]城阎沟而戍之：在阎沟筑城墙派兵镇守，并置阎沟为良乡县。[4]樵牧：打柴和放牧牛、羊等。[5]潞县：县名，在今北京市通州区东。[6]三河县：县名，因地近泃、泇、鲍丘三水而得名。在今河北三河市。[7]虏骑：契丹的骑兵。[8]庚辰朔：九月一日。[9]奏城三河毕：上奏朝廷，报告三河县建城完毕。[10]赖之：依靠它。[11]壬午：九月三日。[12]仁赞：即蜀后主孟昶。[13]行军司马：节度使府高级属官，掌军务。[14]己酉朔：十月一日。[15]剑南：方镇名，唐玄宗开元七年（719）升剑南支度、营田、处置、兵马经略使为节度使，治所益州，在今四川成都市。[16]听知祥差署讫奏闻：任凭孟知祥委任后上表申报。差署，派遣任命。[17]更不除人：再不任命他人。[18]唯：只。[19]不遣戍兵妻子：不把戍兵的妻子和子女送到西川来。[20]浮华之士：华而不实的读书人。[21]幕府：节度使府。[22]与相唱和：指秦王与幕府所聚的一群浮华之士吟诗唱和。[23]颇自矜伐：很夸耀自己的才能。[24]辄：便，就。[25]有不如意者面毁裂抵弃：如果诗写得不中其意便当面撕毁诗稿掷在地上。[26]壬子：十月四日。[27]开益人智思：开发并且增加人们的智慧和思索能力。[28]将家子：武将的子弟。[29]丙辰：十月八日。[30]捺剌泊：地名，在今山西大同市附近。契丹语，作捺钵、纳捺，汉语行在的意思。[31]为治何如：治理得怎么样。[32]为事：作为主要任务。[33]壬申：十月二十四日。[34]童谣：儿童唱的歌谣。[35]祸福之本：祸祟和幸福的根本。[36]妖祥岂隆替之源：妖怪和吉祥难道是兴盛和衰落的根源。[37]雊（gòu）雉升鼎：相传殷武丁祭成汤时，有飞雉停在鼎耳上鸣叫。雊，雉鸡叫。[38]桑谷生朝：殷王太戊时，国都亳桑谷共生于朝。武丁、太戊认为妖异，惧而修德，使殷朝振兴。[39]神马长嘶：晋怀帝永嘉六年（312）二月，有神马在南城门长鸣。[40]玉龟告兆：魏明帝时，张掖柳谷水涌，有石马、石牛、石龟涌出，时人认为是天报告吉祥的消息。但魏与晋都在吉祥征兆中很快灭亡。[41]阴阳不调：这里指天地气候变化无常。[42]三辰失行：三辰，指日、月、星。失行，指有日蚀、月蚀等现象。

[43]小人讹言：小人的流言蜚语。[44]山崩川涸：山岳崩溃，河流干涸。[45]蟊贼伤稼：昆虫损害庄稼。蟊，吃根的害虫。贼，吃节的害虫。[46]贤人藏匿：有道德、有贤能的人隐居不愿出仕。[47]四民迁业：士、农、工、商不安本业。四民，指士、农、工、商。[48]上下相徇：上下互相徇私勾结。[49]廉耻道消：丧失廉耻之心。[50]毁誉乱真：是非颠倒。[51]直言蔑闻：很少能听到正直的话。[52]存而勿论：保留着不必去追究。[53]修而靡忒：执行而不出差错。

秦王从荣为人鹰视[1]，轻佻峻急；既判六军诸卫事，复参朝政，多骄纵不法[2]。初，安重诲为枢密使，上专属任之[3]。从荣及宋王从厚自褴褓与之亲狎[4]，虽典兵[5]，常为重诲所制[6]，畏事之[7]。重诲死，王淑妃与宣徽使孟汉琼宣传帝命，范延光、赵延寿为枢密使，从荣皆轻侮之[8]。河阳节度使、同平章事石敬瑭兼六军诸卫副使，其妻永宁公主与从荣异母，素相憎疾[9]。从荣以从厚声名出己右[10]，尤忌之[11]；从厚善以卑弱奉之[12]，故嫌隙不外见[13]。石敬瑭不欲与从荣共事，常思外补[14]以避之。范延光、赵延寿亦虑及祸，屡辞机要，请与旧臣迭[15]为之，上不许。会契丹欲入寇，上命择帅臣镇河东，延光、延寿皆曰："当今帅臣可往者独石敬瑭、康义诚耳。"敬瑭亦愿行，上即命除之。既受诏，不落六军副使[16]，敬瑭复辞，上乃以宣徽使朱弘昭知山南东道[17]，代义诚诣阙。

十一月，辛巳[18]，以三司使孟鹄为忠武节度使，以忠武节度使冯赟充宣徽南院使，判三司。鹄本刀笔吏[19]，与范延光乡里厚善，数年间引擢[20]至节度使；上虽知其太速，然不能违[21]也。

乙酉[22]，上以胡[23]寇浸[24]逼北边，命趣[25]议河东帅[26]，石敬瑭欲之[27]，而范延光、赵延寿欲用康义诚，议久不决。权枢密直学士[28]李崧以为非石太尉[29]不可，延光曰："仆[30]亦累奏用之，上欲留之宿卫[31]耳。"会上遣中使趣之，众乃从崧议。丁亥[32]，以石敬瑭为北京留守、河东节度使，兼大同、振武、彰国[33]、威塞等军蕃汉马步总管，加兼侍中。

（以上为第三段，写秦王李从荣轻佻峻急，大臣畏之。石敬瑭为北京留守。为后晋建立张本。）

【注释】

[1]鹰视：形容人的目光凶狠，有如老鹰击物。 [2]骄纵不法：骄奢、放纵而行不法之事。 [3]上专属任之：明宗专一信任他。 [4]亲狎：亲近。 [5]典兵：统帅军队。 [6]制：制约、约束。 [7]畏事之：敬畏而侍奉、听从他。 [8]轻侮之：轻蔑他、欺侮他。 [9]憎疾：厌恨、嫉妒。 [10]右：古人以右为上。 [11]尤忌之：更加嫉妒他。 [12]卑弱奉之：以低声下气、弱者的姿态侍奉他。 [13]不外见：不暴露在外面。见，通“现”。 [14]外补：补缺外任。 [15]迭：轮换。 [16]不落六军副使：不免去六军诸卫副使官职。 [17]山南东道：方镇名，唐肃宗至德二年(757)，升襄阳防御使为山南东道节度使，治所襄州。在今湖北襄阳市。 [18]辛巳：十一月三日。 [19]刀笔吏：办理文书事务的小吏。 [20]引擢：荐引拔擢。 [21]违：因碍于范延光的引荐而难以违背。 [22]乙酉：十一月七日。 [23]胡：指契丹。 [24]浸：通“侵”。侵略。 [25]趣：赶快。趣，通“趋”。 [26]河东帅：河东节度使。 [27]欲之：希望担任河东帅。 [28]权枢密直学士：官名，充皇帝侍从，备顾问应对。权，暂代。 [29]石太尉：指石敬瑭。因石敬瑭时任六军诸卫副使。 [30]仆：我之谦称。 [31]宿卫：警卫皇宫。 [32]丁亥：十一月九日。 [33]彰国：方镇名，后唐明宗置彰国军，治所应州，在今山西应县东。

己丑[1]，加枢密使赵延寿同平章事。

吴以诸道都统徐知诰为大丞相、太师，加领得胜[2]节度使；知诰辞丞相、太师。

大同节度使张敬达[3]聚兵要害，契丹竟不敢南下而还。敬达，代州人也。

蔚州刺史张彦超[4]本沙陀人，尝为帝养子，与石敬瑭有隙；闻敬瑭为总管，举城附于契丹，契丹以为大同节度使。

石敬瑭至晋阳，以部将刘知远、周瓌[5]为都押衙[6]，委以心腹；军事委知远，帑藏[7]委瓌。瓌，晋阳人也。

十二月，戊午[8]，以康义诚为河阳节度使，兼侍卫亲军马步都指挥使[9]；以朱弘昭为山南东道节度使。

是岁，汉主[10]立其子耀枢为雍王，龟图为康王，弘度为宾王，弘熙为晋王，弘昌为越王，弘弼为齐王，弘雅为韶王，弘泽为镇王，弘操为万王，弘杲为循王，弘暐为思王，弘邈为高王，弘简为同王，弘建为益王，弘济为辩王，弘道为贵王，弘昭为宜王，弘政为通王，弘益为定王；

未几，徙弘度为秦王。

（以上为第四段，写徐知诰领得胜节度使，南汉主大封诸子为王。）

【注释】

[1]己丑：十一月十一日。 [2]得胜：据章校，“得胜”当作“德胜”。方镇名。吴杨行密置，治所庐州，在今安徽合肥市。 [3]张敬达（?—936）：字志通，代州（今山西代县）人，小字生铁，少以骑射著名，官至应州节度使。抗契丹，不屈死。传见《旧五代史》卷七十。 [4]张彦超（?—956）：沙陀人，脚跛。明宗养子。历事后唐、契丹、后汉、后周蕃汉四朝。官至后周神武统军。传见《旧五代史》卷一百二十九。 [5]周瓌（?—937）：晋阳（今山西太原市）人。少端厚，善书计，为石敬瑭掌财政，毫厘不差。官至安州节度使。被叛将王晖所杀。传见《旧五代史》卷九十五。 [6]都押衙：官名，掌总管府庶务。 [7]帑（tǎng）藏：国库。这里指总管节度府公家财物。 [8]戊午：十二月十一日。 [9]侍卫亲军马步都指挥使：后唐禁卫军高级将领。 [10]汉主：即南汉主刘龑。后唐明宗长兴三年刘龑封其十九子为王。长子耀枢，次子龟图，早卒。三子弘度，初封宾王，改封秦王，以次继刘龑为南汉主，改名玢。公元942至943年在位，二年为弟弘熙所弑，史称殇帝。弘熙，刘龑第四子，杀兄自立，为南汉中宗，更名晟。弘昌以下十五弟，除弘操九弟战死外，其余十四兄弟皆为中宗所害。以上刘龑十九子，传见《新五代史》卷六十五，又见《十国春秋》卷六十一。

四年（癸巳，933年）

春，正月，戊子[1]，加秦王从荣守尚书令，兼侍中。庚寅[2]，以端明殿学士归义刘昫[3]为中书侍郎、同平章事。

闽人有言真封宅[4]龙见者，更命[5]其宅曰龙跃宫。遂诣宝皇宫受册，备仪卫，入府，即皇帝位，国号大闽，大赦，改元龙启；更名璘。追尊父祖，立五庙。以其僚属李敏为左仆射、门下侍郎，其子节度副使继鹏为右仆射、中书侍郎，并同平章事；以亲吏吴勖为枢密使。唐册礼使[6]裴杰、程侃适至海门[7]，闽主以杰为如京使[8]；侃固求北还，不许。闽主自以国小地僻，常谨事四邻，由是境内差安[9]。

二月，戊申[10]，孟知祥墨制以赵季良等为五镇节度使。

凉州[11]大将拓跋承谦及耆老上表，请以权知留后孙超为节度使。上问使者：“超为何人？”对曰：“张义潮[12]在河西[13]，朝廷以天平军二千五百人戍凉州，自黄巢之乱，凉州为党项所隔，郓人[14]稍稍物故[15]皆尽，超及城中之人皆其子孙也。”

乙卯[16]，以马希范为武安、武平节度使，兼中书令。

戊午[17]，定难[18]节度使李仁福[19]卒；庚申[20]，军中立其子彝超[21]为留后。

癸亥[22]，以孟知祥为东西川节度使、蜀王。

先是，河西诸镇皆言李仁福潜通[23]契丹，朝廷恐其与契丹连兵，并吞河右[24]，南侵关中，会仁福卒，三月，癸未[25]，以其子彝超为彰武[26]留后，徙彰武节度使安从进为定难留后，仍命静塞[27]节度使药彦稠将兵五万，以宫苑使安重益为监军，送从进赴镇。从进，索葛[28]人也。

乙酉[29]，始下制除赵季良等为五镇节度使[30]。

丁亥[31]，敕谕夏、银、绥、宥[32]将士吏民，以“夏州穷边，李彝超年少，未能扞御，故使之延安，从命则有李从曮[33]、高允韬[34]富贵之福，违命则有王都[35]、李匡宾[36]覆族之祸。”夏，四月，彝超上言，为军士百姓拥留，未得赴镇，诏遣使趣[37]之。

言事者[38]请为亲王置师傅，宰相畏秦王从荣，不敢除人，请令王自择。秦王府判官、太子詹事[39]王居敏荐兵部侍郎刘瓒[40]于从荣，从荣表请之。癸丑[41]，以瓒为秘书监、秦王傅，前襄州支使[42]山阳[43]鱼崇远为记室[44]。瓒自以左迁[45]，泣诉，不得免。王府参佐皆新进少年，轻脱谄谀[46]，瓒独从容规讽[47]，从荣不悦。瓒虽为傅，从荣一概以僚属待之，瓒有难色[48]；从荣觉之，自是戒门者勿为通[49]，月听[50]一至府，或竟日不召，亦不得食[51]。

李彝超不奉诏[52]，遣其兄阿啰王守青岭门[53]，集境内党项诸胡[54]以自救。药彦稠等进屯芦关[55]，彝超遣党项抄[56]粮运及攻具，官军自芦关退保金明[57]。

闽主璘立子继鹏为福王，充宝皇宫使[58]。

（以上为第五段，写闽主王延钧即皇帝位，更名璘，秦王李从荣不礼王傅；定难留后李彝超不奉诏移镇，明宗用兵。）

【注释】

[1]戊子：正月十一日。[2]庚寅：正月十三日。[3]刘昫（888—947）：涿州归义（今河北雄县）人。好学知名，官至宰相，监修《旧唐书》。传见《新五代史》卷五十五。[4]真封宅：宅名。王延钧未即位时旧居。[5]更命：改名。据章校，“更”上有“闽王延钧”四字。[6]册礼使：代皇帝行册封礼的使者。[7]海门：地名，在今福建福清市。[8]如京使：到后唐京都洛阳报告称帝的使者。[9]差安：粗安，比较安定。[10]戊申：二月二日。[11]凉州：州名，治所武威，在今甘肃武威市。[12]张义潮：唐沙州敦煌（今甘肃敦煌）人。唐宣宗大中年间，他趁吐蕃内乱，领导沙州各族人民起义，归附唐朝，唐任命他为归州节度使。事见《资治通鉴》卷二百四十九唐宣宗大中五年。[13]河西：地区名。指凉州黄河以西祁连山以北通西域的走廊地带，又称河西走廊。[14]郓人：指天平军去凉州戍守的人。因天平军治所郓州，故称郓人。[15]物故：死亡。[16]乙卯：二月九日。[17]戊午：二月十二日。[18]定难：方镇名。唐僖宗中和二年（882），夏州节度赐号定难节度。治所夏州，在今陕西榆林市横山区西。后梁、后唐仍之。[19]李仁福（?—934）：官至定难军节度使，封朔方王。传见《新五代史》卷四十。[20]庚申：二月十四日。[21]彝超（?—935）：李仁福子。传附《新五代史》卷四十《李仁福传》。[22]癸亥：二月十七日。[23]潜通：暗中勾结。胡注云：“河西当作关西”，是也。[24]河右：即河西。此河西指今陕北黄河西岸地区，为最古之河西地区。[25]癸未：三月七日。[26]彰武：方镇名，唐僖宗中和二年（882），以延州置保塞军节度。后唐改为彰武军，治所仍在延州。即今陕西延安市。[27]静塞：据章校为“静难”之误。静难军，治所邠州，在今陕西彬州市。[28]索葛：村名，在今山西朔州境内。[29]乙酉：三月九日。[30]始下制除赵季良等为五镇节度使：明宗于乙酉始下诏任命蜀中赵季良等为五镇节度使。始，才。引申为继孟知祥墨制命赵季良等为五镇留后之后，朝廷始下制承认。孟知祥以墨制除五镇留后见本卷长兴三年。[31]丁亥：三月十一日。[32]夏、银、绥、宥：皆州名。夏州治所岩绿，在今陕西靖边县西。银州治所在今陕西米脂县。绥州治所在今陕西绥德县。宥州治所长泽，在今内蒙古鄂托克旗东南。[33]李从曮：李茂贞长子，长兴元年由凤翔徙宣武节度使。[34]高允韬：长兴元年由鄜延徙安国节度使。[35]王都：事见《资治通鉴》卷二百七十六后唐明宗天成四年，拒命被攻杀。[36]李匡宾：据保静镇拒命被杀。[37]趣：通“促”，催促。[38]言事者：谏官。[39]太子詹事：官名。东宫属官，掌太子庶务。[40]刘瓒（?—935）：魏州（今河北大名县）人，幼少学，举进士，守官以法，官至秘书监。传见《新五代史》卷二十八。[41]癸丑：四月七日。[42]支使：官名，节度使属官，掌助节度使处理政务。无出身的任此官。[43]山阳：县名，在今江苏淮安市。[44]记室：官名。亲王府属官。掌书写笺奏。[45]左迁：降职。刘瓒原官秘书监为从四品，徙为王傅为从三品。一般王傅为闲官，视为左迁。而秦王地居储副，并非左迁，因太子从荣轻佻峻急，刘瓒恐受祸而泣免，明宗不允。[46]轻脱谄谀：轻佻狡黠而又阿谀奉承。[47]规讽：规劝讽谏。[48]难色：为难的样子。[49]通：通报。[50]听：任凭。[51]不得食：不得陪太子饮食。

即太子从荣不与王傅刘瓒一起进餐，冷待之也。［52］不奉诏：不接受诏书。即李彝超拒绝徙镇彰武。［53］青岭门：长城门。东北过奢延泽至夏州。［54］党项诸胡：党项族的各部少数民族人民。［55］芦关：关名。在今陕西延安市安塞区。［56］抄：抄掠。［57］金明：古县名。在今陕西延安市安塞区北。［58］宝皇宫使：官名。宝皇宫的主管。宝皇宫为闽王延钧所造道教宫观。

五月，戊寅[1]，立皇子从珂为潞王，从益为许王，从子天平节度使从温[2]为兖王，护国节度使从璋[3]为洋王，成德节度使从敏[4]为泾王。

庚辰[5]，闽地震，闽主璘避位修道[6]，命福王继鹏权总万机[7]。初，闽王审知性节俭，府舍皆庳陋[8]；至是，大作宫殿，极土木之盛。

甲申[9]，帝暴得风疾[10]；庚寅[11]，小愈，见群臣于文明殿[12]。

壬辰[13]夜，夏州城上举火，比明[14]，杂虏[15]数千骑救之，安从进遣先锋使宋温击走之。

吴宋齐丘劝徐知诰徙[16]吴主都金陵，知诰乃营宫城于金陵。

帝旬日不见群臣，都人[17]恟惧[18]，或潜窜山野[19]，或寓止军营[20]。秋，七月，庚辰[21]，帝力疾[22]御[23]广寿殿，人情始安。

安从进攻夏州。州城赫连勃勃[24]所筑，坚如铁石，斸凿[25]不能入。又党项万余骑徜徉四野[26]，抄掠粮饷，官军无所刍牧[27]。山路险狭，关中民输[28]斗粟束藁费钱数缗，民间困竭不能供。李彝超兄弟登城谓从进曰："夏州贫瘠[29]，非有珍宝蓄积可以充朝廷贡赋也；但以祖父世守此土[30]，不欲失之。蕞尔孤城[31]；胜之不武[32]，何足[33]烦国家劳费如此！幸为表闻，若许其自新，或使之征伐，愿为众先。"上闻之，壬午[34]，命从进引兵还。

其后有知李仁福阴事[35]者，云："仁福畏朝廷除移[36]，扬言[37]结契丹为援，契丹实不与之通也；致朝廷误兴是役，无功而还。"自是夏州轻朝廷，每有叛臣，必阴[38]与之连以邀赂遗[39]。上疾久未平，征夏州无功，军士颇有流言[40]，乙酉[41]，赐在京诸军优给有差[42]；既赏赉无名[43]，士卒由是益骄[44]。

（以上为第六段，写明宗染疾，人情恟惧；朝廷用兵夏州，无功而返。）

【注释】

[1]戊寅：五月三日。[2]从温：明宗侄子，字德基，封兖王。为人贪鄙。传见《新五代史》卷十五。[3]从璋（887—937）：明宗侄子，字子良，少善骑射，封洋王。传见《新五代史》卷十五。[4]从敏（?—951）：明宗侄子，字叔达，封泾王。传见《新五代史》卷十五。[5]庚辰：五月五日。[6]避位修道：离开帝位，从道士陈守元学道术。[7]权总万机：暂时处理全国政务。[8]庳（bēi）陋：低矮简陋。[9]甲申：五月九日。[10]暴得风疾：突然得了中风病。[11]庚寅：五月十五日。[12]文明殿：宫殿名。梁开平三年，改洛阳贞观殿为文明殿。[13]壬辰：五月十七日。[14]比明：刚刚天亮。后唐军围攻夏州，举火者，夏州城守者举火，故杂虏救之，为后唐军击溃。[15]杂虏：党项各族人。[16]徙：迁。[17]都人：国都人民。[18]恟惧：喧闹而害怕。[19]或潜窜山野：有的人躲到荒山野村里去。[20]或寓止军营：有的躲到军队里去，寻求军队保护。[21]庚辰：七月六日。[22]力疾：竭力支撑着病体。[23]御：登。[24]赫连勃勃（?—425）：十六国时期夏国的建立者，公元407至425年在位。[25]劚（zhú）凿：挖掘。劚，大锄。凿，凿子。[26]徜徉四野：在四郊安详地游动。[27]刍牧：牧放战马。[28]输：运送。[29]贫瘠：人民贫困，土地瘠瘦。[30]祖父世守此土：祖父辈世世代代守着这块地方。即唐僖宗时拓跋思恭据夏州，传思谏、彝昌、仁福至彝超。[31]蕞（zuì）尔孤城：小小的一座孤城。蕞尔，细小的样子。[32]不武：不能称威武。[33]何足：不值得。[34]壬午：七月八日。[35]阴事：不为人知的内心隐私。[36]除移：指从夏州除移他镇。[37]扬言：宣扬，让他人知道。[38]阴：暗暗地。[39]以邀赂遗：用来要索财物。邀，通“要”。[40]流言：不满的谣言。[41]乙酉：七月十一日。[42]优给有差：优加赏给，各有多少。[43]赏赉无名：赏赐没有名义可依。[44]益骄：更加骄横。

丁亥[1]，赐钱元瓘爵吴王。元瓘于兄弟甚厚，其兄中吴[2]、建武节度使元璙[3]自苏州入见，元瓘以家人礼[4]事之，奉觞为寿[5]，曰：“此兄之位也，而小子[6]居之，兄之赐也。”元璙曰：“先王[7]择贤而立之，君臣位定，元璙知忠顺[8]而已。”因相与对泣。

戊子[9]，闽主璘复位。初，福建中军使[10]薛文杰[11]，性巧佞，璘喜奢侈，文杰以聚敛求媚[12]，璘以为国计使[13]，亲任之。文杰阴求[14]富民之罪，籍没其财，被榜捶者胸背分受[15]，仍以铜斗火熨之[16]。建州土豪吴光入朝，文杰利其财[17]，求其罪，将治之；光怨怒，帅其众且[18]万人叛奔吴。

帝以工部尚书卢文纪[19]、礼部郎中吕琦[20]为蜀王册礼使，并赐蜀王一品朝服。知祥自作九旒冕[21]，九章衣[22]，车服旌旗皆拟王者[23]。八月，乙巳朔[24]，文纪等至成都。

戊申[25]，知祥服衮冕[26]，备仪卫[27]诣驿，降阶[28]北面受册，升玉辂[29]，至府门，乘步辇[30]以归。文纪，简求[31]之孙也。戊申[32]，群臣上尊号曰圣明神武广道法天文德恭孝皇帝，大赦。在京及诸道将士各等第优给[33]。时一月之间再行优给，由是用度益窘[34]。

太仆少卿何泽见上寝疾[35]，秦王从荣权势方盛，冀[36]已复进用，表请立从荣为太子。上览表泣下，私谓左右曰："群臣请立太子，朕当归老[37]太原旧第耳。"不得已，丙戌[38]，诏宰相枢密使议之。丁卯[39]，从荣见上，言曰："窃闻有奸人请立臣为太子；臣幼少，且愿学治军民[40]，不愿当此名。"上曰："群臣所欲也。"从荣退，见范延光、赵延寿曰："执政欲以吾为太子，是欲夺我兵柄[41]，幽[42]之东宫耳。"延光等知上意，且惧从荣之言，即具以白上，辛未[43]，制[44]以从荣为天下兵马大元帅。

（以上为第七段，写吴越王钱元瓘友爱兄弟，明宗册立孟知祥为蜀王，秦王李从荣进位天下兵马大元帅。）

【注释】

[1]丁亥：七月十三日。 [2]中吴：方镇名，吴越国钱镠宝大元年（924）、升苏州为中吴军节度，治所苏州，在今江苏苏州市。 [3]元璙（888—942）：钱元璙，字德辉，钱镠第六子，杨行密婿。性俭约而恭谨。晋封其为广陵郡王。传见《十国春秋》卷八十三。 [4]家人礼：兄弟骨肉相见之礼。 [5]奉觞为寿：举杯祝福。 [6]小子：元璙自称。谦词。 [7]先王：指钱镠。[8]忠顺：忠于君主，顺守臣节。 [9]戊子：七月十四日。 [10]中军使：官名。行营中军的统兵官。 [11]薛文杰：性巧佞，善应对，盗弄国权，枉害无辜。传见《十国春秋》卷九十八。[12]聚敛求媚：以搜刮钱财，献给王璘而求宠。 [13]国计使：官名。掌财政。 [14]阴求：隐秘地探求、了解。 [15]被榜捶者胸背分受：被拷打的人，胸部和背部都要挨打。 [16]铜斗火熨之：用铜斗盛火，烫被打者的伤痕。 [17]利其财：贪他的财富。 [18]且：将近。 [19]卢文纪（876—951）：字子持，举进士，仕后梁为刑部侍郎，后唐为宰相。传见《新五代史》卷五十五。 [20]吕琦（？—943）：字辉山，幽州安次（今河北廊坊市）人。官至端明殿学士。传见《新五代史》卷五十六。 [21]九旒（liú）冕：真王帽子。以丝绳串玉垂于帽的前后，共九条，故称九旒冕。 [22]九章衣：真王章服。上衣画龙、山、华虫、火、宗彝，下衣画藻、粉米、黼、黻，

共九章。[23]车服旌旗皆拟王者：辇车、章服、旌旗都比之于天子。[24]乙巳朔：八月一日。[25]戊申：八月四日。[26]衮冕：王的冠服。[27]仪卫：仪仗队。[28]降阶：走到台阶上。[29]玉辂：天子乘坐的车。[30]步辇：用人挽着的轿子。[31]简求：卢简求，卢文纪之祖，中唐诗人卢纶之子。简求历官泾原、义武、凤翔、河东等镇节度使，为唐宣宗时名臣。传见《旧唐书》卷一六三,《新唐书》卷一七七。[32]戊申：八月四日。[33]各等第优给：各按不同等级优加赏给。[34]窘：窘迫、拮据。[35]寝疾：卧病在床。[36]冀：希望。[37]归老：致仕、养老。[38]丙戌：八月乙巳朔，无丙戌。张敦仁《通鉴识误刊本》作“壬戌”，八月十八日。[39]丁卯：八月二十三日。[40]学治军民：学习管理军事和民事。[41]兵柄：兵权。[42]幽：关闭。[43]辛未：八月二十七日。[44]制：降制书。

九月，甲戌朔[1]，吴主立德妃王氏[2]为皇后。

戊寅[3]，加范延光、赵延寿兼侍中。

癸未[4]，中书奏节度使见元帅仪[5]，虽带平章事[6]，亦以军礼廷参[7]，从之。

帝欲加宣徽使、判三司冯赟同平章事；赟父名章，执政误引故事，庚寅[8]，加赟同中书门下二品[9]，充三司使。

秦王从荣请严卫、捧圣步骑两指挥为牙兵。每入朝，从数百骑，张弓挟矢[10]，驰骋衢路；令文士试草[11]《檄淮南书》[12]，陈己将廓清[13]海内之意。从荣不快[14]于执政，私谓所亲曰：“吾一旦南面[15]，必族之。”范延光、赵延寿惧，屡求外补以避之。上以为见己病而求去，甚怒，曰：“欲去自去，奚用表为[16]！”齐国公主[17]复为延寿言于禁中，云“延寿实有疾，不堪机务。”丙申[18]，二人复言于上曰：“臣等非敢惮劳[19]，愿与勋旧迭为之[20]。亦不敢俱去，愿听一人先出。若新人不称职，复召臣，臣即至矣。”上乃许之。戊戌[21]，以延寿为宣武节度使；以山南东道节度使朱弘昭为枢密使、同平章事。制下，弘昭复辞，上叱[22]之曰：“汝辈皆不欲在吾侧，吾蓄养汝辈何为！”弘昭乃不敢言。

吏部侍郎张文宝泛海[23]使杭州，船坏，水工以小舟济之[24]，风飘至天长[25]；从者二百人，所存者五人。吴主厚礼之，资[26]以从者仪服钱币数万，仍为之牒[27]钱氏，使于境上迎候。文宝独受饮食，余皆辞之，曰：“本朝与吴久不通问，今既非君臣，又非宾主，若受兹物[28]，何辞以谢[29]！”吴主嘉之，竟达命[30]于杭州而还。

庚子[31]，以前义成节度使李赞华[32]为昭信[33]节度使，留洛阳食其俸。

辛丑[34]，诏大元帅从荣位在宰相上。

吴徐知诰以国中水火屡为灾，曰：“兵民困苦，吾安可独乐！”悉纵遣侍妓[35]，取乐器焚之。

闽内枢密使薛文杰说[36]闽王抑挫[37]诸宗室；从子继图[38]不胜忿[39]，谋反，坐诛，连坐[40]者千余人。

冬，十月，乙卯[41]，范延光、冯赟奏：“西北诸胡卖马者往来如织[42]，日用绢无虑[43]五千匹，计耗国用什之七，请委缘边镇戍择诸胡所卖马良者给券[44]，具数以闻。”从之。

戊午[45]，以前武兴节度使孙岳[46]为三司使。

范延光屡因[47]孟汉琼、王淑妃以求出；庚申[48]，以延光为成德节度使，以冯赟为枢密使。

帝以亲军都指挥使、河阳节度使、同平章事康义诚为朴忠[49]，亲任之。时要近之官[50]多求出以避秦王[51]之祸，义诚度不能自脱，乃令其子事秦王，务以恭顺持两端[52]，冀得自全[53]。

权知夏州事李彝超上表谢罪，求昭雪；壬戌[54]，以彝超为定难军节度使。

十一月，甲戌[55]，上饯[56]范延光，酒罢，上曰：“卿今远去，事宜尽言。”对曰：“朝廷大事，愿陛下与内外辅臣[57]参决[58]，勿听群小[59]之言。”遂相泣而别。时孟汉琼用事，附之者共为朋党[60]以蔽惑上听，故延光言及之。

庚辰[61]，改慎州怀化军[62]。置保顺军于洮州，领洮[63]、鄯[64]等州。

（以上为第八段，写秦王李从荣跋扈乖张，大臣畏避，范延光等求任外镇。明宗知从荣凶顽而不能裁制。）

【注释】

[1]甲戌朔：九月一日。[2]德妃王氏：初事睿帝为德妃，太和五年九月册立为皇后。及南唐受禅，睿帝死，不知所终。传见《十国春秋》卷四。[3]戊寅：九月五日。[4]癸未：九月十日。[5]仪：仪式。[6]虽带平章事：即带宰执衔的节度使。[7]廷参：在阶下具军礼参见。[8]庚寅：九月十七日。[9]同中书门下二品：唐制，中书、门下二省，唯中书令、侍中为正二品。同中书门下平章事为两省侍郎兼宰相之职，职任同中书门下，而品秩仍为正三品，今执政颁制"同中书门下二品"，故为误引故事。[10]张弓挟矢：拉开弓，搭上箭，耀武扬威。[11]试草：打草稿、草拟。[12]《檄淮南书》：声讨吴国的文告。[13]廓清：扫清、肃清。[14]不快：不满意。[15]一旦南面：一旦登基即皇帝位。[16]奚用表为：何必用表奏。[17]齐国公主：明宗第十三女，嫁赵延寿。初封兴平公主，长兴四年改封齐国公主，清泰二年进封燕国长公主。事见《五代会要》卷二。[18]丙申：九月二十三日。[19]惮劳：害怕劳苦。[20]迭为之：交替担任宰执。[21]戊戌：九月二十五日。[22]叱（chì）：大声呵斥。[23]泛海：浮海，从海道行。[24]济之：渡他。[25]天长：地名，可能是今上海市崇明区，吴之静海军。[26]资：资助。[27]牒：文牒。吴王替张文宝照会吴越国的牒文。[28]兹物：这些东西。[29]何辞以谢：用什么话来表示感谢呢？[30]达命：将唐王的命令传达到（杭州）。[31]庚子：九月二十七日。[32]李赞华：即契丹东丹王突欲。[33]昭信：方镇名，后唐明宗长兴二年（931），升虔州为昭信节度。治所赣，在今江西赣州市。赞华为遥领。[34]辛丑：九月二十八日。[35]悉纵遣侍妓：将侍候的歌妓全部遣送回家。[36]说：劝说。[37]抑挫：抑制。[38]继图：王继图，王延钧侄子，封琅邪王。传见《十国春秋》卷九十四。[39]不胜忿：愤怒得不能克制。[40]连坐者：牵连犯法的人。[41]乙卯：十月十二日。[42]往来如织：形容来往的卖马商人甚多。[43]无虑：大约。[44]给券：给票据凭证。[45]戊午：十月十五日。[46]孙岳（?—933）：冀州（今河北衡水市冀州区）人。强干有才用，官至三司使。传见《旧五代史》卷六十九。[47]因：通过。[48]庚申：十月十七日。[49]朴忠：朴实忠诚。[50]要近之官：机要近侍的亲信官员。[51]秦王：即从荣。[52]持两端：见风使舵，打两种主意。[53]冀得自全：希望能够保全自己。[54]壬戌：十月十九日。[55]甲戌：十一月二日。[56]饯：设宴送行。[57]内外辅臣：内辅臣指枢密使，外辅臣指宰相。[58]参决：参酌决定。[59]群小：众多的奸佞小人，此处指孟汉琼等。[60]朋党：为个人目的而互相勾结形成的小集团。[61]庚辰：十一月八日。[62]改慎州怀化军：据《五代会要》，"是年十一月庚辰，改慎州怀化军为昭化军。"则"怀化军"下脱"为昭化军"四字。[63]洮州：州名，治所美相，在今甘肃临潭县西南。[64]鄯：鄯州。治所西都，在今青海海东市乐都区。

戊子[1]，帝疾复作，己丑[2]，大渐[3]，秦王从荣入问疾，帝俯首不能举[4]。王淑妃曰："从荣在此。"帝不应。从荣出，闻宫中皆哭，从荣意帝已殂[5]，明旦，称疾不入。是夕，帝实小愈，而从荣不知。

从荣自知不为时论所与[6]，恐不得为嗣[7]，与其党谋，欲以兵入侍[8]，先制权臣[9]。

辛卯[10]，从荣遣都押牙马处钧谓朱弘昭、冯赟曰："吾欲帅牙兵入宫中侍疾，且备非常[11]，当止于何所[12]？"二人曰："王自择之。"既而私于处钧曰："主上万福[13]，王宜竭心忠孝，不可妄信人浮言[14]。"从荣怒，复遣处钧谓二人曰："公辈殊[15]不爱家族邪？何敢拒我！"二人患之[16]，入告王淑妃及宣徽使孟汉琼，咸曰[17]："兹事不得康义诚不可济[18]。"乃召义诚谋之，义诚竟无言，但曰[19]："义诚将校耳，不敢预议，惟相公所使[20]。"弘昭疑义诚不欲众中言之[21]，夜，邀至私第[22]问之，其对如初。

壬辰[23]，从荣自河南府常服[24]将步骑千人陈于天津桥[25]。是日黎明，从荣遣马处钧至冯赟第，语之曰："吾今日决入[26]，且居兴圣宫[27]。公辈各有宗族，处事亦宜详允[28]，祸福在须臾[29]耳。"又遣处钧诣康义诚，义诚曰："王来则奉迎[30]。"

赟驰入右掖门[31]，见弘昭、义诚、汉琼及三司使孙岳方聚谋于中兴殿[32]门外，赟具道[33]处钧之言，因让[34]义诚曰："秦王言'祸福在须臾'，其事可知[35]，公勿以儿在秦府，左右顾望[36]！主上拔擢吾辈，自布衣至将相，苟使[37]秦王兵得[38]入此门，置主上何地[39]？吾辈尚有遗种[40]乎？"义诚未及对，监门[41]白秦王已将兵至端门[42]外。汉琼拂衣起[43]曰："今日之事，危及君父[44]，公[45]犹顾望择利邪？吾何爱余生，当自帅兵拒之耳！"即入殿门，弘昭、赟随之，义诚不得已，亦随之入。

汉琼见帝曰："从荣反，兵已攻端门，须臾入宫，则大乱矣。"宫中相顾号哭[46]，帝曰："从荣何苦乃尔[47]！"问弘昭等："有诸[48]？"对曰："有之，适[49]已令门者阖门矣。"帝指天泣下，谓义诚曰："卿自处置[50]，勿惊百姓！"控鹤指挥使李重吉[51]，从珂之子也，时侍侧，帝曰："吾与尔父，冒矢石定天下，数脱吾于厄[52]；从荣辈得何力，今乃为人所教[53]，为此悖逆[54]！我固知此曹[55]不足付大事，当呼尔父授以兵柄耳。汝为我部闭诸门[56]。”重吉即帅控鹤兵守宫门。孟汉琼被甲乘马，召马军都指挥使朱洪实[57]，使将五百骑讨从荣。

从荣方据[58]胡床[59]，坐桥上，遣左右召康义诚。端门已闭，叩左掖门[60]，从门隙中窥之，见朱洪实引骑兵北来，走白从荣[61]；从荣大惊，命取铁掩心擐之[62]，坐调弓矢[63]。俄而骑兵大至，从荣走[64]归府[65]，僚佐[66]皆窜匿，牙兵[67]掠嘉善坊[68]溃去。从荣与妃刘氏匿床下，皇城使安从益就[69]斩之，并杀其子，以其首献。初，孙岳颇得豫[70]内廷密谋，冯、朱患从荣狼伉[71]，岳尝为之极言祸福之归[72]；康义诚恨之，至是，乘乱密遣骑士射杀之[73]。帝闻从荣死，悲骇[74]，几落御榻[75]，绝而复苏[76]者再[77]，由是疾复剧[78]。从荣一子尚幼，养宫中，诸将请除之，帝泣曰："此何罪！"不得已，竟与之[79]。癸巳[80]，冯道帅群臣入见帝于雍和殿[81]，帝雨泣[82]呜咽，曰："吾家事至此，惭见卿等！"

宋王从厚为天雄节度使；甲午[83]，遣孟汉琼征[84]从厚，且权知[85]天雄军府事。

丙申[86]，追废从荣为庶人。执政共议从荣官属[87]之罪，冯道曰："从荣所亲者高辇、刘陟、王说[88]而已，任赞到官才半月，王居敏、司徒诩在病告[89]已半年，岂豫[90]其谋！居敏尤为从荣所恶[91]，昨举兵向阙[92]之际，与辇、陟并辔而行，指日景[93]曰：'来日及今[94]，已诛王詹事[95]矣。'自非与之同谋者，岂得一切诛之乎！"朱弘昭曰："使[96]从荣得入光政门[97]，赞等当如何任使[98]，而吾辈犹有种乎[99]！且首从差一等[100]耳，今首已孥戮[101]而从皆不问，主上能不以吾辈为庇奸人乎！"冯赟力争之，始议流贬[102]。时咨议[103]高辇已伏诛[104]。丁酉[105]，元帅府判官·兵部侍郎任赞、秘书监兼王傅刘瓒、友苏瓒、记室鱼崇远、河南少尹刘陟、判官司徒诩、推官王说等八人并长流[106]，河南巡官李澣[107]、江文蔚等六人勒归田里[108]，六军判官·太子詹事王居敏、推官郭晙[109]并贬官。澣，回之族曾孙也；诩，贝州人；文蔚[110]，建安人也。文蔚奔吴，徐知诰厚礼之。

初，从荣失道[111]，六军判官、司谏郎中[112]赵远[113]谏曰："大王[114]地居上嗣[115]，当勤修令德[116]，奈何所为如是[117]！勿谓父子至亲为可恃，独不见恭世子[118]、戾太子[119]乎！"从荣怒，出为泾州[120]判官；及从荣败，远以是知名。远，字上交，幽州人也。

（以上为第九段，写后唐明宗病重，李从荣反叛被诛。）

【注释】

[1]戊子：十一月十六日。[2]己丑：十一月十七日。[3]大渐：病势沉重。[4]俯首不能举：垂着头无力抬起。[5]殂：死。[6]不为时论所与：不被当时社会舆论所接受、赞许。[7]嗣：继承人。[8]以兵入侍：用军队进入皇宫侍候皇帝。[9]先制权臣：先制服掌权的大臣。指孟汉琼、朱弘昭、冯赟等。[10]辛卯：十一月十九日。[11]且备非常：而且准备在事变突发时有所应对。[12]止于何所：住在宫中什么地方。[13]主上万福：指明宗身体健康，起居正常。[14]浮言：空虚不实的话。[15]殊：很，非常。[16]患之：非常担心。[17]咸曰：都说。[18]济：成功。[19]但曰：只说。[20]惟相公所使：只听你们差遣。[21]不欲众中言之：不想在很多人的面前说这件事。[22]私第：自己家里。[23]壬辰：十一月二十日。[24]常服：穿着便服。[25]天津桥：桥名。在洛阳市西南。为隋炀帝所建，唐贞观十四年令石工以方石加固桥墩。[26]决入：决心进入宫中。[27]且居兴圣宫：将住在兴圣宫。因明帝嗣位，先入居兴圣宫，从荣也拟由此即位。[28]详允：周密而慎重。[29]须臾：指时间短暂。引申为在一念之间。[30]王来则奉迎：你来就奉迎，言下之意，不来就不敢轻动。[31]右掖门：宫城南面西边城门。[32]中兴殿：殿名。唐庄宗同光二年改崇勋殿为中兴殿。[33]具道：详细地复述。[34]让：责备。[35]其事可知：想篡位的野心可以想见。[36]左右顾望：左顾右盼，举棋不定的样子。[37]苟使：假使。[38]得：能。[39]置主上何地：把明宗放在什么地方。[40]遗种：子孙。指将会被斩尽杀绝。[41]监门：监门卫将军。[42]端门：宫城正南门。[43]拂衣起：振衣而起立。表示激愤的样子。[44]危及君父：威胁到君主。[45]公：指康义诚。[46]相顾号哭：大家你看着我，我看着你号啕大哭。[47]何苦乃尔：何必这个样子。指本来已取得继承人地位。[48]有诸：有这等事吗？[49]适：刚才。[50]卿自处置：你自己处理这件事情吧。即授权由你处理。[51]李重吉（?—934）：李从珂长子。为控鹤都指挥使，闵帝嗣位，出为亳州团练使。传见《旧五代史》卷五十一。[52]数脱吾于厄：李从珂多次从危险中将我救出来。[53]教：教唆。[54]悖逆：违背天理，干大逆不道的事。[55]此曹：他，指李从荣。[56]部闭诸门：关闭所有宫门。[57]朱洪实（?—934）：官至后唐马军都指挥使。传见《旧五代史》卷六十六。[58]据：坐。[59]胡床：亦称交床、交椅、绳床。一种可以折叠的轻便坐具。[60]左掖门：宫城南面东边城门。[61]走白从荣：跑回来对从荣

说。［62］铁掩心擐之：将护心的铁甲穿上。［63］坐调弓矢：坐着调整弓箭的射程。［64］走：逃。［65］府：指河南府。［66］僚佐：从荣的属官。［67］牙兵：从荣的警卫军。［68］嘉善坊：洛阳坊市名。［69］就：靠近床边。［70］豫：预闻。［71］冯、朱患从荣狼伉：冯赟、朱弘昭担心秦王李从荣专横跋扈。狼伉，也作狼抗，高傲、目无长上。［72］岳尝为之极言祸福之归：孙岳常常为他（指从荣）深刻地分析去祸得福的途径。［73］射杀之：指康义诚射杀了孙岳。［74］悲骇：既悲伤又惊恐。［75］几落御榻：几乎从床上跌下来。［76］绝而复苏：死而复活。绝，昏死，休克。［77］再：再次。指明宗休克了两次。［78］剧：加重。［79］竟与之：终于交给他们处死。［80］癸巳：十一月二十一日。［81］雍和殿：殿名。［82］雨泣：泪如雨下。［83］甲午：十一月二十二日。［84］征：召。［85］权知：暂时代理。［86］丙申：十一月二十四日。［87］从荣官属：从荣的幕僚和将佐。主管有罪，僚属也受到牵连。［88］王说：说，同“悦”。［89］在病告：有病告假在家休养。［90］豫：通“预”。参预，预闻。［91］恶：厌恨。［92］举兵向阙：带兵进攻皇宫。［93］日景：太阳所示晷刻。［94］来日及今：明天这个时候。［95］王詹事：指王居敏。［96］使：假使。［97］光政门：即长乐门。唐昭宗入洛，改称光政门。［98］赟等当如何任使：任赟等将会得到怎样的任命。［99］犹有种乎：还有后代吗？［100］首从差一等：凡定罪，为首者与胁从者不同，从者减为首者一等。［101］孥戮：孥，刑为奴。戮，杀头。孥戮，这里为偏义，指从荣授首。［102］流贬：流放和贬斥。［103］咨议：官名。掌顾问咨询。［104］伏诛：犯罪而被处决。［105］丁酉：十一月二十五日。［106］长流：流徙到远方。唐代，长流人称“长流百姓”。［107］李澣：河南府尹李从荣之巡官，为唐武宗时宰相李回之族曾孙。［108］勒归田里：勒令回乡，削职为民。［109］郭晙（jùn）：从荣判六军诸卫事府推官。［110］文蔚：江文蔚（901—952），字君章，建安（今福建建瓯市）人，博学，工文学，后唐长兴进士。官南唐御史中丞，直声震江左。传见《十国春秋》卷二十五。［111］失道：失去正道，不修德行。［112］司谏郎中：官名，掌规谏讽喻。［113］赵远：字上交，幽州（今北京）人，事后汉高祖刘知远，避讳，以字行。［114］大王：指从荣。［115］上嗣：年龄在明宗诸子之上，名正言顺可以继承帝位。［116］当勤修令德：应当勤奋地培养优良的道德品质。［117］奈何所为如是：为什么所作所为竟是这个样子。［118］恭世子：晋献公世子申生受诬竟为父所杀。［119］戾太子：汉武帝太子，以谋反被杀。事见《资治通鉴》卷二十二汉武帝征和二年。［120］泾州：州名，治所泾川，在今甘肃泾川县。

戊戌[1]，帝殂[2]。帝性不猜忌，与物无竞[3]，登极[4]之年已逾六十，每夕于宫中焚香祝天曰：“某胡人，因乱为众所推；愿天早生圣人[5]，为生民主[6]。”在位年谷屡丰，兵革罕用，校[7]于五代，粗为小康[8]。

辛丑[9]，宋王[10]至洛阳。

闽主尊鲁国太夫人黄氏[11]为皇太后。

闽主好鬼神，巫[12]盛韬等皆有宠。薛文杰言于闽主曰："陛下左右多奸臣，非质[13]诸鬼神，不能知也。盛韬善视鬼，宜使察之。"闽主从之。文杰恶枢密使吴勖，勖有疾，文杰省之，曰："主上以公久疾，欲罢公近密[14]，仆言公但小苦头痛耳，将愈矣。主上或遣使来问，慎勿以他疾对也。"勖许诺。明日，文杰使韬言于闽主曰："适见北庙崇顺王[15]讯吴勖谋反，以铜钉钉其脑，金椎击之。"闽主以告文杰，文杰曰："未可信也，宜遣使问之。"果以头痛对，即收下狱，遣文杰及狱吏杂治[16]之，勖自诬服[17]，并其妻子诛之。由是国人益怒。

吴光请兵于吴，吴信州刺史蒋延徽[18]不俟朝命[19]，引兵会光攻建州，闽主遣使求救于吴越。

十二月，癸卯朔[20]，始发明宗丧，宋王[21]即皇帝位。

秦王从荣既死，朱洪实妻入宫，司衣[22]王氏语及秦王[23]，王氏曰："秦王为人子，不在左右侍疾[24]，致人归祸，是其罪也；若云大逆，则厚诬矣[25]。朱司徒[26]最受王恩，当时不为之辨，惜哉！"洪实闻之，大惧，与康义诚以其语白闵帝，且言王氏私于从荣[27]，为之诇[28]宫中事，辛亥[29]，赐王氏死。事连王淑妃[30]，淑妃素厚于从荣，帝由是疑之。

丙辰[31]，以天雄左都押牙宋令询[32]为磁州刺史。朱弘昭以诛秦王立帝为己功，欲专朝政；令询侍帝左右最久，雅[33]为帝所亲信，弘昭不欲旧人在帝侧，故出之。帝不悦而无之何[34]。

孟知祥闻明宗殂，谓僚佐曰："宋王幼弱，为政者皆胥史小人[35]，其乱可坐俟[36]也。"

辛未[37]，帝始御中兴殿。帝自终易月之制[38]，即召学士读《贞观政要》[39]《太宗实录》[40]，有致治之志[41]；然不知其要[42]，宽柔少断[43]。李愚私谓同列曰："吾君延访，鲜及吾辈[44]，位高责重，事亦堪忧。"众惕息[45]不敢应。

（以上为第十段，写明宗崩，宋王李从厚即位，是为闵帝。闵帝信巫杀良，百姓离心。）

【注释】

[1]戊戌：十一月二十六日。[2]殂：死。[3]与物无竞：不追求物欲。[4]登极：称帝。[5]圣人：有道德、有学识的超乎常人的人。这里指明宗祈求太子圣明。[6]为生民主：做老百姓的主宰者。[7]校：比之于。[8]粗为小康：可以称之为小康的局面。[9]辛丑：十一月二十九日。[10]宋王：指李从厚。[11]黄氏：泉州（今福建泉州市）人，黄滔的侄女。初为王审知侧室，王延钧之母。唐明宗封之为鲁国夫人。通文元年（936）尊为太皇太后。传见《十国春秋》卷九十四。[12]巫：通鬼神的人。[13]质：求证。[14]近密：指枢密使。[15]北庙崇顺王：北庙庙神。王延钧信北庙崇顺王，事见《资治通鉴》卷二百七十七后唐纪六长兴三年。[16]杂治：联合审讯。[17]勖自诬服：吴勖受刑不过，自己诬称谋反。[18]蒋延徽：杨行密女婿，与杨濛友好。官右威卫大将军。传见《十国春秋》卷九。[19]不俟朝命：吴光自闽奔吴，请兵伐闽，蒋延徽等不及吴主的正式命令即引兵攻闽。[20]癸卯朔：十二月一日。[21]宋王（914—934）：李从厚，明宗第五子。小字菩萨奴。好读《春秋》，略通大义。明宗崩后第四日，宋王由魏州至京，至三日即皇帝位。公元933至934年在位。被李从珂鸩死。谥闵。传见《旧五代史》卷四十五。[22]司衣：宫官名，属尚服局，掌宫内御服、首饰。[23]王氏语及秦王：据章校，“氏”下有“与之”二字。[24]不在左右侍疾：不在明宗身边侍奉病人。[25]厚诬：大大地诬蔑。[26]朱司徒：指朱洪实。因其加检校司徒衔，故称之。[27]私于从荣：对从荣有偏心。[28]诇：侦察、刺探。[29]辛亥：十二月九日。[30]事连王淑妃：司衣王氏为王淑妃养子李从益乳母。王氏与秦王从荣私通，并为秦王耳目。故王氏被赐死，事连王淑妃。事详《新五代史·淑妃王氏传》。[31]丙辰：十二月十四日。[32]宋令询（？—934）：闵帝在藩时旧臣，知书乐善，动皆有礼。传见《旧五代史》卷六十六。[33]雅：向来。[34]无之何：据章校，“无”字下脱“如”字。[35]胥史小人：指朱弘昭、冯赟等都以胥史小吏事明宗于藩邸而逐步掌权秉政。[36]坐俟：意为可能立即发生。[37]辛未：十二月二十九日。[38]帝自终易月之制：闵帝遵循汉、晋丧制，三年之丧，以日代月，服丧二十七日而除服。[39]《贞观政要》：唐吴兢撰，十四卷四十篇。记述唐太宗君臣治理国家之事。[40]《太宗实录》：即《唐太宗实录》，史官所撰。[41]有致治之志：有努力治理国家的志向。[42]要：要领。[43]宽柔少断：宽容优柔而少决断。[44]鲜及吾辈：很少涉及我们。时李愚为相，闵帝很少与宰相商量政事。[45]愓息：屏住呼吸，害怕的样子。

顺化[1]节度使、同平章事、判明州[2]钱元珦[3]骄纵不法，每请事于王府[4]不获[5]，辄上书悖慢[6]。尝怒一吏[7]，置铁床炙之[8]，臭满城郭。吴王元瓘遣牙将仰仁诠[9]诣明州召之，仁诠左右虑元珦难制，劝为之备，仁诠不从，常服径造听事[10]。元珦见仁诠至，股栗[11]，遂还钱塘[12]，幽于别第[13]。仁诠，湖州人也。

闵主改福州为长乐府。

亲从都指挥使王仁达[14]有擒王延禀之功，性慷慨，言事无所避。闽主恶之，尝私谓左右曰："仁达智有余[15]，吾犹能御之[16]，非少主臣也。"至是，竟诬[17]以叛，族诛之。

初，马希声、希范同日生，希声母曰袁德妃[18]，希范母曰陈氏[19]。希范怨希声先立不让，及嗣位，不礼[20]于袁德妃。希声母弟希旺[21]为亲从都指挥使，希范多谴责之；袁德妃请纳希旺官为道士，不许，解其军职，使居竹屋草门[22]，不得预兄弟燕集[23]。德妃卒，希旺忧愤而卒。

（以上为第十一段，写吴越顺化节度使钱元珦骄纵不法被解职，闽主猜忌杀功臣，楚主马希范虐待兄弟。）

【注释】

[1]顺化：方镇名，后唐明宗长兴三年（932）升楚州为顺化军。钱元垧镇明州，系遥领。[2]明州：州名，在今浙江宁波市。[3]钱元珦：钱镠子，骄恣不法，废为庶人。传见《十国春秋》卷八十三。[4]王府：指吴越国王府。[5]不获：不准。[6]悖慢：狂悖傲慢。[7]尝怒一吏：曾经对部下的一个小吏不满。[8]炙之：烘烤他。[9]仰仁诠：湖州（今浙江湖州）人，干练豁达，官至吴越宁国军节度使。传见《十国春秋》卷八十八。[10]径造听事：直接到明州府处理公事。[11]股栗：两腿发抖。[12]钱塘：即今杭州市。[13]幽于别第：关在王宫以外的房子里。[14]王仁达（?—933）：王延钧侄子，有智略，敢直言，积功至楼船指挥使。传见《十国春秋》卷九十四。[15]智有余：智慧超人。[16]犹能御之：还能掌握他。[17]诬：诬陷。[18]袁德妃：马殷妃，累封德妃，有宠，生马希声。传见《十国春秋》卷七十一。[19]陈氏：马殷妃，生马希范。传见《十国春秋》卷七十一。[20]不礼：无礼貌。[21]希旺：马殷子，袁德妃所生，官至亲从都指挥使。传见《十国春秋》卷七十一。[22]竹屋草门：指简陋的土屋。[23]燕集：欢宴集会。

潞王[1]上

清泰元年（甲午，934年）

春，正月，戊寅[2]，闵帝大赦，改元应顺。

壬午[3]，加河阳节度使兼侍卫都指挥使康义诚兼侍中，判六军诸卫事。

朱弘昭、冯赟忌侍卫马军都指挥使安彦威[4]、侍卫步军都指挥使、忠正[5]节度使张从宾[6]，甲申[7]，出彦威为护国节度使，以捧圣马军都指挥使朱洪实代之；出从宾为彰义节度使，以严卫[8]步军都指挥使皇甫遇[9]代之。彦威，崞人；遇，真定人也。

戊子[10]，枢密使·同平章事朱弘昭、同中书门下二品冯赟、河东节度使兼侍中石敬瑭并兼中书令。赟以超迁太过[11]，坚辞不受；己丑[12]，改兼侍中。

壬辰[13]，以荆南节度使高从诲[14]为南平王，武安、武平节度使马希范为楚王。

甲午[15]，以镇海、镇东节度使吴王元瓘为吴越王。

吴徐知诰别治私第[16]于金陵，乙未[17]，迁居私第，虚府舍以待吴主[18]。

凤翔节度使兼侍中潞王从珂，与石敬瑭少[19]从明帝征伐，有功名[20]，得众心；朱弘昭、冯赟位望[21]素出二人下远甚[22]，一旦执朝政，皆忌之。明宗有疾，潞王屡遣其夫人入省侍；及明宗殂，潞王辞疾不来，使臣至凤翔者或自言伺[23]得潞王阴事[24]。时潞王长子重吉[25]为控鹤都指挥使，朱、冯不欲其典禁兵[26]，己亥[27]，出为亳州[28]团练使。潞王有女惠明为尼，在洛阳，亦召入禁中。潞王由是疑惧[29]。

吴蒋延徽败闽兵于浦城[30]，遂围建州，闽主璘遣上军使[31]张彦柔、骠骑大将军王延宗[32]将兵万人救建州。延宗军及中涂[33]，士卒不进，曰:“不得薛文杰，不能讨贼。”延宗驰使以闻，国人震恐。太后及福王继鹏泣谓璘曰:“文杰盗弄国权[34]，枉害无辜，上下怨怒久矣。今吴兵深入，士卒不进，社稷一旦倾覆，留文杰何益！”文杰亦在侧，互陈利害[35]。璘曰[36]:“吾无如卿何，卿自为谋。”文杰出，继鹏伺之于启圣门[37]外，以笏[38]击之仆地，槛车[39]送军前，市人争持瓦砾[40]击之。文杰善术数[41]，自云过三日则无患。部送者[42]闻之，倍道兼行，二日而至，士卒见之踊跃[43]，脔食之[44]，闽主亟遣赦之，不及。初，文杰以为古制槛车疏阔[45]，更为之，形如木匮，攒以铁铓[46]，内向，动辄触之。车成，文杰首自入焉。并诛盛韬。

蒋延徽攻建州垂克[47]，徐知诰以延徽吴太祖之婿，与临川王濛素善[48]，恐其克建州奉濛以图兴复[49]，遣使召之。延徽亦闻闽兵及吴越兵将至，引兵归；闽人追击，败之，士卒死亡甚众，归罪于都虞候张重进，斩之。知诰贬延徽为右威卫将军，遣使求好于闽。

闰月[50]，以左谏议大夫唐汭[51]、膳部郎中·知制诰陈乂皆为给事中，充枢密直学士。汭以文学从帝，历三镇[52]在幕府。及即位，将佐之有才者，朱、冯皆斥逐之。汭性迂疏[53]，朱、冯恐帝含怒有时而发，乃引汭于密近[54]，以其党陈乂监之[55]。

丙午[56]，尊皇后为皇太后[57]。

安远[58]节度使符彦超奴王希全、任贺儿见朝廷多事，谋杀彦超，据安州附于吴，夜，叩门[59]称有急递[60]，彦超出至听事，二奴杀之，因以彦超之命召诸将，有不从己者辄杀之。己酉[61]旦，副使[62]李端帅州兵讨诛之，并其党。

甲寅[63]，以王淑妃为太妃。

蜀将吏劝蜀王知祥称帝；己巳[64]，知祥即皇帝位于成都。

（以上为第十二段，写唐闵帝为群小所控，藩镇观望，孟知祥称帝。吴兵围闽建川，闽兵愤怨，薛文杰被诛。）

【注释】

［1］潞王（885—936）：即后唐末帝李从珂。镇州平山（今河北平山县）人，本姓王，明宗为将时过平山掠得，为养子。骁勇。公元933年至936年在位，传见《旧五代史》卷四十六至四十九。［2］戊寅：正月七日。［3］壬午：正月十一日。［4］安彦威：崞（今山西代县）人，善射，颇知兵法，官至后晋西京留守。传见《旧五代史》卷九十一。据章校，“安”上有“宁国节度使”五字。［5］忠正：方镇名，后唐明宗天成二年（927）升寿州为忠正节度。在今安徽寿县。寿县属吴，此系遥领。［6］张从宾（?—937）：素奸佞，官至灵武节度使。后叛晋，溺水死。传见《旧五代史》卷九十七。［7］甲申：正月十三日。［8］严卫：禁卫军名。闵帝改左、右羽林军为严卫。左、右龙武、神武军为捧圣。［9］皇甫遇（?—947）：常山（今河北正定县）人。官至后晋同平章事。契丹灭后晋，皇甫遇义不受辱，自绝吭而死。传见《旧五代史》卷九十五。［10］戊子：正月十七日。［11］超迁太过：提升得过快。［12］己丑：正月十八日。［13］壬辰：正月二十一日。［14］高从诲（890—948）：高季兴长子。为人明敏，多权计。季兴死，袭位。公元928至948年在位。卒谥文献。传见《十国春秋》卷一百一。［15］甲午：正月二十三日。

[16]别治私第：在官衙府宅外另造私人住宅。［17］乙未：正月二十四日。［18］虚府舍以待吴主：空着原来的金陵军府舍，以等待吴王杨溥居住。［19］少：从小。［20］有功名：有成就、有战功。［21］位望：地位和声望。［22］远甚：相差得很远。［23］伺：窥伺，刺探。［24］阴事：不为人知的私事。指企图谋反之事。［25］重吉（?—934）：李从珂长子，为闵帝所杀。传见《旧五代史》卷五十一。［26］典禁兵：统领禁卫军。［27］己亥：正月二十八日。［28］亳（bó）州：州名，治所谯县，在今安徽亳州市。［29］疑惧：怀疑和惧怕。此为潞王举兵张本。［30］浦城：县名，在今福建浦城县。［31］上军使：官名，闽置上军使、中军使、下军使三官。各掌一军。［32］王延宗：王审知子，有政声，传见《十国春秋》卷九十四。［33］及中涂：到了半路上。涂，通"途"。［34］盗弄国权：盗窃、玩弄国家的权力。［35］互陈利害：互相申述对国家有利与有害之处。［36］璘曰：闽主王璘对薛文杰说。所说二句意谓"我不想把你怎么样，你自己去考虑吧"。［37］启圣门：宫门名。［38］笏：朝笏。古时大臣朝见时手中所执的狭长板子，用玉、象牙或竹片制成，以备记事之用。［39］槛车：关犯人的囚车。这里指将薛文杰关在囚车里。［40］瓦砾：瓦片和石块。［41］术数：方术和气数，指占卜、命相等迷信活动。［42］部送者：押送的人。［43］踊跃：群情激奋的样子。［44］脔食之：切成肉块吃掉。［45］疏阔：不精致。［46］攒以铁铓：装着铁针。［47］垂克：即将攻下。［48］素善：向来要好。［49］奉濛以图兴复：尊奉杨濛为吴王推翻徐知诰的专政。［50］闰月：是年闰正月。［51］唐汭：闵帝旧时幕府官员。［52］历三镇：闵帝曾出任宣武、河东、天雄三镇。［53］迂疏：迂阔而不切实际。［54］密近：指枢密直学士，因其常侍皇帝左右，故称密近。［55］监之：监视唐汭的行动。［56］丙午：闰正月五日。［57］尊皇后为皇太后：指明宗曹皇后。天成三年册为淑妃，长兴元年册为皇后。清泰三年闰十一月，随末帝自焚于玄武楼。传见《旧五代史》卷四十九。［58］安远：方镇名，唐末置。治所安州，在今天津市蓟州区西北。［59］叩门：敲门。［60］急递：紧急文书。递，邮传。［61］己酉：闰正月八日。［62］副使：节度副使。［63］甲寅：闰正月十三日。［64］己巳：闰正月二十八日。

【点评】

本卷点评五不足惧六可畏、秦王李从荣之死两件史事。

一、五不足惧六可畏。明宗长兴三年（932）十月二十四壬申，大理少卿康澄上奏，提出天变灾异有五种情况不足畏，人事作为有六个方面令人担心。康澄说："阴阳失调不值得害怕，日月星辰运行不正常不值得害怕，社会上的流言不值得害怕，山崩河涸不值得害怕，虫害为灾不值得害怕。"这就是五不足畏。康澄又说："贤人隐退令人担忧，士农工商不能安居乐业令人担忧，上下通同作弊令人担忧，社会大众寡廉鲜耻令人担忧，是非混淆、黑白颠倒令人担忧，听不到直言正论令人担忧。"这就是六可畏。五代乱世，人们唯利是图，以力相尚，诚信的道德底线被践踏，世衰道丧，人之聚散，以利相蒙，全无君臣之义、父子之亲，沦落到禽兽的境界。康澄之论，石破天惊，明宗下诏褒奖。在古代天灾变异被认为是上天在警告人间的执政者，使之知惧以期改善政治。因此康澄所说的五不足惧，不是真的不足戒惧，而是说人事作为的六种情况更为可怕，警醒明宗用心于人间事务，言辞抑扬之间说得有些绝对，盖矫枉过正而已。

二、秦王李从荣之死。秦王李从荣，明宗第二子。明宗长子李从璟，为人骁勇善战，谦退谨厚，追随庄宗征战，多次立功，任金枪指挥使。李从璟死于庄宗之难，从荣在诸皇子中居长，明宗深爱之。明宗践祚，天成初授从荣邺都留守，天雄军节度使。天成三年，移北都留守，充河南节度使。天成四年入为河南尹，加尚书令，长兴中又加天下兵马大元帅，封秦王。从荣为人轻佻而自傲，张狂狠戾，入朝严卫，从骑数百，张弓挟矢，横行道路，朝士侧目。从荣藐视大臣，曾对左右说："等我当了皇帝，一定要族一些大臣。"枢密使范延光、赵延寿多次向明宗请求外任，外臣也不愿入朝任宰辅。从荣在宰臣眼中简直就是一个避之不及的恶魔。一些趋炎附势之徒，如太仆少卿何泽，为了讨好李从荣为日后之资，奏请明宗立从荣为太子，明宗害怕丧失权力，泣对奏表，对亲近的人说："群臣议立太子，嫌我老朽，朕应当回到太原看守老房子。"从荣得知，对范延光、赵延寿说："执政想立我当太子，是要夺我兵权幽囚我在东宫吗？"范延光等大臣从明宗父子的话中知道了父子两人的心病。明宗不想早立太子，推迟一天是一天；李从荣想要掌控兵权，不计较太子虚名。父子两人贪于权势如此，心理都变态扭曲。明宗染病，从荣兵变，不怕担篡弑之名以夺取权力，无奈太没有人缘，一场宫廷政变就失败了。明宗也在惊吓之中一命呜呼。

卷二七九　后唐纪八

后唐潞王清泰元年至二年（934—935 年）

【起阏逢敦牂（甲午，934 年）二月，尽旃蒙协洽（乙未，935 年），凡一年有奇】

【大事提要】

本卷记事起公元 934 年二月，讫公元 935 年，凡一年又十一个月。当后唐闵帝清泰元年二月至清泰二年。此时期为后唐政治又一剧变。后唐闵帝仁弱，大权旁落于朱弘昭、冯赟两小人之手，闵帝猜疑石敬瑭、潞王李从珂，政未稳而下徙镇诏令，潞王抗命，闵帝征讨，诸军溃于凤翔城下。潞王东进，一路受降，康义诚率禁军征讨，却一心投诚潞王。闵帝仓皇北逃，不带将相随从，到卫州遇石敬瑭，下诏勤王，石敬瑭不奉诏，一路奔洛阳投降潞王。潞王李从珂兵不血刃入洛阳，即帝位，是为后唐末帝。末帝弑闵帝于卫州，全境归服。末帝亦非命世之主，只会在马背上逞勇，不会在马背下服人，竟然抓阄选宰相。末帝无知人之明，辅臣不敢言事，政事可想而知。石敬瑭返北都，借契丹犯边为名，多储兵马粮秣以自保。吴国徐知诰加紧禅代活动。闽国王继鹏弑父自立。荆南孙光宪见微敢谏，高从诲闻善改过，司马光评论说君臣都像这样，哪还会有亡国败家的事件发生。

潞王下

清泰元年（甲午，934 年）

二月，癸酉[1]，蜀主以武泰节度使赵季良为司空兼门下侍郎、同平章事，领节度使如故。

吴人多不欲迁都[2]者，都押牙周宗言于徐知诰曰“主上西迁[3]，公复须东行[4]，不惟劳费甚大，且违众心。”丙子[5]，吴主遣宋齐丘如金陵，谕知诰罢迁都。

先是，知诰久有传禅之志[6]，以吴主无失德[7]，恐众心不悦，欲待嗣君[8]；宋齐丘亦以为然。一旦，知诰临镜镊白髭[9]，叹曰："国家安而吾老矣，奈何？"周宗知其意[10]，请如江都，微以传禅讽吴主[11]，且告齐丘。齐丘以宗先己[12]，心疾之[13]，遣使驰诣金陵，手书切谏[14]，以为天时人事未可；知诰愕然[15]。后数日，齐丘至，请斩宗以谢[16]吴主，乃黜宗为池州副使。久之，节度副使李建勋[17]、行军司马徐玠等屡陈知诰功业，宜早从民望[18]，召宗复为都押牙。知诰由是疏[19]齐丘。

朱弘昭、冯赟不欲石敬瑭久在太原，且欲召孟汉琼，己卯[20]，徙成德节度使范延光为天雄节度使，代汉琼；徙潞王从珂为河东节度使，兼北都留守；徙石敬瑭为成德节度使。皆不降制书，但各遣使臣持宣[21]监送赴镇[22]。

吴主诏徐知诰还府舍[23]。甲申[24]，金陵大火；乙酉[25]，又火。知诰疑有变，勒兵自卫[26]。

（以上为第一段，写吴徐知诰图谋禅让。）

【注释】

[1]癸酉：二月三日。 [2]不欲迁都：徐知诰拟迁吴都于金陵，吴人多不愿迁都。 [3]西迁：金陵在扬州之西，如迁都，吴王应西迁。 [4]东行：如迁都，徐知诰须移镇扬州，故东行。 [5]丙子：二月六日。 [6]传禅之志：想让吴王杨溥禅位给自己。 [7]无失德：没有过失。 [8]欲待嗣君：想等新君继位时再行禅让。 [9]临镜镊白髭：照着镜子拔白的胡须。髭，嘴上的胡须。 [10]知其意：领会他的意思。 [11]微以传禅讽吴主：略微用应该传位给徐知诰的事规劝吴王杨溥。 [12]先己：先于自己提出禅让之议。 [13]心疾之：内心忌恨他。 [14]切谏：恳切地规劝。 [15]愕然：惊奇的样子。因宋齐丘主张徐知诰称帝。 [16]谢：致歉。 [17]李建勋（?—952）：字致尧，少好学，能属文，尤工诗。官至南唐宰相。传见《十国春秋》卷二十一。 [18]早从民望：早点顺从人民的愿望，禅位给徐知诰。 [19]疏：疏远。 [20]己卯：二月九日。 [21]宣：枢密院所行文书。 [22]监送赴镇：由使臣监视着，送他们到新的任所。 [23]还府舍：回到金陵军府住所。 [24]甲申：二月十四日。 [25]乙酉：二月十五日。 [26]勒兵自卫：统率、约束军队保卫自己。

潞王既与朝廷猜阻，朝廷又命洋王从璋权知凤翔。从璋性粗率乐祸[1]。前代安重诲镇河中，手杀之[2]，潞王闻其来，尤恶之[3]，欲拒命[4]则兵弱粮少，不知所为，谋于将佐，皆曰："主上富于春秋[5]，政事出于朱、冯，大王功名震主，离镇必无全理[6]，不可受[7]也。”王问观察判官滴河马胤[8]孙曰：“今道过京师，当何向[9]为便？”对曰：“君命召，不俟驾[10]。临丧赴镇[11]，又何疑焉！诸人凶谋[12]，不可从也。”众哂[13]之。王乃移檄邻道，言“朱弘昭等乘先帝疾亟[14]，杀长立少[15]，专制朝权，别疏骨肉，动摇藩垣，惧倾覆社稷。今从珂将入朝以清君侧[16]之恶，而力不能独办，愿乞灵[17]邻藩以济之。”

潞王以西都留守王思同[18]当[19]东出之道，尤欲与之相结，遣推官郝诩、押牙朱廷乂等相继诣长安，说以利害[20]，饵以美妓[21]，不从则令就图之[22]。思同谓将吏曰：“吾受明宗大恩，今与凤翔同反，借使事成而荣，犹为一时之叛臣，况事败而辱，流千古之丑迹乎！”遂执诩等，以状闻[23]。时潞王使者多为邻道所执[24]，不则[25]依阿操两端[26]，惟陇州防御使相里金[27]倾心附之[28]，遣判官薛文遇往来计事。金，并州人也。

朝廷议讨凤翔。康义诚不欲出外，恐失军权，请以王思同为统帅，以羽林都指挥使[29]侯益为行营马步军都虞候。益知军情将变，辞不行[30]；执政怒之，出为商州刺史。辛卯[31]，以王思同为西面行营马步军都部署[32]，前静难节度使药彦稠副之，前绛州刺史苌从简为马步都虞候，严卫步军左厢指挥使尹晖[33]、羽林指挥使杨思权等皆为偏裨。晖，魏州人也。

蜀主以中门使王处回为枢密使。

丁酉[34]，加王思同同平章事，知凤翔行府[35]；以护国节度使安彦威为西面行营都监。思同虽有忠义之志，而御军无法[36]；潞王老于行陈[37]，将士侥幸[38]富贵者心皆向之[39]。诏遣殿直楚匡祚执亳州团练使李重吉，幽[40]于宋州。洋王从璋行至关西[41]，闻凤翔拒命[42]而还。

三月，安彦威与山南西道张虔钊、武定孙汉韶[43]、彰义张从宾、静难康福等五节度使奏合兵讨凤翔。汉韶，李存进之子也。

乙卯[44]，诸道兵大集于凤翔城下攻之，克东西关城，城中死者甚众。丙辰[45]，复进攻城[46]，期于必取[47]。凤翔城堑卑浅[48]，守备俱乏[49]，众心危急，潞王登城泣谓外军[50]曰：“吾未冠从先帝[51]百战，出入生死，金创满身[52]，以立今日之社稷；汝曹从我，目睹其事。今朝廷信任谗臣，猜忌骨肉，我何罪而受诛乎！”因恸哭[53]。闻者哀之。

张虔钊性褊急[54]，主攻城西南，以白刃[55]驱士卒登城，士卒怒，大诟[56]，反攻之，虔钊跃马走免[57]，杨思权因[58]大呼曰：“大相公[59]，吾主也。”遂帅诸军解甲投兵[60]，请降于潞王，自西门入，以幅纸[61]进潞王曰：“愿王克京城日，以臣为节度使，勿以为防、团[62]。”潞王即书[63]“思权可[64]邠宁节度使”授之。王思同犹未之知，趣[65]士卒登城，尹晖大呼曰：“城西军已入城受赏矣。”众皆弃甲投兵[66]而降，其声震地。日中，乱兵悉入[67]，外军亦溃，思同等六节度使皆遁去。潞王悉敛[68]城中将吏士民之财以犒军，至于鼎釜[69]皆估直[70]以给之。丁巳[71]，王思同、药彦稠等走[72]至长安，西京副留守刘遂雍[73]闭门不内[74]，乃趣[75]潼关。遂雍，鄩之子也。

（以上为第二段，写潞王李从珂遣使四出谋起兵，闵帝征兵讨凤翔，反戈为潞王所用。）

【注释】

[1]粗率乐祸：粗鲁，喜欢幸灾乐祸。[2]手杀之：亲手杀了安重诲。[3]尤恶之：尤其厌恨他。[4]拒命：拒绝执行调动命令。[5]富于春秋：年纪很轻。[6]必无全理：一定没有保全自己的可能。[7]受：接受调离的命令。[8]马胤孙：字庆先，棣州商河（今山东商河县）人。为人懦暗迂愚，举进士，官至后唐宰相。撰《法喜集》《佛国记》行世。传见《新五代史》卷五十五。[9]何向：向哪个方向走。[10]不俟驾：不等待车马来接。意即急速启程。[11]临丧赴镇：到京师参加明宗丧礼，然后到新的任所。[12]凶谋：指拒绝执行调动的意见。[13]哂：笑。[14]疾亟：疾病沉重。[15]杀长立少：指杀从荣，立从厚。[16]清君侧：清除皇帝左右的佞臣。一般作起兵篡位的借口。[17]乞灵：请求。[18]王思同：幽州（今北京）人。为人勇敢，善骑射，好学，颇喜为诗，轻财重义。官至西京留守。传见《新五代史》卷三十三。[19]当：通“挡”，阻挡。[20]说以利害：为他分析利害关系。[21]饵以美妓：送他美丽的歌妓，诱其顺从。[22]令就图之：命令使者就近除掉他。[23]以状闻：将从珂劝反事写成奏章上奏。[24]执：拘留。[25]不则：否则。[26]依阿操两端：是顺是逆，拿不定主意。[27]相里金：字奉金，并州（今山西太原市）人。为人勇悍，能折节下士。官保义军节度使。传见《新五代史》卷四十七。[28]倾心附之：全心全意归附他。[29]羽林都指挥使：禁卫军军官名。长兴二年二月，改卫军神捷、神威、雄武及魏府广捷以下指挥为左、右羽林，置

四十指挥，每十指挥立为一军，每一军置都指挥使一人。［30］辞不行：据章校，“辞”下有“疾”字，为“辞疾不行”，托称有病而不愿出征。［31］辛卯：二月二十一日。［32］都部署：即元帅。［33］尹晖：魏州大名（今河北大名县）人，官应州节度使。传见《新五代史》卷四十八。［34］丁酉：二月二十七日。［35］知凤翔行府：凤翔为李从珂所据。故称知行府。［36］御军无法：控制军队没有章法。［37］老于行陈：熟悉行军打仗。陈，通“阵”。［38］侥幸：希望不费气力而偶然获得成功。［39］向之：向着他。［40］幽：关押。［41］关西：地区名。即函谷关以西关中地。［42］拒命：拒绝接受调动的命令。［43］孙汉韶：字享天，李存进之长子。天成初，复姓孙。末帝即位，奔蜀，官至后蜀中书令，封乐安郡王。传见《旧五代史》卷五十三。［44］乙卯：三月十五日。［45］丙辰：三月十六日。［46］城：指凤翔府城。［47］期于必取：目的在于一定取得。［48］城堑卑浅：城低，护城河浅。［49］守备俱乏：守卫和储备的器械缺少。［50］外军：指围城军队。［51］先帝：指明宗。［52］金创满身：伤痕满身。金创，刀枪伤。［53］恸哭：号啕大哭。［54］性褊急：性子很急。［55］白刃：雪亮的刀。［56］大诟：大骂。［57］走免：逃走而免于被杀。［58］因：趁机。［59］大相公：指李从珂。因李从珂在明宗诸子中居长。［60］解甲投兵：解除盔甲，丢掉武器。［61］幅纸：纸片。［62］防、团：防御使、团练使。［63］即书：立即写批文。［64］可：同意担任。［65］趣：催促。［66］弃甲投兵：抛弃盔甲，丢掉兵器。［67］悉入：全部进入凤翔城。［68］敛：搜括。［69］鼎釜：盛菜的鼎和烧饭的锅。［70］估直：估价。［71］丁巳：三月十七日。［72］走：逃。［73］刘遂雍：刘鄩之子，以长安迎降李从珂，官淄州刺史。传附《新五代史》卷二十二《刘鄩传》。［74］内：通“纳”。［75］趣：通“趋”，奔向。

潞王建大将旗鼓[1]，整众而东[2]，以孔目官虞城刘延朗[3]为腹心。潞王始忧王思同等并力据长安拒守，至岐山[4]，闻刘遂雍不内思同，甚喜，遣使慰抚之。遂雍悉出府库之财于外，军士前至者即给赏令过[5]；比[6]潞王至，前军赏遍，皆不入城。庚申[7]，潞王至长安，遂雍迎谒[8]，率民财[9]以充赏。

是日，西面步军都监王景从等自军前奔还[10]，中外大骇[11]。帝不知所为，谓康义诚等曰："先帝弃万国[12]，朕外守藩方，当是之时，为嗣者在诸公所取耳，朕实无心与人争国。既承大业，年在幼冲[13]，国事皆委诸公。朕于兄弟间不至榛梗[14]，诸公以社稷大计见告，朕何敢违！军兴之初，皆自夸大，以为寇不足平；今事至于此，何方可以转祸[15]？朕欲自迎潞王，以大位让之，若不免于罪[16]，亦所甘心。"朱弘昭、冯赟大惧，不敢对。义诚欲悉以宿卫兵[17]迎降为己功，乃曰："西师[18]惊溃，盖主将失策耳。今侍卫诸军尚多，臣请自往扼其冲要[19]，招集离散以图后效[20]，幸陛下勿为过忧[21]！"帝遣使召石敬瑭，欲令将兵拒之。义诚固请自行，帝乃召将士慰谕[22]，空府库以劳之[23]，许以平凤翔，人更赏二百缗，府库不足，当以宫中服玩[24]继之。军士益骄，无所畏忌，负赐物[25]，扬言于路曰："至凤翔更请一分[26]。"

遣楚匡祚杀李重吉于宋州；匡祚榜棰[27]重吉，责[28]其家财。又杀尼惠明。

初，马军都指挥使朱洪实为秦王从荣所厚，及朱弘昭为枢密使，洪实以宗兄事之；从荣勒兵天津桥，洪实首为孟汉琼击从荣，康义诚由是恨之。辛酉[29]，帝亲至左藏[30]，给将士金帛。义诚、洪实共论用兵利害[31]，洪实欲以禁军固守洛阳，曰："如此，彼亦未敢径前[32]，然后徐图进取[33]，可以万全。"义诚怒曰："洪实为此言，欲反邪！"洪实曰："公自欲反，乃谓谁反！"其声渐厉[34]。帝闻，召而讯之，二人讼[35]于帝前，帝不能辨其是非，遂斩洪实，军士益愤怒。

壬戌[36]，潞王至昭应[37]，闻前军获[38]王思同，王曰："思同虽失计[39]，然尽心所奉[40]，亦可嘉[41]也。"癸亥[42]，至灵口[43]，前军执思同以至，王责让[44]之，对曰："思同起行间[45]，先帝擢之，位至节将[46]，常愧无功以报大恩。非不知附大王立得富贵，助朝廷自取祸殃，但恐死之日无面目见先帝于泉下[47]耳。败而衅鼓[48]，固其所也。请早就死！"王为之改容[49]，曰："公且休矣。"王欲宥之[50]，而杨思权之徒耻见其面。王之过长安，尹晖尽取思同家资及妓妾，屡言于刘延朗曰："若留思同，虑失士心。"属王醉[51]，不待报，擅杀思同及其妻子。王醒，怒延朗，嗟惜[52]者累日。

癸亥[53]，制以康义诚为凤翔行营都招讨使，以王思同副之。

甲子[54]，潞王至华州[55]，获药彦稠，囚之。乙丑[56]，至阌乡[57]。朝廷前后所发诸军，遇西军皆迎降，无一人战者。丙寅[58]，康义诚引侍卫兵发洛阳，诏以侍卫马军指挥使安从进为京城巡检；从进已受潞王书，潜布腹心[59]矣。

是日，潞王至灵宝[60]，护国节度使安彦威、匡国节度使安重霸皆降，惟保义节度使康思立[61]谋固守陕城以俟康义诚。先是，捧圣五百骑戍陕西，为潞王前锋，至城下，呼城上人曰："禁军十万已奉新帝，尔辈数人奚为[62]！徒[63]累一城人涂地[64]耳。"于是捧圣卒争出迎，思立不能禁，不得已亦出迎。

丁卯[65]，潞王至陕[66]，僚佐说[67]王曰："今大王将及京畿[68]，传闻乘舆[69]已播迁，大王宜少留于此，先移书慰安京城士庶[70]。"王从之，移书谕洛阳文武士庶，惟朱弘昭、冯赟两族不赦外，自余勿有忧疑。

康义诚军至新安[71]，所部将士[72]自相结[73]，百什为群，弃甲兵[74]，争先诣陕降，累累不绝[75]。义诚至乾壕[76]，麾下[77]才数十人；遇潞王候骑[78]十余人，义诚解所佩弓剑为信[79]，因[80]候骑请降于潞王。

戊辰[81]，闵帝闻潞王至陕，义诚军溃，忧骇[82]不知所为，急遣使[83]召朱弘昭谋所向[84]，弘昭曰："急召我，欲罪之也。"赴井死[85]。安从进闻弘昭死，杀冯赟于第，灭其族，传弘昭、赟首于潞王。帝欲奔魏州，召孟汉琼使诣魏州为先置[86]，汉琼不应召，单骑奔陕。

（以上为第三段，写潞王起兵东向，一路受降至陕州，闵帝派康义诚领禁军出征，也全部投降。）

【注释】

[1]建大将旗鼓：树立大将的旗帜与金鼓。[2]整众而东：整顿队伍向东进军。[3]刘延朗（?—936）：宋州虞城（今河南开封市）人。为李从珂心腹，官副枢密使。传见《旧五代史》卷六十九。[4]岐山：县名。在今陕西岐山县。[5]即给赏令过：即给予赏赐令其过境。[6]比：及至。[7]庚申：三月二十日。[8]迎谒：拜迎谒见。[9]率民财：拿老百姓的财物。[10]奔还：逃回。[11]中外大骇：宫中和朝廷都大大地惊慌。[12]弃万国：指死去。[13]年在幼冲：年纪还很小。时闵宗21岁。[14]榛梗：阻塞而不通。[15]何方可以转祸：用什么方法可以转祸为福。[16]若不免于罪：如果不能免去罪行。[17]宿卫兵：禁卫军。[18]西师：指王思同围凤翔军队。[19]扼其冲要：把守紧要的地方。[20]以图后效：召集离散，用来谋图以后的功绩。后效，后功，指补救以前的过失。[21]过忧：过分的忧虑。[22]慰谕：慰勉和晓谕。[23]空府库以劳之：将国家金库的财物都拿出来，用以慰劳士兵。[24]宫中服玩：宫廷中观赏把玩的珍宝及布帛之类。[25]负赐物：背着赐给的财物。

[26]至凤翔更请一分：到凤翔投降李从珂再领一份奖赏，说明军队毫无斗志。[27]榜棰：拷打。[28]责：索取。[29]辛酉：三月二十一日。[30]左藏：府库名。藏国家财物。[31]共论用兵利害：一起议论出兵的有利条件和不利条件。[32]径前：直接到洛阳来。[33]徐图进取：慢慢地准备反击。[34]其声渐厉：争论声逐渐高起来。[35]讼：争辩。[36]壬戌：三月二十二日。[37]昭应：县名，在今陕西西安市临潼区。[38]获：擒获。[39]失计：失于计算而失败。[40]尽心所奉：尽心竭力以侍奉君主。[41]嘉：嘉奖。[42]癸亥：三月二十三日。[43]灵口：地名，在今陕西西安市临潼区。[44]责让：责备。[45]行间：行伍之间。指士兵出身。[46]节将：建节而为大将。[47]泉下：九泉之下。[48]衅鼓：古代将牲口血涂在鼓上，用以祭祀。这里指愿意被杀，将血涂鼓祭神。[49]改容：改变态度。[50]宥之：宽恕他。[51]属王醉：适值王酒醉。[52]嗟惜：嗟叹可惜。[53]癸亥：三月二十三日。[54]甲子：三月二十四日。[55]华州：州名，在今陕西渭南市华州区。[56]乙丑：三月二十五日。[57]阌（wén）乡：古县名。在今河南灵宝市。[58]丙寅：三月二十六日。[59]潜布腹心：暗暗地布置心腹准备迎降。[60]灵宝：县名。在今河南灵宝市。[61]康思立（874—936)：晋阳（今山西太原市）人。少善骑射，官至检校太傅，封会稽郡开国侯。传见《旧五代史》卷七十。[62]奚为：还有什么作为。[63]徒：白白地。[64]涂地：被杀害。[65]丁卯：三月二十七日。[66]陕：陕州。在今河南三门峡市陕州区。[67]说：劝说。[68]将及京畿：将到京城的郊区。[69]乘舆：皇帝。播迁；迁都逃避。[70]士庶：士大夫和庶民，泛指官民。[71]新安：县名。在今河南新安县。[72]所部将士：康义诚所统率的将军和士兵。[73]自相结：各自组成团伙。[74]弃甲兵：丢掉武器装备。[75]累累不绝：一群一群地沿路不断。[76]乾壕：地名，在河南三门峡市陕州区境内。[77]麾下：部下。[78]候骑：侦察骑兵。[79]信：凭信。[80]因：通过。[81]戊辰：三月二十八日。[82]忧骇：担忧惊怕。[83]遣使：据章校，应为“遣中使”。[84]谋所向：谋划到哪里去。[85]赴井死：投井自杀。[86]先置：事先作布置。

初，帝在藩镇，爱信[1]牙将慕容迁，及即位，以为控鹤指挥使；帝将北渡河，密与之谋，使帅部兵守玄武门[2]。是夕，帝以五十骑出玄武门，谓迁曰：“朕且幸魏州，徐图兴复，汝帅有马控鹤从我。”迁曰：“生死从大家[3]。”乃阳为团结[4]；帝既出，即阖门[5]不行。

己巳[6]，冯道等入朝，及[7]端门[8]，闻朱、冯死，帝已北走；道及刘昫欲归，李愚曰：“天子之出，吾辈不预谋。今太后在宫，吾辈当至中书[9]，遣小黄门取太后进止[10]，然后归第，人臣之义[11]也。”道曰：“主上失守社稷[12]，人臣惟君是奉[13]，无君而入宫城[14]，恐非所宜。潞王已处处张榜，不若归俟教令[15]。”乃归。至天宫寺[16]，安从进遣人语之曰：“潞王倍道[17]而来，且[18]至矣，相公宜帅百官至谷水[19]奉迎。”乃止[20]于寺中，召百官。中书舍人卢导[21]至，冯道曰：“俟舍人久矣，所急者劝进文书[22]，宜速具草[23]。”导曰：“潞王入朝，百官班迎[24]可也；设[25]有废立，当俟太后教令[26]，岂可遽[27]议劝进乎？”道曰：“事当务实。”导曰：“安有天子在外，人臣遽以大位劝人者邪！若潞王守节北面[28]，以大义见责，将何辞以对！公不如帅百官诣宫门，进名问安[29]，取太后进止，则去就[30]善矣。”道未及对，从进屡遣人趣之曰：“潞王至矣，太后、太妃已遣中使迎劳矣，安得百官无班！”道等即纷然而去。既而潞王未至，三相[31]息于上阳门[32]外，卢导过于前，道复召而语之，导对如初。李愚曰：“舍人之言是也。吾辈之罪，擢发不足数[33]。”

康义诚至陕待罪[34]，潞王责之曰：“先帝晏驾，立嗣在诸公；今上亮阴[35]，政事出诸公，何为不能终始[36]，陷吾弟至此乎？”义诚大惧，叩头请死。王素恶[37]其为人，未欲遽诛[38]，且宥之[39]。马步都虞候苌从简、左龙武统军王景戡皆为部下所执，降于潞王，东军[40]尽降。潞王上笺于太后取进止[41]，遂自陕而东[42]。

夏，四月，庚午朔[43]，未明，闵帝至卫州东数里，遇石敬瑭；帝大喜，问以社稷大计，敬瑭曰：“闻康义诚西讨，何如？陛下何为至此？”帝曰：“义诚亦叛去矣。”敬瑭俯首长叹数四，曰：“卫州刺史王弘贽，宿将习事[44]，请与图[45]之。”乃往见弘贽问之，弘贽曰：“前代天子播迁多矣，然皆有将相、侍卫、府库、法物[46]，使群下有所瞻仰；今皆无之，独以五十骑自随，虽有忠义之心，将若之何[47]？”敬瑭还，见帝于卫州驿[48]，以弘贽之言告。弓箭库使[49]沙守荣。奔洪进前责敬瑭曰：“公明宗爱婿[50]，富贵相与共之，扰患亦宜相恤[51]。今天子播越[52]，委计于公[53]，冀图兴复，乃以此四者为辞[54]，是直[55]欲附贼卖天子耳！”守荣抽佩刀欲刺之，敬瑭亲将陈晖救之，守荣与晖斗死，洪进亦自刎。敬瑭牙内指挥使刘知远引兵入，尽杀帝左右及从骑，独置帝而去[56]。敬瑭遂趣[57]洛阳。

（以上为第四段，写闵帝出奔，将相大臣无一追随。闵帝至卫州路遇石敬瑭，石敬瑭不奉诏勤王而赶往洛阳投降。）

【注释】

[1]爱信：宠爱信任。[2]玄武门：洛阳宫城北门。[3]大家：指皇帝。[4]阳为团结：假装跟在闵帝周围。[5]阖门：关闭玄武门。[6]己巳：三月二十九日。[7]及：到。[8]端门：洛阳宫城南门。[9]中书：中书省。宰相办公处。[10]取太后进止：听取太后进退的意见。[11]人臣之义：作为臣子的道理。[12]社稷：国家。[13]人臣惟君是奉：作为臣子只是侍奉皇帝。[14]宫城：皇宫。因唐之二都，三省及寺监都在宫城之内。[15]归俟教令：回家等待潞王的命令。教令，亲王所出命令称教令。[16]天宫寺：洛阳寺院名。[17]倍道：兼程。[18]且：将。[19]谷水：在洛阳城西。[20]止：停留。[21]卢导（866—941）：字熙化。唐天祐进士，善谈论，官至后晋吏部侍郎。传见《旧五代史》卷九十二。[22]劝进文书：劝潞王登基为皇帝的表文。[23]具草：起草。[24]班迎：按官阶高低排列班次迎接。[25]设：假设。[26]当俟太后教令：应当等待太后的命令。[27]遽：匆忙。[28]守节北面：守护臣节，愿意北面事帝。[29]进名问安：通报姓名，问候起居。[30]去就：拥戴或不拥戴。[31]三相：指冯道、李愚、刘昫。[32]上阳门：上阳宫门，在洛阳宫城西。[33]擢发不足数：拔尽头发也数不清楚。指罪恶之多。[34]待罪：等候降罪，听候处分。[35]亮阴：服丧期间。[36]终始：指始终如一地侍奉皇帝。[37]素恶：向来厌恨。[38]遽诛：立即杀戮。[39]且宥之：姑且宽大了他。[40]东军：指洛阳来的军队。[41]取进止：听候行动的命令。[42]自陕而东：从陕州向东面洛阳进军。[43]庚午朔：四月一日。[44]宿将习事：老将懂事。[45]图：商量。[46]法物：祭祀礼器。[47]将若之何：你看将怎么办呢？[48]卫州驿：卫州的馆驿。[49]弓箭库使：官名。掌弓箭库。[50]公明宗爱婿：你是明宗的爱婿。因石敬瑭娶明宗长女永宁公主。[51]相恤：互相体恤、承担。[52]播越：流离失所。[53]委计于公：向你求计。[54]四者为辞：以没有将相、侍卫、府库、法物从行为借口。[55]直：特，只。[56]置帝而去：把闵帝放在一边，扬长而去。[57]趣：赶往。

是日，太后令内诸司[1]至乾壕[2]迎潞王，王亟[3]遣还洛阳。

初，潞王罢河中，归私第，王淑妃数遣孟汉琼存抚[4]之。汉琼自谓于王有旧恩，至渑池[5]西，见王大哭，欲有所陈[6]，王曰："诸事不言可知。"仍自预从臣之列[7]，王即命斩于路隅[8]。

山南西道节度使张虔钊之讨凤翔也，留武定节度使孙汉韶守兴元[9]。虔钊既败，奔归兴元，与汉韶举两镇之地降于蜀；蜀主命奉銮肃卫马步都指挥使、昭武节度使李肇将兵五千还利州，右匡圣马步都指挥使；宁江节度使张业将兵一万屯大漫天[10]以迎之。

壬申[11]，潞王至蒋桥[12]，百官班迎于路，传教[13]以未拜梓宫[14]，未可相见。冯道等皆上笺劝进[15]。王入谒太后、太妃，诣西宫[16]，伏梓宫恸哭，自陈诣阙之由[17]。冯道帅百官班见，拜；王答拜。道等复上笺劝进，王立谓道曰[18]："予之此行，事非获已[19]。俟皇帝归阙[20]，园寝礼终[21]，当还守藩服；群公遽言及此，甚无谓也[22]！"

癸酉[23]，太后下令废少帝[24]为鄂王，以潞王知军国事[25]，权以书诏印[26]施行。百官诣至德宫[27]门待罪，王命各复其位。甲戌[28]，太后令潞王宜即皇帝位；乙亥[29]，即位于柩前[30]。

帝之发凤翔也，许军士以入洛人赏钱百缗。既至，问三司使王玫以府库之实[31]，对有数百万在。既而阅实[32]，金、帛不过三万两、匹；而赏军之费计应用五十万缗。帝怒，玫请率[33]京城民财以足之，数日，仅得数万缗，帝谓执政曰："军不可不赏，人不可不恤[34]，今将奈何？"执政请据屋为率[35]，无问士庶自居及僦者[36]，预借五月僦直[37]，从之。

王弘贽迁[38]闵帝于州廨[39]，帝遣弘贽之子殿直峦往鸩之[40]。戊寅[41]，峦至卫州谒见[42]，闵帝问来故，不对。弘贽数进酒[43]，闵帝知其有毒，不饮，峦缢杀之[44]。

闵帝性仁厚，于兄弟敦睦[45]，虽遭秦王忌疾[46]，闵帝坦怀待之[47]，卒免于患[48]。及嗣位，于潞王亦无嫌[49]，而朱弘昭、孟汉琼之徒横生猜间[50]，闵帝不能违[51]，以致祸败[52]焉。

孔妃[53]尚在宫中，潞王使人[54]谓之曰："重吉[55]何在？"遂杀妃，并其四子。

闵帝之在卫州也，惟磁州刺史宋令询遣使问起居[56]，闻其遇害，恸哭半日，自经死[57]。

（以上为第五段，写潞王入洛即皇帝位，是为末帝，闵帝被弑于卫州。）

【注释】

[1]内诸司：宫内承奉部门的官员。[2]乾壕：乾（gān）壕镇，在今河南三门峡市陕州区东。[3]亟：急。[4]存抚：慰问。[5]渑池：县名。在今河南渑池县。[6]欲有所陈：要想有所陈述。[7]自预从臣之列：自己排列到侍从人员的班列中。[8]路隅：路边。[9]兴元：兴元府，治南郑。为山南西道治所。在今陕西汉中市南郑区。[10]大漫天：地名，在今四川广元市北朝天镇。[11]壬申：四月三日。[12]蒋桥：地名，在洛阳西郊。[13]传教：传潞王教令。[14]梓宫：明宗的棺木。[15]上笺劝进：上表请求即皇帝位。[16]诣西宫：到西宫。明宗灵柩停在西宫。[17]自陈诣阙之由：自己说明到朝廷来的原因。[18]立谓道曰：起立，对冯道说。[19]事非获已：事情出于不得已，不由我自己作主。[20]归阙：回朝。[21]园陵礼终：埋葬明宗之后。[22]甚无谓也：实在没有意思。[23]癸酉：四月四日。[24]少帝：即闵帝。[25]知军国事：暂时代行国家大事。[26]书诏印：皇帝画可用之印。因八宝印被闵帝带走。[27]至德宫：明宗在洛阳旧第。[28]甲戌：四月五日。[29]乙亥：四月六日。[30]柩前：明宗的灵柩前。[31]府库之实：府库存钱的实际数字。[32]阅实：核实。打开府库，察看实物。[33]率：收敛、搜刮。[34]人不可不恤：人不可以不慰抚。[35]据屋为率：根据房屋为计算标准。[36]僦者：租赁的人。[37]僦直：租房费。[38]迁：迁移。[39]州廨：卫州官署。[40]鸩之：用毒酒毒死他。[41]戊寅：四月九日。[42]谒见：拜见。[43]数进酒：多次进酒。[44]缢杀之：用绳子勒死闵帝。[45]敦睦：友爱、和睦。[46]忌疾：妒忌厌恨。[47]坦怀待之：襟怀坦白地对待他。[48]卒免于患：终于免去了患难。[49]无嫌：无矛盾、嫌隙。[50]横生猜间：平白无故地猜疑、离间。[51]违：违背。[52]以致祸败：因而招致祸祟而败亡。[53]孔妃：闵帝皇后，孔循之女，生四子。废帝入立，母子均被杀。传见《新五代史》卷十五。[54]潞王使人：指潞王派人诘问孔妃重吉安在。按《资治通鉴》书法，潞王已即位，应称“帝使人”。[55]重吉：李从珂长子。[56]问起居：问安。[57]自经死：自己上吊而死。

己卯[1]，石敬瑭入朝。

庚辰[2]，以刘昫判三司。

辛巳[3]，蜀大赦，改元明德[4]。

帝之起凤翔也，召兴州[5]刺史刘遂清[6]，迟疑不至。闻帝入洛，乃悉集三泉[7]、西县[8]、金牛[9]、桑林戍兵以归，自散关以南城镇悉弃之，皆为蜀人所有。癸未[10]，入朝，帝欲治罪，以其能自归，乃赦之。遂清，鄩之侄也。

甲申[11]，蜀将张业将兵入兴元、洋州。

乙酉[12]，改元[13]，大赦。

丁亥[14]，以宣徽南院使郝琼权判枢密院，前三司使王玫为宣徽北院使，凤翔节度判官韩昭胤为左谏议大夫、充端明殿学士。

戊子[15]，斩河阳节度使、判六军诸卫兼侍中康义诚，灭其族。

己丑[16]，诛药彦稠。

庚寅[17]，释王景戡、苌从简。

有司百方敛[18]民财，仅得六万，帝怒，下军巡使狱[19]，昼夜督责，囚系满狱[20]，至自经、赴井[21]。而军士游市肆皆有骄色[22]，市人[23]聚诟之[24]曰："汝曹[25]为主力战，立功良苦[26]，反使我辈鞭胸杖背，出财为赏，汝曹犹扬扬自得，独不愧天地[27]乎！"

是时，竭左藏旧物[28]及诸道贡献，乃至太后、太妃器服簪珥[29]皆出之，才及二十万缗，帝患[30]之，李专美[31]夜直[32]，帝让之曰："卿名有才，不能为我谋此，留才安所施乎[33]！"专美谢曰："臣驽劣[34]，陛下擢任过分[35]，然军赏不给[36]，非臣之责也。窃思自长兴之季[37]，赏赉亟行[38]，卒以是骄；继以山陵[39]及出师，帑藏遂涸。虽有无穷之财，终不能满骄卒之心，故陛下拱手[40]于危困之中而得天下。夫国之存亡，不专系于[41]厚赏，亦在修法度[42]，立纪纲[43]。陛下苟不改覆车之辙[44]，臣恐徒困百姓[45]，存亡[46]未可知也。今财力尽于此矣，宜据所有均给之[47]，何必践初言[48]乎！"帝以为然。壬辰[49]，诏禁军在凤翔归命[50]者，自杨思权、尹晖等各赐二马、一驼、钱七十缗，下至军人钱二十缗，其在京者各十缗。军士无厌[51]，犹怨望，为谣言曰："除去菩萨[52]，扶立生铁[53]。"以闵帝仁弱，帝刚严，有悔心[54]故也。

（以上为第六段，写后唐末帝搜刮民财以赏军。）

【注释】

[1]己卯：四月十日。[2]庚辰：四月十一日。[3]辛巳：四月十二日。[4]明德：后蜀孟知祥年号。[5]兴州：州名。治所汉曲，在今陕西略阳县。[6]刘遂清（?—946）：字得一，青州北海（今山东昌乐县）人。刘鄩侄子。性至孝。历官淄、兴、登州刺史。传见《旧五代史》卷九十六。[7]三泉：县名，在今陕西略阳县。[8]西县：县名。在今陕西勉县西。[9]金牛：县名。在今陕西略阳县东北。[10]癸未：四月十四日。[11]甲申：四月十五日。[12]乙酉：四月十六日。[13]改元：改元清泰。[14]丁亥：四月十八日。[15]戊子：四月十九

日。［16］己丑：四月二十日。［17］庚寅：四月二十一日。［18］敛：搜括。［19］下军巡使狱：凡缴钱稽延违逆的人，均下军巡使监狱，督责缴纳。军巡使，掌警卫京城。［20］囚系满狱：囚犯关满了监狱。［21］至自经、赴井：贫者被逼迫到上吊、投井。据章校，“至”上有“贫者”二字。［22］骄色：洋洋得意的样子。［23］市人：市民、商人。［24］聚诟之：集合在一起大骂他们。［25］汝曹：你们。［26］良苦：辛苦，确实辛苦。［27］不愧天地：面对天地，不感到惭愧吗？［28］旧物：原有的库存。［29］器服簪珥：法器、服饰、头簪、耳环等。［30］患：担心。［31］李专美（约884—945）：字翊高，京兆万年（今陕西西安市）人。少笃学，性廉谨，有政声。官大理卿。传见《旧五代史》卷九十三。［32］夜直：值夜班。［33］留才安所施乎：留着这些才能用到什么地方去呢？［34］驽（nú）劣：才能愚劣低下。［35］擢任过分：提拔的职务超过了我的能力。［36］不给：不足。［37］长兴之季：长兴后期。［38］赏赉（lài）亟行：赏赐很多。［39］山陵：明宗之丧。［40］拱手：指不费气力。［41］系于：取决于。［42］修法度：修订规章制度。［43］立纪纲：建立纲常伦理秩序。［44］覆车之辙：指长兴赏赉过度的历史教训。［45］徒困百姓：白白地困扰老百姓。［46］存亡：胜败。［47］均给之：倾其所有全部赏赐给军士。均，全部。［48］践初言：兑现当初说过的话。［49］壬辰：四月二十三日。［50］归命：投降。［51］无厌：不满足。［52］菩萨：指闵帝。因闵帝小字菩萨奴。［53］生铁：指李从珂。因从珂性刚烈。［54］有悔心：有懊悔推戴李从珂为皇帝的情绪。

丙申[1]，葬圣德和武钦孝皇帝于徽陵[2]，庙号明宗。帝衰绖[3]护从至陵所，宿[4]焉。

五月，丙午[5]，以韩昭胤为枢密使，以庄宅使刘延朗为枢密副使，权知枢密院房暠[6]为宣徽北院使。暠，长安人也。

帝与石敬瑭皆以勇力善斗，事明宗为左右；然心竞[7]，素不相悦[8]。帝即位，敬瑭不得已入朝，山陵既毕[9]，不敢言归。时敬瑭久病羸瘠[10]，太后及魏国公主[11]屡为之言；而凤翔将佐多劝帝留之，惟韩昭胤、李专美以为赵延寿在汴[12]，不宜猜忌敬瑭。帝亦见其骨立[13]，不以为虞[14]，乃曰：“石郎[15]不惟密亲，兼自少与吾同艰难；今我为天子，非石郎尚谁托哉[16]！”乃复以为河东节度使。

戊午[17]，以陇州防御使相里金为保义节度使。

丁未[18]，阶州刺史赵澄降蜀。

戊申[19]，以羽林军使杨思权为静难节度使。

己酉[20]，张虔钊、孙汉韶举族[21]迁于成都。

庚戌[22]，以司空兼门下侍郎、同平章事冯道同平章事，充匡国节度使。

以天雄节度使兼侍中范延光为枢密使。

帝之起凤翔也，悉取天平节度使李从曮[23]家财甲兵以供军。将行，凤翔之民遮马[24]请复以从曮镇凤翔，帝许之，至是，徙从曮为凤翔节度使。

初，明宗为北面招讨使，平卢节度使房知温为副都部署，帝以别将[25]事之，尝被酒忿争[26]，拔刃相拟[27]。及帝举兵入洛，知温密与行军司马李冲谋拒之，冲请先奉表以观形势[28]，还，言洛中已安定。知温惧[29]，壬戌[30]，入朝谢罪，帝优礼[31]之；知温贡献甚厚。

吴镇南节度使、守中书令东海康王徐知询卒。

蜀人取成州。

六月，甲戌[32]，以皇子左卫上将军重美[33]为成德节度使、同平章事，兼河南尹，判六军诸卫事。

文州都指挥使成延龟举州附蜀。

吴徐知诰将受禅，忌昭武[34]节度使兼中书令临川王濛，遣人告[35]濛藏匿亡命，擅造兵器；丙子[36]，降封历阳公，幽[37]于和州[38]，命控鹤军使王宏将兵二百卫之[39]。

（以上为第七段，写后唐末帝安葬明宗，调整人事，全境粗安。吴徐知诰加紧受禅事宜。）

【注释】

[1]丙申：四月二十七日。[2]徽陵：明宗陵墓名。在今河南洛阳市。[3]衰绖（dié）：丧服。披麻戴孝。[4]宿：过夜。[5]丙午：五月七日。[6]房暠（hào）（?—944）：京兆长安（今陕西西安市）人。官至枢密使。传见《旧五代史》卷九十六。[7]心竞：内心与之有竞争。[8]素不相悦：向来不和睦。[9]山陵既毕：明宗的丧礼完毕。[10]久病羸瘠：长久患病，身体瘦弱。[11]魏国公主：即明宗女永宁公主，石敬瑭之妻。[12]赵延寿在汴：赵延寿在开封任宣武节度使，若留石敬瑭，会引起他的疑惧。[13]骨立：骨瘦如柴，人成为一个骨架子。[14]虞：担心。[15]石郎：指石敬瑭。[16]尚谁托哉：还依靠谁呢。[17]戊午：五

月十九日。［18］丁未：五月八日。［19］戊申：五月九日。［20］己酉：五月十日。［21］举族：将全族人。［22］庚戌：五月十一日。［23］李从暿：李茂贞子。虽镇天平，而家财、甲兵还在凤翔。［24］遮马：拦住马头。［25］别将：客将，不属于本系统的另外的将领。［26］尝被酒忿争：曾经在酒后发生争吵。［27］拔刃相拟：拔刀互相对抗。［28］以观形势：用以观察形势的变化。［29］知温惧：三字原无，据章校补。［30］壬戌：五月二十三日。［31］优礼：优加礼遇。［32］甲戌：六月五日。［33］重美：幼明敏，李从珂次子。封雍王。传见《新五代史》卷十六。［34］昭武：方镇名。治所利州，时属蜀，杨濛为遥领。［35］告：告发。［36］丙子：六月七日。［37］幽：囚禁。［38］和州：州名。治所历阳，在今安徽和县。［39］卫之：保卫他。以保卫为名，实质监视他。

刘昫与冯道昏姻[1]。昫性苛察[2]，李愚刚褊[3]；道既出镇[4]，二人论议多不合，事有应改者，愚谓昫曰："此贤亲家所为，更之不亦便乎[5]！"昫恨之，由是动成忿争[6]，至相诟骂[7]，各欲非时求见[8]，事多凝滞[9]。帝患[10]之，欲更命相，问所亲信以朝臣闻望[11]宜为相者，皆以尚书左丞姚觊、太常卿卢文纪、秘书监崔居俭[12]对；论其才行[13]，互有优劣。帝不能决，乃置其名于琉璃瓶[14]，夜焚香祝天，且以箸[15]挟之，首得文纪，次得觊。秋，七月，辛亥[16]，以文纪为中书侍郎、同平章事。居俭，荛之子也。

帝欲杀楚匡祚[17]，韩昭胤曰："陛下为天下父，天下之人皆陛下子，用法宜存至公[18]。匡祚受诏检校[19]重吉家财，不得不尔[20]。今族匡祚，无益死者，恐不厌[21]众心。"乙卯[22]，长流匡祚于登州[23]。

丁巳[24]，立沛国夫人刘氏[25]为皇后。

回鹘[26]入贡者多为河西杂虏[27]所掠，诏将军牛知柔帅禁兵卫送，与邠州兵共讨之。

吴徐知诰召左仆射兼中书侍郎、同平章事宋齐丘还金陵，以为诸道都统判官，加司空，于事皆无所关预[28]，齐丘屡请退居，知诰以南园给之。

护国节度使洋王从璋，归德节度使泾王从敏，皆罢镇居洛阳私第，帝待之甚薄；从敏在宋州预杀重吉，帝尤恶之[29]。尝侍宴禁中，酒酣[30]，顾二王曰："尔等皆何物[31]，辄据雄藩！"二王大惧，太后叱[32]

之曰："帝醉矣，尔曹[33]速去！

蜀置永平[34]军于雅州，以孙汉韶为节度使。复以张虔钊为山南西道节度使、同平章事；虔钊固辞[35]不行。

（以上为第八段，写后唐末帝抓阁择相。）

【注释】

[1]昏姻：结成儿女亲家。昏，通"婚"。[2]苛察：以烦琐苛刻为明察。[3]刚褊：强硬而偏激。[4]出镇：指冯道出镇同州，为匡国军节度使。[5]更之不亦便乎：更改它，恐怕不方便吧。[6]动成忿争：动辄发怒争论。[7]至相诟骂：直至相互破口大骂。[8]非时求见：不在正式上朝时求见皇帝。[9]凝滞：拖沓。[10]患：担忧。[11]闻望：名声威望。[12]崔居俭（870—939）：清河（今山东临清市）人。出身名门世族，官后唐刑部侍郎。居显官，衣常乏，死时贫不能葬。传见《新五代史》卷五十五。[13]才行：才识和品行。[14]琉璃瓶：一种矿石质的有色半透明体的瓶子。[15]箸（zhù）：筷子。[16]辛亥：七月十三日。[17]楚匡祚：闵帝殿直，曾遣其杀李从珂长子重吉。[18]宜存至公：应该具有最大的公心。[19]检校：检查校阅。[20]不得不尔：不得不这样做。[21]不厌：不服、不合。[22]乙卯：七月十七日。[23]登州：州名。治所蓬莱，在今山东烟台市蓬莱区。[24]丁巳：七月十五日。[25]刘氏（?—936）：刘茂威女，为人强悍，废帝害怕她。初封沛国夫人。传见《新五代史》卷十六。[26]回鹘（hú）：即回纥，维吾尔族的古称。五代时居甘州（今甘肃张掖市）、西州（今新疆吐鲁番、鄯善等县），常来进贡。[27]河西杂虏：指羌、吐谷浑等少数民族。[28]无所关预：不向他照会，不让他参与。[29]尤恶之：尤其厌恨他。[30]酒酣：饮酒至兴奋时。[31]何物：什么东西。[32]叱：呵责。[33]尔曹：你们。[34]永平：方镇名。唐僖宗文德元年（888），置永平军节度使，治所邛州，在今四川邛崃市。后徙雅州，后蜀仍之，在今四川雅安市。[35]固辞：坚决推辞，因无面目见梁州人士。

蜀主得风疾逾年[1]，至是增剧[2]；甲子[3]，立子东川节度使、同平章事、亲卫马步都指挥使仁赞[4]为太子，仍监国[5]。召司空同平章事赵季良、武信节度使李仁罕、保宁节度使赵廷隐、枢密使王处回、捧圣控鹤都指挥使张公铎、奉銮肃卫指挥副使侯弘实受遗诏辅政[6]。是夕殂[7]，秘不发丧[8]。

王处回夜启义兴门[9]告[10]赵季良，处回泣不已[11]，季良正色[12]曰："今强将[13]握兵，专伺时变[14]，宜速立嗣君以绝觊觎[15]，岂可但相泣[16]邪！”处回收泪谢[17]之。季良教处回见李仁罕，审其词旨[18]然后告之。处回至仁罕第，仁罕设备而出[19]，遂不以实告[20]。

丙寅[21]，宣遗制[22]，命太子仁赞更名昶，丁卯[23]，即皇帝位。

（以上为第九段，写蜀主孟知祥驾崩，孟昶即位。）

【注释】

[1]逾年：超过一年。[2]增剧：病情加重。[3]甲子：七月二十二日。[4]仁赞：即孟昶，孟知祥第三子，母琼华长公主。孟知祥卒，嗣位蜀王，公元934年至公元965年在位。[5]监国：皇帝因事外出或患疾，由太子暂时代行职务，处理军国大事。[6]受遗诏辅政：接受孟知祥的遗命，辅佐孟昶。[7]是夕殂：当天晚上死。[8]秘不发丧：封锁孟知祥死亡的消息。[9]义兴门：蜀宫门。[10]告：报告孟知祥死讯。[11]泣不已：哭个不停。[12]正色：神色庄重、严肃。[13]强将：指李仁罕、李肇等。[14]专伺时变：专门等待局势的变化。[15]觊觎：非分的企图和妄想。[16]但相泣：只是相对而哭。[17]谢：感激。[18]审其词旨：仔细地审察他的语意。[19]设备而出：预设防卫而外出。[20]遂不以实告：就不将孟知祥已死的实际情况告诉他。[21]丙寅：七月二十四日。[22]宣遗制：宣布孟知祥留下的命令。[23]丁卯：七月二十五日。

初，帝以王玫对左藏见财失实[1]，故以刘昫代判三司。昫命判官高延赏钩考穷核[2]，皆积年逋欠[3]之数，奸吏利其征责丐取[4]，故存之[5]。昫具奏其状，且请察其可征者[6]急督之，必无可偿者悉蠲[7]之，韩昭胤极言其便。八月，庚午[8]，诏长兴以前户部及诸道逋租[9]三百三十八万，虚烦簿籍[10]，咸蠲免勿征。贫民大悦，而三司吏怨之。

辛未[11]，以姚觊为中书侍郎、同平章事。

右龙武统军索自通，以河中之隙[12]，心不自安，戊子[13]，退朝过洛[14]，自投于水而卒。帝闻之，大惊，赠太尉。

丙申[15]，以前安国节度使、同平章事赵凤为太子太保。

九月，癸卯[16]，诏凤翔益兵[17]守东安镇[18]以备蜀。

蜀卫圣诸军都指挥使、武信节度使李仁罕自恃宿将[19]有功，复受顾托[20]，求判六军，令进奏吏[21]宋从会以意谕枢密院，又至学士院侦草麻[22]。蜀主不得已，甲寅[23]，加仁罕兼中书令，判六军事；以左匡圣都指挥使、保宁节度使赵廷隐兼侍中，为之副。

己未[24]，云州奏契丹入寇，北面招讨使石敬瑭奏自将兵屯百井[25]以备契丹。辛酉[26]，敬瑭奏振武节度使杨檀击契丹于境上[27]，却之。

蜀奉銮肃卫都指挥使、昭武节度使兼侍中李肇闻蜀主即位，顾望[28]，不时入朝[29]，至汉州，留与亲戚燕饮逾旬[30]；冬，十月，庚午[31]，始至成都，称足疾，扶杖[32]入朝见，见蜀主不拜。

戊寅[33]，左仆射、门下侍郎、同平章事李愚罢守本官[34]，吏部尚书兼门下侍郎、同平章事、判三司刘昫罢为右仆射。三司吏闻昫罢相，皆相贺[35]，无一人从归第[36]者。

（以上为第十段，写后唐刘昫、李愚罢相，人皆相贺。）

【注释】

[1]左藏见财失实：左藏库贮存的实际数字与王玫回答的不符。 [2]钩考穷核：钩稽考核，加以梳理。 [3]积年逋欠：多年拖欠。 [4]奸吏利其征责丐取：奸猾的三司小吏因其征收，拖欠可以勒索财物，对自己有利。丐取，勒索。 [5]故存之：所以将拖欠之数仍列在账面上。[6]可征者：尚能征收的钱、物。 [7]蠲：免除。 [8]庚午：八月二日。 [9]逋租：积欠租税。 [10]虚烦簿籍：白白地登录在账簿上。 [11]辛未：八月三日。 [12]河中之隙：指明宗长兴元年受安重诲指使，告李从珂私造兵甲事。 [13]戊子：八月二十日。 [14]洛：洛水。流贯于洛阳城中。 [15]丙申：八月二十八日。 [16]癸卯：九月六日。 [17]益兵：增加兵力。[18]东安镇：约在今陕西宝鸡市凤翔区以西。 [19]宿将：老将。 [20]复受顾托：又受孟知祥遗命辅佐孟昶。 [21]进奏吏：官名。掌传递上奏章疏。 [22]侦草麻：侦察是否写好任命为判六军的委任状的草稿。因唐制，拜免将相的诏令用白麻纸书写，故其草稿称草麻。 [23]甲寅：九月十七日。 [24]己未：九月二十二日。 [25]百井：百井镇。在今山西太原市东北。[26]辛酉：九月二十四日。 [27]境上：边境。即振武节度使境内。 [28]顾望：内心举棋不定的样子。 [29]不时入朝：不按时入朝。 [30]逾旬：超过十天。 [31]庚午：十月二日。[32]扶杖：拄着手杖。 [33]戊寅：十月十日。 [34]罢守本官：罢相，仍守特进、太微宫使、弘文馆太学士本官。 [35]相贺：互相庆贺。因刘昫奏免诸道逋租，三司吏无利可图。 [36]从归第：伴送刘昫回归私第。

蜀捧圣控鹤都指挥使张公铎与医官使[1]韩继勋、丰德库使[2]韩保贞[3]、茶酒库使[4]安思谦[5]等皆事蜀主于藩邸[6]，素怨李仁罕，共谮之[7]，云仁罕有异志[8]；蜀主令继勋等与赵季良、赵廷隐谋，因仁罕入朝，命武士执而杀之。癸未[9]，下诏暴其罪[10]，并其子继宏及宋从会等数人皆伏诛。是日，李肇释杖而拜[11]。

蜀源州[12]都押牙文景琛据城叛，果州刺史李延厚讨平之。

蜀主左右以李肇倨慢[13]，请诛之；戊子[14]，以肇为太子少傅致仕，徙[15]邛州。

吴主加徐知诰大丞相、尚父[16]、嗣齐王、九锡[17]，辞不受。

雄武[18]节度使张延朗兵围文州，阶州刺史郭知琼拔尖石寨。蜀李延厚将果州兵屯兴州，遣先登指挥使范延晖将兵救文州，延朗解围而归。兴州刺史冯晖自乾渠[19]引戍兵归凤翔。

十一月，徐知诰召其子司徒、同平章事景通[20]还金陵，为镇海·宁国节度副大使、诸道副都统、判中外诸军事；以次子牙内马步都指挥使、海州团练使景迁[21]为左右军都军使、左仆射、参政事，留江都辅政。

十二月，己巳[22]，以易州刺史安叔千[23]为振武节度使，齐州防御使尹晖为彰国[24]节度使。叔千，沙陀人也。

壬申[25]，石敬瑭奏契丹引去，罢兵归。

乙亥[26]，征[27]雄武节度使张延朗为中书侍郎、同平章事、判三司。

辛巳[28]，汉皇后马氏[29]殂。

甲申[30]，蜀葬文武圣德英烈明孝皇帝于和陵[31]，庙号高祖。

乙酉[32]，葬鄂王[33]于徽陵城南[34]，封[35]才数尺；观者悲之[36]。

是岁秋、冬旱，民多流亡，同、华、蒲、绛尤甚。

汉主命判六军秦王弘度募宿卫[37]兵千人，皆市井无赖子弟，弘度昵之。同平章事杨洞潜谏曰："秦王，国之冢嫡[38]，宜亲端士[39]。使之治军已过[40]矣，况昵群小乎！"汉主曰："小儿教以戎事，过烦公忧[41]。"终不戒弘度。洞潜出，见卫士掠商人金帛，商人不敢诉，叹曰："政乱如此，安用宰相！"因谢病归第；久之，不召，遂卒。

（以上为第十一段，写蜀主孟昶诛跋扈臣李仁罕。是年秋冬中原大旱，同、华、蒲、绛四州尤为严重。）

【注释】

[1]医官使：宫廷官，掌医药。[2]丰德库使：宫廷官，掌府库财物。[3]韩保贞：字永吉，潞州长子（今山西长治市）人，官至山南节度使。传见《十国春秋》卷五十五。[4]茶酒库使：宫廷官，掌茶酒。[5]安思谦（?—954）：官保宁军节度使。传见《十国春秋》卷五十七。[6]藩邸：藩王的官舍。[7]谮之：造谣诋毁他。[8]有异志：有野心，欲谋反。[9]癸未：十月十五日。[10]暴其罪：公布他的罪状。[11]释杖而拜：丢掉手杖朝拜。[12]源州：州名。五代后蜀改洋州为源州，在今陕西洋县。[13]倨慢：高傲怠慢。[14]戊子：十月二十日。[15]徙：迁移。[16]尚父：相当于父辈。[17]九锡：古代帝王赐给有大功或有权势的诸侯大臣的九种物品，即车马、衣服、乐则、朱户、纳陛、虎贲、弓矢、斧钺、秬鬯。后赐九锡为权臣篡位信号。[18]雄武：方镇名。唐宣宗大中三年（849）升秦州防御守捉使为秦成两州经略、天雄军使。治所秦州，在今甘肃天水市。后唐改为雄武节度。[19]乾渠：冯晖为兴州刺史，以乾（gān）渠为治所。在今陕西略阳县。[20]景通（918—961）：名璟，初名景通，字伯玉，徐知诰长子。徐知诰死，即南唐帝位。公元943至961年在位。传见《十国春秋》卷十六。[21]景迁：徐知诰次子。幼警敏，读书一览不忘。年十九卒。传见《十国春秋》卷十八。[22]己巳：十二月三日。[23]安叔千（880—951）：字胤宗，沙陀人，少善骑射，官后晋镇国军节度使。不通文字，人称“没字碑”。传见《新五代史》卷四十八。[24]彰国：方镇名，后唐置，治所应州，在今山西应县。[25]壬申：十二月六日。[26]乙亥：十二月九日。[27]征：召。[28]辛巳：十二月十五日。[29]马氏（?—934）：刘䶮妻，楚马殷女。封越国夫人，汉乾亨三年（919）册为皇后。传见《十国春秋》卷六十一。[30]甲申：十二月十八日。[31]和陵：孟知祥坟墓名。[32]乙酉：十二月十九日。[33]鄂王：即闵帝李从厚。[34]徽陵城南：徽陵，后唐明宗陵墓名。城南，柏城之南。唐园陵之制，兆域之外圈以围墙，种植柏树，叫做柏城。[35]封：坟上覆土。[36]悲之：可怜他。[37]宿卫：禁卫兵。[38]冢嫡：嫡长子。[39]宜亲端士：应该亲近道德端方的知识分子。[40]过：错。[41]过烦公忧：不必劳你过分费心。

二年（乙未，935年）

春，正月，丙申朔[1]，闽大赦，改元永和[2]。

二月，丙寅朔[3]，蜀大赦。

甲戌[4]，以枢密使、天雄节度使兼侍中范延光为宣武节度使兼中书令。

丁丑[5]，夏州节度使李彝超上言疾病[6]，以兄行军司马彝殷权知军州事；彝超寻[7]卒。

戊寅[8]，蜀主尊母李氏[9]为皇太后。太后，太原人，本庄宗后宫也，以赐蜀高祖。

己丑[10]，追尊帝母鲁国夫人魏氏[11]曰宣宪皇太后。

闽主立淑妃陈氏[12]为皇后。初，闽主两娶刘氏，皆士族，美而无宠。陈后，本闽太祖侍婢金凤也，陋而淫，闽主嬖之[13]，以其族人[14]守恩、匡胜为殿使[15]。

三月，辛丑[16]，以前宣武节度使兼侍中赵延寿[17]为忠武节度使兼枢密使。

以李彝殷[18]为定难节度使。

己酉[19]，赠吴越王元瓘母陈氏[20]为晋国太夫人。元瓘性孝，尊礼母党[21]，厚加赐与，而未尝迁官，授以重任。

壬戌[22]，以彰圣[23]都指挥使安审琦[24]领顺化[25]节度使。审琦，金全之子也。

太常丞[26]史在德[27]，性狂狷[28]，上书历诋[29]内外文武之士，请遍加考试，黜陟能否[30]；执政及朝士大怒，卢文纪及补阙刘涛、杨昭俭等皆请加罪[31]。帝谓学士马胤孙曰："朕新临天下[32]，宜开言路[33]；若朝士以言获罪，谁敢言者！卿为朕作诏书，宣[34]朕意。"乃下诏，略曰："昔魏征请赏皇甫德参[35]，今涛等请黜史在德；事同言异[36]，何其远哉[37]！在德情在倾输[38]，安可责也[39]！"昭俭，嗣复之曾孙也。

吴加徐景迁同平章事、知左右军事；徐知诰令尚书郎陈觉辅之[40]，谓觉曰："吾少时与宋子嵩[41]论议，好相诘难[42]，或吾舍子嵩还家[43]，或子嵩携衣而起[44]。子嵩携衣笥[45]望秦淮门[46]欲去者数矣，吾常戒门者[47]止之[48]。吾今老矣，犹未遍达时事[49]，况景迁年少当国[50]，故屈[51]吾子[52]以诲之[53]耳。"

夏，四月，庚午[54]，蜀以御史中丞[55]龙门[56]毋昭裔[57]为中书侍郎、同平章事。

癸未[58]，加枢密使、刑部尚书韩昭胤中书侍郎、同平章事。辛卯[59]，以宣徽南院使刘延皓[60]为刑部尚书，充枢密使。延皓，皇后之弟也。癸巳[61]，以左领军卫大将军刘延朗为本卫上将军，充宣徽北院使，兼枢密副使。

五月，丙申[62]，契丹寇新州及振武。

庚戌[63]，赐振武节度使杨檀名光远[64]。

六月，吴德胜节度使兼中书令柴再用卒。先是，史官王振尝询其战功，再用曰："鹰犬微效[65]，皆社稷之灵[66]，再用何功之有！"竟不报。

契丹寇应州。

（以上为第十二段，写定难节度使李彝超病逝，以其兄李彝殷继之。吴执政徐知诰为子择师傅。后唐末帝下诏开言路。）

【注释】

[1]丙申朔：正月一日。[2]永和：闽王璘第二个年号。[3]丙寅朔：二月一日。[4]甲戌：二月九日。[5]丁丑：二月十二日。[6]疾病：病很严重。疾甚为病。[7]寻：不久。[8]戊寅：二月十三日。[9]李氏（?—965）：太原人，唐庄宗嫔御，赐孟知祥。性慈俭，常规劝后主节俭。传见《十国春秋》卷五十。[10]己丑：二月二十四日。[11]魏氏：镇州平山（今河北平山县）人。初嫁平山王氏，生李从珂，后为明宗所掠，封鲁国夫人。传见《新五代史》卷十五。[12]陈氏（893—935）：小名金凤，善歌舞，为王审知才人，王延钧即位，封为淑妃。传见《十国春秋》卷九十四。[13]嬖之：宠爱她。[14]族人：同一祖先的人。[15]殿使：官名，闽置。[16]辛丑：三月七日。[17]赵延寿（?—948）：本姓刘，为赵德钧养子。契丹封之为燕王。传见《旧五代史》卷九十八。[18]李彝殷：以避宋朝庙讳。改名彝兴，为西夏建立者李继捧、李继迁之父。[19]己酉：三月十五日。[20]陈氏：钱元瓘生母，赠晋国太夫人，卒谥昭懿。传见《十国春秋》卷八十三。[21]母党：母亲家族的人。[22]壬戌：三月二十八日。[23]彰圣：禁卫军名。清泰元年六月，改彰圣马军为彰圣左、右军。严卫步军为宁卫左右军。[24]安审琦（897—959）：字国瑞，沙陀人，父安金全。少以良家子为庄宗义直军使，官后周平卢军节度使，封齐王。传见《旧五代史》卷一百二十三。[25]顺化：方镇名，此为楚之顺化军。[26]太常丞：太常寺属官，掌寺中庶务。[27]史在德：曾上书揭露当时文恬武嬉，建议通过考试拔擢人才。[28]狂狷：狂傲而洁身自好，不肯同流合污。[29]历诋：一桩一桩地指责。[30]黜陟能否：提拔有才能的，黜退滥竽充数的。[31]加罪：处分。[32]新临天下：开始做皇帝，君临天下。[33]宜开言路：应该广开进言之路。[34]宣：宣谕。[35]皇甫德参：唐太宗时中牟县丞，上书请罢洛阳宫，太宗欲罪之，魏征谏而赏之。事见《资治通鉴》卷一百九十四唐太宗贞观八年。[36]事同言异：进言的事相同，而朝臣的评价不同。[37]何其远哉：相差为什么这样远啊。[38]情在倾输：目的在于倾胸中之所见，输忠诚于国家。[39]安可责也：怎么可以责备他呢？[40]辅之：辅导他。[41]宋子嵩：即宋齐丘。[42]好相诘难：喜欢辩驳，

诘问责难。[43]或吾舍子嵩还家：有时话不投机，我愤而回家。[44]或子嵩拂衣而起：有时子嵩辩驳不胜，不悦而退。[45]衣笥：衣箱。[46]秦淮门：金陵城门。[47]门者：守门的人。[48]止之：阻挡他。[49]犹未遍达时事：对于军国大事还不能完全了解和掌握。[50]当国：治国。[51]屈：委屈。[52]吾子：您老先生。[53]诲之：教育他。[54]庚午：四月六日。[55]御史中丞：御史台副长官，佐御史大夫，掌刑狱。[56]龙门：县名，在今山西河津市。[57]毋昭裔：河中龙门（今山西河津市）人。博学有才名。官至后蜀左仆射。曾命张德钊书《九经》，刻石于成都学宫。并刻《文选》《初学记》《白氏六帖》行于世。传见《十国春秋》卷五十二。[58]癸未：四月十九日。[59]辛卯：四月二十七日。[60]刘延皓（?—936）：应州浑元（今山西浑源县）人，刘皇后之弟，官邺都留守。传见《旧五代史》卷六十九。[61]癸巳：四月二十九日。[62]丙申：五月三日。[63]庚戌：五月十七日。[64]杨光远（?—944）：本名檀，以明宗名直，避讳改名光远。沙陀人，官至后晋平卢军节度使，封东平王。以勾结契丹叛，被诛。传见《旧五代史》卷九十七。[65]鹰犬微效：指自己像鹰犬一样为主人出猎，立些小功。[66]社稷之灵：国家的幸运。

河东节度使、北面总管石敬瑭既还镇，阴[1]为自全之计[2]。帝好咨访外事[3]，常命端明殿学士李专美、翰林学士李崧、知制诰吕琦、薛文遇、翰林天文[4]赵延乂等更直[5]于中兴殿庭，与语或至夜分[6]。时敬瑭二子为内使[7]，曹太后则晋国长公主之母也，敬瑭赂太后左右，令伺[8]帝之密谋，事无巨细皆知之。敬瑭多于宾客前自称羸瘠不堪为帅，冀朝廷不之忌。

时契丹屡寇北边，禁军多在幽、并[9]，敬瑭与赵德钧求益兵运粮[10]，朝夕相继。甲申[11]，诏借河东人有蓄积者菽粟[12]。乙酉[13]，诏镇州输绢五万匹于总管府[14]，籴[15]军粮，率镇冀人车千五百乘运粮于代州；又诏魏博市籴[16]。时水旱民饥，敬瑭遣使督趣严急，山东[17]之民流散，乱始兆矣[18]。

敬瑭将大军屯忻州[19]，朝廷遣使赐军士夏衣，传诏抚谕，军士呼万岁者数[20]。敬瑭惧，幕僚河内段希尧[21]请诛其唱首者[22]，敬瑭命都押衙刘知远斩挟马都将李晖等三十六人以徇[23]。希尧，怀州人也。帝闻之，益疑敬瑭。

壬辰[24]，诏："窃盗不计赃[25]多少，并纵火[26]强盗，并行极法[27]。"

闽福王继鹏私于宫人李春燕[28]，继鹏请之于陈后，后白闽主而赐之。

（以上为第十三段，写石敬瑭回到北都，借契丹屡次犯边为口实，多储兵马粮秣以自保。）

【注释】

[1]阴：暗暗地。[2]自全之计：保全自己的计策。[3]好咨访外事：喜欢打听外面的消息。[4]翰林天文：官名，在翰林院掌天文。唐时司天台有天文博士二人，正八品下，掌天文。[5]更直：值夜班。[6]夜分：半夜。[7]内使：官名。内诸司使。[8]伺：刺探。[9]幽、并：幽州和并州。在今北京市和山西太原市。[10]益兵运粮：增兵增粮。[11]甲申：六月二十一日。[12]菽粟：菽，豆类。粟，小米。泛指粮食。[13]乙酉：六月二十二日。[14]总管府：在晋阳，即今太原市。因石敬瑭为北面总管。[15]籴：购买。[16]市籴：公家在市场上购买粮食。[17]山东：地区名，泛指太行山、常山之东地区。[18]乱始兆矣：叛乱的苗子产生了。[19]忻州：州名。治所秀容，在今山西忻州。[20]数四：多次。[21]段希尧（878—956）：河内（今河南沁阳）人。官至后周礼部尚书。传见《旧五代史》卷一百二十八。[22]唱首者：领头呼万岁口号的人。[23]徇：示众。[24]壬辰：六月二十九日。[25]赃：赃款、赃物。[26]纵火：放火。[27]并行极法：一起处以极刑，即斩首处死。[28]李春燕（?—939）：本惠宗宫人，王昶即位，立为贤妃，行则同舆，坐则同席，立为皇后。传见《十国春秋》卷九十四。

秋，七月，以枢密使刘延皓为天雄节度使。

乙巳[1]，以武宁节度使张敬达[2]为北面行营副总管，将兵屯代州，以分石敬瑭之权。

帝深以时事为忧，尝从容让[3]卢文纪等以无所规赞[4]。丁巳[5]，文纪等上言："臣等每五日起居[6]，与两班[7]旅见[8]，暂获对扬[9]，侍卫满前，虽有愚虑，不敢敷陈[10]。窃见前朝自上元[11]以来，置延英殿，或宰相欲有奏论，天子欲有咨度[12]，旁无侍卫，故人得尽言。望复[13]此故事[14]，惟听机要之臣侍侧。"诏以"旧制五日起居，百僚俱退，宰相独升[15]，若常事自可敷奏[16]。或事应严密，不以其日[17]，或异日[18]听[19]于阁门[20]奏榜子[21]，当尽屏侍臣，于便殿相待，何必袭延英之名也！"

吴润州团练使徐知谔[22]，狎昵[23]小人，游燕废务[24]，作列肆[25]于牙城西，躬自贸易[26]。徐知诰闻之怒，召知谔左右诘责[27]；知谔惧。或谓知诰曰："忠武王最爱知谔，而以后事[28]传于公。往年知询失守[29]，论议至今未息。借使知谔治有能名[30]，训兵养民，于公何利？"知诰感悟，待之加厚。

九月，丙申[31]，吴大赦，改元天祚[32]。

己酉[33]，以宣徽南院使房暠为刑部尚书，充枢密使；宣徽北院使刘延朗为南院使，仍兼枢密副使。于是延朗及枢密直学士薛文遇等居中用事[34]，暠与赵延寿虽为使长[35]，其听用之言什不三四。暠随势可否[36]，不为事先[37]；每幽、并遣使入奏，枢密诸人环坐议之，暠多俯首而寐，比觉[38]，引颈振衣[39]，则使者去矣。启奏除授，一归延朗。诸方镇、刺史自外入者[40]，必先赂延朗，后议贡献[41]，赂厚者先，得内地；赂薄者晚，得边陲[42]。由是诸将帅皆怨愤，帝不能察。

（以上为第十四段，写后唐末帝无知人之明，辅臣不敢言事。宣徽北院使刘延朗枉法为奸，末帝不能察。）

【注释】

[1]乙巳：七月十三日。[2]张敬达（?—935）：字子通，代州（今山西代县）人。小字生铁，官至大同、彰国、振武、威塞等军蕃汉马步都部署。被叛将赵延寿、范延光所杀。传见《新五代史》卷三十三。[3]让：责备。[4]规赞：规谏和谋划。[5]丁巳：七月二十五日。[6]五日起居：每隔五天朝会一次。[7]两班：文武官员分东西两班。[8]旅见：共同相见。[9]对扬：面对。面对皇帝回答问题。[10]敷陈：倾心奏陈。[11]上元：唐肃宗年号。[12]咨度：咨询。章校"度"下有"皆非时召对"五字。[13]复：恢复。[14]故事：制度。[15]独升：单独登殿。[16]敷奏：敷陈上奏。[17]不以其日：不限规定日子。[18]异日：他日。[19]听：任凭。[20]阁门：通便殿小门。[21]榜子：公文。[22]徐知谔：徐温第六子。著文赋歌诗十卷，号《阁中集》。传见《十国春秋》卷二十。[23]狎昵：亲近。[24]游燕废务：游玩宴会，荒废政务。燕，通"宴"。[25]作列肆：起造一排店铺。[26]躬自贸易：亲自做买卖。躬自，亲身。[27]诘责：盘问责备。[28]后事：指传位。[29]知询失守：指自升州召知询回扬州。夺知询升州节度使官爵。[30]治有能名：治理有才干。[31]丙申：九月四日。[32]天祚：吴杨溥第五个年号。[33]己酉：九月十七日。[34]居中用事：在宫中掌握实权。[35]使长：枢密院首长。[36]随势可否：随大流置可否。[37]不为事先：不在

事先发表意见。[38]比觉：等到醒来。[39]引颈振衣：伸长头颈，整顿衣服。睡完刚醒的样子。[40]自外入者：从外面内调的。[41]贡献：向朝廷献礼。[42]边陲：边疆辽远地区。

蜀金州防御使全师郁寇金州，拔水寨[1]。城中兵才千人，都监陈知隐托他事将兵三百沿流遁去；防御使马全节[2]罄私财[3]以给军，出奇[4]死战，蜀兵乃退。戊寅[5]，诏斩知隐。

初，闽主有幸臣[6]曰归守明，出入卧内[7]；闽主晚年得风疾[8]，陈后与守明及百工院使[9]李可殷私通，国人皆恶[10]之。莫敢言。

可殷尝谮[11]皇城使李仿[12]于闽主，后族[13]陈匡胜无礼于福王继鹏，仿及继鹏皆恨之。闽主疾甚[14]，继鹏有喜色[15]。仿以闽主为必不起[16]，冬，十月，己卯[17]，使壮士数人持白梃[18]击李可殷，杀之，中外震惊。庚辰[19]，闽主疾少间[20]，陈后诉之。闽主力疾视朝[21]，诘可殷死状，仿惧而出，俄顷[22]，引部兵[23]鼓噪[24]入宫。闽主闻变，匿于九龙帐下，乱兵刺之而出。闽主宛转未绝[25]，宫人不忍其苦[26]，为绝之[27]。仿与继鹏杀陈后、陈守恩、陈匡胜、归守明及继鹏弟继韬；继韬[28]素与继鹏相恶故也。辛巳[29]，继鹏称皇太后令监国，是日，即皇帝位。更名昶。谥其父曰齐肃明孝皇帝，庙号惠宗。既而自称权知福建节度事，遣使奉表于唐，大赦境内；立李春燕为贤妃。

初，闽惠宗娶汉主女清远公主[30]，使宦者闽清林延遇[31]置邸[32]于番禺[33]，专掌国信[34]。汉主赐以大第，禀赐[35]甚厚，数[36]问以闽事。延遇不对，退，谓人曰："去闽语闽，去越语越[37]，处人宫禁，可如是乎！"汉主闻而贤之，以为内常侍，使钩校[38]诸司事。延遇闻惠宗遇弑，求归，不许，素服[39]向其国三日哭。

（以上为第十五段，写闽国政变，王继鹏弑父自立，改名王昶。）

【注释】

[1]拔水寨：金州治所金城，在汉水岸上，今陕西安康县。后唐建水寨以防蜀兵。拔，攻取。[2]马全节（891—945）：字大雅，魏郡元城（今河北大名县）人。少从军旅，官至邺都留守。传见《旧五代史》卷九十。[3]罄私财：拿出全部家产。罄，尽，全部。[4]出奇：出奇不意。[5]戊寅：九月癸巳朔，无戊寅，甲寅，九月二十二日。[6]幸臣：宠幸的臣子。[7]卧内：

卧室内。[8]风疾：风病，头痛、发热、关节痛等。[9]百工院使：宫廷官。掌木、金等百工。[10]恶（wù）：厌恶。[11]谮：说坏话诬陷别人。[12]李仿（?—935）：官闽皇城使。弑王延钧，为王继鹏所杀。传见《十国春秋》卷九十八。[13]后族：闽主王后的族人，即陈氏外戚。[14]疾甚：病重。[15]有喜色：高兴的样子。[16]必不起：一定死亡。[17]己卯：十月十八日。[18]白梃：棍棒。[19]庚辰：十月十九日。[20]疾少间：疾病少有好转。[21]力疾视朝：带病勉强支撑着参加朝会。[22]俄顷：过了一会儿。[23]部兵：皇城使所属禁卫兵。[24]鼓噪：大声呐喊。[25]宛转未绝：辗转反复而没有断气。[26]不忍其苦：不忍心看到他痛苦的挣扎之状。[27]绝之：绝了他的命。[28]继韬（?—935）：王延钧次子。传见《十国春秋》卷九十四。[29]辛巳：十月二十日。[30]清远公主：刘龑女，适闽主王延钧。传见《十国春秋》卷六十一。[31]林延遇（?—956）：闽清（今福建闽侯）人。为人阴险多计。传见《十国春秋》卷六十五。[32]邸：官舍。[33]番禺：县名，在今广东广州市番禺区。[34]国信：两国信使。传递文书。[35]禀赐：俸给、赏赐。禀，通“廪”，俸禄。[36]数：多次。[37]去闽语闽，去越语越：离开闽国就议论闽国，离开越国就议论越国，语，议论，这里有说坏话，透露机密等意思。[38]钩校：管理。[39]素服：孝服。

荆南节度使高从诲，性明达[1]，亲礼贤士，委任梁震，以兄事之[2]；震常谓从诲为郎君[3]。

楚王希范好奢靡[4]，游谈者[5]共夸其盛。从诲谓僚佐曰：“如马王可谓大丈夫[6]矣。”孙光宪[7]对曰：“天子诸侯，礼有等差。彼乳臭子骄侈僭忲[8]，取快一时，不为远虑，危亡无日，又足慕乎！”从诲久而悟，曰：“公言是也。”他日，谓梁震曰：“吾自念平生奉养，固已过矣[9]。”乃捐去[10]玩好，以经史自娱，省刑薄赋，境内以安。

梁震曰：“先王待我如布衣交[11]，以嗣王属我[12]。今嗣王能自立，不坠[13]其业，吾老矣，不复事人[14]矣。”遂固请退居。从诲不能留，乃为之筑室于土洲[15]。震披鹤氅[16]，自称荆台隐士，每诣府，跨黄牛至听[17]事。从诲时过[18]其家，四时赐与甚厚。自是悉以政事属孙光宪。

臣光曰：孙光宪见微而能谏[19]，高从诲闻善而能徙[20]，梁震成功而能退，自古有国家者能如是[21]，夫何亡国败家丧身之有[22]。

吴加中书令徐知诰尚父、太师、大丞相、大元帅，进封齐王，备殊礼[23]，以升、润、宣、池、歙、常、江、饶、信、海十州[24]为齐国；知诰辞尚父、丞相，殊礼不受。

闽皇城使、判六军诸卫李仿专制朝政，阴养死士[25]，闽主昶与拱宸指挥使林延皓等图之。延皓等诈亲附仿，仿待之不疑。十一月，壬子[26]，仿入朝，延皓等伏卫士数百于内殿，执斩之，枭首[27]朝门。仿部兵千余持白梃攻应天门[28]，不克，焚启圣门[29]，夺仿首奔吴越。诏暴仿弑君及杀继韬等罪，告谕[30]中外。以建王继严[31]权判六军诸卫，以六军判官永泰叶翘[32]为内宣徽使、参政事。

翘博学质直[33]，闽惠宗擢为福王[34]友，昶以师傅礼待之，多所裨益[35]，宫中谓之"国翁"。昶既嗣位，骄纵，不与翘议国事。一旦，昶方视事[36]，翘衣道士服过庭中趋出[37]，昶召还，拜之，曰:"军国事殷[38]，久不接对，孤之过也。"翘顿首曰:"老臣辅导无状，致陛下即位以来无一善可称，愿乞骸骨[39]。"昶曰:"先帝以孤属公[40]，政令不善，公当极言，奈何弃孤去！"厚赐金帛，慰谕令复位。昶元妃梁国夫人李氏[41]，同平章事敏之女，昶嬖李春燕，待夫人甚薄。翘谏曰;"夫人先帝之甥，聘之以礼，奈何以新爱而弃之！"昶不悦，由是疏之。未几，复上书言事，昶批其纸尾[42]曰:"一叶随风落御沟[43]。"遂放归永泰，以寿终。

帝嘉马全节之功，召诣阙[44]。刘延朗求赂，全节无以与之；延朗欲除全节绛州刺史，群议沸腾。帝闻之，乙卯[45]，以全节为横海留后。

十二月，壬申[46]，以中书侍郎、同平章事充枢密使韩昭胤同平章事，充护国节度使。

乙酉[47]，以前匡国节度使、同平章事冯道为司空。时久无正拜三公[48]者，朝议疑[49]其职事；卢文纪欲令掌祭祀扫除，道闻之曰:"司空扫除，职也，吾何惮[50]焉。"既而文纪自知不可，乃止。

闽主赐洞真先生陈守元号天师，信重[51]之，乃至更易[52]将相，刑罚，选举，皆与之议；守元受赂请托，言无不从，其门如市[53]。

（以上为第十六段，写荆南主高从诲纳谏改过，闽主王昶拒谏饰过。）

【注释】

［1］明达：开明练达。［2］以兄事之：用对哥哥那样的礼节对待他。［3］郎君：门生故吏常呼其主之子为郎君。［4］奢靡：奢侈靡费。［5］游谈者：游说的人。［6］大丈夫：有作为、有抱负的人。［7］孙光宪（?—约968）：字孟文，贵平（今四川仁寿东北）人。家世业农。事南平三世，皆处幕中，累官荆南节度副使。性嗜经籍，以文学自负。聚书数千卷。著有《荆台集》《桔斋集》《玩笔庸集》《巩湖编玩》《北梦琐言》《蚕书》等。传见《十国春秋》卷一百二十。［8］僭忲：僭越奢侈。［9］固已过矣：本来就过分了。［10］捐去：除去。［11］如布衣交：像普通老百姓一样的交情。［12］属我：属，通"嘱"。嘱托我。［13］坠：坠毁。［14］事人：侍奉别人。［15］土洲：江陵有九十九洲。其中一洲。［16］鹤氅：鸟羽所制的裘。［17］听：通"厅"。［18］过：到。［19］见微而能谏：看到微小的坏苗子便能谏阻。［20］能徙：能改过从善。［21］能如是：能够做到这样。［22］夫何亡国败家丧身之有：哪会有亡国、败家、身死的事发生呢？［23］备殊礼：给予享受特殊的礼数。［24］十州：即升、润、宣、池、歙、常、江、饶、信、海等十州之地，当今江苏全省及安徽、江西部分地区，为吴全境之地。升州，在今南京市。润州，在今江苏镇江市。宣州，在今安徽宣城市宣州区。池州，在今安徽铜陵市。歙州，在今安徽歙县。常州，在今江苏常州市。江州，在今江西九江市。饶州，在今江西鄱阳县。信州，在今江西上饶市。［25］阴养死士：暗暗地豢养敢死的人。［26］壬子：十一月二十一日。［27］枭首：高悬其头以示众。［28］应天门：闽皇城门名。［29］启圣门：闽皇城门名。［30］告谕：布告晓谕。［31］继严：王延钧子，封建王，为政得人心，被王延羲鸩死。传见《十国春秋》卷九十四。［32］叶翘：永泰（今福建永泰县）人，博学质直。传见《十国春秋》卷九十六。［33］质直：品质端方、正直。［34］福王：即王昶初封福王。［35］裨益：补益。［36］方视事：刚在处理政务。［37］趋出：快步走出。［38］殷：多。［39］乞骸骨：退休。［40］以孤属公：将我托付给你。属，通"嘱"，嘱托。［41］李氏：王昶元配，累封梁国夫人。传见《十国春秋》卷九十四。［42］纸尾：奏章的末尾。［43］一叶随风落御沟：意即将叶翘放逐回乡。［44］诣阙：到朝廷面见皇帝。［45］乙卯：十一月二十四日。［46］壬申：十二月十一日。［47］乙酉：十二月二十四日。［48］正拜三公：正式任命司徒、司马、司空。［49］疑：通"拟"，拟定。［50］惮：惧怕。［51］信重：信任且敬重。［52］更易：调换。［53］其门如市：他的门口像市场那样热闹。

【点评】

本卷点评后唐闵帝出奔无将相相随、后唐末帝抓阄择相、司马光论荆南君臣三件史事。

一、后唐闵帝出奔无将相相随。后唐闵帝，讳从厚，小字菩萨奴，明宗第三子。长兴元年（930），从厚年十七，封宋王，镇邺都，秦王李从荣同母弟。长兴四年秦王诛，明宗崩，宋王自邺入都，十二月一日癸卯，宋王李从厚发丧于西宫，在明宗柩前即帝位，年二十。欧阳修《新五代史》称其“为人形质丰厚，寡言好礼”，薛居正《旧五代史》称闵帝年幼时就“好读《春秋》，略通大义”。闵帝为宋王时，在大臣中有很好的口碑，遭秦王从荣之忌，从厚百般承顺，得免于祸。从厚虽然才能平庸，但无过错，加之性柔宽厚，若得良辅，不失为一个贤君。从厚无意得大位，年少居外藩，朝中无根基。枢密使朱弘昭、冯赟，以及三宰臣司空冯道、右仆射宋愚、吏部尚书刘昫，皆明宗旧臣，无一是社稷之臣。镇守凤翔的潞王李从珂，本姓王，镇州平山人。明宗为李克用骑将，过平山，掠得从珂，养以为子。原名阿三，明宗赐名李从珂。李从珂英勇善战，常立战功，颇得庄宗嘉奖。明宗入洛，李从珂以兵从，建立首功。是以李从珂在朝内外享有很高的威望。闵帝即位，李从珂年已五十，在明宗诸子中最为年长。李从珂起兵凤翔，唐兵往讨而降之。从珂东出，传檄诸镇，一路望风归降。从珂至陕，闵帝出奔，欲至魏州以图复兴，召大宦官孟汉琼使诣魏州为先导，孟汉琼不应召，单骑奔陕。闵帝在藩镇时的亲信牙将慕容迁时任控鹤指挥使帅兵守玄武门，闵帝出奔，密与之谋，令其帅从扈护驾。闵帝以五十骑出玄武门，慕容迁随即闭门不行。慕容迁不扈从闵帝而待潞王，自古以来众叛亲离未有盛于此者。闵帝至卫州东卫州驿，遇石敬瑭，闵帝问石敬瑭以大计。石敬瑭谋及卫州刺史王弘贽，二人议曰：“前代天子播迁，皆有将相、侍卫、府库、法物，四者今皆无之，独有五十骑，即使有忠义之心，也没办法表现。”石敬瑭，明宗之婿，以王弘贽所言四者为辞，其实是出卖天子的托词。石敬瑭的牙内指挥使刘知远引兵尽杀闵帝左右及五十骑随从，丢下一个孤零零的闵帝前去投效潞王。潞王李从珂入洛，百官奉迎。潞王以太后令在明宗灵柩前即位，是为末帝，史又称废帝。后唐末帝遣人杀闵帝于卫州。闵帝在位前后仅一百二十四日，死年二十一。李从厚的人生和帝王梦，恰似昙花一现。一个花样年华的青年，一个没有过恶的帝王，不由自主地被权力的恶浪吞没，在五代帝王中最为悲剧，令人可悯。

二、后唐末帝抓阄择相。冯道、刘昫、李愚三宰臣在朝，尚能平衡。冯道出镇同州，刘昫和李愚二人不相容。刘昫生性苛刻精明，李愚刚愎急躁，许多时候两人意见都相左，红着脸争吵是家常便饭，耽误和拖延了政事的实施。后唐末帝很是头疼，想另外再任命一个宰相，不知道任用谁，就征询左右亲信的意见。左右亲信也拿不定主意，一共推荐了三个人：尚书左丞姚颉、太常卿卢文纪、秘书监崔居俭，三人各有长短。后唐末帝想出一个办法，把三个人的名字写在小纸上放入琉璃瓶中，在晚上焚香向上天祷告，然后用筷子到瓶中夹纸条，首先夹到的是卢文纪，其次是姚颉。秋七月二十三日辛亥，任命卢文纪为中书侍郎同平章事。后唐末帝抓阄择相，古今奇闻。治国如同儿戏，两年后身死国灭。

三、司马光论荆南君臣。荆南节度使高从诲，性情开朗通达，亲近礼遇贤能之士，政事悉委之于梁震，兄事之，主臣之间，如鱼与水。楚王马希范喜欢奢侈华靡，高从诲十分羡慕，对僚属说："能像马王那样气派才是一个真正的男子汉。"僚属孙光宪接过话茬说："天子和诸侯，在礼仪上有很大的差等。马王他还是一个乳臭未干的小儿，如此骄奢僭越，只图一时之快乐，不顾长远的利害，危亡就在眼前，哪里值得羡慕？"高从诲细细思量醒悟过来，赞赏孙光宪，说："你的话说得好啊。"又一天，高从诲对梁震说："我认真反省了自己的行为，平时的享受已经过分了。"于是收敛了自己的玩好，把空闲时间都用在了读书上。省刑轻赋，从此荆南国境安定。梁震年老，高从诲长成，能纳谏改过，于是辞仕告退，高从诲礼遇听从，一年四季，君臣之间像朋友故人一样来往。从此，高从诲把政事全都委托给孙光宪。司马光对此高度评价说："孙光宪看到了苗头就能够劝谏，高从诲听得进善言纠正过失，梁震功成身退培植后进。自古以来，有国有家的人都这样办理，哪还有亡国、破家、丧身的事情出现呢？"荆南地狭人寡，介于四围强邻之间，居安思危，这是高氏政权产生的客观环境。相形之下，马王的奢靡，闽主的饰过亡身，高氏君臣兢兢为治，是值得称道的。

卷二八〇　后晋纪一

后晋高祖天福元年（936年）

【柔兆涒滩（丙申，936年），一年】

【大事提要】

本卷记事起公元936年岁首，讫于岁末，凡一年，当后晋高祖天福元年。此一年又发生了改朝换代，后晋代后唐。后唐末帝即位，议与契丹和亲，专力防范石敬瑭，末帝摇摆不决而未果。末帝纵石敬瑭回晋阳，既放虎归山，而又在政权未固之时，匆匆下诏移镇逼反石敬瑭。末帝讨伐，集中全国之兵用于晋阳一线，却疏于防范契丹，孤注一掷在晋阳与敌人打阵地战，实为下下之策。吏部侍郎龙敏建言末帝立契丹降将李赞华为契丹主北行，牵制契丹主不敢入援晋阳，此为上计，末帝竟然不纳。唐军部署，河南、河中诸镇之兵先期围攻晋阳不下反被围于晋阳安寨。唐河北之兵扫境以与赵德钧，赵德钧却暗中投靠契丹拥众不战。末帝无奈统禁军亲征，逗留不进，又不采纳龙敏用奇计破敌之策，坐以待毙。石敬瑭割燕云十六州土地换得契丹主策命，在晋阳即皇帝位，中原有两主，形势急转。晋安寨唐军投敌，赵德钧全线溃退，末帝禁军星散，返回洛阳无兵可战，自焚身亡，后唐灭亡。

高祖圣文章武明德孝皇帝上之上

天福元年（丙申，936年）

春，正月，吴徐知诰始建大元帅府，以幕职[1]分判[2]吏、户、礼、兵、刑、工部及盐铁。

丁未[3]，唐主立子重美为雍王。

癸丑[4]，唐主以千春节[5]置酒，晋国长公主[6]上寿[7]毕，辞归晋阳。帝醉，曰："何不且留[8]，遽归，欲与石郎反邪！"石敬瑭闻之，益惧。

三月，丙午[9]，以翰林学士、礼部侍郎马胤孙为中书侍郎、同平章事。胤孙性谨懦[10]，中书事多凝滞[11]，又罕接宾客，时人目为[12]“三不开”[13]，谓口、印、门也。

石敬瑭尽收其货[14]之在洛阳及诸道者归晋阳，托言[15]以助军费，人皆知其有异志。唐主夜与近臣从容语曰：“石郎于朕至亲，无可疑者；但流言不释[16]，万一失欢[17]，何以解之？”皆不对。

端明殿学士、给事中李崧退谓同僚吕琦曰：“吾辈受恩深厚；岂得[18]自同众人，一概观望邪！计将安出？”琦曰：“河东[19]若有异谋，必结契丹为援。契丹母以赞华[20]在中国，屡求和亲[21]，但求荝剌[22]等未获[23]，故和未成耳。今诚[24]归荝剌等与之和，岁以礼币约直十余万缗遗之[25]：彼必欢然承命[26]。如此，则河东虽欲陆梁[27]，无能为矣。”崧曰：“此吾志[28]也。然钱谷皆出三司，宜更与张相[29]谋之。”遂告张延朗，延朗曰：“如学士计，不惟可以制河东，亦省边费之什九，计无便[30]于此者。若主上听从，但责办[31]于老夫，请于库财之外捃拾[32]以供之。”他夕，二人密言于帝，帝大喜，称其忠，二人私草[33]《遗契丹书》以俟命[34]。

久之，帝以其谋告枢密直学士薛文遇，文遇对曰：“以天子之尊，屈身[35]奉夷狄，不亦辱乎[36]！又，虏若循故事[37]求尚公主[38]，何以拒之？”因诵戎昱《昭君诗》[39]曰：“安危托妇人[40]。”帝意遂变。一日，急召崧、琦至后楼，盛怒[41]，责之曰：“卿辈皆知古今，欲佐人主致太平[42]；今乃为谋如是！朕一女尚乳臭[43]，卿欲弃之沙漠邪？且欲以养士之财输之虏庭，其意安在[44]？”二人惧，汗流浃背[45]，曰：“臣等志在竭愚[46]以报国，非为虏计[47]也，愿陛下察之。”拜谢无数[48]，帝诟责不已[49]。吕琦气竭[50]，拜少止[51]，帝曰：“吕琦强项[52]，肯视朕为人主邪！”琦曰：“臣等为谋不臧[53]，愿陛下治其罪，多拜何为[54]！”帝怒稍解，止其拜，各赐卮酒[55]罢之，自是群臣不敢复言和亲之策。丁巳[56]，以琦为御史中丞，盖疏之也。

（以上为第一段，写后唐末帝议与契丹和亲，摇摆不定而未果。）

【注释】

[1]幕职：以幕僚任职。 [2]分判：分别担任。 [3]丁未：正月十七日。 [4]癸丑：正月二十三日。[5]千春节：后唐末帝李从珂生日为千春节。[6]晋国长公主：明宗长女、石敬瑭妻。[7]上寿：祝寿。 [8]且留：暂时留下。 [9]丙午：三月十七日。 [10]谨懦：谨慎而怯懦。[11]凝滞：耽搁、延误。 [12]目为：看作是。 [13]三不开：即不开口建言，不盖印发文，不开门迎宾，所谓口、印、门三不开。 [14]货：财物。 [15]托言：借口。 [16]流言不释：流言蜚语没有完。 [17]失欢：有了矛盾，失去欢心。指谋反，以后兵戎相见。 [18]得：能。[19]河东：指河东节度使石敬瑭。 [20]赞华：即契丹东丹王突欲。 [21]和亲：为求和平而联姻。 [22]萴剌：契丹大将，被后唐俘虏。 [23]未获：没有得到。 [24]诚：假使。 [25]遗（wèi）之：送给他们。 [26]欢然承命：高兴地接受和亲意见。 [27]陆梁：跋扈。 [28]志：愿望。 [29]张相：指张延朗。 [30]便于：好于、优于。 [31]责办：负责办理。 [32]掊拾：收集。 [33]私草：私下起草。 [34]俟命：等待命令。 [35]屈身：委屈自己。 [36]不亦辱乎：不是很羞耻的吗？[37]循故事：遵照老规矩。 [38]求尚公主：请求娶公主。 [39]戎昱《昭君诗》：戎昱，唐诗人。荆南（今湖北江陵）人。明人辑有《戎昱诗集》存世。《昭君诗》，汉元帝以王昭君嫁匈奴，后人怜之，作诗歌以言其事。这里指戎昱所写《昭君诗》。 [40]安危托妇人：国家的安危，寄托在女人身上。 [41]盛怒：大怒。 [42]致太平：达到太平境界。 [43]尚乳臭：乳臭未干，指年纪还小。 [44]其意安在：你们的意图是什么。 [45]汗流浃背：出汗很多，湿透了背上的衣服。[46]竭愚：竭尽愚忠。 [47]非为虏计：不是为契丹打算。 [48]拜谢无数：连连叩头请罪。俗语磕头如捣蒜。[49]诟责不已：诟骂、责备没完没了。[50]气竭：气力用尽。[51]拜少止：跪拜稍停。[52]强项：倔强，不肯低头。[53]为谋不臧：不能为你谋划好策略。[54]多拜何为：多拜有什么用呢？[55]卮酒：一大杯酒。 [56]丁巳：三月二十八日。

吴徐知诰以其子副都统景通为太尉、副元帅，都统判官宋齐丘、行军司马徐玠为元帅府左右司马[1]。

闽主昶改元通文，立贤妃李氏[2]为皇后，尊皇太后曰太皇太后[3]。

静江[4]节度使、同平章事马希杲[5]有善政，监军裴仁煦谮之于楚王希范，言其收众心，希范疑之。夏，四月，汉将孙德威[6]侵蒙[7]、桂二州，希范命其弟武安节度副使希广[8]权知军府事，自将步骑五千如桂州。希杲惧，其母华夫人[9]逆[10]希范于全义岭[11]，谢曰："希杲为治无状[12]，致寇戎入境，烦殿下亲涉险阻，皆妾[13]之罪也。愿削封邑，洒扫掖庭[14]，以赎希杲罪。"希范曰："吾久不见希杲，闻其治行尤异[15]，故来省之[16]，无他[17]也。”汉兵自蒙州引去，徙[18]希杲知朗州。

高从诲遣使奉笺[19]于徐知诰，劝即帝位。

初，石敬瑭欲尝[20]唐主之意，累表自陈羸疾[21]，乞解兵柄[22]，移他镇；帝与执政议从其请，移镇郓州。房暠、李崧、吕琦等皆力谏，以为不可，帝犹豫久之。

五月，庚寅[23]夜，李崧请急在外[24]，薛文遇独直[25]，帝与之议河东事，文遇曰：“谚有之：‘当道筑室，三年不成[26]。’兹事[27]断自圣志；群臣各为身谋，安肯尽言！以臣观之，河东移亦反，不移亦反，在旦暮耳，不若先事图之[28]。”先是，术者[29]言国家今年应得贤佐，出奇谋，定天下，帝意文遇当之，闻其言，大喜，曰：“卿言殊豁吾意[30]，成败吾决行之。”即为除目[31]，付学士院使草制[32]。辛卯[33]，以敬瑭为天平节度使，以马军都指挥使、河阳节度使宋审虔为河东节度使。制出[34]，两班闻呼敬瑭名，相顾失色。

甲午[35]，以建雄[36]节度使张敬达为西北蕃汉马步都部署，趣敬瑭之郓州。敬瑭疑惧，谋于将佐曰：“吾之再来河东也，主上面许终身不除代[37]；今忽有是命，得非[38]如今年千春节与公主所言乎？我不兴乱，朝廷发之[39]，安能束手死于道路乎！今且发表称疾以观其意，若其宽我，我当事之；若加兵于我，我则改图[40]耳。”幕僚段希尧极言拒之，敬瑭以其朴直，不责也。节度判官华阴赵莹[41]劝敬瑭赴郓州，观察判官平遥薛融曰：“融书生，不习军旅。”都押牙刘知远曰：“明公[42]久将兵，得士卒心；今据形胜之地[43]，士马精强，若称兵传檄[44]，帝业可成，奈何以一纸制书自投虎口[45]乎！”掌书记洛阳桑维翰[46]曰：“主上初即位，明公入朝，主上岂不知蛟龙不可纵之深渊邪？然卒[47]以河东复授公，此乃天意假公以利器[48]。明宗遗爱在人，主上以庶孽[49]代之，群情不附[50]。公明宗之爱婿，今主上以反逆见待，此非首谢[51]可免，但力为自全之计。契丹素与明宗约为兄弟，今部落近在云、应，公诚能推心屈节[52]事之，万一有急，朝呼夕至，何患无成。”敬瑭意遂决。

（以上为第二段，写后唐末帝下诏移镇，逼反石敬瑭。）

【注释】

[1]左右司马：官名。协助元帅掌军政。[2]李氏：即李春燕。[3]太皇太后：惠宗妻金氏。[4]静江：方镇名，唐昭宗光化三年（900），升桂管经略使为静江节度使，治所桂州，在今广西桂林市。[5]希杲：镇静江，为治有善政，徙知朗州。被马希范鸩杀。传见《十国春秋》卷七十一。[6]孙德威：勇敢有气力，多次从刘龑征伐，为诸将之冠。传见《十国春秋》卷六十三。[7]蒙：蒙州，在今广西蒙山县。[8]希广（?—950）：字德丕，马殷第三十五子。公元947至950年在楚王位。[9]华夫人：马希杲之母，马殷妻。传见《十国春秋》卷七十一。[10]逆：迎。[11]全义岭：地名，在今广西兴安县西。[12]为治无状：治理桂州不称职。[13]妾：女人通用的自我谦称。此指华夫人自称。[14]洒扫掖庭：在宫廷中从事洒扫等事。[15]尤异：优异。[16]省之：探望他。[17]无他：没有别的。[18]徙：迁。[19]奉笺：奉表。[20]尝：试探。[21]羸疾：瘦弱。[22]乞解兵柄：请求解除兵权。[23]庚寅：五月二日。[24]请急在外：请假在外。急，告假。[25]独直：独自一人值夜班。[26]当道筑室，三年不成：意即人多口杂，造房者不知听谁的主意为好。[27]兹事：这件事，指如何处理石敬瑭事。[28]先事图之：趁石敬瑭尚未发难之前处置他。[29]术者：操阴阳、占筮、算卦的人。[30]殊豁吾意：我很受启发。[31]除目：皇帝御笔亲除付外执行。[32]草制：起草制书。[33]辛卯：五月三日。[34]制出：诏制在朝廷宣读。[35]甲午：五月六日。[36]建雄：方镇名。后唐置建雄军。治所晋州，在今山西寿阳县西北。[37]面许终身不除代：当面允许我一辈子任河东节度使，不再任命别人。[38]得非：莫不是。[39]朝廷发之：发动了这件事。[40]改图：作另外打算。[41]赵莹：字玄辉，华州华阴（今陕西华阴市）人。为人淳厚，官至后晋宰相。传见《新五代史》卷五十六。[42]明公：指石敬瑭。[43]形胜之地：形势险要，可以控制全局的地方。[44]称兵传檄：举兵发出声讨文告。[45]自投虎口：自己投到老虎的嘴里，自取灭亡。[46]桑维翰（?—947）：字国侨，为人丑怪，身短而面长。进士及第。石敬瑭降契丹，由桑维翰牵线。官中书令。传见《新五代史》卷二十九。[47]卒：终于。[48]利器：兵权。[49]庶孽：指李从珂是明宗义子，不是嫡传。[50]群情不附：大家的思想是不归附的。[51]首谢：叩头道谢。[52]推心屈节：真心诚意地低头。

先是，朝廷疑敬瑭，以羽林将军宝鼎杨彦询[1]为北京副留守，敬瑭将举事，亦以情告之[2]。彦询曰："不知河东兵粮几何，能敌朝廷乎？"左右请杀彦询，敬瑭曰："惟副使一人我自保之[3]，汝辈勿言也。"

戊戌[4]，昭义节度使皇甫立[5]奏敬瑭反。敬瑭表："帝养子，不应承祀[6]，请传位许王[7]。"帝手裂其表抵地[8]，以诏答之曰："卿于鄂王固非疏远，卫州之事，天下皆知；许王之言，何人肯信！"壬寅[9]，制削夺敬瑭官爵。乙巳[10]，以张敬达兼太原四面排陈使[11]，河阳节度使张彦琪为马步军都指挥使，以安国节度使安审琦为马军都指挥使，以保义节度使相里金为步军都指挥使，以右监门上将军武廷翰为壕寨使[12]。丙午[13]，以张敬达为太原四面兵马都部署[14]，以义武节度使杨光远为副部署。丁未[15]，又以张敬达知太原行府事，以前彰武节度使高行周为太原四面招抚、排陈等使。光远既行，定州军乱，牙将千乘方太[16]讨平之。

张敬达将兵三万营于晋安乡[17]，戊申[18]，敬达奏西北先锋马军都指挥使安审信[19]叛奔晋阳。审信，金全之弟子也，敬瑭与之有旧。先是，雄义都指挥使马邑安元信[20]将所部六百余人戍代州，代州刺史张朗善遇之[21]。元信密说朗曰："吾观石令[22]公长者[23]，举事必成；公何不潜遣人通意，可以自全。"朗不从，由是互相猜忌[24]。元信谋杀朗，不克[25]，帅其众奔审信，审信遂帅麾下数百骑与元信掠百井[26]奔晋阳。敬瑭谓元信曰："汝见何利害[27]，舍强而归弱？"对曰："元信非知星识气[28]，顾[29]以人事[30]决之耳。夫帝王所以御[31]天下，莫重于信[32]。今主上失大信于令公，亲而贵者[33]且不自保，况疏贱乎！其亡可翘足[34]而待，何强之有！"敬瑭悦，委以军事。振武西北巡检使安重荣[35]戍代北，帅步骑五百奔晋阳。重荣，朔州人也。以宋审虔为宁国节度使、充侍卫马军都指挥使。

天雄节度使刘延皓恃后族之势[36]，骄纵，夺人财产，减将士给赐，宴饮无度。捧圣都虞候张令昭因[37]众心怨怒，谋以魏博[38]应河东[39]，癸丑[40]未明，帅众攻牙城[41]，克之；延皓脱身走，乱兵大掠。令昭奏："延皓失于抚御[42]，以致军乱；臣以[43]抚安士卒，权领军府[44]，乞赐旌节！"延皓至洛阳，唐主怒，命远贬[45]；皇后为之请[46]，六月，庚申[47]，止削延皓官爵，归私第[48]。

（以上为第三段，写各镇官兵依违观望，甚至多有投附石敬瑭的人。）

【注释】

[1]杨彦询（872—945）：字成章，河中宝鼎（今山西万荣县）人。官邢州节度使。传见《旧五代史》卷九十。[2]以情告之：把准备起事的情况告诉他。[3]我自保之：我自己为他作担保。

[4]戊戌：五月十日。[5]皇甫立（?—949）：代北（今山西代县）人。性纯谨，累官至检校太尉。传见《旧五代史》卷一百六。[6]承祀：继承皇位。[7]许王：明宗子许王从益。[8]抵地：丢在地上。[9]壬寅：五月十四日。[10]乙巳：五月十七日。[11]四面排陈使：官名。掌布置进攻阵容。[12]壕寨使：官名，掌掘壕建寨事。[13]丙午：五月十八日。[14]都部署：前线总指挥，元帅。[15]丁未：五月十九日。[16]方太：字伯宗，青州千乘（今山东高青县）人。官安州防御使。传见《旧五代史》卷九十四。[17]晋安乡：地名，在今山西太原市南。[18]戊申：五月二十日。[19]安审信（894—953）：字行光，幼习骑射，官河中节度使，以聚敛为务，民苦暴政。传见《旧五代史》卷一百二十三。[20]安元信（884—946）：朔州马邑（今山西朔州）人，少善骑射，仕晋复州防御使。传见《旧五代史》卷九十。[21]善遇之：很好地对待他。[22]石令公：石敬瑭。因石敬瑭加中书令，故称之。[23]长者：忠厚诚信的人。[24]猜忌：猜疑、嫉妒。[25]不克：没有成功。[26]百井：百井镇，在今山西阳曲县北。[27]利害：利益和弊端。[28]知星识气：知道星历、气数。[29]顾：而、不过。[30]人事：人间庶事。此指潞王处事不信。[31]御：统治。[32]信：守信用。[33]亲而贵者：石敬瑭为明帝之婿，可说至亲，身任中书令，建节统兵，专制北面，可说至贵。[34]翘足：抬脚，形容时间短暂。[35]安重荣（?—941）：朔州（今山西朔州）人。官成德节度使。[36]恃后族之势：依靠皇后的势力。[37]因：乘。[38]魏博：即天雄军。[39]河东：指石敬瑭所在的太原。[40]癸丑：五月二十五日。[41]牙城：即衙城。节度使府衙。[42]失于抚御：不能很好地慰抚、领导部下。[43]臣以：当为臣已。[44]权领军府：暂时管理节度使府政务。[45]远贬：贬谪流徙到远方。[46]请：请求、说情。[47]庚申：六月三日。[48]归私第：回到自己家里。

辛酉[1]，吴太保、同平章事徐景迁以疾罢，以其弟景遂[2]代为门下侍郎、参政事。

癸亥[3]，唐主以张令昭为右千牛卫将军[4]、权知天雄军府事。令昭以调发未集[5]，且受新命。寻有诏徙齐州防御使，令昭托以士卒所留，实俟河东之成败。唐主遣使谕之，令昭杀使者。甲戌[6]，以宣武节度使兼中书令范延光为天雄四面行营招讨使、知魏博[7]行府事，以张敬达充太原四面招讨使，以杨光远为副使。丙子[8]，以西京留守李周为天雄军四面行营副招讨使。

石敬瑭之子右卫上将军重殷[9]、皇城副使重裔[10]闻敬瑭举兵，匿于民间井中。弟沂州都指挥使敬德[11]杀其妻女而逃，寻捕得，死狱中，从弟彰圣都指挥使敬威[12]自杀。秋，七月，戊子[13]，获重殷、重裔，诛之，并族所匿之家。

庚寅[14]，楚王希范自桂州北还。

云州步军指挥使桑迁奏应州节度使尹晖逐云州节度使沙彦珣，收其兵应[15]河东。丁酉[16]，彦珣表迁谋叛应河东，引兵围子城[17]。彦珣犯围[18]走出西山[19]，据雷公口[20]，明日，收兵入城击乱兵，迁败走，军城[21]复安。是日，尹晖执[22]迁送洛阳，斩之。

丁未[23]，范延光拔魏州，斩张令昭。诏悉诛其党七指挥。

张敬达发怀州彰圣军[24]戍虎北口[25]，其指挥使张万迪将五百骑奔河东，丙辰[26]，诏尽诛其家。

（以上为第四段，写后唐末帝诛灭石敬瑭诸子，以及张令昭等反叛者。）

【注释】

[1]辛酉：六月四日。 [2]景遂（?—958）：李昪第三子。性淳厚恬淡，有士风，封齐王。传见《十国春秋》卷十九。 [3]癸亥：六月六日。 [4]右千牛卫将军：禁卫官名，分左、右。[5]调发未集：调动、征发的士兵尚未集中。 [6]甲戌：六月十七日。 [7]魏博：这里当作魏州。因天雄军治魏州。 [8]丙子：六月十九日。 [9]重殷（?—936）：重英，石敬瑭长子，天福七年（942）追封虢王。传见（新五代史》卷十七。 [10]重裔（?—936）：重胤，石敬瑭第三子。天福七年（942）追封郯王。传见《新五代史》卷十七。 [11]敬德（?—936）：石敬瑭弟。天福七年（942）追赠福王。传见《新五代史》卷十七。 [12]敬威（?—936）：石敬瑭弟，字奉信。天福七年（942），追赠广王。传见《新五代史》卷十七。 [13]戊子：七月二日。 [14]庚寅：七月四日。 [15]应：响应。 [16]丁酉：七月十一日。 [17]子城：内城、月城。 [18]犯围：突围。 [19]西山：地名，在今山西大同境内。 [20]雷公口：地名，西山的一个隘口。 [21]军城：指云州节度使府。 [22]执：抓获。 [23]丁未：七月二十一日。 [24]彰圣军：本洛阳屯卫兵，分戍怀州，被征赴张敬达军前效命，敬达又遣之戍虎北口，部署攻晋阳。 [25]虎北口：在太原市汾水北岸。[26]丙辰：七月三十日。

石敬瑭遣间使[1]求救于契丹，令桑维翰草表[2]称臣于契丹主，且请以父礼事之[3]，约事捷之日[4]，割卢龙[5]一道及雁门关[6]以北诸州与之。刘知远谏曰："称臣可矣，以父事之太过[7]。厚以金帛赂之[8]，自足致其兵[9]，不必许以土田[10]，恐异日[11]大为中国之患，悔之无及。"敬瑭不从。表至契丹，契丹主大喜，白其母曰[12]："儿比梦[13]石郎遣使来，今果然，此天意也。”乃为复书，许俟仲秋[14]倾国[15]赴援。

八月，己未[16]，以范延光为天雄节度使，李周为宣武节度使、同平章事。

癸亥[17]，应州言契丹三千骑攻城。

张敬达筑长围[18]以攻晋阳。石敬瑭以刘知远为马步都指挥使，安重荣、张万迪降兵皆隶焉。知远用法无私，抚之如一[19]，由是人无贰心[20]。敬瑭亲乘城[21]，坐卧矢石下，知远曰："观敬达辈高垒深堑，欲为持久之计，无他奇策[22]，不足虑也[23]。愿明公四出间使，经略外事[24]。守城至易，知远独能办之。”敬瑭执知远手，抚其背而赏之。

戊寅[25]，以成德节度使董温琪为东北面副招讨使，以佐卢龙节度使赵德钧。

唐主使端明殿学士吕琦至河东行营犒军[26]，杨光远谓琦曰："愿附奏陛下，幸宽宵旰[27]。贼若无援，旦夕当平；若引[28]契丹，当纵之令入[29]，可一战破也。”帝甚悦。帝闻契丹许石敬瑭以仲秋赴援，屡督张敬达急攻晋阳，不能下。每有营构[30]，多值风雨[31]，长围复为水潦[32]所坏，竟不能合[33]。晋阳城中日窘[34]，粮储浸乏[35]。

（以上为第五段，写后唐末帝大发兵征讨晋阳，石敬瑭引契丹为援，以割地相许。）

【注释】

[1]间使：从小道而出的秘密使者。[2]草表：起草表章。[3]以父礼事之：用对待父亲的礼节侍奉他。[4]事捷之日：事情成功的时候。[5]卢龙：方镇名。辖幽、涿、营、平、蓟、妫、檀、瀛、莫九州。即今河北北部地区。[6]雁门关：关名。在今山西代县北。[7]以父事之太过：用父亲之礼节侍奉他太过分了。[8]赂之：贿赂他。[9]足致其兵：足以把他的兵召来。[10]许以土田：答应给他土地。[11]异日：以后。[12]母：述律太后。[13]比：近来。[14]仲秋：八月份。[15]倾国：竭尽全国之兵力。[16]己未：八月三日。[17]癸亥：八月七日。[18]筑长围：造包围晋阳的城垒，切断晋阳内外联系。[19]抚之如一：爱护他们，没有亲疏之分。[20]人无贰心：人们没有反叛的思想。[21]乘城：登城。[22]无他奇策：没有出奇制胜的策略。[23]不足虑也：不必忧虑。[24]经略外事：管理对外联系的事。[25]戊寅：八月二十二日。[26]犒军：慰劳军队。[27]宵旰（gàn）：宵衣旰食，指帝王勤于政事。这里有放心之意。[28]引：勾引。[29]纵之令入：放他进来。[30]营构：建造。

[31]多值风雨：大多碰到风雨天气。[32]水潦：雨水冲刷。[33]不能合：城垣长围不能合拢。[34]日窘：一天比一天窘迫。[35]浸乏：渐渐缺乏。

九月，契丹主将[1]五万骑，号三十万，自扬武谷[2]而南，旌旗不绝[3]五十余里。代州刺史张朗、忻州刺史丁审琦婴城[4]自守，虏骑过城下，亦不诱胁[5]。审琦，洺州人也。

辛丑[6]，契丹主至晋阳，陈[7]于汾北之虎北口。先遣人谓敬瑭曰："吾欲今日即破贼可乎？"敬瑭遣人驰告曰："南军甚厚[8]，不可轻[9]，请俟明日议战[10]未晚也。"使者未至，契丹已与唐骑将高行周、符彦卿[11]合战[12]，敬瑭乃遣刘知远出兵助之。张敬达、杨光远、安审琦以步兵陈于城西北山下，契丹遣轻骑三千，不被甲[13]，直犯其陈[14]。唐兵见其羸[15]，争逐之[16]，至汾曲[17]，契丹涉水[18]而去。唐兵循岸[19]而进，契丹伏兵自东北起，冲唐兵断而为二，步兵在北者多为契丹所杀，骑兵在南者引归晋安寨[20]。契丹纵兵乘之[21]，唐兵大败，步兵死者近万人，骑兵独全。敬达等收余众保晋安，契丹亦引兵归虎北口。敬瑭得唐降兵千余人，刘知远劝敬瑭尽杀之。

是夕，敬瑭出北门[22]，见契丹主。契丹主执敬瑭手，恨相见之晚。敬瑭问曰："皇帝远来，士马疲倦，遽[23]与唐战而大胜，何也？"契丹主曰："始吾自北来，谓唐必断[24]雁门诸路，伏兵险要，则吾不可得进矣。使人侦视[25]，皆无之，吾是以长驱深入，知大事必济[26]也。兵既相接，我气方锐，彼气方沮[27]，若不乘此急击之，旷日持久，则胜负未可知矣。此吾所以亟战[28]而胜，不可以劳逸常理[29]论也。"敬瑭甚叹伏。

壬寅[30]，敬瑭引兵会契丹围晋安寨，置营于晋安之南，长百余里，厚[31]五十里，多设铃索吠犬[32]，人跬步[33]不能过。敬达等士卒犹五万人，马万匹，四顾无所之[34]。甲辰[35]，敬达遣使告败于唐[36]，自是声问不复通。唐主大惧，遣彰圣都指挥使符彦饶[37]将洛阳步骑兵屯河阳，诏天雄节度使兼中书令范延光将魏州兵二万由青山[38]趣榆次[39]，卢龙节度使、东北面招讨使兼中书令北平王赵德钧将幽州兵出契丹军后，耀州防御使潘环纠[40]合西路戍兵[41]，由晋、绛两乳岭出慈、隰，共救晋安寨。契丹主移帐于柳林[42]，游骑过石会关[43]，不见唐兵。

（以上为第六段，写契丹入援石敬瑭，初战大败后唐军。）

【注释】

[1]将：率领。 [2]扬武谷：地名。在今山西代县崞阳镇。 [3]不绝：不断。 [4]婴城：据城。 [5]诱胁：引诱威胁。 [6]辛丑：九月十五日。 [7]陈：列阵。 [8]南军甚厚：唐军力量强大。 [9]轻：轻视。 [10]议战：商议作战事宜。 [11]符彦卿：符存审第三子。官凤翔节度使，封魏王。传附《旧五代史》卷五十六《符存审传》。 [12]合战：接战。 [13]不被甲：不穿盔甲。被，通“披”。 [14]直犯其陈：直接攻打唐军阵营。 [15]羸：瘦弱。 [16]争逐之：争先恐后地追赶他们。 [17]汾曲：汾水弯曲处。 [18]涉水：渡水。 [19]循岸：沿着汾河岸边。 [20]晋安寨：寨名，在今太原市城郊。 [21]纵兵乘之：发兵追击。 [22]北门：晋阳城北门。 [23]遽：骤然。 [24]断：扼守、阻截。 [25]侦视：侦察、探视。 [26]必济：一定成功。 [27]沮：沮丧、衰颓。 [28]亟战：急战。 [29]劳逸常理：以逸待劳的一般道理。[30]壬寅：九月十六日。 [31]厚：宽。 [32]吠犬：会叫的狗。 [33]跬步：半步。一举足叫跬。 [34]四顾无所之：四面八方无法出去。 [35]甲辰：九月十八日。 [36]告败于唐：向唐末帝报告失败的消息。 [37]符彦饶（?—937）：符存审第二子。唐庄宗时血战有功，授曹州刺史，为政甚有民誉。为后晋滑州节度使。传见《旧五代史》卷九十一。 [38]青山：地名，在今河北邢台市。 [39]榆次：县名。在今山西晋中市榆次区。 [40]纠合：集合。纠，通“纠”。 [41]西路戍兵：指蒲州、潼关以西诸路戍兵。 [42]柳林：地名，当在晋安寨南。 [43]石会关：关名。在今山西榆社县西。

丁未[1]，唐主下诏亲征。雍王重美曰：“陛下目疾未平，未可远涉风沙[2]；臣虽童稚，愿代陛下北行。”帝意本不欲行，闻之，颇悦。张延朗、刘延皓及宣徽南院使刘延朗皆劝帝行，帝不得已，戊申[3]，发洛阳，谓卢文纪曰：“朕雅闻[4]卿有相业，故排众议首用卿，今祸难如此，卿嘉谋皆安在乎？”文纪但拜谢，不能对。己酉[5]，遣刘延朗监侍卫步军都指挥使符彦饶军赴潞州，为大军[6]后援。诸军自凤翔推戴[7]以来，骄悍不为用，彦饶恐其为乱，不敢束之以法。

帝至河阳，心惮[8]北行，召宰相、枢密使议进取方略[9]，卢文纪希帝旨[10]，言“国家根本，太半[11]在河南[12]。胡兵倏[13]来忽往，不能久留；晋安大寨甚固，况已发三道兵救之。河阳天下津要[14]，车驾[15]

宜留此镇抚南北，且遣近臣往督战，苟[16]不能解围，进亦未晚。”张延朗欲因事令赵延寿得解枢务[17]，因曰：“文纪言是也。”帝访于余人[18]，无敢异言者。泽州刺史刘遂凝[19]，鄩之子也，潜[20]自通于石敬瑭，表称车驾不可逾[21]太行[22]。帝议近臣可使北行者，张延朗与翰林学士须昌和凝[23]等皆曰：“赵延寿父德钧以卢龙兵来赴难，宜遣延寿会之。”庚戌[24]，遣枢密使、忠武节度使、随驾诸军都部署、兼侍中赵延寿将兵二万如潞州。辛亥[25]，帝如怀州。以右神武统军康思立为北面行营马军都指挥使，帅扈从骑兵赴团柏谷[26]。思立，晋阳胡人也。

帝以晋安为忧，问策于群臣，吏部侍郎永清龙敏[27]请立李赞华[28]为契丹主，令天雄、卢龙二镇分兵送之，自幽州趣西楼[29]，朝廷露檄[30]言之，契丹主必有内顾之忧，然后选募军中精锐以击之，此亦解围之一策也。帝深以为然，而执政恐其无成，议竟不决。

（以上为第七段，写后唐末帝亲征。吏部侍郎龙敏建言立李赞华为契丹主北行以扰乱契丹后方，后唐末帝犹豫不决竟未施行。）

【注释】

[1]丁未：九月二十一日。 [2]风沙：指代北方。 [3]戊申：九月二十二日。 [4]雅闻：一向听说。 [5]己酉：九月二十三日。 [6]大军：指张敬达晋安寨军。 [7]凤翔推戴：指在凤翔拥戴李从珂称帝。 [8]惮：害怕。 [9]议进取方略：讨论进军的策略。 [10]希帝旨：迎合末帝的意旨。 [11]太半：大半。 [12]河南：泛指黄河以南地区。 [13]倏（shū）来忽往：迅速地来，迅速地去。 [14]河阳天下津要：河阳是国家重要的渡口。因进攻洛阳，必须从河阳渡黄河。 [15]车驾：指皇帝。 [16]苟：如果。 [17]得解枢务：能够解除枢密使职务。 [18]余人：其他大臣。 [19]刘遂凝：刘鄩子，事唐为刺史。王淑妃用事，受恩宠。传附《新五代史》卷二十二。 [20]潜：暗中。 [21]逾：越过。 [22]太行：太行山。 [23]和凝（898—955）：字成绩，汶阳须昌（今山东东平县）人。少好学，19岁登进士第，任后晋宰相。著有《香奁集》存世。传见《旧五代史》卷一百二十七。 [24]庚戌：九月二十四日。 [25]辛亥：九月二十五日。 [26]团柏谷：地名，在今山西祁县境内。 [27]龙敏（886—948）：宁欲讷，幽州永清（今河北永清县）人。外柔而内刚，爱决断大计。官至后晋工部尚书。传见《旧五代史》卷一百八。 [28]李赞华：耶律德光之兄东丹王突欲。 [29]西楼：契丹都城，即上京临潢府。在今内蒙古巴林佐旗东南波罗城。 [30]露檄：公布檄文。故意使契丹知道檄文内容。

帝忧沮形于神色[1]，但日夕酣饮悲歌[2]。群臣或劝其北行，则曰："卿勿言，石郎[3]使我心胆堕地[4]！"

冬，十月，壬戌[5]，诏大括[6]天下将吏及民间马；又发民为兵，每七户出征夫一人，自备铠仗，谓之"义军"，期以十一月俱集，命陈州刺史郎万金[7]教以战陈。用张延朗之谋也。凡得马二千余匹，征夫五千人，实无益于用，而民间大扰。

初，赵德钧阴蓄异志[8]，欲因乱[9]取中原，自请救晋安寨；唐主命自飞狐踵契丹后，抄[10]其部落，德钧请将银鞍契丹直[11]三千骑，由土门[12]路西入，帝许之。赵州刺史、北面行营都指挥使刘在明[13]先将兵戍易州，德钧过易州，命在明以其众自随[14]。在明，幽州人也。德钧至镇州，以董温琪领招讨副使，邀与偕行[15]，又表称兵少，须合泽潞兵；乃自吴儿谷[16]趣潞州，癸酉[17]，至乱柳[18]。时范延光受诏将部兵二万屯辽州，德钧又请与魏博军合；延光知德钧合诸军，志趣难测，表称魏博兵已入贼境，无容[19]南行数百里与德钧合，乃止。

汉主以宗正卿兼工部侍郎刘濬[20]为中书侍郎、同平章事。濬，崇望之子也。

十一月[21]，以赵德钧为诸道行营都统，依前东北面行营招讨使。以赵延寿为河东道南面行营招讨使，以翰林学士张砺为判官。庚寅[22]，以范延光为河东道东南面行营招讨使，以宣武节度使、同平章事李周副之。辛卯[23]，以刘延朗为河东道南面行营招讨副使。赵延寿遇赵德钧于西汤[24]，悉以兵属[25]德钧。唐主遣吕琦赐德钧敕告[26]，且犒军。德钧志在并范延光军，逗留不进，诏书屡趣[27]之。德钧乃引兵北屯团柏谷口[28]。

（以上为第八段，写赵德钧受命为诸道行营都统，却暗中勾结契丹为援，效石敬瑭之所为。）

【注释】

[1]忧沮形于神色：担心和沮丧之情表现在脸上。[2]酣饮悲歌：畅快地饮酒，悲哀地歌唱。[3]石郎：指石敬瑭。[4]心胆堕地：形容害怕之极。[5]壬戌：十月七日。[6]大括：大大地搜集。[7]郎万金：后唐当时勇将。[8]阴蓄异志：暗暗地包藏着窃取帝位的愿望。

[9]因乱：趁乱。 [10]抄：包抄。 [11]银鞍契丹直：禁卫军名。赵德钧在幽州，以契丹来降的骁勇者，编制银鞍契丹直。 [12]土门：即井陉。在今河北井陉县。 [13]刘在明（?—948）：幽州（今北京市）人。官至后晋镇州留后。传见《旧五代史》卷一百六。 [14]自随：跟着自己。指赵德钧。 [15]偕行：与赵德钧一起出发。 [16]吴儿谷：地名。在今山西长治市。 [17]癸酉：十月十八日。 [18]乱柳：地名。乱柳寨，在今山西沁县南。 [19]无容：不必。 [20]刘濬：字伯深。滑州胙（今河南延津县）人。刘龑幕僚，官至南汉宰相。清简执持，养民息兵，有善政。传见《十国春秋》卷六十二。 [21]十一月：据章校，“月”下有“戊子”二字。戊子，十一月三日。 [22]庚寅：十一月五日。 [23]辛卯：十一月六日。 [24]西汤：地名，《旧五代史》作“西唐店”，在山西沁县西北。 [25]属：归。 [26]敕告：指诸道行营都统委任令。 [27]趣：促。 [28]团柏谷口：地名，在今山西祁县。

癸巳[1]，吴主诏齐王知诰置百官，以金陵府为西都。

前坊州[2]刺史刘景岩，延州人也，多财而喜侠，交结豪杰，家有丁夫兵仗，人服其强，势倾州县[3]。彰武节度使杨汉章无政[4]，失夷、夏[5]心，会括马及义军，汉章帅步骑数千人将赴军期[6]，阅之于野。景岩潜使人挠[7]之曰：“契丹强盛，汝曹有去无归。”众惧，杀汉章，奉景岩为留后。唐主不获已，丁酉[8]，以景岩为彰武留后。

契丹主谓石敬瑭曰：“吾三千里赴难[9]，必有成功。观汝器貌识量[10]，真中原之主也。吾欲立汝为天子。”敬瑭辞让者数四[11]，将吏复劝进[12]，乃许之。契丹主作册书[13]，命敬瑭为大晋皇帝，自解衣冠授之[14]，筑坛于柳林[15]，是日，即皇帝位。割幽、蓟、瀛、莫、涿、檀、顺、新、妫、儒、武、云、应、寰、朔、蔚十六州[16]以与契丹，仍许岁输帛[17]三十万匹。己亥[18]，制改长兴七年为天福元年，大赦；敕命法制，皆遵明宗之旧。以节度判官赵莹为翰林学士承旨、户部侍郎、知河东军府事，掌书记桑维翰为翰林学士、礼部侍郎、权知枢密使事，观察判官薛融为侍御史知杂事[19]，节度推官白水[20]窦贞固为翰林学士，军城都巡检使刘知远为侍卫马军都指挥使，客将景延广[21]为步军都指挥使。延广，陕州人也。立晋国长公主为皇后。

（以上为第九段，写契丹主策命石敬瑭为皇帝，石敬瑭割燕云十六州土地给契丹作回报。）

【注释】

[1]癸巳：十一月八日。[2]坊州：州名。在今陕西合阳县南。[3]势倾州县：势力倾轧州、县官吏。[4]无政：政治腐败。[5]夷、夏：指少数民族和汉族。[6]将赴军期：按规定的期限到讨石敬瑭军前报到。[7]挠：扰乱。[8]丁酉：十一月十二日。[9]三千里赴难：从辽远的地方来解救你的急难。三千：虚数。[10]器貌识量：器才、容貌、见识、气量。[11]数四：多次。[12]劝进：劝勉他进位为天子。[13]册书：制书文告。立后妃、封亲王、皇子、大长公主、拜三师、三公、三省长官时用。由翰林学士撰文。[14]自解衣冠授之：自己解下衣帽赐给石敬瑭。石敬瑭穿契丹服即位称皇帝。[15]柳林：地名，在今山西太原市东南。[16]十六州以与契丹：割让华北大片土地给契丹，十六州之地当今河北滹沱河以北，山西雁门关以北广大地区，华北恒山险阻尽失，中原失去屏障，使北方游牧民族长期为中原祸患，石敬瑭之罪也。[17]输帛：输送绸缎。[18]己亥：十一月十四日。[19]侍御史知杂事：官名。唐御史台置侍御史，知杂事指侍御史辅助御史中丞处理御史台事务。[20]白水：县名。在今陕西白水县。[21]景延广（891—946）：字航川，陕州（今河南三门峡市陕州区）人。能挽强弓。官至后晋天平节度使。主张出帝石重贵对契丹称孙而不称臣。为契丹逮捕，自杀。传见《新五代史》卷二十九。

契丹主虽军柳林，其辎重老弱皆在虎北口，每日暝[1]辄结束[2]，以备仓猝遁逃[3]，而赵德钧欲倚契丹取中国，至团柏逾月，按兵不战，去晋安才百里，声问[4]不能相通。德钧累表为延寿求成德节度使，曰："臣今远征，幽州势孤，欲使延寿在镇州，左右便于应接[5]。"唐主曰："延寿方击贼，何暇往镇州！俟贼平，当如所请。"德钧求之不已[6]；唐主怒曰："赵氏父子坚欲得镇州，何意也？苟能却胡寇，虽欲代吾位，吾亦甘心，若玩寇邀君[7]，但恐犬兔俱毙[8]耳。"德钧闻之，不悦。

闰月，赵延寿献契丹主所赐诏及甲马弓剑，诈云[9]德钧遣使致书于契丹主，为唐结好[10]，说[11]令引兵归国；其实别为密书[12]，厚以金帛赂契丹主，云："若立己为帝，请即以见兵[13]南平洛阳，与契丹为兄弟之国；仍许石氏常镇河东。"契丹主自以深入敌境，晋安未下，德钧兵尚强，范延光在其东，又恐山北诸州[14]邀[15]其归路，欲许德钧之请。

帝闻之，大惧，亟[16]使桑维翰见契丹主，说之[17]曰："大国举义兵以救孤危[18]，一战而唐兵瓦解，退守一栅[19]，食尽力穷。赵北平[20]父子不忠不信[21]，畏大国之强，且素蓄异志，按兵观变，非以死徇国[22]

之人，何足可畏，而信其诞妄之辞[23]，贪豪末之利，弃垂成[24]之功乎！且使晋得天下，将竭中国之财以奉大国，岂此小利之比乎！”契丹主曰：“尔见捕鼠者[25]乎，不备之，犹或啮[26]伤其手，况大敌乎！”对曰：“今大国已扼[27]其喉，安能[28]啮人乎！”契丹主曰：“吾非有渝前约[29]也，但兵家权谋[30]不得不尔[31]。”对曰：“皇帝以信义救人之急，四海之人俱属耳目[32]，奈何二三其命[33]，使大义不终！臣窃[34]为皇帝不取也。”跪于帐前，自旦至暮，涕泣争之。契丹主乃从之，指帐前石谓德钧使者曰：“我已许石郎，此石烂，可改矣。”

（以上为第十段，写赵德钧、石敬瑭争相投靠契丹灭后唐，石敬瑭的割地争得了先机。）

【注释】

[1]日暝：日落。 [2]辄结束：便准备行装。 [3]仓猝遁逃：匆忙中逃跑。 [4]声问：音讯。 [5]左右便于应接：如赵延寿镇镇州，则左可以接应蓟门，右可以接应团柏。 [6]不已：不止、不完。 [7]若玩寇邀君：如果玩忽敌人而要挟君主。 [8]犬兔俱毙：猎狗与狡兔一起都死了。典出《战国策》。 [9]诈云：假说。 [10]为唐结好：替唐主与契丹结好同盟。 [11]说：劝说。 [12]别为密书：另外再秘密写信给耶律德光。 [13]见兵：现在的军队。见，通“现”。[14]山北诸州：指云、应、寰、朔等州。 [15]邀：拦击。 [16]亟：急。 [17]说之：游说他。 [18]孤危：孤独而处于危险之中。 [19]退守一栅：指退守晋安寨。 [20]赵北平：指赵德钧。因封北平王，故称之。 [21]不忠不信：指赵德钧不忠于唐，不信于契丹。 [22]徇国：报国。 [23]诞妄之辞：荒诞无稽的话。 [24]垂成：即将取得成功。 [25]捕鼠者：捉老鼠的人。 [26]啮：咬。 [27]扼：扼住。 [28]安能：怎能。 [29]渝前约：违背以前的协定，即立石敬瑭为帝。 [30]但兵家权谋：只是军事家的权术和谋略。 [31]不得不尔：不得不这样做。[32]俱属耳目：都听到、看到。 [33]二三其命：指前后反复，不专一。 [34]窃：私下。

龙敏谓前郑州防御使李懿曰：“君[1]，国之近亲，今社稷之危，翘足可待，君独无忧乎？”懿为言赵德钧必能破敌之状。敏曰：“我燕人[2]也，知德钧之为人，怯而无谋，但于守城差长[3]耳。况今内蓄奸谋[4]，岂可恃乎[5]！仆[6]有狂策[7]，但恐朝廷不肯为[8]耳。今从驾兵尚万余人，马近五千匹，若选精骑一千，使仆与郎万金将之，自介休[9]山路，夜冒[10]虏骑入晋安寨，但使其半得入，则事济[11]矣。张敬达等陷于重围，不知朝廷声问，若知大军近在团柏，虽有铁障[12]可冲陷[13]，况虏骑乎！”懿以白唐主，唐主曰：“龙敏之志极壮，用之晚矣。”

丹州[14]义军作乱，逐刺史康承询，承询奔鄜州。

晋安寨被围数月，高行周、符彦卿数引[15]骑兵出战，众寡不敌，皆无功。刍粮俱竭[16]，削柹淘粪[17]以饲马，马相啖[18]，尾鬣皆秃[19]，死则将士分食之，援兵竟不至。张敬达性刚，时谓之“张生铁”，杨光远、安审琦劝敬达降于契丹，敬达曰：“吾受明宗及今上[20]厚恩，为元帅而败军，其罪已大，况降敌乎！今援兵旦暮至，且当俟之。必若力尽势穷，则诸军斩我首，携之出降，自求多福[21]，未为晚也。”光远目[22]审琦欲杀敬达，审琦未忍[23]。高行周知光远欲图敬达，常引壮骑尾而卫之，敬达不知其故，谓人曰：“行周每踵余后[24]，何意也？”行周乃不敢随之。诸将每旦[25]集于招讨使营，甲子[26]，高行周、符彦卿未至，光远乘其无备，斩敬达首，帅诸将上表降于契丹。契丹主素闻诸将名，皆慰劳，赐以裘帽，因戏之曰[27]：“汝辈亦大恶汉[28]，不用盐酪啖战马万匹[29]！”光远等大惭。契丹主嘉张敬达之忠，命收葬而祭之，谓其下及晋诸将曰：“汝曹为人臣，当效敬达也。”时晋安寨马犹近五千，铠仗五万，契丹悉取以归其国，悉以唐之将卒授帝，语之曰：“勉事而主[30]。”马军都指挥使康思立愤惋而死。

（以上为第十一段，写后唐末帝不采纳龙敏奇袭契丹之计，坐以待毙，导致后唐军晋安寨降敌。）

【注释】

[1]君：你。 [2]燕人：幽州人。 [3]差长：稍微擅长。 [4]内蓄奸谋：内心有谋逆的想法。 [5]岂可恃乎：怎么可以依靠呢？ [6]仆：我。 [7]狂策：大胆的策略。 [8]为：执行。 [9]介休：县名。在今山西介休市。 [10]冒：顶着。 [11]济：成功。 [12]铁障：铁的屏障。 [13]冲陷：冲破。指死里逃生，哀兵必胜。可以产生巨大的力量。 [14]丹州：州名。在今陕西宜川县东北。 [15]数引：多次率领。 [16]刍粮俱竭：马草和粮食都吃尽。 [17]削柹淘粪：削柿树木成片，淘马粪中的草筋喂马。 [18]马相啖：马互咬。 [19]尾鬣皆秃：尾巴毛和颈毛都因彼此吞食而光秃秃的。[20]今上：指李从珂。[21]自求多福：可以换得平安富贵。[22]目：以目示意。 [23]未忍：不忍心。 [24]每踵余后：常常跟随在我后面。 [25]每旦：

每天早晨。[26]甲子：闰十一月九日。[27]因戏之曰：于是对他们开玩笑说。[28]大恶汉：被人憎恶的汉人。[29]不用盐酪啖战马万匹：不用盐巴和浆酪吃掉了万匹战马。意指不战而降。[30]勉事而主：勉力服侍你们的主人。而，通“尔”，你。

帝以晋安已降，遣使谕[1]诸州，代州刺史张朗斩其使；吕琦奉唐主诏劳北军[2]，至忻州[3]，遇晋使，亦斩之，谓刺史丁审琦曰：“虏过城下而不顾[4]，其心可见，还日必无全理[5]，不若早帅兵民自五台[6]奔镇州。”将行，审琦悔之，闭牙城不从。州兵欲攻之，琦曰：“家国如此，何为复相屠灭[7]！”乃帅州兵趣镇州，审琦遂降契丹。

契丹主谓帝曰：“桑维翰尽忠于汝，宜以为相。”丙寅[8]，以赵莹为门下侍郎，桑维翰为中书侍郎，并同平章事；维翰仍权知枢密使事。以杨光远为侍卫马步军都指挥使，以刘知远为保义节度使、侍卫马步军都虞候。

帝与契丹主将引兵而南，欲留一子守河东，咨[9]于契丹主，契丹主令帝尽出诸子，自择之[10]。帝兄子重贵[11]，父敬儒早卒，帝养以为子，貌类帝[12]而短小，契丹主指之曰：“此大目者[13]可也。”乃以重贵为北京留守、太原尹、河东节度使。契丹以其将高谟翰[14]为前锋，与降卒[15]偕进[16]。丁卯[17]，至团柏，与唐兵战，赵德钧、赵延寿先遁[18]，符彦饶、张彦琦、刘延朗、刘在明继之，士卒大溃，相腾践[19]死者万计。

己巳[20]，延朗、在明至怀州，唐主始知帝即位、杨光远降。众议以“天雄军府尚完[21]，契丹必惮[22]山东[23]，未敢南下，车驾宜幸魏州。”唐主以李崧素[24]与范延光善[25]，召崧谋之。薛文遇不知而继至[26]，唐主怒，变色[27]；崧蹑[28]文遇足，文遇乃去。唐主曰“我见此物[29]肉颤[30]，适[31]几欲抽佩刀刺之。”崧曰：“文遇小人，浅谋误国[32]，刺之益丑。”崧因劝唐主南还，唐主从之。

（以上为第十二段，写后唐军全线溃退，后唐末帝南返洛阳。）

【注释】

[1]谕：晓谕。[2]北军：指雁门以北诸州固守之军。[3]忻州：州名。治所秀容，在今山西忻州市。[4]不顾：装作不知道而不抗击。[5]还日必无全理：回去时一定不能保全禄位。[6]五台：县名。在今山西五台县。[7]何为复相屠灭：为什么再自相屠杀。[8]丙寅：闰十一月十一日。[9]咨：询问。[10]自择之：自己来加以选择。[11]重贵（914—?）：后晋少帝。石敬瑭侄子。石敬瑭入洛阳，以重贵为太原尹，知河东管内节度观察使。天福七年（942）石敬瑭卒，重贵即皇帝位。公元942至946年在位。公元946年契丹耶律德光南侵，掠石重贵北去，不知所终。[12]类帝：像石敬瑭。[13]此大目者：这个大眼睛的人。[14]高谟翰（?—959）：又名松，渤海人，有膂力，善骑射，好谈兵。耶律德光夸之为“国之勇将”，官至宰相。传见《辽史》卷七十六。[15]降卒：指晋安寨降卒。[16]偕进：一起前进。[17]丁卯：闰十一月十二日。[18]先遁：先避敌逃走。[19]腾践：践踏。[20]己巳：闰十一月十四日。[21]天雄军府尚完：天雄军节度使府还比较完备。[22]惮：害怕。[23]山东：指天雄军，因其在太行山之东。[24]素：一向。[25]善：友好。因范延光当时镇魏州。[26]薛文遇不知而继至：薛文遇与李崧同轮直，不知道独召李崧，故随后也来了。[27]变色：改变脸色。盛怒的样子。[28]蹑：踢、踏。踢其足示意。[29]此物：这个东西，指薛文遇。表示轻蔑。[30]肉颤：肌肉抖动，内心厌恶的样子。[31]适：刚才。[32]浅谋误国：计谋短浅，贻误国家。因反对与契丹和议、劝末帝移镇天平都出于薛文遇的主张。

洛阳闻北军[1]败，众心大震，居人四出，逃窜山谷。门者[2]请禁之，河南尹雍王重美曰：“国家多难，未能为百姓主[3]，又禁其求生，徒增恶名[4]耳；不若听其自便，事宁自还[5]。”乃出令任从所适[6]，众心差安[7]。

壬申[8]，唐主还至河阳，命诸将分守南、北城[9]。张延朗请幸滑州，庶与魏博声势相接，唐主不能决。

赵德钧、赵延寿南奔潞州，唐败兵稍稍从之，其将时赛帅卢龙轻骑东还渔阳[10]。帝先遣昭义节度使高行周还具食[11]，至城下，见德钧父子在城上，行周曰：“仆与大王[12]乡曲[13]，敢不忠告！城中无斗粟[14]可守，不若速迎车驾[15]。”甲戌[16]，帝与契丹主至潞州，德钧父子迎谒于高河[17]，契丹主慰谕之，父子拜帝于马首，进曰：“别后安否？”帝不顾[18]，亦不与之言。契丹主问德钧曰：“汝在幽州所置银鞍契丹直何在？”德钧指示[19]之，契丹主命尽杀之于西郊[20]，凡三千人。遂琐[21]

德钧、延寿，送归其国[22]。

德钧见述律太后，悉以所赍[23]宝货[24]并籍其田宅[25]献之，太后问曰："汝近者[26]何为往太原？"德钧曰："奉唐主之命。"太后指天曰："汝从[27]吾儿求为天子，何妄语[28]邪！"又自指其心曰："此不可欺[29]也。"又曰："吾儿将行，吾戒之云：赵大王[30]若引兵北向渝关[31]，亟须引归，太原不可救也。汝欲为天子，何不先击退吾儿，徐图[32]亦未晚。汝为人臣，既负[33]其主，不能击敌，又欲乘乱邀利[34]，所为如此，何面目复求生乎？"德钧俯首不能对。又问："器玩[35]在此，田宅何在？"德钧曰："在幽州。"太后曰："幽州今属谁？"曰："属太后。"太后曰："然则又何献焉[36]？"德钧益惭。自是郁郁不多食，逾年而卒。张砺与延寿俱入契丹，契丹主复以为翰林学士。

（以上为第十三段，写赵德钧父子降敌，被械送契丹，赵德钧被述律太后斥责不忠，抑郁而死。）

【注释】

[1]北军：指赵德钧、符彦饶等驻团柏之兵。 [2]门者：守洛阳城门的官员。 [3]为百姓主：替老百姓作主。 [4]徒增恶名：白白地增加坏名声。 [5]事宁自还：事情平息自己会回来的。 [6]任从所适：听任百姓自愿到哪里去就到哪里去。 [7]众心差安：人们的思想、情绪稍稍安定下来。 [8]壬申：闰十一月十七日。 [9]南、北城：河阳有南、北、中潬三城。守南、北城为了保卫黄河桥。 [10]渔阳：即幽州，在今北京市。 [11]还具食：先回去准备军食。 [12]大王：指赵德钧。因封北平王，故称大王。 [13]乡曲：同乡人。指他们均是幽州人。[14]斗粟：指粮食稀少。 [15]车驾：指石敬瑭。 [16]甲戌：闰十一月十九日。 [17]高河：高河镇。在今山西长治市。 [18]不顾：不屑看他。 [19]指示：指给他看。 [20]西郊：潞州西门外。 [21]琐：通"锁"。加上锁链。 [22]送归其国：送回契丹。 [23]赍：带着的。[24]宝货：珍宝财物。 [25]籍其田宅：土地和房子的清单。 [26]近者：最近。 [27]从：向。[28]何妄语：为什么胡说。 [29]欺：欺骗。 [30]赵大王：指赵德钧。 [31]渝关：山海关。[32]徐图：慢慢打算。指慢慢地图谋作天子。 [33]负：辜负，违背。 [34]乘乱邀利：趁混乱追逐私利。邀，通"要"。 [35]器玩：赵德钧所献珍宝。 [36]又何献焉：又何必劳你上献呢？指此皆我家物。

帝将发上党[1]，契丹主举酒属[2]帝曰："余远来徇义[3]，今大事已成，我若南向[4]，河南[5]之人必大惊骇，汝宜自引汉兵南下，人必不甚惧。我令太相温[6]将五千骑卫送汝至河梁[7]，欲与之渡河者多少随意[8]。余且留此，俟汝音闻，有急则下山[9]救汝；若洛阳既定，吾即北返矣。”与帝执手相泣，久之不能别，解白貂裘[10]以衣[11]帝，赠良马二十匹，战马千二百匹，曰：“世世子孙勿相忘。”又曰：“刘知远、赵莹、桑维翰皆创业功臣，无大故[12]；勿弃也。”

初，张敬达既出师，唐主遣左金吾大将军[13]历山高汉筠[14]守晋州[15]。敬达死，建雄节度副使田承肇帅众攻汉筠于府署，汉筠开门延承肇入，从容谓曰：“仆与公俱受朝寄[16]，何相迫如此？”承肇曰：“欲奉公为节度使。”汉筠曰：“仆老矣，义不为乱首[17]，死生惟公所处[18]。”承肇目[19]左右欲杀之，军士投刃于地曰：“高金吾累朝宿德[20]，奈何害之！”承肇乃谢曰：“与公戏[21]耳。”听[22]汉筠归洛阳。帝遇诸涂[23]，曰：“朕忧卿为乱兵所伤，今见卿甚喜。”

符彦饶、张彦琪至河阳，密言于唐主曰：“今胡兵[24]大下，河水复浅，人心已离，此不可守。”丁丑[25]，唐主命河阳节度使苌从简与赵州刺史刘在明守河阳南城，遂断浮梁[26]，归洛阳。遣宦者秦继旻、皇城使李彦绅杀昭信节度使李赞华于其第。

己卯[27]，帝至河阳，苌从简迎降，舟楫已具[28]。彰圣军[29]执刘在明以降，帝释之，使复其所[30]。

唐主命马军都指挥使宋审虔、步军都指挥使符彦饶、河阳节度使张彦琪、宣徽南院使刘延朗将千余骑至白马阪[31]行战地[32]，有五十余骑奔于北军[33]。诸将谓审虔曰，“何地不可战，谁肯立[34]于此？”乃还。庚辰[35]，唐主又与四将议复向河阳，而将校皆已飞状[36]迎帝。帝虑唐主西奔，遣契丹千骑扼[37]渑池[38]。

辛巳[39]，唐主与曹太后[40]、刘皇后、雍王重美及宋审虔等携传国宝[41]登玄武楼[42]自焚。皇后积薪[43]欲烧宫室，重美谏曰：“新天子至，必不露居[44]，他日重劳民力；死而遗怨[45]，将安用之[46]！”乃止[47]。王淑妃谓太后曰：“事急矣[48]，宜且避匿[49]，以俟姑夫[50]。”太后曰：“吾子孙妇女[51]一朝至此，何忍独生！妹[52]自勉之。”淑妃乃与许王从益匿于球场[53]，获免。

（以上为第十四段，写后唐末帝回到洛阳，无兵可战，自焚而死。）

【注释】

[1]发上党：从上党出发。上党，即潞州。今山西长治市。 [2]属：嘱咐。 [3]徇义：伸张正义。 [4]南向：南下。 [5]河南：指黄河以南洛阳地区。 [6]太相温：即高谟翰。契丹名为太相温。 [7]河梁：河阳桥。 [8]随意：随你的意愿。 [9]下山：下太行山。 [10]白貂裘：白色貂皮衣服。 [11]衣：穿。 [12]无大故：没有大的过失。 [13]左金吾大将军：禁卫军官名。 [14]高汉筠（873—938）：字时英，齐州历山（今山东济南市历城）人。少好书传，投笔从戎，官至晋左骁卫大将军、内客省使。传见《旧五代史》卷九十四。 [15]晋州：州名，治所白马城，在今山西临汾市。 [16]朝寄：朝廷寄以重任。 [17]义不为乱首：守义不做叛乱的首领。 [18]惟公所处：只听你的处分。 [19]目：以目示意。 [20]累朝宿德：历朝以来年高而有道德的人。 [21]戏：开玩笑。 [22]听：任凭。 [23]帝遇诸涂：石敬瑭在路上遇见他。涂，通“途”。 [24]胡兵：指契丹军队。 [25]丁丑：原文作“己丑”，据章校改。闰十一月丙辰朔，无己丑。“丁丑”，闰十一月二十二日。 [26]浮梁：浮桥。 [27]己卯：闰十一月二十四日。[28]舟楫已具：船只已经准备好了。 [29]彰圣军：禁卫军名，驻守河阳者。 [30]使复其所：使刘在明仍旧回到原来的任所。 [31]白马阪：白司马阪，在洛阳北。脱“司”字。 [32]行战地：布列作战的阵地。 [33]北军：指晋军。据章校，此句“骑”下有“渡河”二字。 [34]立：立阵。[35]庚辰：闰十一月二十五日。 [36]飞状：迅速地上奏章。 [37]扼：扼守。 [38]渑池：县名。在洛阳之西，即今河南渑池县。 [39]辛巳：闰十一月二十六日。 [40]曹太后（?—936）：明宗妃。长兴元年册为皇后。传见《旧五代史》卷四十九。 [41]传国宝：即玉玺。 [42]玄武楼：洛阳皇宫内楼阁名。 [43]积薪：堆积柴火。 [44]必不露居：一定不露宿在外。 [45]遗怨：遗留怨恨给后人。[46]将安用之：烧宫室的主意是不能采用的。[47]乃止：于是就停止烧宫室。[48]事急矣：事情已经很危急了。 [49]避匿：躲避。 [50]姑夫：指石敬瑭。因石敬瑭娶明宗之女，故称姑夫。 [51]子孙妇女：子，指李从珂。孙，指李重美。妇，指刘皇后，女，指李从珂女儿。 [52]妹：指王淑妃。 [53]球场：蹋鞠球场地。

是日晚，帝入洛阳，止于旧第[1]。唐兵皆解甲待罪，帝慰而释之。帝命刘知远部署[2]京城，知远分汉军使还营，馆[3]契丹于天宫寺，城中肃然，无敢犯令。士民避乱窜匿者，数日皆还复业。

初，帝在河东，为唐朝所忌，中书侍郎、同平章事、判三司张延朗不欲河东多蓄积，凡财赋应留使[4]之外尽收取之，帝以是恨之。壬午[5]，百官入见，独收[6]延朗付御史台，余皆谢恩。

甲申[7]，车驾[8]入宫，大赦："应[9]中外官吏一切不问，惟贼臣张延朗、刘延皓、刘延朗奸邪贪猥[10]，罪难容贷[11]；中书侍郎·平章事马胤孙、枢密使房暠、宣徽使李专美、河中节度使韩昭胤等，虽居重位，不务诡[12]随，并释罪除名[13]；中外臣僚先归顺者，委中书门下别加任使[14]。"刘延皓匿于龙门[15]，数日，自经[16]死。刘延朗将奔南山[17]，捕得，杀之。斩张延朗；既而选三司使，难其人[18]，帝甚悔之。

闽人闻唐主之亡，叹曰："潞王之罪，天下未之闻也[19]，将如吾君何[20]！

十二月，乙酉朔[21]，帝如河阳，饯[22]太相温及契丹兵归国。

追废唐主为庶人。

丁亥[23]，以冯道兼门下侍郎、同平章事。

曹州刺史郑阮贪暴，指挥使石重立因乱杀之[24]，族其家。

辛卯[25]，以唐中书侍郎姚颉为刑部尚书。

初，朔方[26]节度使张希崇为政有威信，民夷[27]爱之，兴屯田[28]以省漕运；在镇五年，求内徙[29]，唐潞王以为静难节度使。帝与契丹修好，恐其复取灵武，癸巳[30]，复以希崇为朔方节度使。

初，成德节度使董温琪贪暴，积货巨万，以牙内都虞候平山[31]秘琼[32]为腹心。温琪与赵德钧俱[33]没于契丹，琼尽杀温琪家人，瘗于一坎[34]，而取其货，自称留后，表称军乱[35]。

同州小校门铎杀节度使杨汉宾，焚掠州城。

诏赠李赞华燕王，遣使送其丧[36]归国。

张朗将[37]其众入朝。

庚子[38]，以唐中书侍郎卢文纪为吏部尚书。以皇城使晋阳周瓌为大将军、充三司使；瓌辞曰："臣自知才不称职，宁[39]以避事[40]见弃，犹胜冒宠获辜[41]。"帝许之。

帝闻平卢节度使房知温卒，遣天平节度使王建立将兵巡抚青州。

改兴唐府曰广晋府[42]。

安远节度使卢文进闻帝为契丹所立，自以本契丹叛将，辛丑[43]，弃镇奔吴。所过镇戍[44]，召其主将，告之故，皆拜辞而退。

徐知诰以镇南节度使·太尉兼中书令李德诚[45]、德胜节度使兼中书令周本[46]位望[47]隆重，欲使之帅众推戴[48]，本曰："我受先王[49]大恩，自徐温父子用事，恨不能救杨氏之危，又使我为此，可乎！"其子弘祚强之[50]，不得已与德诚帅诸将诣江都表吴主，陈[51]知诰功德，请行册命[52]；又诣金陵劝进[53]。宋齐丘谓德诚之子建勋曰："尊公[54]，太祖元勋[55]，今日扫地[56]矣。"于是吴宫多妖[57]，吴主曰："吴祚[58]其终乎！"左右曰："此乃天意，非人事[59]也。"

高丽王建[60]用兵击破新罗、百济，于是东夷诸国[61]皆附之，有二京，六府，九节度，百二十郡。

（以上为第十五段，写石敬瑭入洛为中原主，是为晋高祖。吴执政徐知诰逼迫吴主禅让。）

【注释】

[1]止于旧第：住宿在原来的房子里。 [2]部署：安排京城的卫戍事宜。 [3]馆：居住。 [4]应留使：应留在节度使府而使用的财赋。唐制，诸州财赋分为三份，一上供，送京师供朝廷使用；一送使，送节度使府；一留州，为州部所用。 [5]壬午：闰十一月二十七日。 [6]收：逮捕。 [7]甲申：闰十一月二十九日。 [8]车驾：皇帝。 [9]应：一切，所有。诏旨文书的发语词。 [10]贪猥：贪婪、猥琐。 [11]容贷：宽容和赦免。 [12]不务诡随：不以奸臣的意志为转移。 [13]释罪除名：免罪，撤销职务。 [14]别加任使：重新加以任用。 [15]龙门：在今洛阳龙门镇。 [16]自经：自杀。 [17]南山：即洛阳南面伊阳诸山。 [18]难其人：难以有合适的人选。 [19]天下未之闻也：天下人没有听说过。 [20]将如吾君何：两者比较，像我们的君主又将怎么样呢？ [21]乙酉朔：十二初一日。原文作"辛酉朔"，据章校改。 [22]饯：设宴送行。 [23]丁亥：十二月三日。 [24]因乱杀之：乘中原之乱而杀了郑阮。 [25]辛卯：十二月七日。 [26]朔方：方镇名。唐玄宗开元九年（721）置朔方军节度使。治所灵州，在今宁夏灵武市西南。 [27]民夷：汉民及少数民族的并称。 [28]屯田：在边疆开辟土地种植粮食。 [29]求内徙：请求内调。 [30]癸巳：十二月九日。 [31]平山：县名。在今河北平山县。 [32]秘琼（?—937）：后唐镇州留后。入晋转齐州防御使，在赴任途中被郓帅范延光所杀。传见《旧五代史》卷九十四。 [33]没：陷没。 [34]瘗于一坎：葬在一条沟里。 [35]表称军乱：上表声称董温琪一家被乱军所杀。 [36]送其丧：送他的棺材等丧具。 [37]将：率领。 [38]庚子：十二月十六日。 [39]宁：宁可、宁愿。 [40]避事：不担任职务。 [41]获辜：获罪。 [42]广晋府：

即魏州。后唐改魏州为兴唐府，后晋改为广晋府。［43］辛丑：十二月十七日。［44］所过镇戍：奔吴所经过的各州府。［45］李德诚（863—940）：广陵（今江苏扬州市）人。官镇南军节度使，封南平王，进封赵王。为南唐佐命大臣。传见《十国春秋》卷七。［46］周本（861—937）：舒州宿松（今安徽宿松县）人。少孤贫，有膂力，曾独自凭一己之力杀虎。有军事才能，官德胜军节度使，封西平王。传见《十国春秋》卷七。［47］位望：地位和声望。［48］帅众推戴：率领文武百官拥戴徐知诰为帝。［49］先王：指杨行密。［50］强之：强迫他。［51］陈：陈述。［52］册命：册徐知诰为帝的命令。［53］劝进：动员进位为皇帝。［54］尊公：指李德诚。［55］太祖元勋：杨行密的第一功臣。［56］扫地：威信扫地以尽。［57］妖：奇怪的事情。［58］祚：国运。［59］人事：人的力量。［60］高丽王建（877—943）：高丽的创建者。松岳（今朝鲜开城）人。本弓裔部将。公元918年杀弓裔自立。并新罗、百济，统一朝鲜半岛。公元918至943年在位，庙号太祖。［61］东夷诸国：指渤海等国。

【点评】

本卷点评后唐末帝失策拒和亲、石敬瑭割地称儿皇帝、赵德钧父子降敌三件史事。

一、后唐末帝失策拒和亲。石敬瑭在晋阳厉兵秣马，蓄聚货财，人皆知其有异志。端明殿学士、给事中李崧与同僚吕琦共议，石敬瑭谋反，必结援契丹。二人密言于末帝，建言与契丹和亲，岁不过供虏礼金十余万缗以安边患，以绝石敬瑭之后路。末帝大喜，嘉奖二人忠心。两人草拟了《遗契丹书》择日遣使送出。末帝突然以其谋告枢密直学士薛文遇，文遇迂腐，以天朝自大，反对和亲。薛文遇对后唐末帝说："以天子之至尊，屈身奉拜夷狄，这是很丢颜面的事。再说，若虏囚提出尚公主，该怎么办呢？"末帝于是一百八十度转弯，痛责李崧、吕琦二人，拿国家养士之财以送虏廷，身为大臣不佐人主致太平，竟然打起了公主的主意，要把皇上的独生女弃之漠北。二人惶惧拜谢。从此群臣没人再敢提和亲之事。当时契丹雄起漠北，中原长年混战，藩镇对抗朝廷，往往引契丹为援。和亲安边，在当时是最好的决策。圣人言："一言可以丧邦，一言可以兴邦。"这话好像就是对薛文遇说的。

二、石敬瑭割地称儿皇帝。石敬瑭反叛于晋阳，纳桑维翰策，草表遗契丹主耶律德光，许愿四个条件以换取契丹发兵。其一，向契丹称臣。其二，以父礼事契丹主，称儿皇帝，接受契丹主的册命。其三，事成之后，割幽、蓟、瀛、莫、涿、檀、顺、新、妫、儒、武、云、应、寰、朔、蔚等十六州之地与契丹。其四，每岁奉送帛三十万匹。都押牙刘知远认为，称臣与奉送厚币两条就可以搬来契丹援兵，以父事之太过，割地更不可以，恐怕契丹成为中原的大祸害，那时后悔就来不及了。石敬瑭不听。天福元年（936）十二月二日丁酉，契丹主耶律德光作册书，命石敬瑭为大晋皇帝。这一年耶律德光三十七岁，石敬瑭四十七岁，喊比自己年轻十岁的人为老爹，十足的认贼作父。尤其是割燕云十六州，河北险阻尽失，导致北宋的积贫积弱，南宋的偏安江南。

三、赵德钧父子降敌。卢龙节度使赵德钧见李从珂得天下之易，野心勃发，阴蓄异志，欲趁乱取中原，赵德钧主动请缨讨石敬瑭，其实是把河北之军调离关隘，让开大路，让契丹进入国境，伺机投靠。后唐末帝委任赵德钧为诸道行营都统，其子赵延寿为河东道南面行营招讨使。父子两人合兵屯团柏谷口，离被围攻的唐军晋安寨大营不过百里之地，赵德钧父子按兵不动，亦不通声问，坐等唐军失败。契丹军助石敬瑭围攻晋安寨，而把辎重老弱留在虎北口，如果赵德钧发起进攻，就准备随时逃窜。赵德钧父子手握重兵，不救被围后唐军，也不进攻契丹，而是两面派出使者，一路要挟后唐末帝为赵延寿索求成德节度使，一路向契丹主耶律德光摇尾请求为皇帝，即以手握之兵南平洛阳，中原与契丹约为兄弟。石敬瑭割地，称儿皇帝，条件更优，加之桑维翰跪求契丹主不要爽约。耶律德光对赵德钧使者说："我已经许诺石郎了。"赵德钧父子死心投敌，吃了闭门羹仍不悔悟，坐等唐军溃败，父子投敌，被送往契丹见述律太后。述律太后讥讽赵德钧父子说："赵大王手握重兵，想当皇帝，先打退我的儿子，然后图谋当皇帝也不晚。赵大王若引兵向北，我儿就会退兵，太原不可救。可是你们父子身为人臣不忠，奉主之命不能击敌，还想在乱中谋利，你们这样的行为，有什么脸面活在世上！"赵德钧垂着脑袋，无言以对。赵德钧在虏廷，郁郁寡欢，食难下咽，一年后死去。其子赵延寿脸皮之厚，与其父相比有过之而无不及，苟且偷生，终生为虎作伥。

卷二八一　后晋纪二

后晋高祖天福二年至三年（937—938 年）

【起强圉作噩（丁酉，937 年），尽著雍阉茂（戊戌，938 年），凡二年】

【大事提要】

本卷记事起公元 937 年，讫公元 938 年，凡二年。当后晋高祖天福二年至三年。记载了后晋高祖石敬瑭为巩固政权而采取的施政举措。桑维翰为首辅重臣，建言后晋高祖弃旧怨以抚藩镇，送厚礼以结契丹，整武备，劝农桑，数年后，中原粗安。其时魏、孟、滑三州叛乱，后晋高祖命将往讨，经年不克，高祖大赦，首恶范延光请降，以太子太师致仕，叛乱悉平，收弃旧怨以抚藩镇之效。石敬瑭尊礼契丹主，自甘屈辱地称儿皇帝。石敬瑭下诏求言，缓建宫室，奖励垦殖，听民自铸钱，这些措施纾缓了民困。南方割据政权，吴国禅代，徐诰受禅即帝位，国号唐，都金陵，史称南唐，一片新兴气象。闽主王昶荒淫虐民，卖官课重税，人民嗟怨。南汉主刘龑轻浮暴众，兵败交州，国势衰落。楚主马希范纵情声色。契丹接管燕云十六州，国势日盛，改称大辽。

高祖圣文章武明德孝皇帝上之下

天福二年（丁酉，937 年）

春，正月，乙卯[1]，日有食之。

诏以前[2]北面招收指挥使安重荣为成德节度使，以秘琼为齐州防御使。遣引进使[3]王景崇[4]谕琼以利害。重荣与契丹将赵思温[5]偕如镇州，琼不敢拒命。丙辰[6]，重荣奏已视事[7]。景崇，邢州人也。

契丹以幽州为南京[8]。

李崧、吕琦逃匿于伊阙[9]民间。帝以始镇河东，崧有力焉，德之[10]；亦不责琦。乙丑[11]，以琦为秘书监；丙寅[12]，以崧为兵部侍郎、判[13]户部[14]。

初，天雄节度使兼中书令范延光微时[15]，有术士[16]张生语之云："必为将相。"延光既贵，信重之[17]。延光尝梦蛇自脐入腹[18]，以问张生，张生曰："蛇者龙也，帝王之兆[19]。"延光由是有非望之志[20]。唐潞王素与延光善，及赵德钧败，延光自辽州引兵还魏州，虽奉表请降，内不自安[21]，以书潜结[22]秘琼，欲与之为乱；琼受其书不报[23]，延光恨之。琼将之齐[24]，过魏[25]境，延光欲灭口，且利其货[26]，遣兵邀之[27]于夏津[28]，杀之。丁卯[29]，延光奏称夏津捕盗兵误杀琼；帝不问。

戊寅[30]，以李崧为中书侍郎、同平章事，充枢密使，桑维翰兼枢密使。时晋新得天下，藩镇多未服从；或虽服从，反仄[31]不安。兵火之余[32]，府库殚竭，民间困穷，而契丹征求无厌。维翰劝帝推诚弃怨以抚藩镇，卑辞厚礼[33]以奉契丹，训卒缮兵[34]以修武备，务农桑以实仓廪，通商贾以丰货财。数年之间，中国稍安[35]。

（以上为第一段，写后晋高祖用桑维翰之策，弃旧怨以抚藩镇，送厚礼以结契丹，整武备，劝农桑，数年之后，中国粗安。）

【注释】

[1]乙卯：正月二日。[2]前：指过去在晋围城中所授安重荣军职。[3]引进使：官名，掌宣谕诏令。[4]王景崇（?—950）：邢州（今河北邢台市）人。为人明敏巧辩，官至后汉凤翔巡检使。传见《新五代史》卷五十三。[5]赵思温（?—939）：字文美，卢龙（今河北卢龙县）人。少果锐，膂力惊人。降契丹官至临海节度使。传见《辽史》卷七十六。[6]丙辰：正月三日。[7]已视事：已经履行职权。[8]南京：辽之南京为今之北京市。[9]伊阙：古县名。在今洛阳市南。山峦连绵，为洛阳南面屏障。[10]德之：感激他。[11]乙丑：正月十二日。[12]丙寅：正月十三日。[13]判：唐官制，以高官兼较低职位的官称判。[14]户部：指户部郎中。[15]微时：尚未做官时。[16]术士：阴阳、占卜、相面的人。[17]信重之：相信且尊重他。[18]自脐入腹：从肚脐眼进到肚子里。[19]兆：先兆、征兆。[20]非望之志：即有称帝的野心。[21]内不自安：内心不踏实、安宁。[22]潜结：暗暗地勾结。[23]不报：不作答复。[24]琼将之齐：秘琼将到齐州任防御使。[25]魏：魏州。[26]且利其货：而且贪图他的财物。[27]邀之：拦截他。[28]夏津：古县名。在今河北清河县东。[29]丁卯：正月十四日。[30]戊寅：正月十五日。[31]反仄：形容坐立不安。仄，通"侧"。[32]兵火之余：战争刚刚结束。[33]卑辞厚礼：卑谦的文书，丰厚的礼品。[34]训卒缮兵：训练士兵，

修整武器装备。［35］稍安：稍微得到安宁，指政治稳定，人民安居。

吴太子琏纳齐王知诰女为妃。

知诰始建太庙、社稷[1]，改金陵为江宁府[2]，牙城[3]曰宫城，厅堂曰殿；以左·右司马宋齐丘、徐玠为左·右丞相，马步判官周宗、内枢判官黟[4]人周廷玉为内枢使。自余百官皆如[5]吴朝之制。置骑兵八军，步兵九军。

二月，吴主以卢文进为宣武[6]节度使，兼侍中。

戊子[7]，吴主使宜阳王璪[8]如西都[9]，册命齐王[10]；王受册，赦境内。册王妃曰王后。

吴越王元瓘之弟顺化节度使、同平章事元珦获罪于元瓘，废为庶人[11]。

契丹主自上党过云州，大同节度使沙彦珣出迎，契丹主留之，不使还镇。节度判官吴峦[12]在城中，谓其众曰："吾属礼义之俗[13]，安可臣于夷狄[14]乎！"众推峦领州事，闭城不受契丹之命，契丹攻之，不克。应州马军都指挥使金城[15]郭崇威亦耻臣契丹，挺身[16]南归。

契丹主过新州，命威塞[17]节度使翟璋敛犒军钱十万缗。初，契丹主阿保机强盛，室韦、奚、霫[18]皆役属[19]焉。奚王去诸苦契丹贪虐，帅其众西徙妫州，依刘仁恭父子，号西奚。去诸卒，子扫剌立。唐庄宗灭刘守光，赐扫剌姓李名绍威。绍威娶契丹逐不鲁之姊。逐不鲁获罪[20]于契丹，奔绍威，绍威纳之；契丹怒，攻之，不克。绍威卒，子拽剌立。及契丹主德光自上党北还，拽剌迎降，时逐不鲁亦卒，契丹主曰："汝诚无罪，扫剌、逐不鲁负我[21]。"皆命发其骨，硙而飏之[22]。诸奚[23]畏契丹之虐，多逃叛。契丹主劳[24]翟璋曰："当为汝除代[25]，令汝南归。"己亥[26]，璋表乞征诣阙[27]。既而契丹遣璋将兵讨叛奚、攻云州，有功，留不遣璋[28]，璋郁郁而卒。

张砺自契丹逃归，为追骑所获，契丹主责[29]之曰："何故舍我去？"对曰："臣华人，饮食衣服皆不与此同，生不如死，愿早就戮[30]。"契丹主顾[31]通事[32]高彦英曰："吾常戒汝善遇此人[33]，何故使之失所而亡去[34]？若失之，安可复得邪！”笞[35]彦英而谢砺。砺事契丹主甚忠直，遇事辄[36]言，无所隐避，契丹主甚重之。

（以上为第二段，写吴徐知诰受封齐王。契丹主接管燕云十六州。）

【注释】

[1]社稷：祭土神和谷神的地方。即后土祠。 [2]江宁府：吴以升州为金陵府，后又改名为江宁府。 [3]牙城：即衙城。牙，通“衙”。 [4]黟（yī）：县名，在今安徽黟县。 [5]如：同。 [6]宣武：方镇名。镇治汴州，属晋，卢文进为遥领。 [7]戊子：正月二十五日。 [8]璪：杨璪，杨溥侄子。封宜阳王，南唐禅代，降封郡公。传见《十国春秋》卷四。 [9]如西都：到金陵。吴以金陵为西都。 [10]册命齐王：颁布册书，任命徐知诰为齐王。 [11]废为庶人：废黜为一般老百姓。 [12]吴峦（？—944）：字宝川，汶阳卢县（汉卢县在今山东沂水县，北魏卢县在今山东聊城市茌平区南）人。少好学，官至权知贝州军州事，抗契丹殉国。传见《旧五代史》卷九十五。 [13]礼义之俗：礼仪之邦。 [14]臣于夷狄：向契丹称臣。 [15]金城：县名。县治金城，在今山西应县。 [16]挺身：起身。 [17]威塞：方镇名。后唐置，治所新州，在今河北涿鹿县。 [18]室韦、奚、霫（xí）：皆北方古族名。室韦分布在嫩江流域及黑龙江南北岸，在契丹建立辽国的过程中，部分被并入辽国。奚族分布在内蒙古自治区西拉木伦河流域，唐末，部分奚人在首领去诸率领下西迁妫州（在今河北怀来县），称西奚，东西奚先后附于辽。霫族分布在内蒙古自治区西拉木伦河以北，依附契丹。 [19]役属：附属。 [20]获罪：得罪。 [21]负我：背叛我。 [22]硙而飏之：将尸骨磨成粉末迎风播扬。 [23]诸奚：奚族的各部人民。 [24]劳：慰问。 [25]除代：请求任命职务。 [26]己亥：二月十六日。 [27]乞征诣阙：请求征召到朝廷来。 [28]留不遣璋：留着翟璋，不让他南归。 [29]责：责备。 [30]愿早就戮：希望早点杀掉我。 [31]顾：回头。 [32]通事：翻译。 [33]善遇此人：很好地对待这个人。 [34]何故使之失所而亡去：是什么缘故使他失去正常的生活条件而逃走。[35]笞：用竹片责打。[36]辄：就、便。

初，吴越王镠少子元球[1]数[2]有军功，镠赐之兵仗[3]。及吴越王元瓘立，元球为土客马步军都指挥使[4]兼中书令，恃恩骄横，增置兵仗至数千，国人多附之。元瓘忌之，使人讽[5]元球请输兵仗[6]，出判温州[7]，元球不从。铜官庙[8]吏告元球遣亲信祷神[9]，求主吴越江山[10]；又为蜡丸从水窦[11]出入，与兄元珦谋议。三月，戊午[12]，元瓘遣使者召元球宴宫中，既至，左右称元球有刃[13]坠于怀袖，即格杀[14]之；并杀元珦。元瓘欲按[15]诸将吏与元珦、元球交通[16]者，其子仁俊[17]谏曰："昔[18]光武克王郎[19]，曹公破袁绍[20]，皆焚其书疏[21]以安反侧[22]，今宜效之。"元瓘从之。

或[23]得唐潞王膂及髀骨[24]献之，庚申[25]，诏以王礼葬于徽陵[26]南。

帝遣使诣蜀告即位，且叙姻好[27]；蜀主复书，用敌国礼[28]。

范延光聚卒缮兵[29]，悉召巡内[30]刺史集魏州，将作乱。会帝谋徙都大梁[31]，桑维翰曰："大梁北控燕、赵，南通江、淮，水陆都会[32]，资用富饶。今延光反形已露，大梁距魏不过十驿[33]，彼若有变，大军寻至[34]，所谓疾雷不及掩耳也。"丙寅[35]，下诏，托以洛阳漕运有阙，东巡汴州。

吴徐知诰立子景通为王太子；固辞[36]不受。追尊考[37]忠武王温曰太祖武王，妣[38]德太妃李氏曰王太后。壬申[39]，更名诰[40]。

庚辰[41]，帝发洛阳，留前朔方节度使张从宾为东都[42]巡检使。

汉主以疾愈，大赦。

交州将皎公羡杀安南[43]节度使杨廷艺而代之。

夏，四月，丙戌[44]，帝至汴州；丁亥[45]，大赦。

（以上为第三段，写吴越王钱元瓘诛杀兄弟。后晋高祖迁都汴州。）

【注释】

[1]元球（xù）（?—937）：钱镠少子，最宠爱，恃恩骄横，为元瓘所杀。传见《十国春秋》卷八十三。[2]数：多次。[3]兵仗：武器和甲胄。[4]土客马步军都指挥使：吴越禁卫军官名，指挥少数民族人民组成的禁卫军。[5]讽：晓谕。[6]请输兵仗：请他上缴武器甲胄给朝廷。[7]出判温州：离开朝廷到温州任刺史。[8]铜官庙：庙名，祠铸铜官神像。[9]祷神：向神祈祷，寻求非分。[10]求主吴越江山：请求做吴越国王。[11]水窦：泄水孔。[12]戊午：三月五日。[13]刃：刀。[14]格杀：击杀。[15]按：按问、查问。[16]交通：勾结、联系。[17]仁俊：钱仁俊，钱元瓘子，警敏，有智略，官至威武军节度使。传见《十国春秋》卷八十。[18]昔：以前。[19]光武克王郎：事见《资治通鉴》卷三十九汉更始二年。[20]曹公破袁绍：事见《资治通鉴》卷六十四献帝建安五年。[21]焚其书疏：烧掉互相联系的书信和奏疏，以示毁去凭证。[22]以安反侧：用来安定坐卧不宁的人的心绪。[23]或：有人。[24]膂及髀骨：

脊骨和大腿骨。[25]庚申：三月七日。[26]徽陵：唐明宗坟墓名。[27]且叙姻好：并且叙述婚姻关系。孟知祥娶李克用侄女，石敬瑭娶明宗女。石敬瑭与后蜀孟昶为兄弟辈。[28]用敌国礼：用对等国家礼节。敌，匹敌，对等。[29]聚卒缮兵：招募军队，修理、制造武器。[30]巡内：辖区范围内。天雄军管辖贝、博、魏、檀、相五州。[31]徙都大梁：迁都到河南开封。[32]水陆都会：水陆运输中心。[33]十驿：三百里。唐制三十里为一驿。[34]寻至：随后立即就到。[35]丙寅：三月十三日。[36]固辞：坚决辞让。[37]考：死去的父亲。[38]妣：死去的母亲。[39]壬申：三月十九日。[40]更名诰：徐知诰改用单名为徐诰，去掉"知"字，表示不与钱氏兄弟同行辈。[41]庚辰：三月二十七日。[42]东都：洛阳。[43]安南：方镇名。唐肃宗乾元元年（758），升安南管内经略使为节度使。治所交州，在今越南河内。[44]丙戌：四月四日。[45]丁亥：四月五日。

吴越王元瓘复建国[1]，如同光故事[2]。丙申[3]，赦境内，立其子弘僔[4]为世子。以曹仲达、沈崧、皮光业为丞相，镇海节度判官林鼎掌教令[5]。

丁酉[6]，加宣武节度使杨光远兼侍中。

闽主作紫微宫[7]，饰以水晶[8]，土木之盛倍于宝皇宫。又遣使散诣诸州，伺人隐匿[9]。

五月，吴徐诰用宋齐丘策，欲结契丹以取中国，遣使以美女、珍玩，泛海[10]修好，契丹主亦遣使报之[11]。

丙辰[12]，敕权署汴州牙城曰大宁宫[13]。

壬申[14]，进范延光爵临清郡王，以安其意。

追尊四代考妣[15]为帝后。己卯[16]，诏太社所藏唐室罪人首[17]听[18]亲旧收葬。初，武卫上将军娄继英[19]尝事梁均王，为内诸司使，至是，请其首而葬之。

六月，吴诸道副都统徐景迁[20]卒。

范延光素以军府之政委元随[21]左都押牙孙锐，锐恃恩专横，符奏有不如意[22]者，对延光手裂[23]之。会延光病经旬[24]，锐密召澶州刺史冯晖，与之合谋逼延光反；延光亦思张生之言[25]，遂从之。

甲午[26]，六宅使[27]张言奉使魏州还，言延光反状；义成节度使符彦饶奏延光遣兵渡河，焚草市[28]；诏侍卫马军都指挥使、昭信节度使白奉进[29]将千五百骑屯白马津[30]以备之。奉进，云州人也。丁酉[31]，以东都巡检使张从宾为魏府西南面都部署。戊戌[32]，遣侍卫都军使[33]杨光远。将步骑一万屯滑州。己亥[34]，遣护圣都指挥使[35]杜重威[36]将兵屯卫州。重威，朔州人也，尚帝妹乐平长公主[37]。范延光以冯晖为都部署，孙锐为兵马都监，将步骑二万循河西抵黎阳口[38]。辛丑[39]，杨光远奏引兵逾胡梁渡[40]。

以翰林学士、礼部侍郎和凝为端明殿学士。凝署其门[41]，不通宾客[42]。前耀州团练推官襄邑[43]张谊致书于凝，以为"切近之职[44]为天子耳目，宜知四方利病[45]，奈何[46]拒绝宾客！虽安身为便[47]，如负国何[48]！"凝奇之[49]，荐于桑维翰，未几，除左拾遗。谊上言："北狄[50]有援立之功，宜外敦信好[51]，内谨边备[52]，不可自逸[53]，以启戎心。"帝深然之。

契丹攻云州，半岁不能下。吴峦遣使间道[54]奉表求救，帝为之致书契丹主请之，契丹主乃命翟璋解围去。帝召峦归，以为武宁节度副使。

丁未[55]，以侍卫使[56]杨光远为魏府四面都部署[57]，张从宾为副部署兼诸军都虞候，昭义节度使高行周将本军屯相州[58]，为魏府西面都部署[59]。

军士郭威[60]旧隶刘知远，当从杨光远北征[61]，白知远乞留[62]。人问其故，威曰："杨公有奸诈之才，无英雄之气，得我何用？能用我者其刘公[63]乎！"

诏张从宾发河南兵[64]数千人击范延光。延光使人诱从宾，从宾遂与之同反，杀皇子河阳节度使重信，使上将军张继祚[65]知河阳留后。继祚，全义之子也。从宾又引兵入洛阳，杀皇子权东都留守重乂，以东都副留守、都巡检使张延播[66]知河南府事，从军[67]。取内库钱帛以赏部兵；留守判官李遐不与，兵众杀之。从宾引兵扼[68]汜水关[69]，将逼汴州。诏奉国都指挥使侯益帅禁兵[70]五千会杜重威讨张从宾；又诏宣徽使刘处让[71]自黎阳分兵讨之。时羽檄纵横[72]，从官[73]在大梁者无不恟惧[74]，独桑维翰从容指画[75]军事，神色自若[76]，接对宾客，不改常度，众心差安[77]。

（以上为第四段，写范延光反于魏州，张从宾反于河南。）

【注释】

[1]复建国：又建立国号。[2]如同光故事：像同光时后唐庄宗封钱镠为吴越王一样，用金印、玉册、赐诏不名、称国王。[3]丙申：四月十四日。[4]弘僔（zǔn）：（925—940）：钱弘僔，钱元瓘第五子。为世子，卒谥孝献。传见《十国春秋》卷八十三。[5]教令：吴越王的命令。[6]丁酉：四月十五日。[7]紫微宫：闽王王延钧所建宫殿名。[8]饰以水晶：用水晶作装饰。[9]伺人隐匿：察访别人的隐私。[10]泛海：浮海。通过海上交通。[11]报之：回答他。[12]丙辰：五月五日。[13]大宁宫：石敬瑭临幸汴州，改衙城为大宁宫。古时皇帝行幸到州城，常改州城为宫，如隋于扬州立江都宫，唐在岐州立九成宫等。[14]壬申：五月二十一日。[15]四代考妣：石敬瑭以上的四代人，即高祖石璟，谥靖祖孝安皇帝，妣秦氏谥元皇后；曾祖石郴谥肃祖孝简皇帝，妣安氏谥恭皇后；祖石昱谥睿祖孝平皇帝，妣米氏谥献皇后，考石绍雍谥献祖孝元皇帝，妣何氏谥懿皇后。[16]己卯：五月二十八日。[17]唐室罪人首：后梁亡国君臣，即为后唐罪人。如梁均王之首，唐庄宗同光元年藏之太社。[18]听：任凭。[19]娄继英（?—937）：官后晋监门卫上将军。从张从宾反，被杀。传见《新五代史》卷五十一。[20]徐景迁：徐知诰第二子。[21]元随：原来的随从人员。元，通“原”。[22]不如意：不中意。[23]手裂：用手将符奏文书扯破。[24]经旬：十多天。[25]张生之言：范延光梦蛇入腹，术士张生言此为帝王之兆。[26]甲午：六月十三日。[27]六宅使：官名。唐置十宅、六宅使，以诸王所属为名，或总称十六宅，后总称六宅使，通常无职掌。[28]草市：城外临时贸易市场。五代时，人民住在城外，盖草屋以成市里。此草市指滑州城外居民。[29]白奉进（?—937）：字德升，云州清塞军（今山西大同市）人。官至后晋昭信军节度、充侍卫马军都指挥使。传见《旧五代史》卷九十五。[30]白马津：渡口名。在今河南滑县北。[31]丁酉：六月十六日。[32]戊戌：六月十七日。[33]侍卫都军使：即侍卫诸军都指挥使。[34]己亥：六月十八日。[35]护圣都指挥使：禁卫军官名。晋改奉德两军为护圣左右军。[36]杜重威（?—948）：朔州（今山西朔州市）人。石敬瑭妹夫，没有道德，不知将略。降契丹。传见《新五代史》卷五十二。[37]乐平长公主：石敬瑭之妹，嫁杜重威。[38]黎阳口：即白马津，在今河南滑县北。[39]辛丑：六月二十日。[40]胡梁渡：地名，也叫胡良渡，在今河南滑县东北。[41]署其门：在门上贴上谢绝宾客的告示。[42]不通宾客：不接待来访客人。[43]襄邑：县名。在今河南睢县。[44]切近之职：指担任天子侍从的职务。[45]四方利病：全国好的和坏的事情。[46]奈何：为什么、怎么。[47]安身为便：对于独善其身是有利的。[48]如负国何：可是辜负了国家的重托又怎样讲呢？[49]凝奇之：和凝认为他不寻常。[50]北狄：指契丹。[51]外敦信好：表面上互相和好。[52]内谨边备：内部要谨慎地加强边防。[53]自逸：自己贪图安乐。[54]间道：秘密而近便的小路。[55]丁未：六月二十六日。[56]侍卫使：即侍卫都军

使的省称。［57］四面都部署：攻击魏州诸军的总指挥。［58］相州：州名，在今河南安阳市。［59］西面都部署：西面军的指挥官。［60］郭威（904—954）：即后周太祖，五代后周王朝的建立者。邢州尧山（今河北隆尧）人。年18以勇力应募，从李继韬。后从后汉刘知远，官邺都留守，乾祐四年（951）代后汉称帝。国号周。公元951年至954年在位。庙号太祖。传见《新五代史》卷十一。［61］北征：自汴州征魏州，则自南而北，故称北征。［62］乞留：请求留在刘知远身边。［63］刘公：指刘知远。［64］河南兵：即河南府兵。［65］张继祚：张全义子。传见《旧五代史》卷九十六。［66］张延播（?—937）：汶阳（今山东曲阜）人。从张从宾叛乱。被杀。传见《旧五代史》卷九十七。［67］从军：张从宾名义上以张延播知河南府事，但不使治河南府事，令其从军作战。［68］扼：守。［69］汜水关：即虎牢关。在今河南荥阳市汜水镇。［70］帅禁兵：率领禁军。［71］刘处让（881—943）：字德谦，沧州（今河北沧州）人。勤于公务，孜孜求理，对吏民不苛察。官至彰德军节度使，传见《旧五代史》卷九十四。［72］羽檄纵横：军书来往频繁。［73］从官：跟随石敬瑭到汴州的官员。［74］无不恟惧：没有一个不害怕恐惧的。［75］指画：策划、安排调度。［76］神色自若：脸上表现出很自信的样子。［77］差安：稍微安宁。

方士[1]言于闽主，云有白龙夜见螺峰[2]；闽主作白龙寺。时百役繁兴[3]，用度不足，闽主谓吏部侍郎、判三司候官蔡守蒙[4]曰："闻有司除官皆受赂，有诸[5]？"对曰："浮议[6]无足信也。"闽主曰："朕知之久矣，今以委卿，择贤而授，不肖及罔冒[7]者勿拒，第[8]令纳赂，籍而献之[9]。"守蒙素廉，以为不可；闽主怒，守蒙惧而从之。自是除官[10]但以货多少为差[11]。闽主又以空名堂牒[12]使医工陈究卖官于外，专务聚敛[13]，无有盈厌[14]。又诏民有隐年[15]者杖背，隐口[16]者死，逃亡[17]者族[18]。果菜鸡豚，皆重征之。

秋，七月，张从宾攻汜水，杀巡检使宋廷浩。帝戎服[19]，严轻骑[20]，将奔晋阳以避之。桑维翰叩头苦谏曰："贼锋虽盛[21]，势不能久，请少待[22]之，不可轻动。"帝乃止。

范延光遣使以蜡丸招诱失职者[23]，右武卫上将军娄继英、右卫大将军尹晖在大梁，温韬之子延濬[24]、延沼[25]、延衮[26]居许州，皆应之[27]。延光令延濬兄弟取许州，聚徒[28]已及[29]千人。继英、晖事泄，皆出走[30]。壬子[31]，敕以延光奸谋，诬污[32]忠良，自今获[33]延光谍人[34]，赏获者，杀谍人，禁蜡书[35]，勿以闻。晖将奔吴，为人所杀。

继英奔许州，依温氏。忠武节度使苌从简盛为之备[36]，延濬等不得发，欲杀继英以自明，延沼止之，遂同奔张从宾。继英知其谋，劝从宾执三温，皆斩之。

白奉进在滑州，军士有夜掠者[37]，捕之，获五人，其三隶[38]奉进，其二隶符彦饶，奉进皆斩之；彦饶以其不先白己[39]，甚怒。明日，奉进从[40]数骑诣彦饶谢[41]，彦饶曰："军中各有部分[42]，奈何取滑州军士并斩之，殊[43]无客主之义乎！"奉进曰："军士犯法，何有彼我！仆已引咎[44]谢公[45]，而公怒不解，岂非欲与延光同反邪！"拂衣而起[46]，彦饶不留；帐下甲士大噪[47]，擒奉进，杀之。从骑走出[48]，大呼于外，诸军争擐甲操兵[49]，喧噪[50]不可禁止。奉国左厢都指挥使马万惶惑[51]不知所为，帅步兵欲从乱[52]，遇右厢都指挥使卢顺密帅部兵出营，厉声谓万曰："符公擅杀白公，必与魏城[53]通谋[54]。此去行宫[55]才二百里，吾辈及军士家属皆在大梁，奈何不思报国，乃欲助乱，自求族灭乎！今日当共擒符公，送天子，立大功。军士从命者赏，违命者诛，勿复疑也！"万所部兵尚有呼跃者，顺密杀数人，众莫敢动。万不得已从之，与奉国都虞候方太等共攻牙城[56]，执彦饶，令太部送[57]大梁。甲寅[58]，敕斩彦饶于班荆馆[59]，其兄弟皆不问。

（以上为第五段，写闽主卖官课重税。后晋滑州兵变。）

【注释】

[1]方士：游方术士。[2]螺峰：螺峰山，在今福建闽侯县北，又名罗峰山。[3]百役繁兴：各种劳役一起开始施行。[4]蔡守蒙（?—939）：侯官（今福建闽侯县）人。为政素廉，被迫卖官鬻爵。传见《十国春秋》卷九十八。[5]有诸：有这件事吗？[6]浮议：流言，谣传。[7]罔冒：欺罔伪冒而求官的人。[8]第：但。[9]籍而献之：造成名册，将纳赂的财物献给皇帝。[10]除官：任官。[11]差：差别，标准。[12]空名堂牒：空白任命书。未填授官人，视得钱多少，再填写人名、官名。[13]专务聚敛：专门干搜刮的事。[14]盈厌：多余和满足。[15]隐年：隐瞒年龄。[16]隐口：隐瞒户口。[17]逃亡：逃走。[18]族：族诛。将全族人一起杀死。[19]戎服：军装。[20]严：约束。[21]贼锋虽盛：敌人的兵势虽然强大。[22]少待：稍微看一段时间。[23]失职者：失意的、失去官职的人。[24]延濬（?—937）：温韬长子，后唐泥水关使。[25]延沼（?—937）：温韬次子，牙帐都校。[26]延衮（?—937）：温韬幼子，邓州指挥使。传附《旧五代史》卷七十三。[27]应之：响应范延光。[28]徒：

部众。[29]及：达到。[30]出走：逃亡。[31]壬子：七月二日。[32]诬污：玷污、诬蔑。[33]获：捕获。[34]谍人：刺探敌情的人。[35]禁蜡书：据章校，“禁”作“焚”。焚去蜡书，可避免播扬被招者的姓名，以安反侧。[36]盛为之备：作了严密的防备。[37]夜掠者：趁夜外出抢掠的士兵。[38]隶：属于。[39]不先白己：不事先告诉自己。[40]从：随从。[41]谢：表示歉意。[42]各有部分：各有分管者。[43]殊：甚、很。[44]引咎：由自己承担责任。[45]谢公：向您道歉。[46]拂衣而起：表示愤怒的样子。[47]大噪：大声呼叫，表示不满。[48]走出：逃出。[49]诸军争擐甲操兵：各路军队的士兵争先恐后地披上盔甲，拿起武器。[50]喧噪：大声呼叫、吵闹。[51]惶惑：惊惶，困惑。[52]从乱：跟着作乱。[53]魏城：指范延光。[54]通谋：勾结谋叛。[55]行宫：指大梁。[56]牙城：滑州州衙。[57]部送：押送。[58]甲寅：七月四日。[59]班荆馆：地名。在今河南开封郊外。

杨光远自白皋[1]引兵趣滑州，士卒闻滑州乱，欲推光远为主。光远曰：“天子岂汝辈[2]贩弄之物[3]！晋阳之降出于穷迫，今若改图[4]，真反贼也。”其下乃不敢言。时魏、孟、滑三镇[5]继叛，人情大震，帝问计于刘知远，对曰：“帝者之兴，自有天命。陛下昔在晋阳，粮不支五日，俄[6]成大业。今天下已定，内有劲兵，北结强虏[7]，鼠辈[8]何能为乎[9]！愿陛下抚[10]将相以恩，臣请戢[11]士卒以威；恩威兼著[12]，京邑自安，本根深固，则枝叶不伤矣。”知远乃严设科禁[13]，宿卫诸军[14]无敢犯[15]者。有军士盗纸钱一幞[16]，主者[17]擒之，左右请释之[18]，知远曰：“吾诛其情[19]，不计其直[20]。”竟杀之。由是众皆畏服[21]。

乙卯[22]，以杨光远为魏府行营都招讨使、兼知行府事，以昭义节度使高行周为河南尹、东京[23]留守，以杜重威为昭义节度使、充侍卫马军都指挥使，以侯益为河阳节度使。帝以滑州奏事皆马万为首，擢万为义成节度使。丙辰[24]，以卢顺密为果州[25]团练使，方太为赵州刺史；既而知皆顺密之功也，更以顺密为昭义留后。

冯晖、孙锐引兵至六明镇[26]，光远引之[27]渡河，半渡而击之，晖、锐众大败，多溺死，斩首三千级，晖、锐走[28]还魏。

杜重威、侯益引兵至汜水[29]，遇张从宾众万余人，与战，俘斩殆尽[30]，遂克汜水。从宾走，乘马渡河，溺死；获其党张延播、继祚、娄继英，送大梁，斩之，灭其族。史馆修撰[31]李涛[32]上言，张全义有再造[33]洛邑[34]之功，乞免其族，乃止诛继祚妻子；涛，回之族曾孙也。

诏东都留守司百官悉赴行在[35]。

杨光远奏知博州张晖举城降。

安州[36]威和[37]指挥使王晖闻范延光作乱，杀安远节度使周瓌，自领军府，欲俟延光胜则附之，败则渡江奔吴。帝遣右领军上将军李金全将千骑如安州巡检，许赦王晖为唐州[38]刺史。

范延光知事不济[39]，归罪于孙锐而族之，遣使奉表待罪[40]。戊寅[41]，杨光远以闻，帝不许。

（以上为第六段，写刘知远稳重有谋，为后晋之柱石。范延光、张从宾两路叛兵皆败，张从宾战死，范延光请降。）

【注释】

[1]白皋：地名。在滑州北澶州界内。[2]汝辈：你们。[3]贩弄之物：贩卖搬弄是非的东西。[4]改图：另外打算。[5]魏、孟、滑三镇：指范延光、张从宾、符彦饶三人。[6]俄：不久。[7]强虏：指契丹。[8]鼠辈：此是对魏、孟、滑三镇叛将的蔑称。[9]何能为乎：有什么作为呢？[10]抚：安抚，笼络。[11]戢：安戢、统率。[12]恩威兼著：恩信与威严并用。[13]科禁：法律条文，约束违纪者。[14]宿卫诸军：各支禁卫部队。[15]犯：冒犯。[16]幞：一种头巾，裹在头上。此指军士所盗值一幞头的纸钱。[17]主者：纸钱的主人。[18]释之：宽恕他。[19]吾诛其情：我追究他盗窃的罪行。[20]不计其直：不计较他盗窃的价值多少。按唐律，定罪计赃多少，盗纸钱值一幞，轻罪而以死刑待之，所以威众也。[21]畏服：畏惧而服从。[22]乙卯：七月五日。[23]东京："京"当作"都"。[24]丙辰：七月六日。[25]果州：州名。在今四川南充市。时属后蜀，卢顺密为遥领。[26]六明镇：地名。在胡梁渡北，即在今河南滑县境内。[27]引之：吸引他们。[28]走：逃。[29]汜水：地名。在今河南荥阳市北。[30]俘斩殆尽：俘虏和斩杀几乎使全军覆没。[31]史馆修撰：官名，掌修日历。[32]李涛：唐武宗朝宰相李回之族曾孙。[33]再造：再建。[34]洛邑：洛阳。唐末黄巢破两京，洛阳残破，居民不满百户，张全义招怀流亡，重建洛阳城。事详《资治通鉴》卷二百五十七唐僖宗光启三年。[35]行在：指大梁。自此，后晋定都大梁，即今河南开封市。[36]安州：州名。治所安陆，今湖北安陆市。[37]威和：唐内直军名。唐有威和、拱宸内直军。晋天福六年改为兴顺左右军。[38]唐州：州名。治所比阳，在今河南泌阳县。[39]不济：不成功。[40]待罪：等待降罪，接受处分。[41]戊寅：七月二十八日。

吴同平章事王令谋如金陵劝徐诰受禅[1]，诰让[2]不受。

山南东道节度使安从进恐王晖奔吴，遣行军司马张朏[3]将兵会复州[4]兵于要路邀之[5]。晖大掠安州，将奔吴，部将胡进杀之。八月，癸巳[6]，以状闻。李金全至安州，将士之预[7]于乱者数百人，金全说谕[8]，悉遣诣阙；既而闻指挥使武彦和等数十人挟贿甚多[9]，伏兵于野[10]，执而斩之。彦和且死[11]，呼曰："王晖首恶，天子犹赦之；我辈胁从，何罪乎！"帝虽知金全之情[12]，掩而不问[13]。

吴历阳公濛知吴将亡，甲子[14]，杀守卫军使王宏；宏子勒兵[15]攻濛，濛射杀之。以德胜[16]节度使周本吴之勋旧[17]，引二骑诣庐州，欲依之。本闻濛至，将见之[18]，其子弘祚固谏[19]，本怒曰："我家郎君[20]来，何为不使我见！"弘祚合扉[21]不听本出，使人执濛于外[22]，送江都。徐诰遣使称诏杀濛于采石[23]，追废为悖逆庶人，绝属籍[24]。侍卫军使郭悰杀濛妻子于和州，诰归罪于悰，贬池州。

乙巳[25]，赦张从宾、符彦饶、王晖之党[26]，未伏诛者皆不问。

梁、唐以来，士民奉使及俘掠在契丹者，悉遣使赎还其家[27]。

吴司徒、门下侍郎、同平章事、内枢使、忠武[28]节度使王令谋老病无齿，或劝之致仕，令谋曰："齐王大事未毕[29]，吾何敢自安[30]！"疾亟[31]，力劝[32]徐诰受禅。是月，吴主下诏，禅位于齐。李德诚复诣金陵帅百官劝进，宋齐丘不署表[33]。九月，癸丑[34]，令谋卒。

甲寅[35]，以李金全为安远节度使。

娄继英未及葬梁均王而诛死，诏梁故臣右卫上将军安崇阮[36]与王故妃郭氏[37]葬之。

丙寅[38]，吴主命江夏王璘[39]奉玺[40]绶于齐。冬，十月，甲申[41]，齐王诰即皇帝位于金陵，大赦，改元升元，国号唐[42]。追尊太祖[43]武王曰武皇帝。乙酉[44]，遣右丞相玠[45]奉册[46]诣吴主，称受禅老臣诰谨拜稽首[47]上皇帝尊号曰高尚思玄弘古让皇，宫室、乘舆[48]、服御皆如故[49]，宗庙、正朔、徽章[50]、服色悉从吴制。丁亥[51]，立徐知证为江王，徐知谔[52]为饶王。以吴太子琏领平卢[53]节度使、兼中书令，封弘农公。

唐主宴群臣于天泉阁[54]，李德诚曰："陛下应天顺人，惟宋齐丘不乐。”因出齐丘止[55]德诚劝进书，唐主执书不视[56]，曰：“子嵩[57]三十年旧交，必不相负。”齐丘顿首谢。

己丑[58]，唐主表让皇改东都[59]宫殿名，皆取于仙经[60]。让皇常服羽衣[61]，习辟谷术[62]。辛卯[63]，吴宗室建安王珙[64]等十二人皆降爵为公，而加官增邑[65]。丙申[66]，以吴同平章事张延翰[67]及门下侍郎张居咏[68]、中书侍郎李建勋并同平章事。让皇以唐主上表，致书辞之；唐主表谢而不改。

丁酉[69]，加宋齐丘大司徒。齐丘虽为左丞相，不预政事，心愠怼[70]，闻制词云“布衣之交”，抗声[71]曰：“臣为布衣时，陛下为刺史；今日为天子，可以不用老臣矣。”还家请罪[72]，唐主手诏[73]谢之，亦不改命。久之，齐丘不知所出[74]，乃更[75]上书请迁让皇于他州，及斥远[76]吴太子琏，绝其婚[77]；唐主不从。

乙巳[78]，立王后宋氏[79]为皇后。戊申[80]，以诸道都统、判元帅府事景通为诸道副元帅、判六军诸卫事、太尉、尚书令、吴王。

（以上为第七段，写吴齐王徐诰受禅即皇帝位，国号为唐，史称南唐，都金陵。）

【注释】

[1]受禅：接受皇位的禅让。[2]让：辞让。[3]张朏（fěi）：山南东道节度使府行军司马。[4]复州：州名。治所在今湖北仙桃市南。此为安州奔吴鄂州的必经之路。[5]邀之：拦截他。[6]癸巳：八月十三日。[7]预：参预。[8]说谕：劝说、开导。[9]挟贿甚多：拥有很多财物。[10]伏兵于野：在郊野埋伏士兵。[11]且死：将死。[12]情：情节。指李金全杀死武彦和等而劫其财的情节。[13]掩而不问：掩盖着不追究。[14]甲子：八月辛巳朔，无甲子，据章校，作“甲午”，八月十四日。[15]勒兵：带兵。[16]德胜：方镇名，五代吴置，治所庐州，在今安徽合肥市。[17]勋旧：有功勋的旧臣。[18]见之：会见他。[19]固谏：坚决地劝阻。[20]郎君：指杨濛。旧臣称主人的儿子为郎君，表示亲切。[21]合扉：关上门。[22]外：门外。[23]采石：地名，在今安徽当涂县。徐知诰遣使杀杨濛于路，不使至江都。徐诰，为徐知诰改名去“知”的称谓。[24]绝属籍：去掉杨氏的族籍。[25]乙巳：八月二十五日。[26]党：党羽。[27]赎还其家：将被契丹扣留和俘掠的人赎回来。[28]忠武：方镇名，治所许州，在今河南许昌市。时属后晋。王令谋为遥领。[29]齐王大事未毕：齐王还没有受禅即皇帝位。齐王，指徐知诰。[30]自安：自己安逸。[31]疾亟：疾病很严重。[32]力劝：竭力劝告。[33]不署表：不在劝进表文上签名。[34]癸丑：九月四日。[35]甲寅：九

月五日。［36］安崇阮（?—944）：字晋臣，潞州上党（今山西长治市）人。少倜傥、有词辩、善骑射。官至晋右卫上将军。传见《旧五代史》卷九十。［37］郭氏：梁末帝朱友贞次妃。庄宗赐名誓正，居于洛阳。传见《新五代史》卷十三。［38］丙寅：九月十七日。［39］璘：杨璘，杨溥第二子。封江夏王。传见《十国春秋》卷四。［40］玺绶：皇帝玉玺绶带。［41］甲申：十月五日。［42］国号唐：徐知诰本姓李，继承唐朝，故称唐，史称南唐。［43］太祖：指徐温。［44］乙酉：十月六日。［45］玠：徐玠。［46］册：册书，指尊尚吴主杨溥为让皇的册文。［47］稽首：古时一种跪拜礼，叩头到地，是九拜中最恭敬的。［48］乘舆：皇帝乘坐的车子。［49］如故：像从前一样。［50］徽章：旗帜。［51］丁亥：十月八日。［52］徐知证、徐知谔：皆徐温之子，徐知诰为弟。传见《十国春秋》卷二十。［53］平卢：方镇名，在今辽宁朝阳县。杨琏为遥领。［54］天泉阁：楼阁名。因晋、宋天泉池故地起阁，故名天泉阁。［55］止：阻止。［56］执书不视：拿着宋齐丘阻止李德诚劝进的信不看。［57］子嵩：宋齐丘字。［58］己丑：十月十日。［59］东都：南唐以扬州为东都。［60］皆取于仙经：所改宫殿之名都出之于仙经。［61］羽衣：羽毛制成的衣服，以示仙化。［62］习辟谷术：学习不吃谷物而生存的方法。辟，通“避”。［63］辛卯：十月十二日。［64］珙：杨珙，杨溥侄子。传见《十国春秋》卷四。［65］加官增邑：提高官位，增加封邑。［66］丙申：十月十七日。［67］张延翰（888—942）：字德华，宋州睢阳（今河南睢县）人。不附权势，有治绩。官至南唐宰相。传见《十国春秋》卷二十一。［68］张居咏：官至南唐宰相。传见《十国春秋》卷二十一。［69］丁酉：十月十八日。［70］心愠怼：内心恼怒、怨恨。［71］抗声：大声抗议。［72］请罪：待罪。［73］手诏：亲手写的诏书。［74］不知所出：不知献什么计策好。［75］更：别。［76］斥远：斥退、徙之远地。［77］绝其婚：断绝与杨琏的婚姻关系。因杨琏娶徐知诰女为妃。［78］乙巳：十月二十六日。［79］宋氏（?—945）：小名福金，治内有法，不苟言笑。传见《十国春秋》卷十八。［80］戊申：十月二十九日。

闽主命其弟威武[1]节度使继恭[2]上表告嗣位于晋，且请置邸于都下[3]。

十一月，乙卯[4]，唐吴王景通更名璟。

唐主赐杨琏妃号永兴公主[5]；妃闻人呼公主则流涕而辞[6]。

戊午[7]，唐主立其子景遂为吉王，景达为寿阳公；以景遂为侍中、东都留守、江都尹，帅留司百官[8]赴东都。

戊辰[9]，诏加吴越王元瓘天下兵马副元帅，进封吴越国王。

安远节度使李金全以亲吏[10]胡汉筠为中门使，军府事一以委之[11]。汉筠贪猾残忍，聚敛无厌[12]。帝闻之，以廉吏[13]贾仁沼代之，且召汉筠，欲授以他职，庶[14]保全功臣。汉筠大惧，始劝金全以异谋[15]。乙亥[16]，金全表汉筠病，未任行[17]。金全故人[18]庞令图屡谏曰："仁沼忠义之士，以代汉筠，所益多矣[19]。"汉筠夜遣壮士逾垣[20]灭令图之族，又毒仁沼，舌烂而卒。汉筠与推官张纬相结，以谄惑[21]金全，金全爱之弥笃[22]。

十二月，戊申[23]，蜀大赦，改明年元曰明德。

诏加马希范江南诸道都统，制置武平[24]、静江[25]等军事。

是岁，契丹改元会同，国号大辽[26]，公卿庶官[27]皆仿中国，参用中国人，以赵延寿[28]为枢密使，寻兼政事令。

（以上为第八段，写闽主入贡后晋。唐主封诸子为王。南唐主嗣子徐景通改名为璟。契丹主改国号为辽。）

【注释】

[1]威武：方镇名。闽置，治所福州，在今福建福州市。 [2]继恭（?—939）：王延钧子。传见《十国春秋》卷九十四。 [3]置邸于都下：在晋首都汴梁建造府舍。 [4]乙卯：十一月六日。 [5]永兴公主：徐知诰第四女，嫁杨琏。贤明温淑，容仪绝世，卒年二十四。传见《十国春秋》卷四。 [6]流涕而辞：流着泪推辞。因吴已亡国。 [7]戊午：十一月九日。 [8]留司百官：南唐仿唐制，建东、西都，置留台百司。留司百官为留台百司官员。东都，即江都，今扬州市。金陵为西都，今南京市。 [9]戊辰：十一月十九日。 [10]亲吏：亲信官吏。 [11]一以委之：全部委托给他办理。 [12]无厌：没有满足。 [13]廉吏：廉洁的官吏。 [14]庶：希望。 [15]异谋：谋反。 [16]乙亥：十一月二十六日。 [17]未任行：没有力气上路。借口不让胡汉筠回朝的托词。 [18]故人：老友。 [19]所益多矣：倘若用他，那么好处多着呢。 [20]逾垣：越过围墙。 [21]谄惑：用花言巧语迷惑。 [22]弥笃：非常深切。 [23]戊申：十二月三十日。 [24]武平：方镇名。后唐以朗州为武平军。后晋仍置武平军。治所朗州，在今湖南常德市。 [25]静江：方镇名。唐昭宗光化三年（900），升桂管经略使为静江军节度使。治所桂州，在今广西桂林市。 [26]大辽：契丹改为辽朝。 [27]庶官：百官。 [28]延寿（?—948）：赵延寿，本姓刘，赵德钧养子。降契丹，为契丹先锋，屡败晋军。官至辽丞相。传见《辽史》卷七十六。

三年（戊戌，938年）

春，正月，己酉[1]，日有食之。

唐德胜节度使兼中书令西平恭烈王周本以不能存吴[2]，愧恨而卒[3]。

丙寅[4]，唐以侍中吉王景遂参判尚书都省[5]。

蜀主以武信节度使、同平章事张业为左仆射兼中书侍郎、同平章事、枢密使，武泰节度使王处回兼武信节度使、同平章事。

二月，庚辰[6]，左散骑常侍[7]张允[8]上《驳赦论》[9]，以为："帝王遇天灾多肆赦，谓之修德。借[10]有二人坐狱遇赦，则曲者[11]幸免，直者衔冤[12]，冤气升闻，乃所以致灾[13]，非所以弭灾[14]也。"诏褒之。帝乐闻谠言[15]，诏百官各上封事，命吏部尚书梁文矩等十人置详定院以考之，无取者留中，可者行之。数月，应诏者无十人，乙未[16]，复降御札趣之。

三月，丁丑[17]，敕禁民作铜器[18]。初，唐世[19]天下铸钱有三十六冶[20]，丧乱以来，皆废绝，钱日益耗，民多销钱[21]为铜器，故禁之。

中书舍人李详上疏，以为"十年以来，赦令屡降[22]，诸道职掌[23]皆许推恩[24]，而藩方[25]荐论[26]动逾数百，乃至藏典[27]、书吏、优伶、奴仆，初命则至银青阶[28]，被[29]服皆紫袍象笏[30]，名器[31]僭滥，贵贱不分。请自今诸道主兵将校[32]之外，节度州[33]听奏朱记大将[34]以上十人，他州止听奏都押牙、都虞候、孔目官，自余但委本道量迁职名而已。"从之。

（以上为第九段，写晋高祖下诏求言，纠正滥赦与滥施官位，因缺铜以木质赤字代铜印赐大将，每州限额十名。）

【注释】

[1]己酉：正月二日。[2]不能存吴：不能保全吴国。[3]愧恨：惭愧、悔恨。[4]丙寅：正月十九日。[5]参判尚书都省：兼任朝廷的办事机关首长，参预管理尚书省政务。[6]庚辰：二月三日。[7]左散骑常侍：门下省属官，掌规谏。[8]张允（886—950）：镇州（今河北正定县）人。为人刚介，官至后汉吏部侍郎。以作《驳赦论》著称。传见《新五代史》卷五十七。[9]《驳赦论》：阐述经常大赦的危害性。[10]借：假设、倘使。[11]曲者：应判罪的人。[12]衔冤：不处理有罪的人，则理直的人蒙受冤屈。[13]致灾：招来灾祸。[14]弭灾：消除灾祸。[15]谠言：正直的言论。[16]乙未：二月十八日。[17]丁丑：三月三十日。[18]作铜器：用铜铸造用具。[19]唐世：指晚唐。[20]三十六冶：有三十六处铸钱的

地方。盛唐时有冶铜处九十余所。［21］销钱：将钱熔化。［22］赦令屡降：多次颁布大赦令。［23］诸道职掌：各州郡的幕职官。［24］推恩：用恩荫任职。［25］藩方：节度使。［26］荐论：推荐人才。［27］藏典：掌国库官吏。［28］银青阶：指银青光禄大夫，从二品高官。［29］被：通“披”。［30］紫袍象笏：唐制三品以上穿紫袍、用象牙笏。［31］名器：名分和器物。一定爵位用一定器物，不能僭越。［32］主兵将校：统率军队的主将。［33］节度州：节度使管辖的州。［34］朱记大将：不给铜印、给木朱记以为印信。

夏，四月，甲申[1]，唐宋齐丘自陈[2]丞相不应不豫[3]政事，唐主答以省署[4]未备。

吴让皇固辞旧宫[5]，屡请徙居；李德诚等亦亟以为言。五月，戊午[6]，唐主改润州[7]牙城为丹杨宫，以李建勋为迎奉让皇使。

杨光远自恃拥重兵，颇干预朝政，屡有抗奏[8]，帝常屈意从之[9]。庚申[10]，以其子承祚[11]为左威卫将军，尚帝女长安公主，次子承信亦拜美官，宠冠当时[12]。

壬戌[13]，唐主以左宣威副统军王舆[14]为镇海[15]留后，客省使公孙圭为监军使，亲吏马思让为丹杨宫使，徙[16]让皇居丹杨宫。

宋齐丘复自陈为左右所间[17]，唐主大怒；齐丘归第[18]，白衣待罪[19]。或曰[20]：“齐丘旧臣，不宜以小过[21]弃之。”唐主曰：“齐丘有才，不识大体。”乃命吴王璟持手诏[22]召之。

六月，壬午[23]，或[24]献毒酒[25]方于唐主，唐主曰：“犯吾法者自有常刑[26]，安用此为[27]！”群臣争请改府寺州县名有吴及阳者，留守判官杨嗣请更姓羊，徐玠曰：“陛下自应天顺人[28]，事非逆取[29]，而谄邪之人专事改更[30]，咸非急务[31]，不可从也。”唐主然之。

（以上为第十段，写唐主徐知诰贤明，优礼让皇，不接受阴谋害人，不权落旧臣。）

【注释】

［1］甲申：四月七日。［2］自陈：自己陈请。［3］豫：通“预”。［4］省署：指中央官署。［5］固辞旧宫：坚决推辞不再居江都宫。［6］戊午：五月十二日。［7］润州：州名，在今江苏镇江市。［8］抗奏：不同意执行中央命令的奏章。［9］屈意从之：违背自己的意志顺从

他。［10］庚申：五月十四日。［11］承祚：杨光远子，官单州刺史。传附《旧五代史》卷九十七《杨光远传》。［12］宠冠当时：宠信为当时第一。［13］壬戌：五月十六日。［14］王舆（871—944）：为人勇武，不念旧恶，官至南唐金吾卫大将军。传见《十国春秋》卷七。［15］镇海：方镇名。吴置。治所润州，在今江苏镇江市。［16］徙：迁移。［17］为左右所间：被王的左右近臣所离间。［18］归第：回府。［19］白衣待罪：穿着普通平民的白衣等待降罪。［20］或曰：有人说。［21］小过：小错误。［22］手诏：亲手写的诏书。［23］壬午：六月七日。［24］或：有人。［25］毒酒方：配制毒酒的药方。［26］常刑：法律规定的刑罚。［27］安用此为：用这个干什么？［28］应天顺人：指徐知诰称帝是上合天意，下顺人心。［29］事非逆取：并未违逆天意人心而夺取。［30］专事改更：专门在更易名称上做文章。［31］咸非急务：这些都不是要紧的政务。

河南留守高行周奏修洛阳宫。丙戌[1]，左谏议大夫薛融[2]谏曰："今宫室虽经焚毁，犹侈于帝尧之茅茨[3]；所费虽寡，犹多于汉文之露台[4]。况魏城未下，公私困窘，诚非陛下修宫馆之日；俟海内平宁，营[5]之未晚。"上纳其言，仍赐诏褒之。

己丑[6]，金部郎中[7]张铸奏："窃见乡村浮户[8]，非不勤稼穑[9]，非不乐[10]安居，但以种木未盈[11]十年，垦田未及[12]三顷，似成生业[13]，已为县司收供徭役[14]，责[15]之重赋，威以严刑，故不免捐功舍业[16]，更思他适[17]。乞自今民垦田及五顷以上，三年外乃听县司徭役。"从之。

秋，七月，中书奏："朝代虽殊[18]，条制[19]无异。请委官取明宗及清泰时敕，详定[20]可久行者编次[21]之。"己酉[22]，诏左谏议大夫薛融等详定。

（以上为第十一段，写后晋高祖缓建宫室，奖励垦殖，疏理制度。）

【注释】

［1］丙戌：六月十一日。［2］薛融（882—941）：汾州平遥（今山西平遥县）人。少以儒学知名，官至尚书右丞、分司西都。传见《新五代史》卷五十六。［3］帝尧之茅茨：帝尧宫室。土阶三尺，茅茨不剪。［4］汉文之露台：汉文帝欲筑露台，因需百金而不作。［5］营：修建。［6］己丑：六月十四日。［7］金部郎中：官名。户部四司之一，掌天下税收等事。［8］浮户：无固定户口的人户。［9］稼穑：种庄稼。［10］非不乐：不是不喜欢。［11］盈：满。［12］及：到。

[13]似成生业：看来好像已经成为维持生计的产业。［14]收供徭役：收取赋税，供应劳役。［15]责：苛求。［16]捐功舍业：丢掉先前垦田的成效，舍弃将要形成的产业。［17]他适：到其他地方去。［18]殊：异。［19]条制：公文格式。［20]详定：审定。［21]编次：汇编成册。［22]己酉：七月四日。

辛酉[1]，敕作受命宝[2]，以“受天明命，惟德允昌[3]”为文。

八月[4]，帝上尊号于契丹主及太后，戊寅[5]，以冯道为太后册礼使[6]，左仆射刘煦为契丹主册礼使，备卤簿[7]、仪仗[8]、车辂[9]，诣契丹行礼；契丹主大悦。帝事契丹甚谨，奉表称臣，谓契丹主为“父皇帝”；每契丹使至，帝于别殿[10]拜受诏敕。岁输金帛三十万之外，吉凶庆吊[11]，岁时赠遗[12]，玩好珍异，相继于道。乃至应天太后[13]、元帅太子[14]、伟王、南、北二王、韩延徽、赵延寿等诸大臣皆有赂；小不如意，辄来责让[15]，帝常卑辞谢之[16]。晋使者至契丹，契丹骄倨[17]，多不逊语[18]。使者还，以闻，朝野咸以为耻，而帝事之曾无倦意，以是终帝之世与契丹无隙。然所输金帛不过数县租赋，往往托以民困，不能满数。其后契丹主屡止帝上表称臣，但令为书称“儿皇帝”，如家人礼[19]。

初，契丹既得幽州，命曰南京[20]，以唐降将赵思温为留守。思温子延照在晋，帝以为祁州[21]刺史。思温密令延照言虏情终变，请以幽州内附[22]；帝不许。

契丹遣使诣唐，宋齐丘劝唐主厚贿之[23]，俟至淮北[24]，潜遣人杀之，欲以间[25]晋。

壬午[26]，杨光远奏前澶州刺史冯晖自广晋城中出战，因来降，言范延光食尽穷困；己丑[27]，以晖为义成节度使。

（以上为第十二段，写石敬瑭向契丹称儿皇帝。）

【注释】

［1]辛酉：七月十六日。［2]受命宝：皇帝玉玺。天子修封禅、礼神祇时使用。因原受命宝被潞王焚毁，故新制。［3]受天明命，惟德允昌：八个字为下敕令的皇帝印章，意谓接天命的人，只有保持德行才能国祚绵长，永远昌盛。［4]八月：二字据章校补。［5]戊寅：八月四日。据章校，前句“帝”上应有“八月”二字。［6]册礼使：行册封礼的使者。［7]卤簿：古代

帝王出外时在其前后的仪仗队。卤，大楯，可以捍敌。簿，簿籍。记载仪仗的先后顺序。［8］仪仗：用于仪卫的兵仗。［9］车辂：皇帝乘坐的车。辂，绑在车辕上以备人牵挽的横木。［10］别殿：便殿。石敬瑭对契丹称儿皇帝，故对契丹使者，不敢居正殿。［11］吉凶庆吊：吉礼、凶礼、节日庆贺、吊丧。［12］岁时赠遗（wèi）：每年按照不同的季节馈赠礼品。［13］应天太后（879—953）：即太祖述律皇后。传见《辽史》卷七十一。［14］元帅太子：耀屈之。即耶律德光。［15］责让：责备。［16］卑辞谢之：用卑谦的话表示歉意。［17］骄倨：傲慢的样子。［18］多不逊语：大多出言不礼貌。［19］如家人礼：行一家人相见之礼。［20］南京：契丹于天福元年（936）得幽州，改为南京。［21］祁州：州名。唐昭宗景福三年（894），王处存奏以定州无极、深泽二县置祁州。在今河北无极县。［22］内附：归附中原后晋王朝。［23］厚贿之：用丰厚的财物贿赂他。［24］淮北：淮河以北地区，在后晋辖区内。［25］间：离间。挑拨后晋与契丹的关系。［26］壬午：八月八日。［27］己丑：八月十五日。

杨光远攻广晋[1]，岁余不下，帝以师老[2]民疲，遣内职[3]朱宪入城谕范延光[4]，许移大藩，曰："若降而杀汝，白日在上，吾无以享国[5]。"延光谓节度副使李式曰："主上重信[6]，云不死则不死矣。"乃撤守备，然犹迁延未决[7]。宣徽南院使刘处让复入谕之，延光意乃决。九月，乙巳朔[8]，杨光远送延光二子守图、守英诣大梁。己酉[9]，延光遣牙将奉表待罪。壬子[10]：诏书至广晋，延光帅其众素服[11]于牙门，使者宣诏释之。朱宪，汴州人也。

契丹遣使如洛阳，取赵延寿妻唐燕国长公主[12]以归。

壬戌[13]，唐太府卿赵可封请唐主复姓李，立唐宗庙。

庚午[14]，杨光远表乞入朝；命刘处让权知[15]天雄军府事。己巳[16]，制以范延光为天平节度使，仍赐铁券[17]，应广晋城中将吏军民今日[18]以前罪皆释[19]不问；其张从宾、符彦饶余党及自官军逃叛入城者，亦释之。延光腹心将佐李式、孙汉威、薛霸皆除防御、团练使、刺史，牙兵皆升为侍卫亲军。

初，河阳行军司马李彦珣，邢州人也，父母在乡里，未尝供馈[20]。后与张从宾同反，从宾败，奔广晋，范延光以为步军都监[21]，使登城拒守。杨光远访获[22]其母，置城下以招之[23]，彦珣引弓[24]射杀其母。延光既降，帝以彦珣为坊州[25]刺史。近臣言彦珣杀母，杀母恶逆[26]不可赦；帝曰："赦令已行，不可改也。"乃遣之官。

臣光曰：治国家者固[27]不可无信。然彦珣之恶，三灵[28]所不容，晋高祖赦其叛君之愆[29]，治[30]其杀母之罪，何损于信哉[31]！

（以上为第十三段，写后晋高祖赦河北叛将之罪，朝廷罢兵。）

【注释】

[1]广晋：即魏州。后晋石敬瑭即位，改魏州为广晋。[2]师老：军士厌战，士气低落。[3]内职：宦官。[4]大藩：大的藩镇。[5]吾无以享国：我不可能有长远的国运。发誓的话。[6]重信：重视守信用。[7]迁延未决：耽搁时日，犹豫不决。[8]乙巳朔：九月一日。[9]己酉：九月五日。[10]壬子：九月八日。[11]素服：穿着白衣。以示有罪。[12]燕国长公主：明宗第十三女，嫁赵延寿。初封兴平公主。清泰二年，改封燕国长公主。传附《旧五代史》卷四十九。[13]壬戌：九月十八日。[14]庚午：九月二十六日。据严衍《资治通鉴补》，"庚午"作"己巳"，九月二十五日。[15]权知：暂时代理。[16]己巳：九月二十五日。据严衍《资治通鉴补》，"己巳"应作"庚午"。[17]铁券：古代赐给有功之臣，记其功绩，免其死罪的一种凭信。[18]今日：指诏书到魏州之日。[19]释：原宥、宽大。[20]供馈：赡养。[21]步军都监：官名，掌屯戍、边防、训练政令。[22]访获：访问得到。[23]招之：招李彦珣归降。[24]引弓：拉弓。[25]坊州：州名，在今陕西黄陵县东南。[26]恶逆：十恶罪之一。杀父母者犯恶逆罪，恩赦也不应原宥。[27]固：本来。[28]三灵：指天神、地祇、人鬼为三灵。[29]愆：过失。[30]治：处置、处分。[31]何损于信哉：对于诚信有什么损害？

辛未[1]，以杨光远为天雄节度使。

冬，十月，戊寅[2]，契丹遣使奉宝册[3]，加帝尊号[4]曰英武明义皇帝。

帝以大梁舟车所会[5]，便于漕运，丙辰[6]，建东京于汴州，复以汴州为开封府，以东都[7]为西京，以西都[8]为晋昌军节度。

帝遣兵部尚书王权使契丹谢尊号，权自以累世将相[9]，耻之，谓人曰："吾老矣，安能向穹庐[10]屈膝！"乃辞以老疾。帝怒，戊子[11]，权坐停官[12]。

初，郭崇韬既死，宰相罕[13]有兼枢密使者。帝即位，桑维翰、李崧兼之，宣徽使刘处让及宦官皆不悦。杨光远围广晋，处让数[14]以军事衔命[15]往来，光远奏请多逾分[16]，帝常依违[17]，维翰独以法裁折之[18]。

光远对处让有不平语[19]，处让曰：“是皆执政[20]之意。”光远由是怨执政。范延光降，光远密表[21]论执政过失。帝知其故而不得已，加维翰兵部尚书，崧工部尚书，皆罢其枢密使；以处让为枢密使。

太常奏：今建东京，而宗庙、社稷皆在西京，请迁置大梁。”敕旨：“且[22]仍旧。”

戊戌[23]，大赦。

杨延艺[24]故将吴权自爱州举兵攻皎公羡于交州，羡[25]遣使以赂求救于汉；汉主欲乘其乱而取之，以其子万王弘操[26]为静海节度使，徙封交王，将兵救公羡，汉主自将屯于海门[27]，为之声援。汉主问策于崇文使萧益[28]，益曰：“今霖雨积旬，海道险远，吴权桀黠[29]，未可轻也。大军当持重，多用乡导，然后可进。”不听。命弘操帅战舰自白藤江[30]趣交州，权已杀公羡，据交州，引兵逆战，先于海口多植大杙[31]，锐其首[32]，冒之以铁[33]，遣轻舟乘潮挑战而伪遁[34]，须臾潮落，汉舰皆碍铁杙不得返，汉兵大败，士卒覆溺者太半；弘操死，汉主恸哭，收余众而还。先是，著作佐郎侯融[35]劝汉主弭兵息民[36]，至是以兵不振，追咎融，剖棺暴其尸。益，仿之孙也。

楚顺贤夫人彭氏[37]卒，彭夫人貌陋而治家有法，楚王希范惮之[38]；既卒，希范始纵[39]声色，为长夜之饮，内外无别。有商人妻美，希范杀其夫而夺之，妻誓不辱，自经[40]死。

（以上为第十四段，写杨光远恃功干预朝政。南汉主轻浮暴众，兵败交州，国势转衰。楚主马希范纵情声色。）

【注释】

［1］辛未：九月二十七日。［2］戊寅：十月五日。［3］宝册：册书。［4］尊号：皇帝活着时所加的美号。［5］舟车所会：水陆交通枢纽。［6］丙辰：十月甲戌朔，无丙辰。疑为“丙申”，十月二十三日。［7］东都：洛阳。后晋以洛阳为西京。［8］西都：长安。后晋以长安为晋昌军。［9］累世将相：好几代担任大将和丞相。［10］穹庐：指代契丹。因契丹为游牧民族，居住毡帐。［11］戊子：十月十五日。［12］权坐停官：王权坐罪被罢官。［13］罕：少。［14］数：多次。［15］衔命：奉皇帝的命令。［16］逾分：超过限度。［17］依违：举棋不定，无一定说法。［18］以法裁折之：用法律规定，来处理它。［19］不平语：不满意的话。［20］执政：指

宰相。［21］密表：秘密地向皇帝上奏表文。［22］且：姑且、暂且。［23］戊戌：十月二十五日。［24］杨延艺：应作杨廷艺，事见本卷。［25］羡：据章校，"羡"上当有"公"字，指皎公羡。［26］弘操（?—938）：刘龑第九子，封万王。传见《十国春秋》卷六十一。［27］海门：地名，在今广东汕头市潮阳区东南。［28］萧益：唐懿宗时宰相萧仿之孙，官南汉崇文使。传见《十国春秋》卷六十三。［29］桀黠：狡猾。［30］白藤江：水名，在今越南北部。［31］大杙（yì）：尖锐的大木桩。［32］锐其首：削尖木桩的一端。［33］冒之以铁：用铁包裹着。［34］伪遁：假装逃走。据章校，"遁"下有"弘操逐之"四字。［35］侯融：为人慷慨，善直言。官著作佐郎。传见《十国春秋》卷六十三。［36］弭兵息民：消弭战争，使人民得以休息。［37］彭氏（?—938）：马希范妻，累封秦国顺贤夫人，貌陋而治家有法。传见《十国春秋》卷七十一。［38］惮之：害怕她。［39］纵：放纵、纵情。［40］自经：自杀。

河决郓州。

十一月，范延光自郓州入朝。

丙午[1]，以闽主昶[2]为闽国王，以左散骑常侍卢损[3]为册礼使，赐昶赭袍[4]。戊申[5]，以威武节度使王继恭[6]为临海郡王。闽主闻之，遣进奏官林恩白执政，以既袭帝号，辞册命及使者。闽谏议大夫黄讽[7]以闽主淫暴，与妻子辞诀[8]入谏，闽主欲杖之，讽曰："臣若迷国[9]不忠，死亦无怨；直谏被杖，臣不受也。"闽主怒，黜为民。

帝患天雄节度使杨光远跋扈难制，桑维翰请分天雄之众，加光远太尉、西京留守兼河阳节度使。光远由是怨望，密以赂自诉于契丹，养部曲[10]千余人，常蓄异志。

辛亥[11]，建邺都于广晋府[12]；置彰德军[13]于相州，以澶、卫隶之；置永清军[14]于贝州，以博、冀隶之。澶州旧治顿丘，帝虑契丹为后世之患，遣前淄州刺史汲人刘继勋[15]徙澶州跨德胜津[16]，并顿丘徙焉。以河南尹高行周为广晋尹、邺都留守，贝州防御使王廷胤为彰德节度使，右神武统军王周[17]为永清节度使。廷胤，处存之孙；周，邺都人也。

范延光屡请致仕[18]，甲寅[19]，诏以太子太师致仕，居于大梁，每预宴会，与群臣无异。

延光之反也，相州刺史掖[20]人王景拒境不从[21]，戊午[22]，以景为耀州团练使。

癸亥[23]，敕听公私自铸铜钱，无得[24]杂以铅铁，每十钱重一两，以“天福元宝”为文，仍令盐铁[25]颁下模范[26]。惟禁私作铜器。

立左金吾卫上将军重贵[27]为郑王，充开封尹。

癸亥[28]，敕先许公私铸钱，虑铜难得，听轻重从便[29]，但勿令缺漏[30]。

辛丑[31]，吴让皇卒。唐主废朝二十七日。追谥曰睿皇帝，是岁，唐主徙吴王璟为齐王。

凤翔节度使李从曮，厚文士而薄武人，爱农民而严士卒，由是将士怨之。会[32]发兵戍西边，既出郊，作乱，突门入城，剽掠于市[33]。从曮发帐下兵[34]击之，乱兵败，东走，欲自诉于朝廷，至华州，镇国节度使张彦泽[35]邀击[36]，尽诛之。

（以上为第十四段，写天雄军节度使杨光远骄纵，晋高祖听民自铸钱。）

【注释】

[1]丙午：十一月三日。 [2]闽主昶：即闽康宗继鹏。 [3]卢损（?—953）：梁开平初进士，性刚介。官至秘书监，晚年退居林泉，自号具茨山人。传见《旧五代史》卷一百二十八。 [4]赭袍：天子所穿袍服。[5]戊申：十一月五日。[6]王继恭（?—939）：王延钧子。传见《十国春秋》卷九十四。 [7]黄讽：以康宗淫暴进谏，被黜为民。传见《十国春秋》卷九十五。 [8]辞诀：诀别。 [9]迷国：迷惑君主。 [10]部曲：亲兵。 [11]辛亥：十一月八日。 [12]广晋府：即魏州，今仍建邺都。 [13]彰德军：方镇名。后晋置，即后唐昭德军。治所相州，在今河南安阳市。 [14]永清军：方镇名。后晋置，治所贝州，在今河北清河县。 [15]刘继勋：卫州（今河卫辉市）人，官同州刺史，被契丹捕去。传见《旧五代史》卷九十六。 [16]德胜津：在今河南濮阳市。徙澶州及其治所顿丘至德胜津。 [17]王周：魏州（今河北大名）人。少以勇力从军，官成德节度使，有善政。传见《新五代史》卷四十八。 [18]致仕：退休。 [19]甲寅：十一月十一日。 [20]掖：县名。在今山东莱州市。 [21]拒境不从：守住境界，不跟随反叛。 [22]戊午：十一月十五日。 [23]癸亥：十一月二十日。 [24]无得：不得，不能。[25]盐铁：盐铁使。[26]模范：浇铸用的模子。 [27]重贵（914—?）：石敬瑭侄子，性谨厚，好骑射。天福七年（942）石敬瑭死，即皇帝位。开运三年（946）契丹南侵，攻汴梁，降石重贵为负义侯，被掠入契丹。公元942至946年在位。传见《旧五代史》卷八十一。 [28]庚辰：原文作“癸亥”，据章校改。庚辰，十二月七日。[29]听轻重从便：任凭将钱铸轻铸重。 [30]勿令缺漏：勿使钱的分量短缺。[31]辛丑：十二月二十八日。 [32]会：刚好。 [33]剽掠于市：在市场上抢掠。 [34]帐下兵：

节度使府亲军。［35］张彦泽（?—946）：太原（今山西太原市）人。投靠契丹为先锋灭后晋。恣行杀戮，百姓切齿。被契丹耶律德光处死，市人争食其肉。传见《旧五代史》卷九十八。［36］邀击：阻击。

【点评】

本卷点评桑维翰功过、契丹主礼遇张砺、徐知诰改名去“知”三件史事。

一、桑维翰功过。桑维翰，字国侨，河南人。形貌丑陋，身短面长，进士出身，自负有宰辅之才。石敬瑭为河阳节度使，辟举桑维翰为掌书记。宠遇日隆，为石敬瑭谋主。桑维翰、刘知远，两人一文一武，是石敬瑭的左右手。割地事契丹，石敬瑭做了儿皇帝，本谋者桑维翰，卖国求荣。对于儿皇帝石敬瑭来说，桑维翰是后晋开国功臣。石敬瑭入洛阳，以桑维翰为翰林学士、礼部侍郎、知枢密院事，迁中书令、同中书门下平章事，兼枢密使。当时后晋新建，藩镇多未服从，府库空虚，民不堪命，形势严峻。桑维翰建言后晋高祖石敬瑭，弃旧怨安抚藩镇，卑辞厚礼事契丹，训练士卒以修武备，劝农桑以实仓廪，通商贾以足财用。高祖用其言，数年后国家粗安，这是桑维翰辅政的功绩。桑维翰的功过，用三国时许子将品评曹操的两句话“治世之能臣，乱世之奸雄”差可得之。曹操为创业之主，桑维翰为无耻奸雄之谋主，又不可同日而语矣。

二、契丹主礼遇张砺。后唐翰林学士张砺奉潞王之命督军赵延寿进军团柏口，军败，与赵延寿俱没入契丹。张砺得间南逃，为追骑所获。契丹主耶律德光责问张砺，说：“为何不辞而别？”张砺说：“臣是华人，饮食衣服不习惯，活着比死还难受，请快些杀了我吧。”契丹主回头对精通翻译并负责接待的高彦英说：“我再三告诫你们要照顾好这个人的生活，他逃跑了到哪里去找这样的人？”契丹主鞭打了高彦英一顿，责其向张砺道歉。张砺见契丹主如此尊重读书人，于是归顺契丹，竭尽忠心，遇事直言敢谏，深得契丹主的礼遇和器重。契丹主耶律德光史称辽太宗，他继辽太祖耶律阿保机大力推行汉化的文明进程，建国号，备典章，是大辽国史上的一位贤君，张砺的建言与辅佐，功不可没。

三、徐知诰改名去“知”。徐知诰，据薛史，谓为海州人，徐温养子，温亦海州人，知诰，出身寒微，少孤，及壮，身高七尺，广颡隆准，宽厚有谋，贤于徐温亲生诸子，温是以爱之。徐温为吴杨氏政权大丞相，镇金陵。温死，知诰承袭吴大丞相，镇金陵。知诰秉政，宽刑法，推恩信，用以收人心，起延宾亭接纳四方之士，引宋齐丘、骆知祥、王令谋等为谋主。吴国杨溥大和五年（933），徐知诰更名为徐诰，去名中“知”字，单名诰。“知”字为徐温之子辈分用字，徐知诰去“知”字，表示将与徐姓脱离关系，不与徐氏兄弟徐知训、徐知询等同列，这是受禅的前奏信号。接着徐诰受封齐王，建齐国。十月五日甲申，徐诰即皇帝位于金陵，改年号为昇元。三月更名，十月受禅。是年徐诰四十九岁。徐诰册封杨溥为让皇，昇元三年四月迁杨溥于润州丹阳宫，以马思让为丹阳宫使，严兵守卫，一年后杨溥幽死。杨氏政权，自唐昭宗大顺二年（891），杨行密始有淮南之地至杨溥逊位的后晋天福二年（937），凡四十七年。

卷二八二　后晋纪三

后晋高祖天福四年至六年（939—941年）

【起屠维大渊献（己亥，939年），尽重光赤奋若（辛丑，941年），凡三年】

【大事提要】

本卷记事起公元939年，讫公元941年，凡三年，当后晋高祖天福四年至天福六年。本卷多载南唐与闽两国史事。南唐主徐知诰恢复姓李，改名李昪，令有司编造族谱为大唐吴王李恪之后裔，建立宗庙合祭李徐两姓，尊徐温为义祖，在宗庙位列唐高祖、唐太宗之后。李昪保境安民，薄赋税，勤政事，南唐称治，江淮安定。闽主王昶笃信道士，不理政事，福州政变，王延羲取代王昶为闽主，羲弟王延政据建州，兄弟二人大交兵。后晋成德节度使安重荣以反抗契丹为名蓄谋异志；山南东道节度使安从进亦蓄谋反叛。两安南北勾结。刘知远耻与杜重威同列。范延光以太子太师职致仕回河阳，西京留守杨光远杀范夺财，后晋高祖优容不治。后晋危机四伏。其时，后晋安远节度使李金全反叛投南唐，二安继其后皆反。高行周扑灭安重荣，安从进兵败，困守襄州。

高祖圣文章武明德孝皇帝中

天福四年（己亥，939年）

春，正月，辛亥[1]，以澶州防御使太原张从恩为枢密副使。

朔方节度使张希崇卒，羌胡[2]寇钞，无复畏惮[3]。甲寅[4]，以义成节度使冯晖为朔方节度使。党项酋长拓跋彦超最为强大，晖至，彦超入贺，晖厚遇之[5]，因为于城中治第[6]，丰其服玩，留之不遣[7]，封内[8]遂安。

唐群臣江王知证等累表请唐主复姓李，立唐宗庙，乙丑[9]，唐主许之。群臣又请上尊号，唐主曰："尊号虚美，且非古。"遂不受。其后子孙皆踵[10]其法，不受尊号，又不以外戚辅政，宦者不得预事，皆他国所不及也。

二月，乙亥[11]，改太祖庙号[12]曰义祖。己卯[13]，唐主为李氏考妣发哀[14]，与皇后斩衰居庐[15]，如初丧礼[16]，朝夕临[17]凡五十四日[18]。江王知证、饶王知谔请亦服斩衰；不许[19]。李建勋之妻广德长公主[20]假衰绖[21]入哭尽礼，如父母之丧[22]。

辛巳[23]，诏国事委齐王璟详决[24]，惟军旅以闻[25]。庚寅[26]，唐主更名昪。

诏百官议二祚合享礼[27]。辛卯[28]，宋齐丘等议以义祖居七室之东。唐主命居高祖于西室，太宗次之，义祖又次之，皆为不祧之主[29]。群臣言："义祖诸侯[30]，不宜与高祖、太宗同享，请于太庙正殿后别建庙祀之。"帝曰："吾自幼托身义祖[31]，向[32]非义祖有功于吴，朕安能启此中兴之业？"群臣乃不敢言。

唐主欲祖吴王恪[33]，或曰："恪诛死，不若祖郑王元懿[34]。"唐主命有司考二王苗裔[35]，以吴王孙祎[36]有功，祎子岘[37]为宰相，遂祖吴王[38]，云自岘五世至父荣[39]，其名率皆有司所撰[40]。唐主又以历十九帝[41]、三百年，疑十世[42]太少。有司曰："三十年为世，陛下生于文德[43]，已五十年[44]矣。"遂从之。

（以上为第一段，写南唐主徐知诰复姓李，改名李昪，命有司编造族谱为大唐太宗子吴王李恪之后裔，合徐李两姓立宗庙，奉唐高祖为始祖，唐太宗次其位，徐温为义祖，位次唐太宗之后。）

【注释】

[1]辛亥：正月九日。[2]羌胡：羌族和其他北方少数民族。[3]畏惮：畏忌和惧惮。[4]甲寅：正月十二日。[5]厚遇之：很好地招待他。[6]治第：特为拓跋彦超修建府第。[7]留之不遣：留着不让他回部落去，作为人质。[8]封内：辖境内。胡三省曰："质彦超于城中，则党项诸部不敢钞暴于外，故安。"[9]乙丑：正月二十三日。[10]踵：继承。[11]乙亥：二月三日。[12]庙号：皇帝死后，在太庙立室奉祀，特立名号叫庙号。徐知诰初受禅，尊徐温为太祖，今复姓李，以徐温为义父，故改庙号为义祖。[13]己卯：二月七日。[14]考妣：已死的父母。发哀：发丧。[15]斩衰（cuī）居庐：穿孝服，守庐墓。丧服上衣曰衰，下衣曰裳。衰为不缉的精麻衣。斩衰为五服中最重的丧礼，子女为父母所服，为三年之丧。[16]如初丧礼：

像初次发丧的礼制。[17]朝夕临：早晚临奠。[18]五十四日：依后汉、后晋制，以日易月，居父、母丧各二十七日，故为五十四日。[19]不许：不允许徐知证、徐知谔服斩衰。因二人为徐温之子。[20]广德长公主：徐温之女。[21]衰绖（dié）：丧服。[22]如父母之丧：如同哭自己的父母一样。广德长公主是徐温的亲生女，哭李氏考妣，如同自己的父母，并没有直接的血亲关系，胡三省评曰："势利所在，非血气之亲而亲。"[23]辛巳：二月九日。[24]详决：审阅决定。[25]惟军旅以闻：只有军事向徐知诰报告。[26]庚寅：二月十八日。[27]二祚合享礼：徐、李二姓祖先祭享之礼。[28]辛卯：二月十九日。[29]不祧之主：不迁的神主。[30]义祖诸侯：徐温仅封侯，未曾称帝。[31]托身义祖：把身子寄托于徐温，即蒙徐温抚养。[32]向：过去。[33]欲祖吴王恪：要想以吴王李恪为始祖。吴王恪，唐太宗第三子，为房遗爱所诬引，死于高宗朝。《旧五代史·僭伪传》记载为唐玄宗第六子永王李璘之后裔，《新唐书·南唐世家》记载为唐宪宗子建王李恪之后裔。[34]郑王元懿：唐高祖李渊第六子。[35]考二王苗裔：考察唐代吴王李恪、郑王李懿两王的后代世系。苗裔，后代。[36]祎（yī）：李祎，吴王李恪之孙，仕唐中宗、睿宗、玄宗三朝，任朔方节度使，有边功，封信安王。传见《旧唐书》卷七十六，《新唐书》卷八十。[37]岘（xiàn）：李岘，李祎子，肃宗朝宰相。[38]遂祖吴王：于是以唐太宗子吴王李恪为始祖。[39]荣：李荣，李岘的五世孙。[40]其名率皆有司所撰：指从李岘到李荣的五代子孙之名，都是徐知诰命有关官员杜撰的。按：因徐知诰自幼流落，不知其祖姓为何氏，先为吴将李神福养子，取名昪，后为徐温养子，取名知诰，为了应验"东南鲤鱼飞上天"的谶语以置姓李氏兴唐，故杜撰祖上姓名以为李恪后裔。[41]十九帝：唐代从高祖李渊至哀帝李柷为十九帝，未计睿宗李旦与殇帝李重茂。[42]十世：十代。从李恪至李岘四代，李岘以下至李荣五代，加上李昪共十代。[43]文德：唐僖宗年号。[44]五十年：徐知诰是年五十岁。用以论证十代三百年为合理。

卢损至福州，闽主称疾[1]不见，命弟继恭主之[2]。遣其礼部员外郎郑元弼[3]奉继恭表随损入贡。闽主不礼于损[4]，有士人林省邹[5]私谓损曰："吾主不事其君[6]，不爱其亲，不恤其民，不敬其神，不睦其邻，不礼其宾[7]，其能久乎！余将僧服而北逃，会相见于上国[8]耳。"

三月，庚戌[9]，唐主追尊吴王恪为定宗孝静皇帝，自曾祖以下皆追尊庙号及谥。

己未[10]，诏归德节度使刘知远、忠武节度使杜重威并加同平章事。知远自以有佐命功[11]，重威起于外戚[12]，无大功，耻与之同制[13]，制下数日，杜门[14]四表辞不受[15]。帝怒，谓赵莹曰："重威朕之妹夫，知远虽有功，何得坚拒制命[16]！可落军权[17]，令归私第。”莹拜请曰：“陛下昔在晋阳，兵不过五千，为唐兵十余万所攻，危于朝露[18]，非知远心如铁石，岂能成大业！奈何以小过弃之！窃恐此语外闻，非所以彰人君之大度也。”帝意乃解，命端明殿学士和凝诣知远第谕旨，知远惶恐，起受命。

灵州戍将王彦忠据怀远城[19]叛，上遣供奉官齐延祚往招谕[20]之；彦忠降，延祚杀之。上怒曰：“朕践阼[21]以来，未尝失信于人，彦忠已输仗出迎[22]，延祚何得擅杀之！”除延祚名，重杖配流[23]。议者犹以为延祚不应免死。

辛酉[24]，册回鹘可汗仁美为奉化可汗。

夏，四月，唐江王徐知证等请亦姓李；不许。

辛巳[25]，唐主祀南郊；癸未[26]，大赦。

梁太祖以来，军国大政，天子多与崇政[27]、枢密使议，宰相受成命[28]，行制敕[29]，讲典故[30]，治文事[31]而已。帝惩[32]唐明宗之世安重诲专横，故即位之初，但命桑维翰兼枢密使。及刘处让为枢密使，奏对多不称旨[33]，会处让遭母丧，甲申[34]，废枢密院，以印付中书，院事皆委宰相分判。以副使[35]张从恩为宣徽使，直学士[36]·仓部郎中司徒诩[37]、工部郎中颜衎[38]并罢守本官[39]。然勋臣近习[40]不知大体，习于故事，每欲复之。

帝以唐之大臣除名在两京者皆贫悴[41]，复以李专美为赞善大夫[42]，丙戌[43]，以韩昭胤为兵部尚书，马胤孙为太子宾客[44]，房暠为右骁卫大将军[45]，并致仕[46]。

（以上为第二段，写刘知远耻与杜重威同列。后晋高祖裁抑相权，优礼旧朝遗臣。）

【注释】

[1]称疾：假装有病。[2]主之：负责接待卢损。[3]郑元弼（?—944）：官至闽礼部尚书、判三司，抗辞不屈，为朱文进所杀。传见《十国春秋》卷九十六。[4]不礼于损：不按应有的礼节接待卢损。[5]林省邹：福州（今福建福州市）人。累举不第，慷慨好直节。传见《十国春秋》卷九十六。[6]不事其君：不奉侍他的国君。指不敬奉后晋。[7]不礼其宾：不按一定

的礼节接待宾客。此处指对卢损不尊重。［8］上国：指晋朝。［9］庚戌：三月八日。［10］己未：三月十七日。［11］佐命功：协助登基称帝的功劳。［12］起于外戚：因外戚而任高官。杜重威为石敬瑭妹夫。［13］同制：同一制命。指刘知远耻于与杜重威在同一制命上授予官职，即以与杜重威同列感到耻辱。［14］杜门：闭门。［15］四表辞不受：四次上辞表，表示不接受新职。［16］坚拒制命：坚决拒绝皇帝的命令。［17］可落军权：可以削去兵权。刘知远当时统领宿卫诸军。［18］危于朝露：像早上的露水一样，太阳一出即消失，形容当时形势危急。［19］怀远城：县名，在今宁夏银川市。其西 90 余里即贺兰山。［20］招谕：劝降。［21］践阼：即位。［22］输仗出迎：放下武器投降。［23］重杖配流：重重责打，然后处以流刑。［24］辛酉：三月十九日。［25］辛巳：四月十日。［26］癸未：四月十二日。［27］崇政：崇政使，即枢密使。后梁改枢密使为崇政使。［28］受成命：秉承决定的命令执行。［29］行制敕：颁布皇帝的命令。［30］讲典故：讲述典制和掌故。［31］治文事：处理文书案牍事务。［32］惩：鉴戒，指吸取教训。［33］不称旨：不符合要求。［34］甲申：四月十三日。［35］副使：指枢密副使。［36］直学士：即枢密院直学士。［37］司徒诩（xǔ）（894—959）：字德普，清河郡（今河北清河县）人。官后汉礼部侍郎。传见《旧五代史》卷一百二十八。［38］颜衎（kàn）：官后晋兵部郎中。［39］本官：指仓部、工部郎中。［40］近习：近臣。帝王的亲信。［41］除名：开除公职。贫悴（cuì）：贫困。［42］赞善大夫：官名，东宫官，正五品上，掌辅导太子。［43］丙戌：四月十五日。［44］太子宾客：官名，东宫官，正三品，掌辅导太子。［45］右骁卫大将军：禁卫军统兵官。［46］并致仕：即让李专美等被罢免的后唐官员带着新朝后晋的官衔致仕，可领取俸禄以免去贫困。致仕，退休。

闽主忌其叔父前建州刺史延武［1］、户部尚书延望［2］才名，巫者［3］林兴与延武有怨，托鬼神语云：“延武、延望将为变。”闽主不复诘［4］，使兴帅壮士就第杀之［5］，并其五子。

闽主用陈守元言，作三清殿［6］于禁中，以黄金数千斤铸宝皇大帝［7］、天尊［8］、老君［9］像，昼夜作乐，焚香祷祀，求神丹。政无大小，皆林兴［10］传宝皇命决之。

戊申［11］，加楚王希范天策上将军，赐印，听［12］开府置官属。

辛亥［13］，唐徙吉王景遂为寿王，立寿阳公景达为宣城王。

乙卯［14］，唐镇海节度使兼中书令梁怀王徐知谔卒。

唐人迁让皇之族［15］于泰州，号永宁宫，防卫甚严。康化节度使兼中书令杨珙称疾［16］，罢归永宁宫。乙丑［17］，以平卢节度使兼中书令杨琏为康化节度使；琏固辞，请终丧[18]，从之。

唐主将立齐王璟为太子，固辞；乃以为诸道兵马大元帅、判六军诸卫、守太尉、录尚书事、升・扬二州牧[19]。

闽判六军诸卫建王继严[20]得士心，闽主忌之，六月，罢其兵柄，更名继裕；以弟继镕[21]判六军，去诸卫字。

林兴诈觉[22]，流泉州。望气者[23]言宫中有灾，乙未[24]，闽主徙居长春宫。

（以上为第三段，写闽主王昶笃信道士，猜忌宗室。南唐主嗣子齐王李璟不愿为太子。）

【注释】

[1]延武（?—939）：王审知子。官建州刺史。传见《十国春秋》卷九十四。 [2]延望（?—939）：王审知子。官户部尚书。传见《十国春秋》卷九十四。 [3]巫者：以装神弄鬼替人祈祷为职业的人。 [4]诘：审问，取证。 [5]就第杀之：在他们的家里杀了他们。 [6]三清殿：供奉道教教主的大殿。道教以上清、玉清、太清为三清。 [7]宝皇大帝：道教所供奉的神，即玉皇大帝。 [8]天尊：即元始天尊。 [9]老君：即太上老君李耳。 [10]林兴（?—939）：以巫见幸，与陈守元相表里，蛊惑闽主。传见《十国春秋》卷九十八。 [11]戊申：五月七日。 [12]听：任凭。 [13]辛亥：五月十日。 [14]乙卯：五月十四日。 [15]让皇之族：杨溥全族人。 [16]康化：方镇名。南唐升元二年（938）升池州为康化军节度。治所池州，在今安徽池州市贵池区。杨珙：杨溥侄子，封建安王。传见《十国春秋》卷四。 [17]乙丑：五月二十四日。 [18]请终丧：请求服完杨溥之丧。 [19]升・扬二州牧：南唐以升州（金陵，即今江苏南京市）为西都，扬州为东都，故二州置州牧，均由李璟兼任。 [20]继严：王延钧子，封建王。传见《十国春秋》卷九十四。 [21]继镕：《新五代史》本传作继镛，继严之弟，官判六军。传见《十国春秋》卷六十四。 [22]诈觉：欺骗伎俩被揭穿。 [23]望气者：观望云气从事迷信活动的人。 [24]乙未：六月二十五日。

秋，七月，庚子朔[1]，日有食之。

成德节度使安重荣出于行伍[2]，性粗率，恃勇骄暴[3]，每谓人曰："今世天子，兵强马壮则为之耳[4]。"府廨[5]有幡竿[6]高数十尺，尝挟弓矢谓左右曰："我能中竿上龙[7]者，必有天命[8]。"一发中之，以是益自负[9]。

帝之遣重荣代秘琼[10]也，戒之曰："琼不受代，当别除汝一镇，勿以力取，恐为患滋[11]深"重荣由是以帝为怯，谓人曰："秘琼匹夫耳，天子尚畏之，况我以将相之重，士马之众乎！"每所奏请多逾分[12]，为执政所可否[13]，意愤愤不快，乃聚亡命，市战马，有飞扬之志[14]。帝知之，义武节度使皇甫遇与重荣姻家，甲辰[15]，徙遇为昭义节度使[16]。

乙巳[17]，闽北宫火，焚宫殿殆尽。

戊申[18]，薛融等上所定编敕[19]，行之。

丙辰[20]，敕："先令天下公私铸钱，今私钱多用铅锡[21]，小弱缺薄[22]，宜皆禁之，专令官司自铸。"

西京留守杨光远疏[23]中书侍郎、同平章事桑维翰迁除不公[24]及营邸肆[25]于两都，与民争利；帝不得已，闰月，壬申[26]，出维翰为彰德节度使兼侍中。

初，义武节度使王处直子威，避王都之难[27]，亡[28]在契丹，至是，义武缺帅[29]，契丹主遣使来言，"请使威袭父土地，如我朝[30]之法。"帝辞以"中国之法必自刺史、团练、防御序迁[31]乃至节度使，请遣威至此，渐加进用[32]。"契丹主怒，复遣使来言曰："尔自节度使为天子，亦有阶级[33]邪！"帝恐其滋蔓不已[34]，厚赂契丹，且请以处直兄孙彰德节度使廷胤为义武节度使以厌其意[35]。契丹怒稍解[36]。

（以上为第四段，写成德节度使安重荣蓄谋异志，契丹主颐指石敬瑭。）

【注释】

[1]庚子朔：七月一日。[2]出于行伍：出身于士兵。[3]恃勇骄暴：依仗勇力骄纵暴虐。[4]今世天子，兵强马壮则为之耳：现在的皇帝，兵强马壮的人就可以做。[5]府廨：节度使府门前。[6]幡竿：旗杆。[7]竿上龙：旗杆顶上扎有龙头。据章校，"龙"下有"首"字，是。[8]必有天命：一定能做皇帝。[9]自负：自诩。自己认为了不起。[10]重荣代秘琼：指晋高祖于天福三年正月以安重荣代秘琼为成德节度使，徙秘琼为齐州防御使。事见上卷天福二年。[11]滋：甚，很。[12]逾分：超过限度。[13]可否：可与不可。可则从之，不可则不从。[14]有飞扬之志：有飞扬跋扈、称王称帝的野心。[15]甲辰：七月五日。[16]徙遇为昭义节度使：成德治所在镇州，义武治所在定州，二者连界，恐其合而为变，故徙皇甫遇以离析之。[17]乙巳：七月六日。[18]戊申：七月九日。[19]所定编敕：天福三年令薛融等审定

编敕，今编定上奏。［20］丙辰：七月十七日。［21］私钱多用铅锡：私铸的钱大多掺用铅锡。［22］小弱缺薄：既小又薄。［23］疏：上疏陈奏。［24］迁除不公：任命官吏不公平。［25］营邸肆：营造府第及店铺。［26］壬申：闰七月三日。［27］王都之难：见《资治通鉴》二百七十一卷梁均王龙德元年（921），王都囚王处直，夺节度使位。［28］亡：逃亡。［29］义武缺帅：原义武帅皇甫遇徙潞，故定州缺节度使。［30］我朝：契丹自称。［31］序迁：按次序升迁。［32］渐加进用：慢慢地、一步一步地加以提升。［33］阶级：升迁的次第。［34］滋蔓不已：祸患滋生蔓延，没完没了。［35］以厌其意：用来满足他的愿望。［36］稍解：稍为解除。

初，闽惠宗[1]以太祖元从[2]为拱宸、控鹤都[3]，及康宗[4]立，更募壮士二千为腹心，号宸卫都[5]，禄赐[6]皆厚于二都[7]；或言二都怨望，将作乱，闽主欲分隶[8]漳、泉二州，二都益怒。闽主好为长夜之饮[9]，强[10]群臣酒[11]，醉则令左右伺其过失[12]；从弟继隆[13]醉失礼，斩之。屡以猜怒[14]诛宗室，叔父左仆射、同平章事延羲阳[15]为狂愚以避祸，闽主赐以道士服，置武夷山[16]中；寻复召还，幽[17]于私第。

闽主数侮拱宸、控鹤军使永泰朱文进[18]、光山连重遇[19]，二人怨之。会北宫火，求贼不获[20]；闽主命重遇将内外营兵扫除余烬[21]，日役万人，士卒甚苦之。又疑重遇知纵火之谋，欲诛之；内学士[22]陈郯[23]私告重遇。辛巳[24]夜，重遇入直[25]，帅二都兵焚长春宫以攻闽主[26]，使人迎延羲于瓦砾[27]中，呼万岁；复召外营兵共攻闽主；独宸卫都拒战，闽主乃与李后如宸卫都。比明[28]，乱兵焚宸卫都，宸卫都战败，余众千余人奉闽主及李后出北关[29]，至梧桐岭[30]，众稍逃散。延羲使兄子前汀州刺史继业[31]将兵追之，及于村舍；闽主素善射，引弓杀数人。俄而追兵云集[32]，闽主知不免，投弓谓继业曰："卿臣节[33]安在！"继业曰："君无君德，臣安有臣节！新君，叔父也，旧君，昆弟[34]也，孰亲孰疏？"闽主不复言。继业与之俱还，至陀庄[35]，饮以酒，醉而缢之，并李后及诸子王继恭皆死。宸卫余众奔吴越。

延羲[36]自称威武节度使、闽国王，更名曦，改元永隆，赦系囚，颁赉中外[37]。以宸卫弑闽主赴[38]于邻国；谥闽主曰圣神英睿文明广武应道大弘孝皇帝，庙号康宗。遣商人间道[39]奉表称藩于晋[40]；然其在国，置百官皆如天子之制。以太子太傅致仕李真为司空兼中书侍郎、同平章事。

连重遇之攻康宗也，陈守元在宫中，易服[41]将逃，兵人[42]杀之。重遇执蔡守蒙，数[43]以卖官之罪而斩之。闽王曦既立，遣使诛林兴于泉州。

（以上为第五段，写闽国政变，王延羲取代王昶为闽王，更名曦，改年号曰永隆。）

【注释】

[1]闽惠宗：闽惠皇帝王鏻，据欧阳修《新五代史》卷六十八本传，惠皇帝庙号太宗。 [2]太祖元从：太祖王审知的亲兵。即闽建国老兵。 [3]拱宸、控鹤都：禁卫军名号。都，禁卫军编制。一百人为一都。 [4]康宗：惠皇帝王鏻之子王昶。 [5]宸卫都：康宗新募的禁卫军名号。[6]禄赐：俸禄和赏赐。 [7]二都：拱宸、控鹤都。 [8]分隶：分别隶属于。 [9]长夜之饮：通宵达旦地饮酒。 [10]强：强迫。 [11]酒：饮酒，作动词用。 [12]伺其过失：等他醉后失态而犯错误。 [13]继隆：闽惠宗堂弟王延羲侄子。传见《十国春秋》卷九十四。 [14]猜怒：猜忌怨怒。 [15]阳：假装。阳，通“佯”。 [16]武夷山：山名，在福建武夷山市北。 [17]幽：禁闭、囚禁。 [18]朱文进（?—944）：永泰（今福建永泰县）人。闽拱宸都将，公元944年杀闽王（王曦）称帝，后晋封之为闽王，被福州人所杀。传见《十国春秋》卷九十八。 [19]连重遇（?—944）：光山（今河南光山县）人。闽控鹤都将，杀闽王康宗王继鹏（即王昶），又杀王曦。传见《十国春秋》卷九十八。 [20]求贼不获：抓不到纵火的罪人。 [21]余烬：火烧后的剩余物。 [22]内学士：官名，掌宫内文书、奏章。 [23]陈郯（tán）：泉州莆田（今福建莆田市）人。通五经。传见《十国春秋》卷九十八。 [24]辛巳：闰七月十二日。 [25]入直：进宫值班。[26]闽主：闽王王继鹏。 [27]瓦砾（lì）：碎石、碎瓦堆。 [28]比明：刚刚天亮。 [29]北关：福州的北门。 [30]梧桐岭：地名，在今福建闽侯县北九峰山西北。 [31]继业（?—941）：延宗子。杀闽王王继鹏。传见《十国春秋》卷九十四。 [32]云集：像云一样迅速聚集拢来。形容人数很多。 [33]臣节：臣子的节操。 [34]昆弟：兄弟。 [35]陀庄：地名，在福州市北郊。[36]延羲（?—944）：王审知第二十八子。王继鹏被杀，连重遇拥之为闽王。公元939年至944年在位。被朱文进、连重遇所杀，庙号景宗。 [37]颁赉中外：颁布赏赐于朝廷内外。 [38]赴：讣告。赴，通“讣”。 [39]间道：小路。 [40]称藩于晋：向后晋称藩臣。 [41]易服：改换服装。 [42]兵人：士兵和人民。 [43]数：列举。

河[1]决薄州[2]。

八月，辛丑[3]，以冯道守司徒兼侍中。壬寅[4]，诏中书知印[5]止委上相[6]，由是事无巨细[7]，悉委于道。帝尝访以军谋[8]，对曰："征伐大事[9]，在圣心[10]独断。臣书生，惟知谨守历代成规而已。"帝以为然[11]。道尝称疾求退，帝使郑王重贵诣第省之[12]，曰："来日[13]不出，朕当亲往。"道乃出视事。当时宠遇，群臣无与为比[14]。

己酉[15]，以吴越王元瓘为天下兵马元帅。

黔南巡内溪州[16]刺史彭士愁引蒋、锦州[17]蛮万余人寇辰、澧州[18]，焚掠镇戍，遣使乞师于蜀；蜀主以道远，不许。九月，辛未[19]，楚王希范命左静江指挥使刘勍[20]、决胜指挥使廖匡齐帅衡山[21]兵五千讨之。

癸未[22]，以唐许王从益为郇国公，奉唐祀。从益[23]尚幼，李后[24]养从益于宫中，奉王淑妃如事母。

冬，十月，庚戌[25]，闽康宗所遣使者郑元弼至大梁。康宗遗[26]执政书曰："闽国一从兴运[27]，久历年华[28]，见北辰之帝座频移[29]，致东海之风帆多阻[30]。"又求用敌国礼[31]致书往来。帝怒其不逊[32]，壬子[33]，诏却[34]其贡物及福、建诸州纲运[35]，并令元弼及进奏官林恩部送[36]速归。兵部员外郎李知损[37]上言："王昶僭慢[38]，宜执留使者，籍没其货。"乃下元弼、恩狱。

吴越恭穆夫人马氏[39]卒。夫人，雄武节度使绰[40]之女也。初，武肃王镠禁中外畜声伎[41]，文穆王元瓘年三十余无子，夫人为之请[42]于镠，镠喜曰："吾家祭祀[43]，汝实主之。"乃听元瓘纳妾，鹿氏[44]，生弘僔[45]、弘倧[46]；许氏[47]，生弘佐[48]；吴氏[49]，生弘俶[50]；众妾生弘偡、弘亿、弘仪[51]、弘偓、弘仰、弘信；夫人抚视慈爱如一。常置银鹿于帐前，坐诸儿于上而弄之。

十一月，戊子[52]，契丹遣其臣遥折来使，遂如吴越。

楚王希范始开天策府[53]，置护军中尉[54]、领军司马等官，以诸弟及将校为之。又以幕僚拓跋恒、李弘皋[55]、廖匡图[56]、徐仲雅[57]等十八人[58]为学士。

刘勍等进攻溪州，彭士愁兵败，弃州走保山寨；石崖四绝[59]，勍为梯栈[60]上围之。廖匡齐战死，楚王希范遣吊其母[61]，其母不哭，谓使者曰："廖氏三百口受王温饱之赐，举族效死，未足以报，况一子乎！愿王无以为念[62]。"王以其母为贤，厚恤[63]其家。

十二月，丙戌[64]，禁创造[65]佛寺。

闽王作新宫，徙居之。

是岁，汉门下侍郎、同平章事赵光裔言于汉主曰："自马后崩，未尝通使于楚，亲邻旧好[66]，不可忘也。"因荐谏议大夫李纾[67]可以将命[68]，汉主从之；楚亦遣使报聘。光裔相汉二十余年，府库充实，边境无虞。及卒，汉主复以其子翰林学士承旨、尚书左丞损[69]为门下侍郎、同平章事。

（以上为第六段，写闽王使者傲慢，被后晋高祖下狱。楚国蛮夷骚乱，南汉遣使与楚和好。契丹通使后晋与吴越。）

【注释】

[1]河：黄河。[2]薄州：当作博州，在今山东聊城市。[3]辛丑：八月三日。[4]壬寅：八月四日。[5]知印：掌印、盖印。[6]止委上相：只委托首相。旧制，凡宰臣隔日知印，现只允首相知印。[7]事无巨细：事情不管大小。[8]访以军谋：咨询用兵的方略。[9]征伐大事：用兵的大事。[10]圣心：皇帝内心。[11]然：对。[12]省之：探望他。[13]来日：明日。[14]无与为比：没有一个能同他相比。[15]己酉：八月十一日。[16]黔南：方镇名，唐末升黔中观察为黔南节度。唐昭宗大顺元年（890），赐号武泰军节度。治所黔州，在今重庆彭水县。溪州：州名，在今湖南龙山县东南。[17]蒋、锦州：蒋，应作奖，州名，奖州在今湖南芷江县西。锦州在今湖南麻阳县西。[18]澧（lǐ）州：州名，在今湖南澧县。[19]辛未：九月三日。[20]刘勍（qíng）：官至楚锦州刺史。传见《十国春秋》卷七十三。[21]衡山：县名，在今湖南衡山县。[22]癸未：九月十五日。[23]从益：后唐明宗之子，王淑妃所生。[24]李后：唐明宗曹皇后之女，为从益姐。[25]庚戌：十月十三日。[26]遗（wèi）：致、送。[27]一从兴运：一向国运昌盛。[28]久历年华：已经很多年了。[29]见北辰之帝座频移：看到中原王朝不断改换。北辰，北极星，指代皇帝。[30]阻：阻隔。说明不修职贡原因。[31]敌国礼：平等的礼数。[32]不逊：不礼貌。[33]壬子：十月十五日。[34]却：退回、辞却。[35]纲运：分批起运的货物。[36]部送：押送。[37]李知损：字化机，大梁（今河南开封市）人。少轻薄，利口无行。传见《旧五代史》卷一百三十一。[38]僭慢：僭越傲慢。[39]马氏（890—939）：安国（今浙江杭州市余杭区）人。钱元瓘妻。性聪慧，勤于职。卒

谥恭穆。传见《十国春秋》卷八十三。［40］绰：马绰，余杭（今浙江杭州市余杭区）人。为人淳直，官雄武军节度使。传见《十国春秋》卷八十四。［41］禁中外畜声伎：禁止朝廷内外豢养女乐、伎妾。［42］请：请求准许纳妃。［43］祭祀：祭祖宗。礼制，正妻负责先世祭祀。这里指马氏不妒而许元瓘纳妾，继嗣有望。故钱镠喜。［44］鹿氏：元瓘妃，封鲁国夫人。［45］傅（925—940）：弘傅，元瓘世子，特钟爱，卒谥孝献。［46］弘倧（928—969）：字隆道，元瓘第七子。公元947年在位，卒谥忠逊。［47］许氏（902—945）：名新月，台州（今浙江天台县）人。善音律，封吴越国夫人。［48］弘佐（928—947）：字元祐，元瓘第六子。公元941年至公元947年在位，卒谥忠献。［49］吴氏（913—952）：名汉月，钱塘（今浙江杭州市）人。性慈惠节俭，尚黄老学，封顺德太夫人。卒谥恭懿。［50］弘俶（929—988）：字文德，元瓘第九子。公元948年至公元978年在位。太平兴国三年（978）纳土归宋，封淮海国王。有诗数百首，集为《政本集》，陶谷作序。傅等人传均见《十国春秋》卷八十、八十一、八十三。［51］弘仪：原文无“弘仪”二字，据章校补。［52］戊子：十一月二十一日。［53］开天策府：后晋加马希范为天策上将军，今开府治事。［54］护军中尉：官名，掌中军政令。章校：“中”作“都”。是。［55］李弘皋（?—950）：官都统掌书记、天策府学士，曾作溪州记平蛮功铜柱铭文。传见《十国春秋》卷七十四。［56］廖匡图：虔州虔化（今江西宁都县）人。善文辞，官江南观察判官，天策府学士。传见《十国春秋》卷七十三。［57］徐仲雅：字东野，长沙（今湖南长沙市）人。有隽才，长于诗文。官天策府学士。传见《十国春秋》卷七十三。［58］十八人：十八学士，即李铎、潘起、卫曮（《九国志》作曹税）、李庄、徐牧、彭继英、裴颃、何仲举、孟元晖、刘昭禹、邓懿文、李松年（《九国志》作李弘节）、萧洙（一作“铢”）、彭继勋、拓跋恒、李宏皋、廖匡图、徐仲雅。［59］四绝：四处无路。［60］梯栈：云梯。［61］吊其母：向他的母亲表示慰问。［62］无以为念：不必记在心上。［63］恤：抚恤。［64］丙戌：十二月丁酉朔，无丙戌。疑为丙辰。丙辰，十二月二十日。［65］创造：新造。［66］亲邻旧好：既有婚姻关系，又有邻国关系，本来是和好的。［67］李纾：有文采，官谏议大夫。传见《十国春秋》卷六十三。［68］将命：完成使命。［69］损（?—940）：赵损，赵光裔长子。光裔死，代执南汉政。传见《十国春秋》卷六十二。

五年（庚子，940年）

春，正月，帝引见闽使郑元弼等。元弼曰：“王昶蛮夷之君[1]，不知礼义，陛下得其善言不足喜，恶言不足怒。臣将命无状[2]，愿伏铁锧[3]以赎昶罪。”帝怜之，辛未[4]，诏释[5]元弼等。

楚刘勍等因大风[6]，以火箭焚彭士愁寨而攻之，士愁帅麾下逃入奖、锦深山，乙未[7]，遣其子师暠帅诸酋长[8]纳溪、锦、奖三州印，请降于楚[9]。

二月，庚戌[10]，北都[11]留守、同平章事安彦威入朝，上曰：“吾所重者信与义。昔契丹以义救我，我今以信报之[12]；闻其征求不已[13]，公能屈节奉之[14]，深称朕意[15]。”对曰：“陛下以苍生[16]之故，犹[17]卑辞厚币以事之，臣何屈节之有[18]！”上悦。

刘勍引兵还长沙。楚王希范徙溪州于便地[19]，表彭士愁为溪州刺史，以刘勍为锦州刺史；自是群蛮服于楚。希范自谓伏波[20]之后，以铜五千斤铸柱[21]，高丈二尺，入地六尺，铭誓状于上[22]，立之溪州。

唐康化节度使兼中书令杨琏谒[23]平陵[24]还，一夕，大醉，卒于舟中，追封谥曰弘农靖王[25]。

闽王曦既立，骄淫苛虐[26]，猜忌宗族，多寻旧怨[27]。其弟建州刺史延政[28]数以书谏之，曦怒，复书骂之；遣亲吏业翘监建州军，教练使杜汉崇监南镇军[29]，二人争掊[30]延政阴事告于曦，由是兄弟积相猜恨[31]。一日，翘与延政议事不叶[32]，翘诃[33]之曰：“公反邪！”延政怒，欲斩翘；翘奔南镇，延政发兵就攻之，败其戍兵。翘、汉崇奔福州，西鄙[34]戍兵皆溃。

二月，曦遣统军使潘师逵、吴行真将兵四万击延政。师逵军[35]于建州城西，行真军于城南，皆阻水置营，焚城外庐舍[36]。延政求救于吴越，壬戌[37]，吴越王元瓘遣宁国[38]节度使、同平章事仰仁诠、内都监使薛万忠将兵四万救之，丞相林鼎[39]谏，不听。三月，戊辰[40]，师逵分兵三千，遣都军使蔡弘裔将之出战，延政遣其将林汉彻等败之于茶山[41]，斩首千余级。

（以上为第七段，写楚王平定蛮夷之乱。闽国内乱，闽主王曦与其弟建州刺史王延政大交兵。吴越王出兵助王延政。）

【注释】

[1]蛮夷之君：边远化外的国君。[2]将命无状：执行使命不懂规矩。[3]愿伏铁锧：愿意被杀头。[4]辛未：正月五日。[5]释：释放。[6]因大风：乘着大风。[7]乙未：正月二十九日。[8]酋长：部落首领。[9]请降于楚：向楚国投降。[10]庚戌：二月十四日。[11]北都：太原。[12]报之：回答他。[13]征求不已：索要不停。[14]屈节奉之：卑躬屈节奉侍他。[15]深称朕意：非常符合我的心意。[16]苍生：老百姓。[17]犹：还。

[18]何屈节之有：又有什么折节呢！ [19]便地：接近楚国的地方，便于控制。 [20]伏波：东汉伏波将军马援。 [21]铸柱：冶铸一根铜柱。 [22]铭誓状于上：在铜柱上铭刻着攻克溪州的功勋。其中有云："五溪之众不足平，我师轻蹑如春冰。" [23]谒：拜谒。 [24]平陵：杨溥坟墓。 [25]弘农靖王：追封弘农王，谥曰靖。 [26]骄淫苛虐：骄纵、淫逸、苛暴、残虐。 [27]多寻旧怨：多次找寻过去结怨的人而加以报复。 [28]延政：天德帝。王延羲（王曦）弟，公元943年以建州自立为帝，国号大殷。公元945年降南唐。公元943年至945年在位。传见《十国春秋》卷九十二。 [29]南镇军：方镇名，闽置，在今福建福鼎市。 [30]捃（jùn）：收集。 [31]积相猜恨：互相深深地猜疑怨恨。 [32]不叶：不协调、不统一。叶，通"协"。 [33]诃：大声斥责。 [34]西鄙：西边。 [35]军：驻扎。 [36]庐舍：房屋。 [37]壬戌：二月二十六日。 [38]宁国：方镇名。吴升宣州为宁国节度，治所宣州，在今安徽宣城市宣州区。时属南唐，仰仁诠为遥领。 [39]林鼎（891—944）：字涣文，侯官（今福建闽侯县）人。官至吴越国丞相。著有《吴江应用集》二十卷。卒谥贞献。传见《十国春秋》卷八十六。 [40]戊辰：三月二日。 [41]茶山：地名，在建州东。

安彦威、王建立皆请致仕；不许。辛未[1]，以归德节度使、侍卫马步都指挥使、同平章事刘知远为邺都留守，徙彦威为归德节度使，加兼侍中。癸酉[2]，徙建立为昭义节度使，进爵韩王；以建立辽州人，割辽、沁[3]二州隶昭义。徙建雄[4]节度使李德琉[5]为北都留守。

山南东道节度使、同平章事安从进恃其险固，阴蓄异谋，擅邀取湖南贡物[6]，招纳亡命，增广甲卒；元随都押牙王令谦、押牙潘知麟谏，皆杀之。及[7]王建立徙潞州，帝使问之曰："朕虚青州[8]以待卿，卿有意则降制。"从进对曰："若移青州置汉南[9]，臣即赴镇。"帝不之责。

丁丑[10]，王延政募敢死士[11]千余人，夜涉水，潜入潘师逵垒，因风纵火，城上鼓噪[12]以应之，战棹都头[13]建安陈诲杀师逵，其众皆溃。戊寅[14]，引兵欲攻吴行真寨，建人未涉水，行真及将士弃营走，死者万人。延政乘胜取永平[15]、顺昌[16]二城。自是建州之兵始盛。

夏，四月，蜀太保兼门下侍郎·同平章事赵季良请与门下侍郎·同平章事毋昭裔、中书侍郎·同平章事张业分判三司[17]，癸卯[18]，蜀主命季良判户部，昭裔判盐铁，业判度支。

庚戌[19]，以前横海节度使马全节为安远节度使[20]。

甲子[21]，吴越孝献世子[22]弘僔卒。

吴越仰仁诠等兵至建州，王延政以福州兵已败去，奉牛酒犒之[23]，请班师；仁诠等不从，营于城之西北。延政惧，复遣使乞师[24]于闽王。闽王以泉州刺史王继业[25]为行营都统，将兵二万救之；且移书责[26]吴越，遣轻兵[27]绝吴越粮道。会久雨，吴越[28]食尽，五月，延政遣兵出击，大破之，俘斩以万计。癸未[29]，仁诠等夜遁[30]。

（以上为第八段，写山南东道节度使安从进阴蓄异谋，后晋高祖优容之。闽国建州刺史王延政偷袭吴越国援兵。）

【注释】

[1]辛未：三月五日。[2]癸酉：三月七日。[3]沁：州名，在今山西沁源县。[4]建雄：方镇名，后晋置，治所白马城，在今山西临汾市。[5]李德珫（chōng）：应州金城（今山西应县）人，少善骑射，官至广晋尹。为将廉洁。传见《旧五代史》卷九十。[6]邀取湖南贡物：拦截马希范进贡朝廷的财物。湖南，指马希范。[7]及：等到、及至。[8]青州：平卢军节度使治所。[9]若移青州置汉南：如果把青州迁移到汉水南岸。即婉言谢绝。[10]丁丑：三月十一日。[11]敢死士：敢于自我牺牲的士兵。[12]鼓噪：击鼓而伴以大声呼叫。[13]都头：都一级的统兵官。[14]戊寅：三月十二日。[15]永平：县名，在今福建南平市。[16]顺昌：县名，在今福建顺昌县。[17]分判三司：分别兼任户部、盐铁、度支三司长官。判，级别高的官员担任级别低的职任称判。[18]癸卯：四月八日。[19]庚戌：四月十五日。[20]马全节为安远节度使：后晋高祖用马全节取代李金全。[21]甲子：四月二十九日。[22]世子：古代诸侯的嫡长子称世子。[23]奉牛酒犒之：拿了牛、酒犒赏他们。[24]乞师：请求发兵。[25]王继业（?—941）：王延宗子。杀康宗王继鹏，被景宗王曦所杀。传见《十国春秋》卷九十四。[26]责：责问。[27]轻兵：行动迅速的轻装部队。[28]吴越：据章校，“越”下有“军”字。是。[29]癸未：五月十八日。[30]夜遁：连夜逃走。

胡汉筠既违诏命不诣阙[1]，又闻贾仁沼二子欲诉诸朝[2]；及除[3]马全节镇安州代李金全，汉筠绐[4]金全曰：“进奏吏[5]遣人倍道来言，朝廷俟公受代，即按[6]贾仁沼死状，以为必有异图。”金全大惧。汉筠因说金全拒命[7]，自归于唐；金全从之。

丙戌[8]，帝闻金全叛，命马全节以汴、洛、汝、郑、单、宋、陈、蔡、曹、濮、申、唐之兵讨之，以保大节度使安审晖[9]为之副。审晖，审琦之兄也。

李金全遣推官张纬奉表请降于唐，唐主遣鄂州屯营使李承裕、段处恭将兵三千逆之[10]。

唐主遣客省使尚全恭如闽，和[11]闽王曦及王延政。六月，延政遣牙将及女奴持誓书[12]及香炉[13]至福州，与曦盟于宣陵[14]。然兄弟相猜恨犹如故。

癸卯[15]，唐李承裕等至[16]安州。是夕，李金全将麾下[17]数百人诣唐军，妓妾资财皆为承裕所夺，承裕入据安州。甲辰[18]，马全节自应山[19]进军大化镇[20]，与承裕战于城南，大破之。承裕掠安州南走，全节入安州。丙午[21]，安审晖追败唐兵于黄花谷，段处恭战死。丁未[22]，审晖又败唐兵于云梦泽[23]中，虏承裕及其众。唐将张建崇据云梦桥拒战，审晖乃还。马全节斩承裕及其众千五百人于城下，送监军杜光业等五百七人于大梁。上曰："此曹[24]何罪！"皆赐马及器服而归之。

初，卢文进之奔吴[25]也，唐主命祖全恩将兵逆之，戒[26]无入安州城，陈[27]于城外，俟文进出，殿[28]之以归，无得剽掠。及李承裕逆李金全，戒之如[29]全恩；承裕贪剽掠，与晋兵战而败，失亡四千人。唐主惋恨累日[30]，自以戒敕之不熟[31]也。杜光业等至唐，唐主以其违命而败，不受[32]，复送于淮北[33]，遗帝书曰："边校[34]贪功，乘便据垒。"又曰："军法朝章[35]，彼此不可[36]。"帝复遣之归，使者将自桐墟[37]济淮，唐主遣战舰拒之，乃还。帝悉授唐诸将官，以其士卒为显义都[38]，命旧将刘康领之。

臣光曰：违命者将也，士卒从将之令者也，又何罪乎！受而戮其将以谢敌，吊士卒而抚之，斯可矣，何必弃民以资敌国乎！

唐主使宦者祭庐山[39]，还，劳[40]之曰："卿此行甚精洁[41]。"宦者曰："臣自奉诏，蔬食[42]至今。"唐主曰："卿某处市鱼[43]为羹，某日市肉为胾[44]，何为蔬食？"宦者惭服[45]。仓吏岁终献羡余[46]万余石，唐主曰："出纳有数[47]，苟非掊民刻军[48]，安得[49]羡余邪！"

秋，七月，闽主曦城[50]福州西郭以备建人。又度民为僧[51]，民避[52]重赋多为僧，凡度万一千人。

乙丑[53]，帝赐郑元弼等帛，遣归。

李金全之叛也，安州马步副都指挥使桑千、威和[54]指挥使王万金、成彦温不从而死，马步都指挥使庞守荣诮[55]其愚，以徇[56]金全之意。己巳[57]，诏赠贾仁沼及桑千等官，遣使诛守荣于安州。李金全至金陵，唐主待之甚薄[58]。

丁巳[59]，唐主立齐王璟为太子，兼大元帅，录尚书事[60]。

（以上为第九段，写后晋安远节度使李金全反叛投南唐。）

【注释】

［1］不诣阙：不到朝廷。［2］欲诉诸朝：想要向朝廷申诉。诸，之于。［3］除：任命。［4］绐：欺骗。［5］进奏吏：安远军进奏院的负责官员，住在首都，以通信息。［6］按：按问。［7］拒命：不接受朝廷受代的命令。［8］丙戌：五月二十一日。［9］安审晖（890—952）：字明远，安审琦之兄。官至后周太子太师致仕，封鲁国公。卒谥静。传见《旧五代史》卷一百二十三。［10］逆之：迎接他。逆，迎。［11］和：协调和议。［12］誓书：结盟誓言。［13］香炉：结盟祭天时女史二人执香炉焚香。［14］宣陵：王审知墓名。［15］癸卯：六月九日。［16］李承裕等至：据章校，“至”上有“引兵”二字。是。［17］麾下：部下。麾（huī），指挥作战用的旗子。［18］甲辰：六月十日。［19］应山：县名，在今湖北应城市。［20］大化镇：地名，在应城市境内。［21］丙午：六月十二日。［22］丁未：六月十三日。［23］云梦泽：地名，在今湖北安陆市南。［24］此曹：这些人，他们。［25］卢文进之奔吴：事见《资治通鉴》卷二百八十后晋高祖天福元年。［26］戒：告诫。［27］陈：驻扎。［28］殿：走在最后面。［29］如：同。［30］惋恨累日：惋惜愤恨许多日子。［31］不熟：不仔细、不周详。有自责之意。［32］不受：唐主不接受杜光业等回朝。［33］淮北：指后晋。［34］边校：边防将校。［35］军法朝章：军法与朝章规定，丧师者此所必诛，盗边者，彼所不恕。都应该照法纪处刑。［36］彼此不可：大家都不可以让他们再立朝为官。［37］桐墟：地名，在今安徽宿州市埇桥区。［38］显义都：宿卫军名。［39］庐山：山名，在今江西九江市。［40］劳：慰劳。［41］精洁：虔诚洁净。此为反语。［42］蔬食：吃蔬菜，不食荤腥。［43］市鱼：买鱼。［44］市肉为胾：买肉烧成大块肉。胾（zì），大块的肉。［45］惭服：惭愧而内心悦服。［46］羡余：积余。［47］出纳有数：输出和收入有一定数量。［48］掊（póu）民刻军：剥削人民、克扣军队。［49］安得：哪能有。［50］城：筑城。［51］度民为僧：超度人民做和尚。［52］避：逃避、躲避。［53］乙丑：七月二日。［54］威和：禁卫军名。［55］诮（qiào）：责备、讥诮。［56］徇（xùn）：顺从。［57］己巳：七月六日。［58］待之甚薄：接待他礼数很轻。［59］丁巳：八月二十四日。［60］录尚书事：官名，宰相。

太子太师致仕范延光请归河阳私第[1]，帝许之。延光重载[2]而行。西京留守杨光远兼领河阳，利其货[3]，且虑为子孙之患[4]，奏："延光叛臣，不家汴、洛而就外藩，恐其逃逸入敌国，宜早除之！"帝不许。光远请敕延光居西京[5]，从之。光远使其子承贵[6]以甲士围其第，逼令自杀。延光曰："天子在上，赐我铁券，许以不死，尔父子何得如此？"己未[7]，承贵以白刃[8]驱[9]延光上马，至浮梁[10]，挤于河。光远奏云自赴水死[11]，帝知其故，惮[12]光远之强，不敢诘[13]；为延光辍朝，赠太师。

唐齐王璟固辞[14]太子；九月，乙丑[15]，唐主许之，诏中外致笺[16]如太子礼。

丁卯[17]，以翰林学士承旨、户部侍郎和凝为中书侍郎、同平章事。

己巳[18]，邺都留守刘知远入朝。

辛未[19]，李崧[20]奏："诸州仓粮，于计帐[21]之外所余颇多。"上曰："法外税民[22]，罪同枉法。仓吏特贷[23]其死，各痛惩之。"

翰林学士李瀚，轻薄[24]，多酒失[25]，上恶之[26]，丙子[27]，罢翰林学士[28]，并其职于中书舍人。瀚，涛之弟也。

杨光远入朝，帝欲徙[29]之他镇，谓光远曰："围魏之役[30]，卿左右皆有功，尚未之赏，今当各除一州以荣之[31]。"因以其将校数人为刺史。甲申[32]，徙光远为平卢节度使，进爵东平王。

冬，十月，丁酉[33]，加吴越王元瓘天下兵马都元帅、尚书令。

壬寅[34]，唐大赦，诏中外奏章无得言"睿""圣"，犯者以不敬[35]论。

（以上为第十段，写致仕太子太师范延光回归河阳私第，西京留守杨光远贪其财物，令其子杨承贵杀之。杨光远入朝，被徙为平卢节度使。）

【注释】

[1]私第：私人的府第。 [2]重载：车上装着不少财物。 [3]利其货：贪图他的财物。[4]且虑为子孙之患：而且担心范延光记恨报复其子孙。因范延光投降时，杨光远为元帅，受过

杨光远侵凌。［5］西京：洛阳。［6］承贵（?—947）：初名承贵，后避石重贵名改承勋。官至后晋汝州防御使。传见《旧五代史》卷九十七。［7］己未：八月二十六日。［8］白刃：锋利的刀。［9］驱：迫使、驱赶。［10］浮梁：浮桥。［11］自赴水死：自己投水而死。［12］惮：畏惧。［13］诘：责问。［14］固辞：坚决辞让。［15］乙丑：九月三日。［16］致笺：写呈文。［17］丁卯：九月五日。［18］己巳：九月七日。［19］辛未：九月九日。［20］李崧（?—948）：深州饶阳（今河北饶阳县）人。幼聪敏，能文章。官至后晋宰相。传见《新五代史》卷五十七。［21］计帐：指每年计数造账，报送三司审查的账册。［22］法外税民：法律以外增加人民赋税。［23］贷：宽贷，饶恕。［24］轻薄：轻佻浮薄。［25］酒失：饮酒误事。［26］恶之：厌恨他。［27］丙子：九月十四日。［28］罢翰林学士：裁撤翰林学士官位。李澣酗酒不称职，罢其官可也，而裁撤其官位非也。［29］徙：迁移，调动。［30］围魏之役：指平范延光的叛乱。［31］以荣之：用以使之光荣。［32］甲申：九月二十二日。［33］丁酉：十月五日。［34］壬寅：十月十日。［35］不敬：封建社会中十恶罪之一。

术士孙智永以四星聚斗[1]，分野有灾[2]，劝唐主巡东都[3]，乙巳[4]，唐主命齐王璟监国。光政副使、太仆少卿陈觉以私憾[5]奏泰州刺史褚仁规贪残；丙午[6]，罢仁规为扈驾都部署[7]，觉始用事[8]。庚戌[9]，唐主发金陵；甲寅[10]，至江都。

闽王曦因商人奉表自理[11]。十一月，甲申[12]，以曦为威武节度使，兼中书令，封闽国王。

唐主欲遂[13]居江都，以水冻，漕运不给，乃还；十二月，丙申[14]，至金陵。

唐右仆射兼门下侍郎、同平章事张延翰卒。

是岁，汉门下侍郎、同平章事赵损卒。以宁远[15]节度使南昌王定保[16]为中书侍郎、同平章事，不逾年[17]亦卒。

初，帝割雁门之北以赂契丹，由是吐谷浑[18]皆属契丹，苦其贪虐[19]，思归中国[20]；成德节度使安重荣复诱之[21]，于是吐谷浑帅部落千余帐[22]自五台[23]来奔。契丹大怒，遣使让[24]帝以招纳叛人。

（以上为第十一段，写南唐主李昪巡幸江都，太子李璟监国。）

【注释】

［1］四星聚斗：岁星、荧惑、填星、太白聚合在北方。［2］分野有灾：与天象对应的地区有

灾情。分野，古代占星者认为，地上各州郡邦国和天上的一定区域相对应。该天象发生变化，预示着对应区的凶吉。扬州为斗、牛、女对应区。［3］东都：扬州。［4］乙巳：十月十三日。［5］私憾：私人之间的不满。［6］丙午：十月十四日。［7］扈驾都部署：官名，保卫、随从皇帝出行的总指挥。［8］用事：掌权。［9］庚戌：十月十八日。［10］甲寅：十月二十二日。［11］自理：自治。［12］甲申：十一月二十三日。［13］遂：就。［14］丙申：十二月五日。［15］宁远：方镇名，南汉升容州为宁远军节度。治所容州，在今广西容县。［16］王定保（?—940）：南昌（今江西南昌市）人。唐光化三年进士，官至南汉宰相。著《摭言》十五卷。传见《十国春秋》卷六十二。［17］不逾年：不越过一年。［18］吐谷（yù）浑：古族名。原为鲜卑的一支，游牧于今辽宁凌海市西北。五代时，余部散居于今河北蔚县一带。［19］贪虐：贪婪暴虐。［20］中国：当时指后晋。［21］诱之：引诱他。［22］千余帐：游牧民族以帐幕逐水草而居，因而以帐计其人数。［23］五台：县名，在今山西五台县。［24］让：责备。

六年（辛丑，941年）

春，正月，丙寅[1]，帝遣供奉官张澄将兵二千索[2]吐谷浑在并[3]、镇、忻、代四州山谷者，逐之使还故土。

王延政城[4]建州，周二十里，请于闽王曦，欲以建州为威武军，自为节度使。曦以威武军福州也，乃以建州为镇安军[5]，以延政为节度使，封富沙王[6]；延政改镇安曰镇武而称之。

二月，壬辰[7]，作浮梁于德胜口[8]。

彰义节度使张彦泽欲杀其子，掌书记张式素[9]为彦泽所厚[10]，谏止之。彦泽怒，射之；左右素恶式，从而谗之[11]。式惧，谢病去[12]，彦泽遣兵追之。式至邠州，静难节度使李周以闻，帝以彦泽故，流[13]式商州[14]。彦泽遣行军司马郑元昭诣阙求之，且曰："彦泽不得张式，恐致不测[15]。"帝不得已，与之。癸未[16]，式至泾州，彦泽命决口[17]、剖心[18]，断其四支[19]。

凉州军乱[20]，留后李文谦闭门自焚死。

蜀自建国以来，节度使多领禁兵，或以他职留成都[21]，委僚佐知留务[22]，专事聚敛[23]，政事不治[24]，民无所诉[25]。蜀主知其弊[26]，丙辰[27]，加卫圣马步都指挥使·武德节度使兼中书令赵廷隐、枢密使·武信节度使·同平章事王处回、捧圣控鹤都指挥使·保宁节度使·同平章事张公铎检校官，并罢其节度使。三月，甲戌[28]，以翰林学士承旨李昊知武宁[29]军，散骑常侍刘英图知保宁军[30]，谏议大夫崔銮知武信军[31]，给事中谢从志知武泰军[32]，将作监张赞知[33]宁江军[34]。

夏，四月，闽王曦以其子亚澄[35]同平章事、判六军诸卫。曦疑其弟汀州刺史延喜[36]与延政通谋，遣将军许仁钦以兵三千如汀州，执延喜以归。

唐主以陈觉及万年常梦锡[37]为宣徽副使。

辛巳[38]，北京留守李德琉遣牙校以吐谷浑酋长白承福入朝。

唐主遣通事舍人[39]欧阳遇求假道[40]以通契丹，帝不许。

自黄巢犯长安[41]以来，天下血战[42]数十年，然后诸国各有分土[43]，兵革[44]稍息。及唐主即位，江、淮比年丰稔[45]，兵食有余，群臣争言"陛下中兴，今北方多难，宜出兵恢复旧疆[46]。"唐主曰："吾少长军旅[47]，见兵之为民害深矣，不忍复言[48]。使彼民安，则吾民亦安矣，又何求焉！"汉主遣使如唐[49]，谋共取楚，分其地；唐主不许。

（以上为第十二段，写彰义节度使张彦泽凶残。南唐主李昪保境安民。）

【注释】

[1]丙寅：正月六日。[2]索：搜索。[3]并：并州，在今山西太原市。[4]城：筑城。[5]镇安军：方镇名，闽王曦以建州为镇安军，治所建州，在今福建建瓯市。王延政改为镇武军。[6]富沙王：王延政。因州内有富沙驿、富沙里，故封富沙王。[7]壬辰：二月二日。[8]德胜口：黄河津渡名，即澶州德胜渡口，在今河南濮阳市北。黄河改道，今已不在黄河岸上。[9]素：向来。[10]厚：尊重。[11]从而谗之：乘此机会讲他的坏话。[12]谢病去：请病假离开。[13]流：流放。[14]商州：州名，在今陕西商洛市商州区。[15]恐致不测：恐怕导致反叛。以造反要挟后晋帝。[16]癸未：二月辛卯朔，无癸未。据严衍《资治通鉴补》为"癸巳"，二月三日。[17]决口：撕开嘴巴。[18]剖心：挖出心脏。[19]支：通"肢"。[20]凉州：州名，治所姑臧，在今甘肃武威市。[21]或以他职留成都：没有领禁兵的节度使用别的职务留在京师成都。或，有的人，指赵廷隐、王处回、张公铎等。他职，其他的朝中兼职。[22]委僚佐知留务：委托僚属处理节镇事务。[23]专事聚敛：专门从事搜刮、积累财物。[24]不治：不治理。[25]诉：申诉。[26]弊：弊端、弊病。[27]丙辰：二月二十六日。[28]甲戌：三月十四日。[29]武宁：据章校，作武德。是。蜀以东川为武德军，取武有七德以为军号。治所梓州，在今四川三台县。[30]保宁军：方镇名，治所阆州，在今四川阆中

市。［31］武信军：方镇名，治所遂州，在今四川遂宁市。［32］武泰军：方镇名，治所黔州，在今四川彭水县。［33］知：知节度事，非正帅。［34］宁江军：方镇名，治所夔州，在今重庆奉节县。［35］亚澄（?—944）：闽王曦子，封琅邪王。传见《十国春秋》卷九十四。［36］延喜（?—944）：闽王曦弟。传见《十国春秋》卷九十四。［37］常梦锡（898—958）：字孟图，扶风（今陕西兴平市东南）人，南唐翰林学士，以鲠直闻。传见《十国春秋》卷二十三。［38］辛巳：五月二十二日。［39］通事舍人：官名，属阁门司，隶中书省，掌传宣赞谒之事。［40］假道：借路。假，通“借”。［41］黄巢犯长安：事在唐僖宗广明元年，即公元880年。［42］血战：浴血战斗。这里指唐末军阀混战。［43］分土：一份土地。［44］兵革：指战事。［45］比年丰稔：连年丰收。稔（rěn），庄稼成熟。［46］恢复旧疆：南唐自称承李唐，指恢复盛唐时国土。［47］少长军旅：从小在军队中长大。［48］不忍复言：不忍心再说打仗。［49］如唐：到南唐。

山南东道[1]节度使安从进谋反，遣使奉表诣蜀，请出师金、商[2]以为声援；丁亥[3]，使者至成都。蜀主与群臣谋之，皆曰：“金、商险远[4]，少出师则不足制敌[5]，多则漕挽不继[6]。”蜀主乃辞[7]之。又求援于荆南，高从诲遗[8]从进书，谕以祸福[9]；从进怒，反诬奏[10]从诲。荆南行军司马王保义[11]劝从诲具奏其状[12]，且请发兵助朝廷讨之；从诲从之。

成德节度使安重荣耻臣契丹[13]，见契丹使者，必箕踞慢骂[14]，使[15]过其境，或潜遣人杀之；契丹以让帝[16]，帝为之逊谢[17]。六月，戊午[18]，重荣执契丹使拽剌[19]，遣骑掠幽州南境，军于博野[20]，上表称：“吐谷浑[21]、两突厥[22]、浑[23]、契苾[24]、沙陀[25]各帅部众归附；党项[26]等亦遣使纳契丹告身职牒[27]，言为虏所陵暴[28]，又言自二月以来，令各具精甲壮马，将以上秋[29]南寇，恐天命不佑，与之俱灭，愿自备十万众，与晋共击契丹。又朔州[30]节度副使赵崇已逐契丹节度使刘山，求归命[31]朝廷。臣相继以闻。陛下屡敕臣承奉[32]契丹，勿自起衅端[33]；其如[34]天道[35]人心，难以违拒，机不可失，时不再来。诸节度使[36]没[37]于虏庭[38]者，皆延颈企踵[39]以待王师，良可哀闵[40]。愿早决计。”表数千言，大抵斥[41]帝父事契丹[42]，竭中国以媚[43]无厌[44]之虏。又以此意为书遗朝贵[45]及移[46]藩镇，云已勒兵[47]，必与契丹决战。帝以重荣方[48]握强兵，不能制[49]，甚患[50]之。

时邺都留守、侍卫马步都指挥使刘知远在大梁。泰宁节度使桑维翰知重荣已蓄奸谋，又虑朝廷重违[51]其意，密[52]上疏曰："陛下免于晋阳之难[53]而有天下，皆契丹之功也，不可负[54]之。今重荣恃勇[55]轻敌，吐浑假手报仇[56]，皆非国家之利，不可听也。臣窃观[57]契丹数年以来，士马精强，吞噬[58]四邻，战必胜，攻必取，割中国之土地，收中国之器械[59]；其君智勇过人，其臣上下辑睦[60]，牛羊蕃息[61]，国无天灾，此未可与为敌也。且中国新败[62]，士气凋沮[63]，以当契丹乘胜之威，其势[64]相去甚远。又，和亲既绝，则当发兵守塞[65]，兵少则不足以待寇[66]，兵多则馈运无以继之[67]。我出则彼归，我归则彼至，臣恐禁卫之士疲于奔命[68]，镇、定之地无复遗民[69]。今天下粗安[70]，疮痍未复，府库虚竭，蒸民[71]困弊，静而守之[72]，犹惧不济，其可妄动乎！契丹与国家恩义非轻，信誓甚著，彼[73]无间隙[74]，而自启衅端[75]，就使克之[76]，后患愈重；万一不克，大事去矣。议者[77]以岁输缯帛谓之耗蠹[78]，有所卑逊谓之屈辱。殊不知兵连而不休，祸结而不解，财力将匮，耗蠹孰甚焉！用兵则武吏功臣过求姑息[79]，边藩远郡得以骄矜，下陵上替[80]，屈辱孰大焉！臣愿陛下训农习战[81]，养兵息民，俟国无内忧[82]，民有余力，然后观衅而动[83]，则动必有成[84]矣。又，邺都富盛，国家藩屏[85]，今主帅[86]赴阙，军府无人，臣窃思慢藏诲盗[87]之言，勇夫重闭[88]之义，乞陛下略加巡幸[89]，以杜[90]奸谋。"帝谓使者曰："朕比日[91]以来，烦懑[92]不决，今见卿奏，如醉醒矣，卿勿以为忧。"

（以上为第十三段，写安重荣上表后晋高祖反击契丹，桑维翰奏称安重荣蓄谋奸计误国。）

【注释】

[1]山南东道：方镇名，治所在襄阳。 [2]金、商：皆州名。金州治所在今陕西安康市，商州治所在今陕西商洛市商州区。两州为山南东道西境，与蜀相接。蜀出兵金、商，震动关中，遥应襄阳。[3]丁亥：五月二十八日。[4]险远：形势险要而遥远。[5]不足制敌：不能制服敌人。[6]漕挽不继：粮食、装备的运输跟不上。漕，水运。挽，陆运。 [7]辞：推辞不允。 [8]遗：致送。[9]谕以祸福：对他说明反叛的利害关系，劝他不要谋反。[10]诬奏：诬陷高从诲谋反，

向朝廷奏报。［11］王保义：江陵（今湖北江陵县）人，累官荆南武泰军留后。传见《十国春秋》卷一百二。［12］具奏其状：详细地奏陈安从进欲谋反的情状。［13］耻臣契丹：耻于向契丹称臣。［14］箕踞慢骂：两脚伸直岔开，形似簸箕，摆出一副轻慢态度，开口辱骂。慢，通“谩”。［15］使：契丹使者。［16］让帝：责备石敬瑭。［17］逊谢：恭顺地表示歉意。［18］戊午：六月二十九日。［19］拽剌：契丹使者名。［20］博野：县名，在今河北博野县。［21］吐谷浑：其先为鲜卑慕容部，游牧于今辽宁锦州市西北，西征居阴山。西晋末度陇，据今甘肃临夏市及青海间，后又西徙至今青海湖西。［22］两突厥：东突厥和西突厥。突厥，我国古族名。公元六世纪时，游牧于金山一带。隋开皇二年（582）分裂为东、西突厥。［23］浑：古部族名，居于今宁夏境内。［24］契苾：古部落名，铁勒诸部之一，隋唐时居于天山。［25］沙陀：西突厥之别种，居蒲类之东，唐宪宗时降唐，居盐州，唐末李克用壮大，逐鹿中原，其子李存勖建立后唐。这里指后唐沙陀余部。［26］党项：古族名，羌人的一支。唐末居于今陕西、宁夏、甘肃、青海一带。［27］告身职牒：授官凭信和任职凭证。［28］陵暴：凌辱欺侮。［29］上秋：七月。［30］朔州：治所善阳，在今山西朔州市。石敬瑭割让契丹后，置节镇。［31］归命：归顺晋朝。［32］承奉：应承、奉侍。［33］衅端：事端、纠纷。［34］其如：岂知。［35］天道：天命。［36］诸节度使：指赵德钧、董温琪、沙彦珣、翟璋等。［37］没：陷没。［38］虏庭：指契丹。［39］延颈企踵：伸长头颈，踮起脚跟。表示殷切盼望。企，通“启”。［40］良可哀闵：实在觉得可怜。闵，通“悯”。［41］斥：斥责。［42］父事契丹：用对待父亲之礼奉侍契丹。［43］媚：讨好，取媚。［44］无厌：没有满足。［45］朝贵：朝廷中亲贵大臣。［46］移：移文。［47］勒兵：率领军队。［48］方：刚刚。［49］制：节制、驾驭。［50］患：担忧。［51］重违：难违。［52］密：秘密地。［53］晋阳之难：指后唐遣张敬达包围太原。［54］负：辜负。［55］恃勇：依仗匹夫之勇。［56］假手报仇：借我的手为他报仇。［57］窃观：私下观察。［58］吞噬（shì）：吞吃，并吞。［59］器械：武器装备。［60］辑睦：安辑和睦。［61］蕃息：繁育。［62］中国新败：指张敬达晋安之败，赵德钧团柏之败。［63］士气凋沮：军士的勇气凋零、沮丧。［64］势：声势、力量。［65］守塞：把守要塞。［66］待寇：对抗敌人。［67］无以继之：无法源源不绝地输送。［68］疲于奔命：忙于奔走应付而致筋疲力尽。［69］无复遗民：不再有遗留的老百姓。［70］粗安：大致安定。［71］蒸民：黎民百姓。［72］静而守之：平静地守卫国家。［73］彼：他。［74］间隙：破绽。［75］自启衅端：自己挑起战祸。［76］就使克之：假使战胜了契丹。［77］议者：主张对契丹用兵的人。［78］耗蠹：侵蚀或消耗国家财富。［79］过求姑息：对他们过分的要求加以涵容。［80］下陵上替：下骄上废。下陵，指功臣藩镇凌慢朝廷。陵，通“凌”。上替，指朝廷衰弱，纲纪不振。替，衰颓。［81］训农习战：发展农业，习练战事。［82］内忧：内部的忧患。［83］观衅而动：观察形势的变化而行动。［84］成：成功、成就。［85］藩屏：屏障。［86］主帅：指邺都留守刘知远。［87］慢藏诲盗：语出《易·大传》，意即自己保管财物不慎，无异于教导人来偷窃。喻祸由自取。［88］勇夫重闭：语出《左传》申公巫臣之言。意即军人应多加抚勉。［89］巡幸：视察。［90］杜：杜绝、堵塞。［91］比日：连日。［92］烦懑：烦闷。

闽王曦闻王延政以书招[1]泉州刺史王继业，召继业还，赐死于郊外[2]，杀其子于泉州。初，继业为汀州刺史，司徒兼门下侍郎、同平章事杨沂丰[3]为士曹参军，与之亲善[4]；或告沂丰与继业同谋，沂丰方侍宴，即收[5]下狱，明日斩之，夷[6]其族。沂丰，涉之从弟也，时年八十余，国人哀之。自是宗族勋旧相继被诛，人不自保[7]，谏议大夫黄峻[8]舁榇[9]诣朝堂极谏，曦曰："老物[10]狂发矣！"贬章州[11]司户。

曦淫侈无度[12]，资用不给，谋于国计使南安陈匡范[13]，匡范请日进万金；曦悦，加匡范礼部侍郎，匡范增算[14]商贾数倍。曦宴群臣，举酒属[15]匡范曰："明珠美玉，求之可得；如匡范人中之宝，不可得也。"未几，商贾之算不能足日进[16]，贷[17]诸省务钱[18]以足之，恐事觉，忧悸而卒，曦祭赠甚厚。诸省务以匡范贷帖[19]闻，曦大怒，斫棺，断其尸弃水中，以连江人黄绍颇[20]代为国计使。绍颇请"令欲仕者，自非荫补，皆听输钱即授之，以资望高下及州县户口多寡定其直[21]，自百缗至千缗。"从之。

（以上为第十四段，写闽主王曦昏庸残暴，滥杀宗族勋旧，百计剥皮黎民。）

【注释】

［1］招：招致。［2］郊外：福州郊外。城外30里为郊。［3］杨沂丰（?—941）：后唐宰相杨涉堂弟，官汀州士曹参军。传见《十国春秋》卷九十五。［4］亲善：亲爱友善。［5］收：逮捕。［6］夷：诛灭。［7］人不自保：人人恐惧不能保全自己生命。［8］黄峻：官闽谏议大夫，鉴于王曦昏暴，抬棺上谏。对人说："国事如此，合非永隆，恐是大昏元年。"传见《十国春秋》卷九十六。［9］舁榇：抬着棺材。［10］老物：老东西，老家伙。骂人的话。［11］章州：漳州。［12］淫侈无度：荒淫奢侈没有节制。［13］陈匡范：南安（今福建南安市）人。官闽国计使。务以聚敛，取悦闽王。传见《十国春秋》卷九十八。［14］算：纳税的计量单位。［15］属：敬酒。［16］不能足日进：不能满足日进万金的要求。［17］贷：挪用，暂借。［18］诸省务钱：政府各机关费用。［19］贷帖：借钱的文书。［20］黄绍颇：连江（今福建连江县）人。为人刻深多计数。官至闽泉州刺史。传见《十国春秋》卷九十八。［21］直：价格。

唐主自以专权取吴[1]，尤忌宰相权重，以右仆射兼中书侍郎、同平章事李建勋执政岁久，欲罢之。会建勋上疏言事，意其留中[2]；既而[3]唐主下有司施行。建勋自知事挟爱憎[4]，密[5]取所奏改之；秋，七月，戊辰[6]，罢建勋归私第。

帝忧安重荣跋扈[7]，己巳[8]，以刘知远为北京[9]留守、河东节度使，复以辽、沁隶河东；以北京留守李德珫为邺都留守。

知远微时[10]，为晋阳李氏赘婿[11]，尝[12]牧马，犯[13]僧田，僧执而笞之[14]。知远至晋阳，首召其僧，命之坐，慰谕赠遗[15]，众心大悦。

吴越府署火，宫室府库几尽[16]。吴越王元瓘惊惧，发狂疾[17]，唐人争劝唐主乘弊[18]取之，唐主曰："奈何利人之灾[19]！"遣使唁[20]之，且赒[21]其乏。

闽主曦自称大闽皇，领威武节度使，与王延政治兵相攻[22]，互有胜负，福、建之间，暴骨如莽[23]。镇武节度判官晋江潘承祐[24]屡请息兵修好，延政不从。闽主使者至，延政大陈甲卒以示之，对使者语甚悖慢[25]；承祐长跪切谏，延政怒，顾左右曰："判官之肉可食乎！"承祐不顾，声色愈厉。闽主曦恶泉州刺史王继严[26]得众心，罢归，鸩杀[27]之。

八月，戊子朔[28]，以开封尹郑王重贵为东京[29]留守。

冯道、李崧屡荐天平节度使兼侍卫亲军马步副都指挥使、同平章事杜重威之能，以为都指挥使，充随驾御营使，代刘知远，知远由是恨二相。重威所至黩货[30]，民多逃亡，尝出过市[31]，谓左右曰："人言我驱尽百姓，何市人之多也！"

壬辰[32]，帝发[33]大梁；己亥[34]，至邺都；壬寅[35]，大赦。帝以诏谕[36]安重荣曰："尔身为大臣，家有老母，忿不思难[37]，弃君与亲[38]。吾因[39]契丹得天下，尔因吾致[40]富贵，吾不敢忘德[41]，尔乃忘之[42]，何邪？今吾以天下臣之，尔欲以一镇抗之，不亦难乎！宜审思[43]之，无取后悔！"重荣得诏愈骄，闻山南东道节度使安从进有异志，阴[44]遣使与之通谋。

（以上为第十五段，写冯道、李崧二相秉承后晋高祖之意荐贪婪无能之杜重威为都指挥使，为后晋之亡张本。安重诲阴结安重荣谋反。）

【注释】

[1]取吴：取得吴国政权。[2]意其留中：估计一定留在皇帝处不下发。[3]既而：后来。[4]事挟爱憎：奏疏的事情涉及人事的爱恨关系，不便外传。[5]密：秘密地。[6]戊辰：七月十日。[7]跋扈：专横暴戾。[8]己巳：七月十一日。[9]北京：后晋太原府。[10]微时：不做官的时候。[11]赘婿：上门的女婿。[12]尝：曾经。[13]犯：侵犯。[14]笞之：责打他。[15]慰谕赠遗：慰问，赠送，以示不念旧怨。[16]几尽：几乎烧完。[17]狂疾：精神失常。[18]乘弊：乘着别人困难的时候。[19]奈何利人之灾：怎么可以因人之灾而取利。[20]唁（yàn）：慰问。[21]赒（zhōu）：救济。[22]治兵相攻：用兵互相攻打。[23]暴骨如莽：暴露的白骨像密生的野草。[24]潘承祐：晋江（今福建晋江市）人，曾向王延政上十事奏疏，指斥弊政，被削职罢归。传见《十国春秋》卷九十六。[25]悖慢：无理而傲慢。[26]王继严：王延钧子。传见《十国春秋》卷九十四。[27]鸩杀：用毒酒毒死。[28]戊子朔：八月一日。[29]东京：开封府。[30]黩货：贪污财物。[31]市：街市。[32]壬辰：八月五日。[33]发：出发。[34]己亥：八月十二日。[35]壬寅：八月十五日。[36]谕：晓谕、开导。[37]忿不思难：因小忿而不考虑国难。[38]弃君与亲：抛弃国君和老母。[39]因：依靠。[40]致：达到。[41]忘德：忘记契丹的恩德。[42]之：契丹。[43]审思：审慎地思考。[44]阴：暗暗地。

吴越文穆王元瓘寝疾[1]，察内都监章德安[2]忠厚，能断大事，欲属[3]以后事，语之曰："弘佐尚少，当择宗人长者立之。"德安曰："弘佐虽少，群下伏其英敏[4]，愿王勿以为念！"王曰："汝善辅之，吾无忧矣。"德安，处州人也。辛亥[5]，元瓘卒。

初，内牙指挥使戴恽，为元瓘所亲任，悉[6]以军事委之。元瓘养子弘侑乳母，恽妻之亲[7]也，或[8]告恽谋立弘侑。德安秘不发丧[9]，与诸将谋，伏[10]甲士于幕下；壬子[11]，恽入府，执而杀之，废弘侑为庶人，复姓孙，幽[12]之明州[13]。是日，将吏以元瓘遗命，承制[14]以镇海、镇东副大使弘佐为节度使，时年十四。九月，庚申[15]，弘佐即王位，命丞相曹仲达摄政[16]。军中言赐与不均[17]，举仗[18]不受，诸将不能制[19]；仲达亲谕之[20]，皆释仗[21]而拜[22]。

弘佐温恭[23]，好书，礼士，躬勤政务，发擿奸伏[24]，人不能欺。

民有献嘉禾[25]者，弘佐问仓吏[26]："今蓄积几何？"对曰："十年。"王曰："然则军食足矣，可以宽吾民。"乃命复其境内税三年[27]。

辛酉[28]，滑州言河决[29]。

帝以安重荣杀契丹使者，恐其犯塞，乙亥[30]，遣安国节度使杨彦询使于契丹。彦询至其帐，契丹主[31]责以使者死状[32]，彦询曰："譬如人家有恶子，父母所不能制，将如之何？"契丹主怒乃解。

（以上为第十六段，写吴越王钱元瓘去世，其子钱弘佐即王位。）

【注释】

[1]寝疾：疾病沉重，卧床不起。 [2]章德安：处州丽水（今浙江丽水市）人。累官至吴越内都监。为人忠直，钱元瓘委以辅弘佐。传见《十国春秋》卷八十六。 [3]属：嘱咐。属，通"嘱"。 [4]英敏：英俊敏明。 [5]辛亥：八月二十四日。 [6]悉：全部。 [7]亲：亲戚。[8]或：有人。 [9]秘不发丧：秘元瓘之丧而不行丧礼。 [10]伏：埋伏。 [11]壬子：八月二十五日。 [12]幽：囚禁。 [13]明州：州名，治所在今浙江宁波市。 [14]承制：承奉诏制。 [15]庚申：九月三日。 [16]摄政：权且代行职务。 [17]赐与不均：赏赐的钱物不公平。[18]举仗：举起兵器。仗，刀戟等武器的总称。 [19]制：约束。 [20]亲谕之：亲自开导他们。[21]释仗：丢掉兵器。 [22]拜：表示服从。 [23]温恭：温良恭俭。 [24]发擿（tī）奸伏：揭发隐秘的坏人坏事。 [25]嘉禾：生长茂盛、籽粒饱满的稻禾，表示祥瑞。 [26]仓吏：官名，掌管粮库。[27]复其境内税三年：免缴吴国境内农业税收三年。复，免。[28]辛酉：九月四日。[29]河决：黄河决口。 [30]乙亥：九月十八日。 [31]契丹主：原文无"主"字，据章校补。[32]死状：被杀这件事。

闽主曦以其子琅邪王亚澄为威武节度使、兼中书令，改号长乐王。

刘知远遣亲将郭威以诏指说[1]吐谷浑酋长白承福，令去[2]安重荣归朝廷，许以节钺[3]。威还，谓知远曰："虏惟利是嗜[4]，安铁胡[5]止以袍袴赂之；今欲其来，莫若[6]重赂乃可致[7]耳。"知远从之，且使谓承福曰："朝廷已割尔曹隶契丹，尔曹当自安部落[8]；今乃南来助安重荣为逆[9]，重荣已为天下所弃，朝夕败亡，尔曹宜早从化[10]，勿俟临之以兵[11]，南北无归，悔无及矣。"承福惧，冬，十月，帅其众归于知远。知远处之[12]太原东山及岚[13]、石[14]之间，表承福领大同节度使，收其精骑以隶麾下。

始，安重荣移檄[15]诸道，云与吐谷浑、达靼、契苾同起兵，既而承福降知远，鞑靼、契苾亦莫之赴[16]，重荣势大沮[17]。

闽主曦即皇帝位；王延政自称兵马元帅。闽同平章事李敏卒。

帝之发大梁也，和凝请[18]曰："车驾已行，安从进若反，何以备之[19]？"帝曰："卿意如何？"凝请密留空名宣敕[20]十数通[21]，付留守郑王，闻变则书诸将名，遣击之[22]；帝从之。

十一月，从进举兵攻邓州[23]，唐州刺史武延翰以闻[24]。郑王遣宣徽南院使张从恩、武德使焦继勋、护圣都指挥使郭金海[25]、作坊使陈思让将大梁兵就申州刺史李建崇[26]兵于叶县[27]以讨之。金海，本突厥；思让，幽州人也。丁丑[28]，以西京留守高行周为南面军前都部署，前同州节度使宋彦筠副之，张从恩监焉；又以郭金海为先锋使，陈思让监焉。彦筠，滑州人也。

庚辰[29]，以邺都留守李德珫权东京留守，召郑王重贵如邺都。

安从进攻邓州，威胜节度使安审晖据牙城[30]拒之，从进不能克而退。癸未[31]，从进至花山[32]，遇张从恩兵，不意其至之速，合战[33]，大败，从恩获其子牙内都指挥使弘义，从进以数十骑奔还襄州，婴城[34]自守。

唐主性节俭，常蹑蒲屦[35]，盥頮[36]用铁盎[37]，暑则寝于青葛帷[38]，左右使令[39]惟老丑宫人，服饰粗略。死国事者[40]皆给禄[41]三年。分遣使者按行民田[42]，以肥瘠[43]定其税，民间称其平允[44]。自是江、淮调兵兴役[45]及他赋敛，皆以税钱为率[46]，至今用之。唐主勤于听政，以夜继昼，还自江都，不复宴乐[47]；颇伤躁急[48]，内侍王绍颜上书，以为"今春以来，群臣获罪[49]者众，中外疑惧。"唐主手诏释其所以然[50]，令绍颜告谕[51]中外。

（以上为第十七段，写安从进反叛，为官军所败，婴城自守。南唐主李昪节俭，薄赋税，勤政事，江淮安定。）

【注释】

[1]以诏指说：用皇帝密诏的旨意劝说。[2]去：离开。[3]许以节钺：允许他担任节度

使。节钺，符节及大斧，为节度使标志。［4］惟利是嗜：只要有利就爱好。［5］安铁胡：安重荣小字。［6］莫若：毋宁，不如。［7］致：招致。［8］自安部落：自己安心在部落中生活。［9］为逆：行大逆不道之事。［10］从化：听从教化，改变主意。［11］临之以兵：战争加到头上。［12］处之：安置他们。［13］岚（lán）：县名，在今山西岚县。［14］石：石家庄，在今山西宁武县石家庄镇。［15］移檄：送檄文。［16］莫之赴：不参加。［17］大沮：大大地削弱。［18］请：请示。［19］备之：防备他。［20］空名宣敕：不填姓名的任命书。宣，出于枢密院。敕，出于中书门下。［21］通：道、张。［22］遣击之：派遣他们打击安从进。［23］邓州：在今河南邓州市。［24］以闻：向朝廷报告。［25］郭金海：突厥人，官商州刺史。传见《旧五代史》卷九十四。［26］李建崇（?—953）：潞州（今山西长治市）人。初从李克用，性纯厚，不能巧佞，以致久滞偏裨。征战四十余年，部下多至节度使，而李建崇未能得节钺。传见《旧五代史》卷一百二十九。［27］叶县：县名，在今河南叶县。［28］丁丑：十一月二十一日。［29］庚辰：十一月二十四日。［30］牙城：邓州衙城。［31］癸未：十一月二十七日。［32］花山：地名，在今河南唐河县湖阳镇，因山上有彩石辉映，望之如花，因名花山。［33］合战：接战。［34］婴城：据城。［35］常蹑蒲屦：常常穿着蒲苇织的草鞋。［36］盥（guàn）颒（huí）：洗手和洗面。洗手为盥，洗面为颒。［37］铁盎：铁制的腹大口小的盆器。［38］青葛帷：青色的葛布蚊帐。［39］左右使令：在王身边服侍、宣令的人。［40］死国事者：为国牺牲的人。章校："者"下有"虽士卒"三字。［41］禄：俸禄。［42］按行民田：核实、察看老百姓的田地。［43］肥瘠：田地土质的肥和瘦。［44］平允：公平合理。［45］调兵兴役：调发兵卒，运用大批人力。［46］皆以税钱为率：役赋一律征收现钞。［47］宴乐：开宴会，听音乐，观舞蹈。［48］颇伤躁急：很想急于求成。［49］获罪：得罪。［50］手诏：亲手写诏书。释其所以然：解释群臣中有人获罪的原因。［51］告谕：布告、晓谕。

十二月，丙戌朔[1]，徙郑王重贵为齐王，充邺都留守；以李德琉为东都留守。

丁亥[2]，以高行周知襄州行府事。诏荆南、湖南[3]共讨襄州。高从诲遣都指挥使李端将水军数千至南津[4]，楚王希范遣天策都军使张少敌[5]将战舰百五十艘入汉江助行周，仍各运粮以馈之。少敌，佶之子也。

安重荣闻安从进举兵反，谋遂决[6]，大集境内饥民，众至数万，南向邺都，声言入朝。初，重荣与深州[7]人赵彦之俱为散指挥使，相得欢甚[8]。重荣镇成德，彦之自关西[9]归之，重荣待遇甚厚，使彦之招募党众；然心实忌之，及举兵，止用为排陈使，彦之恨之。

帝闻重荣反，壬辰[10]，遣护圣等马步三十九指挥击之。以天平节度使杜重威为招讨使，安国节度使马全节副之，前永清[11]节度使王清[12]为马步都虞候。

安从进遣其弟从贵将兵逆均州[13]刺史蔡行遇，焦继勋邀击[14]，败之，获从贵，断其足[15]而归之。

戊戌[16]，杜重威与安重荣遇于宗城[17]西南，重荣为偃月陈[18]，官军再击之[19]，不动；重威惧，欲退。指挥使宛丘王重胤曰："兵家忌退[20]。镇[21]之精兵尽在中军，请公分锐士[22]击其左右翼，重胤为公以契丹直[23]冲其中军，彼必狼狈[24]。"重威从之。镇人陈稍却[25]，赵彦之卷旗策马[26]来降。彦之以银饰铠胄及鞍勒，官军杀而分之。重荣闻彦之叛，大惧，退匿[27]于辎重中。官军从而乘之[28]，镇人大溃，斩首万五千级。重荣收余众，走保宗城，官军进攻，夜分[29]，拔之。重荣以十余骑走还镇州，婴城自守。会天寒，镇人战及冻死者二万余人。

契丹闻重荣反，乃听[30]杨彦询还。

庚子[31]，冀州刺史张建武等取赵州[32]。

汉主寝疾，有胡僧[33]谓汉主名龚不利；汉主自造"䶮"字名之，义取"飞龙在天[34]"，读若俨。

庚戌[35]，制以钱弘佐为镇海、镇东军节度使兼中书令、吴越国王。

（以上为第十八段，写安重荣反叛，南进至宗城，全军覆没。）

【注释】

[1]丙戌朔：十二月一日。 [2]丁亥：十二月二日。 [3]荆南：荆南高从诲。湖南：楚马希范。 [4]南津：汉水南岸。 [5]张少敌：官楚都指挥使。马希范死，在议立嗣王上与李宏皋等有分歧，托疾不出。传见《十国春秋》卷七十三。 [6]谋遂决：谋反的决心才定。 [7]深州：治所安平，在今河北深州市。 [8]相得欢甚：在一起感情十分融洽。 [9]关西：地区名，即函谷关以西之关中。 [10]壬辰：十二月七日。 [11]永清：方镇名。后晋以贝州为永清军，治所贝州，在今河北清河县。 [12]王清（893—945）：字去瑕，洺州曲周（今河北曲周县）人。少从后唐明宗为小校，官后晋溪州刺史，抗契丹牺牲。传见《旧五代史》卷九十五。 [13]均州：治所武当，在今湖北丹江口市。 [14]邀击：拦击。 [15]断其足：将他的脚斩断。 [16]戊戌：

十二月十三日。［17］宗城：县名，在今河北威县东。［18］偃月陈：阵名，呈半月形。陈，通“阵”。［19］再击之：两次冲击偃月阵。［20］兵家忌退：军事家忌退兵，一退，敌有可乘之机，我有溃乱之险。［21］镇：镇州成德军。［22］锐士：禁卫军名。［23］契丹直：禁卫军名，选契丹雄健者组成。［24］狼狈：顿困窘迫的样子。［25］稍却：稍退。［26］卷旗策马：卷起旗帜，鞭打着马。［27］匿：躲。［28］从而乘之：因赵彦之投降而乘势进攻。［29］夜分：半夜。［30］听：任凭。［31］庚子：十二月十五日。［32］赵州：治所平棘，在今河北赵县。［33］胡僧：汉族对少数民族僧人的称谓。［34］飞龙在天：语出《易经》“飞龙在天，利见大人。”［35］庚戌：十二月二十五日。

【点评】

本卷点评李昪建立南唐、安重荣反叛两件史事。

一、李昪建立南唐。李昪，即徐温养子徐知诰称帝后所更名。徐知诰在受禅前先更名去“知”字，示与徐氏诸子不同列。升元二年，南唐群臣以徐温之子江王徐知证为首，多次上表请南唐主复姓李。正月二十三日，南唐主接受群臣之请，更名李昪。二月三日，改太祖庙曰义祖庙。李昪初受禅，尊徐温为太祖，今复姓李，以温为义父，故改太祖为义祖。二月七日，南唐主为李氏考妣发哀，追祖认宗，国号大唐，示意兴复唐室。史称南唐，有别于中原李存勖之后唐。李昪为何氏之子，籍贯何地，史籍记载有歧。据《旧五代史》所载，李昪为海州人，唐玄宗第六子永王李璘之后，乃李昪自称。《新五代史》称李昪为徐州人，少孤贫，流寓濠间，初为杨行密所得，收为养子，不为杨氏诸子所容，杨行密转托徐温收养。《通鉴考异》引《江南录》《后蜀主实录》《吴越备史》，另立三说。《江南录》称李昪是唐宪宗第六子建王李恪之后裔。《后蜀主实录》说李昪是薛王李知柔之后，生于岭南。李知柔为大唐岭南节度使，卒于官，李昪流落江淮，于是为徐温养子。《吴越备史》称李昪本姓潘，湖州安吉人，吴将李神福攻安吉得李昪，于是潘氏子冒姓李，后为徐温养子。《吴越备史》编造李昪为潘氏之子，未必是实录。总之，李昪为何氏之子，何方人氏，李昪或不愿，或不知，自己也说不清楚。最后以大臣之议，以唐太宗子吴王恪为祖。吴王恪在唐高宗朝以谋反罪被冤杀，其孙祎在唐玄宗朝官至朔方节度使，有边功，祎子李岘为宪宗朝宰相，李昪引以为荣。李岘以下传五世至李昪之父李荣，其名皆为主管部门编造。于是南唐太庙徐、李二姓并列。唐高祖、唐太宗、唐义祖徐温，皆为不祧之主。群臣议认为：“义祖诸侯，不宜与高祖、太宗同享……”请建别庙礼之。南唐主李昪曰：“吾自幼托身义祖，向非义祖有功于吴，朕安能启此中兴之业？”群臣不敢再说话。五代时两唐国，李存勖，沙陀人，建后唐，李昪冒姓李氏建南唐。王夫之评论说，君臣父子的伦理全乱了套，“漫取一人而子之，遂谓之子；漫推一鬼而祖考之，遂谓之祖考”。大唐李氏亡灵地下有知，是不会接受这样的子孙的。南唐太庙，两姓共祀，实为奇观。

二、安重荣反叛。安重荣小字铁胡，朔州人。唐末为振武巡边指挥使，性格粗鲁莽撞，善骑射，有力气。石敬瑭起兵，安重荣最先投靠。石敬瑭称帝，授安重荣成德节度使。安重荣亲见后唐末帝李从珂、后晋高祖石敬瑭都是凭借手中一镇兵力取天下，时常对人说：“皇帝没什么了不起，只要兵强马壮，谁都可以干。”这就是五代乱世留给军阀们的信念。专制政体的本质凭借的就是强权，历代中央政府解体后的军阀混战莫不如是，直到民国时代的北洋军阀和土匪军阀，如曹锟、张作霖，皆是安重荣式的人物。后晋高祖天福六年（941），安重荣反叛，官兵往讨，一触即溃，安重荣随即被诛灭。安重荣只是一个跳梁小丑，其死不足惜，可是这场反叛而给黎民百姓造成了深重灾难。强权政治不根除，黎民的灾难就永无了期。

卷二八三　后晋纪四

后晋高祖天福七年至后晋齐王开运元年（942—944 年）

【起玄黓摄提格（壬寅，942 年），尽阏逢执徐（甲辰，944 年）正月，凡二年有奇】

【大事提要】

本卷记事起公元 942 年，讫公元 944 年正月，凡两年又一个月，当后晋高祖天福七年至齐王开运元年正月。后晋高祖平定安重荣、安从进两镇之乱，不久崩殂，石重贵即位，是为出帝。南汉刘龑去世，刘玢立，旋为弟刘弘熙所杀，刘弘熙立，更名晟。闽国王延政称帝于建州，国号殷，与福州闽主王曦势不两立。闽国内乱。南汉民借助神灵起事。楚国蛮夷为乱。殷主王延政，南汉中宗刘晟，闽主王曦，楚主马希范，均为昏庸暴虐之主，无一善政可言。南唐烈祖李昪辞世，李璟继位，是为中主，冯延己、冯延鲁、魏岑、查文徽、陈觉五人皆佞巧小人，朋比为奸，世谓之五鬼。后晋出帝，中庸之主，忠奸不辨，用人唯亲。景延广以拥戴功专权，排斥桑维翰，外结怨于契丹，内疏离百官民众，为乱国之臣。契丹大举南犯，占贝州，夺军储，后晋出帝求和未果，契丹兵渡黄河，高行周奉命拒敌。

高祖圣文章武明德孝皇帝下

天福七年（壬寅，942 年）

春，正月，丁巳[1]，镇州牙将自西郭[2]水碾门[3]导[4]官军入城，杀守陴[5]民二万人，执安重荣，斩之。杜重威杀导者，自以为功。庚申[6]，重荣首至邺都，帝命漆之，函送契丹。

癸亥[7]，改镇州为恒州[8]，成德军为顺国军[9]。

丙寅[10]，以门下侍郎、同平章事赵莹为侍中，以杜重威为顺国节度使兼侍中。

安重荣私财及恒州府库，重威尽有之，帝知而不问。又表卫尉少卿[11]范阳王瑜[12]为副使，瑜为之重敛[13]于民，恒人不胜其苦。

张式父铎诣阙讼冤[14]。壬午[15]，以河阳节度使王周为彰义节度使，代张彦泽。

闽主曦立皇后李氏[16]，同平章事真之女也；嗜酒刚愎[17]，曦宠而惮之[18]。

彰武节度使丁审琪，养部曲[19]千人，纵之[20]为暴[21]于境内；军校贺行政与诸胡相结为乱，攻延州[22]，帝遣曹州防御使何重建将兵救之，同、鄜[23]援兵继至，乃得免[24]。二月，癸巳[25]，以重建为彰武留后，召审琪归朝。重建，云、朔间胡人也。

唐左丞相宋齐丘固求豫政事[26]，唐主听入中书[27]；又求领尚书省，乃罢侍中寿王景遂判尚书省，更[28]领中书、门下省，以齐丘知尚书省事；其三省事并取齐王璟参决[29]。齐丘视事数月，亲吏夏昌图盗官钱三千缗，齐丘判贷其死[30]；唐主大怒，斩昌图。齐丘称疾[31]，请罢省事[32]，从之。

泾州奏遣押牙陈延晖持敕书诣[33]凉州，州中将吏[34]请延晖为节度使。

三月，闽主曦立长乐王亚澄为闽王。

（以上为第一段，写杜重威贪婪，杀安重荣后劫夺其财物为私有。彰武节度使丁审琪横暴，激起兵变。）

【注释】

［1］丁巳：正月二日。［2］西郭：西面外城。［3］水碾门：用水为动力碾米的地方。［4］导：引导，向导。［5］守陴：守城。［6］庚申：正月五日。［7］癸亥：正月八日。［8］恒州：镇州，镇州本为恒州，避唐穆宗李恒讳改名镇州，现仍改旧名。［9］顺国军：后晋改成德军为顺国军。［10］丙寅：正月十一日。［11］卫尉少卿：官名，卫尉寺副贰，协助卫尉卿掌禁卫。［12］王瑜（908—946）：范阳（今河北涿州市）人。性凶狡，长骑射、刀笔。后为郡盗酋长所杀。传见《旧五代史》卷九十六。［13］重敛：重重地搜刮。［14］诣阙讼冤：到朝廷申诉冤枉。张彦泽杀张式见《资治通鉴》卷二百八十二。［15］壬午：正月二十七日。［16］李氏：景宗王曦后。司空李真之女。传见《十国春秋》卷九十四。［17］嗜酒刚愎：喜欢饮酒，执拗倔强。［18］惮之：害怕她。［19］部曲：亲兵。［20］纵之：放纵他们。［21］为暴：肆行暴虐。［22］延州：彰武节度使治所。［23］同、鄜：同州和鄜州。［24］免：免祸。［25］癸巳：二月九日。［26］豫政

事：参与朝政事务。[27]中书：中书省。[28]更：改。[29]参决：参酌决定。[30]贷其死：免其死罪。[31]称疾：假装生病。[32]请罢省事：请求罢免知尚书省事。[33]诣：到。[34]将吏：将军和官吏，指文武官员。

张彦泽在泾州，擅[1]发兵击诸胡[2]，兵皆败没[3]，调民马千余匹以补之。还至陕，获亡将[4]杨洪，乘醉断其手足而斩之。王周奏彦泽在镇贪残不法[5]二十六条，民散亡者五千余户。彦泽既至，帝以其有军功[6]，又与杨光远连姻，释[7]不问。

夏，四月，己未[8]，右谏议大夫郑受益上言："杨洪所以被屠[9]，由陛下去岁送张式与彦泽，使之逞志[10]，致彦泽敢肆凶残[11]，无所忌惮。见闻之人无不切齿[12]，而陛下曾不动心[13]，一无诘让[14]；淑慝莫辨[15]，赏罚无章[16]。中外皆言陛下受彦泽所献马百匹，听其如是，臣窃为陛下惜此恶名[17]，乞正彦泽罪法以湔洗[18]圣德。"疏奏，留中。受益，从谠之兄子也。

庚申[19]，刑部郎中李涛等伏阁[20]极论[21]彦泽之罪，语甚切至[22]。辛酉[23]，敕："张彦泽削一阶[24]，降爵[25]一级。张式父及子弟皆拜官[26]。泾州民复业[27]者，减其徭赋[28]。"癸亥[29]，李涛复与两省及御史台官伏阁奏彦泽罚太轻，请论如法[30]。帝召涛面谕之。涛端笏前迫殿陛[31]，声色俱厉。帝怒，连叱之，涛不退。帝曰："朕已许彦泽不死。"涛曰："陛下许彦泽不死，不可负；不知范延光铁券安在[32]！"帝拂衣起，入禁中。丙寅[33]，以彦泽为左龙武大将军。

（以上为第二段，写后晋高祖违众怙恶张彦泽，纲纪荡然。）

【注释】

[1]擅：擅自。[2]诸胡：各少数民族。[3]败没：失败而溃散。[4]亡将：逃亡的将领。[5]贪残不法：贪婪残暴，目无法纪。[6]有军功：指讨范延光有功。[7]释：宽恕。[8]己未：四月六日。[9]屠：屠杀。[10]逞志：达到心愿。[11]敢肆凶残：敢于肆无忌惮地行凶作恶。[12]切齿：咬牙，表示愤怒。[13]曾不动心：连心都不动。[14]一无诘让：一点都不责备。[15]淑慝莫辨：善恶不能辨别。淑，善。慝，大奸。[16]赏罚无章：奖励和惩罚没有规章。[17]惜此恶名：担负这个坏名声。[18]湔（jiān）洗：洗刷。[19]庚申：四月七日。

[20]伏阁：伏阁门下奏事，由阁门使告知皇帝。［21］极论：深刻地论述。［22］切至：切直而击中要害。［23］辛酉：四月八日。［24］阶：武散阶。唐制，共分四十五等。［25］爵：封爵。唐制，共分九等。［26］拜官：授官。［27］复业：恢复从事各项职业。［28］徭赋：徭役和赋税。［29］癸亥：四月十日。［30］如法：按照法律。［31］涛端笏前迫殿陛：李涛手持笏板向前迫近殿阶。极写涛犯颜直谏的举动。［32］安在：在什么地方。［33］丙寅：四月十三日。

汉高祖[1]寝疾，以其子秦王弘度[2]、晋王弘熙[3]皆骄恣，少子越王弘昌孝谨有智识，与右仆射兼西御院使王翷[4]谋出弘度镇邕州，弘熙镇容州，而立弘昌。制命将行，会崇文使萧益[5]入问疾，以其事访之[6]。益曰：“立嫡以长，违之必乱。”乃止。

丁丑[7]，高祖殂。

高祖为人辩察[8]，多权数[9]，好自矜大[10]，常谓中国天子为“洛州刺史[11]”。岭南[12]珍异所聚，每穷奢极丽，宫殿悉以金玉珠翠为饰[13]。用刑惨酷[14]，有灌鼻[15]、割舌、支解[16]、刳剔[17]、炮炙[18]、烹蒸[19]之法；或聚毒蛇水中，以罪人投之，谓之水狱。同平章事杨洞潜谏，不听。末年尤猜忌；以士人多为子孙计[20]，故专任宦官，由是其国中宦者大盛。

秦王弘度即皇帝位，更名玢；以弘熙辅政[21]，改元光天；尊母赵昭仪[22]曰皇太妃。

契丹以晋招纳吐谷浑，遣使来让[23]。帝忧悒不知为计[24]；五月，己亥[25]，始有疾。

乙巳[26]，尊太妃刘氏[27]为皇太后。太后，帝之庶母也。

唐丞相、太保宋齐丘既罢尚书省，不复朝谒[28]。唐主遣寿王景遂劳问[29]，许镇洪州，始入朝。

唐主与之宴[30]，酒酣，齐丘曰：“陛下中兴，臣之力也，奈何忘之！”唐主怒曰：“公以游客干[31]朕，今为三公，亦足矣。乃与人言朕乌喙[32]如句践[33]，难与共安乐，有之乎？”齐丘曰：“臣实有此言。臣为游客时，陛下乃偏裨[34]耳。今日杀臣可矣。”明日，唐主手诏[35]谢之曰：“朕之褊性[36]，子嵩平昔所知[37]。少相亲，老相怨，可乎！”

丙午[38]，以齐丘为镇南[39]节度使。

帝寝疾，一旦，冯道独对。帝命幼子重睿[40]出拜之，又令宦者抱重睿置道怀中，其意盖欲道辅立之。

六月，乙丑[41]，帝殂。

道与天平节度使、侍卫马步都虞候景延广议，以国家多难，宜立长君[42]，乃奉广晋尹齐王重贵为嗣。是日，齐王即皇帝位。延广以为己功，始用事，禁都下人无得偶语[43]。

初，高祖疾亟[44]，有旨召河东节度使刘知远入辅政[45]，齐王寝之[46]；知远由是怨[47]齐王[48]。

丁卯[49]，尊皇太后曰太皇太后[50]，皇后曰皇太后[51]。

（以上为第三段，写南汉主刘龑去世，后晋高祖石敬瑭驾崩，出帝石重贵即位。）

【注释】

[1]汉高祖：刘龑。[2]弘度（920—943）：名玢，刘龑第三子。刘龑死，嗣位。公元942年至943年在位。荒淫无道，被杀。卒谥殇。传见《十国春秋》卷五十九。[3]弘熙（920—958）：杀弘度后为帝，公元943年至公元958年在位，庙号中宗。传见《十国春秋》卷五十九。[4]王翷（lǐng）（?—945）：官至南汉右仆射。传见《十国春秋》卷六十三。[5]萧益：官南汉崇文使。传见《十国春秋》卷六十三。[6]访之：询问他。[7]丁丑：四月二十四日。[8]辩察：能言善辩而苛察。[9]权数：权术。[10]好自矜大：喜欢自己尊大。[11]洛州刺史：中原天子建都洛阳，以其统治地区小，故称洛州刺史，表示轻蔑。[12]岭南：地区名，指五岭以南地区。[13]饰：装饰。[14]惨酷：惨烈残酷。[15]灌鼻：用水灌入鼻子。[16]支解：将身体、头、足分别斩掉。[17]刳（kū）剔：剖开腹腔，挖空内脏。[18]炮炙：在烧红的铜、铁板上煨炙。[19]烹蒸：在镬里蒸烧。[20]为子孙计：替子孙打算。[21]辅政：协助处理政务。[22]赵昭仪：刘龑妃。南汉大有年间进位昭仪。传见《十国春秋》卷六十一。[23]让：责备。[24]忧悒（yì）：担忧郁闷。不知为计：不知用什么办法对付为好。[25]己亥：五月十六日。[26]乙巳：五月二十二日。[27]刘氏：石敬瑭生母。[28]朝谒：上朝拜谒。[29]劳问：慰劳问候。[30]与之宴：与宋齐丘宴饮。[31]干：求，求取。[32]乌喙（huī）：乌鸦的嘴巴。[33]句践：又作"勾践"。春秋时越国的国君。越范蠡致文种书，说越王勾践为人，长颈鸟喙，可与同患难，不可与同安乐。[34]偏裨：下级军官。[35]手诏：亲手写诏书。[36]褊性：性气褊狭。[37]知：了解。[38]丙午：五月二十三日。[39]镇南：方镇名。唐懿宗咸通六年（865）升江南西道团练观察使为镇南军节度使。吴、南唐仍之，治所洪州，在今江西南昌市。[40]重睿：石敬瑭幼子，拟立为帝，以景延广已许重贵嗣位，故不得立，后为契丹所掳。

传见《新五代史》卷十七。[41]乙丑：六月十三日。[42]长君：年纪大的为君。[43]偶语：相对私语。[44]疾亟：疾病严重。[45]辅政：协助处理政务。[46]寝之：停止了这件事。[47]怨：怨恨。[48]齐王：石重贵。[49]丁卯：六月十五日。[50]太皇太后：即石敬瑭生母刘氏。[51]皇太后：石敬瑭妻李氏。

闽富沙王延政围汀州，闽主曦发漳[1]、泉兵五千救之。又遣其将林守亮入尤溪[2]，大明宫使黄敬忠屯尤口[3]，欲乘虚袭建州；国计使黄绍颇将步卒八千为二军声援[4]。

秋，七月，壬辰[5]，太皇太后刘氏殂。

闽富沙王延政攻汀州，四十二战，不克而归。其将包洪实、陈望，将水军以御福州之师；丁酉[6]，遇于尤口。黄敬忠将战，占者[7]言时刻未利[8]，按兵不动；洪实等引兵登岸，水陆夹攻之，杀敬忠，俘斩二千级，林守亮、黄绍颇皆遁归。

庚子[9]，大赦。

癸卯[10]，加景延广同平章事，兼侍卫马步都指挥使。

勋旧[11]皆欲复置枢密使，冯道等三奏，请以枢密旧职[12]让之[13]；帝不许。

有神[14]降于博罗县[15]民家，与人言而不见其形[16]，闾阎[17]人往占吉凶，多验，县吏张遇贤事之甚谨。时循州[18]盗贼群起，莫相统一[19]，贼帅共祷[20]于神，神大言曰："张遇贤当为汝主。"于是共奉遇贤，称中天八国王，改元永乐，置百官，攻掠海隅[21]。遇贤年少，无他方略[22]，诸将但告进退而已。

汉主以越王弘昌为都统，循王弘杲[23]为副以讨之，战于钱帛馆。汉兵不利，二王皆为贼所围；指挥使陈道庠[24]等力战救之，得免。东方州县[25]多为遇贤所陷。道庠，端州人也。

高行周围襄州逾年[26]，不下。城中食尽，奉国军[27]都虞候曲周王清言于行周曰："贼城已危，我师已老[28]，民力已困[29]，不早迫之，尚何俟[30]乎！"与奉国都指挥使元城刘词帅众先登。八月，拔之[31]。安从进举族自焚。

（以上为第四段，写闽国内讧，南汉民众借神灵起事，高行周平灭安从进。）

【注释】

[1]漳：州名，治所龙溪，在今福建漳州市。[2]尤溪：县名，在今福建尤溪县。[3]尤口：尤溪口，在尤溪入闽江处。[4]声援：张大声势为后援。[5]壬辰：七月十日。[6]丁酉：七月十五日。[7]占者：占卜的人。[8]时刻未利：这时出战，时辰不利于我军。[9]庚子：七月十八日。[10]癸卯：七月二十一日。[11]勋旧：有功勋的大臣和随石敬瑭的旧臣。[12]枢密旧职：并枢密于中书省，由宰相代行。故称枢密院职为旧职。[13]让之：让给原枢密院。[14]神：神仙。[15]博罗县：县名，在今广东博罗县。[16]形：形象、形状。[17]闾阎：泛指老百姓。[18]循州：治所龙川，在今广东龙川县。[19]莫相统一：互相不统一。[20]祷：祈祷，请求决事。[21]海隅：海边各州县。[22]方略：策略、谋略。[23]弘杲（gǎo）（?—943）：刘龑第十子，封循王。传见《十国春秋》卷六十一。[24]陈道庠（?—946）：端州（今广东肇庆市高要区）人，曾遣人杀殇帝刘弘度。传见《十国春秋》卷六十六。[25]东方州县：指广东番禺以东州县。[26]逾年：超过一年。[27]奉国军：方镇名，吴越以明州为奉国军。治所明州，在今浙江宁波市。此系遥领。[28]老：疲乏。[29]困：困窘。[30]何俟：等待什么。[31]拔之：攻克了襄阳。

甲子[1]，以赵莹为中书令。

闽主曦遣使以手诏及金器九百、钱万缗、将吏敕告六百四十通[2]，求和于富沙王延政，延政不受。

丙寅[3]，闽主曦宴群臣于九龙殿。从子继柔[4]不能饮，强之[5]。继柔私减其酒，曦怒，并客将[6]斩之。

闽人铸永隆通宝大铁钱，一当铅钱百。

汉葬天皇大帝[7]于康陵[8]，庙号高祖。

唐主自为吴相，兴利除害，变更旧法[9]甚多。及即位，命法官及尚书删定为《升元条》[10]三十卷；庚寅[11]，行之。

闽主曦以同平章事候官余廷英[12]为泉州刺史。廷英贪秽，掠人女子，诈称受诏采择以备后宫。事觉[13]，曦遣御史按[14]之。廷英惧，诣福州自归，曦诘责，将以属吏[15]；廷英退，献买宴钱万缗。曦悦，明日召见，谓曰："宴已买矣，皇后贡物安在？"廷英复献钱于李后，乃遣归泉州；自是诸州皆别贡[16]皇后物。未几，复召廷英为相。

冬，十月，丙子[17]，张遇贤[18]陷循州，杀汉刺史刘传。

楚王希范作天策府[19]，极栋宇[20]之盛；户牖栏槛[21]皆饰以金玉，涂壁用丹砂[22]数十万斤；地衣[23]，春夏用角簟[24]，秋冬用木绵[25]。与子弟僚属游宴[26]其间。

（以上为第五段，写闽主王曦纵酒贪暴，楚王马希范穷极奢侈。）

【注释】

[1]甲子：八月十三日。 [2]通：道、份。 [3]丙寅：八月十五日。 [4]继柔（?—942）：王曦侄子。传见《十国春秋》卷九十四。 [5]强之：强迫他饮酒。 [6]客将：赞酒的官员。[7]天皇大帝：刘龑。 [8]康陵：刘龑陵墓名。 [9]变更旧法：改变旧的法令。 [10]《升元条》：书名，南唐法令条制汇编。 [11]庚寅：九月九日。 [12]余廷英：侯官（今福建闽侯县）人。为官贪贿。开创向皇后贡物的先例。传见《十国春秋》卷九十八。 [13]事觉：假称诏命事被发觉。 [14]按：按问、查问。 [15]属吏：有关部门的官员。 [16]别贡：另外进贡。 [17]丙子：十月二十六日。 [18]张遇贤（?—943）：循州博罗县（今广东博罗县）小吏，被起事民推为中天八国王，改元永乐。后越境入南唐，兵败被杀于南京市。传见《十国春秋》卷六十六。 [19]天策府：在楚州城西北。造天策、光政等十六楼，天策、勤政等五堂。 [20]栋宇：房屋。 [21]户牖（yǒu）栏槛：门、窗、栏杆、门槛。 [22]丹砂：矿物名，红色，可作涂料。 [23]地衣：地毯。[24]角簟（diàn）：竹席。剖竹为细篾织成。 [25]木绵：棉布。 [26]游宴：游玩宴乐。

十一月，庚寅[1]，葬圣文章武明德孝皇帝于显陵[2]，庙号高祖。

先是河南、北诸州官自卖海盐，岁收缗钱[3]十七万；又散蚕盐敛民钱[4]。言事者称民坐私贩盐抵罪[5]者众，不若听自贩[6]，而岁以官所卖钱直敛于民[7]，谓之食盐钱[8]；高祖从之。俄而[9]盐价顿贱[10]，每斤至十钱。

至是，三司使董遇欲增求羡利[11]，而难于骤变前法[12]，乃重征盐商[13]，过者七钱[14]，留卖者十钱[15]。由是盐商殆绝[16]，而官复自卖。其食盐钱，至今敛之如故[17]。

闽盐铁使、右仆射李仁遇[18]，敏之子，闽主曦之甥也；年少，美姿容，得幸于曦。十二月，以仁遇为左仆射兼中书侍郎，翰林学士、吏部侍郎李光准为中书侍郎兼户部尚书，并同平章事。

曦荒淫无度[19]，尝[20]夜宴，光准醉忤旨[21]，命执送都市斩之；吏不敢杀，系[22]狱中。明日，视朝，召复其位。是夕，又宴，收[23]翰林学士周维岳下狱。吏拂榻待之[24]，曰："相公[25]昨夜宿此，尚书[26]勿忧。"醒而释之。他日，又宴，侍臣皆以[27]醉去，独维岳在。曦曰："维岳身甚小，何饮酒之多？"左右或曰[28]："酒有别肠[29]，不必长大。"曦欣然[30]，命捽[31]维岳下殿，欲剖[32]视其酒肠。或曰："杀维岳，无人侍陛下剧饮[33]者。"乃舍之[34]。

帝之初即位也，大臣议奉表称臣告哀[35]于契丹，景延广请致书称孙而不称臣[36]。李崧曰："屈身[37]以为社稷[38]，何耻之有[39]！陛下如此，他日必躬擐甲胄[40]，与契丹战，于时悔无益矣。"延广固争[41]，冯道依违[42]其间。帝卒[43]从延广议。契丹大怒，遣使来责让[44]，且言[45]："何得[46]不先承禀[47]，遽即帝位？"延广复以不逊语[48]答之。

契丹卢龙节度使赵延寿欲代晋帝中国[49]，屡说契丹击晋，契丹主颇然之[50]。

（以上为第六段，写后晋出帝即位，景延广专权，加盐税，不告丧契丹，内结怨于民，外启敌国之怒，是一亡国罪臣。）

【注释】

[1]庚寅：十一月十日。[2]显陵：石敬瑭陵墓名。在今河南宜阳县。[3]缗钱：成串的钱，一千文为一缗。[4]散蚕盐敛民钱：每年二月，分发蚕盐钱给农民，夏税时缴还给政府，用以剥削农民。[5]抵罪：犯罪。[6]听自贩：听任百姓贩运。[7]直敛于民：将官卖盐的赢利折为税收，直接向人民收取。[8]食盐钱：向人民收取费用的名目叫食盐钱。[9]俄而：不久。[10]顿贱：立即便宜。[11]增求羡利：追求增加盈余利润。[12]骤变前法：突然改变以前的方法。[13]重征盐商：加重征收盐商税收。[14]过者七钱：盐商过境每斤征收七钱过境税。[15]留卖者十钱：在当地贩卖的，每斤征收十钱卖盐税。[16]殆绝：几乎没有。[17]敛之如故：仍旧同过去一样征收食盐钱。[18]李仁遇：王曦甥。年少容美，得幸于曦，时人鄙之。传见《十国春秋》卷九十八。[19]荒淫无度：迷乱淫乐没有节制。[20]尝：曾，曾经。[21]忤旨：触犯皇帝意旨。[22]系：关押。[23]收：逮捕。[24]拂榻待之：扫干净床铺接待他。[25]相公：指李光准。[26]尚书：指周维岳。[27]以：因。[28]或曰：有人说。[29]酒有别肠：饮酒有另外的肠子容纳。[30]欣然：高兴的样子。[31]捽（zuó）：揪。[32]剖：剖腹。[33]剧饮：猛烈地饮酒。[34]舍之：赦免了他。[35]告哀：报告

丧讯。［36］称孙而不称臣：自称孙子而不称臣子。［37］屈身：委屈自己受凌辱。［38］社稷：国家。［39］何耻之有：有什么羞耻呢！［40］躬擐甲胄：亲身穿着盔甲。指挑起战祸。［41］固争：坚持己见。［42］依违：犹豫不决、模棱两可。［43］卒：终于。［44］责让：责备、训斥。［45］且言：而且说。［46］得：能。［47］承禀：禀告。［48］不逊语：不礼貌的话。［49］帝中国：在中国称帝。［50］颇然之：很同意他的意见。

齐王[1]上

天福八年（癸卯，943年）

春，正月，癸卯[2]，蜀主以宣徽使兼宫苑使田敬全领永平[3]节度使；敬全，宦者也，引前蜀王承休为比[4]而命之，国人非之。

帝闻契丹将入寇，二月，己未[5]，发邺都；乙丑[6]，至东京[7]。然犹[8]与契丹问遗[9]相往来，无虚月[10]。

唐宣城王景达[11]，刚毅开爽，烈祖爱之，屡欲以为嗣；宋齐丘亟称其才，唐主以齐王璟年长而止。璟以是怨齐丘。

唐主幼子景逷[12]，母种氏[13]有宠，齐王璟母宋皇后稀得进见。唐主如璟宫，遇璟亲调乐器[14]，大怒，诮让[15]者数日。种氏乘间[16]言，景逷虽幼而慧，可以为嗣。唐主怒曰："子有过，父训之，常事也。国家大计，女子何得预知[17]！"即命嫁之[18]。

唐主尝梦吞灵丹，旦而方士史守冲[19]献丹方，以为神而饵之[20]，浸[21]成躁急。左右谏，不听。尝以药赐李建勋，建勋曰："臣饵之数日，已觉躁热，况多饵乎！"唐主曰："朕服之久矣。"群臣奏事，往往暴怒；然或有正色论辩中理者[22]，亦敛容[23]慰谢而从之。

唐主问道士王栖霞[24]："何道[25]可致[26]太平？"对曰："王者治心治身[27]，乃治家国。今陛下尚未能去饥嗔、饱喜[28]，何论太平！"宋后自帘中称叹，以为至言[29]。凡唐主所赐予，栖霞皆不受。栖霞常为人奏章[30]，唐主欲为之筑坛[31]。辞曰："国用方乏，何暇及此[32]！俟焚章不化[33]，乃当奏请耳。"

驾部郎中[34]冯延己[35]，为齐王元帅府掌书记，性倾巧，与宋齐丘及宣徽副使陈觉相结；同府在己上者[36]，延己稍以计逐之。延己尝戏[37]谓中书侍郎孙晟曰："公有何能，为中书郎？"晟曰："晟，山东鄙儒[38]，文章不如公，诙谐[39]不如公，谄诈[40]不如公。然主上使公与齐王游处[41]，盖欲以仁义辅导之也，岂但[42]为声色狗马之友邪！晟诚无能公之能[43]，适足[44]为国家之祸耳。”延己，歙州人也。

又有魏岑[45]者，亦在齐王府。给事中常梦锡[46]屡言陈觉、冯延己、魏岑皆佞邪小人，不宜侍东宫；司门郎中[47]判大理寺萧俨[48]表称陈觉奸回乱政[49]；唐主颇感悟，未及去。

会疽发背，秘不令人知，密令医治之，听政如故。庚午[50]，疾亟[51]。太医吴廷裕[52]遣亲信召齐王璟入侍疾。唐主谓璟曰："吾饵金石，始欲益寿，乃更伤生，汝宜戒之！”是夕，殂。秘不发丧，下制："以齐王监国，大赦。"

孙晟恐冯延己等用事[53]，欲称遗诏令太后临朝称制。翰林学士李贻业[54]曰："先帝尝云：'妇人预政，乱之本[55]也'，安肯自为厉阶[56]！此必近习[57]奸人之诈[58]也。且嗣君春秋[59]已长，明德著闻，公何得遽为亡国之言！若果宣行[60]，吾必对百官毁之。"晟惧而止。贻业，蔚之从曾孙[61]也。

丙子[62]，始宣遗制。烈祖末年卞急[63]，近臣多罹[64]谴罚。陈觉称疾，累月不入，及宣遗诏，乃出。萧俨劾奏："觉端居私室，以俟升遐[65]，请按[66]其罪。"齐王不许。

自烈祖相吴，禁压良为贱[67]，令买奴婢者通官作券[68]。冯延己及弟礼部员外郎延鲁[69]，俱在元帅府，草遗诏[70]听民卖男女；意欲自买姬妾，萧俨驳[71]曰："此必延己等所为，非大行[72]之命也。昔延鲁为东都[73]判官，已有此请；先帝访臣[74]，臣对曰：'陛下昔为吴相，民有鬻[75]男女者，为出府金[76]，赎而归之[77]，故远近归心。今即位而反之，使贫人之子为富人厮役[78]，可乎？'先帝以为然，将治延鲁罪。臣以为延鲁愚，无足责。先帝斜封[79]延鲁章，抹三笔，持入宫。请求诸宫中，必尚在。"齐王命取先帝时留中[80]章奏千余道，皆斜封一抹，果得延鲁疏。然以遗诏已行，竟不之改。

（以上为第七段，写南唐烈祖辞世，元宗李璟立，冯延己等倾巧小人得势。）

【注释】

［1］齐王：即后晋出帝石重贵，高祖石敬瑭兄石敬儒之子。天福二年封郑王，天福三年徙封齐王，天福七年即皇帝位。开运三年为契丹所灭。公元943年至公元946年在位。［2］癸卯：正月二十四日。［3］永平：方镇名。后蜀以雅州为永平军节度，治所雅州，在今四川雅安市。［4］比：比照。指以宦官为节度使。［5］己未：二月十一日。［6］乙丑：二月十七日。［7］至东京：石重贵即位于邺都，至是还东京大梁。［8］犹：还。［9］问遗：问候，馈送。［10］无虚月：每月不间断。［11］景达（924—971）：字子通，徐知诰第四子。性刚毅，封齐王。传见《十国春秋》卷十九。［12］景逖（938—968）：字宣远，徐知诰幼子。封信王。非毁佛书，专重六经。传见《十国春秋》卷十九。［13］种氏：名时光，江西良家女。景逖生母。得罪徐知诰，幽之别宫。传见《十国春秋》卷十八。［14］亲调乐器：亲自调弄乐器。［15］诮让：责骂。［16］乘间：乘着间隙。［17］预知：预闻。［18］嫁之：外嫁。［19］史守冲：方士。传见《十国春秋》卷三十四。［20］饵之：服用它。［21］浸：慢慢地。［22］中理者：符合道理的。［23］敛容：收敛容颜，即肃穆庄重。［24］王栖霞（882—943）：一名敬真，字元隐。从道士聂师道传道法。升元初，赐号元博大师。传见《十国春秋》卷三十四。［25］何道：什么道理。［26］致：达到。［27］治心治身：修心修身。［28］去饥嗔、饱喜：去，除去。饥饿则嗔怒，饱食则高兴。指尚未去掉物欲之累。［29］至言：至理名言。［30］为人奏章：替人建醮写奏章上达于天。［31］坛：祭坛。［32］何暇及此：哪有时间考虑到这件事。［33］焚章不化：奏章烧不掉的时候。即焚章不化时再奏请建祭坛。史言王道士不挟术求利、迷惑人主，而能正言正行。［34］驾部郎中：兵部四司之一，掌舆辇、车马、驿置、厩牧等事。［35］冯延己（903—960）：今之文学史多写作“冯延巳”。一名延嗣，字正中，歙州（今安徽歙县）人。谄佞险诈，官南唐宰相。工诗词，有“吹皱一池春水”名句传世。传见《十国春秋》卷二十六。［36］在己上者：才能在自己之上的。［37］戏：开玩笑。［38］鄙儒：鄙陋寡闻的儒生。［39］诙谐：说话风趣，引人发笑。按：“诙”，原文作“谈”，据四部丛刊影宋刻本改。［40］谄诈：谄媚欺诈。［41］游处：在一起。［42］但：只。［43］公之能：据章校，应作“如公之能”。是。［44］适足：刚好、恰巧。［45］魏岑：字景山，郓州须城（今山东东平县）人。谄媚用事，官南唐枢密副使。传见《十国春秋》卷二十六。［46］常梦锡（898—958）：字孟图，扶风（今陕西兴平市东南）人。为人正直，官南唐翰林学士。传见《十国春秋》卷二十三。［47］司门郎中：刑部四司之一，掌门关、津梁、道路等事。［48］萧俨：庐陵（今江西吉水县）人。秉身方直，弹奏不阿。传见《十国春秋》卷二十五。［49］奸回乱政：奸佞邪恶，惑乱政治。［50］庚午：二月二十二日。［51］疾亟：疾病加重。［52］吴廷裕：《十国春秋》“裕”作“绍”。南唐太医令，能对症下药。传见《十国春秋》卷三十二。［53］用事：专权。［54］李贻业：唐僖宗朝宰相李蔚之从曾孙。官翰林学士，徐知诰死，反对皇太后监国之议。传见《十国春秋》卷二十五。［55］本：根本、原因。［56］厉阶：祸端。祸患的来由。厉，恶。阶，道。［57］近习：帝王亲信的人。［58］诈：伪造。［59］春秋：年龄。

[60]宣行：指皇后临朝称制的命令宣布。[61]从曾孙：堂曾孙。[62]丙子：二月二十八日。[63]卞急：性情急躁。[64]罹：蒙受、遭到。[65]升遐：皇帝升天，即逝世。[66]按：按问。[67]压良为贱：买良人子女为奴婢。[68]通官作券：通过官府开给许可证。[69]延鲁：字叔文，一名谧。少负才名，官南唐勤政殿学士。传见《十国春秋》卷二十六。[70]草遗诏：起草徐知诰的遗诏。[71]驳：驳斥。[72]大行：皇帝死而未葬时称大行皇帝。[73]东都：扬州。[74]访臣：询问我。[75]鬻：卖。[76]出府金：拿出府库之钱。[77]赎而归之：赎出来让他回家。[78]厮役：执劳役供使唤的人。[79]斜封：非正式途径下达公文。[80]留中：留在宫中不执行的文件。

闽富沙王延政称帝于建州，国号大殷，大赦，改元天德。以将乐县[1]为镛州，延平镇[2]为镡州。立皇后张氏[3]。以节度判官潘承祐[4]为吏部尚书，节度巡官建阳杨思恭[5]为兵部尚书。未几，以承祐同平章事，思恭迁仆射，录军国事。

延政服赭袍视事，然牙参[6]及接邻国使者，犹如藩镇礼[7]。

殷国小民贫，军旅不息[8]。杨思恭以善聚敛[9]得幸，增田亩山泽之税，至于鱼盐蔬果，无不倍征[10]，国人谓之“杨剥皮”。

三月，己卯朔[11]，以中书令赵莹为晋昌[12]节度使兼中书令；以晋昌节度使兼侍中桑维翰为侍中。

唐元宗即位，大赦，改元保大。秘书郎韩熙载[13]请俟逾年改元，不从。尊皇后曰皇太后[14]，立妃钟氏[15]为皇后。

唐主未听政[16]，冯延已屡入白事[17]，一日至数四。唐主曰：“书记[18]有常职，何为如是其烦也！”

唐主为人谦谨，初即位，不名大臣[19]，数延公卿论政体[20]，李建勋谓人曰：“主上宽仁大度，优于先帝；但性习未定[21]，苟旁无正人，但恐不能守先帝之业耳。”

唐主以镇南节度使宋齐丘为太保兼中书令，奉化[22]节度使周宗为侍中。唐主以齐丘、宗先朝勋旧，故顺人望[23]召为相，政事皆自决[24]之。

徙寿王景遂为燕王，宣城王景达为鄂王。

初，唐主为齐王，知政事[25]，每有过失，常梦锡常直言规正[26]；

始虽忿怼[27]，终以谅直[28]多之。及即位，许以为翰林学士，齐丘之党疾之[29]，坐封驳制书[30]，贬池州判官。池州多迁客[31]，节度使上蔡王彦俦[32]，防制[33]过甚，几不聊生[34]，惟事梦锡如在朝廷。

宋齐丘待陈觉素厚，唐主亦以觉为有才，遂委任之。冯延己、延鲁、魏岑，虽齐邸旧僚，皆依附觉，与休宁查文徽[35]更相汲引[36]，侵蠹[37]政事，唐人谓觉等为“五鬼[38]”。延鲁自礼部员外郎迁中书舍人、勤政殿学士，江州观察使杜昌业闻之，叹曰：“国家所以驱驾[39]群臣，在官爵而已。若一言称旨[40]，遽跻通显[41]，后有立功者，何以赏之！”未几，唐主以岑及文徽皆为枢密副使。岑既得志，会觉遭母丧，岑即暴扬[42]觉过恶，摈斥[43]之。

唐置定远军[44]于濠州。

（以上为第八段，写王延政称帝于建州，国号殷。南唐陈觉、冯延己、冯延鲁、魏岑、查文徽五人朋比为奸，时人斥之为“五鬼”。）

【注释】

[1]将乐县：县名，在今福建将乐县。 [2]延平镇：地名，在今福建南平市。 [3]张氏：天德元年立为皇后。传见《十国春秋》卷九十四。 [4]潘承祐：莆田常太（今福建莆田市城厢区）人，曾向天德帝上十事疏，指责时弊，被削官爵。传见《十国春秋》卷九十六。 [5]杨思恭：建州建阳（今福建南平市建阳区）人。以善聚敛得幸，国人称之“杨剥皮”。传见《十国春秋》卷九十八。 [6]牙参：衙将参拜。 [7]犹如藩镇礼：还像藩镇一样的礼制。 [8]军旅不息：军事行动不停止。 [9]聚敛：搜刮。 [10]倍征：加倍征税。 [11]己卯朔：三月一日。[12]晋昌：方镇名，后晋以雍州为晋昌节度使，治所雍州，在今陕西西安市。 [13]韩熙载（902—970）：字叔言，潍州北海（今山东潍坊市）人。画家、书法家。官南唐光政殿学士承旨。传见《十国春秋》卷二十八。 [14]皇太后（?—945）：宋氏，小名福金。卒谥元敬。传见《十国春秋》卷十八。 [15]钟氏（?—965）：卒谥光穆。传见《十国春秋》卷十八。 [16]未听政：服丧而未御正殿听政。 [17]白事：奏事。 [18]书记：冯延己时为齐王掌书记，故称之。 [19]不名大臣：不叫大臣的名字。 [20]政体：政事。 [21]性习未定：性格、习惯还不曾定型。 [22]奉化：方镇名，南唐置奉化军节度，治所江州，在今江西九江市。 [23]顺人望：顺从人民的愿望。[24]自决：自己裁决。 [25]知政事：管理国家政务。 [26]规正：规劝纠正。 [27]忿怼：愤怒怨恨。 [28]谅直：诚实正直。 [29]疾之：妒忌他。 [30]坐封驳制书：犯了封驳制书的错误。封驳，门下省一种纠正违失的权力，制书若不合理，也可退回，拒不执行。对皇权专制有所制约。

[31]迁客：犯罪官员由中央贬迁到外州的，当地人称之为迁客。 [32]王彦俦（chóu）：蔡州上蔡（今河南上蔡县）人，官南唐康化军节度使。传见《十国春秋》卷二十二。 [33]防制：防范限制。 [34]几不聊生：几乎不能生存下去。 [35]查文徽（890—959）：字光慎，歙州休宁（今安徽休宁县）人。初任气好侠，后与宋齐丘等结成死党。传见《十国春秋》卷二十六。 [36]更相汲引：彼此之间互相勾结。 [37]侵蠹：危害、败坏。 [38]五鬼：即指冯延己、冯延鲁、魏岑、查文徽、陈觉五人。 [39]驱驾：驱使、使用。 [40]一言称旨：一句话得到皇帝欢心。 [41]遽跻通显：立即跻身于高级官员行列。通显，这里指勤政殿学士。 [42]暴扬：散布。 [43]摈斥：排斥。 [44]定远军：方镇名，南唐置，治所濠州，在今安徽凤阳县。

汉殇帝骄奢，不亲政事。高祖在殡[1]，作乐酣饮；夜与倡妇[2]微行[3]，倮男女而观之。左右忤意[4]辄死，无敢谏者；惟越王弘昌及内常侍番禺吴怀恩[5]屡谏，不听。常猜忌诸弟，每宴集，令宦者守门，群臣、宗室，皆露索[6]，然后入。

晋王弘熙欲图之[7]，乃盛饰声伎[8]，娱悦其意，以成其恶[9]。汉主好手搏[10]，弘熙令指挥使陈道庠引力士[11]刘思潮、谭令禋、林少强、林少良、何昌廷等五人习手搏于晋府，汉主闻而悦之。丙戌[12]，与诸王宴于长春宫，观手搏，至夕罢宴，汉主大醉。弘熙使道庠、思潮等掖[13]汉主，因拉杀之[14]，尽杀其左右。

明旦[15]，百官诸王莫敢入宫，越王弘昌帅诸弟临于寝殿[16]，迎弘熙即皇帝位，更名晟，改元应乾[17]。以弘昌为太尉兼中书令、诸道兵马都元帅，知政事，循王弘杲为副元帅，参预政事。陈道庠及刘思潮等皆受赏赐甚厚。

（以上为第九段，写南汉晋王刘弘熙弑其兄殇帝刘玢自立，弘熙更名晟。）

【注释】

[1]殡：棺木盛尸尚未入土埋葬。 [2]倡妇：妓女。 [3]微行：不带随从，私自出行。[4]忤意：触犯、违逆他的意志。 [5]吴怀恩：番禺（今广东广州市番禺区）人，官南汉开府仪同三司。善于征战，曾扩大南汉疆土十一州。传见《十国春秋》卷六十四。 [6]露索：露着身体加以搜查。 [7]欲图之：要想除掉他。 [8]声伎：歌舞艺人。 [9]以成其恶：用以构成他的罪恶。 [10]手搏：比腕力。 [11]力士：力气特别大的人。 [12]丙戌：三月八日。 [13]掖：扶。 [14]因拉杀之：利用扶持汉王时用力拉扯致死。 [15]明旦：第二天早晨。 [16]寝殿：

卧室。［17］应乾：南汉刘晟年号。

闽主曦纳金吾使[1]尚保殷之女，立为贤妃。妃有殊色[2]，曦嬖[3]之；醉中，妃所欲杀则杀之，所欲宥则宥[4]之。

夏，四月，戊申朔[5]，日有食之。

唐以中书侍郎、同平章事李建勋为昭武[6]节度使，镇抚州。

殷将陈望等攻闽福州，入其西郛[7]，既而败归。

五月，殷吏部尚书、同平章事潘承祐上书陈十事，大指[8]言："兄弟相攻，逆伤[9]天理，一也。赋敛烦重[10]，力役无节[11]，二也。发民为兵，羁旅愁怨[12]，三也。杨思恭夺民衣食，使归怨于上，群臣莫敢言，四也。疆土狭隘，多置州县，增吏困民[13]，五也。除道裹粮[14]，将攻临汀[15]，曾不忧金陵[16]、钱塘[17]乘虚相袭，六也。括高赀户[18]，财多者补官，逋负[19]者被刑，七也。延平诸津，征[20]果菜鱼米，获利至微，敛怨甚大，八也。与唐、吴越为邻，即位以来，未尝通使，九也。宫室台榭，崇饰[21]无度，十也。"殷王延政大怒，削承祐官爵，勒[22]归私第。

汉中宗既立，国中议论汹汹[23]。循王弘杲请斩刘思潮等以谢[24]中外，汉主不从。思潮等闻之，谮弘杲谋反，汉主令思潮等伺之[25]。弘杲方宴客，思潮与谭令禋帅卫兵突入，斩弘杲。于是汉主谋尽诛诸弟，以越王弘昌贤而得众，尤忌之。雄武[26]节度使齐王弘弼，自以居大镇，惧祸[27]，求入朝[28]；许之。

初，闽主曦侍康宗宴，会新罗[29]献宝剑，康宗举以示同平章事王倓[30]曰："此何所施[31]？"倓对曰："斩为臣不忠者。"时曦已蓄异志，凛然变色[32]。至是宴群臣，复有献剑者，曦命发倓冢[33]，斩其尸。

校书郎[34]陈光逸[35]谓其友曰："主上失德，亡无日矣；吾欲死谏。"其友止之，不从，上书谏曦大恶五十事。曦怒，命卫士鞭之数百，不死；以绳系其颈，悬诸庭树[36]，久之乃绝。

（以上为第十段，写殷主王延政、南汉中宗刘晟、闽主王曦均为昏庸凶暴之主，无一人有善政可言。）

【注释】

[1]金吾使：官名，掌仪卫。[2]殊色：特别漂亮。[3]嬖：宠爱。[4]宥：宽恕。[5]戊申朔：四月一日。[6]昭武：方镇名，吴置，治所临川，在今江西抚州市临川区。[7]西郛（fú）：西面的外城。郛，外城，同“郭”。[8]大指：大旨，大意。指，通“旨”。[9]逆伤：违逆、伤害。[10]烦重：繁重。[11]无节：没有节制。[12]羁旅愁怨：寄居异乡忧愁怨恨。羁旅，作客异乡。[13]增吏困民：增加官员，困扰人民。[14]除道裹粮：扫清道路，携带粮食。[15]临汀：汀州，在今福建长汀县。[16]金陵：指南唐。[17]钱塘：指吴越。[18]括高赀户：搜刮富裕人家。赀，财产。[19]逋负：拖欠。[20]征：征税。[21]崇饰：修造装饰。[22]勒：勒令。[23]讻讻：喧扰不安。指责其弑兄自立。[24]谢：致歉。[25]伺之：监视他。[26]雄武：系建武之误。建武，方镇名，南汉升邕州为建武军节度，治所邕州，在今广西南宁市邕宁区。[27]惧祸：害怕灾祸。[28]求入朝：请求回到朝廷来。[29]新罗：朝鲜古国名。海道与闽相通。[30]王倓（tán）：为人刚直，不畏强暴，官至闽同平章事。传见《十国春秋》卷九十六。[31]此何所施：这把宝剑有什么用？[32]凛然变色：突然吃惊，改变脸色。[33]发倓冢：挖开王倓的坟墓。[34]校书郎：官名，属秘书省，掌校雠典籍。[35]陈光逸（？—943）：为人正直，敢于进谏。曾疏王曦五十罪恶，被处死。传见《十国春秋》卷九十六。[36]悬诸庭树：吊在宫廷里的树上。

秋，七月，己丑[1]，诏以年饥，国用不足，分遣使者六十余人于诸道括民谷[2]。

吴越王弘佐初立，上统军使阚璠[3]强戾，排斥异己，弘佐不能制；内牙上都监使章德安[4]数与之争[5]，右都监使李文庆不附于璠，乙巳[6]，贬德安于处州[7]，文庆于睦州[8]。璠与右统军使胡进思[9]益专横。璠，明州人；文庆，睦州人；进思，湖州人也。

唐主缘[10]烈祖意，以天雄节度使兼中书令、金陵尹燕王景遂为诸道兵马元帅，徙封齐王，居东宫[11]；天平节度使、守侍中、东都留守鄂王景达为副元帅，徙封燕王；宣告中外，约[12]以传位。立长子弘冀[13]为南昌王。景遂、景达固辞，不许。景遂自誓[14]必不敢为嗣，更其字曰退身。

汉指挥使万景忻[15]败张遇贤于循州。遇贤告于神，神曰：“取虔州，则大事可成。”遇贤帅众逾岭，趣虔州[16]。唐百胜[17]节度使贾匡浩不为备，遇贤众十余万攻陷诸县，再败州兵，城门昼闭。遇贤作宫室营署于白云洞[18]，遣将四出剽掠。匡浩，公铎之子也。

八月，乙卯[19]，唐主立弟景逖为保宁王。宋太后[20]怨种夫人，屡欲害景逖，唐主力保全之。

（以上为第十一段，写吴越王钱弘佐初立，上统军使阚璠专横；南唐主元宗李璟友爱兄弟；南汉汉寇侵入南唐虔州。）

【注释】

[1]己丑：七月十三日。[2]括民谷：收缴老百姓的谷物。[3]阚（kàn）璠（fán）：明州（今浙江宁波市）人，官吴越上统军使。[4]章德安：处州丽水（今浙江丽水市）人，为人忠直，官吴越内都监。传见《十国春秋》卷八十六。[5]数与之争：多次与他争论。[6]乙巳：七月二十九日。[7]处州：州名，治所括苍，在今浙江丽水市。[8]睦州：治所建德，在今浙江建德市。[9]胡进思：湖州（今浙江湖州市）人，本屠牛为业。官右统军使，弄权反复。传见《十国春秋》卷八十八。[10]缘：因，根据。[11]居东宫：作为王储，准备让其嗣位。[12]约：预约。[13]弘冀（?—959）：李璟长子，立为世子。沉厚寡言，性刚善断。传见《十国春秋》卷十九。[14]自誓：自己立誓。[15]万景忻：少以骁勇为南汉牙校。传见《十国春秋》卷六十三。[16]趣虔州：指张遇贤由汉进入南唐。虔州为南唐百胜节度使治所，在今江西赣州市。[17]百胜：方镇名，后梁置，南唐仍之。[18]白云洞：白云嶂，在今江西于都县西，有三洞。[19]乙卯：八月九日。[20]宋太后：即元敬王后宋氏。

夏州牙内指挥使拓跋崇斌谋作乱，绥州刺史李彝敏将助之，事觉；辛未[1]，彝敏弃州，与其弟彝俊等五人奔[2]延州。

九月，尊帝母秦国夫人安氏为皇太妃[3]。妃，代北人也。帝事太后、太妃甚谨[4]，待诸弟[5]亦友爱。

初，河阳牙将乔荣从赵延寿入契丹，契丹以为回图使[6]，往来贩易[7]于晋，置邸[8]大梁。及契丹与晋有隙，景延广说帝囚荣于狱，悉取邸中之货[9]。凡契丹之人贩易在晋境者，皆杀之，夺其货。大臣皆言契丹有大功，不可负[10]。戊子[11]，释荣[12]，慰赐而归之[13]。

荣辞延广[14]，延广大言[15]曰："归语而主，先帝[16]为北朝[17]所立，故称臣奉表。今上[18]乃中国所立，所以降志[19]于北朝者，正以不敢忘先帝盟约故耳。为邻称孙，足矣[20]；无称臣之理。北朝皇帝勿信[21]赵延寿诳诱[22]，轻侮中国。中国士马，尔所目睹。翁怒则来战，孙有十万横磨剑[23]，足以相待。他日为孙所败，取笑天下，毋悔也！”荣自以亡失[24]货财，恐归获罪，且欲为异时[25]据验，乃曰：“公所言颇多，惧有遗忘，愿记之纸墨。”延广命吏书其语以授之[26]，荣具[27]以白契丹主。契丹主大怒，入寇之志始决。晋使如契丹，皆絷[28]之幽州，不得见。

桑维翰屡请逊辞[29]以谢契丹，每为延广所沮。帝以延广有定策功[30]，故宠冠群臣[31]；又总宿卫兵，故大臣莫能与之争。河东节度使刘知远，知延广必致寇[32]，而畏其方用事，不敢言，但益[33]募兵，奏置兴捷、武节[34]等十余军以备契丹。

甲午[35]，定难[36]节度使李彝殷奏李彝敏作乱之状，诏执彝敏送夏州，斩之。

冬，十月，戊申[37]，立吴国夫人冯氏为皇后[38]。

（以上为第十二段，写景延广不识大局，恶意结怨于契丹。）

【注释】

[1]辛未：八月二十五日。[2]奔：逃。[3]皇太妃：安氏，代北（今山西代县）人，石敬儒妻，生石重贵。传见《新五代史》卷十七。[4]甚谨：非常恭谨小心。章校，“谨”下有“多侍食于其宫”六字。是。[5]诸弟：所有的弟弟。[6]回图使：官名，回图务的官员。凡外国与中国贸易，置回图务，掌中外贸易事务。[7]贩易：贩运货物，互相贸易。[8]邸：府邸。这里指原河阳牙将，今为契丹回图使乔荣在大梁建的府邸，相当于驻京办事处。[9]货：财物。[10]负：辜负。[11]戊子：九月十三日。[12]释荣：释放乔荣。[13]慰赐而归之：慰勉赏赐，让他回契丹去。[14]荣辞延广：乔荣向景延广告别。[15]大言：吹牛。[16]先帝：指石敬瑭。[17]北朝：指契丹。[18]今上：指石重贵。[19]降志：降低自己的身份。[20]足矣：够满足了。[21]勿信：不要相信。[22]诳诱：欺骗诱惑。[23]横磨剑：锋利的武器，指代精锐的甲兵。[24]亡失：遗失。[25]异时：那时。[26]授之：交给他。[27]具：详细、全部。[28]絷：拘囚。[29]逊辞：谦卑的话。[30]定策功：尊立皇帝的功劳。[31]宠冠群臣：宠爱为群臣第一。[32]致寇：招致契丹侵犯。[33]益：增加。[34]兴捷、武节：招募新兵的番号名。[35]甲午：九月十九日。[36]定难：方镇名，后梁置夏州为定难军，治所岩绿，在今陕西靖边县。[37]戊申：正月三日。[38]皇后：冯氏，定州（今河北正定县）人。先嫁重胤，封吴国夫人。重贵纳之为后，乱朝政。传见《新五代史》卷十七。

初，高祖爱少弟[1]重胤，养以为子；及留守邺都，娶副留守安喜[2]冯濛女为其妇。重胤早卒，冯夫人寡居，有美色，帝见而悦之；高祖崩，梓宫[3]在殡[4]，帝遂纳之[5]。群臣皆贺，帝谓冯道等曰："皇太后之命，与卿等不任大庆[6]。"群臣出，帝与夫人酣饮[7]，过梓宫前，醊而告[8]曰："皇太后之命，与先帝不任大庆。"左右失笑[9]，帝亦自笑，顾谓左右曰："我今日作新婿，何如？"夫人与左右皆大笑。太后虽恚[10]，而无如之何[11]。

既正位中宫[12]，颇预政事。后兄玉，时为礼部郎中、盐铁判官，帝骤擢用至端明殿学士、户部侍郎，与议政事。

汉主命韶王弘雅[13]致仕。

唐主遣洪州营屯都虞候严恩将兵讨张遇贤，以通事舍人金陵边镐为监军。镐用虔州人白昌裕为谋主[14]，击张遇贤；屡破之。遇贤祷于神，神不复言，其徒大惧。昌裕劝镐伐木开道[15]，出其营后袭[16]之，遇贤弃众奔别将[17]李台。台知神无验，执遇贤以降，斩于金陵市。

十一月，丁亥[18]，汉主祀南郊[19]，大赦，改元乾和。

戊子[20]，吴越王弘佐纳妃仰氏[21]，仁诠之女也。

（以上为第十三段，写后晋出帝纳弟媳冯夫人，立为皇后。南唐主平定犯境南汉流寇。）

【注释】

[1]少弟：小弟。 [2]安喜：县名，在今河北定州市。 [3]梓宫：棺材。 [4]殡：棺木未入土，停在屋内。 [5]纳之：收她为妻。 [6]不任大庆：不参加庆祝活动。 [7]酣饮：痛快地饮酒。 [8]醊（zhuì）而告：用酒酹地而祝告。醊，祭祀时将酒洒在地上。 [9]失笑：不觉发笑。 [10]恚（huì）：愤怒。 [11]无如之何：对他没有什么办法。 [12]正位中宫：指皇后。 [13]弘雅：刘龑第七子，封韶王。传见《十国春秋》卷六十一。 [14]谋主：参谋。 [15]伐木开道：砍去树木，开辟道路。 [16]袭：袭击。 [17]别将：另外的将领。 [18]丁亥：十一月十三日。 [19]祀南郊：行祭天礼。 [20]戊子：十一月十四日。 [21]仰氏：仰仁诠之女。

初，高祖以马三百借平卢节度使杨光远，景延广以诏命取之。光远怒曰："是疑[1]我也。"密召其子单州[2]刺史承祚，戊戌[3]，承祚称母病，夜，开门奔青州。庚子[4]，以左飞龙使金城何超权知单州。遣内班[5]赐光远玉带、御马、金帛[6]，以安其意。

壬寅[7]，遣侍卫步军都指挥使郭谨[8]将兵戍郓州[9]。

唐葬光文肃武孝高皇帝于永陵[10]，庙号烈祖。

十二月，乙巳朔[11]，遣左领军卫将军蔡行遇将兵戍郓州。杨光远遣骑兵入淄州，劫刺史翟进宗归于青州。甲寅[12]，徙杨承祚为登州刺史以从其便。

光远益骄，密告契丹，以晋主负德违盟[13]，境内大饥，公私困竭，乘此际攻之，一举可取；赵延寿亦劝之。契丹主乃集山后[14]及卢龙[15]兵合五万人，使延寿将[16]之，委延寿经略中国[17]，曰："若得之，当立汝为帝。"又常指延寿谓晋人曰："此汝主也。"延寿信之，由是为契丹尽力，画[18]取中国之策。

朝廷颇闻其谋[19]，丙辰[20]，遣使城[21]南乐[22]及德清军[23]，征[24]近道兵以备之。

（以上为第十四段，写平卢节度使杨光远投靠契丹，与赵延寿合兵谋犯中国。）

【注释】

[1]疑：怀疑。 [2]单（shàn）州：治所单父，在今山东单县。 [3]戊戌：十一月二十四日。 [4]庚子：十一月二十六日。 [5]内班：宫廷诸司官员。 [6]御马、金帛：赐以供皇帝所用之马和金帛。"马"下"金帛"二字，据章校补。应点断为句。指赐以金帛。 [7]壬寅：十一月二十八日。 [8]郭谨（891—950）：字守节，太原晋阳（今山西太原市）人。少从军，能骑射。官至后汉彰德军节度使。传见《旧五代史》卷一百六。 [9]戍郓州：防守郓州扼河津，使杨光远不得与契丹联系。 [10]永陵：徐知诰陵墓名。 [11]乙巳朔：十二月一日。 [12]甲寅：十二月十日。 [13]负德违盟：辜负恩德，违背盟约。 [14]山后：指妫、澶、云、应等州。[15]卢龙：幽州军号。 [16]将：率领。 [17]委：委任。经略：策划处理。 [18]画：谋划。 [19]颇闻其谋：很早就知道他的计谋。 [20]丙辰：十二月十二日。 [21]城：筑城防守。[22]南乐：县名，在今河北大名县。 [23]德清军：方镇名。后晋置德清军于清丰县，在今河南清丰县。 [24]征：征发。

唐侍中周宗年老，恭谨[1]自守，中书令宋齐丘广树朋党[2]，百计倾之[3]。宗泣诉[4]于唐主，唐主由是薄[5]齐丘。

既而陈觉被疏，乃出齐丘为镇海节度使。齐丘忿怼[6]，表乞归九华[7]旧隐，唐主知其诈[8]，一表，即从之，赐书曰："明日之行，昔时相许。朕实知公，故不夺公志[9]。"仍赐号九华先生，封青阳公，食一县租税。

齐丘乃治大第[10]于青阳[11]，服御将吏[12]，皆如王公[13]，而愤邑[14]尤甚。

宁州[15]酋长莫彦殊以所部温那等十八州附于楚；其州无官府，惟立牌于冈阜[16]，略以恩威羁縻[17]而已。

是岁，春夏旱，秋冬水，蝗大起，东自海堧[18]，西距陇坻[19]，南逾江、淮，北抵幽蓟[20]，原野、山谷、城郭、庐舍皆满，竹木叶俱尽。重[21]以官括民谷，使者督责[22]严急，至封碓硙[23]，不留其食，有坐[24]匿谷抵死[25]者。县令往往以督趣不办[26]，纳印[27]自劾去。民馁死[28]者数十万口，流亡[29]不可胜数。于是留守、节度使下至将军，各献马、金帛、刍粟以助国。

朝廷以恒[30]、定饥甚，独不括民谷。顺国[31]节度使杜威[32]奏称军食不足，请如诸州例[33]，许之。威用判官王绪谋，检索殆尽[34]，得百万斛。威止奏三十万斛，余皆入其家；又令判官李沼称贷于民[35]，复满百万斛，来春粜之[36]，得缗钱二百万，阖境[37]苦之。定州吏欲援例为奏，义武节度使马全节不许，曰："吾为观察使[38]，职在养民，岂忍[39]效彼所为乎！"

（以上为第十五段，写中原大旱，后晋出帝仍无厌征敛，民怨沸腾。）

【注释】

[1]恭谨：谦恭谨慎。[2]广树朋党：广泛地拉帮结派。[3]倾之：排挤周宗。[4]泣诉：流着眼泪控诉。[5]薄：疏远。[6]忿怼：愤怒而怨恨。[7]九华：九华山。[8]诈：假。[9]夺：剥夺。志：指隐居九华山之心愿。[10]治大第：造大房子。[11]青阳：县名，在今安徽青阳县。[12]服御将吏：穿的服装、用的器物，府内的将佐吏属。[13]皆如王公：都像王爵和公爵的规格一样。[14]愤邑：愤恨和郁悒。邑，通"悒"。[15]宁州：故治在今云南曲靖市西。[16]冈阜：山冈。[17]羁縻：笼络。[18]海堧（ruán）：海边。[19]陇坻：甘肃境内。[20]幽蓟：河北境内。[21]重（chóng）：又加上。[22]督责：督促索

取。［23］至封碓（duì）硙（wèi）：甚至封闭舂谷的碓和磨子。［24］坐：犯。［25］匿谷抵死：藏匿谷子而被判死刑。抵死，处死刑。［26］督趣不办：督促不力。［27］纳印：交还印信。［28］馁死：饿死。［29］流亡：逃亡。［30］恒：恒州，即镇州。后晋天福七年正月改镇州为恒州。［31］顺国：方镇名，即成德节度使。后晋天福七年改。［32］杜威：即杜重威。因避石重贵讳改名杜威。［33］请如诸州例：请求像各州一样括谷。［34］殆尽：将尽。［35］称贷于民：向人民借贷。［36］粜之：卖出去。［37］阖境：全境。［38］观察使：官名，在节度州掌民政。唐制，节度使大都兼观察使。［39］忍：忍心。

楚地多产金银，茶利尤厚，由是财货丰殖[1]。而楚王希范，奢欲无厌[2]，喜自夸大。为长枪大槊，饰之以金[3]，可执而不可用。募富民年少肥泽[4]者八千人，为银枪都[5]。宫室、园囿，服用之物，务穷侈靡。作九龙殿，刻沉香[6]为八龙，饰以金宝，长十余丈，抱柱相向[7]；希范居其中，自为一龙，其襆头[8]脚长丈余，以像龙角。

用度不足，重为赋敛[9]。每遣使者行田[10]，专以增顷亩[11]为功，民不胜租赋[12]而逃。王曰："但[13]令田在，何忧无谷！"命营田使邓懿文[14]籍逃田[15]，募民耕艺[16]出租。民舍故从新[17]，仅能自存，自西徂东[18]，各失其业。又听人入财拜官[19]，以财多少为官高卑之差。富商大贾，布在列位[20]。外官还者，必责贡献。民有罪，则富者输财，强者为兵，惟贫弱受刑。又置函[21]，使人投匿名书相告讦[22]，至有灭族者。

是岁，用孔目官周陟议，令常税之外，大县贡米二千斛，中千斛，小七百斛；无米者输布帛。天策学士拓跋恒[23]上书曰："殿下长深宫之中，藉[24]已成之业，身不知稼穑之劳，耳不闻鼓鼙[25]之音，驰骋遨游，雕墙玉食。府库尽矣，而浮费益甚；百姓困矣，而厚敛[26]不息。今淮南[27]为仇雠之国，番禺[28]怀吞噬之志，荆渚[29]日图窥伺，溪洞[30]待我姑息。谚曰：'足寒伤[31]心，民怨伤国。'愿罢输米之令，诛周陟以谢郡县，去不急之务[32]，减兴作[33]之役，无令一旦祸败[34]，为四方所笑。"王大怒。他日，恒请见，辞以昼寝。恒谓客将区弘练曰："王逞欲而愎谏[35]，吾见其千口[36]飘零无日矣。"王益怒，遂终身不复见之。

闽主曦嫁其女，取班簿[37]阅视之；朝士有不贺者十二人，皆杖之于朝堂。以御史中丞刘赞不举劾[38]，亦将杖之，赞义不受辱[39]，欲自杀。谏议大夫郑元弼谏曰："古者刑不上大夫。中丞仪刑百僚[40]，岂宜加之棰楚[41]！"曦正色[42]曰："卿欲效魏徵[43]邪？"元弼曰："臣以陛下为唐太宗，故敢效魏徵。"曦怒稍解，乃释赞，赞竟以忧[44]卒。

（以上为第十六段，写楚主马希范、闽主王曦均骄奢淫逸，百计搜刮民财。）

【注释】

[1]丰殖：丰富而流通。[2]奢欲无厌：奢侈的欲望不能满足。[3]饰之以金：用金子作装饰。[4]肥泽：肥壮丰泽。[5]银枪都：禁卫军名。[6]沉香：植物名，常绿乔木，心材为著名熏香料。[7]抱柱相向：龙盘绕柱子朝着同一个方向。[8]襆头：包头布帽，上出四角。襆，同"幞"。[9]重（zhòng）为赋敛：加重搜刮。[10]行田：测量田亩。[11]增顷亩：虚增田地的数字。[12]不胜租赋：负担不起沉重的租税田赋。[13]但：只。[14]邓懿文：以文学见长，仕楚天策学士，兼领营田使。传见《十国春秋》卷七十四。[15]籍逃田：清理逃亡者田地。[16]耕艺：耕种。艺，种。[17]舍故从新：舍弃过去田地，耕种新租田地。[18]自西徂（cú）东：从西到东。徂，到。[19]拜官：授官。[20]布在列位：分布在高官的位置上。[21]置函：设置检举信箱。[22]告讦（jié）：告发揭露。[23]拓跋恒：本姓元，避景庄王讳，改姓拓跋。少以才学见称。为天策府十八学士之首。传见《十国春秋》卷七十三。[24]藉：继承。[25]鼓鼙：指代战争。[26]厚敛：沉重的搜刮。[27]淮南：指代南唐。[28]番禺：指代南汉。[29]荆渚：指代荆南。[30]溪洞：指溪洞、莫、彭等少数民族。[31]伤：伤害。[32]不急之务：烦琐扰民之事。[33]兴作：建造宫室园囿。[34]祸败：因祸而败亡。[35]愎谏：拒谏。[36]千口：合家的人。称合家之人为百口。楚王是诸侯，人口多，故称全家为千口。[37]班簿：记载列班朝参人员的簿籍。[38]举劾：检举弹劾。[39]义不受辱：坚持正义不愿受屈辱。[40]仪刑百僚：是文武百官的榜样。刑，通"型"，型范，榜样。[41]棰楚：责打。[42]正色：作色。[43]魏徵：唐太宗时大臣，以直谏著称。[44]忧：忧愤。

开运元年（甲辰，944年）

春，正月，乙亥[1]，边藩[2]驰告："契丹前锋将赵延寿、赵延照将兵五万入寇，逼[3]贝州。"延照[4]，思温之子也。

先是朝廷以贝州水陆要冲[5]，多聚刍粟[6]，为大军数年之储，以备契丹。军校邵珂，性凶悖[7]，永清[8]节度使王令温[9]黜之[10]。珂怨望，密遣人亡[11]入契丹，言“贝州粟多而兵弱，易取也。”会令温入朝，执政以前复州防御使吴峦权知州事，峦至，推诚抚士[12]；会契丹入寇，峦书生，无爪牙[13]，珂自请，愿效死，峦使将兵守南门，峦自守东门。契丹主自攻贝州，峦悉力拒之，烧其攻具殆尽。己卯[14]，契丹复攻城，珂引契丹自南门入，峦赴井死。契丹遂陷贝州，所杀且[15]万人。

庚辰[16]，以归德节度使高行周为北面行营都部署，以河阳节度使符彦卿为马军左厢排陈使，以右神武统军皇甫遇为马军右厢排陈使，以陕府[17]节度使王周为步军左厢排陈使，以左羽林将军潘环[18]为步军右厢排陈使。

太原奏契丹入雁门关[19]。恒、邢、沧皆奏契丹入寇。

成德节度使杜威遣幕僚曹光裔诣杨光远，为陈祸福[20]，光远遣光裔入奏，称：“承祚逃归，母疾故尔[21]。既蒙恩宥[22]，阖族荷恩。”朝廷信其言，遣使与光裔复往慰谕[23]之。

（以上为第十七段，写契丹大举南下攻占贝州，夺得大量军储。归德节度使高行周受命御敌，为北面行营都部署。）

【注释】

[1]乙亥：正月二日。 [2]边藩：边疆的节镇。 [3]逼：逼近。 [4]延照：契丹临海军节度使赵思温之长子。传附《辽史》卷七十三《赵思温传》。 [5]水陆要冲：水路和陆路军事和交通上的重要地方。 [6]刍粟：马草和粮食。 [7]凶悖：凶横不讲理。 [8]永清：方镇名，后晋以贝州为永清军，故治在今河北清河县。 [9]王令温（895—956）：字顺之，瀛州河间（今河北河间市）人。少以勇武称，累官至后汉镇安军节度使。传见《旧五代史》卷一百二十四。 [10]黜之：黜退他。 [11]亡：逃亡。 [12]推诚抚士：用赤诚之心安抚士兵。 [13]爪牙：武臣，佐助的人。 [14]己卯：正月六日。 [15]且：将近。 [16]庚辰：正月六日。 [17]陕府：陕州，即保义军节度使。 [18]潘环（?—946）：字楚奇，洛阳（今河南洛阳市）人。少为小贩，官至后晋澶州节度使。传见《十国春秋》卷九十四。 [19]雁门关：关名，在今山西代县北。 [20]为陈祸福：为他分析顺受福、反受祸的道理。 [21]母疾故尔：母亲患病的缘故。去年十一月杨光远私召其子单州刺史杨承祚以母病为名逃回平卢，欲谋异志。 [22]宥：宽恕，赦罪。 [23]慰谕：慰劳、劝勉。

唐以侍中周宗为镇南节度使，左仆射兼门下侍郎、同平章事张居咏为镇海节度使。

唐主决欲传位于齐、燕二王[1]。翰林学士冯延己等因之欲隔绝中外[2]以擅权。辛巳[3]，敕："齐王景遂参决庶政[4]，百官惟枢密副使魏岑、查文徽得白事[5]，余非召对不得见。"国人大骇[6]。给事中萧俨上疏极论，不报[7]。侍卫都虞候贾崇[8]叩阁求见，曰："臣事先帝三十年，观其延接疏远[9]，孜孜不怠，下情犹有不通者。陛下新即位，所任者何人，而顿[10]与群臣谢绝？臣老矣，不复得奉颜色[11]。"因涕泗[12]呜咽。唐主感悟，遽[13]收前敕。

唐主于宫中作高楼，召侍臣观之，众皆叹美[14]。萧俨曰："恨楼下无井[15]。"唐主问其故。对曰："以此不及景阳楼耳。"唐主怒，贬于舒州[16]，观察使孙晟遣兵防[17]之，俨曰："俨以谏诤得罪，非有他志[18]。昔顾命[19]之际，君几危社稷[20]，其罪顾[21]不重于俨乎？今日反见[22]防邪！"晟惭惧，遽罢之。

（以上为第十八段，写南唐主李璟亲小人远贤臣。）

【注释】

[1]齐、燕二王：指王弟李景遂、李景达。 [2]隔绝中外：使朝廷内外阻隔。 [3]辛巳：正月八日。 [4]参决庶政：参议决定国家的政务。 [5]白事：向皇帝奏事。 [6]大骇：大为惊恐。 [7]不报：不答复。 [8]贾崇：少勇果，人称贾尉迟。官神武统军。因抗周师时不战而回，长流抚州。传见《十国春秋》卷二十三。 [9]延接疏远：接待比较疏远的臣子。 [10]顿：立即。 [11]颜色：借指皇帝。 [12]涕泗：涕、泪交流。自目而出叫泪，自鼻而出叫涕。 [13]遽：立即。 [14]叹美：感叹高楼之美丽。 [15]恨楼下无井：引南陈后主亡国典故讽谏。陈后主起景阳楼，隋兵至，自投于楼下井中。 [16]舒州：治所怀宁，在今安徽潜山市。 [17]防：监视。 [18]非有他志：没有其他目的。 [19]顾命：天子将死时的遗命。 [20]君几危社稷：你几乎要使国家危险。因孙晟主张太后临朝称制。 [21]顾：回顾、回头看。 [22]见：被。

帝遣使持书遗契丹，契丹已屯邺都，不得通而返。

壬午[1]，以侍卫马步都指挥使景延广为御营使，前静难节度使李周为东京留守。是日，高行周以前军先发。时用兵方略[2]号令皆出延广，宰相以下皆无所预；延广乘势使气，陵侮[3]诸将，虽天子亦不能制。

乙酉[4]，帝发东京。丁亥[5]，滑州奏契丹至黎阳[6]。戊子[7]，帝至澶州[8]。

契丹主屯元城[9]，赵延寿屯南乐[10]；以延寿为魏博节度使，封魏王。

契丹寇太原，刘知远与白承福合兵二万击之。甲午[11]，以知远为幽州道行营招讨使，杜威为副使，马全节为都虞候。丙申[12]，遣右武卫上将军张彦泽等将兵拒契丹于黎阳。

戊戌[13]，蜀主复以将相遥领节度使。

帝复遣译者[14]孟守忠致书于契丹，求修旧好[15]。契丹主复书曰："已成之势[16]，不可改也。"

辛丑[17]，太原奏破契丹伟王于秀容[18]，斩首三千级。契丹自鸦鸣谷[19]遁去。

殷铸天德通宝大铁钱，一当百。

唐主遣使遗闽主曦及殷主延政书，责以兄弟寻戈[20]。曦复书，引周公诛管、蔡，唐□[21]诛建成、元吉为比。延政复书，斥[22]唐主夺杨氏国。唐主怒，遂与殷绝。

天平节度副使、知郓州颜衎遣观察判官窦仪奏："博州刺史周儒以城降契丹，又与杨光远通使往还，引契丹自马家口[23]济河，擒左武卫将军蔡行遇。"仪谓景延广曰："虏若济河与光远合，则河南[24]危矣。"延广然之，仪，蓟州人也。

（以上为第十九段，写后晋出帝向契丹求和未允。博州刺史周儒投降契丹，引敌渡过黄河。）

【注释】

[1]壬午：正月九日。[2]方略：策略。[3]陵侮：欺凌侮辱。[4]乙酉：正月十二日。[5]丁亥：正月十四日。[6]黎阳：县名，在今河南浚县东北。[7]戊子：正月十五日。[8]澶州：是时澶州据德胜津，在今河南濮阳县。[9]元城：县名，县治古殷城，在今河北大名县。[10]南乐：县名，在今河南南乐县。[11]甲午：正月二十一日。[12]丙申：正月二十三日。[13]戊戌：正月二十五日。[14]译者：翻译人员。[15]求修旧好：请求重新恢复友好关系。[16]已成之势：已经形成的敌对形势。[17]辛丑：正月二十八日。[18]秀容：

县名，故城在今山西忻州市西北。［19］鸦鸣谷：地名。自鸦鸣谷可通山西长治市。［20］兄弟寻戈：兄弟间互相攻打。［21］唐□：据章校，□补“太宗”二字。指唐太宗诛建成、元吉事，根据上下文义，是。［22］斥：申斥。［23］马家口：地名，在今山东东平县西北。［24］河南：借指后晋政权。

【点评】

本卷点评南汉高祖刘岩昏暴、闽主王曦好货、后晋出帝石重贵居丧做新郎、后晋举国贪残四件史事。

一、南汉高祖刘岩昏暴。南汉高祖刘岩，南海王刘隐之弟，刘隐死后，刘岩袭封南海王。刘岩不满名“岩”，更名“龑”，取《易·乾卦》“飞龙在天”之义，造字曰“龑”，读“俨”。后梁贞明三年（917），刘龑即皇帝位，国号大越，后改为汉，公元942年卒，谥天皇大帝，庙号高祖。刘龑据岭南一角，弹丸小国，却狂妄自矜，呼唐天子为“洛州刺史”，认为中原天子都洛阳，政令不能及远，如同洛州刺史。刘龑为政极端奢侈荒淫，且残暴苛酷。宫殿悉以金玉珠翠为饰。用刑残酷，有灌鼻、割舌、肢解、刳剔、炮炙、烹蒸之刑，还有聚毒蛇水中，以罪人投之，叫作水狱。只要杀人，则高兴异常。晚年，猜疑变态，认为士大夫都为子孙打算，只有宦官无后才可靠，事无巨细，专用宦官，由是南汉小国，宦官充斥。唐末宦官之祸，刘龑亲见，当自己手握无限权力，阉竖的为害，便置诸脑后。宦官是集权制度的衍生物，小小南汉，提供了极为生动的例证。

二、闽主王曦好货。闽主王曦淫虐而好货。同平章事余廷英亦贪秽之人。余廷英出为泉州刺史，掠取良家女子，还诈称是替闽主选美。事情败露，闽主王曦派御史去调查审讯。余廷英害怕了，就赶回福州自首，送给闽主宴会钱一万缗，《新五代史》记载为钱千万。闽主十分高兴，对余廷英说：“你还得送一份给皇后。”余廷英又送了一千万钱给皇后，摆平了这件事，回到泉州任上。没有过多久，闽主召回余廷英重用为相。从此，闽国地方的贡物一份变为两份。闽主一份，皇后一份。闽主君臣，贪财如此，一对好货之徒，民不堪命矣。

三、后晋出帝石重贵居丧做新郎。后晋高祖石敬瑭喜欢少弟石重胤，养为儿子，名字加“重”字，与自己儿子同辈分。重胤早死，其妻冯氏寡居，有美色，出帝石重贵一见神魂颠倒。后晋高祖驾崩，还未下葬，出帝就纳叔母冯氏为妃，又立为皇后，群臣都来庆贺。出帝对宰相冯道说：“皇太后有诏，朕与众卿不举办喜酒。”群臣退出，出帝与冯皇后畅饮欢快。酒足饭饱后，出帝与冯皇后走到后晋高祖灵柩前，洒酒于地，口中祷告说：“皇太后有令，和先帝不举办大庆。”在场的人忍不住笑起来，出帝也红着脸笑了起来，还自我解嘲地说：“我今天做新郎，当得怎么样？”乐得冯皇后和周围的人大笑起来。皇太后心里很生气，可是对出帝这样纵欲乱伦的行为无可奈何。出帝如此荒唐，不见大臣谏诤，主昏臣谬，破家亡国之祸可以想见了。

四、后晋举国贪残。后晋出帝天福八年（943），全国春夏大旱，秋冬大水，加之蝗灾，东起海滨，西至陇山，南逾江淮，北抵幽蓟，灾民遍地，竹木叶都被采食殆尽。平卢军节度使杨光远密告契丹，后晋境内大饥，军士饿死过半，趁此出兵，可一举灭晋，杨光远早有异谋，欲效石敬瑭之所为，引纳契丹内侵，自己做儿皇帝。晋国全境大灾，引狼入室，祸害祖国，是不齿于人类的人渣。而晋国君臣，在大灾之年，不恤民生，反而搜刮民谷，使者四出，相望于道，严加督责，以至于封禁碓硙，不留一粒粮食，有藏匿谷者，处以死刑。河北恒、定两州，灾情严重，诏令不括民财，而顺国节度使杜威奏称军食不足，请按诸州例搜刮民财，全境搜刮殆尽，得谷百万斛，上奏三十万斛，个人截留七十万斛。无独有偶，楚王马希范，也以用度不足为由，重为赋敛，民不胜租赋逃亡，马希范说："只要田在，何忧无谷。"田有人民耕种才能产谷，人去田荒，哪来谷物？在杜威、马希范、后晋出帝眼里，只有钱财谷物，黎民百姓不如粪土，苍生大众，也只知逆来顺受。读史至此，不能不思陈胜、吴广，不能不思专制集权之祸害。

卷二八四　后晋纪五

后晋齐王开运元年至二年（944—945 年）

【起阏逢执徐（甲辰，944 年）二月，尽旃蒙大荒落（乙巳，945 年）七月，凡一年有奇】

【大事提要】

本卷记事起公元 944 年二月，讫公元 945 年七月，凡一年又六个月，当后晋出帝开运元年二月至开运二年七月。开运二年二月，高行周在戚城大败契丹。桑维翰复出，出杨光远、景延广于外，朝纲整肃，数月之间，朝廷差治。十二月，契丹第二次大举南犯，后晋军大败契丹于相州，后晋出帝下诏亲征。开运二年三月，后晋军在阳城大败契丹。后晋出帝留杜威为顺国节度使镇恒州。杜威畏契丹复来，擅离职守逃回京都，后晋出帝姑息不问。桑维翰屡谏乘胜与契丹修好，后晋出帝不听，丧失和平契机。闽主王曦为部属杀死，朱文进自称闽主。王延政大破南唐兵，朱文进又为部属所杀，归服殷主，福州兵入援建州，南唐增兵大败王延政，李仁达乘机割据福州。王延政屠杀福州兵八千，为其败亡张本。

齐王中

开运元年（甲辰，944 年）

二月，甲辰朔[1]，命前保义节度使石赟[2]守麻家口，前威胜节度使何重建守杨刘镇，护圣都指挥使白再荣[3]守马家口，西京留守安彦威守河阳。未几，周儒引契丹将麻荅[4]自马家口济河，营于东岸，攻郓州北津以应杨光远。麻荅，契丹主之从弟也。

乙巳[5]，遣侍卫马军都指挥使[6]·义成节度使李守贞[7]、神武统军皇甫遇、陈州防御使梁汉璋[8]、怀州刺史薛怀让将兵万人，缘[9]河水陆俱进。守贞，河阳；汉璋，应州；怀让，太原人也。

丙午[10]，契丹围高行周、符彦卿及先锋指挥使石公霸于戚城[11]。

先是景延广令诸将分地而守，无得相救。行周等告急，延广徐白帝，帝自将救之。契丹解去，三将泣诉救兵之缓，几不免[12]。

戊申[13]，李守贞等至马家口。契丹遣步卒万人筑垒，散骑兵于其外，余兵数万屯河西，船数千艘渡兵，未已[14]，晋兵薄之[15]，契丹骑兵退走，晋兵进攻其垒，拔之。契丹大败，乘马赴河溺死者数千人，俘斩亦数千人。河西之兵恸哭[16]而去，由是不敢复东。

辛亥[17]，定难节度使李彝殷奏将兵四万自麟州济河，侵契丹之境。壬子[18]，以彝殷为契丹西南面招讨使。

初，契丹主得贝州、博州，皆抚慰其人，或拜官[19]赐服章[20]。及败于戚城及马家口，忿恚[21]，所得民，皆杀之，得军士，燔炙[22]之。由是晋人愤怒，戮力[23]争奋。

杨光远将青州兵欲西会[24]契丹；戊午[25]，诏石赟分兵屯郓州以备之。

诏刘知远将部兵自土门[26]出恒州[27]击契丹；又诏会杜威、马全节于邢州。知远引兵屯乐平[28]不进。

（以上为第一段，写契丹败北，西线刘知远观望不力战以保存实力。）

【注释】

[1]甲辰朔：二月一日。 [2]石赟（898—946）：字德和，少无赖。官至威胜军节度使。传见《新五代史》卷十七。 [3]白再荣（?—951）：出身行伍，官后汉义成军节度使。传见《新五代史》卷四十八。 [4]麻荅：耶律德光堂弟，贪猾残忍，官中京留守，为辽世宗所鸩杀。传见《契丹国志》卷十七。 [5]乙巳：二月二日。 [6]都指挥使："指"字原无，据章校补。 [7]李守贞（?—949）：少桀黠落魄，官后晋加同平章事。后降契丹。谋叛，自焚死。传见《旧五代史》卷一百九。 [8]梁汉璋（895—943）：字国宝，应州（今山西应县）人。熟于戎马，累有军功，官永清军兵马留后。传见《旧五代史》卷九十五。 [9]缘：沿。 [10]丙午：二月三日。 [11]戚城：地名，故城在今河南濮阳县南。 [12]几不免：几乎不能避免祸难。 [13]戊申：二月五日。 [14]未已：没有完。 [15]晋兵薄之：后晋军队靠近他。 [16]恸哭：大哭。 [17]辛亥：二月八日。 [18]壬子：二月九日。 [19]拜官：任官。 [20]赐服章：赐给品官的礼服。 [21]忿恚：愤恨而恼怒。 [22]燔炙：用火烧烤。 [23]戮力：齐心协力。 [24]会：会合。 [25]戊午：二月十五日。 [26]土门：即今河北井陉关。 [27]恒州：治所石邑，在今河北石家庄市鹿泉区。 [28]乐平：县名，在今山西昔阳县西南。

帝居丧[1]期年[2]，即于宫中奏细声女乐[3]。及出师，常令左右奏三弦琵琶，和以羌笛[4]，击鼓歌舞，曰："此非乐也[5]。"庚申[6]，百官表请听乐[7]，诏不许。

壬戌[8]，杨光远围棣州[9]，刺史李琼[10]出兵击败之，光远烧营走还青州。癸亥[11]，以前威胜节度使何重建[12]为东面马步都部署，将兵屯郓州。

阶、成义军指挥使王君怀帅所部千余人叛降蜀，请为乡道[13]以取阶、成。甲子[14]，蜀人攻阶州。

契丹伪[15]弃元城去，伏[16]精骑于古顿丘城[17]，以俟晋军与恒、定之兵合[18]而击之。邺都留守张从恩屡奏虏已遁去；大军欲进追之，会霖雨[19]而止。契丹设伏旬日，人马饥疲。赵延寿曰："晋军悉在河上，畏我锋锐，必不敢前；不如即[20]其城下，四合[21]攻之，夺其浮梁[22]，则天下定矣。"契丹主从之，三月，癸酉朔[23]，自将兵十余万陈[24]于澶州城北[25]，东西横掩城之两隅[26]，登城望之，不见其际[27]。高行周前军在戚城之南，与契丹战，自午至晡[28]，互有胜负。契丹主以精兵当[29]中军而来，帝亦出陈以待之[30]。契丹主望见晋军之盛[31]，谓左右曰："杨光远言晋兵半已馁死[32]，今何其多也！"以精骑左右略陈[33]，晋军不动，万弩齐发，飞矢蔽地。契丹稍却；又攻晋陈之东偏，不克。苦战至暮，两军死者不可胜数[34]。昏后[35]，契丹引去，营于三十里之外。

乙亥[36]，契丹主帐中小校窃其马亡来[37]，云契丹已传木书[38]，收军北去。景延广疑其诈[39]，闭壁[40]不敢追。

（以上为第二段，写后晋兵在戚城大胜，契丹主北还。）

【注释】

[1]居丧：服丧。 [2]期年：一年。 [3]细声女乐：轻声的女子乐舞。希其声不闻于外。[4]羌笛：即横吹竹笛，起源于西北羌人，故称羌笛。 [5]此非乐也：这不是在作乐啊！石重贵自我解嘲之词。 [6]庚申：二月十七日。 [7]表请听乐：百官上表请石重贵听音乐，而罢歌舞。针对"此非乐也"而谏。 [8]壬戌：二月十九日。 [9]棣州：治所在今山东惠民县。 [10]李

琼（882—946）：字隐光，沧州饶安（今河北盐山县）人，官至后晋威州刺史。传见《旧五代史》卷九十四。［11］癸亥：二月二十日。［12］何重建：其先回鹘人，避石重贵讳改为何建。累官泾、邓、贝、檀、孟五镇节度使。后晋亡，奔后蜀，官至中书令。传见《旧五代史》卷九十四。［13］乡道：向导。乡，通“向”。［14］甲子：二月二十一日。［15］伪：假装。［16］伏：埋伏。［17］顿丘城：地名，在今河南浚县。［18］合：会合。［19］霖雨：连绵的大雨。［20］即：就、靠近。［21］四合：四面包围。［22］浮梁：浮桥。［23］癸酉朔：三月一日。［24］陈：列阵。［25］澶州城北：在澶州城北面铁丘镇。［26］横掩：横向掩袭。两隅：两边。［27］不见其际：看不见边际。［28］晡：申时，黄昏时。［29］当：向着。［30］以待之：等待他冲过来。待，等待。这里指抵御。［31］盛：阵容严整。［32］馁死：饿死。［33］略陈：冲阵。陈，通“阵”。［34］不可胜数：数也数不清楚，极言其多。［35］昏后：天黑之后。［36］乙亥：三月三日。［37］亡来：逃来。［38］木书：命令。将命令写在木板上，以为凭信，互相传阅，故称木书。［39］诈：欺骗。［40］团壁：关闭壁垒。

汉主命中书令、都元帅越王弘昌谒烈宗陵于海曲[1]，至昌华宫[2]，使盗杀之[3]。

契丹主自澶州北分为两军，一出沧、德[4]，一出深、冀[5]而归。所过焚掠[6]，方广千里，民物殆尽。留赵延照为贝州留后。麻荅陷德州，擒刺史尹居璠。

闽拱宸都指挥使朱文进，阁门使连重遇，既弑康宗，常惧国人之讨，相与结婚[7]以自固。闽主曦果[8]于诛杀，尝[9]游西园，因醉杀控鹤指挥使魏从朗。从朗，朱、连之党也。又尝酒酣诵白居易诗云：“惟有人心相对间，咫尺[10]之情不能料”，因举酒属[11]二人。二人起，流涕再拜，曰：“臣子事君父，安有他志[12]！”曦不应。二人大惧。

李后妒尚贤妃之宠，欲弑曦而立其子亚澄，使人告二人曰：“主上殊[13]不平于二公，奈何？”

会后父李真有疾，乙酉[14]，曦如[15]真第问疾[16]。文进、重遇使拱宸马步使钱达弑曦于马上，召百官集朝堂，告之曰：“太祖[17]昭武皇帝，光启闽国[18]，今子孙淫虐[19]，荒坠厥绪[20]。天厌[21]王氏，宜更择有德者立之。”众莫敢言。重遇乃推文进升殿[22]，被衮冕，帅群臣北面再拜称臣。文进自称闽主，悉收[23]王氏宗族延喜以下少长五十余人，皆杀之。葬闽主曦，谥曰睿文广武明圣元德隆道大孝皇帝，庙号景宗。以重遇总六军[24]。礼部尚书、判三司郑元弼抗辞不屈[25]，黜归田里，将奔建州，文进杀之。文进下令，出宫人，罢营造，以反曦之政。

殷主延政遣统军使吴成义将兵讨文进，不克。

文进加枢密使鲍思润同平章事，以羽林统军使黄绍颇为泉州刺史，左军使程文纬为漳州刺史。汀州刺史同安[26]许文稹，举郡降之。

丁亥[27]，诏太原、恒、定[28]兵各还本镇。

辛卯[29]，马全节攻契丹泰州[30]，拔之。

敕天下籍乡兵[31]，每七户共出兵械资[32]一卒。

秦州[33]兵救阶州[34]，出黄阶岭[35]，败蜀兵于西平[36]。

（以上为第三段，写闽国内乱，闽主王曦为部属所杀。）

【注释】

[1]烈宗：刘隐。海曲：县名，在今山东日照市西。 [2]昌华宫：宫名，在广东广州市番禺区西。 [3]使盗杀之：指使刺客装扮成盗贼杀死弘昌。 [4]沧、德：沧州和德州。 [5]深、冀：深州和冀州。 [6]焚掠：焚烧掠夺。 [7]相与结婚：相互结成婚姻关系。 [8]果：果敢，果决。 [9]尝：曾经。 [10]咫尺：古代计量单位，约等于今市尺之八寸。比喻距离很近。 [11]属：对着。 [12]安有他志：哪有另外的打算。 [13]殊：很。 [14]乙酉：三月十三日。 [15]如：到。 [16]问疾：探视病人。 [17]太祖：指王审知。 [18]光启闽国：创立了闽国。 [19]淫虐：荒淫暴虐。 [20]荒坠厥绪：荒淫迷乱，坠落毁弃这个皇位的传统。厥，这个。 [21]厌：厌弃。 [22]升殿：登殿。 [23]收：逮捕。 [24]总六军：统率六军诸卫。六军，皇帝的禁卫军。 [25]抗辞不屈：对抗朱文进、连重遇的话，不屈服于他们的压力。 [26]同安：县名，在今福建厦门市同安区。 [27]丁亥：三月十五日。 [28]定：原文作“安”，据章校改。 [29]辛卯：三月十九日。 [30]泰州：辽置，治所清苑，在今河北保定市清苑区。 [31]籍乡兵：整顿民兵的名籍。 [32]资：装备。 [33]秦州：治所成纪，在今甘肃秦安县东北。 [34]阶州：治所福津，在今甘肃陇南市武都区东南。 [35]黄阶岭：山名，在阶州境。 [36]西平：地名，在阶州境。

汉以户部侍郎陈偓[1]同平章事。

夏，四月，丁未[2]，缘河巡检使梁进以乡社兵[3]复取德州。己酉[4]，命归德节度使高行周、保义节度使王周留镇澶州。庚戌[5]，帝发澶州；甲寅[6]，至大梁。

侍卫马步都指挥使、天平节度使、同平章事景延广，既为上下所恶[7]，帝亦惮[8]其不逊难制[9]；桑维翰引[10]其不救戚城之罪，辛酉[11]，加延广兼侍中，出为西京留守。以归德节度使兼侍中高行周为侍卫马步都指挥使。延广郁郁不得志，见契丹强盛，始忧国破身危，遂日夜纵酒。

朝廷因契丹入寇，国用愈竭，复遣使者三十六人分道括率[12]民财，各封剑[13]以授之。使者多从[14]吏卒，携锁械、刀杖入民家，小大惊惧，求死无地。州县吏复因缘为奸[15]。

河南府出缗钱二十万，景延广率[16]三十七万[17]。留守判官卢亿言于延广曰："公位兼将相，富贵极矣。今国家不幸，府库空竭，不得已取于民，公何忍[18]复因[19]而求利，为子孙之累[20]乎！"延广惭[21]而止。

先是，诏以杨光远叛，命兖州修守备。泰宁节度使安审信，以治楼堞[22]为名，率[23]民财以实私藏。大理卿张仁愿[24]为括率使[25]，至兖州，赋缗钱十万。值审信不在，拘其守藏吏，指取钱一囷[26]，已满其数。

戊寅[27]，命侍卫马步军都虞候、泰宁节度使李守贞将步骑二万讨杨光远于青州；又遣神武统军洛阳潘环及张彦泽等将兵屯澶州，以备契丹。

契丹遣兵救青州，齐州防御使堂阳[28]薛可言邀击，败之。

丙戌[29]，诏诸州所籍乡兵，号武定军，凡得七万余人。时兵荒之余，复有此扰，民不聊生[30]。

丁亥[31]，邺都留守张从恩上言："赵延照虽据贝州，麾下兵皆久客思归[32]，宜速进军攻之。"诏以从恩为贝州行营都部署，督诸将击之。辛卯[33]，从恩奏赵延照纵火[34]大掠，弃城而遁，屯于瀛、莫，阻水自固[35]。

朱文进遣使如唐，唐主囚其使，将伐之[36]，会天暑、疾疫而止。

六月，辛酉[37]，官军拔淄州，斩其刺史刘翰。

太尉、侍中冯道虽为首相，依违两可[38]，无所操决[39]。或[40]谓帝曰："冯道，承平[41]之良相；今艰难[42]之际，譬如使禅僧飞鹰[43]耳。"

癸卯[44]，以道为匡国节度使，兼侍中。

乙巳[45]，汉主幽[46]齐王弘弼于私第。

或谓帝曰："陛下欲御北狄[47]，安天下，非桑维翰不可。"丙午[48]，复置枢密院，以维翰为中书令兼枢密使，事无大小，悉以委之，数月之间，朝廷差治[49]。

（以上为第四段，写桑维翰复出，景延广罢职，数月之间，朝廷差治。）

【注释】

[1]陈偓：官南汉宰相。居官无所短长，充位而已。传见《十国春秋》卷六十四。[2]丁未：四月五日。[3]乡社兵：民兵。契丹抢掠，沿河人民自备兵械，各在其乡自保。[4]己酉：四月七日。[5]庚戌：四月八日。[6]甲寅：四月十二日。[7]上下所恶：上下的人所怨恨。上，指将相大臣。下，指军民。[8]惮：害怕。[9]不逊难制：傲慢无礼而难以控制。[10]引：引发、检举。[11]辛酉：四月十九日。[12]括率：按一定比例搜刮。[13]封剑：赐剑。以示专断。[14]从：跟从。[15]因缘为奸：乘机做坏事。[16]率：规定增加税率。[17]三十七万：除去应出二十万，尚余十七万归景延广私有。[18]何忍：怎么忍心。[19]因：乘机。[20]为子孙之累：子孙使用此不义之财，为人所唾骂。[21]惭：惭愧。[22]楼堞：城墙。[23]率：搜刮。[24]张仁愿（896—945）：字善政，开封陈留（今河南开封市陈留镇）人，性温雅，明法书，官至大理卿，能秉公执法，惩治贪污。传见《旧五代史》卷九十三。[25]括率使：官名，临时派出，检查各州、府搜刮民财情况。[26]一囷：一库。囷（qūn），圆形的谷仓。[27]戊寅：五月七日。[28]堂阳：县名，在今河北新河县。[29]丙戌：五月十五日。[30]民不聊生：人民不能生活下去。[31]丁亥：五月十六日。[32]久客思归：长久在契丹当兵，思念回中原。[33]辛卯：五月二十日。[34]纵火：放火。[35]阻水自固：依靠水的阻挡，巩固自己阵地。[36]将伐之：将要讨伐他弑君之罪。[37]辛酉：六月二十一日。[38]依违两可：犹豫不决，模棱两可。[39]操决：操持、决策。[40]或：有人。[41]承平：太平。[42]艰难：指国家处于艰难困苦之时。[43]使禅僧飞鹰：比喻非其所任。禅，以寂静为宗，僧，以慈悲不杀为教。禅僧，指能机辩无穷而不能应物。飞鹰，指能飞翔搏击。[44]癸卯：六月三日。[45]乙巳：六月五日。[46]幽：囚禁。[47]北狄：指契丹。[48]丙午：六月六日。[49]差治：稍微得到治理。

滑州河决[1]，浸汴、曹、单、濮、郓五州之境，环[2]梁山合于汶[3]。诏大发[4]数道丁夫塞[5]之。既塞，帝欲刻碑纪其事。中书舍人杨昭俭谏曰："陛下刻石纪功，不若降哀痛之诏[6]；染翰颂美[7]，不若颁罪己之文[8]。”帝善其言而止。

初，高祖割北边之地[9]以赂契丹，由是府州[10]刺史折从远[11]亦北属。契丹欲尽徙河西[12]之民以实辽东[13]，州人大恐，从远因保险拒之。及帝与契丹绝，遣使谕从远使攻契丹。从远引兵深入，拔十余寨。戊午[14]，以从远为府州团练使。从远，云州人也。

甲子[15]，复置翰林学士。戊辰[16]，以右散骑常侍李慎仪为兵部侍郎、翰林学士承旨[17]，都官郎中刘温叟[18]、金部郎中·知制诰武强[19]徐台符、礼部郎中李浣[20]、主客员外郎宗城范质[21]，皆为学士。温叟，岳之子也。

秋，七月，辛未朔[22]，大赦，改元[23]。

己丑[24]，以太子太傅刘昫为司空兼门下侍郎、同平章事。

八月，辛丑朔[25]，以河东节度使刘知远为北面行营都统，顺国节度使杜威为都招讨使，督十三节度[26]以备契丹。

桑维翰两秉[27]朝政，出杨光远、景延广于外，至是一制指挥[28]，节度使十五人[29]无敢违者，时人服其胆略。

朔方节度使冯晖上章自陈[30]未老可用，而制书见遗[31]。维翰诏禁直学士[32]使为答诏曰：“非制书忽忘，实以朔方重地，非卿无以弹压。比[33]欲移卿内地，受代[34]亦须奇才。”晖得诏，甚喜。

时军国多事，百司及使者咨请辐凑[35]，维翰随事裁决[36]，初若[37]不经思虑，人疑其疏略；退而熟议[38]之，亦终不能易[39]也。然为相颇任爱憎[40]，一饭之恩、睚眦[41]之怨必报，人以此少[42]之。

（以上为第五段，写后晋出帝塞河决口。桑维翰两秉朝政，出杨光远、景延广于外，朝纲整肃。然气度狭小，人以此少之。）

【注释】

[1]河决：黄河决口。 [2]环：环绕。 [3]梁山：山名，在今山东梁山县。合于汶：与汶水相会合，流入汶水。 [4]发：征发。 [5]塞：堵塞。 [6]不若：不如。降哀痛之诏：颁布表示哀怜痛惜人民的诏书。 [7]染翰颂美：用笔墨来歌功颂德。 [8]罪己之文：颁发自我批评的诏文。 [9]割北边之地：事见《资治通鉴》卷二百八十，高祖天福元年。即割燕云十六州之地。[10]府州：州名，治所府谷，在今陕西府谷县。 [11]折从远（?—955）：字可久，避后汉高祖

刘知远讳，改为从阮。云中（今山西大同市西）人。官后周宣义、保义、静难节度使。传见《新五代史》卷五十。［12］河西：地区名，今陕北黄河西岸地区。［13］辽东：地区名，泛指辽河以东东北地区。［14］戊午：六月十八日。［15］甲子：六月二十四日。［16］戊辰：六月二十八日。［17］翰林学士承旨：官名，掌制、诰、诏、令撰述之事。不常置，以学士久次者为之。［18］刘温叟：后唐明宗时吏部侍郎刘岳子。方正守道，以名教为己任，事母孝，官至御史中丞。传附《旧五代史》卷六十八《刘岳传》。［19］武强：县名，在今河北武强县。［20］李浣（?—962）：字日新，官翰林学士，陷契丹多年。著有《丁年集》，传见《宋史》卷二百六十二。［21］范质（913—964）：字文素，大名宗城（今河北威县东）人。后唐长兴四年进士，五代后周时期至北宋初年宰相。著有《通录》六十五卷。传见《宋史》卷二百四十九。［22］辛未朔：七月一日。［23］改元：改元为开运。［24］己丑：七月十九日。［25］辛丑朔：八月一日。［26］十三节度：郓州张从恩、西京留守景延广、徐州赵在礼、晋州安叔千、兖州安审信、河中安审琦、河阳符彦卿、滑州皇甫遇、右神武统军张彦泽、沧州王廷胤、陕州宋彦筠、金州田武、左神武统军潘环。［27］秉：掌握。［28］一制指挥：枢密使统一指挥。［29］十五人：除以上十三人外，加河东刘知远、顺国杜威。［30］自陈：自己陈请。［31］见遗：被遗忘。［32］禁直学士：在禁中入直的学士。［33］比：近来。［34］受代：接受替代。［35］咨请辐凑：请示的人络绎不绝。辐凑，比喻人或物聚集在一起。［36］随事裁决：根据事情加以裁处决策。［37］若：好像。［38］熟议：反复深入地研究。［39］易：更改。［40］颇任爱憎：多凭自己的恩怨处事。［41］睚眦：小怨小忿。眦，瞪眼睛，怒目而视。［42］少：轻视。

契丹之入寇也，帝再命刘知远会兵山东[1]，皆后期[2]不至。帝疑之，谓所亲曰："太原殊不助朕，必有异图。果有分[3]，何不速为之[4]！"至是虽为都统，而实无临制之权[5]，密谋大计，皆不得预。知远亦自知见疏[6]，但慎事自守[7]而已。郭威见知远有忧色，谓知远曰："河东山川险固，风俗尚武，土多战马，静则勤稼穑，动则习军旅，此霸王之资也，何忧乎！"

朱文进自称威武留后，权知闽国事，遣使奉表称藩于晋。癸丑[8]，以文进为威武节度使，知闽国事。

癸亥[9]，置镇宁军[10]于澶州，以濮州隶焉。

初，吴濠州刺史刘金[11]卒，子仁规[12]代之；仁规卒，子崇俊[13]代之。唐烈祖置定远军[14]于濠州，以崇俊为节度使。会清淮[15]节度使姚景[16]卒，崇俊厚赂权要，求兼领寿州。唐主阳[17]为不知其意；徙崇俊为清淮节度使，以楚州刺史刘彦贞[18]为濠州观察使，驰往代之；崇俊悔之。彦贞，信之子也。

九月，庚午朔[19]，日有食之。

丙子[20]，契丹寇遂城[21]、乐寿[22]，深州刺史康彦进击却之。

冬，十月，丙午[23]，汉主毒杀镇王弘泽[24]于邕州。

殷主延政遣其将陈敬佺以兵三千屯尤溪及古田[25]，卢进以兵二千屯长溪[26]。

泉州散员[27]指挥使桃林留从效[28]谓同列王忠顺[29]、董思安[30]、张汉思[31]曰："朱文进屠灭王氏，遣腹心分据诸州。吾属世受王氏恩，而交臂[32]事贼，一旦富沙王克福州，吾属死有余愧！"众以为然。十一月，从效等各引军中所善壮士，夜饮于从效之家，从效绐[33]之曰："富沙王已平福州，密旨令吾属讨黄绍颇。吾观诸君状貌，皆非久处贫贱者。从吾言，富贵可图；不然，祸且至矣。"众皆踊跃，操白梃，逾垣而入，执绍颇，斩之。从效持州印诣王继勋[34]第，请主军府。从效自称平贼统军使，函绍颇首，遣副兵马使临淮陈洪进[35]赍诣建州。

洪进至尤溪，福州戍兵数千遮道[36]。洪进绐之曰："义师已诛朱福州[37]，吾倍道逆嗣君于建州[38]，尔辈尚守此何为[39]乎？"以绍颇首示之，众遂溃，大将数人从洪进诣建州。延政以继勋为侍中、泉州刺史，从效、忠顺、思安、洪进皆为都指挥使。漳州将程谟闻之，亡[40]杀刺史程文纬，立王继成[41]权州事。继勋、继成，皆延政之从子也，朱文进之灭王氏，二人以疏远[42]获全。

（以上为第六段，写闽国福州兵变杀黄绍颇，朱文进势孤。）

【注释】

[1]山东：地区名，泛指太行山以东河北之地。[2]后期：过了约定的期限。[3]果有分：如果有做天子的福分。[4]何不速为之：为什么不赶快做呢。这是愤怒的话。[5]临制之权：指刘知远名义为幽州道行营招讨使，但没有指挥诸镇的权力。[6]见疏：被疏远。[7]慎事自守：谨慎地执行任务，保持自己的地位。[8]癸丑：八月十三日。[9]癸亥：八月二十三日。[10]镇宁军：方镇名，后晋开运元年（944）置，治所燕乐，在今北京市密云区东北。[11]刘金（?—905）：楚州山阳（今江西盱眙县）人，为吴三十六英雄之一。官吴濠州团练使。传见《十国春

秋》卷六。［12］仁规：刘金子，官至吴清淮军节度使。传见《十国春秋》卷六。［13］崇俊：仁规子，字德修。官吴定远军节度使。传见《十国春秋》卷二十二。［14］定远军：方镇名，吴置，治所濠州，在今安徽凤阳县。［15］清淮：方镇名，吴置，治所寿州，在今安徽寿县。［16］姚景：初为厩卒，颇清廉。传见《十国春秋》卷二十三。［17］阳：同“佯”。假装。［18］刘彦贞：善骑射，矢不虚发，军中号“刘一箭”。传见《十国春秋》卷二十二。［19］庚午朔：九月一日。［20］丙子：九月七日。［21］遂城：县名，在今河北保定市徐水区。［22］乐寿：县名，在今河北献县。［23］丙午：十月七日。［24］弘泽：刘龑第八子，封镇王。传见《十国春秋》卷六十一。［25］古田：县名，在今福建古田县。［26］长溪：县名，故治在今福建霞浦县南。［27］散员：有官称而无实际职掌的人员。［28］留从效（906—962）：泉州桃林（今福建永春县）人，略知书，好兵法。占漳、泉二州，封晋江王。勤俭养民，受人爱戴。传见《十国春秋》卷九十三。［29］王忠顺（?—946）：晋江（今福建晋江市）人，抗南唐军，力战死。传见《十国春秋》卷九十六。［30］董思安（?—949）：莆田（今福建莆田市）人，身长九尺，勇冠一时，官漳州刺史。传见《十国春秋》卷九十六。［31］张汉思：传附《十国春秋》卷九十三《陈洪进传》。［32］交臂：拱手。［33］绐：欺骗。［34］王继勋：王廷美次子。后归降南唐。传见《十国春秋》卷九十四。［35］陈洪进：字济川，临淮（今江苏盱眙县）人。取漳、泉两州为留后，太平兴国三年，纳漳、泉两州归宋。传见《十国春秋》卷九十三。［36］遮道：拦住道路。［37］朱福州：指朱文进。［38］逆：迎。嗣君：指王延政。［39］何为：有什么作为。［40］亡：章校，“亡”作“立”，是。指立即诛杀刺史程文纬。［41］王继成：王延政侄子。南唐任其为和州刺史。传见《十国春秋》卷九十四。［42］疏远：与王曦关系疏远。

汀州刺史许文稹奉表请降于殷。

十二月，癸丑[1]，加朱文进同平章事，封闽国王[2]。

李守贞围青州经时[3]，城中食尽，饿死者太半[4]。契丹援兵不至，杨光远遥[5]稽首[6]于契丹曰：“皇帝，皇帝，误光远矣！”其子承勋、承祚、承信劝光远降，冀全其族[7]。光远不许，曰：“吾昔在代北，尝[8]以纸钱祭天池[9]而沈[10]，人皆言当为天子，姑待之[11]。”丁巳[12]，承勋斩劝光远反者节度判官丘涛等，送其首于守贞，纵火大噪，劫其父出居私第，上表待罪，开城纳官军。

朱文进闻黄绍颇死，大惧，以重赏募兵二万，遣统军使林守谅、内客省使李廷锷将之攻泉州，钲鼓[13]相闻五百里。殷主延政遣大将军杜进将兵二万救泉州，留从效开门与福州兵战，大破之，斩守谅，执廷锷。

延政遣统军使吴成义帅战舰千艘攻福州，朱文进遣子弟为质[14]于吴越以求救。

初，唐翰林待诏[15]臧循，与枢密副使查文徽同乡里，循常为贾人[16]，习[17]福建山川，为文徽画[18]取建州之策。文徽表请用兵击王延政，国人多以为不可。唐主以文徽为江西安抚使，循行境上[19]，觇[20]其可否；文徽至信州[21]，奏言攻之必克。唐主以洪州营屯都虞候边镐[22]为行营招讨诸军都虞候，将兵从文徽伐殷。文徽自建阳[23]进屯盖竹[24]，闻漳、泉、汀三州皆降于殷，殷将张汉卿自镛州[25]将兵八千将至，文徽惧，退保建阳。臧循屯邵武，邵武[26]民导[27]殷兵袭破循军，执循送建州斩之。

朝廷以杨光远罪大，而诸子归命[28]，难于显诛[29]，命李守贞以便宜从事[30]。闰月，癸酉[31]，守贞入青州，遣人拉杀光远于别第[32]，以病死闻。丙戌[33]，起复杨承勋[34]，除汝州防御使。

殷吴成义闻有唐兵，诈[35]使人告福州吏民曰："唐助我讨贼臣，大兵今至矣。"福人益惧。乙未[36]，朱文进遣同平章事李光准等奉国宝[37]于殷。

丁酉[38]，福州南廊承旨[39]林仁翰[40]。谓其徒[41]曰："吾曹世事王氏，今受制贼臣[42]，富沙王[43]至，何面见之！"帅其徒三十人被甲趣[44]连重遇第，重遇方[45]严兵自卫，三十人者望之，稍稍遁去。仁翰执槊直前[46]刺重遇，杀之，斩其首以示众曰："富沙王且至，汝辈族矣！今重遇已死，何不亟取文进以赎罪！"众踊跃从之，遂斩文进，迎吴成义入城，函[47]二首送建州。

契丹复大举入寇[48]，卢龙节度使赵延寿引兵先进。契丹前锋至邢州，顺国节度使杜威遣使间道[49]告急。帝欲自将拒之，会有疾，命天平节度使张从恩[50]、邺都留守马全节、护国节度使安审琦会诸道兵屯邢州，武宁节度使赵在礼屯邺都。

契丹主以大兵继至，建牙[51]于元氏[52]。朝廷惮契丹之盛，诏从恩等引兵稍却，于是诸军恟惧[53]，无复部伍[54]，委弃器甲，所过焚掠，比[55]至相州，不复能整[56]。

（以上为第七段，写闽国王延政大破南唐兵，朱文进为部属诛杀。后晋叛将杨光远伏诛，契丹主第二次大举南犯。）

【注释】

[1]癸丑：十二月十五日。为后晋册礼使出发之日，未至闽国而朱文进已被诛。[2]闽国王：为后晋所封。[3]经时：超过一季度。[4]太半：大半。[5]遥：遥向北方。[6]稽首：跪拜，叩头到地。[7]冀全其族：希望保全宗族，不致被杀戮。[8]尝：曾经。[9]天池：山西汾阳市的天池。[10]沈：同“沉”。纸灰沉入水中。[11]姑待之：姑且再等一等吧。[12]丁巳：十二月十九日。[13]钲（zhēng）鼓：古代行军时用的两种乐器。指挥军队进退。钲，形似钟而狭长，有长柄可握，击之发声。[14]质：人质。[15]翰林待诏：官名，盛唐时置，用以安置伎艺之人。待诏，有候补之意。[16]贾人：商人。[17]习：熟悉。[18]画：谋划。[19]循行境上：在边境上巡行、活动。[20]觇：窥探。[21]信州：州治在今江西上饶市。[22]边镐：升州（今江苏南京市）人。御下无法，号“边和尚”。传见《十国春秋》卷二十二。[23]建阳：县名，在今福建南平市建阳区。[24]盖竹：地名，在建阳县南。[25]镛州：闽王延政置，故治在今福建将乐县。[26]邵武：县名，在今福建邵武市。[27]导：向导。[28]归命：投降。[29]显诛：明显地问罪杀戮。[30]便宜从事：授权根据具体情况自行处理。[31]癸酉：闰十二月五日。[32]别第：另外的住宅。[33]丙戌：闰十二月十八日。[34]杨承勋：杨光远长子。[35]诈：假，伪。[36]乙未：闰十二月二十七日。[37]国宝：皇帝印玺。[38]丁酉：闰十二月二十九日。[39]南廊承旨：闽所置官，侍卫武臣。[40]林仁翰：王曦内儿，杀连重遇、朱文进。传见《十国春秋》卷九十六。[41]徒：部下。[42]贼臣：指朱文进、连重遇。[43]富沙王：王延政。[44]趣：奔向。[45]方：刚好。[46]直前：径直向前。[47]函：封。[48]入寇：入侵。[49]间道：小道。[50]张从恩（898—966）：并州太原（今山西太原市）人。石重贵岳父。官后晋天平军节度使。宋初，改封许国公。传见《宋史》卷二百五十四。[51]牙：牙帐。契丹主之行营。[52]元氏：县名，在今河北元氏县。[53]恂惧：惊怕。[54]无复部伍：诸军混乱，不再有整部队伍。[55]比：及。[56]不复能整：诸军散逃，已无法整编。

二年（乙巳，945年）

春，正月，诏赵在礼还屯澶州，马全节还邺都；又遣右神武统军张彦泽屯黎阳，西京留守景延广自滑州引兵守胡梁渡[1]。庚子[2]，张从恩奏契丹逼邢州，诏滑州、邺都复进军拒之。义成节度使皇甫遇将兵趣邢州。契丹寇邢、洺、磁三州，杀掠殆尽，入邺都境。

壬子[3]，张从恩、马全节、安审琦悉以行营兵数万，陈[4]于相州安阳水[5]之南。皇甫遇与濮州刺史慕容彦超[6]将数千骑前觇[7]契丹，至邺县[8]，将渡漳水[9]，遇契丹数万，遇等且战且却[10]；至榆林店[11]，契丹大至，二将谋曰："吾属[12]今走[13]，死无遗[14]矣！"乃止，布陈[15]，自午至未，力战百余合，相杀伤甚众。遇马毙[16]，因步战；其仆杜知敏以所乘马授之，遇乘马复战。久之，稍解[17]；顾知敏已为契丹所擒，遇曰："知敏义士，不可弃也。"与彦超跃马入契丹陈，取知敏而还。俄而[18]契丹继出新兵来战，二将曰："吾属势不可走，以死报国耳。"

日且暮[19]，安阳诸将怪[20]觇兵不还，安审琦曰："皇甫太师[21]寂无音问，必为虏所困。"语未卒，有一骑白遇等为虏数万所围；审琦即引骑兵出，将救之，张从恩曰："此言未足信。必若虏众猥至[22]，尽吾军，恐未足以当[23]之，公往何益！"审琦曰："成败，天也，万一不济，当共受之[24]。借使虏不南来，坐失皇甫太师，吾属何颜以见天子！"遂逾水[25]而进。契丹望见尘起，即解去。遇等乃得还，与诸将俱归相州，军中皆服二将之勇。彦超本吐谷浑也，与刘知远同母。

（以上为第八段，写后晋军大破契丹于相州。）

【注释】

[1]胡梁渡：也名胡良渡。在今河南滑县东北，接濮阳县境。［2］庚子：正月三日。［3］壬子：正月十五日。［4］陈：列阵。［5］安阳水：安阳河，在今河南安阳市境内。［6］慕容彦超：刘知远同母弟，曾冒姓阎，体黑麻面，故号阎昆仑。传见《旧五代史》卷一百三十。［7］觇：窥探。［8］邺县：县名，在今河北临漳县。［9］漳水：水名，今名漳河，经河南安阳市，入卫河。［10］且战且却：边战边退。［11］榆林店：地名，在今河北临漳县西。［12］吾属：我们。［13］走：逃。［14］死无遗：死无遗类，谓即将被全歼。［15］布陈：列阵迎战。陈，通"阵"，下同。［16］毙：死。［17］稍解：稍为解脱。［18］俄而：不久。［19］日且暮：天色将晚。［20］怪：奇怪。［21］皇甫太师：指皇甫遇，因其累官至检校太师，故称之。［22］猥至：杂然而至，言其众多。［23］当：通"挡"，阻挡、抵挡。［24］当共受之：应当与他们一起承受牺牲的灾难。［25］逾水：渡水。水，指安阳河。

契丹亦引军退，其众自相惊曰："晋军悉至矣！"时契丹主在邯郸，闻之，即时北遁，不再宿[1]，至鼓城[2]。

是夕，张从恩等议曰："契丹倾国[3]而来，吾兵不多，城中粮不支一旬，万一奸人往告吾虚实，虏悉众围我，死无日矣。不若引军就[4]黎阳仓[5]，南倚大河以拒之，可以万全。"议未决，从恩引兵先发[6]，诸军继之；扰乱失亡，复如发邢州之时。

从恩留步兵五百守安阳桥[7]，夜四鼓[8]，知相州事符彦伦谓将佐曰："此夕纷纭，人无固志[9]，五百弊卒，安能守桥！"即召人，乘城为备。至曙，望之，契丹数万骑已陈于安阳水北，彦伦命城上扬旌鼓噪约束[10]，契丹不测。日加辰[11]，赵延寿与契丹惕隐帅众逾水[12]，环相州而南，诏右神武统军张彦泽将兵趣相州。延寿等至汤阴[13]，闻之，甲寅[14]，引还；马全节等拥大军在黎阳，不敢追。延寿悉陈[15]甲骑于相州城下，若将攻城状，符彦伦曰："此虏将走耳。"出甲卒五百，陈于城北以待之；契丹果引去。

以天平节度使张从恩权[16]东京留守。

庚申[17]，振武节度使折从远击契丹，围胜州[18]，遂攻朔州。

帝疾小愈，河北相继告急。帝曰："此非安寝之时！"乃部分[19]诸将为行计[20]。

更[21]命武定军[22]曰天威军。

北面副招讨使马全节等奏："据降者言，虏众不多，宜乘其散归种落[23]，大举径袭幽州。"帝以为然，征兵诸道。壬戌[24]，下诏亲征；乙丑[25]，帝发大梁。

（以上为第九段，写后晋出帝乘胜出击契丹，兵发大梁。）

【注释】

［1］不再宿：路上不宿第二夜。［2］鼓城：县名，在今山西昔阳县。［3］倾国：竭尽全国兵力。［4］就：靠近。［5］黎阳仓：黎阳城屯粮仓库，在今河南浚县西南。［6］先发：先出发。张从恩为主将，不北追契丹而南撤就黎阳仓，自是胆虚，造成诸军自惊扰而不整，故复如邢州之时。［7］安阳桥：又名鲸背桥，在今河南安阳河上。［8］四鼓：四更。［9］固志：固守的斗志。［10］扬旌鼓噪：挥动旗子，大声呼叫。约束：申严号令。［11］日加辰：太阳移至辰时，即早晨7至9时。［12］逾水：渡安阳河。［13］汤阴：县名，在今河南汤阴县。［14］甲寅：

正月十七日。［15］陈：排列。［16］权：暂代。［17］庚申：正月二十三日。［18］胜州：治所在今内蒙古托克托县。［19］部分：分配、布置。［20］为行计：作出征的打算。［21］更：改。［22］武定军：军队番号名。即开运元年夏编诸州乡兵为武定军。后改名为天威军。［23］散归种落：分散回到各自的部落去。［24］壬戌：正月二十五日。［25］乙丑：正月二十八日。

闽之故臣[1]共迎殷主延政，请归福州，改国号曰闽。延政以方有唐兵，未暇[2]徙都，以从子门下侍郎、同平章事继昌[3]都督南都[4]内外诸军事，镇福州；以飞捷指挥使[5]黄仁讽为镇遏使[6]，将兵卫之。

林仁翰至福州[7]，闽主赏之甚薄[8]；仁翰未尝自言其功。

发南都侍卫及两军[9]甲士万五千人，诣建州以拒唐。

二月，壬辰朔[10]，帝至滑州，命安审琦屯邺都。甲戌[11]，帝发滑州；乙亥[12]，至澶州。己卯[13]，马全节等诸军以次北上。刘知远闻之曰："中国疲弊，自守恐不足；乃横挑强胡[14]，胜之犹有后患，况不胜乎！"

契丹自恒州还，以羸兵驱牛羊过祁州[15]城下，刺史下邳沈斌[16]出兵击之；契丹以精骑夺其城门，州兵不得还。赵延寿知城中无余兵，引契丹急攻之；斌在上[17]，延寿语之曰："沈使君[18]，吾之故人。'择祸莫若轻[19]'，何不早降！"斌曰："侍中父子[20]失计[21]陷身虏庭，忍帅犬羊以残[22]父母之邦[23]；不自愧耻，更有骄色，何哉！沈斌弓折矢尽，宁为国家死耳，终不效公所为！"明日，城陷，斌自杀。

丙戌[24]，诏北面行营都招讨使杜威以本道兵会马全节等进军。

端明殿学士、户部侍郎冯玉[25]，宣徽北院使、权侍卫马步都虞候太原李彦韬[26]，皆挟恩[27]用事，恶中书令桑维翰，数毁之。帝欲罢维翰政事，李崧、刘昫固谏而止。维翰知之，请以玉为枢密副使，玉殊不平。丙申[28]，中旨[29]以玉为户部尚书、枢密使，以分维翰之权。

彦韬少事[30]阎宝，为仆夫[31]，后隶高祖[32]帐下。高祖自太原南下，留彦韬侍帝，为腹心，由是有宠。性纤巧[33]，与嬖幸[34]相结，以蔽帝耳目；帝委信[35]之，至于升黜[36]将相，亦得预议。常谓人曰："吾不知朝廷设文官何所用[37]，且欲澄汰[38]，徐[39]当尽去之。"

（以上为第十段，写契丹仓皇北逃，后晋出帝听嬖幸之言欲罢桑维翰政事。）

【注释】

[1]故臣：旧臣。[2]未暇：没有空闲。[3]继昌：王延政侄子，暗弱嗜酒，不恤军士。官闽督南都内外诸军事。传见《十国春秋》卷第九十四。[4]南都：王延政以福州为南都。[5]飞捷指挥使：官名，闽置行营属官，掌骑军。[6]镇遏使：官名，闽置，掌镇守都城军事。[7]福州：当作建州。林仁翰在福州诛朱文进、连重遇，自福州至建州见王延政。[8]甚薄：非常微薄。[9]两军：指控鹤、拱宸两都军士。[10]壬辰朔：二月戊辰朔。壬辰朔误。[11]甲戌：二月七日。[12]乙亥：二月八日。[13]己卯：二月十二日。[14]横挑强胡：横蛮地向强大的契丹挑衅。[15]祁州：治所无极，今河北无极县。[16]沈斌（?—945）：《旧五代史》作沈赟，下邳（今江苏邳州市）人。守祁州自刭死。传见《旧五代史》卷九十五。[17]斌在上：沈斌在城上。"在"下逸"城"字。[18]沈使君：指沈斌。使君，州刺史之尊称。[19]择祸莫若轻：语出《文子》，指处理祸事应避重就轻。[20]侍中父子：指赵德钧、赵延寿父子。[21]失计：失于计算，决策失误。[22]忍：忍心。犬羊：指契丹。轻蔑之辞。残：残害。[23]父母之邦：指后晋。[24]丙戌：二月十九日。[25]冯玉（?—953）：字璟臣，定州（今河北正定县）人。石重贵妻舅，官后晋宰相，从石重贵陷于契丹。传见《旧五代史》卷八十九、《新五代史》卷五十六。[26]李彦韬：太原（今山西太原市）人。官后晋陈州节度使，与宦官近臣勾结弄权，败坏后晋政治。传见《旧五代史》卷八十八。[27]挟恩：依靠皇帝的恩宠。[28]丙申：二月二十九日。[29]中旨：宫中的命令。冯玉以后兄专权，故旨由中出。[30]事：侍奉。[31]仆夫：古代驾驭车马的人。[32]高祖：指石敬瑭。[33]性纤巧：品性琐屑而巧黠。指小人。[34]嬖幸：皇帝所宠幸的内臣。[35]委信：委以重任而亲信。[36]升黜：升迁与除免。[37]何所用：有什么用。[38]澄汰：澄清淘汰。[39]徐：逐步，一步步。

唐查文徽表求益兵，唐主以天威都虞候何敬洙[1]为建州行营招讨马步都指挥使，将军祖全恩为应援使，姚凤为都监，将兵数千会攻建州，自崇安[2]进屯赤岭。闽主延政遣仆射杨思恭、统军使陈望将兵万人拒之，列栅水南[3]，旬余不战，唐人不敢逼。

思恭以延政之命督望战。望曰："江、淮兵精，其将习[4]武事。国之安危，系此一举，不可不万全而后动。"思恭怒曰："唐兵深侵[5]，陛下寝不交睫，委之将军。今唐兵不出数千，将军拥众万余，不乘其未定而击之，有如唐兵惧而自退，将军何面目以见陛下乎！"望不得已，引兵涉水与唐战。全恩等以大兵当[6]其前，使奇兵出其后，大破之。望死，思恭仅以身免。

延政大惧，婴城自守，召董思安、王忠顺，使将泉州兵五千诣建州，分守要害。

初，高祖置德清军[7]于故澶州城，及契丹入寇，澶州、邺都之间，城戍俱陷。议者以为澶州、邺都相去百五十里，宜于中涂筑城以应接南北，从之。三月，戊戌[8]，更筑德清军城[9]，合德清、南乐之民以实之。

初，光州人李仁达[10]，仕闽为元从指挥使，十五年不迁职。闽主曦之世，叛奔建州，闽主延政以为将。及朱文进弑曦，复叛奔福州，陈取建州之策。文进恶其反复，黜居福清[11]。浦城[12]人陈继珣，亦叛闽主延政奔福州，为曦画策取建州，曦以为著作郎。及延政得福州，二人皆不自安。

王继昌暗弱[13]嗜酒，不恤[14]将士，将士多怨。仁达潜入福州[15]，说[16]黄仁讽曰："今唐兵乘胜，建州孤危[17]。富沙王不能保建州，安能保福州！昔王潮兄弟[18]，光山布衣[19]耳；取福建如反掌[20]。况吾辈乘此机会，自图富贵，何患不如彼乎！"仁讽然之。是夕，仁达等引甲士突入[21]府舍，杀继昌及吴成义。

仁达欲自立，恐众心未服，以雪峰寺僧卓岩明[22]素为众所重，乃言："此僧目重瞳子[23]，手垂过膝，真天子也。"相与迎之。己亥[24]，立为帝，解去衲衣[25]，被[26]以衮冕[27]，帅将吏北面拜之。然犹称天福十年，遣使奉表称藩[28]于晋。

延政闻之，族黄仁讽家，命统军使张汉真将水军五千，会漳、泉兵讨岩明。

（以上为第十一段，写南唐兵大败闽主王延政，李仁达据福州以叛，奉僧人卓岩明为帝。）

【注释】

[1]何敬洙（zhū）（888—964）：广陵（今江苏扬州市）人。性残忍，积官至南唐右卫上将军，封芮国公。传见《十国春秋》卷二十二。 [2]崇安：县名，故治在今福建南平市建阳区。[3]水南：崇阳溪南面。 [4]习：熟悉。 [5]深侵：深入侵犯。 [6]当：阻挡。当，通"挡"。[7]德清军：方镇名，后晋置，治所清丰，在今河南清丰县。 [8]戊戌：三月二日。 [9]德清

军城：在澶州与邺都之间。在今河南南乐县、清丰县境内。［10］李仁达：光州（今河南潢川县）人。反复无常，到处投靠。屡改名字。降南唐更名宏义，降后晋更名宏达，降吴越更名达，又更名孺赟。传见《十国春秋》卷九十八。［11］福清：县名，在今福州市东南。［12］浦城：县名，在今福建浦城县。［13］暗弱：昏庸懦弱。［14］恤：体恤。［15］仁达潜入福州：李仁达从福清偷偷进入福州。［16］说：游说。据章校，“说”上有“与继珣”三字。是。［17］孤危：孤立无援而危险。［18］王潮兄弟：指闽政权创立者王潮与王审知兄弟。［19］布衣：普通老百姓。［20］反掌：翻过手掌，比喻极其容易。［21］突入：突然冲进。［22］卓岩明（?—945）：莆田（今福建莆田市）人。本名偃，落发神光寺为僧，改名体明。李仁达奉之为帝，被王延政所杀。传见《十国春秋》卷九十八。［23］重瞳子：眼内有两个瞳子。［24］己亥：三月三日。［25］衲衣：僧衣。衲，百衲。［26］被：通“披”。［27］衮冕：皇帝的衣帽。［28］称藩：称臣。

乙巳[1]，杜威等诸军会于定州，以供奉官萧处钧权知祁州事。庚戌[2]，诸军攻契丹，泰州[3]刺史晋廷谦举州降。甲寅[4]，取满城[5]，获契丹酋长没刺及其兵二千人。乙卯[6]，取遂城[7]。赵延寿部曲有降者言：“契丹主还至虎北口[8]，闻晋取泰州，复拥众南向[9]，约八万余骑，计来夕当至，宜速为备。”杜威等惧，丙辰[10]，退保泰州。

戊午[11]，契丹至泰州。己未[12]，晋军南行，契丹踵之[13]。晋军至阳城[14]，庚申[15]，契丹大至。晋军与战，逐北[16]十余里，契丹逾[17]白沟[18]而去。

壬戌[19]，晋军结陈而南[20]，胡骑四合如山[21]，诸军力战拒之。是日，才行十余里，人马饥乏。

癸亥[22]，晋军至白团卫村，埋鹿角[23]为行寨[24]。契丹围之数重，奇兵出寨后断粮道。是夕，东北风大起，破屋折树；营中掘井，方及水[25]辄崩，士卒取其泥，帛绞[26]而饮之，人马俱渴。至曙[27]，风尤甚。契丹主坐大奚车[28]中，令其众曰：“晋军止此耳，当尽擒之，然后南取大梁！”命铁鹞[29]四面下马，拔鹿角而入，奋短兵[30]以击晋军，又顺风纵火扬尘以助其势。

军士皆愤怒，大呼曰：“都招讨使[31]何不用兵[32]，令士卒徒死！”诸将请出战，杜威曰：“俟风稍缓，徐观可否[33]。”马步都监李守贞曰：“彼众我寡，风沙之内，莫测多少，惟力斗者胜，此风乃助我也；若俟风止，吾属无类[34]矣。”即呼曰：“诸军齐击贼！”又谓威曰：“令公[35]善守御，守贞以中军决死矣！”马军左厢都排陈使张彦泽召诸将问计，皆曰：“虏得风势，宜俟风回[36]与战。”彦泽亦以为然。诸将退，马军右厢副排陈使太原药元福[37]独留，谓彦泽曰：“今军中饥渴已甚，若俟风回，吾属已为虏矣。敌谓我不能逆风以战，宜出其不意急击之，此兵之诡道也。”马步左右厢都排陈使符彦卿[38]曰：“与其束首[39]就擒，曷若[40]以身殉国！”乃与彦泽、元福及左厢都排陈使皇甫遇引精骑出西门[41]击之，诸将继至。契丹却[42]数百步。彦卿等谓守贞曰：“且曳队[43]往来乎？直前奋击，以胜为度[44]乎？”守贞曰：“事势如此，安可回鞚[45]！宜长驱取胜耳。”彦卿等跃马而去，风势益甚，昏晦如夜。彦卿等拥万余骑横击[46]契丹，呼声动天地，契丹大败而走，势如崩山。李守贞亦令步兵尽拔鹿角出斗[47]，步骑俱进，逐北[48]二十余里。铁鹞既下马，苍皇[49]不能复上，皆委弃[50]马及铠仗蔽地。

契丹散卒至阳城东南水上，稍复布列[51]。杜威曰：“贼已破胆[52]，不宜更令成列[53]！”遣精骑[54]击之，皆渡水去。契丹主乘奚车走十余里，追兵急，获一橐驼[55]，乘之而走[56]。诸将请急追之。杜威扬言[57]曰：“逢贼幸不死，更索衣囊邪[58]？”李守贞曰：“两日人马渴甚，今得水饮之，皆足重，难以追寇，不若全军而还。”乃退保定州。

契丹主至幽州，散兵稍集；以军失利，杖[59]其酋长各数百，唯赵延寿得免。

乙丑[60]，诸军自定州[61]引归。诏以泰州隶定州。

夏，四月，辛巳[62]，帝发澶州；甲申[63]，还大梁。

己丑[64]，复以邺都为天雄军[65]。

（以上为第十二段，写后晋军在阳城大败契丹。）

【注释】

[1]乙巳：三月九日。[2]庚戌：三月十四日。[3]泰州：辽置，治所清苑，在今河北保定市清苑区。[4]甲寅：三月十八日。[5]满城：县名，在今河北满城县。[6]乙卯：三月十九日。[7]遂城：县名，在今河北保定市徐水区。[8]虎北口：亦名古北口，长城关口，在

今北京市密云区东北。［9］拥众南向：拥簇着部队向南面而来。［10］丙辰：三月二十日。［11］戊午：三月二十二日。［12］己未：三月二十三日。［13］踵之：跟着他。［14］阳城：县名，故治在今河北保定市清苑区。［15］庚申：三月二十四日。［16］逐北：追赶。［17］逾：越。［18］白沟：河名，今河北容城县有白沟镇，濒临白沟，故名。［19］壬戌：三月二十六日。［20］结陈而南：结成作战阵势向南移动。陈，通“阵”。［21］胡骑：指契丹骑兵。四合如山：像山一样四面包围。［22］癸亥：三月二十七日。［23］鹿角：军事上的防御设备。把带枝杈的树木栽在地上，形如鹿角，以阻止敌人行进。［24］行寨：暂时驻兵的营寨。［25］及水：见到水。［26］帛绞：用布包泥，绞出水来。［27］曙：天亮。［28］大奚车：车名，长毂广轮，轮齿厚度不少于四寸；车底部横木厚度不少于五寸。用骆驼拉车，车顶加毡毯纹饰。［29］铁鹞：契丹的精锐骑兵。［30］短兵：用刀、剑等短武器。［31］都招讨使：指杜威。［32］用兵：指下令出战。［33］徐观可否：慢慢观察形势，决定是否可以出战。［34］无类：没有性命。［35］令公：指杜威。因其当时带中书令，故称之。［36］风回：风向由逆转顺。［37］药元福（约 884—960）：并州晋阳（今山西太原市）人。幼有胆气，善骑射，时称骁将。宋初官检校太师，卒赠侍中。传见《宋史》卷二百五十四。［38］符彦卿（898—975）：字冠侯，陈州宛丘（今河南周口市淮阳区）人。符存审第四子。将门之后，勇略有谋，善用兵。官至后周天雄军节度使，封魏王。传见《宋史》卷二百五十一。［39］束首：章校，“首”作“手”。是。［40］曷若：何不。［41］西门：行寨西门。［42］却：退。［43］曳（yè）队：率领队伍。［44］度：尺度，标准。［45］回鞚（kòng）：勒转马头。比喻后退。鞚，有嚼口的马络头。［46］横击：拦腰袭击。［47］出斗：出战。［48］逐北：追赶。［49］苍皇：匆忙惊慌之间。苍，同“仓”。［50］委弃：丢弃。［51］稍复布列：勉强再布阵势。［52］破胆：害怕。［53］更令成列：再使他布成阵势。［54］精骑：精锐的骑兵。［55］橐驼：骆驼。［56］走：逃。［57］扬言：散布言论，故意宣扬。［58］更索衣囊邪：还要向盗贼索取衣服、包裹吗？意为做事要适可而止，贪利反受害。［59］杖：责打。［60］乙丑：三月二十九日。［61］定州：为义武军节度。［62］辛巳：四月十六日。［63］甲申：四月十九日。［64］己丑：四月二十四日。［65］天雄军：方镇名，驻节魏州邺城，唐置。后唐庄宗以魏州为东京兴唐府，罢天雄镇节。同光三年，罢东京为邺都。晋兴，因之，改兴唐府为广晋府。后复改为天雄军。

闽张汉真至福州，攻其东关[1]。黄仁讽闻家夷灭[2]，开门力战，大破闽兵，执汉真，入城，斩之。

卓岩明无他方略[3]，但于殿上噀水散豆[4]，作诸法事而已。又遣使迎其父于莆田，尊为太上皇。

李仁达既立岩明，自判六军诸卫事，使黄仁讽屯西门，陈继珣屯北门。仁讽从容谓继珣曰："人之所以为人者，以[5]有忠、信、仁、义也。吾顷[6]尝有功于富沙，中间叛之[7]，非忠也；人以从子[8]托我而与人杀之，非信也；属者[9]与建兵战，所杀皆乡曲故人[10]，非仁也；弃妻子，使人鱼肉[11]之，非义也。此身十沉九浮，死有余愧[12]！"因拊膺[13]恸哭。继珣曰："大丈夫徇[14]功名，何顾妻子！宜置此事，勿以取祸。"仁达闻之，使人告仁讽、继珣谋反，皆杀之。由是兵权尽归仁达。

（以上为第十三段，写闽国李仁达并灭黄仁讽、陈继珣，不忠不信之人没有好下场。）

【注释】

[1]东关：福州外城东门。 [2]夷灭：削平消灭。 [3]方略：策略。 [4]噀（xùn）水散豆：喷水撒豆。道教作法的样子。 [5]以：因。 [6]顷：从前。 [7]叛之：背叛富沙王。 [8]从子：指王继昌。 [9]属者：现在。 [10]乡曲故人：乡里的熟人。 [11]鱼肉：比喻受残害。[12]死有余愧：死也不能抵消内心的惭愧。 [13]拊膺：拍胸。 [14]徇：追求。

五月，丙申朔[1]，大赦。

顺国节度使杜威，久镇[2]恒州，性贪残，自恃贵戚[3]，多不法。每以备边为名，敛吏民钱帛以充私藏[4]。富室有珍货或名姝[5]、骏马，皆虏取之；或诬以罪杀之，籍没其家。又畏懦过甚[6]，每契丹数十骑入境，威已闭门登陴[7]，或数骑驱[8]所掠华人千百过城下，威但瞋目延颈[9]望之，无意邀取[10]。由是虏无所忌惮，属城多为所屠[11]，威竟不出一卒救之，千里之间，暴骨如莽[12]，村落殆尽[13]。

威见所部残弊[14]，为众所怨，又畏契丹之强，累[15]表请入朝，帝不许；威不俟报，遽[16]委镇[17]入朝，朝廷闻之，惊骇。桑维翰言于帝曰："威固违朝命[18]，擅离边镇。居常[19]凭恃勋旧，邀求[20]姑息，及疆埸[21]多事，曾[22]无守御之意；宜因[23]此时废之[24]，庶无后患。"帝不悦。维翰曰："陛下不忍废之，宜授以近京小镇，勿复委以雄藩[25]。"帝曰："威，朕之密亲，必无异志；但宋国长公主切[26]欲相见耳，公勿以为疑！"维翰自是不敢复言国事，以足疾辞位。丙辰[27]，威至大梁。

（以上为第十四段，写杜威畏契丹复来，擅离职守，后晋出帝姑息不问。）

【注释】

[1]丙申朔：五月一日。[2]镇：镇守。[3]自恃贵戚：自己倚仗贵戚的权势。杜威娶石敬瑭妹宋国长公主。[4]敛：搜刮。私藏：私人的库藏。[5]名姝（shū）：有名的美女。[6]畏懦过甚：过于畏惧懦弱。[7]陴：女墙。[8]驱：赶。[9]瞋目延颈：张大眼睛，伸长头颈。[10]邀取：拦截夺取。[11]属城：恒州所属州城。屠：洗劫屠杀。[12]暴骨如莽：语出《左传》，暴露在野的白骨好像莽莽的草原。[13]殆尽：将尽。[14]所部：所统辖的地区。残弊：残破凋敝。[15]累：多次。[16]遽：突然。[17]委镇：丢弃镇节。[18]固违朝命：严重地违反朝廷命令。[19]居常：平常。[20]邀求：要求。邀，通"要"。[21]疆埸（yì）：边疆。[22]曾：乃。[23]因：乘。[24]废之：废黜他。[25]雄藩：大的藩镇。[26]切：迫切。[27]丙辰：五月二十一日。

丁巳[1]，李仁达大阅战士，请卓岩明临视[2]。仁达阴[3]教军士突前[4]登阶，刺杀岩明。仁达阳惊[5]，狼狈而走[6]；军士共执[7]仁达，使居岩明之坐[8]。仁达乃自称威武留后，用保大[9]年号，奉表称藩于唐，亦遣使入贡于晋；并杀岩明之父。唐以仁达为威武节度使、同平章事，赐名弘义，编之属籍[10]。弘义又遣使修好于吴越。

己未[11]，杜威献部曲[12]步骑合四千人并铠仗，庚申[13]，又献粟十万斛，刍二十万束，云皆在本道[14]。帝以其所献骑兵隶扈圣[15]，步兵隶护国[16]，威复请以为衙队[17]，而禀赐[18]皆仰县官[19]。威又令公主白帝，求天雄节钺[20]，帝许之。

唐兵围建州，屡破泉州兵[21]。许文稹败唐兵于汀州[22]，执其将时厚卿。

六月，癸酉[23]，以杜威为天雄节度使。

契丹连岁[24]入寇，中国疲于奔命[25]，边民涂地[26]；契丹人畜亦多死，国人厌苦[27]之。述律太后谓契丹主曰："使汉人为胡主，可乎？"曰："不可。"太后曰："然则汝何故欲为汉主？"曰："石氏负恩，不可容[28]。"太后曰："汝今虽得汉地，不能居也；万一蹉跌[29]，悔何所及！"又谓其群下曰："汉儿何得一向眠[30]！自古但闻汉和蕃，未闻蕃和汉。汉儿果能回意[31]，我亦何惜与和！"

桑维翰屡劝帝复请和于契丹以纾[32]国患，帝假开封军将[33]张晖供奉官，使奉表称臣诣契丹，卑辞谢过[34]。契丹主曰："使景延广、桑维翰自来，仍割镇、定两道隶我[35]，则可和。"朝廷以契丹语忿[36]，谓其无和意，乃止。及契丹主入大梁，谓李崧等曰："向使[37]晋使再来，则南北不战矣。"

秋，七月，闽人或告[38]福州援兵谋叛，闽主延政收其铠仗[39]，遣还，伏兵于隘[40]，尽杀之，死者八千余人，脯其肉以归为食[41]。

唐边镐拔镡州[42]，查文徽之党魏岑、冯延已、延鲁以师出有功，皆踊跃赞成之。征求供亿[43]，府库为之耗竭，洪、饶、抚、信之民尤苦之。

延政遣使奉表称臣于吴越，请为附庸[44]以求救。

楚王希范疑静江[45]节度使兼侍中、知朗州希杲得人心，遣人伺之[46]。希杲惧，称疾求归，不许；遣医往视疾，因[47]毒杀之。

（以上为第十五段，写闽国李仁达阴谋得逞，自称威武留后。殷主王延政凶残，杀福州兵八千余人。后晋出帝不纳桑维翰之策，痛失乘胜和解契丹的时机。）

【注释】

[1]丁巳：五月二十二日。[2]临视：亲临视察。[3]阴：暗暗布置。[4]突前：冲到前面。[5]阳惊：假装吃惊。[6]狼狈而走：困顿窘迫而逃。[7]执：抓住。[8]坐：座位。[9]保大：南唐李璟年号。[10]编之属籍：将他编到李姓的谱籍之中。[11]己未：五月二十四日。[12]部曲：亲兵。[13]庚申：五月二十五日。[14]本道：指恒州节度。[15]扈圣：禁卫军名。[16]护国：禁卫军名。[17]衙队：节度使的禁卫兵。[18]禀赐：俸禄、赏赐。禀，通"廪"。[19]县官：朝廷。[20]求天雄节钺：请求任命为天雄军节度使。节钺，符节和斧钺，节度使权力的凭证。此指代节度使。[21]泉州兵：董思安、王忠顺所统率泉州军队。[22]汀州：治所长汀，在今福建长汀县。[23]癸酉：六月九日。[24]连岁：连年。[25]疲于奔命：往来奔波，疲劳困乏。[26]涂地：惨烈而死。[27]厌苦：厌恨、怨苦。[28]容：容忍。[29]蹉跌：失足跌倒。比喻失误。[30]何得：何能。一向眠：一个方向睡得安稳。[31]回意：回心转意。[32]纾：纾缓、缓解。[33]假：通过。开封军将：开封府的军将。[34]卑辞谢过：卑谦的言辞检讨过失。[35]隶我：归我。[36]语忿：气愤的话。[37]向使：假如。[38]或告：有人告密。[39]铠仗：武器装备。[40]隘：险狭的地方。[41]脯：干肉。食：作为粮食。[42]镡州：闽王延政置，在今福建南平市。[43]供亿：供给。[44]附庸：附属于大国的小国。[45]静江：方镇名，唐昭宗光化三年（900）升桂管经

略使为静江军节度使，治所桂州，在今广西桂林市。［46］伺之：窥察他。［47］因：乘机。

【点评】

本卷点评后晋大破契丹和沈斌痛斥赵延寿两件史事。

一、后晋大破契丹。平卢节度使杨光远招引契丹在后晋大灾之年入寇。开运元年（944）正月，契丹攻后晋，陷贝州。二月，杨光远公开反叛，契丹从马家口渡黄河攻郓州接应杨光远，后晋军在马家口大破契丹。杨光远援绝。三月，契丹主耶律德光率十万大军南犯，在澶州再次被后晋军打败，契丹北归，所过焚掠。杨光远被困青州，城中食尽，饿死者大半，杨光远遥拜契丹，绝望地哀号："皇帝，皇帝，误光远矣！"十二月，其子承勋、承祚、承信杀了煽动杨光远反叛的节度判官丘涛等，劫持父亲杨光远开城投降后晋军。后晋军在大灾之年打败气势汹汹的契丹人，人人奋勇血战，表现了中原汉人军民的勇气。杨光远卖国，白天做皇帝梦，他的下场大快人心。后晋将李守贞暗杀杨光远，以病死上奏。

二、沈斌痛斥赵延寿。赵延寿认贼作父，死心塌地做走狗。契丹大举入寇，集中了燕云十六州汉兵五万，使赵延寿为将，替契丹人打先锋。契丹主谎称，打下中原，就立赵延寿为帝。契丹主又多次对汉人士众说："赵将军，他就是你们真正的主人。"赵延寿心花怒放，真的以为能当儿皇帝，为契丹竭尽全力，多次进言灭亡后晋的方法。契丹败还，过祁州城，赵延寿知城中兵少，献策契丹夺取祁州城。沈斌在城上斥责赵延寿。赵延寿劝沈斌投降。赵延寿说："沈使君，你是我的老朋友，选择祸患要挑轻的，还不快快投降。"沈斌回答说："赵侍中你们父子打错算盘了，陷身北虏，竟然忍心带着一群犬羊之兵来祸害父母之邦，你不感到羞耻，还得意扬扬，是什么东西！我沈斌即使弓折矢尽，宁愿为国家捐躯，绝不学你摇尾乞怜。"第二天城破，沈斌自杀。一为英雄，一为败类。赵延寿是无耻的走狗，白日做皇帝梦，至死不悟。

卷二八五　后晋纪六

后晋齐王开运二年至三年（945—946 年）

【起旃蒙大荒落（乙巳，945 年）八月，尽柔兆敦牂（丙午，946 年），凡一年有奇】

【大事提要】

本卷记事起公元 945 年八月，讫公元 946 年，凡一年又五个月，当后晋出帝开运二年八月至开运三年。南唐军攻破建州，殷主王延政请降。泉州人逐走南唐兵。闽主王仁达求救于吴越王，南唐兵败福州。后晋出帝骄奢淫逸，将士寒心。赵延寿诈降，后晋出帝委任杜威为元帅收复瀛、莫二州，契丹主第三次大举南犯。后晋与契丹夹滹沱河两岸对峙，杜威按兵不战，投降契丹，求为中原之主。河北诸镇望风降敌。契丹主命杜威领后晋兵南下，张彦泽为前锋直取大梁清宫。后晋出帝被迁于开封府封禅寺以待契丹主。后晋灭亡。

齐王下

开运二年（乙巳，945 年）

八月，甲子朔[1]，日有食之。

丙寅[2]，右仆射[3]兼中书侍郎[4]、同平章事[5]和凝罢守本官[6]；加枢密使[7]、户部尚书[8]冯玉[9]中书侍郎、同平章事，事无大小，悉以委之。

帝自阳城之捷[10]，谓天下无虞[11]，骄侈益甚。四方贡献珍奇，皆归内府[12]；多造器玩，广宫室，崇饰后庭[13]，近朝[14]莫之及；作织锦楼[15]以织地衣[16]，用织工数百，期年[17]乃成；又赏赐优伶[18]无度[19]。桑维翰[20]谏曰："向者[21]陛下亲御胡寇[22]，战士重伤者，赏不过帛数端[23]。今优人一谈一笑称旨[24]，往往赐束帛[25]、万钱、锦袍、银带，彼战士见之，能不觖望[26]，曰：'我曹冒白刃，绝筋折骨，曾不如一谈一笑之功乎！’如此，则士卒解体，陛下谁与卫社稷乎！”帝不听。

冯玉每善承迎帝意，由是益有宠。尝有疾在家，帝谓诸宰相曰：“自刺史以上，俟冯玉出乃得除[27]。”其倚任如此。玉乘势弄权，四方赂遗，辐辏[28]其门。由是朝政益坏。

唐兵[29]围建州[30]既久，建人离心。或谓董思安[31]：“宜早择去就。”思安曰：“吾世事王氏[32]，危而叛之，天下其谁容我。”众感其言，无叛者。

丁亥[33]，唐先锋桥道使[34]上元[35]王建封先登[36]，遂克建州，闽主延政[37]降。王忠顺[38]战死，董思安整众奔泉州[39]。

初，唐兵之来，建人苦王氏之乱与杨思恭[40]之重敛，争伐木开道以迎之。及破建州，纵兵大掠，焚宫室庐舍俱尽；是夕，寒雨，冻死者相枕，建人失望。唐主以其有功，皆不问。

汉主杀韶王弘雅[41]。

（以上为第一段，写后晋出帝阳城大捷后高枕无忧，骄侈荒政，将士寒心。南唐兵破建州，殷主王延政降南唐。）

【注释】

[1]甲子朔：八月一日。 [2]丙寅：八月三日。 [3]右仆射（yè）：执行政务的尚书省长官为尚书令，副手有左、右仆射。因唐太宗曾为尚书令，后例不复置，仆射即为尚书省最高长官。[4]中书侍郎：起草政令的中书省长官为中书令，副手为中书侍郎。因中书令不轻易授人，中书侍郎即为中书省之长官。 [5]同平章事：官名，职司宰相。同中书门下平章事之省称。唐初别官加此衔者同预宰相事，至开元以后，三省长官必须加授此衔才能预宰相事，五代承之。 [6]和凝罢守本官：免去和凝兼任的中书侍郎、同平章事，只保留尚书右仆射原官。即罢去和凝之相位。和凝（895—955），字成绩，历仕后唐、后晋、后汉、后周。传见《旧五代史》卷一百二十七、《新五代史》卷五十六。 [7]枢密使：官名，职掌军事及边防事务。 [8]户部尚书：户部主管全国财政，长官为尚书。 [9]冯玉：字璟臣，其姊为后晋出帝后，以外戚拜相兼枢密使，国家军政事务，一决于玉。传见《旧五代史》卷八十九、《新五代史》卷五十六。 [10]阳城之捷：后晋出帝石重贵即位后，对契丹不称臣，契丹怒，伐后晋，战于阳城（在今河北保定市清苑区东南），契丹兵败，北归。事详上卷开运二年三月。 [11]无虞：无忧。指天下太平。 [12]内府：后宫府库。[13]后庭：后宫。 [14]近朝：近世。指后梁、后唐。 [15]作织锦楼：兴建织造锦缎地毯的皇家手工工场楼房。 [16]地衣：地毯。 [17]期（jī）年：一整年。 [18]优伶：古代对以乐舞

戏谑为业的艺人的统称。［19］无度：没有定制。［20］桑维翰（899—947）：字国侨，助石敬瑭称帝，任中书侍郎、同中书门下平章事兼枢密使。受冯玉排挤。后晋亡，被叛降契丹的张彦泽缢杀。传见《旧五代史》卷八十九、《新五代史》卷二十九。［21］向者：从前，早先。［22］陛下亲御胡寇：指上卷开运二年的澶州之战。［23］端：古代布帛长度单位。《左传》昭公二十六年："币锦二两。"杜预注："二丈为一端，二端为一两，所谓匹也。"又《集韵》卷二十六则谓"布帛六丈曰端"。［24］称旨：中意。指迎合皇帝心意。［25］束帛：唐制，帛以十端为一束，合五匹，每匹从两端卷起，即得十端。［26］觖（jué）望：抱怨。［27］除：拜官授职。［28］辐辏（còu）：辐，车轮的辐条聚集在毂上。此喻趋炎附势之徒聚集在冯玉门下。［29］唐兵：南唐之兵。是年二月攻围建州，至此，已半年。［30］建州：此时为王氏闽国都城。治所建安，在今福建建瓯市。［31］董思安：闽将，都指挥使。［32］王氏：指割据建州开创闽政权的王潮、王审知等。［33］丁亥：八月二十四日。［34］桥道使：先锋官名。［35］上元：县名，县治在今江苏南京市江宁区。［36］王建封：南唐武将。先登：首先登上城头。［37］闽主延政：闽政权末主，王审知之子王延政。称帝于建州，改国号大殷，改元天德，公元943年至公元945年在位。［38］王忠顺：闽将，都指挥使。［39］泉州：治所晋江，在今福建泉州市。［40］杨思恭：闽政权兵部尚书，迁仆射、录军国事。善聚敛，闽人切齿，称之为"杨剥皮"。闽亡，为唐主所杀。［41］汉主杀韶王弘雅：汉主，南汉中宗刘晟，原名弘熙。弘雅，刘晟之弟，封韶王，遭刘晟之忌而被杀害。

九月，许文稹以汀州[1]，王继勋以泉州[2]，王继成以漳州[3]，皆降于唐。唐置永安军于建州。

丙申[4]，以西京[5]留守[6]兼侍中景延广[7]充[8]北面行营副招讨使[9]。

殿中监[10]王钦祚权知[11]恒州[12]事。会[13]乏军储，诏钦祚括籴[14]民粟。杜威[15]有粟十余万斛在恒州，钦祚举籍[16]以闻。威大怒，表称："臣有何罪，钦祚籍没臣粟！"朝廷为之召钦祚还，仍厚赐威以慰安之。

戊申[17]，置威信军于曹州[18]。

遣侍卫马步都指挥使[19]李守贞[20]戍澶州[21]。

乙卯[22]，遣彰德[23]节度使张彦泽[24]戍恒州。

汉主杀刘思潮、林少强、林少良、何昌廷[25]。以左仆射王翻[26]尝与高祖谋立弘昌[27]，出为英州[28]刺史，未至，赐死。内外皆惧不自保。

冬，十月，癸巳[29]，置镇安军于陈州[30]。

唐元敬宋太后[31]殂[32]。

王延政至金陵，唐主以为羽林大将军[33]。斩杨思恭以谢建人。以百胜[34]节度使王崇文为永安[35]节度使。崇文治以宽简[36]，建人遂安。

初，高丽王建用兵吞灭邻国[37]，颇强大，因胡僧袜啰[38]言于高祖曰："勃海[39]，我婚姻也，其王为契丹[40]所虏，请与朝廷共击取之。"高祖不报[41]。及帝与契丹为仇，袜啰复言之。帝欲使高丽扰契丹东边以分其兵势；会建卒，子武自称权知国事，上表告丧，十一月，戊戌[42]，以武为大义军使、高丽王，遣通事舍人[43]郭仁遇使其国，谕指[44]使击契丹。仁遇至其国，见其兵极弱，向者袜啰之言，特建为夸诞耳，实不敢与契丹为敌。仁遇还，武更以他故为解。

（以上为第二段，写后晋结纳高丽为援，高丽国弱，无益于后晋。）

【注释】

[1]汀州：治所长汀，在今福建长汀县。 [2]泉州：治所在今福建晋江市。 [3]漳州：治所龙溪，在今福建漳州市西。 [4]丙申：九月三日。 [5]西京：后晋陪都洛阳。后晋天福三年(938)，自东都河南府（治所洛阳）迁都汴州，以汴州为东京开封府，改东都河南府为西京。历五代后汉、后周及北宋，沿袭不改。 [6]留守：官名，陪都和行都常设留守，以地方行政长官兼任。 [7]景延广(890—945)：后晋权臣。传见《旧五代史》卷八十八、《新五代史》卷二十九。 [8]充：兼任。 [9]北面行营副招讨使：官名，五代有行营南面招讨使、行营北面招讨使，又置都招讨使。多以将帅或地方军政长官兼任，掌管镇压人民起义或招降伐叛等事，事后即撤销。行营，出征时的军营。副招讨使，招讨使之佐。 [10]殿中监：官名，殿中省长官，职掌内廷供奉。 [11]权知：代理官职，主持政务。 [12]恒州：为成德军节度使驻节重镇，治所真定，在今河北正定县。后晋外戚杜重威镇恒州，惧契丹入寇，连表乞还京师，后晋出帝拜杜重威为邺都留守，以殿中监王钦祚权知恒州事。 [13]会：适值。 [14]括籴：强行征购民间粮食。 [15]杜威(?—948)：即杜重威，后晋高祖石敬瑭妹夫，因避后晋出帝石重贵名，去"重"字。杜威镇恒州，搜刮聚敛私粟十余万斛。开运三年，契丹南侵，杜威为北面行营招讨使率兵御敌，不战而降，导致后晋灭亡。后汉建国，杜威降汉被诛。传见《旧五代史》卷一百九、《新五代史》卷五十二。 [16]举籍：登录。 [17]戊申：九月十五日。 [18]曹州：治所济阴，在今山东曹县北。 [19]侍卫马步都指挥使：官名，为禁卫军中马军与步军指挥官。多由皇帝亲信担任，后唐明宗始置。 [20]李守贞：历仕后晋、后汉两朝为节度使。传见《旧五代史》一百九、《新五代史》五十二。 [21]澶

州：治所濮阳，在今河南濮阳县南。［22］乙卯：九月二十二日。［23］彰德：方镇名，驻节相州，在今河南安阳市。后晋天福三年（938）置。［24］张彦泽：突厥部后裔，后晋叛臣，恶贯满盈，为契丹主耶律德光所杀。传见《旧五代史》卷九十八、《新五代史》卷五十二。［25］汉主杀刘思潮、林少强、林少良、何昌廷：天福八年（943），南汉中宗刘晟曾指使刘思潮等四人杀其兄汉殇帝洪度（刘玢）而自立。朝臣议论纷纷，刘晟为了灭口，又将刘思潮四人处死。何昌廷，据章校，"廷"字应作"延"字。［26］王翻（lín）：章校，"翻"作"翻"。［27］弘昌：南汉高祖刘龑（yǎn）第五子，封越王。王翻与高祖谋立弘昌事见《资治通鉴》卷二百八十三天福七年。事未遂，而遭中宗刘晟忌恨，赐死。弘昌亦为中宗所害。［28］英州：治所浈阳，在今广东英德市。［29］癸巳：十月三十日。［30］陈州：治所秣陵，在今河南沈丘县南。［31］唐元敬宋太后：南唐烈祖李昪（biàn）皇后，元宗李璟母，元敬为谥号。［32］殂（cù）：死亡。［33］羽林大将军：官名，禁军首领。［34］百胜：方镇名，五代十国吴置。治所虔州，在今江西赣州市。［35］永安：方镇名，五代十国唐置。治所建州，在今福建建瓯市。［36］治以宽简：指无为而治。宽，省刑狱。简，去烦苛。［37］高丽王建用兵吞灭邻国：高丽王建用兵击破新罗、百济，东夷诸国皆附。事见《资治通鉴》卷二百八十一后晋天福元年（936）。［38］胡僧袜啰：西域僧，善火卜。后晋天福年间来中国。后又游高丽，受高丽王建的委托，欲促使两国联合，共击契丹，袜啰于是还报高祖，未遂。［39］勃海：国名，又作渤海。唐代我国东北以靺鞨、粟末部为主体建立的政权（698—926）。创始人为粟末部大祚荣，被唐封为左骁卫大将军、勃海郡王，经常派使者到长安朝贡。后为辽所灭。［40］契丹：古族名、古国名，源于东胡。唐末，首领阿保机统一契丹及邻近各部，建立辽国（916—1125），与五代和北宋并立。宋宣和七年（1125），为金所灭。［41］不报：不答复，即不许。［42］戊戌：十一月五日。［43］通事舍人：官名，属中书省，掌通奏引纳、承旨宣劳等事，多以善辞令者担任。［44］谕指：皇帝对臣下的命令，文告。指，通"旨"。

乙卯[1]，吴越王弘佐诛内都监使杜昭达[2]，己未[3]，诛内牙上统军使明州[4]刺史阚璠。

昭达，建徽之孙也，与璠皆好货。钱塘富人程昭悦[5]以货结二人，得侍弘佐左右。昭悦为人狡佞，王悦之，宠待逾于旧将，璠不能平；昭悦知之，诣璠顿首谢罪，璠责让久之，乃曰："吾始者决欲杀汝；今既悔过，吾亦释然。"昭悦惧，谋去璠。

璠专而愎，国人恶之者众[6]。昭悦欲出璠于外[7]，恐璠觉之，私谓右统军使胡进思[8]曰："今欲除公及璠各为本州，使璠不疑，可乎？"进思许之，乃以璠为明州刺史，进思为湖州[9]刺史。璠怒曰："出我于外，是弃我也。”进思曰：“老兵得大州，幸矣；不行何为！”璠乃受命。既而复以他故留进思。

内外马步都统军使钱仁俊[10]母，杜昭达之姑也。昭悦因谮璠、昭达谋奉仁俊作乱，下狱锻炼[11]成之。璠、昭达既诛，夺仁俊官，幽于东府。于是昭悦治阚、杜之党，凡权任[12]与己侔[13]，意所忌者，诛放百余人，国人畏之侧目[14]。胡进思重厚寡言，昭悦以为戆[15]，故独存之。

昭悦收仁俊故吏慎温其，使证仁俊之罪，拷掠备至。温其坚守不屈；弘佐嘉之，擢为国官[16]。温其，衢州人也。

十二月，乙丑[17]，加吴越王弘佐东南面兵马都元帅[18]。

辛未[19]，以前中书舍人[20]广晋阴鹏[21]为给事中[22]、枢密直学士[23]。鹏，冯玉之党也；朝廷每有迁除[24]，玉皆与鹏议之。由是请谒赂遗[25]，充满其门。

初，帝疾未平，会正旦[26]，枢密使、中书令桑维翰遣女仆入宫起居[27]太后，因问：“皇弟睿[28]近读书否？”帝闻之，以告冯玉，玉因谮[29]维翰有废立之志；帝疑之。

李守贞素恶维翰，冯玉、李彦韬[30]与守贞合谋排之，以中书令行开封尹[31]赵莹[32]柔而易制，共荐以代维翰。丁亥[33]，罢维翰政事，为开封尹；以莹为中书令，李崧[34]为枢密使、守侍中。维翰遂称足疾，希复朝谒[35]，杜绝宾客。

或谓冯玉曰：“桑公元老，今既解其枢务，纵不留之相位，犹当优以大藩[36]，奈何使之尹京，亲猥细之务乎？”玉曰：“恐其反耳。”曰：“儒生安能反！”玉曰：“纵不自反，恐其教人耳。”

楚湘阴[37]处士[38]戴偃，为诗多讥刺，楚王希范[39]囚之；天策副都军使丁思瑾上书切谏[40]，希范削其官爵。

唐齐王景达[41]府属谢仲宣言于景达曰：“宋齐丘[42]，先帝布衣之交，今弃之草莱，不厌众心。”景达为之言于唐主曰：“齐丘宿望，勿用可也，何必弃之以为名！”唐主乃使景达自至青阳[43]召之。

（以上为第三段，写吴越王信用奸人程昭悦诛杀大臣，后晋出帝信用群小排挤桑维翰。）

【注释】

［1］乙卯：十一月二十二日。［2］吴越王弘佐：钱弘佐，吴越王钱元瓘第六子，十四岁袭位，二十卒，谥忠献王。公元941年至947年在位。杜昭达：吴越丞相杜建徽孙，盛治第宅，任内牙都监使，因罪被诛。［3］己未：十一月二十六日。［4］明州：治所鄮（mào）县，在今浙江宁波市。［5］程昭悦：吴越钱塘富人，深受吴越王弘佐信任，屡造冤案，后被诛。［6］国人恶之者众：据章校，“众”字下应有“王亦恶之”四字。［7］出瑶于外：出，排挤出朝。外，在外做地方官。［8］胡进思：吴越大将、右统军使。事附《旧五代史》《新五代史》之《钱镠传》中。［9］湖州：治所乌程，在今浙江湖州市吴兴区。［10］钱仁俊：吴越宗室，其父为武肃王钱镠第八子余姚侯钱传瓘。吴越王弘佐在位时，仁俊为内外马步都统军使，遭富人程昭悦诬陷，囚于东府。后复其官，历任威武军节度使、检校太保。［11］锻炼：比喻枉法陷人于罪。［12］权任：权位。［13］侔（móu）：齐等。［14］侧目：不敢正视。［15］戆（zhuàng）：憨厚。［16］国官：吴越京都朝官。［17］乙丑：十二月五日。［18］都元帅：大元帅。［19］辛未：十二月九日。［20］中书舍人：官名，掌管诏令、侍从、宣旨、慰劳等事。［21］广晋：府名。五代后唐改魏州为兴唐府，后晋又改为广晋府。治所贵乡，在今河北大名县东北。阴鹏：人名。据章校，“阴”字应作“殷”。［22］给事中：官名，隋唐以后给事中为门下省要职，在侍中及门下侍郎之下，掌驳正政令之违失。［23］枢密直学士：枢密使下属人员，多选精通政术、文学之士担任。［24］迁除：升职授官。［25］请谒赂遗：请托求见，赠送财物。［26］正旦：正月一日。［27］起居：参拜问候。［28］皇弟睿（ruì）：后晋出帝石重贵弟重睿，讳帝名，去“重”字。［29］谮（zèn）：捏造事实，背后诬告。［30］李彦韬：传见《旧五代史》卷八十八。［31］以中书令行开封尹：以中书令职实授开封府尹。行，兼理。此为实授。尹，都城行政长官称尹。［32］赵莹：字玄辉。后晋高祖时官至中书令，出帝时守中书令，行开封尹事，性柔弱，故权臣冯玉等复荐为相以代桑维翰。传见《旧五代史》卷八十九、《新五代史》卷五十六。［33］丁亥：十二月二十五日。［34］李崧（?—948）：深州饶阳（今河北饶阳县市）人。历仕后唐、后晋、契丹、后汉，为中枢大臣。后汉隐帝乾祐元年被诬谋反，灭族。传见《旧五代史》卷一百八十、《新五代史》卷五十七。［35］希复朝谒：复，免除。朝谒，朝见皇帝，参议政务。桑维翰称有足疾，希望免除朝会政务，又杜门谢客，以此远权臣，避猜忌。［36］大藩：镇守一方的藩镇节度使。［37］湘阴：县名，县治在今湖南湘阴县。［38］处士：古时称有才德而隐居不仕的人。［39］楚王希范：楚王马殷第四子。公元932年至947年在位，谥文昭王。传见《旧五代史》卷一百三十三、《新五代史》卷六十六。［40］丁思瑾：楚王马希范牙将，累官天策副都军使。切谏：直言强谏。丁思瑾上书事见《旧五代史》卷一百三十三、《新五代史》卷六十六。［41］唐齐王景达：南唐烈祖李昪第四子李景达，字子通，封齐王。后主李煜即位，加太师、尚书令。［42］宋齐丘：字子嵩，庐陵（今江西吉水县东北）人。佐南唐李昪建号之谋臣，官至中书令，封卫国公。南唐元宗李景立，不得意，弃官隐于九华山，封青阳公。不久复出，因与陈觉等结党为奸，事发放还青阳，赐死。事见《新五代史》卷六十二。

[43]青阳：县名，县治在今安徽青阳县。九华山在其县境西南。

三年（丙午，946年）

春，正月，以齐丘为太傅[1]兼中书令，但奉朝请[2]，不预政事。以昭武[3]节度使李建勋[4]为右仆射兼门下侍郎，与中书侍郎冯延己[5]皆同平章事。建勋练习吏事，而懦怯少断；延己工文辞，而狡佞，喜大言，多树朋党。水部郎中[6]高越，上书指延己兄弟过恶，唐主怒，贬越蕲州[7]司士[8]。

初，唐主置宣政院于禁中[9]，以翰林学士[10]、给事中常梦锡[11]领之，专典机密，与中书侍郎严续[12]皆忠直无私。唐主谓梦锡曰："大臣惟严续中立，然无才，恐不胜其党，卿宜左右之。"未几，梦锡罢宣政院，续亦出为池州观察使[13]。梦锡于是移疾[14]纵酒，不复预朝廷事。续，可求[15]之子也。

二月，壬戌朔[16]，日有食之。

晋昌[17]节度使兼侍中赵在礼[18]，更历十镇[19]，所至贪暴，家赀为诸帅之最。帝利其富，三月，庚申[20]，为皇子镇宁[21]节度使延煦[22]娶其女。在礼自费缗[23]钱十万，县官[24]之费，数倍过之。延煦及弟延宝[25]，皆高祖诸孙，帝养以为子。

唐泉州刺史王继勋致书修好于威武[26]节度使李弘义[27]。弘义以泉州故隶威武军，怒其抗礼，夏，四月，遣弟弘通将兵万人伐之。

初，朔方[28]节度使冯晖[29]在灵州[30]，留党项[31]酋长拓跋彦超于州下，故诸部不敢为寇；及将罢镇而纵之。

前彰武[32]节度使王令温[33]代晖镇朔方，不存抚羌、胡，以中国法绳之。羌、胡怨怒皆叛[34]，竞为寇钞[35]。拓跋彦超、石存、也厮褒三族，共攻灵州，杀令温弟令周。戊午，令温上表告急。

泉州都指挥使[36]留从效[37]谓刺史王继勋曰："李弘通兵势甚盛，士卒以使君[38]赏罚不当，莫肯力战，使君宜避位自省！"乃废继勋归私第，代领军府事，勒兵击李弘通，大破之。表闻于唐，唐主以从效为泉州刺史，召继勋还金陵，遣将将兵戍泉州。徙漳州刺史王继成为和州[39]

刺史，汀州刺史许文稹为蕲州刺史。

（以上为第四段，写南唐奸佞当道，直臣被贬黜。泉州都指挥使留从效击退福州兵，代王继勋为泉州刺史。）

【注释】

［1］太傅：官名，与太师、太保为三公，多为大臣的加衔，无实职。［2］奉朝请：古代贵族、官僚定期朝见皇帝为奉朝请。春季朝见为朝，秋季朝见为请。［3］昭武：方镇名，五代十国吴置，治所抚州，在今江西抚州市。［4］李建勋：字致尧，南唐权臣。累宫中书侍郎、同平章事，加左仆射，监修国史。以司徒致仕。［5］冯延己（约 903—960）：今之文学史多写作“冯延巳”。一名延嗣，字正中，广陵（今江苏扬州市）人。南唐权臣，以善文辞被重用，官中书侍郎、同平章事。与冯延鲁、魏岑、陈觉、查文徽等专朝政，时人称“五鬼”。有乐府词传世。［6］水部郎中：官名，水部为工部四司之一，郎中为司的主官，掌水道政令。［7］蕲（qí）州：治所蕲春，在今湖北蕲春县蕲州镇西北。［8］司士：官名，唐代州县有司士参军和司士，掌工役之事。［9］禁中：宫中。［10］翰林学士：官名，皇帝最亲近的顾问兼秘书官，经常值宿内廷，为皇帝起草文告。［11］常梦锡：字孟图，扶风（今陕西兴平市东南）人。历任南唐翰林学士、给事中，领宣政院，专掌密命。因斥宋齐丘、陈觉等为小人，备受排挤。［12］严续：南唐烈祖李昪婿。历任中书侍郎、门下侍郎，同平章事。因不依附宋齐丘等人，多遭排斥。［13］池州：治所秋浦，在今安徽池州市贵池区。观察使：官名，掌考察州县官吏政绩，后兼理民事。管辖地区为道，凡不设节度使之处，即以观察使为一道的行政长官。［14］移疾：旧时官员上书称病辞职。移，公文的一种。［15］可求：严可求，徐温谋臣。累官尚书左仆射兼同平章事。［16］壬戌朔：二月一日。［17］晋昌：方镇名，五代后晋置，治所京兆府，在今陕西西安市西北。［18］赵在礼：字干臣，涿州（今河北涿州市）人。仕后唐、后晋，历任十节度使，贪婪残暴，积资巨万。后晋亡，畏罪自缢。传见《旧五代史》卷九十、《新五代史》卷四十六。［19］更历十镇：指邺都、义成、横海、泰宁、匡国、天平、忠武、武宁、归德、晋昌。［20］庚申：三月二十九日。［21］镇宁：方镇名，五代后晋天福九年置，治所澶州，在今河南濮阳县南。［22］延煦：石延煦，后晋高祖石敬瑭孙，出帝石重贵以为子。官至镇宁节度使。后晋亡，随出帝北迁。［23］缗（mín）：本指穿钱的绳子，亦指成串的钱。一千文为一缗。［24］县官：古指天子。［25］延宝：石延宝，后晋高祖石敬瑭孙，出帝石重贵以为子。官至威信军节度使。后晋亡，随出帝北迁。延煦、延宝传见《旧五代史》卷八十七、《新五代史》卷一十七。［26］威武：方镇名，唐乾宁三年（896）置，治所福州，在今福建福州市。［27］李弘义：光州（今河南光山县）人。本名仁达，仕闽惠宗（王鳞）为元从都指挥使。服叛无常，屡改名字。投南唐，为威武军节度使，更名弘义，不久改弘达；后奉表于后晋，任同平章事，又改名达；称臣于吴越，又更名为孺赟（yūn）。终因谋降南唐被吴越将鲍修让杀，灭族。事见《新五代史》卷六十八。下句中的“威武军”为其方镇军号名。［28］朔方：方镇名，唐玄宗开元元年

（713）置。治所灵州，在今宁夏灵武市西南。［29］冯晖：后晋灵武节度使，抚绥边部，深得夷心，官至中书令，封陈留王。传见《旧五代史》卷一百二十五、《新五代史》卷四十九。［30］灵州：治所薄骨律镇，在今宁夏灵武市西南。［31］党项：古族名，又称党项羌，为羌人之一支，唐五代时分布在今青海、甘肃、宁夏、陕西北部一带。拓跋氏为大姓之一，最强。［32］彰武：方镇名，原为忠义军，后梁置，后唐改名彰武。治所延州，在今陕西延安市东北。［33］王令温：字顺之，瀛州河间（今河北河间市）人。历仕后唐、后晋、后汉、后周，官至镇安军节度使。传见《旧五代史》卷一百二十四。［34］羌、胡怨怒皆叛："皆叛"二字据章校加。［35］钞：亦作"抄"，强取、掠夺。［36］都指挥使：官名，五代始用作统兵将领之称，分都指挥使、副都指挥使等。［37］留从效：泉州永春（今福建永春县）人。初仕闽，后降后唐，封晋江王。传见《新五代史》卷六十八。［38］使君：汉时称刺史为使君，五代沿用。王继勋曾被留从效拥立主持泉州府事，故称使君。［39］和州：治所历阳，在今安徽和县。

定州[1]西北二百里有狼山[2]，土人筑堡于山上以避胡寇。堡中有佛舍，尼孙深意居之，以妖术惑众，言事颇验，远近信奉之。中山[3]人孙方简[4]及弟行友，自言深意之侄，不饮酒食肉，事深意甚谨。深意卒，方简嗣行其术，称深意坐化[5]，严饰，事之如生，其徒日滋。

会晋与契丹绝好，北边赋役烦重，寇盗充斥，民不安其业。方简、行友因帅乡里豪健者，据寺为寨以自保。契丹入寇，方简帅众邀击[6]，颇获其甲兵、牛马、军资，人挈家往依之者日益众。久之，至千余家，遂为群盗。惧为吏所讨，乃归款[7]朝廷。朝廷亦资其御寇，署东北招收指挥使。

方简时入契丹境钞掠，多所杀获。既而邀求[8]不已，朝廷小不副[9]其意，则举寨降于契丹，请为乡道以入寇。时河北大饥，民饿死者所在以万数，兖、郓、沧、贝[10]之间，盗贼蜂起，吏不能禁。

天雄[11]节度使杜威遣元随军将刘延翰市[12]马于边，方简执之，献于契丹。延翰逃归，六月，壬戌[13]，至大梁[14]，言"方简欲乘中国凶饥，引契丹入寇，宜为之备。"

初，朔方节度使冯晖在灵武，得羌、胡心，市马期年，得五千匹，朝廷忌之，徙镇邠州[15]及陕州[16]，入为侍卫步军都指挥使、领河阳[17]节度使。晖知朝廷之意，悔离灵武，乃厚事冯玉、李彦韬，求复镇灵州。

朝廷亦以羌、胡方扰，丙寅[18]，复以晖为朔方节度使，将关西[19]兵击羌、胡，以威州[20]刺史药元福为行营马步军都指挥使。

乙丑[21]，定州言契丹勒兵[22]压境。诏以天平[23]节度使、侍卫马步都指挥使李守贞为北面行营都部署，义成节度使皇甫遇[24]副之；彰德节度使张彦泽充马军都指挥使兼都虞候[25]，义武节度使蓟人李殷充步军都指挥使兼都排陈使[26]；遣护圣指挥使临清王彦超、太原白延遇[27]以部兵十营诣邢州[28]。时马军都指挥使、镇安[29]节度使李彦韬方用事[30]，视守贞蔑如[31]也。守贞在外所为，事无大小，彦韬必知之，守贞外虽敬奉而内恨之。

（以上为第五段，写中山人孙方简以妖术惑众，成为定州地方豪强，依违于后晋与契丹之间，叛服无常，趁河北大饥荒，引导契丹入寇。）

【注释】

[1]定州：州名，治所安喜，在今河北定州市。[2]狼山：山名，在河北易县西南，又称郎山，其上有西水及姑姑窝等寨。[3]中山：府名，治所在今河北定州市。[4]孙方简：《新五代史》作孙方谏，避周太祖皇考郭简讳改。传见《新五代史》卷四十九。[5]坐化：佛教名词，又称“坐脱”。据说有些高僧临终时，常常端坐而逝，称“坐化”。[6]邀击：伏击。[7]归款：诚心归顺。[8]邀求：索求。[9]副：符合。[10]兖、郓、沧、贝：皆州名。兖，治所瑕丘，在今山东济宁市兖州区。郓，治所须昌，在今山东东平县西北。沧，治所清池，在今河北沧县东南。贝，治所武城，在今河北南宫市东南。[11]天雄：方镇名，唐天祐元年（904）置。治所魏州，在今河北大名县东北。[12]市：交易，此为购买。[13]壬戌：六月三日。[14]大梁：古城名，在今河南开封市西北。[15]邠（bīn）州：治所新平，在今陕西彬州市。[16]陕州：治所陕县，在今河南三门峡市陕州区。[17]河阳：方镇名，唐建中时置河阳三城节度使。治所河阳，在今河南孟州市西。[18]丙寅：六月七日。[19]关西：地区名，泛指函谷关或潼关以西地区。[20]威州：又称环州，由灵州地分置。[21]乙丑：六月六日。[22]勒兵：部署、统领军队。[23]天平：方镇名，唐宪宗元和十五年（820）置，治所郓州，在今山东东平县西北。[24]义成：方镇名，唐德宗贞元元年（785）由永平军节度使更号为义成军节度使。治所滑州，在今河南滑县东。皇甫遇：常山真定（今河北正定县）人。官至马军右厢都指挥使。契丹侵后晋，奋力抵抗。后随杜重威降契丹，途中割断喉咙而死。传见《旧五代史》卷九十五、《新五代史》卷四十七。[25]都虞候：藩镇所置亲信武官，于军中执法。[26]义武：方镇名，唐德宗建中三年（782）置，治所定州，在今河北定州市。都排陈使：出征时临时设置之官。陈，通“阵”，下同。[27]白延遇：字希望，太原（今山西太原市西南）人。历仕后晋、后周。官至同州节度使。传见《旧五代史》

卷一百二十四。［28］邢州：治所龙冈，在今河北邢台市。［29］镇安：方镇名，五代后晋出帝开运二年（945）置。［30］用事：当权。［31］蔑如：轻视、蔑视。如，形容词词尾。

初，唐人既克建州，欲乘胜取福州[1]，唐主不许。枢密使陈觉[2]请自往说李弘义，必令入朝。宋齐丘荐觉才辩，可不烦寸刃，坐致弘义。唐主乃拜弘义母、妻皆为国夫人，四弟皆迁官。以觉为福州宣谕使[3]，厚赐弘义金帛。弘义知其谋，见觉，辞色甚倨，待之疏薄；觉不敢言入朝事而还。

秋，七月，河决杨刘[4]，西入莘县[5]，广四十里，自朝城[6]北流。

有自幽州[7]来者，言赵延寿[8]有意归国，枢密使李崧、冯玉信之，命天雄节度使杜威致书于延寿，具述朝旨，啖[9]以厚利，洛州[10]军将赵行实尝事延寿，遣赍[11]书潜往遗之。延寿复书言："久处异域，思归中国。乞发大军应接，拔身南去。"辞旨恳密。朝廷欣然，复遣行实诣延寿，与为期约。

八月，李守贞言："与契丹千余骑遇于长城北，转斗四十里，斩其酋帅解里，拥余众入水溺死者甚众。"丁卯[12]，诏李守贞还屯澶州。

帝既与契丹绝好，数召吐谷浑[13]酋长白承福[14]入朝，宴赐甚厚。承福从帝与契丹战澶州，又与张从恩戍滑州[15]。属[16]岁大热，遣其部落还太原[17]，畜牧于岚、石[18]之境。部落多犯法，刘知远无所纵舍[19]；部落知朝廷微弱，且畏知远之严，谋相与遁归故地。有白可久者，位亚承福，帅所部先亡归契丹，契丹用为云州[20]观察使，以诱承福。

知远与郭威[21]谋曰："今天下多事，置此属于太原，乃腹心之疾也，不如去之。"承福家甚富，饲马用银槽。威劝知远诛之，收其货以赡军[22]。知远密表："吐谷浑反覆难保，请迁于内地。"帝遣使发其部落千九百人，分置河阳[23]及诸州。知远遣威诱承福等入居太原城中，因诬承福等五族[24]谋叛，以兵围而杀之，合四百口，籍没其家赀。诏褒赏之，吐谷浑由是遂微。

（以上为第六段，写契丹卢龙节度使赵延寿诈降后晋。太原留守刘知远翦除朔州效力于后晋的吐谷浑部，为割据扫清道路。）

【注释】

［1］福州：治所闽县，在今福建福州市。［2］陈觉：泰州（今江苏泰州市）人。南唐权臣，与宋齐丘等专国政，历任监军使、枢密使。出兵多败。宋齐丘事发，被贬，元宗派人诛于路。［3］宣谕使：官名，掌宣谕皇帝的诏令。［4］杨刘：津名，在卢县东北，今山东东阿县北，因水道变迁，已成为陆地。［5］莘（shēn）县：县名，县治在今山东莘县。［6］朝城：县名，在莘县西南。［7］幽州：治所蓟县，在今北京市。［8］赵延寿：本姓刘，常山（今河北正定县）人。被赵德钧收养为子，娶后唐明宗李嗣源女，任唐枢密使。入契丹，任幽州节度使，封燕王。契丹灭后晋，又兼中京留守、大丞相。后被契丹兀欲罢黜。传见《旧五代史》卷九十八、《新五代史》卷七十三。［9］啖（dàn）：引诱、利诱。［10］洛州：据章校，“洛”字作“洺”。洺州治所广年，在今河北邯郸市永年区东南。［11］赍（jī）：带着。［12］丁卯：八月九日。［13］吐谷（yù）浑：古族名，原为鲜卑的一支，游牧于今辽宁锦州市西北。西晋末迁今甘肃、青海间。唐初一部迁灵州，五代时散处蔚州，在今河北西北部。［14］白承福：唐庄宗时吐谷浑首领，任宁朔、奉化府都督，赐其姓名为李绍鲁。传见《新五代史》卷七十四《四夷附录》第三。［15］滑州：治所滑台城，在今河南滑县东。［16］属（zhǔ）：适值。［17］太原：府名，治所太原，在今山西太原市晋源区。［18］岚：县名，县治在今山西岚县。石：州名，治所离石，在今山西吕梁市离石区。［19］刘知远（895—948）：后汉高祖。沙陀族后裔。后晋出帝时为河东节度使、北面行营都统，封北平王。契丹灭后晋，在太原称帝，国号汉，建都汴（今河南开封市）。公元947年至948年在位。传见《旧五代史》卷九十九、《新五代史》卷十。无所纵舍：毫不宽贷，一一严惩。［20］云州：治所云中，在今山西大同市。［21］郭威（904—954）：邢州尧山（今河北隆尧县）人。后汉时为邺都留守、天雄节度使。后称帝，国号周，建都汴（今河南开封市）。公元951年至954年在位。传见《旧五代史》卷一百一十、《新五代史》卷十一。［22］赡军：供给军用。［23］河阳：县名，县治在今河南孟州市西。［24］承福等五族：白承福及其族白铁匮、赫连海龙等五家。

濮州[1]刺史慕容彦超[2]坐违法科敛，擅取官麦五百斛造曲[3]，赋[4]与部民。李彦韬素与彦超有隙，发其事，罪应死。彦韬趣[5]冯玉使杀之，刘知远上表论救。李崧曰：“如彦超之罪，今天下藩侯皆有之。若尽其法，恐人人不自安。”甲戌[6]，敕免彦超死，削官爵，流房州[7]。

唐陈觉自福州还，至剑州[8]，耻无功，矫诏使侍卫官[9]顾忠召弘义入朝，自称权福州军府事，擅发汀、建、抚[10]、信州[11]兵及戍卒，命建州监军使冯延鲁[12]将之，趣福州迎弘义。延鲁先遗弘义书，谕以祸福。弘义复书请战，遣楼船指挥使杨崇保将州师[13]拒之。觉以剑州刺史陈诲[14]为缘江战棹[15]指挥使，表："福州孤危，旦夕可克。"唐主以觉专命[16]，甚怒；群臣多言："兵已傅城下，不可中止，当发兵助之。"

丁丑[17]，觉、延鲁败杨崇保于候官[18]，戊寅[19]，乘胜进攻福州西关。弘义出击，大破之，执唐左神威指挥使杨匡邺。

唐主以永安节度使王崇文为东南面都招讨使，以漳泉[20]安抚使、谏议大夫魏岑[21]为东面监军使，延鲁为南面监军使，会兵攻福州，克其外郭。弘义固守第二城。

冯晖引兵过旱海[22]，至辉德[23]，糗[24]粮已尽。拓跋彦超众数万，为三陈[25]，扼要路，据水泉以待之。军中大惧。晖以赂求和于彦超，彦超许之。自旦至日中，使者往返数四，兵未解。药元福曰："虏知我饥渴，阳许和以困我耳；若至暮，则吾辈成擒矣。今虏虽众，精兵不多，依西山而陈者是也。其余步卒，不足为患。请公严陈以待我，我以精骑先犯西山兵，小胜则举黄旗，大军合势击之，破之必矣。"乃帅骑先进，用短兵力战。彦超小却，元福举黄旗，晖引兵赴之，彦超大败。明日，晖入灵州。

（以上为第七段，写南唐征闽，兵败福州。后晋将冯晖复镇灵州，逐走拓跋彦超。）

【注释】

［1］濮州：治所鄄城，在今山东鄄城县北旧城。［2］慕容彦超：刘知远同母弟。官至泰宁节度使。多智诈，好聚敛。郭威建后周，据兖州叛。城破，投井死。传见《新五代史》卷五十三。［3］曲：含有大量能发酵的活微生物或其酶类的发酵剂或酶制剂。一般用粮食或粮食副产品培养微生物制成，可造酒用。［4］赋：授、给予。［5］趣（cù）：催促。［6］甲戌：八月十六日。［7］房州：治所房陵，在今湖北房县。［8］剑州：治所剑浦，在今福建南平市。宋初改名南剑州。［9］侍卫官：皇帝的警卫官，同盛唐时的侍官。［10］抚：抚州，治所临川，在今江西抚州市西。［11］信州：治所上饶，在今江西上饶市。［12］冯延鲁：字叔文，冯延己异母弟。官至中书舍人、勤政殿学士。善辞令，急功近利。陈觉矫诏攻福州，任监军使。被吴越兵击败，流放舒州，遇赦，复少府监、户部尚书。［13］州师：据胡三省注，一本作"舟师"。［14］陈诲：建安（今福建建瓯市）人。南唐剑州刺史、永安军节度使，兼侍中。屡立战功，号名将。［15］棹（zhào）：本指摇船的用具，此指船。［16］专命：无所承命而独断专行。［17］丁丑：八月十九日。［18］候官：即侯官，县名，辖境大致相当今福建福州市西部和闽侯县西北部。［19］戊寅：八月二十日。

[20]漳泉：军镇名，置安抚使，统漳州和泉州。 [21]魏岑：字景山，郓州须城（今山东东平县）人。南唐谏议大夫、兵部侍郎、枢密副使。工谄谀，善揣人意，朝中直臣多遭其排斥。 [22]旱海：戈壁滩。此指宁夏灵武市东南的旱江平沙漠地。 [23]辉德：地名，在今宁夏灵武市南。 [24]糗（qiù）：炒熟的米、麦等谷物。 [25]陈：同“阵”。

九月，契丹三万寇河东[1]；壬辰[2]，刘知远败之于阳武谷[3]，斩首七千级。

汉刘思潮等既死，陈道庠[4]内不自安。特进[5]邓伸[6]遗[7]之《汉纪》[8]，道庠问其故。伸曰：“憨獠[9]！此书有诛韩信、醢彭越[10]事，宜审读之！”汉主闻之，族道庠及伸。

李弘义自称威武留后[11]，更名弘达[12]，奉表请命于晋；甲午[13]，以弘达为威武节度使、同平章事，知闽国事。

张彦泽奏败契丹于定州北，又败之于泰州[14]，斩首二千级。

辛丑，福州排陈使马捷引唐兵自马牧山[15]拔寨而入，至善化门桥，都指挥使丁彦贞以兵百人拒之。弘达退保善化门，外城再重皆为唐兵所据。弘达更名达[16]，遣使奉表称臣，乞师于吴越。

楚王希范知帝好奢靡，屡以珍玩为献，求都元帅；甲辰[17]，以希范为诸道兵马都元帅。

丙辰[18]，河决澶州临黄[19]。

契丹使瀛州[20]刺史刘延祚遗乐寿[21]监军王峦书，请举城内附。且云：“城中契丹兵不满千人，乞朝廷发轻兵袭之，己为内应。又，今秋多雨，自瓦桥[22]以北，积水无际，契丹主已归牙帐[23]，虽闻关南[24]有变，地远阻水，不能救也。”峦与天雄节度使兼中书令杜威屡奏瀛、莫乘此可取，深州刺史慕容迁献《瀛莫图》[25]。冯玉、李崧信以为然，欲发大兵迎赵延寿及延祚。

先是，侍卫马步都指挥使、天平节度使李守贞数将兵过广晋，杜威厚待之，赠金帛甲兵，动以万计；守贞由是与威亲善。守贞入朝，帝劳之曰：“闻卿为将，常费私财以赏战士。”对曰：“此皆杜威尽忠于国，以金帛资臣，臣安敢掠有其美！”因言：“陛下若他日用兵，臣愿与威戮力以清沙漠。”帝由是亦贤之。

及将北征，帝与冯玉、李崧议，以威为元帅，守贞副之。赵莹私谓冯、李曰：“杜令国戚，贵为将相，而所欲未厌，心常慊慊[26]，岂可复假以兵权！必若有事北方，不若止任守贞为愈也。”不从。冬，十月，辛未[27]，以威为北面行营都指挥使[28]，以守贞为兵马都监[29]，泰宁[30]节度使安审琦[31]为左右厢都指挥使，武宁节度使符彦卿[32]为马军左厢都指挥使，义成节度使皇甫遇为马军右厢都指挥使，永清节度使梁汉璋[33]为马军都排陈使，前威胜节度使宋彦筠[34]为步军左厢都指挥使，奉国左厢都指挥使王饶[35]为步军右厢都指挥使，洺州团练使[36]薛怀让为先锋都指挥使。仍下敕榜[37]曰：“专发大军，往平黠虏。先取瀛、莫，安定关南；次复幽燕[38]，荡平塞北。”又曰：“有擒获虏主者，除上镇节度使，赏钱万缗，绢万匹，银万两。”时自六月积雨，至是未止，军行及馈运者甚艰苦。

（以上为第八段，写后晋出帝中赵延寿诈降之计，命将杜威收复瀛、莫，为后晋败亡张本。）

【注释】

[1]河东：地区名。此泛指今山西全省，因位于黄河以东而得名。 [2]壬辰：九月五日。 [3]阳武谷：山峪名，在今山西原平市北。 [4]陈道庠：南汉殇帝时官指挥使，与刘思潮等人参与杀殇帝刘玢。后又被中宗刘晟灭族。传见《新五代史》卷六十五。 [5]特进：官名，朝廷优礼重臣在其本官之外加赐的名号，无固定职事。 [6]邓伸：南汉大臣。路振《九国志》称，陈道庠父珰与邓伸有旧，故邓伸赠《汉纪》以讽之。而吴任臣《十国春秋》载，邓伸父珰与陈道庠为旧友。 [7]遗：赠送。 [8]《汉纪》：载西汉一代的编年体史书，东汉荀悦撰。 [9]憨獠：蠢蛮。当时南方的骂人语。獠（lǎo），也是古籍中对我国少数民族仡（gē）佬族的侮辱性称呼。 [10]诛韩信、醢彭越：韩信、彭越都是汉初诸侯王，辅佐刘邦击败项羽。西汉建立后，两人均以谋反罪为刘邦所杀。醢（hǎi），古代的一种酷刑，把人剁成肉酱。 [11]李弘义自称威武留后：据章校，“后”字下有“权知闽国事”五字。 [12]更名弘达：李弘义本名仁达，南唐李璟赐名弘义，今既叛唐，遂更还其本名。 [13]甲午：九月七日。 [14]泰州：治所海陵，在今江苏泰州市。此泰州当时在南唐境内。张彦泽败契丹于泰，应在定州之北，定州在今河北正定县。此言泰州疑有误。 [15]马牧山：在福建闽侯县，即越王山之西麓。 [16]弘达更名达：李弘达奉表吴越王称臣求救，因避吴越王钱弘佐讳，去“弘”字。 [17]甲辰：九月十七日。 [18]丙辰：九月二十九

日。［19］临黄：县名，北宋端拱元年（988）并入观城县。临黄旧县治在今河南范县西南临黄集。［20］瀛州：治所赵都军城，在今河北河间市。［21］乐寿：县名，县治在今河北献县西南。［22］瓦桥：关名，在河北雄县南易水上。［23］牙帐：将帅树军旗于军帐前，称牙帐。此指大本营。［24］关南：指瓦桥关南的瀛、莫二州，后晋已割属契丹。莫州治所莫县，在今河北任丘市北。［25］《瀛莫图》：瀛、莫二州地形图。［26］慊（qiàn）慊：不满意。［27］辛未：十月十四日。［28］都指挥使：章校："十二行本作'招讨使'；乙十一行本同；孔本同。"都指挥使，统兵将领之称，五代始用。招讨使，掌镇压人民起义或招降伐叛等事，事后即撤销。［29］兵马都监：掌京师巡捕盗贼、清理街道沟渠以及管理囚犯、火禁等事。［30］泰宁：方镇名，唐昭宗乾宁四年（897）置，治所兖州，在今山东济宁市兖州区。［31］安审琦：沙陀族后裔，历仕后唐、后晋、后汉、后周四朝。入周，官至太师，封陈王。传见《旧五代史》卷一百二十三。［32］武宁：方镇名，唐宪宗元和二年（807）置，治所徐州，在今江苏徐州市。符彦卿：后唐宰相符存审之子。传见《旧五代史》卷五十六、《新五代史》卷二十五。［33］永清：方镇名，后晋高祖天福三年（938）置，治所贝州，在今河北南宫市东南。梁汉璋：历仕后唐、后晋，与契丹战，阵亡。传见《旧五代史》卷九十五。［34］威胜：方镇名，后唐庄宗同光元年（923）改宣化军为威胜军。治所邓州，在今河南邓州市。宋彦筠：历仕后唐、后晋、后汉、后周。入周，官至左卫上将军、太子太师。勇健善战，时人称"宋忙儿"。传见《旧五代史》卷一百二十三。［35］王饶：历仕后晋、后汉、后周。入周，官至彰德军节度使兼侍中。传见《旧五代史》卷一百二十五。［36］团练使：官名，唐代中期以后，于不设节度使的地区置都团练使、团练使，掌本区各州军事。［37］敕榜：晓谕军民的文告。［38］幽燕（yān）：地区名，今河北北部及辽宁一带。

唐漳州将林赞尧作乱，杀监军使周承义、剑州刺史陈诲。泉州刺史留从效举兵逐赞尧，以泉州裨将董思安权知漳州。唐主以思安为漳州刺史，思安辞以父名章，唐主改漳州为南州，命思安及留从效将州兵会攻福州。庚辰[1]，围之。

福州使者至钱塘[2]，吴越王弘佐召诸将谋之，皆曰："道险远，难救。"惟内都监使临安[3]水丘昭券[4]以为当救。弘佐曰："唇亡齿寒，吾为天下元帅，曾不能救邻道，将安用之！诸君但乐饱身[5]安坐邪！"壬午[6]，遣统军使[7]张筠、赵承泰将兵三万，水陆救福州。

先是募兵，久无应者，弘佐命纠[8]之，曰："纠而为兵者，粮赐减半。"明日，应募者云集。弘佐命昭券专掌用兵，昭券惮程昭悦，以用兵事让之。弘佐命昭悦掌应援馈运事，而以军谋委元德昭[9]。德昭，危仔倡之子也。

弘佐议铸铁钱以益将士禄赐，其弟牙内都虞候[10]弘亿[11]谏曰："铸铁钱有八害：新钱既行，旧钱皆流入邻国，一也；可用于吾国而不可用于他国，则商贾不行，百货不通，二也；铜禁至严，民犹盗铸，况家有铛釜，野有铧犁，犯法必多，三也；闽人铸铁钱而乱亡，不足为法，四也；国用幸丰而自示空乏，五也；禄赐有常而无故益之以启无厌之心，六也；法变而弊，不可遽复，七也；'钱'者国姓，易之不祥，八也。"弘佐乃止。

（以上为第九段，写吴越王钱弘佐发兵救闽主李弘义，并停止铸铁钱。）

【注释】

[1]庚辰：十月二十三日。 [2]钱塘：吴越国都，在今浙江杭州市。 [3]临安：县名，县治临安，在今浙江杭州市。 [4]水丘昭券：吴越内都监使，深得忠献王、忠逊王信任，后被胡进思所杀。水丘，复姓。 [5]饱身：据章校，"身"字应作"食"。 [6]壬午：十月二十五日。 [7]统军使：据章校，"军"下有"使"字，据补。唐以后在禁军中设统军使，位次于大将军，高于将军。 [8]纠：举发、督察。 [9]元德昭：本姓危，恶之，改姓元。淮南节度副使危仔倡子。足智多谋，掌文翰机密事，深得忠懿王钱俶信任。 [10]牙内都虞候：五代及宋初藩镇的亲卫官。多由子弟充任。牙，同"衙"。 [11]弘亿：吴越文穆王钱元瓘第十子。善属文。忠懿王时官至丞相，入宋，升奉国军节度使、检校太保。

杜威、李守贞会兵于广晋而北行。威屡使公主[1]入奏，请益兵，曰："今深入虏境，必资众力。"由是禁军皆在其麾下，而宿卫空虚。

十一月，丁酉[2]，以李守贞权知幽州行府事。

己亥[3]，杜威等至瀛州，城门洞启，寂若无人，威等不敢进。闻契丹将高谟翰[4]先已引兵潜出，威遣梁汉璋将二千骑追之，遇契丹于南阳务，败死。威等闻之，引兵而南。时束城[5]等数县请降，威等焚其庐舍，掠其妇女而还。

己酉[6]，吴越兵至福州，自罾浦[7]南潜入州城。唐兵进据东武门，李达与吴越兵共御之，不利。自是内外断绝，城中益危。

唐主遣信州刺史王建封助攻福州。时王崇文虽为元帅，而陈觉、冯延鲁、魏岑争用事，留从效、王建封倔强不用命，各争功，进退不相应。由是将士皆解体，故攻城不克。

唐主以江州[8]观察使杜昌业为吏部尚书，判省事[9]。先是昌业自兵部尚书判省事，出江州，及还，阅簿籍，抚案叹曰："未数年，而所耗者半[10]，其能久乎！"

契丹主大举入寇，自易[11]、定趣恒州。杜威等至武强[12]，闻之，将自贝、冀[13]而南。彰德节度使张彦泽时在恒州，引兵会之，言契丹可破之状；威等复趣恒州，以彦泽为前锋。甲寅[14]，威等至中度桥[15]，契丹已据桥，彦泽帅骑争之，契丹焚桥而退。晋兵与契丹夹滹沱[16]而军。

始，契丹见晋军大至，又争桥不胜，恐晋军急渡滹沱，与恒州合势击之，议引兵还。及闻晋军筑垒为持久之计，遂不去。

蜀施州[17]刺史田行皋叛，遣供奉[18]官耿彦珣将兵讨之。

（以上为第十段，写后晋军与契丹夹滹沱河两岸对峙，杜威畏懦不出战，坐以待毙。）

【注释】

[1]公主：杜重威妻，宋国长公主，后晋出帝姑。[2]丁酉：十一月十日。[3]己亥：十一月十二日。[4]高谟翰：一名松。辽勇将。契丹伐后晋，屡立战功。官中台省右相。传见《辽史》卷七十六。[5]束城：旧县名，北宋时并入河间县。[6]己酉：十一月二十二日。[7]罾（zēng）浦：地名，在福建闽侯县东南，福州人多到此罾鱼，故名。罾，网起之意。[8]江州：治所德化，在今江西九江市。[9]判省事：即判尚书省事。判，以高官兼任低职称判。[10]而所耗者半：章校："十二行本'所'上有'府库'二字；乙十一行本同，孔本同，张校同。"据此，本句为"而府库所耗者半"。[11]易：易州，治所易县，在今河北易县。[12]武强：县名，县治在今河北武强县。[13]冀：冀州，治所信都，在今河北衡水市冀州区。[14]甲寅：十一月二十七日。[15]中度桥：建于滹沱河中游的桥。[16]滹沱：子牙河北源，在河北西部。[17]施州：治所清江，在今湖北恩施市。[18]供奉：在皇帝左右供职者的称呼。

杜威虽以贵戚为上将，性懦怯。偏裨皆节度使[1]，但日相承迎，置酒作乐，罕议军事。

磁州[2]刺史兼北面转运使李谷说威及李守贞曰："今大军去恒州咫

尺，烟火相望。若多以三股木[3]置水中，积薪布土其上，桥可立成。密约城中举火相应，夜募将士斫虏营而入，表里合势，虏必遁逃。”诸将皆以为然，独杜威不可，遣谷南至怀、孟[4]督军粮。

契丹以大军当晋军之前，潜遣其将萧翰[5]、通事[6]刘重进将百骑及羸卒，并西山出晋军之后，断晋粮道及归路。樵采者遇之，尽为所掠；有逸归者，皆称虏众之盛，军中恟惧。翰等至栾城[7]，城中戍兵千余人，不觉其至，狼狈降之。契丹获晋民，皆黥其面曰：“奉敕不杀”，纵之南走；运夫在道遇之，皆弃车惊溃。翰，契丹主[8]之舅也。

十二月，丁巳朔[9]，李谷自书密奏，具言大军危急之势，请车驾幸滑州，遣高行周[10]、符彦卿扈从，及发兵守澶州、河阳[11]以备虏之奔冲；遣军将关勋走马上之[12]。

己未[13]，帝始闻大军屯中度；是夕，关勋至。庚申[14]，杜威奏请益兵，诏悉发守宫禁者得数百人，赴之。又诏发河北[15]及滑、孟、泽、潞[16]刍粮[17]五十万[18]诣军前；督迫严急，所在鼎沸[19]。辛酉[20]，威又遣从者张祚等来告急，祚等还，为契丹所获。自是朝廷与军前声问两不相通。

时宿卫兵皆在行营，人心懔懔[21]，莫知为计。开封尹桑维翰，以国家危在旦夕，求见帝言事；帝方在苑中调鹰[22]，辞不见。又诣执政[23]言之，执政不以为然。退，谓所亲曰：“晋氏不血食[24]矣！”

帝欲自将北征，李彦韬谏而止。时符彦卿虽任行营职事，帝留之，使戍荆州口[25]。壬戌[26]，诏以归德节度使高行周为北面都部署，以彦卿副之，共戍澶州；以西京留守景延广戍河阳，且张形势。

奉国都指挥使王清[27]言于杜威曰：“今大军去恒州五里，守此何为！营孤食尽，势将自溃。请以步卒二千为前锋；夺桥开道，公帅诸军继之；得入恒州，则无忧矣。”威许诺，遣清与宋彦筠俱进。清战甚锐，契丹不能支，势小却；诸将请以大军继之，威不许。彦筠为契丹所败，浮水抵岸得免。清独帅麾下陈于水北力战，互有杀伤，屡请救于威，威竟不遣一骑助之。清谓其众曰：“上将握兵，坐观吾辈困急而不救，此必有异志。吾辈当以死报国耳！”众感其言，莫有退者，至暮，战不息。

契丹以新兵继之，清及士众尽死。由是诸军皆夺气[28]。清，洺州人也。

甲子[29]，契丹遥以兵环晋营，内外断绝，军中食且尽。杜威与李守贞、宋彦筠谋降契丹，威潜遣腹心诣契丹牙帐，邀求重赏。契丹主绐[30]之曰："赵延寿威望素浅，恐不能帝中国。汝果降者，当以汝为之。"威喜，遂定降计。丙寅[31]，伏甲召诸将，出降表示之，使署名。诸将骇愕，莫敢言者，但唯唯听命。威遣阁门使[32]高勋[33]赍诣契丹，契丹主赐诏慰纳之。是日，威悉命军士出陈于外，军士皆踊跃，以为且战，威亲谕之曰："今食尽涂穷，当与汝曹共求生计。"因命释甲。军士皆恸哭，声振原野。威、守贞仍于众中扬言："主上失德，信任奸邪，猜忌于己。"闻者无不切齿。契丹主遣赵延寿衣赭袍[34]至晋营慰抚士卒，曰："彼皆汝物也。"杜威以下，皆迎谒于马前；亦以赭袍衣威以示晋军，其实皆戏之耳。以威为太傅，李守贞为司徒。

（以上为第十一段，写杜威投降契丹。）

【注释】

[1]偏裨皆节度使：偏裨，部属副将。此指李守贞、安审琦、皇甫遇、梁汉璋、宋彦筠等皆节度使，为杜威之副，权重，不听指使。 [2]磁州：治所滏阳，在今河北磁县。 [3]三股木：用三根木交叉捆绑，下撑开三足立于水中，便于搭桥。 [4]怀、孟：州名，怀州，治所野王，在今河南沁阳市。孟州，治所河阳，在今河南孟州市。 [5]萧翰：契丹大族述律阿钵之子，契丹主之舅，妹亦嫁契丹主。传见《旧五代史》卷九十八。 [6]通事：契丹所用通晓汉语和中原情况的人。 [7]栾城：县名，县治在今河北石家庄市栾城区。 [8]契丹主：即辽太宗耶律德光（902—947），统治期间，借后唐叛将石敬瑭求援之机，立石敬瑭为儿皇帝，取得燕云十六州（今河北、山西北部）。公元946年南下，灭后晋。公元927年至公元947年在位。 [9]丁巳朔：十二月一日。[10]高行周：历仕后唐、后晋、后汉、后周。官至侍卫亲军都指挥使、中书令。传见《旧五代史》卷一百二十三、《新五代史》卷四十八。 [11]澶州、河阳：均在汴京与黄河的北部，为南渡黄河的要冲。故李谷密奏，发兵守卫，以防契丹兵渡河。 [12]走马上之：意为快马奔驰，急报朝廷。[13]己未：十二月三日。 [14]庚申：十二月四日。 [15]河北：道名，治所魏州，在今河北大名县东北。 [16]滑、孟、泽、潞：皆州名。滑州治所在今河南滑县。孟州治所在今河南孟州市南。泽州治所晋城，在今河北晋城市。潞州治所上党，在今山西长治市。 [17]刍粮：刍，草料，以束为单位。粮，军粮，以石为单位。 [18]五十万：合刍粮之总数五十万束、石而言之。[19]鼎沸：形容剧烈动荡的局势，如鼎水之沸腾。 [20]辛酉：十二月五日。 [21]懔（lǐn）懔：危惧。 [22]调鹰：驯鹰，使其听人使唤。 [23]执政：指冯玉、李彦韬等掌权者。 [24]血

食：受祭祀。因祭祀有牲牢，故称血食。［25］荆州口：一名西江口，又名三江口，在今湖南岳阳市北，为洞庭水入江处。［26］壬戌：十二月六日。［27］王清：历仕后唐、后晋，官至溪州刺史、加检校司徒。契丹伐后晋，力战身亡。传见《旧五代史》卷九十五、《新五代史》卷三十三。［28］夺气：丧胆，因恐惧而丧气。［29］甲子：十二月八日。［30］绐（dài）：欺骗。［31］丙寅：十二月十日。［32］阁门使：官名，掌供奉乘舆、朝会游幸、大宴引赞、引接亲王宰相百僚藩国朝见、纠弹失仪等事。［33］高勋：字鼎臣，后晋北平王信韬之子。后降契丹，官南枢密院使。因谋害萧思温被杀。传见《辽史》卷八十五。［34］赭（zhě）袍：赤褐色的龙袍。契丹主让赵延寿、杜威均穿此服，暗示统治中国者还是华人，以防晋人不服。其实这只是戏弄晋人的一种手段。

威引契丹主至恒州城下，谕顺国[1]节度使王周[2]以已降之状，周亦出降。戊辰[3]，契丹主入恒州。遣兵袭代州[4]，刺史王晖以城降之。

先是契丹屡攻易州，刺史郭璘[5]固守拒之。契丹主每过城下，指而叹曰："吾能吞并天下，而为此人所扼！"及杜威既降，契丹主遣通事耿崇美至易州，诱谕其众，众皆降；璘不能制，遂为崇美所杀。璘，邢州人也。

义武节度使李殷[6]，安国留后方太[7]，皆降于契丹。契丹主以孙方简为义武节度使，麻荅[8]为安国节度使，以客省副使[9]马崇祚权知恒州事。

契丹翰林承旨[10]、吏部尚书张砺[11]言于契丹主曰："今大辽已得天下，中国将相宜用中国人为之，不宜用北人及左右近习。苟政令乖失，则人心不服，虽得之，犹将失之。"契丹主不从。

引兵自邢、相[12]而南，杜威将降兵以从。遣张彦泽将二千骑先取大梁，且抚安吏民，以通事傅住儿为都监。

杜威之降也，皇甫遇初不预谋。契丹主欲遣遇先将兵入大梁，遇辞；退，谓所亲曰："吾位为将相，败不能死，忍复图其主乎！"至平棘[13]，谓从者曰："吾不食累日矣，何面目复南行！"遂扼吭[14]而死。

张彦泽倍道疾驱，夜渡白马津[15]。壬申[16]，帝始闻杜威等降；是夕，又闻彦泽至滑州，召李崧、冯玉、李彦韬入禁中计事，欲诏刘知远发兵入援。癸酉[17]，未明，彦泽自封丘门斩关[18]而入，李彦韬帅禁兵五百赴之，不能遏。彦泽顿兵明德门[19]外，城中大扰。

帝于宫中起火，自携剑驱后宫十余人将赴火，为亲军将薛超所持。俄而彦泽自宽仁门[20]传契丹主与太后书慰抚之，且召桑维翰、景延广，帝乃命灭火，悉开宫城门。帝坐苑中，与后妃相聚而泣，召翰林学士范质草降表，自称“孙男臣重贵，祸至神惑，运尽天亡。今与太后及妻冯氏，举族于郊野面缚待罪次。遣男镇宁节度使延煦，威信节度使延宝，奉国宝[21]一、金印三出迎。”太后亦上表称“新妇[22]李氏妾”。

傅住儿入宣契丹主命，帝脱黄袍，服素衫，再拜受宣，左右皆掩泣。帝使召张彦泽，欲与计事。彦泽曰：“臣无面目见陛下。”帝复召之，彦泽微笑不应。

或劝桑维翰逃去。维翰曰：“吾大臣，逃将安之！”坐而俟命。彦泽以帝命召维翰，维翰至天街[23]，遇李崧，驻马语未毕，有军吏于马前揖维翰赴侍卫司[24]。维翰知不免，顾谓崧曰：“侍中[25]当国，今日国亡，反令维翰死之，何也？”崧有愧色。彦泽踞坐见维翰，维翰责之曰：“去年拔公于罪人之中[26]，复领大镇，授以兵权，何乃负恩至此！”彦泽无以应，遣兵守之。

宣徽使[27]孟承诲[28]，素以佞巧有宠于帝，至是，帝召承诲，欲与之谋，承诲伏匿不至；张彦泽捕而杀之。

彦泽纵兵大掠，贫民乘之，亦争入富室，杀人取其货，二日方止，都城为之一空。彦泽所居山积[29]，自谓有功于契丹，昼夜以酒乐自娱，出入骑从常数百人，其旗帜皆题“赤心为主”，见者笑之。军士擒罪人至前，彦泽不问所犯，但瞋目竖三指[30]，即驱出断其腰领。彦泽素与阁门使高勋不协，乘醉至其家，杀其叔父及弟，尸诸门首。士民不寒而栗。

中书舍人李涛谓人曰：“吾与其逃于沟渎而不免，不若往见之。”乃投刺[31]谒彦泽曰：“上书请杀太尉人李涛[32]，谨来请死。”彦泽欣然接之，谓涛曰：“舍人今日惧乎？”涛曰：“涛今日之惧，亦犹足下昔年之惧也。向使高祖用涛言，事安至此！”彦泽大笑，命酒饮之。涛引满而去，旁若无人。

（以上为第十二段，写河北诸镇望风降敌。契丹主挟杜威南进，派降将张彦泽先入大梁清宫，张彦泽纵兵大掠。）

【注释】

[1]顺国：方镇名，原为成德军，后晋高祖天福七年（942）改为顺国军。治所恒州，在今河北正定县。［2］王周：历仕后唐、后晋、后汉。契丹灭后晋，自杀未遂，降。传见《旧五代史》卷一百六、《新五代史》卷四十八。［3］戊辰：十二月十二日。［4］代州：治所广武，在今山西代县。［5］郭璘：历仕后唐、后晋，官至易州刺史，加检校太保。契丹灭后晋，迫降后被杀。传见《旧五代史》卷九十五。［6］李殷：历仕后唐、后晋、后汉，官至贝州节度使、加检校太傅。契丹灭后晋，初降，后又逃归。传见《旧五代史》卷一百六。［7］安国：安国军，方镇名。后唐庄宗同光元年（923）由保义军改名。治所邢州，在今河北邢台市。方太：历任后晋凤州防御使、邢州留后。契丹灭后晋，降。传见《旧五代史》卷九十四。［8］麻荅：本名解里，字泼单，耶律阿保机从子。契丹勇将，所至无敢当其锋。传见《辽史》卷七十六。［9］客省副使：官名。辽设都客省，掌外国使者的招待供应，下设客省使、左右客省使、客省副使。［10］翰林承旨：官名，翰林学士承旨的省称，掌天子文翰之事。翰林学士承旨位在诸学士之上。［11］张砺：字梦臣，有文才。历仕后唐与契丹。在契丹，官至右仆射、平章事、集贤殿大学士。传见《旧五代史》卷九十八。［12］相：相州，治所邺县，在今河北临漳县西南邺城镇。［13］平棘：县名，县治平棘，在今河北赵县。［14］吭（háng）：喉咙、颈项。［15］白马津：津名，又名黎阳津、鹿鸣津，在河南滑县北。旧为河水分流处，今已涸。［16］壬申：十二月十六日。［17］癸酉：十二月十七日。［18］斩关：砍开城门。关，本指门闩，此代城门。［19］明德门：据《五代会要》："明德门，大梁皇城南门。"天福三年（938）十月，改大宁宫门为明德门。［20］宽仁门：据《五代会要》，大梁皇城之东门为宽仁门。［21］国宝：指后晋高祖天福三年（938）所制受命之宝。［22］新妇：古代称儿媳为新妇。［23］天街：宫城正南门外之街，谓天街。［24］侍卫司：统率禁军的机构。［25］侍中：此指李崧。后晋高祖时，曾拜李崧为中书侍郎、同平章事。［26］拔公于罪人之中：后晋高祖时张彦泽因滥杀无辜，朝野皆请诛之，高祖仅削夺其一阶一爵。少帝即位，桑维翰又推举他任节度使，掌兵权。［27］宣徽使：官名，职掌承受表奏于内中进呈，为宫廷要职。［28］孟承诲：后晋权臣。官至右武卫大将军。"居第华敞，财帛累积"。传见《旧五代史》卷九十六。［29］彦泽所居山积：据章校，"山"字上有"宝货"二字。［30］三指：中指。示以第三指，表示从中斩断，即腰斩。［31］投刺：投名帖，请谒。［32］请杀太尉人李涛：李涛请杀张彦泽，事见《资治通鉴》卷二百八十三高祖天福七年，《旧五代史》卷九十八、《新五代史》卷五十二。

甲戌[1]，张彦泽迁帝于开封府，顷刻不得留，宫中恸哭。帝与太后、皇后乘肩舆，宫人、宦者十余人步从。见者流涕。帝悉以内库金珠自随。彦泽使人讽之曰："契丹主至，此物不可匿也。"帝悉归之，亦分以遗彦泽，彦泽择取其奇货，而封其余以待契丹。彦泽遣控鹤指挥使[2]李筠以兵守帝，内外不通。帝姑乌氏公主[3]赂守门者，入与帝诀[4]，归第自经。帝与太后所上契丹主表章，皆先示彦泽，然后敢发。

帝使取内库帛数段，主者不与，曰："此非帝物也。"又求酒于李崧，崧亦辞以他故不进。又欲见李彦韬，彦韬亦辞不往。帝惆怅久之。

冯玉佞[5]张彦泽，求自送传国宝，冀契丹复任用。

楚国夫人丁氏，延煦之母也，有美色。彦泽使人取之，太后迟回[6]未与；彦泽诟詈[7]，立载之去。

是夕，彦泽杀桑维翰。以带加颈，白契丹主，云其自经。契丹主曰："吾无意杀维翰，何为如是！"命厚抚其家。

高行周、符彦卿皆诣契丹牙帐降。契丹主以阳城之战为彦卿所败，诘之。彦卿曰："臣当时惟知为晋主竭力，今日死生惟命。"契丹主笑而释之。

己卯[8]，延煦、延宝自牙帐还，契丹主赐帝手诏，且遣解里谓帝曰："孙勿忧，必使汝有啖[9]饭之所。"帝心稍安，上表谢恩。

契丹以所献传国宝追琢非工，又不与前史相应，疑其非真，以诏书诘帝，使献真者。帝奏："顷王从珂自焚[10]，旧传国宝不知所在，必与之俱烬。此宝先帝所为，群臣备知。臣今日焉敢匿宝！"乃止。

帝闻契丹主将渡河，欲与太后于前途奉迎；张彦泽先奏之，契丹主不许。有司又欲使帝衔璧牵羊，大臣舆榇[11]，迎于郊外，先具仪注[12]白契丹主，契丹主曰："吾遣奇兵直取大梁，非受降也。"亦不许。又诏晋文武群官，一切如故；朝廷制度，并用汉礼。有司欲备法驾[13]迎契丹主，契丹主报曰："吾方擐甲总戎[14]，太常仪卫，未暇施也[15]。"皆却之。

先是契丹主至相州，即遣兵趣河阳捕景延广。延广苍猝无所逃伏，往见契丹主于封丘[16]。契丹主诘之曰："致两主失欢，皆汝所为也。十万横磨剑安在[17]！"召乔荣，使相辩证，事凡十条。延广初不服，荣以纸所记语示之，乃服。每服一事，辄授一筹[18]。至八筹，延广但以面伏地请死，乃锁之。

丙戌晦[19]，百官宿于封禅寺[20]。

（以上为第十三段，写张彦泽迁后晋出帝于开封府，后晋百官宿于封禅寺。契丹主至相州。）

【注释】

[1]甲戌：十二月十八日。[2]控鹤指挥使：近卫军长官。[3]帝姑乌氏公主：后晋高祖第十一妹。[4]入与帝诀：据章校，“诀”字下应有“相持而泣”四字。[5]佞：用花言巧语谄媚人。[6]迟回：迟疑不决。[7]诟（gòu）詈（lì）：责骂。[8]己卯：十二月二十三日。[9]啖（dàn）：吞吃。[10]王从珂自焚：王从珂即后唐末帝李从珂（885—936），本姓王，名阿三，后唐明宗养以为子，取名从珂。屡立战功，封潞王。后杀愍帝自立。石敬瑭入洛阳，从珂自焚。公元934年至936年在位。事见《资治通鉴》卷二百八十天福元年（936），传见《旧五代史》卷四十八。[11]衔璧牵羊，大臣舆榇：国君口衔璧，手牵羊，大臣抬着棺材，谒见尊者。此为国君投降的仪式。[12]仪注：礼仪制度。[13]法驾：天子的车驾。[14]擐（huàn）甲总戎：穿着铠甲做统帅。总戎，主将、统帅。[15]太常仪卫，未暇施也：太常，官名，掌宗庙礼仪。意为如用太常的礼仪，当更换胡服而穿华服，故言未暇。[16]封丘：县名，县治在今河南北部，东南两面临黄河。[17]十万横磨剑安在：后晋高祖死，出帝立，景延广力主出帝向契丹只称孙，不称臣，且扬言后晋有“横磨大剑十万口”，足以对抗。契丹使者乔荣让他书于纸上以备遗忘。事见《资治通鉴》卷二百八十三天福八年（943），传见《旧五代史》卷八十八、《新五代史》卷二十九。《新五代史》“乔荣”写作“乔莹”。[18]筹：计数用具。[19]丙戌晦：十二月三十日。[20]封禅寺：在大梁城东，宿于此是为了迎契丹主。

【点评】

本卷点评契丹主借晋奸南犯、刘知远阴蓄异志、后晋灭亡三件史事。

一、契丹主借晋奸南犯。后晋出帝石重贵不满儿皇帝的境遇，误听景延广之言与契丹交恶，契丹主耶律德光连年南犯，开运元年至三年，三次大兵压境。开运元年（944）一月，契丹第一次大举南犯，平卢节度使杨光远叛晋附夷。契丹深入，被后晋军河东节度使刘知远、右武卫上将军张彦泽所败，三月退还。同年十二月，契丹第二次大举南犯，救援晋奸杨光远，当月，杨光远被诛。第二年三月，契丹再次败还，六月，两国交好。开运三年（946）六月，河北定州人孙方简聚众抄掠，趁河北饥荒，勾引契丹第三次大举南犯。契丹主耶律德光挂帅亲出，借晋奸内应，志在灭晋。契丹在河东、定州连吃败仗而不退兵。契丹主派出先前投降契丹的卢龙节度使赵延寿诈降后晋出帝，麻痹后晋军，又诱降后晋军前敌总指挥大将杜威，张彦泽随后出降。数十万大军不战降敌，后晋于是灭亡。石敬瑭投靠契丹，割地卖国，做了儿皇帝，“名为天子，贱同仆隶”，皇帝宝座，为人所轻。杨光远、杜威之流，前仆后继，争相效法石敬瑭之所为，引导契丹连年进犯。契丹第二次大举南犯，后晋出帝亲征，开运二年三月，后晋军在阳城大破契丹军，契丹北还。后晋军的两次大胜，生动地说明契丹不是不可战胜。由于后晋君不像君，臣不像臣，君臣骄侈荒淫，不恤民生，将士寒心，国事日非，导致契丹生出亡晋之心，正如王夫之所说：“杨光远诱之，赵延寿导之，而中国水旱于非常，上下疲于岁帑，乃敢举兵南向。”（《读通鉴论》卷三十）赵延寿、杜威整日盘算投靠契丹，白日做梦当儿皇帝，他们不以当汉奸为耻，反以认贼作父为荣，成为祸国殃民的败类。这些汉奸，权力越大，越是急于图谋卖国，想当儿皇帝，这就是他们手握重兵不战降敌的原因。

二、刘知远阴蓄异志。刘知远，沙陀人，称帝后改名暠。刘知远骁勇善战，为石敬瑭心腹爱将。石敬瑭投靠契丹，割地做儿皇帝，本谋者桑维翰，助成者刘知远。刘知远未当汉奸，却是一个野心家，一度遭石敬瑭猜疑，差点被罢官。由于刘知远有佐命之功，天福六年（940）石敬瑭任命刘知远为河东节度使，镇守北京太原放虎归山。第二年石敬瑭死，后晋出帝即位，刘知远已成尾大不掉之势，后晋出帝只能用加官晋爵来笼络刘知远，开运二年封刘知远北平王，加守太尉。刘知远的威权更重，却不出兵抗击契丹，反而杀灭臣服后晋、抗御契丹的吐谷浑白承福部族，夺其资财巨万，良马数千。契丹犯京师，刘知远坐视不救，等到后晋出帝被俘，军将推戴，才名正言顺地在太原称帝，继续用石敬瑭的天福年号，表示自己对后晋的忠心。刘知远这一掩耳盗铃的把戏，数年后，又为其爱将郭威所效法，在澶州发动兵变夺了后汉天下。郭威之后，宋太祖赵匡胤，照方抓药，亦用阴谋手段发动陈桥兵变，从后周孤儿寡母手中夺取政权。从石敬瑭、刘知远、郭威到赵匡胤，一个一个野心家都用手中军权，导演军将推戴夺权的闹剧，皇位来得不正，故失之也易。五代易姓，如同走马灯换位。

三、后晋灭亡。后晋之亡，论者主要有两种观点：其一，景延广对契丹使者大言抗拒不称臣，挑动了契丹的怨怒，发兵灭晋；其二，称臣、割地、输币，主谋者桑维翰，兴晋也灭晋，成也萧何，败也萧何。称臣，做儿皇帝，贬低了天子权威；割地，削弱了中原；输币，疲弊了民众，后晋之亡，桑维翰亡之。反向之论，认为景延广耻为夷虏之臣，奋起抗敌，虽败犹荣。桑维翰扶孱弱之主，委曲求全，借契丹之力以制御强藩，是保国之臣。单向思维，就事论事，公说公有理，婆说婆有理，难以决是非。从后晋灭亡的过程来看，论从史出，上述论说皆为偏颇。后晋之灭，有主客观两大因素。主观因素，石敬瑭父子皆平庸凡夫，无命世之才。石敬瑭开启了接受契丹主册封为儿皇帝的恶例，也开启了藩镇效法石敬瑭唯契丹之命是从、争为儿皇帝的野心，于是赵延寿、杨光远、杜威争相认贼作父，唯恐后晋不亡。后晋出帝石重贵淫逸轻躁，无胆无略，比乃父更等而下之，焉能守国？即使无契丹南犯，亦为权臣所夺。后晋之亡，实石敬瑭父子自亡之也。客观因素，自唐末以来，藩镇势强，尾大不掉，军阀混战不休，势大者称雄，此亦时势，造就野心家前仆后继，成则为王，败则为寇，刘知远、郭威之流是也。契丹南犯，只是加剧了中原政权的更迭，而不是后晋灭亡的主因。

卷二八六　后汉纪一

后汉高祖天福十二年（947 年）

【起强圉协洽（丁未，947 年）正月，尽四月，不满一年】

【大事提要】

本卷记事起公元 947 年正月，讫当年四月，仅四个月史事，当后汉高祖天福十二年正月至四月。契丹主入大梁，囚送后晋出帝及太后于北方，安置在黄龙府。张彦泽纵兵大掠京都，凌虐百官，军民怨愤，契丹主诛杀张彦泽以收民心。太原留守刘知远，不救后晋之危，不战契丹，坐山观虎斗，养蓄力量，至是称帝，是为后汉高祖。河北、河南民众大起反抗契丹，耻为臣虏的藩镇也归附后汉。契丹主大肆搜刮民财，搬运缴获的军器物资及战马，后晋宫中珍宝也北运契丹。公元 947 年二月，刘知远称帝，契丹主耶律德光北还，一路烧杀屠城，病死于途中。临终前，契丹主自谓有三失：一失于搜刮民财，再失于纵胡骑抢掠，三失于不及早遣节度使回到镇所。南唐主为群小所误，丧失了北进中原的大好时机，派重兵入闽，越过吴越以争利，吴越王坐收渔人之利。南唐兵败福州，吴越王据有闽地。

高祖睿文圣武昭肃孝皇帝上

天福十二年（丁未，947 年）

春，正月，丁亥朔[1]，百官遥辞晋主于城北[2]，乃易素服纱帽，迎契丹主，伏路侧请罪。契丹主貂帽、貂裘，衷甲[3]，驻马高阜[4]，命起，改服，抚慰之。左卫上将军安叔千[5]独出班胡语，契丹主曰："汝安没字邪？汝昔镇邢州，已累表输诚，我不忘也。"叔千拜谢呼跃[6]而退。

晋主与太后已下迎于封丘门外，契丹主辞不见。

契丹主入门，民皆惊呼而走。契丹主登城楼，遣通事谕之曰："我亦人也，汝曹勿惧！会当使汝曹苏息[7]。我无心南来，汉兵引我至此耳。"至明德门，下马拜而后入宫。以其枢密副使刘密权开封尹事。日暮，契丹主复出，屯于赤冈。

戊子[8]，执郑州防御使杨承勋[9]至大梁，责以杀父叛契丹，命左右脔[10]食之。未几，以其弟右羽林将军承信为平卢节度使，悉以其父旧兵授之。

高勋诉张彦泽杀其家人于契丹主，契丹主亦怒彦泽剽掠京城，并傅住儿锁之。以彦泽之罪宣示百官，问："应死否？"皆言"应死。"百姓亦投牒[11]争疏彦泽罪。己丑[12]，斩彦泽、住儿于北市，仍命高勋监刑。彦泽前所杀士大夫子孙，皆绖杖[13]号哭，随而诟詈，以杖扑之。勋命断腕出锁，剖其心以祭死者。市人争破其脑取髓，脔其肉而食之。

契丹送景延广归其国，庚寅[14]，宿陈桥[15]，夜，伺守者稍怠，扼吭而死。

辛卯[16]，契丹以晋主为负义侯，置于黄龙府[17]。黄龙府，即慕容氏和龙城也。契丹主使谓李太后曰："闻重贵不用母命以至于此，可求自便，勿与俱行。"太后曰："重贵事妾甚谨。所失者，违先君之志，绝两国之欢耳。今幸蒙大恩，全生保家，母不随子，欲何所归！"

癸巳[18]，契丹迁晋主及其家人于封禅寺，遣大同节度使兼侍中河内崔廷勋[19]以兵守之。契丹主数遣使存问，晋主每闻使至，举家忧恐。时雨雪连旬，外无供亿[20]，上下冻馁。太后使人谓寺僧曰："吾尝于此饭僧数万，今日独无一人相念邪！"僧辞以"虏意难测，不敢献食"。晋主阴祈守者，乃稍得食。

是日，契丹主自赤冈引兵入宫，都城诸门及宫禁门，皆以契丹守卫，昼夜不释兵仗。磔犬于门，以竿悬羊皮于庭为厌胜[21]。契丹主谓晋[22]群臣曰："自今不修甲兵，不市战马，轻赋省役，天下太平矣。"废东京，降开封府为汴州[23]，尹为防御使。乙未[24]，契丹主改服中国衣冠，百官起居皆如旧制。

赵延寿、张砺共荐李崧之才；会威胜节度使冯道[25]自邓州入朝，契丹主素闻二人名，皆礼重之。未几，以崧为太子太师，充枢密使；道守太傅，于枢密院祗候，以备顾问。

（以上为第一段，写契丹主入大梁，幽囚后晋出帝于开封府封禅寺，后安置于契丹黄龙府。契丹主诛杀民愤极大的张彦泽，启用李崧、冯道以安中国。）

【注释】

[1]丁亥朔：正月一日。[2]城北：大梁城北。[3]衷甲：把皮甲穿在外衣里面。衷，本指贴肉的内衣，引申为穿在里面。[4]高阜：即后文所称“赤冈”，在汴京北郊。[5]安叔千：沙陀三部落人，相貌堂堂，懂胡语，不通文字，人称“没字碑”。[6]呼跃：少数民族礼节，犹如汉族群臣朝拜皇帝时的舞蹈。[7]苏息：困顿后得到休养生息。[8]戊子：正月三日。[9]杨承勋：初名承贵，避少帝讳改承勋。历任光州、濮州刺史，郑州防御使。其父杨光远叛晋暗通契丹，承勋囚父降晋。后光远被李守贞杀，故契丹主以“杀父叛契丹”责之。传见《旧五代史》卷九十七、《新五代史》卷五十一。[10]脔（luán）：切成块的肉。[11]投牒：投送凭证。牒，公文、凭证。[12]己丑：正月三日。[13]绖杖：绖，古代丧服中的麻带，在首为首绖，在腰为腰绖。杖，居丧时拿的棒。[14]庚寅：正月四日。[15]陈桥：即陈桥镇，在今开封市东北。[16]辛卯：正月五日。[17]黄龙府：故城在今吉林农安县。[18]癸巳：正月七日。[19]崔廷勋：自幼陷契丹，官至云中节度使、侍中。耶律德光死，归镇州、定州，死于北蕃。传见《旧五代史》卷九十八。[20]供亿：供给。[21]厌（yà）胜：古代术士的一种巫术，认为能以诅咒制服人或物。[22]契丹主谓晋：“晋”字原无，据章校补。[23]废东京，降开封府为汴州：五代后晋天福三年（938）迁都汴州，改汴州为开封府，建号东京。契丹灭后晋，废除东京，又把开封降为汴州。[24]乙未：正月九日。[25]冯道（882—954）：五代瀛州景城（今河北沧州市交河镇）人，字可道，自号长乐老。初事刘守光，光败事张承业，继而历仕后唐、后晋、契丹、后汉、后周，官至宰相、太傅、太师。时人以其事五朝七姓，多非其人。传见《旧五代史》卷一百二十六、《新五代史》卷五十四。

契丹主分遣使者，以诏书赐晋之藩镇；晋之藩镇争上表称臣，被召者无不奔驰而至。惟彰义节度使史匡威[1]据泾州[2]不受命。匡威，建瑭[3]之子也。雄武节度使何重建[4]斩契丹使者，以秦、阶、成[5]三州降蜀。

初，杜重威既以晋军降契丹，契丹主悉收其铠仗数百万贮恒州，驱马数万归其国，遣重威将其众从己而南。及河，契丹主以晋兵之众，恐其为变，欲悉以胡骑拥而纳之河流。或谏曰：“晋兵在他所者尚多，彼闻降者尽死，必皆拒命[6]。不若且抚之，徐思其策。”契丹主乃使重威以其众屯陈桥[7]。会久雪，官无所给，士卒冻馁，咸怨重威，相聚而泣；重威每出，道旁人皆骂之。

契丹主犹欲诛晋兵。赵延寿言于契丹主曰："皇帝亲冒矢石以取晋国，欲自有之乎，将为他人取之乎？"契丹主变色曰："朕举国南征，五年不解甲[8]，仅能得之，岂为他人乎！"延寿曰："晋国南有唐，西有蜀，常为仇敌，皇帝亦知之乎？"曰："知之。"延寿曰："晋国东自沂、密[9]，西及秦、凤[10]，延袤[11]数千里，边于吴、蜀，常以兵戍之。南方暑湿，上国[12]之人不能居也。他日车驾北归，以晋国如此之大，无兵守之，吴、蜀必相与乘虚入寇，如此，岂非为他人取之乎？"契丹主曰："我不知也。然则奈何？"延寿曰："陈桥降卒，可分以戍南边，则吴、蜀不能为患矣。"契丹主曰："吾昔在上党[13]，失于断割，悉以唐兵授晋。既而返为寇仇，北向与吾战，辛勤累年，仅能胜之。今幸入吾手，不因此时悉除之，岂可复留以为后患乎？"延寿曰："向留晋兵于河南，不质其妻子，故有此忧。今若悉徙其家于恒、定、云、朔[14]之间，每岁分番使戍南边，何忧其为变哉！此上策也。"契丹主悦曰："善！惟大王所以处之。"由是陈桥兵始得免，分遣还营。

契丹主[15]杀右金吾卫大将军李彦绅、宦者秦继旻，以其为唐潞王杀东丹王[16]故也。以其家族赀财赐东丹王之子永康王兀欲[17]。兀欲眇一目，为人雄健好施。

（以上为第二段，写契丹主收缴后晋兵数百万件兵器，以及掠夺的几万匹马启运到北方，又计划诛杀全部投降的二十余万后晋军，赵延寿为说，幸免于难。）

【注释】

[1]史匡威：正史无传。《旧五代史》卷八十八与《新五代史》卷二十五，只有其父史建瑭、兄史匡翰传。 [2]泾州：治所泾川，在今甘肃泾川县北。 [3]建瑭：史建瑭，史匡威父，雁门人。从晋王李克用多次与后梁军作战，因功升任贝州、相州刺史。传见《新五代史》卷二十五。[4]何重建：后晋雄武军节度使。后晋亡，以秦、阶、成三州降后蜀，官至中书令。《旧五代史》写作何建。传见《旧五代史》卷九十四。 [5]阶、成：皆州名。阶州，治所皋兰镇，在今甘肃陇南市武都区东。成州，治所成县，在今甘肃成县。 [6]必皆拒命：据章校，"命"下有"为患"二字。 [7]陈桥：即陈桥镇，又名陈桥驿，在开封东北。因在陈桥门外，故名。 [8]五年不解甲：指天福八年（943）始攻后晋，至天福十二年（947）共五年。 [9]沂、密：两水名，指代山东沂密地区。沂，沂河，在山东南部，江苏北部。密，密水，在山东半岛。 [10]秦、凤：两州名。秦州治所在今甘肃天水市西北。凤州治所在今陕西凤县。 [11]延袤（mào）：东西横长。

[12]上国：古代多指中原为上国。当时后晋奉契丹，此指契丹为上国。［13］上党：郡名，治所壶关，在今山西长治市北。［14］朔：朔州，治所山西招远，在今山西朔州市。［15］契丹主：即耶律德光。［16］唐潞王杀东丹王：后唐潞王即末帝李从珂。东丹王，即耶律德光兄东丹王突欲，本为阿保机长子，阿保机死后，未能被拥立为帝，遂率部曲四十人越海投后唐明宗，明宗赐姓东丹，名慕华，任怀化节度使，瑞、慎等州观察使。后契丹助后晋反唐，后唐潞王便派宦者秦继旻、皇城使李彦绅杀突欲。契丹灭后晋，耶律德光为兄报仇，故又杀此二人。事见《资治通鉴》卷二百七十五、卷二百七十七、卷二百八十，《新五代史》卷七十三。［17］永康王兀欲：东丹王突欲子，耶律德光侄。德光死后，兀欲嗣立，即辽世宗耶律阮，小字兀欲，公元947年至951年在位。传见《辽史》卷五、《新五代史》卷七十三。

癸卯[1]，晋主与李太后[2]、安太妃[3]、冯后[4]及弟睿、子延煦、延宝俱北迁，后宫左右从者百余人。契丹遣三百骑援送之；又遣晋中书令赵莹、枢密使冯玉、马军都指挥使李彦韬与之俱。

晋主在途，供馈不继，或时与太后俱绝食，旧臣无敢进谒者。独磁州刺史李谷迎谒于路，相对泣下。谷曰："臣无状，负陛下。"因倾赀以献。

晋主至中度桥，见杜重威寨，叹曰："天乎！我家何负，为此贼所破！"恸哭而去。

癸丑[5]，蜀主以左千牛卫上将军李继勋为秦州宣慰使。

契丹主以前燕京[6]留守刘晞[7]为西京[8]留守，永康王兀欲[9]之弟留珪为义成节度使，兀欲姊婿潘聿撚为横海[10]节度使，赵延寿之子匡赞[11]为护国[12]节度使，汉将张彦超[13]为雄武[14]节度使，史佺为彰义[15]节度使，客省副使刘晏僧为忠武[16]节度使，前护国节度使侯益[17]为凤翔[18]节度使，权知凤翔府[19]事焦继勋[20]为保大[21]节度使。晞，涿州人也。既而何重建附蜀，史匡威不受代[22]，契丹势稍沮[23]。

晋昌节度使赵在礼入朝[24]，其裨将[25]留长安者作乱，节度副使建人李肃讨诛之，军府以安。

晋主之绝契丹也，匡国[26]节度使刘继勋[27]为宣徽北院使，颇豫其谋；契丹主入汴，继勋入朝，契丹主责之。时冯道在殿上，继勋急指道曰："冯道为首相，与景延广实为此谋。臣位卑，何敢发言！"契丹主曰："此叟非多事者，勿妄引之！"命锁继勋，将送黄龙府。

赵在礼至洛阳，谓人曰："契丹主尝言庄宗之乱[28]由我所致。我此行良可忧。"契丹遣契丹将述轧、奚王拽剌[29]、勃海将高谟翰戍洛阳，在礼入谒，拜于庭下，拽剌等皆踞坐[30]受之。乙卯[31]，在礼至郑州[32]，闻继勋被锁，大惊，夜，自经于马枥[33]间。契丹主闻在礼死，乃释继勋，继勋忧愤而卒。

刘晞在契丹尝为枢密使、同平章事，至洛阳，诟奚王曰："赵在礼汉家大臣，尔北方一酋长耳，安得慢之如此！"立于庭下以挫之。由是洛人稍安。

契丹主广受四方贡献，大纵酒作乐，每谓晋臣曰："中国事，我皆知之，吾国事，汝曹不知也。"

赵延寿请给上国兵廪食[34]，契丹主曰："吾国无此法。"乃纵胡骑四出，以牧马为名，分番剽掠，谓之"打草谷"。丁壮毙于锋刃，老弱委于沟壑[35]，自东、西两畿[36]及郑、滑、曹、濮，数百里间，财畜殆尽。

契丹主谓判三司[37]刘昫曰："契丹兵三十万，既平晋国，应有优赐，速宜营办。"时府库空竭，昫不知所出，请括借都城士民钱帛，自将相以下皆不免。又分遣使者数十人诣诸州括借，皆迫以严诛，人不聊生。其实无所颁给，皆蓄之内库，欲辇归其国。于是内外怨愤，始患苦契丹，皆思逐之矣。

（以上为第三段，写后晋出帝及太后被囚送北方，契丹主纵胡骑四出劫掠，又满载宫中府库财物运送回国。）

【注释】

[1]癸卯：正月十七日。 [2]李太后：后唐明宗第三女，嫁石敬瑭，立为皇后。石重贵尊为皇太后。后晋灭，随出帝北迁。传见《旧五代史》卷八十六、《新五代史》卷十七。 [3]安太妃：石重贵生母，石敬瑭兄石敬儒妻。后晋灭，随出帝北迁，死于途中。传同上。 [4]冯后：邺都副留守冯濛女，后晋权臣冯玉妹。石重贵娶，立为皇后，后晋灭，随出帝北迁。传同上。 [5]癸丑：正月二十七日。[6]燕京：辽会同元年（938）称今北京城西南的幽州为燕京。 [7]刘晞：涿州（今河北涿州市）人，年轻时没入契丹，官至同平章事兼侍中。后汉兴，卒于北蕃。传见《旧五代史》

卷九十八。［8］西京：后晋天福三年（938）迁都汴州，改东都河南府为西京（即今洛阳市）。后汉、后周及北宋沿袭不改。［9］兀欲：据章校，“兀”上有“族人郎五为镇宁节度使”十字。［10］横海：方镇名，后唐同光元年（923）改顺化军为横海军。治所鄚州，在今河北沧州市。［11］匡赞：赵匡赞，字元辅，赵廷寿子。历仕契丹、后汉，惧汉疑己，降后蜀，复又归后汉，并仕后周、宋。传见《旧五代史》卷九十八。［12］护国：方镇名，唐至德二年（757）置，治所河中府，在今山西永济市蒲州镇。［13］张彦超：沙陀部人。传见《旧五代史》卷一百二十九。［14］雄武：方镇名，五代后梁置，治所秦州，在今甘肃天水市。［15］彰义：方镇名，五代后梁置，治所泾州，在今甘肃泾川县。［16］忠武：方镇名，五代后唐置，治所许州，在今河南许昌市。［17］侯益：汾州（今山西汾阳市）人。历仕数朝，卒于宋。传见《宋史》卷二百五十四。［18］凤翔：方镇名，唐永泰初改兴平节度使为凤翔节度使，治所凤翔，在今陕西宝鸡市凤翔区。［19］凤翔府：府名，治所天兴，在今陕西宝鸡市凤翔区。［20］焦继勋：字成绩，许州长社（今河南许昌市）人。传见《宋史》卷二十六。［21］保大：方镇名，唐中和年间置，治所鄜州，在今陕西富县。［22］不受代：史匡威据守泾州抗拒史佺，不受取代。［23］沮：沮丧。指气焰受到抑制。［24］入朝：指从长安入朝于大梁。［25］裨将：副将。［26］匡国：方镇名，唐乾元初置，治所同州，在今陕西大荔县。［27］刘继勋：卫州（今河南卫辉市）人。传见《旧五代史》卷九十六。［28］庄宗之乱：指后唐庄宗同光四年（926），魏军卒皇甫晖谋反，杀将校，推赵在礼为首领，大掠民家，拥立明宗。庄宗死，明宗即位，擢皇甫晖为陈州刺史。史称“庄宗之乱”。事见《资治通鉴》卷二百七十四。［29］奚王拽剌：奚王去诸孙、李绍威子。绍威死，拽剌立，归附耶律德光，常以兵从。传见《新五代史》卷七十四。［30］踞坐：坐时两脚底和臀部着地，两膝上耸。［31］乙卯：正月二十九日。［32］郑州：治所管城，在今河南郑州市。［33］马枥（lì）：马槽。［34］廪（lǐn）食：官府给以粮食。［35］沟壑（hè）：坑谷、深沟。［36］东、西两畿（jī）：唐制，大梁属县为东畿，洛阳属县为西畿。畿，古代王都所在的千里地面，后多指京城管辖的地区。［37］判三司：判，唐宋官制，以大兼小，即以高官兼较低职位的官称判。三司，五代、北宋称盐铁、户部、度支为三司，长官称三司使，掌管统筹国家财政。北宋元丰后废。

初，晋主与河东[1]节度使、中书令、北平王刘知远相猜忌，虽以为北面行营都统，徒尊以虚名，而诸军进止，实不得预闻。知远因之广募士卒；阳城之战[2]，诸军散卒归之者数千人，又得吐谷浑财畜，由是河东富强冠诸镇，步骑至五万人。

晋主与契丹结怨，知远知其必危，而未尝论谏。契丹屡深入，知远初无邀遮[3]、入援之志。及闻契丹入汴，知远分兵守四境以防侵轶[4]。

遣客将[5]安阳[6]王峻[7]奉三表诣契丹主：一，贺入汴；二，以太原夷、夏杂居，戍兵所聚，未敢离镇；三，以应有贡物，值契丹将刘九一军自土门[8]西入屯于南川[9]，城中忧惧，俟召还此军，道路始通，可以入贡。契丹主赐诏褒美，及进画[10]，亲加"儿"字于知远姓名之上，仍赐以木拐[11]。胡法，优礼大臣则赐之，如汉赐几杖之比，惟伟王[12]以叔父之尊得之。

知远又遣北都副留守太原白文珂[13]入献奇缯[14]名马，契丹主知知远观望不至，及文珂还，使谓知远曰："汝不事南朝，又不事北朝，意欲何所俟邪？"蕃汉孔目官[15]郭威[16]言于知远曰："虏恨我深矣！王峻言契丹贪残失人心，必不能久有中国。"

或劝知远举兵进取。知远曰："用兵有缓有急，当随时制宜。今契丹新降晋兵十万，虎据京邑，未有他变，岂可轻动哉！且观其所利止于货财，货财既足，必将北去。况冰雪已消，势难久留，宜待其去，然后取之，可以万全。"

昭义[17]节度使张从恩[18]，以地迫怀[19]、洛，欲入朝于契丹，遣使谋于知远，知远曰："我以一隅之地，安敢抗天下之大！君宜先行，我当继往。"从恩以为然。判官高防[20]谏曰："公晋室懿亲[21]，不可轻变臣节。"从恩不从。左骁卫大将军王守恩[22]，与从恩姻家[23]，时在上党，从恩以副使赵行迁知留后，牒守恩权巡检使，与高防佐之[24]。守恩，建立[25]之子也。

荆南[26]节度使高从诲[27]遣使入贡于契丹，契丹遣使以马赐之。从诲亦遣使诣河东劝进[28]。

（以上为第四段，写契丹入侵，北都留守刘知远观望保存实力，图谋帝位，坐收渔人之利。）

【注释】

[1]河东：方镇名，唐开元十八年（730）置，治所太原，在今太原市晋源区。 [2]阳城之战：阳城之战晋师大捷，文中所说"诸军散卒归之者数千人"，疑为杜重威降契丹时发生的事。 [3]邀遮：遮阻、拦击。 [4]侵轶：侵袭、突击。 [5]客将：职掌宾赞事务的将领。 [6]安阳：县名，县治安阳，在今河南安阳县西南。 [7]王峻：字秀峰，相州安阳人。年轻时因"善歌事"服

事梁、唐权臣。刘知远起兵，任客将、宣徽北院使。入周为枢密使兼宰相。自认有佐命之功，极其奢侈，言多不逊，被贬为商州司马。传见《旧五代史》卷一百三十、《新五代史》卷五十。［8］土门：也叫土门关，在今河北井陉县东北井陉山上，为太行八陉的第五陉。［9］南川：指晋阳（今太原市）城南之地。［10］进画：进呈文稿，经御画后发布施行，谓之进画。［11］木拐：同汉之几杖。［12］伟王：耶律德光叔父。［13］北都：五代后唐同光元年（923）十一月改西京太原府为北京，又称北都，沿至后晋、后汉不改。白文珂：字德温，太原人。传见《旧五代史》卷一百二十四。［14］奇缯：珍奇的丝织品。［15］孔目官：官名，唐代州镇始设，略等于文书、事务长。［16］郭威（904—954）：邢州尧山（今河北隆尧县）人，五代后周建立者。公元951年至954年在位。传见《旧五代史》卷一百一十、《新五代史》卷十一。［17］昭义：方镇名。五代后唐长兴元年（930）改安义军为昭义军。治所潞州，在今山西长治市。［18］张从恩：女为后晋少帝前妃张氏。入北宋，封许国公。传见《旧五代史》卷九十一、《宋史》卷二百五十四。［19］怀：怀州，治所野王，在今河南沁阳市。［20］高防：字修己，并州寿阳（今山西寿阳县）人。传见《宋史》卷二百七十。［21］懿亲：至亲，古代特指皇室的宗亲。［22］王守恩：字保信，太原人。王建立子。与张从恩为亲家。张从恩投契丹，王守恩权为巡检使。后举潞州归刘知远，官至西京留守。传见《旧五代史》卷一百二十五。［23］姻家：由婚姻关系形成的亲属。［24］与高防佐之：据章校，“之”下有“遂行”二字。［25］建立：王建立。历仕后唐明宗、后晋高祖，官检校太师，进封韩王。传见《旧五代史》卷九十一、《新五代史》卷四十六。［26］荆南：方镇名，唐至德二年（757）置，治所江陵府，在今湖北江陵县。［27］高从诲：南平王高季兴长子，受唐明宗封为荆南节度使，后袭南平王。地处吴、楚之间，常掠夺过往使者财富，被劫者发兵征讨，便又退还其物，素有“高赖子”之称。传见《旧五代史》卷一百三十三、《新五代史》卷六十九。［28］劝进：劝之即帝位。

唐主立齐王景遂[1]为皇太弟。徙燕王景达[2]为齐王，领诸道兵马元帅；徙南昌王弘冀[3]为燕王，为之副。

景遂尝与宫僚燕集[4]，赞善大夫[5]元城张易[6]有所规谏，景遂方与客传玩玉杯，弗之顾。易怒曰：“殿下重宝而轻士。”取玉杯抵地碎之，众皆失色，景遂敛容谢之，待易益厚。

景达性刚直，唐主与宗室近臣饮，冯延己、延鲁、魏岑、陈觉辈，极倾谄之态，或乘酒喧笑；景达屡诃责之，复极言谏唐主，以不宜亲近佞臣。延己以二弟立非己意，欲以虚言德之，尝宴东宫，阳醉，抚景达背曰：“尔不可忘我！”景达大怒，拂衣入禁中白唐主，请斩之；唐主谕解，乃止。张易谓景达曰：“群小交构[7]，祸福所系。殿下力未能去，数面折之，使彼惧而为备，何所不至！”自是每游宴，景达多辞疾不预。

唐主遣使贺契丹灭晋，且请诣长安修复[8]诸陵；契丹不许，而遣使报之。

晋密州[9]刺史皇甫晖[10]，棣州刺史王建，皆避契丹，帅众奔唐；淮北贼帅多请命于唐。唐虞部员外郎[11]韩熙载[12]上疏，以为：“陛下恢复祖业，今也其时。若虏主北归，中原有主，则未易图也。”时方连兵福州，未暇北顾；唐人皆以为恨，唐主亦悔之。

（以上为第五段，写南唐主被冯延己等群小所误，丧失了趁契丹灭后晋北图中原的时机。）

【注释】

［1］齐王景遂：南唐烈祖第三子，字退身。平居好客，善属文，封齐王。又被南唐元宗李璟立为皇太弟，居东宫十三年。因常“躁忿”，被弘冀派人送鸩酒毒死。［2］燕王景达：字子通，南唐烈祖第四子，初封燕王，后徙封齐王，南唐后主时官太师、尚书令。［3］南昌王弘冀：南唐元宗李璟长子，初封东平郡公，后封南昌王，留守东都。为人刚直，处事果断，一度为太子，早亡。谥宣武，又改为文献。传见《新五代史》卷六十二。［4］燕集：宴饮。［5］赞善大夫：官名。唐龙朔三年（663），于左右春坊各置赞善大夫，掌侍从翊养（辅佐帮助），职比朝廷的谏议大夫。［6］张易：字简能，元城（今河北大名县）人。皇太弟景遂初立，召为赞善大夫。敢直言，南唐后主即位，迁谏议大夫，复判大理寺。［7］交构：勾结。［8］且请诣长安修复：据章校，“复”下有“唐室”二字。南唐自称是李唐之后裔。唐末丧乱，诸陵多遭破坏，故请赴长安修复。［9］密州：治所东武，在今山东诸城市。［10］皇甫晖：魏州人，后唐庄宗末年发动“庄宗之乱”。入后晋任密州刺史。后与周师作战失败，被俘身死。传见《新五代史》卷四十九。［11］唐虞部员外郎：虞部，属工部第三司，掌京都、衢巷、苑囿、山泽草木及百官等时蔬薪炭供顿、畋猎之事，长官为郎中，副职为员外郎。［12］韩熙载：据章校，“韩”上有“史馆修撰”四字。韩熙载（902—970），字叔言，潍州北海（今山东潍坊市）人。后唐同光进士。父光嗣为李嗣源所杀，遂亡归南唐。喜蓄声伎，善为文，开门馆以招揽宾客，累官至中书侍郎、光政殿学士承旨等。传见《宋史》卷四十。

契丹主召晋百官悉集于庭，问曰：“吾国广大，方数万里，有君长二十七人；今中国之俗异于吾国，吾欲择一人君之，如何？”皆曰：“天无二日。夷、夏之心，皆愿推戴皇帝。”如是者再。契丹主乃曰：“汝曹既欲君我，今兹所行，何事为先？”对曰：“王者初有天下，应大赦。”二月，丁巳朔[1]，契丹主服通天冠[2]、绛纱袍，登正殿，设乐悬[3]、仪卫于庭[4]。百官朝贺，华人皆法服[5]，胡人仍胡服，立于文武班中间[6]。下制称大辽会同十年[7]，大赦。仍云："自今节度使、刺史，毋得置牙兵[8]，市战马。"

赵延寿以契丹主负约，心怏怏[9]，令李崧言于契丹主曰："汉天子所不敢望，乞为皇太子。"崧不得已为言之。契丹主曰："我于燕王，虽割吾肉，有用于燕王，吾无所爱。然吾闻皇太子当以天子儿为之，岂燕王所可为也！"因令为燕王迁官[10]。时契丹以恒州为中京，翰林承旨张砺奏拟燕王中京留守、大丞相、录尚书事[11]、都督中外诸军事，枢密使如故。契丹主取笔涂去"录尚书事都督中外诸军事"而行之。

壬戌[12]，蜀李继勋与兴州刺史刘景攻固镇[13]，拔之[14]。何重建请出蜀兵与阶成兵共扼散关[15]以取凤州，丙寅[16]，蜀主发山南兵[17]三千七百赴之。

（以上为第六段，写契丹主耶律德光自为中国主，爽约不立赵延寿为傀儡皇帝。）

【注释】

[1]丁巳朔：二月一日。 [2]通天冠：皇帝之冠。始于秦，终于明。唯元朝不用。凡郊祀、朝贺、宴会，皆戴此冠。冠之形制，历代大同小异。 [3]乐悬：悬挂的钟磬一类的打击乐器。 [4]仪卫于庭：在宫廷设仪仗、仪卫。 [5]法服：古代礼法规定的服饰。 [6]立于文武班中间：文官班在东侧，武官班在西侧，胡人立中间。 [7]大辽会同十年：公元947年。会同，耶律德光第二个年号。 [8]牙兵：将军麾下掌旗之兵，即护卫亲军。 [9]怏（yàng）怏：因不平或不满而郁郁不乐。 [10]迁官：古代调动官职叫迁，一般指升职。 [11]录尚书事：总领尚书事。其权力在其他公卿大臣之上。录，总领。 [12]壬戌：二月六日。 [13]兴州：治所汉曲，在今陕西略阳县。固镇：戍镇名，在今甘肃徽县。 [14]拔之：据章校，"之"下有"乙丑"二字。乙丑，二月九日。 [15]散关：在陕西宝鸡市西南大散岭上，当秦岭咽喉，扼川陕间交通孔道，为古代兵家必争之地。宋以后称大散关。 [16]丙寅：二月十日。 [17]山南兵：山南西道兴元之兵。兴元，府名，山南西道治所，在今陕西汉中市。

刘知远闻何重建降蜀，叹曰："戎狄凭陵[1]，中原无主，令藩镇外附，吾为方伯[2]，良可愧也！"

于是将佐劝知远称尊号，以号令四方，观诸侯去就。知远不许。闻晋主北迁，声言欲出兵井陉[3]，迎归晋阳。丁卯[4]，命武节都指挥使荥泽[5]史弘肇[6]集诸军于球场，告以出军之期。军士皆曰："今契丹陷京城，执天子，天下无主。主天下者，非我王而谁！宜先正位号，然后出师。"争呼万岁不已。知远曰："虏势尚强，吾军威未振，当且建功业。士卒何知！"命左右遏止之。

己巳[7]，行军司马[8]潞城[9]张彦威等三上笺[10]劝进，知远疑未决。郭威与都押牙[11]冠氏杨邠[12]入说知远曰："今远近之心，不谋而同，此天意也。王不乘此际取之，谦让不居，恐人心且移，移则反受其咎[13]矣。"知远从之。

契丹以其将刘愿为保义[14]节度副使，陕人苦其暴虐。奉国都头[15]王晏[16]与指挥使[17]赵晖[18]、都头侯章[19]谋曰："今胡虏乱华，乃吾属奋发之秋。河东刘公，威德远著，吾辈若杀愿，举陕城[20]归之，为天下唱[21]，取富贵如返[22]掌耳。"晖等然之。晏与壮士数人，夜逾牙城[23]入府，出库兵以给众；庚午[24]旦，斩愿首，悬诸府门，又杀契丹监军，奉晖为留后。晏，徐州；晖，澶州；章，太原人也。

辛未[25]，刘知远即皇帝位。自言未忍改晋，又恶开运之名，乃更称天福十二年[26]。

壬申[27]，诏："诸道为契丹括率[28]钱帛者，皆罢之。其晋臣被迫胁为使者勿问，令诣行在[29]。自余契丹，所在诛之。"

何重建遣宫苑使崔延琛将兵攻凤州，不克，退保固镇。

甲戌[30]，帝自将东迎晋主及太后。至寿阳[31]，闻已过恒州数日，乃留兵戍承天军[32]而还。

（以上为第七段，写刘知远即皇帝位。）

【注释】

[1]凭陵：进逼、侵凌。 [2]方伯：古代诸侯中的首领，为一方之长，故称方伯。刘知远为北平王、北面行营都统，故以方伯自喻。 [3]井陉：关名，在今河北井陉县西。 [4]丁卯：二月十一日。 [5]荥泽：县名，县治在今河南郑州市。 [6]史弘肇：字化元，后汉权臣，刘知远卒，受顾命，辅佐隐帝，滥用刑罚，威震人主，被隐帝处死。传见《旧五代史》卷一百零七、《新五代史》卷三十。 [7]己巳：二月十三日。 [8]行军司马：官名，唐代出征将帅及节度使下都设

行军司马，总理所部事务，作战时也负责参谋之责。［9］潞城：县名，县治在今山西长治市潞城区。［10］笺：文体名。上呈皇后、太子、诸王的书札、奏记。［11］都押牙：官名，唐代藩镇均置押牙，为衙署内部的亲信武职，其主官称都押牙。［12］杨邠：魏州冠氏（今山东冠县）人，后汉权臣，常逆隐帝之意行事，与史弘肇同日被杀。传见《旧五代史》卷一百零七、《新五代史》卷三十。［13］咎：灾祸。［14］保义：方镇名，后唐同光三年（925）改镇国军节度为保义军，治所陕州，在今河南三门峡市陕州区。［15］奉国都头：军职名。都，亲军部伍编制，奉国为其名号。［16］王晏：保义军节镇亲兵奉国都首领。徐州滕县（今山东滕州市）人。传见《宋史》卷二百五十二。［17］指挥使：保义军马步都指挥使之省称。［18］赵晖：字重光。传见《旧五代史》卷一百二十五。［19］侯章：并州榆次（今山西晋中市榆次区）人。传见《宋史》二百五十二。［20］陕城：故址在今河南三门峡市陕州区。［21］唱：同"倡"，首倡、带头。［22］返：同"反"。［23］牙城：唐代藩镇主帅所居之内城，后以之泛称主将所居之城。［24］庚午：二月十四日。［25］辛未：二月十五日。［26］乃更称天福十二年：天福为后晋高祖石敬瑭年号，此时恰当天福十二年（947），刘知远憎恶后晋出帝"开运"年号，故改。［27］壬申：二月十六日。［28］括率：搜刮、聚敛。［29］行在：本作"行在所"。古代皇帝出巡所在的地方。此指刘知远所镇晋阳，因称帝，故称行在所。［30］甲戌：二月十八日。［31］寿阳：县名，县治寿阳，在今山西寿阳县。［32］承天军：军镇名，唐置。后改为承天寨，在今山西平定县东。

晋主既出塞，契丹无复供给，从官、宫女，皆自采木实、草叶而食之。至锦州[1]，契丹令晋主及后妃拜契丹主阿保机[2]墓。晋主不胜屈辱，泣曰："薛超[3]误我！"冯后阴令左右求毒药，欲与晋主俱自杀，不果[4]。

契丹主闻帝即位，以通事耿崇美为昭义节度使，高唐英为彰德节度使，崔廷勋为河阳节度使，以控扼要害[5]。

初，晋置乡兵[6]，号天威军[7]。教习岁余，村民不闲[8]军旅，竟不可用；悉罢之，但令七户输钱十千，其铠仗悉输官。而无赖子弟，不复肯复农业[9]，山林之盗，自是而繁。及契丹入汴，纵胡骑打草谷；又多以其子弟及亲信左右为节度使、刺史，不通政事，华人之狡狯者多往依其麾下，教之妄作威福，掊敛[10]货财，民不堪命。于是所在相聚为盗，多者数万人，少者不减千百，攻陷州县，杀掠吏民。滏阳[11]贼帅梁晖，有众数百，送款[12]晋阳求效用，帝许之。磁州刺史李谷密通表于帝，令晖袭相州；晖侦知高唐英未至，相州积兵器，无守备，丁丑[13]夜，遣壮士逾城入，启关纳其众，杀契丹数百，其守将突围走。晖据州自称留后，表言其状。

戊寅[14]，帝还至晋阳，议率民财以赏将士，夫人李氏[15]谏曰："陛下因河东创大业，未有以惠泽其民而先夺其生生之资[16]，殆[17]非新天子所以救民之意也。今宫中所有，请悉出之以劳军，虽复不厚，人无怨言。"帝曰："善！"即罢率民，倾内府蓄积以赐将士，中外闻之，大悦。李氏，晋阳人也。

吴越内都监程昭悦，多聚宾客，畜兵器，与术士[18]游。吴越王弘佐欲诛之，谓水丘昭券曰："汝今夕帅甲士千人围昭悦第。"昭券曰："昭悦，家臣也，有罪当显戮[19]，不宜夜兴兵。"弘佐曰："善！"命内牙指挥使诸温伺昭悦归第，执送东府[20]。己卯[21]，斩之。释钱仁俊之囚[22]。

武节都指挥使史弘肇攻代州，拔之，斩王晖。

建雄留后刘在明[23]朝于契丹，以节度副使骆从朗知州事。帝遣使者张晏洪等如晋州，谕以已即帝位，从朗皆囚之。大将药可俦杀从朗，推晏洪权留后，庚辰[24]，遣使以闻。

契丹主遣右谏议大夫赵熙[25]使晋州，括率钱帛，征督甚急。从朗既死，民相帅共杀熙。

契丹主赐赵晖诏，即以为保义留后。晖斩契丹使者，焚其诏，遣支使河间[26]赵矩奉表诣晋阳，契丹遣其将高谟翰攻晖，不克。帝见矩，甚喜，曰："子挈咽喉之地[27]以归我，天下不足定也。"矩因劝帝早引兵南向以副[28]天下之望，帝善之。

辛巳[29]，以晖为保义节度使，侯章为镇国[30]节度使、保义军马步都指挥使，王晏为绛州[31]防御使、保义军马步副指挥使。

高防与王守恩谋，遣指挥使李万超[32]白昼帅众大噪入府，斩赵行迁，推守恩权知昭义留后。守恩杀契丹使者，举镇来降。

镇宁节度使邪律郎五，性残虐，澶州人苦之。贼帅王琼帅其徒千余人，夜袭据南城，北度浮航[33]，纵兵大掠，围郎五于牙城。契丹主闻之，甚惧，始遣天平节度使李守贞、天雄节度使杜重威还镇，由是无久留河南[34]之意。遣兵救澶州；琼退屯近郊，遣弟超奉表来求救。癸未[35]，帝厚赐超，遣还。琼兵败，为契丹所杀。

蜀主加雄武节度使何重建同平章事。

（以上为第八段，写河北、河南各藩民心所向归服刘知远，纷纷反抗契丹主。）

【注释】

[1]锦州：府名，治所在今辽宁锦州市。[2]阿保机（872—926）：即辽太祖。耶律氏，汉名亿。十世纪初统一契丹八部，控制邻近女真、室韦等族。公元916年称帝，年号神册。公元907年至926年在位。传见《辽史》卷一。[3]薛超：后晋出帝亲军将。契丹灭后晋，出帝在宫中放火，携剑驱十余人将赴火，为薛超所抱持，免于自焚。事见上卷。[4]不果：没有成为事实。[5]控扼要害：控制兵争要塞之地。昭义军驻节潞州，彰德军驻节相州，河阳军驻节孟州，皆阻河东军东出，屏卫洛阳、大梁，故为要害。[6]乡兵：封建社会的地方性武装。选自户籍，或士民应募，在当地集结训练，以资防守。[7]天威军：军号名。后晋开运元年曾"诏诸州所籍乡兵，号武定军，凡得七万余人"。开运二年又"更名武定军为天威军"。[8]闲：通"娴"，熟习。[9]不复肯复农业：不再返回农业生产上。[10]掊（póu）敛：聚敛。[11]滏（fǔ）阳：县名，县治在今河北磁县。以城在滏水之阳，故名。[12]送款：表诚心。款，真诚。[13]丁丑：二月二十一日。[14]戊寅：二月二十二日。[15]李氏：后汉高祖刘知远皇后。晋阳人，隐帝生母。高祖在位，多以停敛惠民进谏，深得高祖信赖。后周立，尊为德圣皇太后。传见《旧五代史》卷一百零四、《新五代史》卷十八。[16]生生之资：维持生存的基本资料。[17]殆：大概、恐怕。[18]术士：道术之士。后指占卜星相等操迷信职业的人。[19]显戮：明正典刑，当众处决。[20]东府：丞相府。[21]己卯：二月二十三日。[22]释钱仁俊之囚：程昭悦专权囚内外马步都统军使钱仁俊，见上卷开运二年。[23]刘在明：幽州（今北京市）人。历仕后唐、后晋、后汉，官至镇州节度使。传见《旧五代史》卷一百零六。《旧五代史》本传无"朝于契丹"事。[24]庚辰：二月二十四日。[25]赵熙：字绩巨。传见《旧五代史》卷九十三。[26]河间：府名，治所在今河北河间市。[27]子挈咽喉之地：陕州是自河东入洛、汴的必经之路，故称"咽喉之地"。[28]副：符合，满足。[29]辛巳：二月二十五日。[30]镇国：方镇名，唐上元初置，治所华州，在今陕西渭南市华州区。[31]绛州：治所正平，在今山西新绛县。[32]李万超：太原人。传见《宋史》卷二百六十一。[33]浮航：浮桥。[34]河南：地区名，指黄河以南。[35]癸未：二月二十七日。

延州[1]录事参军[2]高允权[3]，万金[4]之子也。彰武节度使周密[5]，暗而贪，将士作乱，攻之；密败，保东城。众以允权家世延帅[6]，推为留后，据西城[7]。密，应州[8]人也。

丹州[9]都指挥使高彦珣杀契丹所署刺史，自领州事。

契丹述律太后[10]遣使以其国中酒馔脯果赐契丹主，贺平晋国。契丹主与群臣宴于永福殿，每举酒，立而饮之，曰："太后所赐，不敢坐饮。"

唐王淑妃[11]与郇公从益[12]居洛阳；赵延寿娶明宗女为夫人，淑妃诣大梁会礼[13]。契丹主见而拜之曰："吾嫂也[14]。"统军刘遂凝因淑妃求节钺[15]，契丹主以从益为许王、威信[16]节度使，遂凝为安远[17]节度使。淑妃以从益幼，辞不赴镇，复归于洛。

契丹主以张砺为右仆射兼门下侍郎、同平章事，左仆射和凝兼中书侍郎、同平章事；司空兼门下侍郎、同平章事刘昫，以目疾辞位，罢为太保[18]。

东方群盗大起，陷宋、亳[19]、密三州。契丹主谓左右曰："我不知中国之人难制如此！"亟遣泰宁节度使安审琦、武宁节度使符彦卿等归镇，仍以契丹兵送之。

彦卿至埇桥[20]，贼帅李仁恕帅众数万急攻徐州[21]。彦卿与数十骑至城下，扬鞭欲招谕之，仁恕控彦卿马，请从相公入城。彦卿子昭序，自城中遣军校陈守习缒[22]而出，呼于贼中曰："相公已陷虎口，听相公助贼攻城，城不可得也。"贼知不可劫，乃相率罗拜[23]于彦卿马前，乞赦其罪。彦卿与之誓，乃解去。

三月，丙戌朔[24]，契丹主服赭袍，坐崇元殿[25]，百官行入阁礼[26]。

戊子[27]，帝遣使以诏书安集农民保聚山谷避契丹之患者。

辛卯[28]，高允权奉表来降。帝谕允权听[29]周密诣行在，密遂弃东城来奔。

壬辰[30]，高彦询[31]以丹州来降。

蜀翰林承旨李昊[32]谓王处回[33]曰："敌复据固镇，则兴州道绝，不复能救秦州矣。请遣山南西道[34]节度使孙汉韶[35]将兵急攻凤州。"癸巳[36]，蜀主命汉韶诣凤州行营。

契丹主复召晋百官，谕之曰："天时向热，吾难久留，欲暂至上国省[37]太后[38]。当留亲信一人于此为节度使。"百官请迎太后[39]。契丹主曰："太后族大，如古柏根，不可移也。"契丹主欲尽以晋之百官自随。或曰："举国北迁，恐摇人心，不如稍稍迁之。"乃诏有职事者从行，余留大梁。

复以汴州为宣武军[40]，以萧翰为节度使。翰，述律太后之兄子，其妹复为契丹主后。翰始以萧为姓，自是契丹后族皆称萧氏。

（以上为第九段，写大河南北民众纷纷反抗契丹，契丹主留萧翰为宣武节度使，自己带领部分后晋官员北还。）

【注释】

[1]延州：治所广武，在今陕西延安市东北。 [2]录事参军：官名，多设于王府、公府、州郡，掌各曹文书、纠查等事。 [3]高允权：初仕后晋，后汉立，授彰武节度使。 [4]万金：高允权父，仕后梁、后唐为延州节度使。传见《旧五代史》卷一百二十五、《新五代史》卷四十。 [5]周密：字德峰。传见《旧五代史》卷一百二十四。 [6]众以允权家世延帅：指高氏祖孙世代做延州牙将、节度使等。 [7]西城：延州有东西二城，中间有深涧为界。 [8]应州：治所金城，在今山西应县东。 [9]丹州：治所在今陕西宜川县东北。 [10]述律太后：辽太祖淳钦皇后。有雄略。太祖崩，摄军国事。太宗继位，尊为皇太后。太宗崩，世宗兀欲自立。太后怒，遣兵击之，败，被软禁。传见《辽史》卷七十一、《新五代史》卷七十三。 [11]王淑妃：后唐明宗李嗣源妃。后晋立，与郇（xún）公从益居洛阳。契丹北归，复随从益入汴。后被刘知远派人处死。[12]郇公从益：后唐明宗子，王淑妃母之，封许王。后晋立，封郇国公，与王淑妃退居洛阳。契丹北归，迫使从益入汴知南朝军国事。刘知远拥兵南下，派人杀从益母子，死时年十七。传见《新五代史》卷十五。 [13]淑妃诣大梁会礼：赵延寿妻原为唐明宗女兴平公主，此时已死，又娶从益妹永安公主。永安公主养于王淑妃。故王淑妃诣大梁，为她主婚礼。事见《旧五代史》卷九十八、《新五代史》卷十五。 [14]吾嫂也：耶律德光以唐明宗年长，故尊王淑妃为嫂。 [15]统军刘遂凝因淑妃求节钺：王淑妃年轻时卖于梁故将刘鄩（xún）为侍儿，鄩卒，方被明宗纳为妃。刘遂凝与刘鄩有旧交，故托王淑妃向契丹求节钺。 [16]威信：方镇名，五代后晋置，治所曹州，在今山东曹县西北。 [17]安远：方镇名，五代后唐置，治所安州，在今湖北安陆市。 [18]太保：官名，三公之一。多为大官加衔，并无实职。 [19]宋、亳：皆州名。宋州，治所宋城，在今河南商丘市南。亳州，治所谯县，在今安徽亳州市。 [20]埇（yǒng）桥：一作甬桥。故址在今安徽宿州市城南古汴河上。金以后汴河湮废，此桥亦废。 [21]徐州：治所在今江苏徐州市。[22]缒（zhuì）：系在绳子上放下去。 [23]罗拜：四面围绕着下拜。 [24]丙戌朔：三月一日。[25]崇元殿：汴京的正殿。 [26]入阁礼：百官朝见皇帝的仪式。详见宋王溥《五代会要》"入阁仪"条。 [27]戊子：三月三日。 [28]辛卯：三月六日。 [29]听：任凭。 [30]壬辰：三月

七日。［31］高彦询：据章校，“询”作“珣”。［32］李昊：字穷佐，历仕前蜀、后蜀五十余年。官同平章事兼修国史。入宋，拜工部尚书。［33］王处回：据章校，“王”上有“枢密使”三字。字亚贤，彭城（今江苏徐州市）人。初事后蜀高祖孟知祥为枢密使，孟死，受顾命，辅佐后主孟昶，加兼侍中、领三镇节度使。以太子太傅致仕。［34］山南西道：方镇名，唐上元初置，治所兴元府，在今陕西汉中市。［35］孙汉韶：振武人，初从后唐明宗为武定军节度使。降后蜀，多立功，封乐安郡王。［36］癸巳：三月八日。［37］省（xǐng）：探望、问候。［38］太后：契丹主耶律德光母述律太后。［39］百官请迎太后：百官上表契丹主迎请太后来大梁，意欲契丹主不必北归。而“省太后”，只不过是契丹主北归的遁词而已，故谕百官云云。［40］宣武军：契丹入大梁，降开封府为汴州防御使，今欲北还，又以汴州置节镇，复盛唐之旧。

吴越复发水军，遣其将余安将之，自海道救福州。己亥[1]，至白虾浦[2]。海岸泥淖[3]，须布[4]竹箦[5]乃可行，唐之诸军在城南者，聚而射之，箦不得施。冯延鲁曰：“城所以不降者，恃此救也。今相持不战，徒老我师，不若纵其登岸尽杀之，则城不攻自降矣。”裨将孟坚[6]曰：“浙兵至此已久[7]，不能进退，求一战而死不可得。若纵其登岸，彼必致死于我，其锋不可当，安能尽杀乎！”延鲁不听，曰：“吾自击之。”吴越兵既登岸，大呼奋击，延鲁不能御，弃众而走，孟坚战死。吴越兵乘胜而进，城中兵亦出，夹击唐兵，大破之。唐城南诸军皆遁，吴越兵追之；王崇文以牙兵三百拒之，诸军陈于崇文之后，追者乃还。

或言浙兵欲弃福州，拔李达之众归钱唐，东南守将刘洪进等白王建封，请纵其尽出而取其城。留从效不欲福州之平，建封亦忿陈觉等专横，乃曰：“吾军败矣，安能与人争城！”是夕，烧营而遁，城北诸军亦相顾而溃；冯延鲁引佩刀自刺，亲吏救之，不死。唐兵死者二万余人，委弃军资器械数十万，府库为之耗竭。

余安引兵入福州，李达举所部授之。

留从效引兵还泉州，谓唐戍将曰：“泉州与福州世为仇敌[8]，南接岭海瘴疠之乡[9]，地险土瘠。比年军旅屡兴，农桑废业，冬征夏敛[10]，仅能自赡[11]，岂劳大军久戍于此！”置酒饯之，戍将不得已引兵归。唐主不能制，加从效检校太傅。

（以上为第十段，写南唐兵败于福州，吴越王据有闽地。）

【注释】

[1]己亥：三月十四日。[2]白虾浦：地名，在福建福州市南。[3]泥淖（nào）：泥沼。[4]布：铺垫。[5]竹箦（zé）：竹席。[6]孟坚：始事闽，为建州裨将。后降南唐，多立功。随冯延鲁攻福州，与吴越兵力战而死。[7]浙兵至此已久：据章校，“此”下有“已久”二字。浙兵，吴越王钱弘佐所遣救李达之兵。[8]泉州与福州世为仇敌：唐末王潮兄弟曾自泉州攻福州，留从效先是以泉州兵击破福州兵，又会合南唐兵围福州，故称有世仇。[9]瘴疠之乡：有瘴气瘟疫的地方。[10]冬征夏敛：指秋粮成熟，征租至冬季；春蚕毕收，敛帛到夏季。一年收二税。[11]自赡：供养自己。

壬寅[1]，契丹主发大梁，晋文武诸司从者数千人，诸军吏卒又数千人，宫女、宦官数百人，尽载府库之实以行，所留乐器仪仗而已。夕，宿赤冈，契丹主见村落皆空，命有司发榜数百通[2]，所在招抚百姓，然竟不禁胡骑剽掠。丙午[3]，契丹自白马[4]渡河，谓宣徽使高勋曰：“吾在上国，以射猎为乐，至此令人悒悒[5]。今得归，死无恨矣。”

蜀孙汉韶将兵二万攻凤州，军于固镇，分兵扼散关以绝援路。

张筠[6]、余安皆还钱唐，吴越王弘佐遣东南安抚使鲍修让[7]将兵戍福州，以东府[8]安抚使钱弘倧[9]为丞相。

庚戌[10]，以皇弟北京[11]马步都指挥使崇[12]行太原尹，知府事。

辛亥[13]，契丹主将攻相州，梁晖请降；契丹主赦之，许以为防御使，晖疑其诈，复乘城拒守。夏，四月，己未[14]，未明，契丹主命蕃、汉诸军急攻相州，食时[15]克之，悉杀城中男子，驱其妇女而北，胡人掷婴孩于空中，举刃接之以为乐。留高唐英守相州。唐英阅城中，遗民男女得七百余人。其后节度使王继弘敛城中髑髅瘗[16]之，凡得十余万。

或告磁州刺史李谷谋举州应汉，契丹主执而诘之，谷不服，契丹主引手于车中，若取所获文书者。谷知其诈，因请曰：“必有其验，乞显示之。”凡六诘，谷辞气不屈，乃释之。

帝以从弟北京马军都指挥使信[17]领义成节度使，充侍卫马军都指挥使，武节都指挥使史弘肇领忠武节度使，充步军都指挥使，右都押牙杨邠权枢密使，蕃汉兵马都孔目官郭威权副枢密使，两使[18]都孔目官南乐王章[19]权三司使。

癸亥[20]，立魏国夫人李氏为皇后。

契丹主见所过城邑丘墟，谓蕃、汉群臣曰："致中国如此，皆燕王之罪也。"顾张砺曰："尔亦有力焉。"

（以上为第十一段，写契丹主北还，一路屠城滥杀，千里沃野一片荒残。）

【注释】

[1]壬寅：三月十七日。[2]通：遍。[3]丙午：三月二十一日。[4]白马：津渡名，在今河南滑县东北。秦汉白马县西北古黄河南岸，与北岸黎阳津相对，为历代兵家必争之地。[5]悒（yì）悒：忧闷不乐。[6]张筠：海州（今江苏东海县）人。传见《旧五代史》卷九十、《新五代史》卷四十七。[7]鲍修让：吴越福州戍将。入宋知福州彰武军事、同参丞相府事。[8]东府：吴越以越州为东府，在今浙江绍兴市。[9]钱弘倧：吴越王钱镠孙，钱弘佐弟。弘佐死，子昱年幼，立弘倧为王。对宿将旧勋不甚优礼，遂被大将囚禁，立弘倧异母弟俶为王。传见《旧五代史》卷一百三十三。[10]庚戌：三月二十五日。[11]北京：唐和五代后唐、后晋、后汉都以它的发祥地太原府为北京，在今山西太原市晋源区。[12]崇：即刘崇，高祖刘知远母弟，初名崇，后更名旻。高祖即位，为太原尹、北京留守、同中书门下平章事。隐帝时，累加中书令。郭威建后周，刘崇于太原自立为帝，是为北汉，与契丹称叔侄之国。公元951年至954年在位。传见《旧五代史》卷一百三十五、《新五代史》卷七十、《宋史》卷四百八十二。[13]辛亥：三月二十六日。[14]己未：四月四日。[15]食时：吃早饭时，相当于5至7时。[16]瘗（yì）：埋葬。[17]信：刘信，刘知远从弟。后汉立，官义成节度使、加检校太尉、同平章事。性昏懦，黩货无厌，喜行酷法。澶州军变后，惶惑自杀。传见《旧五代史》卷一百零五、《新五代史》卷十八。[18]两使：节度使与观察使。[19]王章：魏州南乐（今河北大名县南）人。后汉权臣，官至太尉、同中书门下平章事。不喜文士，赋敛苛刻，民不堪命。与史弘肇、杨邠同日被杀。传见《旧五代史》卷一百零七、《新五代史》卷三十。[20]癸亥：四月八日。

甲子[1]，帝以河东节度判官长安苏逢吉[2]、观察判官苏禹珪[3]为中书侍郎、同平章事。禹珪，密州人也。

振武[4]节度使、府州团练使折从远[5]入朝，更名从阮，置永安军于府州[6]，以从阮为节度使。又以河东左都押牙刘铢[7]为河阳节度使。铢，陕人也。

契丹昭义节度使耿崇美屯泽州，将攻潞州；乙丑[8]，诏史弘肇将步骑万人救之。

丙寅[9]，以王守恩为昭义节度使，高允权为彰武节度使，又以岢岚军使郑谦为忻州[10]刺史、领彰国[11]节度使兼忻、代二州义军都部署[12]。丁卯[13]，以缘河巡检使阎万进为岚州刺史，领振武节度使兼岚、宪[14]二州义军都制置使[15]。帝闻契丹北归，欲经略河南，故以弘肇为前驱，又遣阎万进[16]出北方以分契丹兵势。万进，并州[17]人也。

契丹主以船数十艘载晋铠仗，将自汴溯河归其国[18]，命宁国都虞候榆次武行德[19]将士卒千余人部送之。至河阴[20]，行德与将士谋曰："今为虏所制，将远去乡里。人生会有死，安能为异域之鬼乎！虏势不能久留中国，不若共逐其党，坚守河阳，以俟天命之所归者而臣之，岂非长策乎！"众以为然。行德即以铠仗授之，相与杀契丹监军使。会契丹河阳节度使崔廷勋以兵送耿崇美之潞州，行德遂乘虚入据河阳，众推行德为河阳都部署。行德遣弟行友奉蜡表[21]间道[22]诣晋阳。

契丹遣武定[23]节度使方太[24]诣洛阳巡检，至郑州；州有戍兵，共迫太为郑王。梁嗣密王朱乙[25]逃祸为僧，嵩山[26]贼帅张遇得之，立以为天子，取嵩岳神衮冕[27]以衣之，帅众万余袭郑州，太击走之。太以契丹尚强，恐事不济，说谕戍兵，欲与俱西；众不从，太自西门逃奔洛阳。戍兵既失太，反谮太于契丹，云胁我为乱；太遣子师朗自诉于契丹，契丹将麻荅杀之，太无以自明。会群盗攻洛阳，契丹留守刘晞弃城奔许州[28]，太乃入府行留守事，与巡检使潘环[29]击群盗却之，张遇杀朱乙请降。伊阙[30]贼帅自称天子，誓众于南郊坛，将入洛阳，太逆击，走之。

太欲自归于晋阳，武行德使人诱太曰"我裨校也。公旧镇此地，今虚位相待。"太信之，至河阳，为行德所杀。

萧翰遣高谟翰援送刘晞自许还洛阳，晞疑潘环构[31]其众逐己，使谟翰杀之。

戊辰[32]，武行友至晋阳。

庚午[33]，史弘肇奏遣先锋将马诲击契丹，斩首千余级。时耿崇美、崔廷勋至泽州，闻弘肇兵已入潞州，不敢进，引兵而南；弘肇遣诲追击，破之，崇美、廷勋与奚王拽剌退保怀州。

辛未[34]，以武行德为河阳节度使。

契丹主闻河阳乱，叹曰："我有三失，宜天下之叛我也！诸道括钱，一失也；令上国人打草谷，二失也；不早遣诸节度使还镇，三失也。"

（以上为第十二段，写各地军民反抗契丹，契丹主慨叹有三失：搜刮民众，一失；放纵胡骑抢掠，二失；不早遣汉人节度使还镇，三失。）

【注释】

[1]甲子：四月九日。 [2]苏逢吉：京兆长安人。后汉权臣，深得刘知远宠信。官中书侍郎，同中书门下平章事。贪诈无行，滥杀无辜。后周郭威起兵，畏罪自杀。传见《旧五代史》卷一百零八、《新五代史》卷三十。 [3]苏禹珪：字玄锡。后汉权臣。刘知远卒，受顾命辅佐少主，任左仆射。后周立，加守司空，封莒国公。传见《旧五代史》卷一百二十七。 [4]振武：方镇名，唐乾元初置，治所在今内蒙古和林格尔县。 [5]折从远：字可久，初名从远，避刘知远讳，改名从阮。云中（今山西大同市）人，官振武等数镇节度使。传见《旧五代史》卷一百二十五、《新五代史》卷五十。 [6]永安军：折从远保府州以拒契丹，始置永安军节度以赏之。府州：为永安军治所，在今陕西府谷县。 [7]刘铢：陕州人，与刘知远有旧。后汉立，官永兴军节度使、加检校太师、同平章事，又加侍中。郭威进兵京师，铢悉杀其家属，后被郭威所杀。传见《旧五代史》卷一百零七、《新五代史》卷三十。 [8]乙丑：四月十日。 [9]丙寅：四月十一日。 [10]岢（kě）岚：唐县名，五代置为岢岚军，治所在今山西岢岚县。忻（xīn）州：治所秀容，在今山西忻州市。[11]彰国：方镇名，五代后唐置，治所应州，在今山西应县东。 [12]都部署：官名，五代后唐设立，为战时指挥一部分军队的总指挥官。 [13]丁卯：四月十二日。 [14]宪：宪州，治所楼烦，在今山西静乐县南。 [15]都制置使：官名，唐代后期在用兵前后，为控制地方秩序而设立的长官。 [16]又遣阎万进：据章校，"阎"作"谦"。 [17]并（bīng）州：治所晋阳，在今山西太原市西南。[18]自汴溯河归其国：自汴河溯黄河，再从河阳取道太行路归契丹。[19]武行德：并州榆次（今山西晋中市榆次区）人，历仕后晋、契丹、后汉、后周，入宋，官至太子太傅。传见《宋史》卷二百五十二。 [20]河阴：县名，县治在今河南荥阳市北。 [21]蜡表：作表置于蜡丸中。 [22]间道：偏僻的小路。 [23]武定：方镇名，唐光启中置，治所洋州，在今陕西洋县。[24]方太：字伯宗，青州千乘（今山东高青县）人。后晋邢州留后。契丹灭后晋，充洛京巡检使，守郑州。后被武行德所害。传见《旧五代史》卷九十四。 [25]朱乙：后梁太祖兄朱存之子友伦，封密王。朱乙为其后人，仍称密王。梁亡，避祸为僧。 [26]嵩山：古称"中岳"，在河南登封市北。 [27]衮冕：衮衣和冕。古代皇帝和上公的礼服。 [28]许州：治所长社，在今河南许昌市。[29]潘环：字楚奇，洛阳人。历仕后梁、后唐、后晋、后汉。所至以聚敛为务，后被番将高牟翰杀。传见《旧五代史》卷九十四。 [30]伊阙：山名，因两山相对如阙门，伊水流经其间，故名。在今河南洛阳市南。 [31]构：挑拨离间。 [32]戊辰：四月十三日。 [33]庚午：四月十五日。

[34]辛未：四月十六日。

唐主以矫诏败军，皆陈觉、冯延鲁之罪[1]，壬申[2]，诏赦诸将，议斩二人以谢中外。御史中丞江文蔚[3]对仗弹冯延已、魏岑曰："陛下践阼以来，所信任者，延已、延鲁、岑、觉四人而已，皆阴狡弄权，壅蔽聪明，排斥忠良，引用群小，谏争者逐，窃议者刑，上下相蒙，道路以目[4]。今觉、延鲁虽伏辜，而延已、岑犹在，本根未殄[5]，枝干复生。同罪异诛，人心疑惑。"又曰："上之视听，惟在数人，虽日接群臣，终成孤立。"又曰："在外者握兵，居中者当国。"又曰："岑、觉、延鲁，更相违戾[6]。彼前则我却，彼东则我西。夫生五材[7]，国之利器，一旦为小人忿争妄动之具。"又曰："征讨之柄，在岑折简，帑藏取与，系岑一言[8]。"唐主以文蔚所言为太过，怒，贬江州司士参军[9]。械送觉、延鲁至金陵。宋齐丘以尝荐觉使福州，上表待罪。

诏流觉于蕲州，延鲁于舒州[10]。知制诰[11]会稽[12]徐铉[13]、史馆修撰韩熙载[14]上疏曰："觉、延鲁罪不容诛，但齐丘、延已为之陈请，故陛下赦之。擅兴者不罪，则疆场有生事者矣；丧师者获存，则行陈无效死者矣。请行显戮以重军威。"不从。

中书侍郎、同平章事冯延已罢为太弟[15]少保[16]，贬魏岑为太子洗马[17]。

韩熙载屡言宋齐丘党与必为祸乱。齐丘奏熙载嗜酒猖狂，贬和州司士参军。

（以上为第十三段，写南唐主裁制群小，同时又贬抑进言直臣，猜忌一方势盛则裁抑以平衡之。）

【注释】

[1]皆陈觉、冯延鲁之罪：事见上卷后晋出帝开运三年。 [2]壬申：四月十七日。 [3]江文蔚：字君章，建安（今福建建瓯市）人。后唐长兴中举进士，善作赋。南唐初任御史中丞。直言上疏，弹劾陈觉等"四凶"。元宗怒，贬江州司士参军，一年后召回。 [4]道路以目：路上相遇，只以目相视而不敢言。 [5]殄（tiǎn）：灭绝。 [6]违戾：悖谬、乖张。 [7]五材：语出《左传·襄公二十七年》："天生五材，民并用之。"杜预注："五材，谓金、木、水、火、土

也。”［8］系岑一言：“征讨之柄”四句：意为征讨的大事，全凭魏岑写几个字；国库财物的取用，全凭魏岑一句话。折简，写信。帑（tǎng），国库。［9］司士参军：官名，在州县掌工役之事。［10］舒州：治所在今安徽安庆市。［11］知制诰：官名，掌起草诏令。［12］会稽：郡名，治所在今浙江绍兴市。［13］徐铉（916—991）：字鼎臣，祖籍会稽，后迁至扬州。初仕南唐，后归宋，官至散骑常侍。与弟锴齐名，号“大小二徐”。善属文，有口辩，精通文字。曾与句中正等校《说文解字》。传见《宋史》卷四百四十一。［14］韩熙载（902—970）：五代时学者，与徐铉齐名，时称韩徐。字叔言。维州北海（今山东潍坊市）人。后唐同光进士，避难入南唐为史馆修撰，官至中书侍郎。［15］太弟：皇帝尊其弟之称，一般指皇帝诸弟中之皇位继承者。［16］少保：辅导太弟的官。一般师、傅、保多为加官及赠官，并无实职。［17］太子洗马：太子的侍从官。

乙亥[1]，凤州防御使石奉頵[2]举州降蜀。奉頵，晋之宗属也。

契丹主至临城[3]，得疾；及栾城[4]，病甚，苦热，聚冰于胸腹手足，且啖之。丙子[5]，至杀胡林[6]而卒。国人剖其腹，实盐数斗，载之北去，晋人谓之“帝羓[7]”。

赵延寿恨契丹主负约，谓人曰：“我不复入龙沙[8]矣。”即日，先引兵入恒州，契丹永康王兀欲及南北二王[9]，各以所部兵相继而入。延寿欲拒之，恐失大援[10]，乃纳之。

时契丹诸将已密议奉兀欲为主，兀欲登鼓角楼受叔兄拜；而延寿不之知，自称受契丹皇帝遗诏，权知南朝军国事，仍下教布告诸道，所以供给兀欲与诸将同，兀欲衔之[11]。恒州诸门管钥及仓库出纳，兀欲皆自主之。延寿使人请之，不与。

契丹主丧至国，述律太后不哭，曰：“待诸部宁壹如故，则葬汝矣。”

帝之自寿阳还也，留兵千人戍承天军。戍兵闻契丹北还，不为备；契丹袭击之，戍兵惊溃。契丹焚其市邑，一日狼烟[12]百余举。帝曰：“此虏将遁，张虚势也。”遣亲将叶仁鲁将步骑三千赴之。会契丹出剽掠，仁鲁乘虚大破之，丁丑[13]，复取承天军。

冀州人杀契丹刺史何行通，推牢城指挥使张廷翰[14]知州事。廷翰，冀州人，符习[15]之甥也。

或说赵延寿曰：“契丹诸大人数日聚谋，此必有变。今汉兵不下万人，不若先事图之。”延寿犹豫不决。壬午[16]，延寿下令，以来月朔日于待贤馆上事[17]，受文武官贺。其仪：宰相、枢密使拜于阶上，节度使以下拜于阶下。李崧以虏意不同，事理难测，固请赵延寿未行此礼，乃止。

（以上为第十四段，写契丹主北还死于途中。赵延寿矫诏权知南朝军国事。）

【注释】

［1］乙亥：四月二十日。［2］石奉頵（jūn）：后晋高祖宗属。出帝时官凤州防御使。广政十年（947）以凤州降后蜀，为后蜀名将。［3］临城：县名，县治临城，在今河北临城县。［4］栾城：县名，县治栾城，在今河北石家庄市栾城区。［5］丙子：四月二十一日。［6］杀胡林：地名，在河北石家庄市栾城区北。辽太宗病死于此，时人遂以为地名。一说唐武后时袭突厥，胡人死于此，故名。［7］羓（bā）：干肉。［8］龙沙：地区名。古指我国西部、西北部边远山地和沙漠地区。［9］南北二王：指南院大王和北院大王，均属北面官。分掌部族军民之政。［10］恐失大援：赵延寿欲主中原，以契丹为大援，故内心恨而又不得已而纳之。［11］衔之：心里怀恨，藏而不发。［12］狼烟：烽火。古代烧狼粪以报警，故名。［13］丁丑：四月二十二日。［14］张廷翰：冀州信都（今河北衡水市冀州区）人。初为冀州军校，后汉初拜刺史，有政绩。后周与北宋任数州团练使。传见《宋史》卷二百七十一。［15］符习：赵州昭庆（今河北隆尧县）人。仕后唐庄宗及明宗，官天平节度使。传见《旧五代史》卷五十九、《新五代史》卷二十六。［16］壬午：四月二十七日。［17］上事：指赵延寿欲权知南朝军国事，接受文武官员朝贺的礼仪。

【点评】

本卷点评张彦泽之死、赵延寿黄粱梦破灭、南唐主坐失北进中原之良机三件史事。

一、张彦泽之死。张彦泽，突厥人，为人剽悍残忍，暴虐成性。因与后晋高祖石敬瑭联姻，恃宠为恶肆无忌惮。张彦泽因怒其子，嘱其掌书记张式写奏章请诛杀其子，张式不肯写无理奏章，张彦泽毒杀张式，剖心决口，断手足而斩之。张彦泽镇泾州，残害泾人，大体如此。张式之父张铎诣阙诉冤，邠州节度使王周又上奏张彦泽不法之事二十六桩，以及泾人遭害情由。公卿大臣连章上奏请诛张彦泽，石敬瑭姑息养奸，给张式之父张铎、张式之弟张守贞、张式之子张希范皆授官，免泾州民税及杂役一年，下罪己诏以为张彦泽请命。后晋之君臣，君不像君，臣不像臣，全无体统。开运三年，张彦泽为马军都排阵使，随杜重威投降契丹，摇身一变，打着“赤心为主”的旗号为先锋，入大梁清宫，纵兵大掠，都城为之一空。张彦泽掠取财物，堆积如山。又以私怨诛杀阁门使高勋的叔父及高勋之弟，把尸首摆在大门口，士民见之，不寒而栗。高勋及京都士民向契丹主耶律德光控诉遭张彦泽之祸。

张彦泽自认为有功于契丹，日夜纵酒为乐。耶律德光询问百官，百官皆曰“彦泽当死”。契丹主命斩张彦泽于闹市，高勋监斩，剖彦泽之心以祭冤死者，士民争相打破张彦泽之头，吸其脑髓，脔其肉，以解心头之恨。张彦泽，衣冠禽兽不足论。石敬瑭纵之为恶，而契丹主耶律德光蛮夷之主，却不为张彦泽“赤心为主”所迷惑，诛杀张彦泽以收民心。张彦泽之生死，如同一面镜子，照出石敬瑭的嘴脸不若蛮夷之主。石氏父子为君，举国之民皆为之蒙羞。

二、赵延寿黄粱梦破灭。契丹主耶律德光许诺赵延寿破后晋之后立其为中原皇帝。耶律德光召问投降后晋的百官，谁可为帝。百官奉承曰：“天无二日。夷、夏之心，皆愿推戴皇帝。”耶律德光于是自领中原皇帝。赵延寿仍不甘心，乞为皇太子。耶律德光说：“燕王赵延寿要吃我身上的肉，我可以给他。要当皇太子可不行，中原传统，只有皇帝的亲儿子才可当皇太子，燕王怎么有这等妄想。”至此，赵延寿想做儿皇帝的黄粱美梦破灭。到了夏天，契丹主难耐中土炎热，此时刘知远称帝于太原，耶律德光北还，一路所过，城邑皆为废墟。耶律德光把契丹人的暴行全都推到汉奸赵延寿身上，对蕃汉百官说：“祸害老百姓的事都是赵延寿干的。”耶律德光固然无耻，而蔑视汉奸的心意却溢于言表。无论中外之主，没有一个人喜欢叛臣贼子。而卖国贼子，既叛主，又卖国，是双重的背叛，要想赢得尊敬，亦是一场白日梦。赵延寿的下场，可为殷鉴！

三、南唐主坐失北进中原之良机。五代时，中原地区之外的周边十国，只有江淮之间的南唐堪称大国。当契丹灭后晋时，正值南唐第二代国主李璟即位后的第四年，正与吴越国交兵争闽国的控制权而难解难分。南唐史馆修撰韩熙载上疏，劝李璟北进，借北方士民之力，驱逐契丹，夺取中原，统一中国，恢复大唐基业。如果契丹退走，中原有新皇帝，契丹不会有进取的机会。李璟同其父李昪，皆继承杨行密、徐温保境安民的国策，不思进取，丧失了北进中原的良机。乱世纷争，不进则退，机会稍纵即逝。东汉末刘表据有荆州，帐下雄兵十万，只图保境，不思进取，一次又一次地丧失了北进的机会，结果坐以待毙。南唐北进，未必是刘知远的对手，而刘知远不救晋室之危，阴图异志，坐视中原之民遭涂炭。若此时南唐北进，解中原之民于倒悬，未必没有机会。即使没有成功，但也无覆国的危险。当时南唐四围，皆无强手，挥师北进，驱逐鞑虏，义正气盛，有机会则进，无机会则退。契丹灭后晋，是天赐南唐的一次大好机会。机会丧失，士民之气亦消，等到宋太祖南进，只能拱手称臣。

卷二八七　后汉纪二

后汉高祖天福十二年至乾祐元年（947—948 年）

【起强圉协洽（丁未，947 年）五月，尽著雍涒滩（戊申，948 年）二月，不满一年】

【大事提要】

本卷记事起公元 947 年五月，讫公元 948 年二月，凡九个月史事，当后汉高祖天福十二年五月至高祖乾祐元年二月。此时期中原王朝又一次易主，刘知远起兵太原，逐走契丹，建立后汉，史称高祖，释文中称“后汉高祖”，以与“西汉高祖”刘邦相区别。契丹永康王兀欲，讳阮，即耶律阮，小字兀欲，太宗耶律德光之兄子。太宗视兀欲为己子，兀欲从太宗伐后晋，封永康王。太宗耶律德光死于北还归途之栾城，兀欲用诡计在镇阳即皇帝位于柩前。辽太后萧氏发兵抗击兀欲返国，兀欲打败太后之兵，回国正位，是为辽世宗。后汉高祖刘知远抚定中原，河北诸镇驱赶契丹人，形势一片大好。可惜刘知远气识狭小，不容后唐明宗之子李从益母子，犯杀降大忌，又信用苏逢吉、史弘肇等贪残暴虐之臣，又滥杀幽州无辜士兵一千五百人，非仁也；诱骗张琏而诛之，非信也；杜重威罪大恶极而赦之，非刑也。司马光评论说，刘知远有仁、信、刑三失，是以国运不久。蜀兵犯凤翔，吴越国发生政变，钱弘俶取代钱弘倧为国主。荆南、南唐、南汉诸小国政治均腐败，无贤臣任政。

高祖睿文圣武昭肃孝皇帝中

天福十二年（丁未，947 年）

五月，乙酉朔[1]，永康王兀欲召延寿及张砺、和凝、李崧、冯道于所馆[2]饮酒。兀欲妻素以兄事延寿，兀欲从容谓延寿曰：“妹自上国[3]来，宁欲见之乎？”延寿欣然与之俱入。良久，兀欲出，谓砺等曰：“燕王谋反，适已锁之矣。”又曰：“先帝在汴时，遗我一筹[4]，许我知南朝军国。近者临崩，别无遗诏。而燕王擅自知南朝军国，岂理邪！”下令：

“延寿亲党，皆释不问。”间一日[5]，兀欲至待贤馆受蕃、汉官谒贺，笑谓张砺等曰：“燕王果于此礼上，吾以铁骑围之，诸公亦不免矣。”

后数日，集蕃、汉之臣于府署[6]，宣契丹主遗制。其略曰：“永康王，大圣皇帝[7]之嫡孙，人皇王[8]之长子，太后钟爱，群情允归[9]，可于中京即皇帝位。”于是始举哀成服[10]。既而易吉服[11]见群臣，不复行丧，歌吹之声不绝于内。

（以上为第一段，写契丹永康王兀欲用诡计即皇帝位。）

【注释】

[1]乙酉朔：五月一日。 [2]所馆：指兀欲所住之处。 [3]上国：指契丹。 [4]筹：计策，计划。 [5]间一日：隔了一天。 [6]府署：指兀欲在恒州（今河北正定县）的衙署。恒州时称中京。 [7]大圣皇帝：辽太祖耶律阿保机谥号。 [8]人皇王：阿保机长子突欲号人皇王。 [9]允归：诚信、归附。 [10]成服：旧时丧礼，大殓之后，亲属按与死者关系的亲疏，穿上不同的丧服，称“成服”。 [11]吉服：吉庆礼仪所穿的礼服。

辛卯[1]，以绛州防御使王晏为建雄[2]节度使。

帝集群臣庭议进取，诸将咸请出师井陉，攻取镇、魏[3]，先定河北，则河南拱手自服。帝欲自石会[4]趋上党，郭威曰：“虏主虽死，党众犹盛，各据坚城。我出河北，兵少路迂，旁无应援，若群虏合势，共击我军，进则遮前，退则邀后，粮饷路绝，此危道也。上党山路险涩，粟少民残，无以供亿，亦不可由。近者陕、晋[5]二镇，相继款附，引兵从之，万无一失，不出两旬，洛、汴定矣。”帝曰：“卿言是也。”苏逢吉等曰：“史弘肇大军已屯上党，群虏继遁，不若出天井[6]，抵孟津[7]为便。”司天[8]奏：“太岁[9]在午，不利南行。宜由晋、绛抵陕。”帝从之。辛卯[10]，诏以十二日发北京[11]，告谕诸道。

甲午[12]，以太原尹崇为北京留守，以赵州刺史李存瓌为副留守，河东幕僚真定李骧为少尹，牙将太原蔚进为马步指挥使以佐之。存瓌，唐庄宗之从弟也。

是日，刘晞弃洛阳，奔大梁。

（以上为第二段，写刘知远起兵晋阳。）

【注释】

［1］辛卯：原文作“辛巳”。五月乙酉朔，无辛巳。“辛卯”，据严衍《资治通鉴补》改，为五月七日。［2］建雄：方镇名，后唐同光元年（923）由定昌军改，治所白马城，在今山西临汾市。［3］镇、魏：皆州名。镇州，即恒州。五代后汉改恒州为镇州。魏州治所贵乡，在今河北大名县东北。［4］石会：即石会关，在山西榆社县西。［5］晋：州名，治所白马城，在今山西临汾市。［6］天井：即天井关，在今山西晋城市南太行山上。［7］孟津：古黄河津渡名，在今河南洛阳市孟津区东北。［8］司天：官名，掌天文历数占候推步之事。［9］太岁：古代天文学中假设的星名。由东向西运行，与岁星（木星）运行方向正相反。又称岁阴或太阴。太岁有方位，每12年一循环，以每年所在方位来纪年，如乙丑年，就说太岁在丑，丙午年就说太岁在午。方术士以太岁所在位置为凶方，苏逢吉等人主张“出天井，抵孟津”，正好迎着太岁所在方向，所以司天说：“太岁在午，不利南行。”这不过是迷信说法。［10］辛卯：五月七日。［11］十二日：指五月十二丙申日。北京：五代后唐以太原为北京。［12］甲午：原文作“甲申”。据章校改，为五月十日。

武安[1]节度副使、天策府都尉、领镇南[2]节度使马希广[3]，楚文昭王希范之母弟也，性谨顺，希范爱之，使判内外诸司事。壬辰[4]夜，希范卒，将佐议所立。都指挥使张少敌[5]，都押牙袁友恭[6]，以武平[7]节度使知永州[8]事希萼[9]，于希范诸弟为最长，请立之；长直都指挥使刘彦瑫[10]、天策府学士李弘皋[11]、邓懿文[12]、小门使[13]杨涤[14]皆欲立希广。张少敌曰：“永州[15]齿长而性刚，必不为都尉[16]之下明矣。必立都尉，当思长策以制永州，使帖然不动则可；不然，社稷危矣。”彦瑫等不从。天策府学士拓跋恒[17]曰：“三十五郎[18]虽判军府之政，然三十郎居长，请遣使以礼让之；不然，必起争端。”彦瑫等皆曰：“今日军政在手，天与不取，使他人得之，异日吾辈安所自容乎！”希广懦弱，不能自决；乙未[19]，彦瑫等称希范遗命，共立之。张少敌退而叹曰：“祸其始此乎！”与拓跋恒皆称疾不出。

丙申[20]，帝发太原，自阴地关[21]出晋、绛。

丁酉[22]，史弘肇奏克泽州。始，弘肇攻泽州，刺史翟令奇固守不下。帝以弘肇兵少，欲召还。苏逢吉、杨邠曰：“今陕、晋、河阳皆已向化，崔廷勋、耿崇美朝夕遁去；若召弘肇还，则河南人心动摇，虏势复壮矣。”帝未决，使人谕指于弘肇[23]。弘肇曰[24]：“兵已及此，势如破竹，可进不可退。”与逢吉等议合，帝乃从之。弘肇遣部将李万超说令奇，令奇乃降；弘肇以万超权知泽州。

崔廷勋、耿崇美、奚王拽剌合兵逼河阳，张遇帅众数千救之，战于南阪[25]，败死。武行德出战，亦败，闭城自守。拽剌欲攻之，廷勋曰："今北军[26]已去，得此城何用！且杀一夫犹可惜，况一城乎！"闻弘肇已得泽州，乃释河阳，还保怀州。弘肇将至，廷勋等拥众北遁，过卫州[27]，大掠而去。契丹在河南者相继北去，弘肇引兵与武行德合。

弘肇为人，沈毅寡言，御众严整，将校小不从命，立挝[28]杀之；士卒所过，犯民田及系马于树者，皆斩之；军中惕息[29]，莫敢犯令，故所向必克。帝自晋阳安行入洛及汴，兵不血刃，皆弘肇之力也。帝由是倚爱之。

辛丑[30]，帝至霍邑[31]，遣使谕河中节度使赵匡赞[32]，仍以契丹囚其父[33]告之[34]。

（以上为第三段，写楚国马希广嗣位，侵边之契丹兵北遁。）

【注释】

[1]武安：方镇名，唐光启初置，治所潭州，在今湖南长沙市。[2]镇南：方镇名，唐咸通中置，治所洪州，在今江西南昌市。[3]马希广：楚武穆王马殷第三十五子，文昭王马希范同母弟。性谨顺，颇受希范喜爱。希范死，被拥立为楚王，引起马希萼不满，终被推翻，赐死，谥废王。公元947年至949年在位。[4]壬辰：五月八日。[5]张少敌：文昭王亲信，希范死，力主立希萼，未果，称疾不出。[6]袁友恭：与张少敌同为文昭王亲信。[7]武平：方镇名，后周广顺三年置，治所朗州，在今湖南常德市。[8]永州：治所零陵，在今湖南永州市零陵区。[9]希萼：马希萼，马殷第三十子，性刚狠无礼，希广袭王位，兴师争国，破长沙后，袭楚王，委政事于弟马希崇，后又与马希崇争斗，导致楚亡，降南唐，死于金陵，谥恭孝王。公元950年至951年在位。[10]刘彦瑫：初仕文昭王。希范死，力主立希广，曾率兵讨希萼，失败后投南唐。[11]李弘皋：文昭王时任天策府学士。希范死，力主立希广，希萼立，被杀。[12]邓懿文：文昭王时为静江府掌书记、天策府学士。希范死，力主立希广，后为希萼所杀。[13]小门使：官名，各军镇所置，掌门户之事。军府如有宴集，则执兵在门外。[14]杨涤：马希广将领，勇于作战，死于战场。[15]永州：代指马希萼。[16]都尉：代指马希广。[17]拓跋恒：本姓元，避景庄王偏讳，改姓。为天策府学士。切直强谏，希范死，力主立希萼，未果，称疾不出。[18]郎：藩府将吏称府主之子为郎君。[19]乙未：五月十一日。[20]丙申：五月十二

日。［21］阴地关：关名，在今山西灵石县西南。今已废，遗址犹存。［22］丁酉：五月十三日。［23］使人谕指于弘肇：刘知远派人询问史弘肇进退方略。［24］弘肇曰：原文“曰”上无“弘肇”二字，据章校补。［25］南阪：在太行山南麓。［26］北军：崔廷勋等在南，称聚集在恒州的契丹兵为北军。［27］卫州：治所汲县，在今河南卫辉市。［28］挝（zhuā）：击、打。［29］惕息：战兢恐惧，不敢出声。［30］辛丑：五月十七日。［31］霍邑：县名，县治霍邑，在今山西霍州市。［32］赵匡赞：赵延寿之子。［33］契丹囚其父：据章校，“父”下有“延寿”二字。［34］告之：告契丹囚其父，用以绝匡赞北顾之心。

滋德宫[1]有宫人五十余人，萧翰欲取之，宦者张环不与。翰破锁夺宫人，执环，烧铁灼之，腹烂而死。

初，翰闻帝拥兵而南，欲北归，恐中国无主，必大乱，己不得从容而去。时唐明宗子许王从益与王淑妃在洛阳，翰遣高谟翰迎之，矫称契丹主命，以从益知南朝军国事，召己赴恒州。淑妃、从益匿于徽陵[2]下宫[3]，不得已而出。至大梁，翰立以为帝，帅诸酋长拜之。又以礼部尚书王松[4]、御史中丞赵远为宰相，前宣徽使甄城[5]翟光邺[6]为枢密使，左金吾大将军王景崇[7]为宣徽使，以北来[8]指挥使刘祚权侍卫亲军都指挥使，充在京巡检。松，徽之子也。

百官谒见淑妃，淑妃泣曰：“吾母子单弱如此，而为诸公所推，是祸吾家也。”翰留燕兵千人守诸门，为从益宿卫。壬寅，翰及刘晞辞行，从益饯于北郊。遣使召高行周于宋州，武行德于河阳，皆不至，淑妃惧，召大臣谋之曰：“吾母子为萧翰所逼，分[9]当灭亡。诸公无罪，宜早迎新主，自求多福，勿以吾母子为意！”众感其言，皆未忍叛去。或曰：“今集诸营，不减五千，与燕兵并力坚守一月，北救[10]必至”。淑妃曰：“吾母子亡国之余，安敢与人争天下！不幸至此，死生惟人所裁。若新主见察，当知我无所负。今更为计画[11]，则祸及他人，阖[12]城涂炭[13]，终何益乎！”众犹欲拒守，三司使文安刘审交[14]曰：“余燕人，岂不为燕兵计！顾事有不可如何者。今城中大乱之余，公私穷竭，遗民无几，若复受围一月，无噍类[15]矣。愿诸公勿复言，一从太妃处分。”乃用赵远、翟光邺策，称梁王[16]，知军国事。遣使奉表称臣迎帝，请早赴京师，仍出居私第。

甲辰[17]，帝至晋州。

契丹主兀欲以契丹主德光有子在国[18]，己以兄子袭位，又无述律太后之命，擅自立，内不自安。

初，契丹主阿保机卒于勃海[19]，述律太后杀酋长及诸将凡数百人。契丹主德光复卒于境外，酋长诸将惧死，乃谋奉契丹主兀欲勒兵北归。

契丹主以安国节度使麻荅[20]为中京留守，以前武州[21]刺史高奉明为安国节度使。晋文武官及士卒悉留于恒州，独以翰林学士徐台符、李浣[22]及后宫、宦者、教坊人自随。乙巳[23]，发真定[24]。

帝之即位也，绛州[25]刺史李从朗与契丹将成霸卿等拒命，帝遣西南面招讨使、护国节度使白文珂攻之，未下。帝至城下，命诸军四布而勿攻，以利害谕之。戊申[26]，从朗举城降。帝命亲将分护诸门，士卒一人毋得入。以偏将薛琼为防御使。

辛亥[27]，帝至陕州，赵晖自御帝马而入。壬子[28]，至石壕[29]，汴人有来迎者。

六月，甲寅朔[30]，萧翰至恒州，与麻荅以铁骑围张砺之第。砺方卧病，出见之，翰数之曰："汝何故言于先帝，云胡人不可以为节度使[31]？又，吾为宣武节度使，且国舅也；汝在中书乃帖[32]我！又，先帝留我守汴州，令我处宫中，汝以为不可。又，谮我及解里于先帝，云解里好掠人财，我好掠人子女。今我必杀汝！"命锁之。砺抗声曰："此皆国家大体，吾实言之。欲杀即杀，奚以锁为！"麻荅以大臣不可专杀[33]，力救止之，翰乃释之。是夕，砺愤恚而卒。

崔廷勋见麻荅，趋走拜，起，跪而献酒，麻荅踞而受之。

乙卯[34]，帝至新安[35]，西京[36]留司官悉来迎。

吴越忠献王弘佐卒。遗令以丞相弘倧为镇海[37]、镇东[38]节度使兼侍中。

丙辰[39]，帝至洛阳，入居宫中；汴州百官奉表来迎。诏谕以受契丹补署者[40]皆勿自疑，聚其告牒[41]而焚之。赵远更名上交[42]。

命郑州[43]防御使郭从义[44]先入大梁清宫，密令杀李从益及王淑妃。淑妃且死，曰：“吾儿为契丹所立，何罪而死！何不留之，使每岁寒食[45]，以一盂麦饭洒明宗陵乎！”闻者泣下。

（以上为第四段，写后唐明宗之子李从益母子为乱世所不容的悲剧命运。）

【注释】

［1］滋德宫：据《五代会要》，后晋天福四年（939）改明德殿为滋德殿。因与宫城南门同名，故改。［2］徽陵：后唐明宗陵，在今洛阳市。［3］下宫：皇帝棺下葬之所称下宫，也称祖庙。［4］王松：唐僖宗宰相王徽子。传见《新五代史》卷五十七。［5］甄城：新、旧《五代史》皆写作“鄄”（juàn），疑本书有误。鄄城，县名，县治在今山东鄄城县北旧城。［6］翟光邺：字化基。传见《旧五代史》卷一百二十九、《新五代史》卷四十九。［7］王景崇：邢州（今河北邢台市）人。历仕后唐、后晋、契丹、后汉。隐帝时，叛，拥李守贞为秦王，后兵败自焚。传见《新五代史》卷五十三。［8］北来：指随契丹主自北而来者。［9］分（fèn）：料想。［10］北救：指自北而来的契丹救兵。［11］计画：谋划。［12］阖：全。［13］涂炭：亦作“荼炭”。比喻极端困苦的境地。涂，泥淖；炭，炭火。［14］刘审交：字求益，文安（今河北文安县东）人。少知书，通吏事。后晋高祖时官三司使，有善政。后汉隐帝立，官汝州防御使。传见《旧五代史》卷一百零六、《新五代史》卷四十八。［15］噍（jiào）类：原指能饮食的动物，特指活着的人。［16］称梁王：因从益称号于大梁，故称梁王。［17］甲辰：五月二十日。［18］德光有子在国：指耶律德光长子耶律璟，小字述律。封寿安王。兀欲死，即位，号天顺皇帝。公元951年至969年在位。谥穆宗。［19］契丹主阿保机卒于勃海：公元926年阿保机率军攻灭渤海，病死于扶余城，即此。［20］麻荅：耶律德光从弟，父名萨剌。［21］武州：治所在今河北张家口市宣化区，后改名归化州。［22］李浣（huàn）：初仕后晋为中书舍人。契丹北归，随入上京，授翰林学士、工部侍郎。屡谋逃归、自杀，均未果。卒于契丹，时值北宋建隆三年（962）。传见《辽史》卷一百零三、《宋史》卷二百六十二。［23］乙巳：五月二十一日。［24］真定：五代后晋在恒州建真定府，治所在今河北正定县。［25］绛州：治所正平，在今山西新绛县。［26］戊申：五月二十四日。［27］辛亥：五月二十七日。［28］壬子：五月二十八日。［29］石壕：地名，石壕镇，在今河南三门峡市陕州区。［30］甲寅朔：六月一日。［31］云胡人不可以为节度使：事见《资治通鉴》卷二百八十五。［32］帖：堂帖，即宰相所下判事文书，出自政事堂，故称堂帖。张砺做右仆射兼门下侍郎、平章事时曾对萧翰使用堂帖，萧翰自以为是节度使、国舅，有损尊严，故责难张砺。［33］专杀：擅自杀戮。［34］乙卯：六月二日。［35］新安：县名，县治在今河南新安县。［36］西京：此指东都河南府。［37］镇海：方镇名，唐贞元中置，治所杭州，在今浙江杭州市。［38］镇东：方镇名，五代吴越置，治所越州，在今浙江绍兴市。［39］丙辰：六月三日。［40］补署者：委任于官署者。［41］告牒：授官之簿录。［42］赵远更名上交：避刘知远讳改。［43］郑州：治所管城，在今河南郑州市。［44］郭从义：其先沙陀部人，事后唐，赐姓李，后晋

初复姓郭。有谋略，多技艺。历仕后唐、后晋、后汉、后周。入宋，官左金吾卫上将军。传见《宋史》卷二十五。［45］寒食：节令名，清明前两天（一说前一天）。相传起源于晋文公悼念介之推故事，以介之推抱木焚死，便定此日为寒食节，禁火寒食。

戊午［1］，帝发洛阳。枢密院吏魏仁浦［2］自契丹逃归，见于巩［3］；郭威问以兵数及故事，仁浦强记精敏，威由是亲任之。仁浦，卫州人也。

辛酉［4］，汴州百官窦贞固［5］等迎于荥阳［6］。甲子［7］，帝至大梁，晋之藩镇相继来降。

丙寅［8］，吴越王弘倧袭位。

戊辰［9］，帝下诏大赦。凡契丹所除节度使，下至将吏，各安职任，不复变更。复以汴州为东京，改国号曰汉，仍称天福年，曰："余未忍忘晋也。"复青、襄、汝三节度［10］。壬申［11］，以北京留守崇为河东节度使，同平章事。

契丹述律太后闻契丹主自立，大怒，发兵拒之。契丹主以伟王为前锋，相遇于石桥［12］。初，晋侍卫马军都指挥使李彦韬从晋主北迁，隶述律太后麾下，太后以为排陈使。彦韬迎降于伟王，太后兵由是大败。契丹主幽太后于阿保机墓［13］。改元天禄，自称天授皇帝，以高勋为枢密使。

契丹主慕中华风俗，多用晋臣，而荒于酒色，轻慢诸酋长，由是国人不附，诸部数叛，兴兵诛讨，故数年之间，不暇南寇。

初，契丹主德光命奉国都指挥使南宫王继弘［14］、都虞候樊晖以所部兵戍相州，彰德节度使高唐英善待之。戍兵无铠仗，唐英以铠仗给之，倚信如亲戚。唐英闻帝南下，举镇请降；使者未返，继弘、晖杀唐英。继弘自称留后，遣使告云唐英反覆，诏以继弘为彰德留后。庚辰［15］，以晖为磁州刺史。

安国节度使高奉明闻唐英死，心不自安，请于麻荅，署马步都指挥使刘铎为节度副使，知军府事，身归恒州。

帝遣使告谕荆南［16］。高从诲上表贺，且求郢州［17］，帝不许；及加恩使［18］至，拒而不受。

唐主闻契丹主德光卒，萧翰弃大梁去，下诏曰："乃眷中原[19]，本朝故地。"以左右卫圣统军、忠武节度使[20]李金全[21]为北面行营招讨使，议经略[22]北方。闻帝已入大梁，遂不敢出兵。

秋，七月，甲午[23]，以马希广为天策上将军、武安节度使、江南诸道都统，兼中书令，封楚王。

或传赵延寿已死。郭威言于帝曰："赵匡赞，契丹所署，今犹在河中[24]，宜遣使吊祭，因起复移镇。彼既家国无归，必感恩承命。"从之。会邺都[25]留守、天雄节度使兼中书令杜重威、天平节度使兼侍中李守贞皆奉表归命。重威仍请移他镇。归德[26]节度使兼中书令高行周入朝，丙申[27]，徙重威为归德节度使，以行周代之；守贞为护国节度使，加兼中书令；徙护国节度使赵匡赞为晋昌[28]节度使。后二年，延寿始卒于契丹。

吴越王弘倧以其弟台州[29]刺史弘俶[30]同参相府事。

李达以其弟通[31]知福州留后，自诣钱唐[32]见吴越王弘倧，弘倧承制[33]加达兼侍中，更其名曰孺赟。既而孺赟悔惧，以金笋二十株及杂宝赂内牙统军使胡进思，求归福州；进思为之请，弘倧从之。

（以上为第五段，写契丹主兀欲返国正位，是为辽世宗。后汉高祖刘知远抚定中原。）

【注释】

[1]戊午：六月五日。 [2]魏仁浦：字道济，卫州汲（今河南卫辉市）人。为人谨厚强记，郭威任枢密使时问他阙下兵数，他能亲手写出六万人名。历仕后晋、后汉、后周。入宋，官右仆射。传见《宋史》卷二百四十九。 [3]巩：巩县，县治在今河南巩义市。 [4]辛酉：六月八日。 [5]窦贞固：字体仁，同州白水（今陕西白水县）人。持重寡言，深明礼仪。历仕后晋、后汉、后周。官至司徒，封沂国公。传见《宋史》卷二百六十二。 [6]荥阳：县名，县治在今河南荥阳市。 [7]甲子：六月十一日。 [8]丙寅：六月十三日。 [9]戊辰：六月十五日。[10]复青、襄、汝三节度：恢复青州、襄州、汝（应为安）州三节度使。青州属平卢军，后晋开运元年（944）十二月因杨光远叛，废。至此又恢复。襄州属山南东道，后晋天福七年（942）因安从进叛，废。至此又恢复。安州属安远军，后晋天福五年（940）七月因李金全叛，废。至此又恢复。 [11]壬申：六月十九日。 [12]石桥：位于沙河，在今内蒙古巴林左旗南。 [13]阿保机墓：位于祖州，在今内蒙古巴林左旗西南石房子村。 [14]王继弘：冀州南宫（今河北南宫市）

人。历仕后晋、契丹、后汉、后周，官同平章事。常见利忘义，希求富贵，时人颇轻之。传见《旧五代史》卷一百二十五。［15］庚辰：六月十七日。［16］荆南：五代十国之一。公元 907 年高季兴任后梁荆南节度使，公元 924 年受后唐封为南平王，史称荆南或南平，建都荆州（今湖北江陵县）。［17］郢州：治所长寿，在今湖北钟祥市。［18］加恩使：自唐以来新君即位，便派使加恩于诸镇，称加恩使。［19］乃眷中原：怀念中原。语出《诗・大雅・皇矣》："乃眷西顾。"乃，语助词，无义。眷，本意为回顾，引申为关心、怀念。［20］忠武节度使：据章校，"使"下有"同平章事"四字。［21］李金全：其先出于吐谷浑，后仕后唐、后晋，不久叛投南唐，官润州节度使。［22］经略：图谋、进取。［23］甲午：七月十一日。［24］河中：方镇名，以位在黄河中游得名。唐至德二年（757）置。治所河中府，在今山西永济市蒲州镇。［25］邺都：后晋天福二年（937）改兴唐府为广晋府。三年复以广晋府为邺都。故址在今河北大名县东北。［26］归德：方镇名，后唐同光二年（924）置，治所宋州，在今河南商丘市南。［27］丙申：七月十三日。［28］晋昌：方镇名，治所长安，为后晋所置。［29］台州：治所临海，在今浙江临海市。［30］弘俶（chù）（929—988）：字文德，吴越文穆王元瓘第九子，忠逊王弘倧弟。初为台州刺史。胡进思废弘倧，拥立弘俶，袭吴越国王。公元 947 年至 978 年在位。宋平江南，他出兵策应，后入朝。太平兴国三年（978）献所据两浙十三州之地归宋。谥忠懿王。［31］通：李达弟，初名弘通，因犯吴越王讳，改名通。［32］钱唐：旧县名，秦始置，县治在今杭州市西灵隐山麓。唐代以"唐"为国号，遂加"土"，为钱塘。［33］承制：秉承皇帝旨意。

杜重威自以附契丹，负中国，内常疑惧；及移镇制下，复拒而不受，遣其子弘璲质于麻荅以求援。赵延寿有幽州亲兵二千在恒州，指挥使张琏将之，重威请以守魏；麻荅遣其将杨衮将契丹千五百人及幽州兵赴之。闰月，庚午[1]，诏削夺重威官爵，以高行周为招讨使，镇宁节度使慕容彦超副之，以讨重威。

辛未[2]，杨邠、郭威、王章皆为正使。时兵荒之余，公私匮竭，北来兵与朝廷兵合[3]，顿增数倍。章白帝罢不急之务，省无益之费以奉军，用度克赡[4]。

庚辰[5]，制建宗庙。太祖高皇帝，世祖光武皇帝，皆百世不迁[6]。又立四亲庙[7]，追尊谥号。凡六庙。

麻荅贪猾残忍，民间有珍货、美妇女，必夺取之。又捕村民，诬以为盗，披面[8]，抉目[9]，断腕，焚炙而杀之，欲以威众。常以其具自随，左右[10]悬人肝、胆、手、足，饮食起居于其间，语笑自若。出入或被黄衣，用乘舆，服御物，曰："兹事汉人以为不可，吾国无忌也。"又以宰相员不足，乃牒冯道判弘文馆，李崧判史馆，和凝判集贤，刘昫判中书，其僭妄如此。然契丹或犯法，无所容贷[11]，故市肆[12]不扰。常恐汉人亡去[13]，谓门者曰："汉有窥门者，即断其首以来。"

麻荅遣使督运于洺州[14]，洺州防御使薛怀让[15]闻帝入大梁，杀其使者，举州降。帝遣郭从义将兵万人会怀让攻刘铎于邢州，不克。铎请兵于麻荅，麻荅遣其将杨安及前义武节度使李殷[16]将千骑攻怀让于洺州。怀让婴城[17]自守，安等纵兵大掠于邢、洺之境。

契丹所留兵不满二千，麻荅令所司给万四千人食，收其余以自入。麻荅常疑汉兵，且以为无用，稍稍废省，又损其食以饲胡兵；众心怨愤，闻帝入大梁，皆有南归之志。前颍州[18]防御使何福进[19]，控鹤指挥使[20]太原李荣，潜结军中壮士数十人谋攻契丹，然畏契丹尚强，犹豫未发。会杨衮、杨安等军出，契丹留恒州者才八百人，福进等遂决计，约以击佛寺钟为号。

辛巳[21]，契丹主兀欲遣骑至恒州，召前威胜[22]节度使兼中书令冯道、枢密使李崧、左仆射和凝等，会葬契丹主德光于木叶山[23]。道等未行，食时，钟声发。汉兵夺契丹守门者兵击契丹，杀十余人，因突入府中。李荣先据甲库[24]，悉召汉兵及市人，以铠仗授之，焚牙门[25]，与契丹战。荣召诸将并力，护圣左厢都指挥使、恩州团练使白再荣[26]狐疑，匿于别室，军吏以佩刀决幕，引其臂，再荣不得已而行。诸将继至，烟火四起，鼓噪震地。麻荅等大惊，载宝货家属，走保北城。而汉兵无所统一，贪狡者乘乱剽掠，懦者窜匿。八月，壬午朔[27]，契丹自北门入，势复振，汉民死者二千余人。前磁州刺史李谷恐事不济，请冯道、李崧、和凝至战所慰勉士卒，士卒见道等至，争自奋。会日暮，有村民数千噪于城外，欲夺契丹宝货、妇女，契丹惧而北遁，麻荅、刘晞、崔廷勋皆奔定州，与义武节度使邪律忠合。忠，即郎五也。

（以上为第六段，写河北诸镇驱赶契丹人。）

【注释】

[1]庚午：闰七月十八日。 [2]辛未：七月十九日。 [3]北来兵与朝廷兵合：北来兵指与刘知远、史弘肇从太原来者；朝廷兵指晋朝旧兵。 [4]用度克赡：经费才够用。克，能。[5]庚辰：七月二十八日。 [6]不迁：封建帝王家庙中祖先的神主，世数远的要依次迁于祧庙（远祖庙）中合祭，但始祖神主不迁。刘知远尊刘邦、刘秀为始祖，故"百世不迁"。 [7]四亲庙：即高祖、曾祖、祖父、父四人家庙。据《五代会要》，刘知远追尊高祖湍，明元皇帝，庙号文祖；曾祖昂，恭僖皇帝，庙号德祖；祖僎（zhuàn），昭献皇帝，庙号翼祖；父琠（diǎn），章圣皇帝，庙号显祖。 [8]披面：撕裂面皮。披，分解。 [9]抉目：挖出眼睛。 [10]左右：据章校，"右"下有"前后"二字。 [11]容贷：宽容、饶恕。 [12]市肆：市中店铺。 [13]亡去："亡"，原文作"妄"，据章校改。 [14]洺州：治所广年，在今河北邯郸市永年区东南。 [15]薛怀让：其先戎人，徙居太原。传见《宋史》卷二百五十四。 [16]李殷：蓟州（今天津市蓟州区）人。传见《旧五代史》卷一百零六。 [17]婴城：据城。 [18]颍州：治所汝阴，在今安徽阜阳市。[19]何福进：字善长，太原人。传见《旧五代史》卷一百二十四。 [20]控鹤指挥使：禁卫军长官。 [21]辛巳：七月二十九日。 [22]威胜：方镇名，后唐同光元年（923）改宣化军为威胜军，治所邓州，在今河南邓州市。 [23]木叶山：在今内蒙古西拉木伦河与老哈河合流处，是契丹族的先世居地，山上建有辽始祖庙。 [24]甲库：兵器铠甲库。 [25]牙门：古代军营门口置牙旗，故营门也叫牙门。 [26]恩州：治所在今广东恩平市北。时为南汉地，由白再荣遥领。白再荣：本蕃部人。历仕契丹、后汉。贪而多疑，时人称"白麻荅"。官义成军节度使。后被周太祖兵所杀。传见《旧五代史》卷一百零六、《新五代史》卷四十八。 [27]壬午朔：八月一日。

冯道等四出安抚兵民，众推道为节度使。道曰："我书生也，当奏事而已，宜择诸将为留后。"时李荣功最多，而白再荣位在上，乃以再荣权知留后，具以状闻，且请援兵，帝遣左飞龙使[1]李彦从[2]将兵赴之。

白再荣贪昧，猜忌诸将。奉国军主华池王饶[3]恐为再荣所并，诈称足疾，据东门楼，严兵自卫。司天监赵延义[4]善于二人，往来谕释，始得解。

再荣以李崧、和凝久为相，家富，遣军士围其第求赏给，崧、凝各以家财与之，又欲杀崧、凝以灭口。李谷往见再荣，责之曰："国亡主辱，公辈握兵不救。今仅能逐一虏将，镇民[5]死者几三千人，岂独公之力邪！才得脱死，遽欲杀宰相，新天子若诘公专杀之罪，公何辞以对？"再荣惧而止。又欲率民财以给军，谷力争之，乃止。汉人尝事麻荅者，再荣皆拘之以取其财，恒人以其贪虐，谓之“白麻荅”。

杨衮至邢州，闻麻荅被逐，即日北还，杨安亦遁去；李殷以其众来降。

庚寅[6]，以薛怀让为安国节度使。刘铎闻麻荅遁去，举邢州降；怀让诈云巡检，引兵向邢州，铎开门纳之，怀让杀铎，以克复闻。朝廷知而不问。

辛卯[7]，复以恒州顺国军为镇州成德[8]军。

乙未[9]，以白再荣为成德留后。逾年，始以何福进为曹州防御使，李荣为博州[10]刺史。

敕:“盗贼毋问赃多少皆抵死。”时四方盗贼多，朝廷患之，故重其法，仍分命使者逐捕。苏逢吉自草诏，意云:“应[11]贼盗，并四邻同保[12]，皆全族处斩。”众以为:“盗犹不可族，况邻保乎！”逢吉固争，不得已，但省去“全族”字。由是捕贼使者张令柔杀平阴[13]十七村民。

逢吉为人，文深好杀[14]。在河东幕府，帝尝令静狱[15]以祈福，逢吉尽杀狱囚还报。及为相，朝廷草创，帝悉以军旅之事委杨邠、郭威，百司庶务委逢吉及苏禹珪。二相决事，皆出胸臆[16]，不拘旧制；虽事无留滞，而用舍黜陟[17]，惟其所欲。帝方倚信之，无敢言者。逢吉尤贪诈，公求货财，无所顾避。继母死，不为服；庶兄[18]自外至，不白逢吉而见诸子，逢吉怒，密语郭威，以他事杖杀之。

（以上为第七段，写节镇白再荣、宰臣苏逢吉贪酷。）

【注释】

[1]左飞龙使：掌管宫廷御马的长官。 [2]李彦从：字士元。仕后汉，官至濮州刺史，有政声。传见《旧五代史》卷一百零六。 [3]奉国军：据章校，“军”作“厢”。王饶：字受益，华池（今甘肃华池县）人。历仕后晋、后汉、后周。传见《旧五代史》卷一百二十五。 [4]赵延乂：字子英，历仕前蜀、后唐、后周，为司天监，善相人。传见《旧五代史》卷一百三十一、《新五代史》卷五十七。 [5]镇民：指恒州之民。恒州旧为镇州。 [6]庚寅：八月九日。 [7]辛卯：八月十日。[8]成德：方镇名，唐置，治所恒州，在今河北正定县。后晋高祖天福七年改为顺国军，后又复原名为成德军。 [9]乙未：八月十四日。 [10]博州：治所聊城，在今山东聊城市东。 [11]应：对付。 [12]保：旧时户籍编制单位，犹如“里”“甲”等。 [13]平阴：县名，县治在今山东平

阴县。[14]文深好杀：用法深刻，动辄杀人。文，法令条文。[15]静狱：审理狱囚，清理结案。[16]胸臆：主观臆断。[17]黜陟：亦写作绌陟。指官吏的进退升降。黜（chù），罢黜贬斥；陟（zhì），升迁进用。[18]庶兄：父妾所生的哥哥。

楚王希广庶弟[1]天策左司马希崇，性狡险，阴遗兄希萼书，言刘彦瑫违先王[2]之命，废长立少，以激怒之。

希萼自永州来奔丧，乙巳[3]，至跌石。彦瑫白希广遣侍从都指挥使周廷诲等将水军逆之，命永州将士皆释甲而入，馆希萼于碧湘宫[4]，成服于其次，不听入与希广相见。希萼求还朗州，周廷诲劝希广杀之。希广曰："吾何忍杀兄，宁分潭、朗[5]而治之。"乃厚赠希萼，遣还朗州。希崇常为希萼诇[6]希广，语言动作，悉以告之，约为内应。

契丹之灭晋也，驱战马二万归其国。至是汉兵乏马，诏市[7]士民马于河南[8]诸道不经剽掠者。

制以钱弘倧为东南兵马都元帅、镇海·镇东节度使兼中书令、吴越王。

高从诲闻杜重威叛，发水军数千袭襄州[9]，山南东道[10]节度使安审琦击却之。又寇郢州，刺史尹实大破之。乃绝汉，附于唐、蜀。

初，荆南介居湖南、岭南、福建[11]之间，地狭兵弱，自武信王季兴[12]时，诸道入贡过其境者，多掠夺其货币。及诸道移书诘让[13]，或加以兵，不得已复归之，曾不为愧。及从诲立，唐、晋、契丹、汉更据中原，南汉、闽、吴、蜀皆称帝，从诲利其赐予，所向称臣。诸国贱之，谓之"高无赖"。

唐主以太傅兼中书令宋齐丘为镇南节度使。

南汉主[14]恐诸弟与其子争国，杀齐王弘弼、贵王弘道、定王弘益、辨王弘济、同王弘简、益王弘建、恩王弘伟、宜王弘照，尽杀其男[15]，纳其女充后宫。作离宫[16]千余间，饰以珠宝，设镬汤[17]、铁床、刳剔[18]等刑，号"生地狱"。尝醉，戏以瓜置乐工之颈试剑，遂断其头。

（以上为第八段，写南方割据小国楚、荆南、南唐、南汉等国事务。）

【注释】

［1］庶弟：父妾所生的弟弟。［2］先王：楚王马殷。马殷死时曾“遗命诸子，兄弟相继”。还“置剑于祠堂，曰：‘违吾命者戮之。’”见《资治通鉴》卷二百七十七。［3］乙巳：八月二十四日。［4］碧湘宫：在长沙府西北碧湘门之侧。［5］潭、朗：潭州与朗州。潭州，五代改为长沙府，治所在今湖南长沙市。朗州，治所在今湖南常德市。［6］诇（xiòng）：侦察、刺探。［7］市：买。［8］河南：地区名，指黄河以南。［9］襄州：治所襄阳，在今湖北襄阳市。［10］山南东道：方镇名，唐至德元年（756）置，治所襄州，在今湖北襄阳市。［11］湖南、岭南、福建：此指三个方镇。湖南，方镇名，唐广德二年（764）置，治所潭州，在今湖南长沙市。唐末马氏据为楚国。岭南，方镇名，唐至德元年（756）置，治所广州，在今广东广州市。唐末刘氏据为汉国。福建，方镇名，唐至德元年（756）置福建经略使，治所福州，在今福建福州市。唐末王氏据为闽国。［12］武信王季兴（858—928）：字贻孙，陕州硖石（今河南三门峡市南）人。少随朱全忠，因军功为颍州防御使，后升为荆南节度使。后唐同光二年（924）受封为南平王。谥武信王。公元924年至928年在位。［13］移书诘让：发文责备。移，旧时公文的一种，用于不相统属的官署间。［14］南汉主：南汉中宗刘晟，初名弘熙，南汉高祖刘龑第四子，杀其兄刘玢（弘度）自立。公元943年至958年在位。［15］尽杀其男：指南汉主弘熙杀尽诸弟。刘龑共有十九子。长子邕王耀枢，次子康王龟图早卒。刘龑死，第三子弘度立，昏暴，被弘熙弑杀。弘熙为刘龑第四子，猜忌诸弟，除万王弘操战死之外，其余十五个弟弟先后皆为弘熙所杀，齐王弘弼等八弟在弘熙五年同日被害。齐王弘弼为第六子，贵王弘道为十六子，定王弘益为十九子，辨王弘济为十五子，同王弘简为十三子，益王弘建为十四子，恩王弘伟（《新五代史》写作“昧”）为十一子，宜王弘照为第四子。［16］离宫：皇帝正宫以外的临时居住的宫室。［17］镬汤：油锅。镬（huò），古时指无足的鼎。［18］刳（kū）剔（tī）：剖开挖空。

初，帝与吏部尚书窦贞固俱事晋高祖，雅相知重，及即位，欲以为相，问苏逢吉：“其次谁可相者？”逢吉与翰林学士李涛善，因荐之，曰：“昔涛乞斩张彦泽［1］，陛下在太原，尝重之，此可相也。”

会高行周、慕容彦超共讨杜重威于邺都，彦超欲急攻城，行周欲缓之以待其弊。行周女为重威子妇，彦超扬言：“行周以女故，爱贼不攻。”由是二将不协。帝恐生他变，欲自将击重威，意未决。涛上疏请亲征。帝大悦，以涛有宰相器。九月，甲戌［2］，加逢吉左仆射兼门下侍郎，苏禹珪右仆射兼中书侍郎，贞固司空兼门下侍郎，涛户部尚书兼中书侍郎，并同平章事。

戊寅[3]，诏幸澶、魏劳军，以皇子承训[4]为东京留守。

冯道、李崧、和凝自镇州还，己卯[5]，以崧为太子太傅，凝为太子太保。

庚辰[6]，帝发大梁。

晋昌节度使赵匡赞恐终不为朝廷所容，冬，十月，遣使降蜀，请自终南山路出兵应援。

戊戌[7]，帝至邺都城下，舍于高行周营。行周言于帝曰："城中食未尽，急攻，徒杀士卒，未易克也。不若缓之，彼食尽自溃。"帝然之。慕容彦超数因事陵轹[8]行周，行周泣诉于执政[9]，掬粪壤实其口[10]，苏逢吉、杨邠密以白帝。帝深知彦超之曲[11]，犹命二臣和解之；又召彦超于帐中责之，且使诣行周谢[12]。

杜重威声言车驾至即降，帝遣给事中陈观往谕指，重威复闭门拒之。城中食浸竭，将士多出降者。慕容彦超固请攻城，帝从之。丙午[13]，亲督诸将攻城，自寅至辰[14]，士卒伤者万余人，死者千余人，不克而止。彦超乃不敢复言。

初，契丹留幽州兵千五百戍大梁。帝入大梁，或告幽州兵将为变，帝尽杀之于繁台[15]之下。及围邺都，张琏将幽州兵二千助重威拒守，帝屡遣人招谕，许以不死；琏曰："繁台之卒，何罪而戮？今守此，以死为期耳。"由是城久不下。十一月，丙辰[16]，内殿直韩训献攻城之具，帝曰："城之所恃者，众心耳。众心苟离，城无所保，用此何为！"

杜重威之叛，观察判官金乡王敏[17]屡泣谏，不听。及食竭力尽，甲戌[18]，遣敏奉表出降。乙亥[19]，重威子弘琏来见；丙子[20]，妻石氏来见，石氏，即晋之宋国长公主也，帝复遣入城。丁丑[21]，重威开门出降，城中馁死者什七八，存者皆尩瘠[22]无人状。张琏先邀朝廷信誓，诏许以归乡里，及出降，杀琏等将校数十人；纵其士卒北归，将出境，大掠而去。

郭威请杀重威牙将[23]百余人，并重威家赀籍[24]之以赏战士，从之。以重威为太傅兼中书令、楚国公。重威每出入，路人往往掷瓦砾诟之。

臣光曰：汉高祖杀幽州无辜千五百人，非仁也；诱张琏而诛之，非信也；杜重威罪大而赦之，非刑也。仁以合众[25]，信以行令[26]，刑以惩奸[27]；失此三者，何以守国！其祚运之不延[28]也，宜哉！

（以上为第九段，写后汉高祖刘知远仁、信、刑三失，是以国祚不久。）

【注释】

[1]昔涛乞斩张彦泽：事见《资治通鉴》卷二百八十三，后晋高祖天福七年(942)。 [2]甲戌：八月二十三日。 [3]戊寅：八月二十七日。 [4]承训：字德辉，刘知远长子。官至开封尹、检校太尉、同平章事。年二十六卒，追封魏王。传见《旧五代史》卷一百零五、《新五代史》卷十八。 [5]己卯：八月二十八日。 [6]庚辰：八月二十九日。 [7]戊戌：十月十七日。 [8]陵轹(lì)：欺凌。 [9]执政：执政大臣，即苏逢吉、杨邠等。 [10]掬粪壤实其口：用手捋取粪土塞进嘴里，表示受凌辱而不敢言。 [11]曲：理亏。 [12]谢：谢罪。 [13]丙午：十月二十五日。 [14]自寅至辰：从寅时到辰时，相当于早晨4时至8时。 [15]繁(pó)台：在今河南开封市东南，本为师旷吹台，梁孝王增筑。后有繁氏居其侧，里人便以其姓称之为繁台。 [16]丙辰：十一月六日。 [17]王敏：字待问，金乡（今山东金乡县）人。少力学攻文，登进士第。后依杜重威，历数镇从事。重威叛于邺，采纳敏言，降刘知远。入后周，官给事中、刑部侍郎。传见《旧五代史》卷一百二十八。 [18]甲戌：十一月二十四日。 [19]乙亥：十一月二十五日。 [20]丙子：十一月二十六日。 [21]丁丑：十一月二十七日。 [22]尫（wāng）瘠：瘦弱。 [23]牙将：此指杜重威亲兵军将。 [24]籍：登记入册。此指籍没，清查没收。 [25]合众：聚合万众为一心。 [26]行令：执行命令。 [27]惩奸：惩罚奸佞。 [28]祚运：国运。不延：不延续。后汉建国前后四岁而亡，为五代最短祚之国。

高行周以慕容彦超在澶州，固辞邺都；己卯[1]，以忠武节度使史弘肇领归德节度使，兼侍卫马步都指挥使，义成节度使刘信领忠武节度使兼侍卫马步副都指挥使，徙彦超为天平节度使，并加同平章事。

吴越王弘倧大阅水军，赏赐倍于旧；胡进思固谏，弘倧怒，投笔水中，曰："吾之财与士卒共之，奚多少之限邪！"

十二月，丙戌[2]，帝发邺都[3]。

蜀主遣雄武都押牙吴崇恽，以枢密使王处回书招凤翔节度使侯益。庚寅[4]，以山南西道[5]节度使兼中书令张虔钊[6]为北面行营招讨安抚使，雄武节度使何重建副之，宣徽使韩保贞[7]为都虞候，共将兵五万，虔钊出散关[8]，重建出陇州[9]，以击凤翔；奉銮肃卫都虞候李廷珪[10]将兵二万出子午谷[11]，以援长安。诸军发成都，旌旗数十里。

辛卯[12]，皇子开封尹承训卒。承训孝友忠厚，达于从政，人皆惜之。

癸巳[13]，帝至大梁。

威武节度使李孺赟与吴越戍将鲍修让不协，谋袭杀修让，复以福州降唐；修让觉之，引兵攻府第，是日，杀孺赟，夷其族。

乙未[14]，追立皇子承训为魏王。

侯益请降于蜀，使吴崇恽持兵籍、粮帐西还，与赵匡赞同上表请出兵平定关中。

己酉[15]，鲍修让传李孺赟首至钱塘，吴越王弘倧[16]以丞相山阴吴程[17]知威武节度事。

吴越王弘倧，性刚严，愤忠献王弘佐[18]时容养诸将，政非己出，及袭位，诛杭、越侮法吏三人。

内牙统军使胡进思恃迎立功，干预政事；弘倧恶之，欲授以一州，进思不可。进思有所谋议，弘倧数面折之。进思还家，设忠献王位，被发恸哭。民有杀牛者，吏按之，引人所市肉近千斤。弘倧问进思："牛大者肉几何？"对曰："不过三百斤。"弘倧曰："然则吏妄也。"命按其罪。进思拜贺其明。弘倧曰："公何能知其详？"进思踧踖[19]对曰："臣昔未从军，亦尝从事于此。"进思以弘倧为知其素业，故辱之，益恨怒。进思建议遣李孺赟归福州，及孺赟叛，弘倧责之，进思愈不自安。

弘倧与内牙指挥使何承训谋逐进思，又谋于内都监使水丘昭券，昭券以为进思党盛难制，不如容之，弘倧犹豫未决。承训恐事泄，反以谋告进思。

庚戌晦[20]，弘倧夜宴将吏，进思疑其图己，与其党谋作乱，帅亲兵百人戎服执兵入见于天策堂，曰："老奴无罪，王何故图之？"弘倧叱之不退，左右持兵者皆愤怒。弘倧猝愕不暇发言[21]，趋入义和院。进思锁其门，矫称王命，告中外云："猝得风疾[22]，传位于同参相府事弘俶。"

进思因帅诸将迎弘俶于私第，且召丞相元德昭。德昭至，立于帘外不拜，曰："俟见新君。"进思亟出褰帘[23]，德昭乃拜。

进思称弘倧之命，承制授弘倧镇海、镇东节度使兼侍中。弘俶曰："能全吾兄，乃敢承命。不然，当避贤路。"进思许之。弘俶始视事。

进思杀水丘昭券及进侍[24]鹿光铉。光铉，弘倧之舅也。进思之妻曰："他人犹可杀；昭券，君子也，奈何害之！"

是岁，唐主以羽林大将军王延政为安化[25]节度使鄱阳王，镇饶州。

（以上为第十段，写后蜀犯凤翔；吴越国发生政变。）

【注释】

[1]己卯：十一月二十九日。[2]丙戌：十二月六日。[3]帝发邺都：指刘知远从邺都回大梁。[4]庚寅：十二月十日。[5]山南西道：方镇名，治所兴元，在今陕西汉中市。[6]张虔钊：先仕后唐，又投后蜀，与蜀军攻凤翔，无功，惭忿而死。[7]韩保贞：字永吉。随父入后蜀，官至检校太尉兼侍中。[8]散关：关名，宋以后习称大散关。在陕西宝鸡市西南大散岭上，当秦岭咽喉，扼川陕交通孔道，为古代兵家必争之地。[9]陇州：治所汧源，在今陕西陇县。[10]李廷珪：太原人。后蜀侍中、武信节度使。领兵与后周、宋军作战屡败，遂与后主一起降宋。[11]子午谷：地名，在陕西西安市长安区，为川陕间要道。[12]辛卯：十二月十一日。[13]癸巳：十二月十三日。[14]乙未：十二月十五日。[15]己酉：十二月二十九日。[16]弘倧：字隆道，吴越文穆王钱元瓘第七子，继王位不足一年便被大将胡进思废。幽居20年后卒，谥忠逊王。[17]吴程：字正臣。山阴（今浙江绍兴市）人。仕吴越，任丞相、威武军节度使。[18]弘佐：字元祐，吴越文穆王钱元瓘第六子。公元941年至947年在位。温柔好礼，恭勤政务，谥忠献王。[19]蹴（cù）踖（jí）：恭敬而局促不安的样子。[20]庚戌晦：十二月三十日。[21]猝愕不暇发言：急促惊慌之间来不及说话。[22]风疾：中风、瘫痪。[23]褰（qiān）帘：掀起帘幕。[24]进侍：吴越所设置的在王左右的官。[25]安化：方镇名，五代十国南唐置，治所饶州，在今江西鄱阳县。

乾祐元年（戊申，948年）

春，正月，乙卯[1]，大赦，改元。

帝以赵匡赞、侯益与蜀兵共为寇，患之。会回鹘[2]入贡，诉称为党项所阻，乞兵应接。诏左卫大将军王景崇、将军齐藏珍[3]将禁军数千赴之，因使之经略关西[4]。

晋昌节度判官李恕，久在赵延寿幕下，延寿使之佐匡赞。匡赞将入蜀，恕谏曰："燕王入胡[5]，岂所愿哉！今汉家新得天下，方务招怀，若谢罪归朝，必保富贵。入蜀非全计也。'蹄涔不容尺鲤[6]'，公必悔之。"匡赞乃遣恕奉表请入朝。景崇等未行而恕至，帝问恕："匡赞何为附蜀？"对曰："匡赞自以身受虏官，父在虏庭，恐陛下未之察，故附蜀求苟免耳。臣以为国家必应存抚，故遣臣来祈哀。"帝曰："匡赞父子，本吾人也，不幸陷虏。今延寿方坠槛阱[7]，吾何忍更害匡赞乎！"即听其入朝。侯益亦请赴二月四日圣寿节[8]上寿。景崇等将行，帝召入卧内，敕之曰："匡赞、益之心，皆未可知。汝至彼，彼已入朝，则勿问；若尚迁延顾望[9]，当以便宜从事。"

己未[10]，帝更名暠[11]。

以前威胜节度使冯道为太师。

壬戌[12]，吴越王弘俶迁故王弘倧于衣锦军[13]私第，遣匡武都头薛温[14]将亲兵卫之。潜戒之曰："若有非常处分[15]，皆非吾意，当以死拒之。"

帝自魏王承训卒，悲痛过甚。甲子[16]，始不豫[17]。

赵匡赞不俟李恕返命，已离长安，丙子[18]，入见。

王景崇等至长安，闻蜀兵已入秦川[19]，以兵少，发本道及赵匡赞牙兵千余人同拒之。景崇恐匡赞牙兵亡逸，欲文其面[20]，微露风旨[21]；军校赵思绾[22]，首请自文其面以帅下，景崇悦。齐藏珍窃言曰："思绾凶暴难制，不如杀之。"景崇不听。思绾，魏州人也。

蜀李廷珪将至长安，闻赵匡赞已入朝，欲引归，王景崇邀之，败廷珪于子午谷。张虔钊至宝鸡[23]，诸将议不协，按兵未进；侯益闻廷珪西还，因闭壁拒蜀兵，虔钊势孤，引兵夜遁。景崇帅凤翔、陇、邠、泾、鄜[24]、坊[25]之兵追败蜀兵于散关，俘将卒四百人。

丁丑[26]，帝大渐[27]。杨邠忌侍卫马军都指挥使、忠武节度使刘信，立遣之镇[28]。信不得奉辞，雨泣而去。

帝召苏逢吉、杨邠、史弘肇、郭威入受顾命[29]，曰："余气息微，不能多言。承祐[30]幼弱，后事托在卿辈。"又曰："善防重威。"是日，殂[31]于万岁殿，逢吉等秘不发丧。

庚辰[32]，下诏，称："重威父子，因朕小疾，谤议摇众，并其子弘璋、弘琏、弘璨皆斩之。晋公主[33]及内外亲族，一切不问。"磔[34]重威尸于市，市人争啖其肉，吏不能禁，斯须而尽。

二月，辛巳朔[35]，立皇子左卫大将军、大内都点检承祐为周王，同平章事。有顷[36]，发丧，宣遗制，令周王即皇帝位。时年十八。

蜀韩保贞、庞福诚引兵自陇州还，要何重建俱西。是日，保贞等至秦州，分兵守诸门及衢路[37]，重建遂入于蜀。

丁亥[38]，尊皇后曰皇太后。

朝廷知成德留后白再荣非将帅才，庚寅[39]，以前建雄留后刘在明代之。

癸巳[40]，大赦。

（以上为第十一段，写后汉大败蜀兵，后汉高祖驾崩，次子刘承祐嗣位，是为隐帝。）

【注释】

[1]乙卯：一月五日。 [2]回鹘（hú）：即回纥，维吾尔族的古称。唐贞元四年（788）回纥可汗请唐改称回纥为回鹘，取"回旋轻捷如鹘"之意。开成五年（840）为黠戛斯人所破，部众分为三支西迁。一支迁吐鲁番盆地，称高昌回鹘或西州回鹘；一支迁葱岭西楚河一带，即葱岭西回鹘；一支迁河西走廊，称河西回鹘。 [3]齐藏珍：历仕后汉、后周，官至濠州、行州刺史。贪婪善辩，人多畏其利口。后因冒称检校官罪，被周世宗处死。传见《旧五代史》卷一百二十九。 [4]关西：地区名，汉唐时代泛指函谷关或潼关以西地区。 [5]燕王入胡："胡"，原文作"朝"，据章校改。 [6]蹄涔（cén）不容尺鲤：存水少的蹄窝，容不下一尺多长的鲤鱼。比喻蜀国小，容不下赵匡赞。涔，本指连日下雨所积的水。 [7]槛阱：陷阱。 [8]圣寿节：刘知远生于唐乾宁二年（895）二月四日，故称这一天为圣寿节。 [9]迁延顾望：拖延时间，犹豫不决。 [10]己未：一月九日。 [11]鄗：读音 hào。 [12]壬戌：一月十二日。 [13]衣锦军：唐昭宗升钱镠所居营为衣锦军，在今浙江杭州市临安区。 [14]薛温：吴越将领，以勇武著称。因保护弘倧不被胡进思害有功，官镇国都指挥使。 [15]非常处分：指意外的处置。弘俶估计胡进思必害弘倧，故

密嘱薛温倍加防备。［16］甲子：一月十四日。［17］不豫：旧称帝王有病。［18］丙子：一月二十六日。［19］秦川：地区名，指今陕西关中渭河平原地带。因春秋、战国时地属秦国而得名。［20］文其面：在脸上刺字。文，本指花纹，在此作动词用。［21］微露风旨：委婉地透露其旨意。［22］赵思绾：魏州（今河北大名县东北）人。牙将出身，投后汉，不久叛；又投李守贞盘踞永兴。守贞败，又欲投蜀，被郭威擒杀。传见《旧五代史》卷一百零九、《新五代史》卷五十三。［23］宝鸡：县名，县治陈仓，在今陕西宝鸡市。［24］鄜：州名，治所鄜县，在今陕西富县。［25］坊：州名，治所中部县，在今陕西黄陵县。［26］丁丑：一月二十七日。［27］大渐：病情加剧。［28］镇：指许州。许州为忠武节度使驻地。［29］顾命：本为《尚书》篇名，有临终遗命之意。后世称天子之遗诏为顾命。［30］承祐：后汉高祖第二子，封周王。高祖死，即位。郭威起兵，被杀。谥为隐帝。公元948年至950年在位。传见《旧五代史》卷一百零一、《新五代史》卷十。［31］殂（cú）：死亡。［32］庚辰：一月三十日。［33］晋公主：即后晋高祖妹石氏，杜重威妻。［34］磔（zhé）：古代的一种酷刑，即分尸。［35］辛巳朔：二月一日。［36］有顷：不久，不一会儿。［37］衢路：四通八达的路。此指交通要道。［38］丁亥：二月七日。［39］庚寅：二月十日。［40］癸巳：二月十三日。

吴越内牙指挥使何承训复请诛胡进思及其党。吴越王弘俶恶其反覆[1]，且惧召祸，乙未[2]，执承训，斩之。

进思屡请杀废王弘倧以绝后患，弘俶不许。进思诈以王命密令薛温害之，温曰："仆受命之日，不闻此言，不敢妄发。"进思乃夜遣其党方安二人逾垣而入，弘倧阖户拒之，大呼求救；温闻之，率众而入，毙安等于庭中。入告弘俶，弘俶大惊，曰："全吾兄，汝之力也。"

弘俶畏忌进思，曲意下之[3]。进思亦内忧惧，未几，疽[4]发背卒。弘倧由是获全。

诏以王景崇兼凤翔巡检使。景崇引兵至凤翔，侯益尚未行，景崇以禁兵分守诸门。或劝景崇杀益，景崇以受先朝密旨，嗣主未之知，或疑于专杀，犹豫未决。益闻之，不告景崇而去，景崇悔，自诉。戊戌[5]，益入朝，隐帝问："何故召蜀军？"对曰："臣欲诱致而杀之。"帝哂[6]之。

蜀张虔钊自恨无功，癸卯[7]，至兴州，惭忿而卒。

侍卫马步都指挥使、同平章事史弘肇遭母丧，不数日，复出朝参[8]。

（以上为第十二段，写吴越国主钱弘俶友爱兄弟。）

【注释】

［1］弘俶恶其反覆：弘俶曾与何承训谋逐胡进思，后何承训又把此事密告胡进思。故弘俶憎恶他。［2］乙未：二月十五日。［3］曲意下之：委屈己意，奉承他人。［4］疽（jū）：痈疽。［5］戊戌：二月十八日。［6］哂：讥笑。［7］癸卯：二月二十三日。［8］朝参：官吏上朝参见皇帝。古代礼教规定，官吏遭父母丧事应辞官守孝三年，到期再起复任用。史弘肇母死，既不守孝，又不经起复，便参见皇帝，说明当时朝章十分混乱。

【点评】

本卷点评后唐明宗之子李从益母子为乱世所不容、河北诸镇驱赶契丹人、司马光论刘知远治国三失。

一、后唐明宗之子李从益母子为乱世所不容。后唐灭亡，明宗之子许王李从益与其母王淑妃守陵洛阳，闭门不出，与世无争。突然间，天降馅饼。契丹北还，不甘心刘知远从容进大梁，于是想策立一个傀儡皇帝来抗衡刘知远，至少迟滞刘知远的追击。李从益被选中为傀儡皇帝。李从益拒不从命，藏匿在明宗寝殿之中被使者绑架至大梁，强立为帝。百官谒见王淑妃，王淑妃泣对众官说："我母子单弱，众卿推戴我的儿子，不是福，实为灾祸。"王淑妃明白，这送上门的皇帝是无妄之灾。王淑妃与百官计议，李从益去帝号，只称梁王，权知军国事务，遣使奉表称臣于刘知远，请新皇帝早早到京，梁王母子仍回自家去守陵。刘知远气度褊狭，竟然不容孤儿寡母活命，命郑州防御使郭从先入大梁清宫，密令杀害李从益及王淑妃。王淑妃临死前对郭从先说："我的儿子是契丹人强立，有什么罪过？为何不留下他在每年的寒食节给明宗皇帝送一碗麦米饭呢！"听到的人没有一个不流泪的。

二、河北诸镇驱赶契丹人。留镇恒州的契丹将麻荅，贪猾残忍，劫掠民间珍宝妇女，捕杀村民，诬为盗贼，割脸挖眼，居室周围悬挂人肝、人胆、手、脚，用以恫吓民众，残暴之状，目不忍睹。恒州军民奋起反抗，邢、洺等州守将亦举州反正，驱赶契丹，麻荅等人仓皇遁逃。河北州县易旗归汉，契丹人的肆虐，恰恰是为刘知远开辟了道路。

三、司马光论刘知远治国三失。契丹北还，留幽州兵一千五百人守大梁，幽州兵随从梁王李从益投降刘知远。刘知远入都大梁，不仅密令杀害李从益母子，还借口幽州兵将反叛，将一千五百幽州兵将全部杀死。反复之臣杜重威闻听消息，在邺都叛变，幽州将张琏率领二千幽州兵助杜重威留守邺都，刘知远发重兵往讨，久攻不克。刘知远下诏亲征，丧师万余，仍未攻克。刘知远又诱降张琏，下诏不死，许以归乡里。等到杜重威和张琏投降后，刘知远爽约，杀张琏及亲将数十人，而罪大恶极又反复无常的杜重威，刘知远以许其不死为由，任用为太傅兼中书令，封为楚国公。杜重威出入朝廷，路人见之，无不诟骂，还随手拾起破瓦碎石投掷。如此小人，刘知远却信任之。司马光评论说："后汉高祖杀戮幽州无辜将士一千五百人，是不仁道；诱骗杀死张琏，是不诚信；杜重威罪大恶极而赦免，是用刑不当。仁是用来团结民众的，信是用来推行政令的，刑是用来惩治奸邪的，这三样东西全都丧失，还靠什么事维系国家呢？后汉国运不长，应当的啊！"刘知远称帝，两年后死亡；儿子继位，两年后亡国。后汉立国四年即亡，是中国历史上最短命的一个朝代。刘知远没有像石敬瑭那样向契丹人称儿皇帝，而是从契丹人手中捡了一个漏，没有殁身亡国，算是便宜了他。

卷二八八　后汉纪三

后汉高祖乾祐元年至后汉隐帝乾祐二年（948—949 年）

【起著雍涒滩（戊申，948 年）三月，尽屠维作噩（己酉，949 年），凡一年有奇】

【大事提要】

本卷记事起公元 948 年三月，讫公元 949 年，凡一年又十个月，当后汉隐帝乾祐元年三月至乾祐二年。乾祐元年，后汉高祖刘知远崩殂，次子刘承祐嗣位，是为隐帝。隐帝年少轻佻，无威略。永兴小校赵思绾随王景崇西征后蜀，从凤翔返镇途中据守长安，联结河中李守贞与凤翔李景崇反叛后汉，史称三镇叛汉。后汉枢密使郭威奉命征讨，平定三叛，有大功于汉，然而跋扈不臣，以个人小忿，擅自更易节镇主帅，隐帝不问，导致朝纲堕坏。后蜀主昏庸，权奸当路。南汉与楚国交兵。吴越王奖励垦荒，境内无弃田。

高祖睿文圣武昭肃孝皇帝下

乾祐元年（戊申，948 年）

三月，丙辰[1]，史弘肇起复[2]，加兼侍中。

侯益家富于财，厚赂执政[3]及史弘肇等，由是大臣争誉之。

丙寅[4]，以益兼中书令，行开封尹。

改广晋府[5]为大名府[6]，晋昌军为永兴军[7]。

侯益盛毁王景崇于朝，言其恣横。景崇闻益尹开封，知事已变，内不自安，且怨朝廷。会诏遣供奉官王益如凤翔，征赵匡赞牙兵诣阙，赵思绾等甚惧，景崇因以言激之。思绾途中谓其党常彦卿曰："小太尉[8]已落其手，吾属至京师，并死矣，奈何？"彦卿曰："临机制变，子勿复言！"

癸酉[9]，至长安，永兴节度副使安友规、巡检乔守温出迎王益，置酒于客亭[10]。思绾前白曰："壕寨使[11]已定舍馆于城东。今将士家属皆在城中，欲各入城挈家诣城东宿。"友规等然之。时思绾等皆无铠仗，既入西门，有州校坐门侧，思绾遽夺其剑斩之。其徒因大噪，持白梃，杀守门者十余人，分遣其党守诸门。思绾入府，开库取铠仗给之，友规等皆逃去。思绾遂据城，集城中少年，得四千余人，缮城隍[12]；葺楼堞[13]，旬日间，战守之具皆备。

王景崇讽[14]凤翔吏民表景崇知军府事，朝廷患之，甲戌[15]，徙静难[16]节度使王守恩为永兴节度使，徙保义节度使赵晖为凤翔[17]节度使，并同平章事。以景崇为邠州留后，令便道之官[18]。

虢州[19]伶人[20]靖边庭杀团练使[21]田令方，驱掠州民，奔赵思绾。至潼关[22]，潼关守将出击之，其众皆溃。

初，契丹主北归，至定州，以义武节度副使邪律忠为节度使，徙故节度使孙方简为大同[23]节度使。方简怨恚，且惧入朝为契丹所留，迁延不受命，帅其党三千人保狼山故寨[24]，控守要害。契丹攻之，不克。未几，遣使请降，帝复其旧官[25]，以扞[26]契丹。

邪律忠闻邺都既平，常惧华人为变。诏以成德留后刘在明为幽州道马步都部署，使出兵经略定州。未行，忠与麻荅等焚掠定州，悉驱其人弃城北去。孙方简自狼山帅其众数百，还据定州，又奏以弟行友为易州刺史，方遇为泰州[27]刺史。每契丹入寇，兄弟奔命[28]，契丹颇畏之。于是晋末州县陷契丹者，皆复为汉有矣。

丙子[29]，以刘在明为成德节度使。

麻荅至其国，契丹主责以失守。麻荅不服，曰："因朝廷征汉官致乱耳。"契丹主鸩杀[30]之。

苏逢吉等为相，多迁补官吏；杨邠以为虚费国用，所奏多抑之，逢吉等不悦。

中书侍郎兼户部尚书、同平章事李涛上疏言："今关西纷扰，外御为急。二枢密[31]皆佐命功臣，官虽贵而家未富，宜授以要害大镇。枢机之务在陛下目前，易以裁决，逢吉、禹珪自先帝时任事，皆可委也。"杨邠、郭威闻之，见太后泣诉，称："臣等从先帝起艰难中，今天子取人言，欲弃之于外。况关西方有事[32]，臣等何忍自取安逸，不顾社稷。若臣等必不任职，乞留过山陵[33]。”太后怒，以让帝，曰：“国家勋旧之臣，奈何听人言而逐之！”帝曰：“此宰相所言也。”因诘责宰相。涛曰：“此疏臣独为之，他人无预。”丁丑[34]，罢涛政事，勒[35]归私第。

是日，邠、泾、同、华四镇[36]，俱上言护国节度使兼中书令李守贞与永兴、凤翔同反。

始，守贞闻杜重威死而惧，阴有异志。自以晋世尝为上将，有战功[37]，素好施，得士卒心。汉室新造，天子年少初立，执政皆后进[38]，有轻[39]朝廷之志。乃招纳亡命，养死士，治城堑，缮甲兵，昼夜不息。遣人间道[40]赍蜡丸结契丹，屡为边吏所获。

浚仪人赵修己[41]，素善术数，自守贞镇滑州，署司户参军，累从移镇，为守贞言：“时命不可，勿妄动！”前后切谏非一，守贞不听，乃称疾归乡里。僧总伦，以术媚守贞，言其必为天子，守贞信之。又尝会将佐置酒，引弓指《舐掌虎图》[42]曰：“吾有非常之福，当中其舌。”一发中之，左右皆贺。守贞益自负。

会赵思绾据长安，奉表献御衣于守贞，守贞自谓天人协契[43]，乃自称秦王。遣其骁将平陆王继勋将兵[44]据潼关，以思绾为晋昌节度使。

同州距河中最近，匡国[45]节度使张彦威，常诇守贞所为，奏请先为之备，诏滑州马军都指挥使罗金山将部兵戍同州；故守贞起兵，同州不为所并。金山，云州人也。

（以上为第一段，写赵思绾据长安城，联合河中李守贞、凤翔王景崇反叛后汉，史称三镇叛汉。）

【注释】

[1]丙辰：三月七日。[2]起复：居丧被夺情任用。[3]执政：指苏逢吉、杨邠等当权大臣。[4]丙寅：三月十七日。[5]广晋府：原文“晋”下无“府”字，据章校补。[6]大名府：府名，治所在今河北大名县。[7]晋昌军为永兴军：后汉已取代后晋，“广晋”与“晋昌”之名已不适宜，故改。[8]小太尉：赵思绾等本为赵延寿部曲，故称赵匡赞为小太尉。赵延寿官至契丹大丞相、枢密使，故称为太尉。[9]癸酉：三月二十四日。[10]客亭：当时各州镇都设客亭，作为迎送宴饮之处。[11]壕寨使：掌管营造浚筑及安营扎寨等事。[12]缮城隍：修缮护城河。

城隍，护城河。［13］葺楼堞：修理整治城楼和城上的矮墙。葺（qǐ），原指用茅草覆盖房屋，泛指修理房屋。堞（dié），城上的矮墙，也称女墙。［14］讽：用委婉的语言暗示。此时王景崇为凤翔巡检使，他想“知军府事”，也就是当凤翔节度使，但又不明说，只是暗谕吏民上表，向朝廷反映。［15］甲戌：三月二十五日。［16］静难：方镇名，五代后梁置，治所邠州，在今陕西彬州市。［17］凤翔：方镇名，唐永泰初改兴平节度使为凤翔节度使，治所凤翔府，在今陕西宝鸡市凤翔区。［18］便道之官：意为就从长安直接上任。［19］虢（guó）州：治所弘农，在今河南灵宝市。［20］伶人：古代乐人之称。［21］团练使：官名。唐代中期以后，在不设节度使的地区置团练使、都团练使，掌本区各州军事，常与观察使、防御使互兼，又曾与防御使互易称号。［22］潼关：关名，在陕西潼关县北。古为桃林塞地，东汉末设潼关，当陕西、山西、河南三省要冲。［23］大同：方镇名，后唐同光二年（924）置，治所云中，在今山西大同市。［24］狼山故寨：狼山在定州西北约200里。孙方简乘乱据狼山，事见《资治通鉴》卷二百八十五后晋开运三年。契丹北还，孙方简入据定州，今又复聚于狼山。［25］复其旧官：恢复为义武节度使。［26］扞（hàn）：同“捍”。［27］泰州：州名，治所在今河北保定市清苑区。［28］奔命：奔走抵抗。指孙氏兄弟三人互相声援救难，抗击契丹。［29］丙子：三月二十七日。［30］鸩杀：以毒酒害死人。鸩（zhèn），鸩鸟。传说其羽毛置酒中能毒杀人。［31］二枢密：指杨邠、郭威二人，均做过枢密使。［32］关西方有事：指赵思绾等人的反叛。［33］乞留过山陵：请求留任到先帝下葬山陵。旧称帝王坟墓为山陵。此时刘知远尚未正式下葬。［34］丁丑：三月二十八日。［35］勒：勒令、强制。［36］邠、泾、同、华四镇：邠帅王守恩、泾帅史匡威、同帅张彦威、华帅扈从珂，四镇同时上疏李守贞与赵思绾、王景崇联合反汉。李守贞带中书令镇护国河中府，赵思绾据永兴长安，王景崇据凤翔。［37］有战功：李守贞曾在马家口、阳城大败契丹。［38］后进：指苏逢吉等皆后辈而进身为执政大臣。［39］轻：看不起。［40］间道：偏僻小路。［41］赵修己：浚（xùn）仪（今河南开封市）人，少精天文推步之学，为李守贞谋主。守贞反，屡劝不听，辞归。入周，官司天监，入宋迁太府卿、判监事。传见《宋史》卷四百六十一。［42］《舐掌虎图》：一幅老虎伸舌舐掌的图画。［43］天人协契：意为是天道和人心相契合的征兆。［44］王继勋：平陆（今山西平陆县）人。王继勋初投李守贞为牙校，后随之谋反，作战屡败。降郭威。宋初为贺州道行营马步军都监。在军阵中常用铁鞭、铁槊、铁挝，被称作“王三铁”。传见《宋史》卷二百七十四。将兵：原文无此二字，据章校补。［45］匡国：方镇名，五代后唐置，治所同州，在今陕西大荔县。

定难[1]节度使李彝殷发兵屯境上，奏称：“去三载前羌[2]族唃毋杀绥州[3]刺史李仁裕叛去，请讨之。”庆州[4]上言：“请益兵为备。”诏以司天[5]言，今岁不利先举兵，谕止之。

夏，四月，辛巳[6]，陕州都监[7]王玉奏克复潼关。

帝与左右谋，以太后怒李涛离间，欲更进用二枢密，以明非帝意。左右亦疾二苏[8]之专，欲夺其权，共劝之。壬午[9]，制以枢密使杨邠为中书侍郎兼吏部尚书、同平章事，枢密使如故；以副枢密使郭威为枢密使；又加三司使王章同平章事。

凡中书除官，诸司奏事，帝皆委邠斟酌。自是三相拱手[10]，政事尽决于邠。事有未更邠所可否者，莫敢施行，遂成凝滞[11]。三相每进拟用人，苟不出邠意，虽簿、尉[12]亦不之与。邠素不喜书生，常言："国家府廪实，甲兵强，乃为急务。至于文章礼乐，何足介意[13]！"既恨二苏排己，又以其除官太滥，为众所非，欲矫其弊，由是艰于除拜，士大夫往往有自汉兴至亡不沾一命[14]者，凡门荫及百司入仕者悉罢之[15]。虽由邠之愚蔽，时人亦咎二苏之不公所致云。

以镇宁节度使郭从义充永兴行营都部署，将侍卫兵讨赵思绾。戊子[16]，以保义节度使白文珂为河中行营都部署，内客省使王峻为都监。辛卯[17]，削夺李守贞官爵，命文珂等会兵讨之。乙未[18]，以宁江[19]节度使、侍卫步军都指挥使尚洪迁为西面行营都虞候。

王景崇迁延不之邠州，阅集[20]凤翔丁壮，诈言讨赵思绾，仍牒邠州会兵[21]。

契丹主如辽阳[22]，故晋主[23]与太后[24]、皇后[25]皆谒见。有禅奴利者，契丹主之妻兄也，闻晋主有女未嫁，诣晋主求之；晋主辞以幼。后数日，契丹主使人驰取其女而去，以赐禅奴。

王景崇遗蜀凤州[26]刺史徐彦书，求通互市。壬戌[27]，蜀主使彦复书招之。

契丹主留晋翰林学士徐台符于幽州，台符逃归。

五月，乙亥[28]，滑州言河决鱼池[29]。

六月，戊寅朔[30]，日有食之。

辛巳[31]，以奉国左厢都虞候刘词[32]充河中行营马步都虞候。

乙酉[33]，王景崇遣使请降于蜀，亦受李守贞官爵。

高从诲既与汉绝，北方商旅不至，境内贫乏，乃遣使上表谢罪，乞修职贡；诏遣使慰抚之。

西面行营都虞候尚洪迁攻长安，伤重而卒。

秋，七月，以工部侍郎李谷充西南面行营都转运使。

庚申[34]，加枢密使郭威同平章事。

（以上为第二段，写后汉枢密使、同平章事杨邠专权。）

【注释】

[1]定难：方镇名，五代后梁置，治所夏州，在今陕西靖边县西。[2]羌：古族名，主要分布在今甘肃、青海、四川一带。其后逐渐与西北地区的汉族及其他民族相融合。[3]绥州：治所在今陕西绥德县。[4]庆州：治所安化，在今甘肃庆阳市。[5]司天：即司天监，掌天文历数占候推步之事。[6]辛巳：四月二日。[7]都监：设在州府的都监，掌本城军队的屯戍、训练、器甲、差使等事。[8]二苏：苏逢吉与苏禹珪。[9]壬午：四月三日。[10]三相拱手：三位宰相清闲无事。三相，窦贞固、苏逢吉、苏禹珪。拱手，两手合抱，引申为闲适、容易。[11]凝滞：受阻而停止不进。[12]簿、尉：主簿、县尉，较低级的官吏。[13]介意：在意。[14]不沾一命：指内外在官之人往往有整个后汉期间都未被提职的。[15]门荫：因祖先功勋而补官。百司入仕：指流品以外的人当官。[16]戊子：四月九日。[17]辛卯：四月十二日。[18]乙未：四月十六日。[19]宁江：方镇名，后唐天成二年（927）置，治所夔州，在今重庆市奉节县。[20]阅集：检阅、集合。[21]仍牒邠州会兵：还行文通知邠州，准备会师“讨伐”赵思绾。[22]辽阳：府名，治所在今辽宁辽阳市。[23]晋主：石重贵。[24]太后：李氏。[25]皇后：冯氏。[26]凤州：治所在今陕西凤县。[27]壬戌：四月庚辰朔，无壬戌。壬戌，当为五月十六日。[28]乙亥：五月二十七日。[29]鱼池：鱼池口，地名。因黄河在此决口而取名。[30]戊寅朔：六月一日。[31]辛巳：六月四日。[32]刘词：字好谦。历仕后唐、后晋、后汉、后周，官同中书门下平章事。传见《旧五代史》卷一百二十四、《新五代史》卷五十。[33]乙酉：六月八日。[34]庚申：七月十三日。

蜀司空兼中书侍郎、同平章事张业[1]，性豪侈，强市[2]人田宅，藏匿亡命于私第，置狱，系负债者，或历年至有瘐死[3]者。其子检校左仆射继昭，好击剑，尝与僧归信访善剑者，右匡圣都指挥使孙汉韶与业有隙，密告业、继昭谋反；翰林承旨李昊、奉圣控鹤马步都指挥使安思谦[4]复从而谮之。甲子[5]，业入朝，蜀主命壮士就都堂[6]击杀之，下诏暴其罪恶，籍没其家。

枢密使、保宁[7]节度使兼侍中王处回，亦专权贪纵，卖官鬻狱[8]，四方馈献，皆先输处回，次及内府[9]，家赀巨万。子德钧，亦骄横。张业既死，蜀主不忍杀处回，听归私第；处回惶恐辞位，以为武德[10]节度使兼中书令。

蜀主欲以普丰库使高延昭、茶酒库使王昭远[11]为枢密使，以其名位素轻，乃授通奏使，知枢密院事。昭远，成都人，幼以僧童从其师[12]入府，蜀高祖[13]爱其敏慧，令给事蜀主[14]左右；至是，委以机务，府库金帛，恣其取与，不复会计[15]。

戊辰[16]，以郭从义为永兴节度使，白文珂兼知河中行府事。

蜀主以翰林承旨、尚书左丞李昊为门下侍郎兼户部尚书，翰林学士、兵部侍郎徐光溥[17]为中书侍郎兼礼部尚书，并同平章事。

蜀安思谦谋尽去旧将，又谮卫圣都指挥使兼中书令赵廷隐[18]谋反，欲代其位，夜，发兵围其第。会山南西道节度使李廷珪入朝，极言廷隐无罪，乃得免。廷隐因称疾，固请解军职；甲戌[19]，蜀主许之。

凤翔节度使赵晖至长安；乙亥[20]，表王景崇反状益明，请进兵击之。

初，高祖镇河东，皇弟崇为马步都指挥使，与蕃汉都孔目官郭威争权，有隙。及威执政，崇忧之。节度判官郑珙，劝崇为自全计，崇从之。珙，青州[21]人也。八月，庚辰[22]，崇表募兵四指挥，自是选募勇士，招纳亡命，缮甲兵，实府库，罢上供财赋，皆以备契丹为名；朝廷诏令，多不禀承。

（以上为第三段，写后蜀主昏庸，权奸当路。后汉高祖弟刘崇图谋割据河东。）

【注释】

[1]张业：后蜀权臣，官左仆射、兼中书侍郎、同平章事。孙汉韶告其父子谋反，被诛。[2]强市：依仗权势强迫人出卖。[3]瘐（yǔ）死：罪犯病死在狱中。此指死于私狱中。[4]安思谦：后蜀禁军将领，与后主相猜忌，其子依仗父威，横行国中。后被诛。[5]甲子：七月十七日。[6]都堂：尚书省总办公处之称。[7]保宁：方镇名，五代十国后蜀置，治所阆（láng）州，在今四川阆中市。[8]卖官鬻（yù）狱：出卖官爵，因讼得贿。[9]内府：皇室的仓库。[10]武德：方镇名，五代十国前蜀改剑南东川为武德军，治所梓州，在今四川三台县。[11]王昭远：幼孤贫，以僧童身份随师入宫，侍奉后主得宠，由卷帘使逐步升为山南西道节度使、

同平章事。以通兵书、懂方略自诩。及与宋战，临阵股栗、被俘。宋太祖释之，授左领军卫大将军。［12］从其师：王昭远师父为智諲（yīn）。［13］蜀高祖：孟知祥（874—934），五代后蜀国的建立者。历仕太原留守、成都尹、东西川节度使。公元934年称帝，不足一年病逝。传见《旧五代史》卷一百三十六、《新五代史》卷六十四。［14］蜀主：后主孟昶（919—965），孟知祥第三子。公元934年至965年在位。宋乾德三年（965）宋兵入成都，降，封秦国公。［15］会计：核算。［16］戊辰：七月二十一日。［17］徐光溥：博学善诗歌，有辩才，遇事辄发。后因李昊疾之，有议论便熟睡，时号"睡相"。［18］赵廷隐：开封人。后蜀勇将。高祖孟知祥死，同赵季良等受遗诏辅政，官至太师、中书令，封宋王。［19］甲戌：七月二十七日。［20］乙亥：七月二十八日。［21］青州：治所东阳城，在今山东青州市。［22］庚辰：八月四日。

自河中、永兴、凤翔三镇拒命以来，朝廷继遣诸将讨之。昭义节度使常思[1]屯潼关，白文珂屯同州，赵晖屯咸阳[2]。惟郭从义、王峻置栅近长安，而二人相恶如水火，自春徂[3]秋，皆相仗[4]莫肯攻战。帝患之，欲遣重臣临督，壬午[5]，以郭威为西面军前招慰安抚使，诸军皆受威节度。

威将行，问策于太师冯道。道曰："守贞自谓旧将，为士卒所附，愿公勿爱官物，以赐士卒，则夺其所恃矣。"威从之。由是众心始附于威。

诏白文珂趣河中，赵晖趣凤翔。

甲申[6]，蜀主以赵廷隐为太傅，赐爵宋王，国有大事，就第问之。

戊子[7]，蜀改凤翔曰岐阳军[8]，己丑[9]，以王景崇为岐阳节度使、同平章事。

乙未[10]，以钱弘俶为东南兵马都元帅、镇海·镇东节度使兼中书令、吴越国王。

郭威与诸将议攻讨，诸将欲先取长安、凤翔。镇国节度使扈从珂曰："今三叛连衡，推守贞为主，守贞亡，则两镇自破矣。若舍近而攻远，万一王、赵拒吾前，守贞掎[11]吾后，此危道也。"威善之。于是威自陕州，白文珂及宁江节度使、侍卫步军都指挥使刘词自同州，常思自潼关，三道攻河中。威抚养士卒，与同苦乐，小有功辄赏之，微有伤常亲视之；士无贤不肖，有所陈启，皆温辞色而受之；违忤不怒，小过不责。由是将卒咸归心于威。

始，李守贞以禁军皆尝在麾下[12]，受其恩施，又士卒素骄，苦汉法之严，谓其至则叩城奉迎，可以坐而待之。既而士卒新受赐于郭威，皆忘守贞旧恩，己亥[13]，至城下，扬旗伐鼓，踊跃诟噪[14]；守贞视之失色。

白文珂克西关城[15]，栅于河西，常思栅于城南，威栅于城西。未几，威以常思无将领才，先遣归镇。

诸将欲急攻城，威曰："守贞前朝宿将，健斗好施，屡立战功。况城临大河，楼堞[16]完固，未易轻也。且彼冯[17]城而斗，吾仰而攻之，何异帅士卒投汤火乎！夫勇有盛衰，攻有缓急，时有可否，事有后先；不若且设长围而守之，使飞走路绝。吾洗兵牧马，坐食转输[18]，温饱有余。俟城中无食，公帑[19]家财皆竭，然后进梯冲[20]以逼之，飞羽檄[21]以招之。彼之将士，脱身逃死，父子且不相保，况乌合之众乎！思绾、景崇，但分兵縻[22]之，不足虑也。"乃发诸州民夫二万余人，使白文珂等帅之，刳长壕[23]，筑连城[24]，列队伍而围之。威又谓诸将曰："守贞向畏高祖，不敢鸱张[25]；以我辈崛起太原，事功未著，有轻我心，故敢反耳。正宜静以制之。"乃偃旗卧鼓，但循河设火铺，连延数十里，番[26]步卒以守之。遣水军舣舟[27]于岸，寇有潜往来者，无不擒之。于是守贞如坐网中矣。

（以上为第四段，写后汉郭威围困李守贞于河中。）

【注释】

［1］常思：字克恭，太原人。曾仕后唐、后晋、后汉、后周。郭威少孤无依，食于常家。后周立，郭威以常叔呼之。历任归德、平卢节度使。传见《旧五代史》卷一百二十九、《新五代史》卷四十九。［2］咸阳：县名，县治在今陕西咸阳市。［3］徂（cú）：到。［4］相伙：互相推诿。［5］壬午：八月六日。［6］甲申：八月八。［7］戊子：八月十二日。［8］改凤翔曰岐阳军：因凤翔在岐山之阳，故改。［9］己丑：八月十三日。［10］乙未：八月十九日。［11］掎（jǐ）：从后牵引，引申为夹击。［12］李守贞以禁军皆尝在麾下：李守贞在后晋曾任侍卫亲军都虞候、侍卫亲军都指挥使，掌禁中。这时征讨他的官兵多是他的部下。麾下，本指在主帅的旌麾下，引申为部下。［13］己亥：八月二十三日。［14］诟（gòu）噪：谩骂、喧哗。［15］西关城：属河中府，位于黄河西部。［16］楼堞：城楼与城墙。堞，女墙，此指城墙。［17］冯（píng）：

通“凭”，凭借、依靠。［18］转输：转运输送物资。［19］公帑（tǎng）：国库。此指城中储积。［20］冲：古时用以冲击敌城的战车。［21］羽檄：即羽书，古时征调军队的文书，上插鸟羽表示紧急，必须速递。此处传递的羽檄是劝降书。［22］縻：本为牛缰绳，引申为牵制。［23］刳长壕：挖围城的长壕。［24］筑连城：修筑列次相连的围城碉堡。［25］鸱（chī）张：嚣张、凶暴，像鸱鸟张开翅膀一样。［26］番：轮番。［27］舣（yǐ）舟：使船靠岸。

蜀武德节度使兼中书令王处回请老[1]，辛丑[2]，以太子太傅致仕。

南汉主[3]遣知制诰宣化钟允章[4]求婚于楚，楚王希广不许。南汉主怒，问允章："马公复能经略南土乎？"对曰："马氏兄弟，方争亡于不暇，安能害我！"南汉主曰："然。希广懦而吝啬，其士卒忘战日久，此乃吾进取之秋也。"

武平节度使马希萼请与楚王希广各修职贡[5]，求朝廷别加官爵，希广用天策府内都押牙欧弘练[6]、进奏官张仲荀谋，厚赂执政，使拒其请。九月，壬子[7]，赐希萼及楚王希广诏书，谕以"兄弟宜相辑睦，凡希萼所贡，当附希广以闻。"希萼不从。

蜀兵援王景崇，军于散关，赵晖遣都监李彦从袭击，破之，蜀兵遁去。

蜀主以张业、王处回执政，事多壅蔽[8]，己未[9]，始置匦函[10]，后改为献纳函。

王景崇尽杀侯益家属七十余人，益子前天平行军司马[11]仁矩[12]先在外，得免。庚申[13]，以仁矩为隰州[14]刺史。仁矩子延广[15]，尚在襁褓[16]，乳母刘氏以己子易之，抱延广而逃，乞食至于大梁，归于益家。

李守贞屡出兵欲突长围，皆败而返；遣人赍蜡丸求救于唐、蜀、契丹，皆为逻者[17]所获。城中食且尽，殍死者[18]日众。守贞忧形于色，召总伦诘之，总伦曰："大王当为天子，人不能夺。但此分野[19]有灾，待磨灭将尽，只余一人一骑，乃大王鹊起[20]之时也。"守贞犹以为然。

冬，十月，王景崇遣其子德让，赵思绾遣其子怀乂，见蜀主于成都。

戊寅[21]，景崇遣兵出西门，赵晖击破之，遂取西关城。景崇退守大城；堑[22]而围之，数挑战，不出。晖潜遣千余人擐[23]甲执兵，效蜀旗帜，循南山而下，令诸军声言："蜀兵至矣。"景崇果遣兵数千出迎之，晖设伏掩击，尽殪[24]之。自是景崇不复敢出。

蜀主遣山南西道节度使安思谦将兵救凤翔，左仆射兼门下侍郎、同平章事毋昭裔[25]上疏谏曰："臣窃见庄宗皇帝志贪西顾[26]，前蜀主意欲北行[27]，凡在庭臣，皆贡谏疏，殊无听纳，有何所成！只此两朝，可为鉴诫。"不听，又遣雄武节度使韩保贞引兵出汧阳[28]以分汉兵之势。

王景崇遣前义成节度使酸枣[29]李彦舜等逆蜀兵；丙申[30]，安思谦屯右界[31]，汉兵屯宝鸡[32]。思谦遣眉州刺史申贵将兵二千趣模壁[33]，设伏于竹林；丁酉旦[34]，贵以兵数百压宝鸡而陈，汉兵逐之，遇伏而败，蜀兵逐北，破宝鸡寨。蜀兵去，汉兵复入宝鸡。己亥[35]，思谦进屯渭水[36]，汉益兵五千戍宝鸡；思谦畏之，谓众曰："粮少敌强，宜更为后图。"辛丑[37]，退屯凤州，寻归兴元[38]。贵，潞州人也。

（以上为第五段，写李守贞困守河中坐以待毙，王景崇引蜀兵为援，苟延残喘。）

【注释】

[1]请老：以年老请求致仕。致仕，交还官职，即辞官退休。 [2]辛丑：八月二十五日。[3]南汉主：即中宗刘晟。 [4]钟允章：其先邕州（治所在今广西南宁市）人，博学善文辞，多起草诰词碑记，文思敏捷，操笔立就。官尚书左丞。为人耿直，遭宦官忌恨，诬其谋反，被诛。[5]各修职贡：各尽人臣的礼节，各自朝贡。 [6]欧弘练：文昭王马希范时为客将，后事废王马希广，善谋划，马氏王位得以延续。 [7]壬子：九月七日。 [8]壅蔽：隔绝、蒙蔽。 [9]己未：九月十四日。 [10]匦（guǐ）函：小箱子，供进书言事者投递用。 [11]行军司马：唐代出征将帅及节度使下皆设行军司马，总理所部事务，战时负参谋之责。 [12]仁矩：侯益子，官至刺史、左羽林将军。至郡决滞讼，一日释系囚百余，有政声。传见《宋史》卷二百五十四。 [13]庚申：九月十五日。 [14]隰（xí）州：治所隰川，在今山西隰县。 [15]延广：侯仁矩子，少有勇。入宋，官宁州团练使、知灵州兼兵马都部署。传见《宋史》卷二百五十四。 [16]襁褓：襁（qiǎng），布幅，用以络负；褓，小儿的被，用以裹覆。泛指背负小儿所用的东西。此指婴儿。 [17]逻者：巡逻兵。 [18]殍（piǎo）死者：饿死的人。 [19]分野：我国古代占星术中的一种概念。它认为，地上各州郡邦国和天上的一定的区域相对应，在该天区发生的天象预兆着各对应地方的吉凶。[20]鹊起：《庄子》曰："鹊上高城，乘危而巢于高枝之巅，城坏巢折，凌风而起，故君子之居世也，得时则蚁行，失时则鹊起也。"本指见机而作，后用为乘时崛起之意。 [21]戊寅：十月三日。 [22]堑：据章校，"堑"字上有"晖"字。 [23]擐（huàn）：套、穿。 [24]殪（yì）：死。

[25]毋昭裔：河中龙门（今山西河津市）人。博学有才，勇于进谏，好古文，通经术。倡导印经书，使后蜀文学复盛。［26］庄宗皇帝志贪西顾：指后唐庄宗李存勖荒于政事，不听进谏，伐蜀，后在兵变中被杀。［27］前蜀主意欲北行：前蜀主王衍恣意享乐，欲幸秦州，群臣切谏，不听。后唐军乘机入侵，衍降，前蜀遂亡。［28］汧（qián）阳：县名，县治在今陕西千阳县。［29］酸枣：县名，县治在今河南延津县。［30］丙申：十月二十一日。［31］右界：在宝鸡市西，蜀、汉分界处。［32］宝鸡：县名，县治在今陕西宝鸡市。［33］模壁：又称模壁寨，在今宝鸡市西南。［34］丁酉旦：十月二十二日晨。［35］己亥：十月二十四日。［36］渭水：黄河最大支流，在陕西中部。［37］辛丑：十月二十六日。［38］兴元：府名，治所南郑，在今陕西汉中市。

荆南节度使[1]南平文献王高从诲寝疾[2]，以其子节度副使保融[3]判内外兵马事。癸卯[4]，从诲卒；保融知留后。

彰武节度使高允权与定难节度使李彝殷有隙，李守贞密求援于彝殷，发兵屯延、丹境上[5]，闻官军围河中，乃退。甲辰[6]，允权以状闻，彝殷亦自诉，朝廷和解之。

初，高祖入大梁，太师冯道、太子太傅李崧皆在真定[7]，高祖以道第赐苏禹珪，崧第赐苏逢吉。崧第中瘗藏之物[8]及洛阳别业[9]，逢吉尽有之。及崧归朝，自以形迹孤危[10]，事汉权臣，常惕惕[11]谦谨，多称疾杜门。而二弟屿、嶬，与逢吉子弟俱为朝士[12]，时乘酒出怨言，云“夺我居第、家赀”。逢吉由是恶之。未几，崧以两京宅券[13]献于逢吉，逢吉愈不悦；翰林学士陶谷[14]，先为崧所引用，复从而谮[15]之。

汉法既严，而侍卫都指挥使史弘肇尤残忍，宠任孔目官解晖[16]，凡入军狱[17]者，使之随意锻炼[18]，无不自诬[19]。及三叛连兵[20]，群情震动，民间或讹言相惊骇。弘肇掌部[21]禁兵，巡逻京城，得罪人，不问轻重，于法何如，皆专杀不请，或决口[22]，斫筋[23]，折胫[24]，无虚日；虽奸盗屏迹，而冤死者甚众，莫敢辩诉。

李屿仆夫葛延遇，为屿贩鬻，多所欺匿[25]，屿抶[26]之，督其负[27]甚急，延遇与苏逢吉之仆李澄，谋上变告屿谋反。逢吉闻而诱致之，因召崧至第，收送侍卫狱[28]。屿自诬云：“与兄崧、弟嶬、甥王凝及家童合二十人，谋因山陵发引[29]，纵火焚京城作乱；又遣人以蜡书入河中城，结李守贞；又遣人召契丹兵。”及具狱上，逢吉取笔改“二十”为

“五十”字。十一月，甲寅[30]，下诏诛崧兄弟、家属及辞所连及者，皆陈尸于市，仍厚赏葛延遇等，时人无不冤之。自是士民家皆畏惮仆隶，往往为所胁制。

他日，秘书郎真定李昉[31]诣陶谷，谷曰：“君于李侍中近远？”昉曰：“族叔父。”谷曰：“李氏之祸，谷有力焉。”昉闻之，汗出。谷，邠州人也，本姓唐，避晋高祖讳改焉。

史弘肇尤恶文士，常曰：“此属轻人难耐[32]，每谓吾辈为卒。”弘肇领归德节度使，委亲吏杨乙收属府公利[33]，乙依势骄横，合境[34]畏之如弘肇；副使以下，望风展敬，乙皆下视之[35]，月率钱万缗[36]以输弘肇，士民不胜其苦。

初，沈丘人舒元[37]，嵩山[38]道士杨讷[39]，俱以游客干[40]李守贞；守贞为汉所攻，遣元更姓朱，讷更姓李，名平，间道奉表求救于唐，唐谏议大夫查文徽、兵部侍郎魏岑请出兵应之。

唐主命北面行营招讨使李金全[41]将兵救河中，以清淮[42]节度使刘彦贞[43]副之，文徽为监军使，岑为沿淮巡检使，军于沂州[44]之境。金全与诸将方会食，候骑白有汉兵数百在涧[45]北，皆羸弱[46]，请掩之，金全令曰：“敢言过涧者斩！”及暮，伏兵四起，金鼓闻十余里，金全曰：“向[47]可与之战乎？”时唐士卒厌兵，莫有斗志，又河中道远，势不相及，丙寅[48]，唐兵退保海州[49]。

唐主遗帝书谢[50]，请复通商旅，且请赦守贞，朝廷不报[51]。

壬申[52]，葬睿文圣武昭肃孝皇帝于睿陵[53]，庙号高祖。

十二月，丁丑[54]，以高保融为荆南节度使、同平章事。

（以上为第六段，写辅臣苏逢吉、节镇史弘肇贪残暴虐。南唐主兵救李守贞败还。）

【注释】

[1]荆南节度使：据章校，“使”下有“兼中书令”四字。 [2]寝疾：卧病。寝，卧。 [3]保融：高从诲第三子，字德长。父死，即南平王位。性迂缓，无才能，事无大小皆委其弟保勖。公元948年至960年在位。传见《旧五代史》卷一百三十三、《新五代史》卷六十九、《宋史》卷四百八十三。 [4]癸卯：十月二十八日。 [5]发兵屯延、丹境上：延州，治所肤施，在今陕西

延安市东北。丹州，治所宜川，在今陕西宜川县。李守贞向李彝殷求援，李彝殷故屯兵于延州、丹州境上声援李守贞。闻官军围河中，李彝殷乃退回夏州。［6］甲辰：十月二十九日。［7］真定：县名，县治在今河北正定县。［8］瘗（yì）藏之物：埋藏在地下的东西。［9］别业：别置田园于他所称别业，即别墅。［10］孤危：孤立而危险。后晋时，李崧与刘知远有嫌隙。先是，刘知远为后晋侍卫都指挥使，掌亲军，李崧盛赞杜重威之才而代刘知远，刘以崧排己，深恨之。后晋亡，李崧又为耶律德光所器重，拜太子太师。故任汉臣，李崧自感孤危，处处谨小慎微。［11］惕惕：忧惧的样子。［12］朝士：泛指中央的官吏。［13］宅券：房契。［14］陶谷：字秀实。本姓唐，避后晋高祖讳改。先祖为北齐、隋、唐望族。善属文，仕后晋，为知制诰，深得李崧器重，后却厚诬李崧。历后汉、后周。入宋，官礼部尚书。传见《宋史》卷二百六十九。［15］谮（zèn）：进谗言，说人坏话。［16］解晖：《宋史》卷二百七十一有解晖传，历仕后晋、后汉、后周、宋，官至右千牛卫上将军，但无任孔目官的经历。存疑。［17］军狱：军中监牢。［18］锻炼：比喻枉法陷人于罪。［19］自诬：受屈招供。［20］三叛连兵：指李守贞、王景崇、赵思绾三人的联合叛乱。［21］部：本部分。［22］决口：据章校，“口”下有“断舌”二字。［23］斫（zhuó）筋：断筋。［24］胫：人的小腿。［25］欺匿：指葛延遇替李屿贩卖物品时，多所欺瞒藏匿。［26］抶（chì）：笞打、鞭打。［27］负：指所欠的部分。［28］侍卫狱：即侍卫司狱，军狱。［29］谋因山陵发引：谋划借皇帝出殡之机。山陵，皇帝的坟，此代皇帝。发引，旧时出殡、柩车启行、送丧者执绋前导称发引。引，挽车之索，也作靷，又称绋。［30］甲寅：十一月九日。［31］李昉（925—996）：字明远，深州饶阳（河北饶阳县，本文称真定，存疑。）人。历仕后汉、后周。入宋，官右仆射、中书侍郎平章事。参加编写《旧五代史》，主编《太平御览》《太平广记》《文苑英华》，对保存古代文献颇有贡献。传见《宋史》卷二百六十五。［32］轻人难耐：轻视人使人难以忍受。［33］收属府公利：收领军府应取的财利。［34］合境：整个管辖区。［35］下视之：当下属看待。［36］月率钱万缗：每月收敛的钱上万缗。缗（mín），本指穿钱的绳子，亦指成串的钱。一千文为一缗。［37］舒元：沈丘（今河南沈丘县）人。一度更名朱元。少好学，辩捷强记。仕南唐、后周，入宋，官兵马都监。传见《宋史》四百七十八。［38］嵩山：古称中岳，在河南登封市。［39］杨讷：更名李平，赴南唐求救兵，遂留南唐，官永安节度使。后因罪死狱中。［40］干：求取。［41］李金全：其先为吐谷浑人。骁勇善骑射。历仕后唐、后晋。后投南唐。传见《旧五代史》卷九十七、《新五代史》卷四十八。［42］清淮：方镇名，五代南唐置，治所寿州，在今安徽寿县。［43］刘彦贞：仕南唐，官至神武统军。搜刮民财有方，于战事却指挥失措。在与周师作战中大败身亡。［44］沂州：治所临沂，在今山东临沂市。［45］涧：两山之间的流水。［46］羸（léi）弱：瘦弱。［47］向：先前。［48］丙寅：十一月二十一日。［49］海州：治所朐（qú）山，在今江苏连云港市海州区。［50］唐主遗帝书谢：指南唐元宗李璟给后汉隐帝写信谢罪。［51］不报：搁置不答复。［52］壬申：十一月二十七日。［53］睿陵：在今河南登封市东南告成镇。［54］丁丑：十二月三日。

辛巳[1]，南汉主以内常侍[2]吴怀恩[3]为开府仪同三司[4]、西北面招讨使，将兵击楚，攻贺州[5]，楚王希广遣决胜指挥使徐知新等将兵五千救之。未至，南汉人已拔贺州，凿大阱于城外，覆以竹箔[6]，加土，下施机轴，自堑中穿穴通阱中。知新等至，引兵攻城，南汉遣人自穴中发机，楚兵悉陷，南汉出兵从而击之，楚兵死者以千数；知新等遁归，希广斩之。南汉兵复陷昭州[7]。

王景崇累表告急于蜀，蜀主命安思谦再出兵救之。壬午[8]，思谦自兴元[9]引兵屯凤州，请先运粮四十万斛[10]，乃可出境，蜀主曰："观思谦之意，安肯为朕进取！"然亦发兴州[11]、兴元米数万斛以馈之。

戊子[12]，思谦进屯散关，遣马步使高彦俦[13]、眉州[14]刺史申贵击汉箭筈[15]安都寨，破之。庚寅[16]，思谦败汉兵于玉女潭[17]，汉兵退屯宝鸡，思谦进屯模壁。韩保贞出新关[18]，壬辰[19]，军于陇州神前，汉兵不出，保贞亦不敢进。

赵晖告急于郭威，威自往赴之。时李守贞遣副使周光逊、裨将王继勋、聂知遇守城西，威戒白文珂、刘词曰："贼苟不能突围，终为我禽；万一得出，则吾不得复留于此。成败之机，于是乎在。贼之骁锐，尽在城西，我去必来突围，尔曹谨备之！"威至华州，闻蜀兵食尽引去，威乃还。韩保贞闻安思谦去，亦退保弓川寨[20]。

蜀中书侍郎兼礼部尚书、同平章事徐光溥坐以艳辞挑前蜀安康长公主，丁酉[21]，罢守本官[22]。

（以上为第七段，写南汉与楚交兵。蜀主再次出兵救援王景崇。）

【注释】

[1]辛巳：十二月七日。[2]内常侍：属内侍省，掌宫廷事务，多以宦官充任。[3]吴怀恩：番禺人。南汉中宗时率兵攻下楚贺州、昭州，又北上占有几个州，时人誉为最善战者。[4]开府仪同三司：古代高级官吏（如三公、大将军等）可以设置府署、自选僚属的制度称开府。三司，即太尉、司徒、司空。三司都自有官署。开府仪同三司，即与三司体制、待遇相同，亦可以设官署。实为大臣的加衔，其本身还另有其他职务。[5]贺州：治所临贺，在今广西贺州市。[6]竹箔：用苇子或秫秸织成的帘子。[7]昭州：治所在今广西平乐县。[8]壬午：十二月八日。

［9］兴元：府名，治所南郑，在今陕西汉中市东。［10］斛（hú）：量器名，亦为容量单位。古代以十斗为一斛，南宋末年改为五斗。［11］兴州：治所顺政，在今陕西略阳县。［12］戊子：十二月十四日。［13］高彦俦：太原人，仕后蜀，官至昭武军节度使。北宋军攻夔州，防守失利，拒降，自焚死。［14］眉州：治所通义，在今四川眉山市。［15］箭筈（kuò）：岭名，上有箭筈关，在今陕西陇县南岐山最高处。［16］庚寅：十二月十六日。［17］玉女潭：在今陕西宝鸡市西南。［18］新关：在今陕西陇县西，唐时称安戎关。［19］壬辰：十二月十八日。［20］弓川寨：在今甘肃秦安县东。［21］丁酉：十二月二十三日。［22］罢守本官：罢礼部尚书、同平章事，只守中书侍郎。即罢相。

隐皇帝上

乾祐二年（己酉，949 年）

春，正月，乙巳朔[1]，大赦。

郭威将至河中，白文珂出迎之。

戊申[2]夜，李守贞遣王继勋等引精兵千余人循河而南，袭汉栅[3]，坎岸而登[4]，遂入之，纵火大噪，军中狼狈不知所为。刘词神色自若，下令曰："小盗不足惊也。"帅众击之。客省使阎晋卿[5]曰："贼甲皆黄纸，为火所照，易辨耳；奈众无斗志何！"裨将李韬[6]曰："安有无事食君禄，有急不死斗者邪！"援稍[7]先进，众从之。河中兵退走，死者七百人，继勋重伤，仅以身免。己酉[8]，郭威至，刘词迎马首请罪。威厚赏之，曰："吾所忧正在于此。微[9]兄健斗，几为虏嗤。然虏伎殚[10]于此矣。"晋卿，忻州[11]人也。

守贞之欲攻河西栅也，先遣人出酤酒[12]于村墅，或贳与，不责其直[13]，逻骑[14]多醉，由是河中兵得潜行入寨，几至不守。郭威乃下令："将士非犒宴[15]，毋得私饮！"爱将李审，晨饮少酒，威怒曰："汝为吾帐下，首违军令，何以齐众[16]！"立斩以徇。

甲寅[17]，蜀安思谦退屯凤州，上表待罪，蜀主释不问。

诏以静州[18]隶定难军，二月，辛未[19]，李彝殷上表谢。彝殷以中原多故，有轻傲之志，每藩镇有叛者，常阴助之，邀[20]其重赂。朝廷知其事，亦以恩泽羁縻[21]之。

淮北[22]群盗多请命于唐，唐主遣神卫都虞候皇甫晖等将兵万人出海、泗[23]以招纳之。蒙城[24]镇将咸师朗等降于晖；徐州将成德钦败唐兵于峒峿镇[25]，俘斩六百级，晖等引归。

晋李太后诣契丹主，请依汉人城寨之侧，给田以耕桑自赡，契丹主许之，并晋主迁于建州[26]；未至，安太妃卒于路。遗令："必焚我骨，南向飏之，庶几魂魄归达于汉。"既至建州，得田五十余顷，晋主令从者耕其中以给食。顷之，述律王[27]遣骑取晋主宠姬赵氏、聂氏而去。述律王者，契丹主德光之子也。

三月，己未[28]，以归德牙内指挥使史德珫[29]领忠州[30]刺史。德珫，弘肇之子也，颇读书，常不乐父之所为。有举人呼噪于贡院[31]门，苏逢吉命执送侍卫司[32]，欲其痛棰而黥之[33]。德珫言于父曰："书生无礼，自有台府[34]治之，非军务也。此乃公卿欲彰大人之过[35]耳。"弘肇大然之，即破械遣之。

楚将徐进败蛮于风阳山，斩首五千级。

夏，四月，壬午[36]，太白昼见[37]；民有仰视之者，为逻卒所执，史弘肇腰斩之。

河中城中食且尽，民饿死者什五六。癸卯[38]，李守贞出兵五千余人，赍梯桥[39]，分五道以攻长围之西北隅；郭威遣都监吴虔裕[40]引兵横击之，河中兵败走，杀伤太半，夺其攻具。五月，丙午[41]，守贞复出兵，又败之，擒其将魏延朗、郑宾。壬子[42]，周光逊、王继勋、聂知遇帅其众千余人来降。守贞将士降者相继，威乘其离散，庚申[43]，督诸军百道攻之。

赵思绾好食人肝，尝面剖而脍[44]之，脍尽，人犹未死。又好以酒吞人胆，谓人曰："吞此千枚，则胆无敌矣。"及长安城中食尽，取妇女、幼稚为军粮，日计数而给之，每犒军，辄屠数百人，如羊豕法[45]。思绾计穷，不知所出。郭从义使人诱之。

初，思绾少时，求为左骁卫上将军致仕李肃仆，肃不纳[46]，曰："是人目乱而语诞[47]，他日必为叛臣。"肃妻张氏，全义[48]之女也，曰："君今拒之，后且为患。"乃厚以金帛遗之。及思绾据长安，肃闲居在城中，思绾数就见之，拜伏如故礼。肃曰："是子亟[49]来，且污[50]我。"

欲自杀。妻曰："曷若劝之归国[51]！"会思绾问自全[52]之计，肃乃与判官程让能说思绾曰："公本与国家无嫌，但惧罪耳。今国家三道用兵[53]，俱未有功，若以此时翻然改图，朝廷必喜，自可不失富贵。孰与坐而待毙乎！"思绾从之，遣使诣阙请降。乙丑[54]，以思绾为华州留后，都指挥使常彦卿为虢州刺史，令便道之官[55]。

吴越内牙都指挥使钭[56]滔，胡进思之党也，或告其谋叛，辞连丞相弘亿[57]。吴越王弘俶不欲穷治，贬滔于处州[58]。

六月，癸酉朔[59]，日有食之。

秋，七月，甲辰[60]，赵思绾释甲出城受诏，郭从义以兵守其南门，复遣还城。思绾求其牙兵及铠仗，从义亦给之；思绾迁延，收敛财贿，三改行期。从义等疑之，密白郭威，请图之，威许之。壬子[61]，从义与都监、南院宣徽使王峻按辔[62]入城，处于府舍，召思绾酌别[63]，因执之，并常彦卿及其父兄部曲[64]三百人，皆斩于市。

甲寅[65]，郭威攻河中，克其外郭[66]。李守贞收余众，退保子城[67]。诸将请急攻之，威曰："夫鸟穷则啄；况一军乎！涸[68]水取鱼，安用急为！"

壬戌[69]，李守贞与妻及子崇勋等自焚，威入城，获其子崇玉等及所署丞相靖馀、孙愿、枢密使刘芮、国师总伦等，送大梁，磔于市[70]。征赵修己为翰林天文[71]。

威阅守贞文书，得朝廷权臣及藩镇与守贞交通书，词意悖逆[72]，欲奏之，秘书郎[73]榆次王溥[74]谏曰："魑魅[75]乘夜争出，见日自消。愿一切焚之，以安反侧[76]。"威从之。

（以上为第八段，写后汉平定李守贞、赵思绾。）

【注释】

[1]乙巳朔：正月一日。 [2]戊申：正月四日。 [3]栅：军营的栅栏。 [4]坎岸而登：在黄河的陡岸上挖凿坎阶而上。坎，作动词用。 [5]阎晋卿：仕后汉，官至权侍卫马军都指挥使。后因北郊兵败，自杀。传见《旧五代史》卷一百零七。 [6]李韬：河朔人。有勇力胆气，善用矟，仕后汉，任禁军队长。大败李守贞军，官至赵州刺史。传见《宋史》卷二百七十一。 [7]援矟：举枪。矟（shuò），长矛，即槊。 [8]己酉：正月五日。 [9]微：无。 [10]殚（dān）：竭尽。

［11］忻（xīn）州：治所秀容，在今山西忻州市。［12］酤酒：卖酒。［13］或贳与，不责其直：有时允许赊账，不索要钱。贳（shì），赊欠。直，同“值”。［14］逻骑：巡逻的骑兵。［15］犒宴：犒赏宴饮。［16］齐众：整饬军队。［17］甲寅：正月十日。［18］静州：治所在今陕西米脂县西。原为唐静边州，安置党项降者。［19］辛未：二月乙亥朔，无辛未。辛未，正月二十七日。［20］邀：希求。［21］羁縻：笼络。羁，马络头；縻，牛缰绳。［22］淮北：泛指淮河以北。［23］泗：州名，治所在今江苏盱眙县东北。［24］蒙城：县名，县治在今安徽蒙城县。［25］峒峿镇：应作峒峿镇，在江苏新沂市北峒峿山下，为北通山东的孔道。峒峿山，也写作司吾山。［26］建州：契丹辽太祖置，治所永霸，在今辽宁朝阳市西南，大凌河南岸。圣宗时迁大凌河北。［27］述律王：辽太宗耶律德光长子耶律璟，小字述律。辽世宗耶律阮死，登基，公元951年至960年在位。庙号穆宗。［28］己未：三月十六日。［29］史德琉（chōng）：乾祐中，授检校司空，领忠州刺史。传见《旧五代史》卷一百零七。［30］忠州：治所临江，在今重庆市忠县。［31］贡院：科举时代考试贡士之所。［32］侍卫司：统领军队的机构。下分马军司、步军司，均设都指挥使、副都指挥使、都虞候各一人。［33］痛棰而黥之：先痛打一顿，然后在他脸上刺字。棰，杖刑。黥（qíng），古代肉刑的一种，即墨刑，在脸上刺字。［34］台府：台，三公；府，官署通称。此指主管的司法部门。［35］彰大人之过：彰显大人（指史弘肇）的过失。［36］壬午：四月九日。［37］太白昼见（xiàn）：太白星在白天出现。太白，即金星，我国古代也叫启明、长庚、明星等，是太阳系九大行星之一。金星距地球最近，在天空中的亮度仅次于日月。最亮时甚至在白昼也能看见，夜里照着物体还能有影。由于运行方位不同，晚上出现的叫长庚，早晨出现的叫启明。古人迷信，传说太白星主杀伐，“太白昼见”更不吉利，仰视它就会带来灾祸，故“民有仰视之者”，便“为逻卒所执”，而史弘肇却“腰斩之”，足见史弘肇的残暴。［38］癸卯：四月三十日。［39］赍（jī）梯桥：带着梯桥。［40］吴虔裕：许州许田（今河南许昌市）人。历仕后汉、后周。入宋，官右千牛卫上将军。性简率，言多轻肆。传见《宋史》卷二百七十一。［41］丙午：五月三日。［42］壬子：五月九日。［43］庚申：五月十七日。［44］脍（kuài）：细切的鱼肉，此指把人肝切碎。［45］如羊豕法：意为屠杀人就像屠宰猪、羊的方法一样。［46］不纳：不接受。［47］目乱而语诞：眼睛邪乱，说话狂妄荒诞。［48］全义：张全义，字国维，濮州临濮（今河南范县）人，初名居言。早年投黄巢起义军，巢败归唐，又仕后梁、后唐，官至忠武节度使、检校太师、尚书令。传见《旧五代史》卷六十三、《新五代史》卷四十五。［49］亟（qì）：屡次。［50］污：污辱。［51］归国：归降朝廷。［52］自全：保全自己。［53］三道用兵：指郭威攻河中，赵晖攻凤翔，郭从义攻赵思绾。［54］乙丑：五月二十二日。［55］令便道之官：让他们不必经过朝廷，直接上任，以不使之生疑。［56］钭（dǒu）：此字仅用于姓。［57］辞连丞相弘亿：据《十国春秋·弘亿传》载：钭滔谋乱，辞连弘亿，吴越王弘俶左右劝王“穷其事”，“王以弘亿故不欲显治”，只是“贬滔处州，而出弘亿为明州刺史”。［58］处州：治所括苍，在今浙江丽水市西。［59］癸酉朔：六月一日。［60］甲辰：七月三日。［61］壬子：七月十一日。［62］按辔：扣紧马缰

绳，使马慢步前行。［63］酌别：饮酒饯别。［64］部曲：古代军队的编制单位，后又指豪门大族私人的军队。［65］甲寅：七月十三日。［66］外郭：外城。古代在城的外围加筑的一道城墙。［67］子城：大城所属的小城，即内城或附在城垣上的瓮城或月城。［68］涸（hé）：水干、枯竭。［69］壬戌：七月二十一日。［70］磔于市：在闹市砍头，分尸示众。［71］翰林天文：唐代有天文博士、天文生，皆属于司天监。其中待诏于翰林院的称翰林天文。赵修己善术数，又多次劝阻李守贞反，故被征召任职。［72］词意悖（bèi）逆：文辞狂悖忤逆。［73］秘书郎：专掌图书收藏与抄写事务。［74］王溥：字齐物，榆次（今山西晋中市榆次区）人。五代汉中进士甲科。历仕后汉、后周，官中书舍人、翰林学士、右仆射。入宋，进司空，封祁国公。著《唐会要》《五代会要》。传见《宋史》卷二百四十九。［75］魑（chī）魅（mèi）：古代传说中山泽的鬼怪。［76］反侧：反复无常的小人。

三叛既平[1]，帝浸[2]骄纵，与左右狎昵[3]。飞龙使瑕丘后匡赞[4]、茶酒使太原郭允明[5]以谄媚得幸，帝好与之为廋辞[6]、丑语[7]，太后屡戒之，帝不以为意。癸亥[8]，太常卿[9]张昭[10]上言："宜亲近儒臣，讲习经训。"不听。昭，即昭远，避高祖讳改之。

戊辰[11]，加永兴节度使郭从义同平章事，徙镇国节度使扈从珂为护国节度使，以河中行营马步都虞候刘词为镇国节度使。

唐主复进用魏岑[12]；吏部郎中会稽钟谟[13]、尚书员外郎李德明[14]始以辩慧得幸，参预国政；二人皆恃恩轻躁，虽不与岑为党，而国人皆恶之。户部员外郎范冲敏，性狷介[15]，乃教天威都虞候王建封上书，历诋[16]用事者，请进用正人；唐主谓建封武臣典兵，不当干预国政，大怒，流建封于池州，未至，杀之，冲敏弃市。

唐主闻河中破，以朱元为驾部员外郎[17]，待诏[18]文理院[19]李平为尚书员外郎。

吴越王弘俶以丞相弘亿判明州。

西京留守、同平章事王守恩，性贪鄙，专事聚敛。丧车非输钱不得出城[20]，下至抒厕[21]、行乞之人，不免课率，或纵麾下令盗人财。有富室娶妇，守恩与俳优数人往为宾客，得银数铤[22]而返。

八月，甲申[23]，郭威自河中还，过洛阳；守恩自恃位兼将相，肩舆出迎。威怒，以为慢己，辞以浴，不见，即以头子[24]命保义节度使、同平章事白文珂代守恩为留守，文珂不敢违。守恩犹坐客次[25]，吏白："新留守已视事于府矣。"守恩大惊，狼狈而归，见家属数百已逐出府，在通衢矣。朝廷不之问，以文珂兼侍中，充西京留守。

欧阳修论曰："自古乱亡之国，必先坏其法制而后乱从之，此势之然也，五代之际是已。文珂、守恩皆汉大臣，而周太祖以一枢密使头子而易置之，如更戍卒。是时太祖未有无君之志，而所为如此者，盖习为常事，故文珂不敢违，守恩不敢拒。太祖既处之不疑，而汉廷君臣亦置而不问，岂非纲纪坏乱之极而至于此欤！是以善为天下虑者，不敢忽于微而常杜其渐也，可不戒哉！"

守恩至大梁，恐获罪，广为贡献，重赂权贵。朝廷亦以守恩首举潞州归汉[26]，故宥之，但诛其用事者数人而已。

（以上为第九段，写郭威擅权，更易节镇，标志朝纲法纪败坏，受到欧阳修的批评。）

【注释】

[1]三叛既平：此时凤翔犹未平定，因隐帝骄纵，故笼统称之。[2]浸（jìn）：渐渐。[3]狎昵：轻佻地亲热。[4]后匡赞：瑕丘（今山东济宁市兖州区）人。《旧五代史》避宋太祖赵匡胤讳只称后赞。传见《旧五代史》卷一百零七、《新五代史》卷三十。[5]郭允明：太原（今山西太原市）人。传见《旧五代史》卷一百零七、《新五代史》卷三十。[6]廋（sōu）辞：也叫廋语，谜语的古称。[7]丑语：丑恶低级的语言。[8]癸亥：七月二十二日。[9]太常卿：官名，掌宗庙祭祀之事。[10]张昭：本名昭远，避后汉高祖刘知远讳，改。通经史、天文、释老之说；自后唐至宋，专事笔削典章之任，封郑国公。传见《宋史》卷二百六十三。[11]戊辰：七月二十七日。[12]复进用魏岑：魏岑因罪贬为太子洗马，至此又得进用。[13]钟谟：南唐元宗时官翰林学士、知尚书省事，多次出使后周。因建储事得罪元宗，贬为宣州副使。后周亡，赐死于贬所。[14]李德明：南唐元宗时官至工部侍郎。因与后周世宗谈判，割地过多，朝臣诬其卖国，被元宗诛。[15]狷（juàn）介：性情正直，不肯同流合污。[16]历诋：一一诋毁。[17]驾部员外郎：官名，掌舆辇、传乘、邮驿、厩牧之事。明以后属兵部。[18]待诏：本意为候命，等待诏命。唐以后遂成官名，如翰林待诏等。负责四方表疏批答、应和文章等事。[19]文理院：为南唐所设。[20]"丧车"句：出殡的车不交钱也不让出城。输钱，交钱。[21]抒厕：刷洗粪桶。[22]铤（dìng）：古代专门铸成的各种形状的金银块。后沿用"锭"字。[23]甲申：八月十三日。[24]头子：唐末至宋，枢密使不经由中书直行下达的札子，事大者称宣，事小者称头

子，亦称宣头。［25］坐客次：意为坐在客位上等待接见。［26］守恩首举潞州归汉：王守恩原为权潞州巡检使，后晋亡，以潞州降汉，故汉隐帝“宥之”。

马希萼悉调朗州丁壮为乡兵[1]，造号静江[2]军，作战舰七百艘，将攻潭州，其妻苑氏谏曰：“兄弟相攻，胜负皆为人笑。”不听，引兵趣长沙[3]。

马希广闻之曰：“朗州，吾兄也，不可与争，当以国让之而已。”刘彦瑫、李弘皋固争以为不可，乃以岳州[4]刺史王赟[5]为都部署战棹指挥使，以彦瑫监其军。己丑[6]，大破希萼于仆射洲，获其战舰三百艘。赟追希萼，将及之，希广遣使召之曰：“勿伤吾兄！”赟引兵还。赟，环[7]之子也。

希萼自赤沙湖[8]乘轻舟遁归，苑氏泣曰：“祸将至矣，余不忍见也。”赴井而死。

戊戌[9]，郭威至大梁，入见，帝劳之，赐金帛、衣服、玉带、鞍马，辞曰：“臣受命期年[10]，仅克一城，何功之有！且臣将兵在外，凡镇安京师、供亿所须、使兵食不乏，皆诸大臣居中者之力也，臣安敢独膺[11]此赐！请遍赏之。”又议加方镇[12]，辞曰：“杨邠位在臣上，未有茅土[13]！且帷幄之臣[14]，不可以弘肇为比[15]。”九月，壬寅[16]，遍赐宰相、枢密、宣徽、三司、侍卫使九人[17]，与威如一。帝欲特赏威，辞曰：“运筹建画，出于庙堂；发兵馈粮，资于藩镇；暴露战斗，在于将士；而功独归臣，臣何以堪之！”

乙巳[18]，加威兼侍中，史弘肇兼中书令。辛亥[19]，加窦贞固司徒，苏逢吉司空，苏禹珪左仆射，杨邠右仆射。诸大臣议，以朝廷执政溥加恩，恐藩镇觖望[20]。乙卯[21]，加天雄节度使高行周守太师，山南东道节度使安审琦守太傅，泰宁节度使符彦卿守太保，河东节度使刘崇兼中书令，己未[22]，加忠武节度使刘信、天平节度使慕容彦超、平卢节度使刘铢并兼侍中；辛酉[23]，加朔方节度使冯晖、定难节度使李彝殷兼中书令；冬，十月，壬申[24]，加义武节度使孙方简、武宁节度使刘赟同平章事；壬午[25]，加吴越王弘俶尚书令，楚王希广太尉；丙戌[26]，加荆南节度使高保融兼侍中。议者以为："郭威不专有其功，推以分人，信为美矣；而国家爵位，以一人立功而覃及天下[27]，不亦滥乎！"

（以上为第十段，写后汉郭威平定三叛建功，朝廷滥施赏赐遍天下。）

【注释】

[1]乡兵：封建社会中的地方性武装。[2]静江：方镇名，五代十国楚国置，治所桂州，在今广西桂林市。[3]长沙：府名，治所在今湖南长沙市。五代时楚国都城。[4]岳州：治所在今湖南岳阳市。[5]王赟（yūn）：王环子。官岳州刺史、永州刺史。曾大败恭孝王马希萼军。国亡归南唐。[6]己丑：八月十八日。[7]环：王环，王赟父。五代十国时楚国名将。曾六破吴兵，二破荆南兵。深受武穆王马殷赏识。官岳州都指挥使。[8]赤沙湖：在湖南华容县南，又名赤亭湖。夏秋水涨，与洞庭湖相通。[9]戊戌：八月二十七日。[10]期（jī）年：一周年。[11]膺：受。[12]议加方镇：指后汉隐帝拟议使郭威加领节度使。[13]茅土：古代皇帝社祭的坛用五色土建成。东方青，南方赤，西方白，北方黑，中央黄。分封诸侯时，把代表分封方位颜色的泥土用茅草包好，授给受封的人，作为分得土地的象征，后称封诸侯为授茅土。此指封节度使。当时杨邠为枢密使，位在郭威之上，还未曾领节镇。[14]帷幄之臣：指任职中枢之臣，与节度使相对。[15]不可以弘肇为比：时史弘肇为节度使，又掌侍卫兵，故郭威称不可以和他相比。[16]壬寅：九月二日。[17]"遍赐宰相"句：遍赐，一一赏赐。宰相指窦贞固、苏逢吉、苏禹珪；枢密使指杨邠；宣徽使指王峻、吴虔裕；三司使指王章；侍卫使指史弘肇。文中称九人，仅可查八人，或许包括郭威也未可知。[18]乙巳：九月五日。[19]辛亥：九月十一日。[20]觖望：不满而失望。[21]乙卯：九月十五日。[22]己未：九月十九日。[23]辛酉：九月二十一日。[24]壬申：十月三日。[25]壬午：十月十三日。[26]丙戌：十月十七日。[27]"以一人"句：国家的爵位由于一个人立功而赏赐延及天下人。后汉隐帝给文武官员赏赐的司徒、司空、太师、太傅、太保、侍中、同平章事等，都是加官、加衔，并无实际职务。以同平章事加节度使的，也叫作使相。覃（tán），延及。

吴越王弘俶募民能垦荒田者，勿收其税，由是境内无弃田。或请纠民遗丁以增赋[1]，仍自掌其事[2]；弘俶杖之国门。国人皆悦。

楚静江节度使马希瞻[3]以兄希萼、希广交争，屡遣使谏止，不从；知终覆族[4]，疽发于背，丁亥[5]，卒。

契丹寇河北，所过杀掠；节度使、刺史各婴城自守[6]。游骑至贝州及邺都之北境，帝忧之。己丑[7]，遣枢密使郭威督诸将御之，以宣徽使王峻监其军。

十一月，契丹闻汉兵渡河，乃引去。辛亥[8]，郭威军至邺都，令王峻分军趣镇、定。戊午[9]，威至邢州。

唐兵渡淮，攻正阳[10]。十二月，颍州将白福进击，败之。

杨邠为政苛细[11]。初，邢州人周璨为诸卫将军，罢秩无依[12]，从王景崇西征，景崇叛，遂为之谋主；邠奏："诸前资官[13]，喜摇动藩臣，宜悉遣诣京师。"既而四方云集，日遮宰相马求官；辛卯[14]，邠复奏："前资官宜分居两京[15]，以俟有阙而补之。"漂泊失所者甚众；邠又奏："行道往来者，皆给过所[16]。"既而官司填咽[17]，民情大扰，乃止。

赵晖急攻凤翔，周璨谓王景崇曰："公向与蒲、雍[18]相表里；今二镇已平，蜀儿不足恃，不如降也。"景崇曰："善，吾更思之。"

后数日，外攻转急。景崇谓其党曰："事穷矣，吾欲为急计。"乃谓其将公孙辇、张思练曰："赵晖精兵，多在城北，来日五鼓[19]前，尔二人烧城东门诈降，勿令寇入，吾与周璨以牙兵出北门突晖军，纵无成而死，犹胜束手。"皆曰："善。"

癸巳[20]，未明，辇、思练烧东门请降，府牙[21]火亦发；二将遣人诇之，景崇已与家人自焚矣。璨亦降。

丁酉[22]，密州[23]刺史王万敢击唐海州荻水镇[24]，残之。

是月，南汉主如英州。

是岁，唐泉州刺史留从效兄南州[25]副使从愿，鸩刺史董思安而代之；唐主不能制，置清源[26]军于泉州，以从效为节度使。

（以上为第十一段，写吴越主奖励垦荒，境内无弃田。）

【注释】

[1]纠民遗丁以增赋：清查已经成年而漏登户籍的男丁，以便增加赋税收入。[2]仍自掌其事：仍做他们本职的事。[3]马希瞻：武穆王马殷庶子。曾因监袁诠军，打败荆南兵，授静江军节度使。[4]覆族：覆灭整个家族。[5]丁亥：十月十八日。[6]婴城自守：据城自守。[7]己丑：十月二十日。[8]辛亥：十一月十二日。[9]戊午：十一月十九日。[10]正阳：地名，又称正阳关。在安徽寿县西，为南货水运要地。[11]苛细：苛刻繁细。[12]罢秩无依：罢官无所依靠。[13]前资官：指前朝所授的候补官。[14]辛卯：十一月二十二日。[15]两京：

即西京河南府和东京开封府。［16］过所：古代过关所用的凭照。［17］填咽：意为人多得拥塞不通。［18］蒲、雍：两州名。蒲州，又称河中府，此指李守贞。雍州，京兆府一带，此指赵思绾。［19］五鼓：即五更。古代将一夜分五更，每更约两小时。五更约在早晨三至五时，天亮前后。［20］癸巳：十一月二十四日。［21］府牙：即府衙，官署。［22］丁酉：十一月二十八日。［23］密州：治所在今山东诸城市。［24］荻水镇：在今江苏连云港市赣榆区，东滨海，又称荻水口镇。［25］南州：治所漳州，在今福建漳州市。南唐元宗以董思安为刺史，思安以父名章辞。元宗遂改漳州为南州。宋仍改为漳州。［26］清源：方镇名，五代南唐置，治所晋江，在今福建泉州市。

【点评】

本卷点评三镇叛汉、刘崇图谋割据河东、郭威擅权、吴越王钱弘俶募民垦荒而不检括户口四件史事。

一、三镇叛汉。三镇，指河东节度使李守贞、凤翔节度使王景崇、夺取京兆府永兴军的赵思绾，连兵叛汉，史称三镇叛汉。李守贞，河阳人，为后晋高祖石敬瑭牙将，官至河东节度使。后晋出帝时，李守贞与杜重威以兵降契丹，后晋亡。刘知远建后汉，李守贞来朝，仍被署为河东节度使。刘知远死后，后汉隐帝即位，杀杜重威，李守贞心不自安，而举兵反。王景崇，邢州人，后唐明宗镇邢州时为牙将，入后晋官至左金吾卫大将军，自认为未尽其用，心常怏怏。后晋亡后，王景崇厚赂契丹人求高官未果，就盗取国家库金往投刘知远，官至凤翔节度使。赵思绾，魏州人，为赵延寿之子赵匡赞部属。契丹灭后晋，赵匡赞为河中节度使，赵思绾为牙将。入汉，刘知远改任赵匡赞为永兴军节度使。赵匡赞入朝，后汉高祖刘知远留而不遣，赵思绾疑惧不安。原凤翔节度使侯益与河中节度使赵匡赞，皆为契丹人所署。赵匡赞入朝，侯益迟留。刘知远任命王景崇为凤翔节度使取代侯益，授命王景崇可便宜从事。王景崇没有便宜从事杀侯益，纵之东归，刘知远任用侯益为开封尹，侯益进谗说王景崇的坏话，王景崇闻知，心不自安，后悔没有杀侯益。刘知远又征召赵思绾入朝，赵思绾抗命，以永兴军之众首先反叛朝廷，接着王景崇、李守贞也举兵反叛。赵思绾、王景崇共推李守贞为秦王，奉以为主，三镇连兵，连引后蜀、南唐，以及契丹之兵攻击后汉，一时声势盛大。刘知远调兵遣将，经过两年多的征战，到后汉隐帝即位，三镇才被讨平。三镇之叛，固然是李守贞、王景崇、赵思绾三人造反，亦是刘知远所逼。三人为旧朝之将，李守贞狂妄，王景崇奸险，赵思绾残暴，因手握兵权，在五代乱世的时局下容易反叛，但他们已经降汉，由于后汉高祖刘知远仁、信、刑皆失，赏罚不当导致三镇联合反叛。刘知远不诛杜重威，临终嘱隐帝严防杜重威，隐帝诛杜重威而逼反李守贞，这是用刑不当。杜重威当诛时不诛，猜忌时妄杀，兔死狐悲，李守贞安得不叛。侯益，伪署节镇，拒命不朝，王景崇兵临之，无奈投降，不诛已过，又重用之，是以逼反王景崇。赵匡赞入朝，已归服，高祖留而不遣，又征赵思绾入朝，困兽犹斗，何况手握兵权的赵思绾。三镇之叛的主因，是刘知远治国无方的经典案例，又一次验证了司马光的评论。刘知远失仁、失信、失刑，汉祚不延，不是很正常的吗！

二、刘崇图谋割据河东。刘崇，后汉高祖刘知远同母弟，初名崇，后更名旻。刘知远事后晋为河东节度使，镇太原，任用刘崇为马步都指挥使，郭威为蕃汉都孔目，即侍卫都虞候。郭威粗通兵法，善战，为刘知远所亲爱，凡重大战役，都有郭威参加。刘知远即皇帝位，任用刘崇为太原尹、北京留守、同中书门下平章事，领大镇；任用郭威为枢密副使，掌兵权。刘崇、郭威是刘知远的左右手，两人为争宠而产生矛盾。刘知远临终，将隐帝刘承祐托孤于郭威和史弘肇。隐帝即位，后晋升郭威为枢密使，刘崇心不自安，与判官郑珙谋自安之术。郑珙建言，刘崇扩军，建立四部指挥使，自选勇士，招纳亡命，打造兵器，储备粮秣，停止上贡朝廷的财赋，理由是防御契丹，名正言顺。等到郭威称帝，建立后周，刘崇也称帝于太原，建立北汉政权。刘崇本为自安，强兵足民，做好了割据河东的准备，没有预料到郭威称帝，所以后汉隐帝死，刘崇没有举兵入梁。郭威忌刘崇之势，假借拥立刘崇之子武宁军节度使刘赟为嗣，还装模作样地派大臣冯道迎请刘赟于徐州，用以麻痹刘崇。当郭威在大梁站稳脚跟后，翻脸诛刘赟，称帝建后周，刘崇建北汉也就在情理之中。

三、郭威擅权。郭威，邢州尧山人，行伍出身，有勇力，使酒好斗，性粗豪，略通兵法，善战，深为刘知远所爱。隐帝立，郭威平定三镇叛乱，建立盖世之功，更是目中无人。郭威从河中还师，路过洛阳。洛阳西京留守、同平章事王守恩自认为位兼将相，坐着轿子慢吞吞地出城郊迎。郭威震怒，认为王守恩看不起他，拒绝与王守恩相见，推辞说在洗澡。郭威立即发出枢密使的帖子，命令保义节度使、同平章事白文珂取代王守恩为西京留守，派兵驱赶王守恩家人出府。这时王守恩还在客位上等着郭威接见。王守恩的部属来报告，说："新任留守上任了。"王守恩狼狈回府，走到大街上，已看到家人被赶出，都在大街上等候王守恩。王守恩不敢责问郭威，赶紧回朝报告，后汉隐帝置之不理，还正式下达了任命白文珂兼侍中、充任西京留守的诏书。

大臣任免，要通过宰相推荐，皇帝批准，中书令下达，而郭威竟然用枢密使的帖子，随意更换大臣，如同指使部属兵卒。这时候的郭威，未必就有篡位之心，但他擅权逾制，已凌驾在国家之上。皇帝更易大臣，还要征询三公九卿的意见，至少过场也是要做的。王守恩贪污受贿，郭威却不闻不问，但他认为王守恩冒犯了自己，就大张挞伐。如此擅权，古今少有。故欧阳修说："自古乱亡之国，一定是先从法律制度的破坏开始，五代乱世，就是这样的情况。习惯成自然，郭威的所作所为，自己没有意识到，汉廷君臣也认为是常事，这简直是纲纪被破坏到不可收拾的地步了。”其后，郭威篡汉，也就不奇怪了。

四、吴越王钱弘俶募民垦荒而不检括户口。吴越王钱弘俶悬赏招募种田能手开垦荒地，不收赋税，因此吴越国境内没有荒地。有人建议悬赏揭发隐瞒成年男子户籍的人，把他们检举出来，可以增加国家赋税的收入。提建议的人还自告奋勇，说自己十分胜任这一工作。吴越王十分反感提建议的人，把这个人放在城门口鞭打。这事影响很大，吴越国都的人一传十，十传百，十分高兴。

五代十国时期，各国征税的情况史事记载不详。春秋时鲁国初税亩，已按田亩征税。汉朝实施地亩税和人头税两种制度，地亩征税，三十税一，称为科税，按成丁男子征税，每人每年一百二十文叫赋。从吴越王钱弘俶募民垦荒不交税，以及鞭打要检括户口增加赋税的人两件事情来看，吴越国实行田税加人头税的两种征税办法。垦荒不征税，说明熟田有税，不检括遗漏男丁以增加国家收入，说明吴越国家有人头税。吴越王钱弘俶募民垦荒不增税，不检括户口以增国用，在当时纷乱之世是安定社会不扰民的权宜之计，而田税民赋正常施行。垦荒不加税，国境内无荒田，既增加了生产，又藏富于民，民富则国强，可以说这是一项善政。不检括户口，而往往是大富窝藏民户以为私役，乱世时可施以为权宜，治世时则不可为。

王夫之批评南唐只按田地肥瘠征税，肥田多征税，瘠田少征税。当时战乱频仍，国用不足，时常加税，一次又一次按田亩肥瘠加征，勤劳种地的人交纳没完没了的税，以至于抛荒不种地，让肥田变瘠田，变荒田。王夫之认为按田亩肥瘠征税，则有田不如无田，有良田不如瘠田，是在奖励懒惰之民，王夫之主张只按丁口征税，他说：“夫有民不役，而役以田，则等于无民。”（《读通鉴论》卷三十）这也未免极端。只按丁口征税，那么拥有良田万亩的大户无税，无立锥之地的贫民有税，当然更不公平。古代国家收入，主要依靠农业。应当是有钱出钱，有力出力，按地亩征税，按人丁出役，这样最为公平。

卷二八九　后汉纪四

后汉隐帝乾祐三年（950 年）

【上章阉茂（庚戌，950 年），一年】

【大事提要】

本卷记载公元950年一年史事，当后汉隐帝乾祐三年。此一年间，中原又一次发生政权更迭，后汉灭亡，后周建立。后汉隐帝行事乖张，年仅二十，血性用事，群小离间，突然间诛杀枢密使杨邠、中书令史弘肇、三司使王章，举朝惊骇，逼反郭威。隐帝亲征，为乱兵所杀。后汉立国短暂，根基不稳，郭威宿将，兵权在握，制造兵变，自己称帝，后来赵匡胤依样画葫芦，制造陈桥兵变夺取后周政权，非郭威始料所及。南唐主闻中原三叛悉平，亦罢兵停止北上。楚国内讧，兄弟交兵，马希萼破长沙，杀马希广而自立。

隐皇帝下

乾祐三年（庚戌，950 年）

春，正月，丁未[1]，加凤翔节度使赵晖兼侍中。

密州刺史王万敢请益兵以攻唐；诏以前沂州刺史郭琼[2]为东路行营都部署，帅禁军及齐州[3]兵赴之。

郭威请勒兵北临契丹之境，诏止之。

丙寅[4]，遣使诣河中、凤翔收瘗[5]战死及饿殍遗骸，时有僧已聚二十万[6]矣。

唐主闻汉兵尽平三叛，始罢李金全北面行营招讨使。

唐清淮节度使刘彦贞多敛民财以赂权贵，权贵争誉之；在寿州[7]积年，恐被代，欲以警急自固[8]，妄奏称汉兵将大举南伐。二月，唐主以东都[9]留守燕王弘冀[10]为润、宣二州[11]大都督，镇润州；宁国[12]节度使周宗为东都留守。

朝廷欲移易藩镇，因其请赴嘉庆节[13]上寿，许之。

甲申[14]，郭威行北边还。

福州人或诣建州告唐永安留后查文徽[15]，云吴越兵已弃城去，请文徽为帅。文徽信之，遣剑州[16]刺史陈诲[17]将水军下闽江[18]，文徽自以步骑继之。会大雨，水涨；诲一夕行七百里，至城下，败福州兵，执其将马先进等。庚寅[19]，文徽至福州，吴越知威武军[20]吴程诈遣数百人出迎。诲曰："闽人多诈，未可信也，宜立寨徐图。"文徽曰："疑则变生，不若乘机据其城。"因引兵径进。诲整众鸣鼓，止于江湄[21]，文徽不为备，程勒兵出击之，唐兵大败，文徽坠马，为福人所执，士卒死者万人。诲全军[22]归剑州。程送文徽于钱唐，吴越王弘俶献于五庙[23]而释之。

丁亥[24]，汝州[25]奏防御使刘审交卒。吏民诣阙上书，以审交有仁政[26]，乞留葬汝州，得奉事其丘垄，诏许之。州人相与聚哭而葬之，为立祠，岁时享之。太师冯道曰："吾尝为刘君僚佐[27]，观其为政，无以逾人，非能减其租赋，除其徭役也，但推公廉慈爱之心以行之耳。此亦众人所能为，但他人不为而刘君独为之，故汝人爱之如此。使天下二千石[28]皆效其所为，何患得民不如刘君哉！"

甲午[29]，吴越丞相、昭化节度使、同平章事杜建徽卒。

乙未[30]，以前永兴节度使赵匡赞为左骁卫上将军。

（以上为第一段，写南唐主闻中原三叛悉平，罢兵北上；查文徽南犯福州，轻敌冒进，兵败成俘虏。）

【注释】

[1]丁未：正月九日。 [2]郭琼：平州卢龙（今河北卢龙县）人。有勇力。历仕契丹、后唐、后晋、后汉、后周。入宋，以加右领军卫上将军致仕。传见《宋史》卷二百六十一。 [3]齐州：治所历城，在今山东济南市。 [4]丙寅：正月二十八日。 [5]瘗（yì）：埋葬。 [6]有僧已聚二十万：已有僧人在河中、凤翔收聚了二十万具尸骨。[7]寿州：治所寿春，在今安徽寿县。[8]以警急自固：借紧急事变来巩固自己地位。 [9]东都：南唐以江都府为东都，在今江苏扬州市。 [10]弘冀：南唐元宗李璟长子，封燕王，立为太子。后元宗怒其"逾法"，欲改立太弟景遂。

弘冀便派人将景遂鸩杀，不久弘冀也病死。［11］润、宣二州：润州治所丹徒，在今江苏镇江市。宣州治所在今安徽宣城市宣州区。［12］宁国：方镇名，五代十国吴国置，治所宣州，在今安徽宣城市宣州区。［13］嘉庆节：后汉隐帝生日为三月九日，故称这一天为嘉庆节。［14］甲申：二月十六日。［15］查文徽：南唐元宗李璟时，以江西安抚使率军打败殷王延政，占领建州，始授任永安军留后。［16］剑州：治所剑浦，在今福建南平市。［17］陈诲：初仕闽，后归南唐。任剑州刺史。攻福州，查文徽被俘，陈诲独有功，迁永安军节度使兼侍中。［18］闽江：福建最大的河流，东南流入福州，故陈诲率水军下闽江，以攻福州。［19］庚寅：二月二十二日。［20］知威武军：据《十国春秋・吴程传》载：吴程在天福年间已拜丞相，授威武军节度使。福州一战获胜后，又兼屯田榷酤事。与本文"知威武军"的提法有出入。［21］湄：岸边，水与草交接的地方。［22］全军：保全了自己的军队。［23］五庙：古代诸侯有五庙，即二昭、二穆和太祖庙。左为昭，右为穆。二世、四世、六世等在左；三世、五世、七世等在右。吴越设五庙，这是采用诸侯之制。［24］丁亥：二月十九日。［25］汝州：治所梁县，在今河南汝州市。［26］以审交有仁政：据《新五代史》《旧五代史》本传载，刘审交任三司使、汝州防御使时，"尽去烦弊，无扰于民"，重视改进农业生产工具，发展生产，故得民心。［27］吾尝为刘君僚佐：刘审交曾在僭号的刘守光手下任兵部尚书，冯道时为参军，故冯道称他们是僚佐。［28］二千石：汉代郡守俸禄为二千石，即月俸百二十斛。后世则以二千石作为郡守的通称。此指地方的州级长官。［29］甲午：二月二十六日。［30］乙未：二月二十七日。

三月，丙午[1]，嘉庆节，邺都留守高行周、天平节度使慕容彦超、泰宁节度使符彦卿[2]、昭义节度使常思、安远节度使杨信、安国节度使薛怀让、成德节度使武行德、彰德节度使郭谨[3]、保大留后王饶皆入朝。

甲寅[4]，诏营寝庙[5]于高祖长陵[6]、世祖原陵[7]，以时致祭。有司以费多，寝其事，以至国亡，二陵竟不沾一奠[8]。

壬戌[9]，徙高行周为天平节度使，符彦卿为平卢[10]节度使；甲子[11]，徙慕容彦超为泰宁节度使。

永安节度使折从阮举族入朝[12]。

夏，四月，戊辰朔[13]，徙薛怀让为匡国节度使，庚午[14]，徙折从阮为武胜节度使[15]，壬申[16]，徙杨信为保大节度使，徙镇国节度使刘词为安国节度使，永清节度使王令温[17]为安远节度使。李守贞之乱，王饶潜与之通，守贞平，众谓饶必居散地[18]；及入朝，厚结史弘肇，迁护国节度使，闻者骇之。

杨邠求解枢密使，帝遣中使谕止之。宣徽北院使吴虔裕在旁曰："枢密重地，难以久居，当使后来者迭为之，相公辞之是也。"帝闻之，不悦，辛巳[19]，以虔裕为郑州防御使。

朝廷以契丹近入寇，横行河北，诸藩镇各自守[20]，无捍御之者，议以郭威镇邺都，使督诸将以备契丹。史弘肇欲威仍领枢密使，苏逢吉以为故事无之[21]，弘肇曰："领枢密使则可以便宜从事，诸军畏服，号令行矣。"帝卒从弘肇议。弘肇怨逢吉异议，逢吉曰："以内制外，顺也；今反以外制内，其可乎！"壬午[22]，制以威为邺都留守、天雄节度使，枢密使如故。仍诏河北，兵甲钱谷，但见郭威文书立皆禀应[23]。明日，朝贵会饮于窦贞固之第，弘肇举大觞[24]属威，厉声曰："昨日廷议，一何同异[25]！今日为弟饮之。"逢吉、杨邠亦举觞曰："是国家之事，何足介意！"弘肇又厉声曰："安定国家，在长枪大剑，安用毛锥[26]！"王章曰："无毛锥，则财赋何从可出？"自是将相始有隙。

癸未[27]，罢永安军[28]。

壬辰[29]，以左监门卫将军郭荣[30]为贵州[31]刺史、天雄牙内都指挥使。荣本姓柴。父守礼[32]，郭威之妻兄也，威未有子时养以为子。

五月，己亥[33]，以府州蕃汉马步都指挥使折德扆[34]为本州团练使。德扆，从阮之子也。

庚子[35]，郭威辞行，言于帝曰："太后从先帝久，多历天下事，陛下富于春秋，有事宜禀其教而行之。亲近忠直，放远谗邪，善恶之间，所宜明审。苏逢吉、杨邠、史弘肇皆先帝旧臣，尽忠徇国，愿陛下推心任之，必无败失。至于疆埸[36]之事，臣愿竭其愚驽，庶不负驱策。"帝敛容谢之。威至邺都，以河北困弊，戒边将谨守疆埸，严守备，无得出侵掠，契丹入寇，则坚壁清野以待之。

辛丑[37]，敕："防御、团练使，自非军期，无得专奏事，皆先申观察使[38]斟酌以闻。"

丙午[39]，以皇弟山南西道节度使承勋[40]为开封尹，加兼中书令，实未出阁[41]。

平卢节度使刘铢，贪虐恣横；朝廷欲征之，恐其拒命，因沂、密用兵于唐，遣沂州刺史郭琼将兵屯青州。铢不自安，置酒召琼，伏兵幕下，欲害之；琼知其谋，悉屏左右，从容如会，了无惧色，铢不敢发。琼因谕以祸福，铢感服，诏至即行。庚戌[42]，铢入朝。辛亥[43]，以琼为颍州团练使。

癸丑[44]，王章置酒会诸朝贵，酒酣，为手势令[45]，史弘肇不闲[46]其事，客省使阎晋卿坐次弘肇，屡教之。苏逢吉戏之曰："旁有姓阎人，何忧罚爵！"弘肇妻阎氏，本酒家倡[47]也，意逢吉讥之，大怒，以丑语诟逢吉[48]，逢吉不应。弘肇欲殴之，逢吉起去。弘肇索剑欲追之，杨邠泣止之曰："苏公宰相，公若杀之，置天子何地，愿孰思之！"弘肇即上马去，邠与之联镳[49]，送至其第而还。于是将相如水火矣。帝使宣徽使王峻置酒和解之，不能得。逢吉欲求出镇以避之，既而中止，曰："吾去朝廷，止烦史公一处分，吾齑粉[50]矣！"王章亦忽忽不乐，欲求外官，杨、史固止之。

闰月[51]，宫中数有怪。癸巳[52]，大风[53]，发屋拔木，吹郑门扉起[54]，十余步而落，震死者六七人，水深平地尺余。帝召司天监赵延乂，问以禳祈[55]之术，对曰："臣之业在天文时日，禳祈非所习也。然王者欲弭[56]灾异，莫如修德。"延乂归，帝遣中使问："如何为修德？"延乂对："请读《贞观政要》[57]而法之。"

六月，河决郑州。

（以上为第二段，写后汉将相不和。）

【注释】

[1]丙午：三月九日。 [2]符彦卿：字冠侯。勇略有谋，善用兵。符存审第四子，军中称之为"符第四"。历仕后唐、后晋、后汉、后周，入宋，加守太师，封魏王。传见《旧五代史》卷五十六、《新五代史》卷二十五、《宋史》卷二百五十一。 [3]郭谨：字守节，善骑射。历仕后晋、后汉，官至彰德节度使加检校太师。传见《旧五代史》卷一百零六。 [4]甲寅：三月十七日。 [5]寝庙：古代宗庙中寝和庙的合称。庙在前，是接神处；寝在后，是藏衣冠处。 [6]长陵：汉高祖刘邦陵，在今陕西咸阳市东。 [7]原陵：汉光武帝刘秀陵，在今河南洛阳市孟津区西。 [8]不沾一奠：没有享受过一次祭奠。 [9]壬戌：三月二十五日。 [10]平卢：方镇名，唐上元二年（761）置，治所青州，在今山东青州市。 [11]甲子：三月二十七日。 [12]折从阮：字可久，

本名从远，避后汉高祖刘知远讳改从阮。历仕后唐、后晋、后汉、后周。官至静难军节度使加检侍中。乾祐二年（949）从府州举族入朝。传见《旧五代史》卷一百二十五、《新五代史》卷五十。［13］戊辰朔：四月一日。［14］庚午：四月三日。［15］武胜节度使：即威胜节度使，史书避周太祖郭威讳改。［16］壬申：四月五日。［17］王令温：字顺之。历仕后唐、后晋、后汉、后周，官至安州节度使，加检校太尉、同平章事。传见《旧五代史》卷一百二十四。［18］散地：本指闲散之地，借指闲散的官职。［19］辛巳：四月十四日。［20］诸藩镇各自守：节度使们各自为政。［21］故事无之：按成例，前朝没有带枢密使为节镇的。［22］壬午：四月十五日。［23］禀（lǐn）应：供应。禀，通"廪"，给予。［24］觞（shāng）：古代的盛酒器。［25］一何同异：怎么那样不一致。［26］安用毛锥：哪用得着毛笔。史弘肇认为安定国家靠的是武器，用不着耍笔杆子的。而三司使王章反驳说，没有拿毛笔的人管理财政，财赋从何而来。从此将相关系出现裂痕。毛锥，即毛笔。［27］癸未：四月十六日。［28］罢永安军：把永安军降为团练州，隶属于河东节度使。到后周显德元年（954）又恢复。［29］壬辰：四月二十五日。［30］郭荣：即周世宗柴荣（921—959），邢州龙冈（今河北邢台市西南）人。郭威养子。执政期间先后攻取后蜀、南唐、契丹等17州，为北宋统一奠定了基础。公元954年至959年在位。传见《旧五代史》卷一百一十四、《新五代史》卷十二。［31］贵州：治所郁林县，在今广西贵港市。［32］守礼：柴守礼，字克让。周太祖皇后柴氏兄，柴荣生父，官至太傅。传见《新五代史》卷二十。［33］己亥：五月二日。［34］折德扆（yǐ）：折从阮子，世为大族，自后晋、后汉以来独居府州，控扼西北。仕后周、宋，官至永安军节度使。传见《宋史》卷二百三十五。［35］庚子：五月三日。［36］疆埸（yì）：疆界、边界。［37］辛丑：五月四日。［38］先申观察使：指防御使、团练使皆受观察使统辖，故有事应先向观察使报告，不得擅自越级直达朝廷，但战争期间除外。［39］丙午：五月九日。［40］承勋：刘知远第三子，隐帝承祐弟。隐帝死，欲立，因病免。广顺元年（951）卒。传见《旧五代史》卷一百零五、《新五代史》卷十八。［41］出阁：皇子出就藩封。又，阁臣外任亦称出阁。［42］庚戌：五月十三日。［43］辛亥：五月十四日。［44］癸丑：五月十六日。［45］手势令：酒令名。以手作各物之势为酒令，比输赢。［46］闲：通"娴"，熟习，熟练。［47］酒家倡：酒馆的倡女，善行酒令。［48］以丑语诟逢吉：用脏话痛骂苏逢吉。丑语，脏话。诟，骂。［49］联镳：马衔相连，意为并骑而行。镳（biāo），马具。与衔合用，衔在口内，镳在口旁。［50］齑（jī）粉：细粉，碎屑。常用以比喻粉身碎骨。［51］闰月：闰五月。［52］癸巳：闰五月二十七日。［53］大风：据章校，"风"下有"雨"字。［54］郑门：大梁城西面南来第一门。梁改为开明门，后晋改为金义门，周改为迎秋门。郑门是旧名。扉（fēi）：门扇。［55］禳（ráng）祈：祈祷消灾。［56］弭（mǐ）：停止，消除。［57］《贞观政要》：书名。唐代吴兢撰。10卷40篇。分类编辑唐太宗与魏徵、房玄龄、杜如晦等大臣的问答、大臣的诤议和所上劝谏的奏疏，以及政治上的措施。为历代治国者所重视。

马希萼既败归，乃以书诱辰[1]、溆州[2]及梅山[3]蛮，欲与共击湖南。蛮素闻长沙帑藏之富，大喜，争出兵赴之，遂攻益阳[4]。

楚王希广遣指挥使陈璠拒之，战于淹溪，璠败死。

秋，七月，唐归马先进等于吴越以易查文徽。

马希萼又遣群蛮攻迪田，八月，戊戌[5]，破之，杀其镇将张延嗣。楚王希广遣指挥使黄处超救之，处超败死；潭人震恐，复遣牙内指挥使崔洪琏将兵七千屯玉潭[6]。

庚子[7]，蜀主立其弟仁毅[8]为夔王，仁贽[9]为雅王，仁裕[10]为彭王，仁操[11]为嘉王。己酉[12]，立子玄喆[13]为秦王，玄珏[14]为褒王。

晋李太后在建州，卧病，无医药，惟与晋主仰天号泣，戟手[15]骂杜重威、李守贞曰："吾死不置汝！"戊午[16]，卒。周显德中，有自契丹来者云："晋主及冯后尚无恙，其从者亡归及物故[17]则过半矣。"

马希萼表请别置进奏务[18]于京师。九月，辛巳[19]，诏以湖南已有进奏务[20]，不许。亦赐楚王希广诏，劝以敦睦。

马希萼以朝廷意佑[21]楚王希广，怒，遣使称藩于唐，乞师攻楚。唐加希萼同平章事，以鄂州[22]今年租税赐之，命楚州[23]刺史何敬洙将兵助希萼。冬，十月，丙午[24]，希广遣使上表告急，言："荆南[25]、岭南[26]、江南[27]连谋，欲分湖南之地，乞发兵屯澧州[28]，以扼江南、荆南援朗州之路。"

丁未[29]，以吴越王弘俶为诸道兵马元帅。

楚王希广以朗州与山蛮入寇，诸将屡败，忧形于色。刘彦瑫言于希广曰："朗州兵不满万，马不满千，都府[30]精兵十万，何忧不胜！愿假臣兵万余人，战舰百五十艘，径入朗州缚取希萼，以解大王之忧。"王悦，以彦瑫为战棹都指挥使、朗州行营都统。彦瑫入朗州境，父老争以牛酒犒军，曰："百姓不愿从乱，望都府之兵久矣！"彦瑫厚赏之；战舰过，则运竹木以断其后。是日，马希萼遣朗兵及蛮兵六千、战舰百艘逆战于湄州[31]，彦瑫乘风纵火以焚其舰，顷之，风回，反自焚。彦瑫还走，江路已断，士卒战及溺死者数千人。希广闻之，涕泣不知所为。希广平日罕颁赐，至是，大出金帛以取悦于士卒。

或告天策左司马希崇流言惑众，反状已明，请杀之。希广曰："吾自害其弟，何以见先王于地下！"

马军指挥使张晖将兵自他道击朗州，至龙阳[32]，闻彦瑫败，退屯益阳。希萼又遣指挥使朱进忠等将兵三千急攻益阳，张晖绐[33]其众曰："我以麾下出贼后，汝辈留城中待我，相与合势击之。"既出，遂自竹头市[34]遁归长沙。朗兵知城中无主，急击之，士卒九千余人皆死。

吴越王弘俶归查文徽于唐，文徽得暗[35]疾，以工部尚书致仕。

十一月，甲子朔[36]，日有食之。

蜀太师、中书令宋忠武王赵廷隐卒。

楚王希广遣其僚属孟骈说马希萼曰："公忘父兄之仇，北面事唐，何异袁谭求救于曹公[37]邪！"希萼将斩之，骈曰："古者兵交，使在其间，骈若爱死，安肯此来！骈之言非私于潭人，实为公谋也。"乃释之，使还报曰："大义绝矣，非地下不相见也！"

朱进忠请希萼自将兵取潭州，辛未[38]，希萼留其子光赞[39]守朗州，悉发境内之兵趣长沙，自称顺天王。

诏侍卫步军都指挥使、宁江[40]节度使王殷[41]将兵屯澶州以备契丹。殷，瀛州人也。

朝廷议发兵，以安远节度使王令温为都部署，以救潭州，会内难[42]作，不果。

（以上为第三段，写楚国内讧，兄弟交恶，愈演愈烈。）

【注释】

[1]辰：辰州，治所在今湖南沅陵县。 [2]溆（xù）州：治所在今湖南怀化市。 [3]梅山：潭州西有梅山洞，为草寇穴居处。 [4]益阳：县名，县治在今湖南益阳市。 [5]戊戌：八月三日。 [6]玉潭：镇名，在今湖南湘乡市。 [7]庚子：八月五日。 [8]仁毅：孟昶弟。史书无传。 [9]仁贽：字忠美。孟昶弟。官至大同军节度使。传见《宋史》卷四百七十九。 [10]仁裕：字鸣谦。孟昶弟。官至武泰军节度使。降宋，官右监门卫上将军。传同上。 [11]仁操：孟昶弟。官至永宁军节度使。降宋，迁右隆武统军。传同上。 [12]己酉：八月十四日。 [13]玄喆：字遵圣。孟昶长子。立为皇太子。降宋，官左龙武军统军，封滕国公。传同上。 [14]玄珏（jué）：孟

昶次子。官保宁军节度使，降宋，官右神武统军。传同上。［15］戟手：手臂微屈，以食指指斥人。因手形像戟，故称。［16］戊午：八月二十三日。［17］物故：亡故。［18］进奏务：官署名，藩镇在京城设的办事处，掌章奏、诏令及各种文书的投递、承转。唐代称进奏院。［19］辛巳：九月十七日。［20］诏以湖南已有进奏务：汉隐帝下诏马希萼，因马希广已在京师设有进奏务，故不许马希萼再设进奏务。湖南，指马希广。［21］佑：保护、辅助。［22］鄂州：治所江夏，在今湖北武汉市武昌区。［23］楚州：治所山阳，在今江苏淮安市。［24］丙午：十月十二日。［25］荆南：指南平高氏。［26］岭南：指南汉刘氏。［27］江南：指南唐李氏。［28］澧州：治所澧阳，在今湖南澧县。［29］丁未：十月十三日。［30］都府：都会。此指楚首府长沙。［31］湄州：治所在今湖南汉寿县西。［32］龙阳：县名，治所在今湖南汉寿县。［33］绐（dài）：欺骗。［34］竹头市：地名，在湖南益阳市东南。［35］喑（yīn）：哑。［36］甲子朔：十一月一日。［37］袁谭求救于曹公：袁谭为东汉末年军阀袁绍长子。袁绍素喜少子袁尚，绍死，群臣拥立袁尚代绍位，谭、尚遂相攻击。谭失利，求救于曹操。操先击败袁尚，后又讨谭。谭亡，尚也被公孙康诱杀。孟骈借此事告诫马希萼，北面事唐等于自杀。［38］辛未：十一月八日。［39］光赞：楚恭孝王马希萼子。希萼攻占长沙，授光赞为武平军留后，守朗州。王逵之乱起，推光赞从兄光惠知州事，光赞遂被黜。［40］宁江：方镇名，后唐天成二年（927）置，治所夔州，在今重庆市奉节县。夔州时属后蜀地，王殷遥领之。［41］王殷：大名（今河北大名县）人。助郭威反汉隐帝，官天雄军节度使，同中书门下平章事。后郭威疑其有异志，削夺官爵，杀之。传见《旧五代史》卷一百二十四、《新五代史》卷五十。［42］内难：指隐帝等杀杨邠，招致郭威起兵之祸。

帝自即位以来，枢密使、右仆射、同平章事杨邠总机政[1]，枢密使兼侍中郭威主征伐[2]，归德节度使、侍卫亲军都指挥使兼中书令史弘肇典宿卫[3]，三司使、同平章事王章掌财赋[4]。邠颇公忠，退朝，门无私谒[5]，虽不却四方馈遗[6]，有余辄献之[7]。弘肇督察京城，道不拾遗。是时承契丹荡覆之余，公私困竭，章掊摭遗利[8]，吝于出纳，以实府库。属三叛连衡[9]，宿兵累年而供馈不乏；及事平，赐予之外，尚有余积，以是国家粗安。

章聚敛刻急。旧制，田税每斛更输二升，谓之“雀鼠耗[10]”，章始令更输二斗，谓之“省耗[11]”，旧钱出入皆以八十为陌，章始令入者八十，出者七十七，谓之“省陌[12]”；有犯盐、矾、酒曲之禁者[13]，锱铢涓滴[14]，罪皆死；由是百姓愁怨。章尤不喜文臣，尝曰：“此辈授之握算[15]，不知纵横[16]，何益于用！”俸禄皆以不堪资军者给之，吏已高其估，章更增之[17]。

帝左右嬖幸[18]浸用事[19]，太后亲戚亦干预朝政，邠等屡裁抑之。太后有故人子求补军职，弘肇怒而斩之。武德使李业，太后之弟也，高祖使掌内帑[20]，帝即位，尤蒙宠任。会宣徽使阙[21]，业意欲之，帝及太后亦讽执政；邠、弘肇以为内使迁补有次，不可以外戚超居[22]，乃止。内客省使阎晋卿次当为宣徽使，久而不补；枢密承旨[23]聂文进、飞龙使后匡赞、翰林茶酒使郭允明皆有宠于帝，久不迁官，共怨执政。文进，并州人也。刘铢罢青州归，久奉朝请，未除官，常戟手[24]于执政。

帝初除三年丧[25]，听乐，赐伶人锦袍、玉带。伶人诣弘肇谢，弘肇怒曰："士卒守边苦战，犹未有以赐之，汝曹何功而得此！"皆夺以还官[26]。帝欲立所幸耿夫人为后，邠以为太速；夫人卒，帝欲以后礼葬之，邠复以为不可。帝年益壮，厌为大臣所制。邠、弘肇尝议事于帝前，帝曰："审图之，勿令人有言[27]！"邠曰："陛下但禁声[28]，有臣等在。"帝积不能平，左右因乘间谮之于帝云："邠等专恣，终当为乱。"帝信之。尝夜闻作坊锻声，疑有急兵[29]，达旦不寐。司空、同平章事苏逢吉既与弘肇有隙，知李业等怨弘肇，屡以言激之。帝遂与业、文进、匡赞、允明谋诛邠等，议既定，入白太后。太后曰："兹事何可轻发！更宜与宰相议之。"业时在旁，曰："先帝尝言，朝廷大事不可谋及书生，懦怯误人。"太后复以为言，帝忿曰："国家之事，非闺门所知！"拂衣而出。乙亥[30]，业等以其谋告阎晋卿，晋卿恐事不成，诣弘肇第欲告之，弘肇以他故辞不见。

丙子[31]旦，邠等入朝，有甲士数十自广政殿[32]出，杀邠、弘肇、章于东庑[33]下。文进亟召宰相、朝臣班于崇元殿，宣云："邠等谋反，已伏诛，与卿等同庆。"又召诸军将校至万岁殿[34]庭，帝亲谕之，且曰："邠等以稚子视朕[35]，朕今始得为汝主，汝辈免横忧矣！"皆拜谢而退。又召前节度使、刺史等升殿谕之，分遣使者帅骑收捕邠等亲戚、党与、傔从[36]，尽杀之。

弘肇待侍卫步军都指挥使王殷尤厚，邠等死，帝遣供奉官孟业赍密诏诣澶州及邺都，令镇宁节度使李洪义[37]杀殷，又令邺都行营马军都指挥使郭崇威[38]、步军都指挥使真定[39]曹威杀郭威及监军、宣徽使王峻。洪义，太后之弟也。又急诏征天平节度使高行周、平卢节度使符彦卿、永兴节度使郭从义、泰宁节度使慕容彦超、匡国节度使薛怀让、郑州防御使吴虔裕、陈州刺史李谷入朝。以苏逢吉权知枢密院事，前平卢节度使刘铢权知开封府，侍卫马军都指挥使李洪建[40]权判侍卫司事，内侍省[41]使阎晋卿权侍卫马军都指挥使。洪建，业之兄也。

时中外人情忧骇，苏逢吉虽恶弘肇，而不预李业等谋，闻变惊愕，私谓人曰："事太匆匆，主上傥以一言见问，不至于此！"业等命刘铢诛郭威、王峻之家，铢极其惨毒，婴孺无免者。命李洪建诛王殷之家，洪建但使人守视，仍饮食之。

（以上为第四段，写后汉隐帝行事乖张，诛杀大臣。）

【注释】

[1]总机政：总掌机要政事。[2]主征伐：主持对敌征讨。[3]典宿卫：负责京城保卫。[4]掌财赋：主管全国财政。[5]门无私谒：无人上门请托办私事。[6]馈遗：赠送礼物。[7]有余辄献之：礼物赠送多了就献给国家。[8]捃（jùn）摭（zhí）遗利：搜集遗漏小利。[9]属三叛连衡：适值三个叛臣联合叛乱。三叛指李守贞、王景崇、赵思绾。[10]雀鼠耗：指官府收田税，除交足本税外，每斛还另加二升，以顶损耗，叫雀鼠耗。[11]省耗：王章则下令再交二斗，称省耗。[12]省陌：从前旧钱流通使用，无论出入都以80钱为一陌，王章则下令缴入公库以80钱为一陌，从公库发放给百姓，则以77钱为一陌。这叫省陌。[13]"有犯盐"句：当时禁止私人贩盐、矾、酒曲，由国家专卖。[14]锱（zī）铢涓滴：形容量极少。锱，古代重量单位，六铢为一锱。铢，100黍为一铢。也有说96黍为一铢。[15]握算：计算的筹码。[16]不知纵横：不懂得筹算。纵横，指摆弄筹码进行计算。[17]"俸禄皆以"三句：把不能供应给军队食用的禄米发给文臣，官吏已经把价格估得很高，王章又提了价。[18]嬖（bì）幸：帝王所宠爱狎昵的人。[19]浸用事：渐渐掌权。[20]内帑：皇宫的府库。[21]宣徽使阙：吴虔裕原为宣徽北院使，后出为郑州防御使，故阙。[22]超居：越级任职。此谓内使递补升迁，有一定次序，不能因为是外戚便越级任职。[23]枢密承旨：官名，五代设枢密院承旨，以诸卫将军充任。[24]戟手：手臂微屈，以食指指斥人。因手形像戟，故称。[25]除三年丧：服完三年的丧期。[26]还官：还给公家。[27]有言：有所批评。[28]禁声：闭口不出声。[29]闻作坊锻声，疑有急兵：听到作坊有铸造兵器的声音，怀疑有紧急兵事发生。[30]乙亥：十一月十二日。

[31]丙子：十一月十三日。 [32]广政殿：后晋天福四年（934）二月辛卯改东京玉华殿为永福殿，后周显德四年（957）新修永福殿改为广政殿，这里是以后来殿名书之。 [33]东庑：东厢房。[34]万岁殿：梁开平元年（907）改万岁堂为万岁殿。 [35]以稚子视朕：拿我当作幼儿看待。稚，幼。 [36]傔（qiàn）从：侍从。 [37]李洪义：本名洪威，避周太祖郭威讳改。传见《宋史》卷二百五十二。 [38]郭崇威：初名崇威，避后周太祖讳，后只称崇。传见《宋史》卷二百五十五。[39]真定：府名，治所在今河北正定县。 [40]李洪建：李太后母弟。被郭威杀。传见《旧五代史》卷一百零七。 [41]内侍省：当作内客省。

丁丑[1]，使者至澶州，李洪义畏懦，虑王殷已知其事，不敢发，乃引孟业见殷；殷囚业，遣副使陈光穗以密诏示郭威。威召枢密吏魏仁浦，示以诏书曰："奈何？"仁浦曰："公，国之大臣，功名素著，加之握强兵，据重镇，一旦为群小所构[2]，祸出非意，此非辞说之所能解。时事如此，不可坐而待之。"威乃召郭崇威、曹威及诸将，告以杨邠等冤死及有密诏之状，且曰："吾与诸公，披荆棘，从先帝取天下，受托孤之任，竭力以卫国家，今诸公已死，吾何心独生！君辈当奉行诏书，取吾首以报天子，庶不相累。"郭崇威等皆泣曰："天子幼冲，此必左右群小所为，若使此辈得志，国家其得安乎！崇威愿从公入朝自诉，荡涤鼠辈以清朝廷，不可为单使[3]所杀，受千载恶名。"翰林天文赵修己谓郭威曰："公徒死何益！不若顺众心，拥兵而南，此天启[4]也。"郭威乃留其养子荣镇邺都，命郭崇威将骑兵前驱，戊寅[5]，自将大军继之。

慕容彦超方食，得诏，舍匕箸入朝；帝悉以军事委之。己卯[6]，吴虔裕入朝。

帝闻郭威举兵南向，议发兵拒之。前开封尹侯益曰："邺都戍兵家属皆在京师，官军不可轻出，不若闭城以挫其锋，使其母妻登城招之，可不战而下也。"慕容彦超曰："侯益衰老，为懦夫计耳。"帝乃遣益及阎晋卿、吴虔裕、前保大节度使张彦超将禁军趣澶州。

是日，郭威已至澶州，李洪义纳之；王殷迎谒恸哭，以所部兵从郭威涉河。帝遣内养[7]鸗脱觇[8]郭威，威获之，以表置鸗脱衣领中，使归白帝曰："臣昨得诏书，延颈俟死。郭崇威等不忍杀臣，云此皆陛下左右贪权无厌者谮臣耳，迈臣南行，诣阙请罪。臣求死不获，力不能制。臣数日当至阙庭。陛下若以臣为有罪，安敢逃刑！若实有谮臣者，愿执付军前以快众心，臣敢不抚谕诸军，退归邺都！”

庚辰[9]，郭威趣滑州。辛巳[10]，义成节度使宋延渥[11]迎降。延渥，洛阳人，其妻晋高祖女永宁公主也。郭威取滑州库物以劳将士，且谕之曰：“闻侯令公[12]已督诸军自南来，今遇之，交战则非入朝之义，不战则为其所屠。吾欲全汝曹功名，不若奉行前诏，吾死不恨！”皆曰：“国家负公，公不负国；所以万人争奋，如报私仇，侯益辈何能为乎！”王峻徇[13]于众曰：“我得公处分[14]，俟克京城，听旬日剽掠。”众皆踊跃。

（以上为第五段，写后汉隐帝滥杀，逼反郭威。）

【注释】

[1]丁丑：十一月十四日。[2]构：罗织罪名陷害。[3]单使：一个使者。[4]天启：上天的启示。[5]戊寅：十一月十五日。[6]己卯：十一月十六日。[7]内养：太监。[8]觇（chān）：窥看，刺探。[9]庚辰：十一月十七日。[10]辛巳：十一月十八日。[11]宋延渥：河南洛阳人。本名延渥，因其父名廷浩，为“水”旁，故改名偓（wò）。本书称“其妻晋高祖女永宁公主”，《宋史·宋偓传》则称“偓，庄宗之外孙，汉祖之婿”，“永宁公主”为汉祖刘承训之女，非石敬瑭之孙，未知孰是。今存异待考。[12]侯令公：即侯益。侯益兼中书令，故称令公。[13]徇：对众宣示。[14]处分：吩咐、嘱咐。

辛巳[1]，鸗脱至大梁。前此帝议欲自往澶州，闻郭威已至河上而止。帝甚有悔惧之色，私谓窦贞固曰：“属者[2]亦太草草。”李业等请空府库以赐诸军，苏禹珪以为未可，业拜禹珪于帝前，曰：“相公且为天子勿惜府库！”乃赐禁军人二十缗，下军[3]半之，将士在北者[4]给其家，使通家信以诱之。

壬午[5]，郭威军至封丘[6]，人情汹惧。太后泣曰：“不用李涛之言，宜其亡也！”慕容彦超恃其骁勇，言于帝曰：“臣视北军犹蠛蠓[7]耳，当为陛下生致其魁！”退，见聂文进，问北来兵数及将校姓名，颇惧，曰：“是亦剧贼[8]，未易轻也！”帝复遣左神武统军袁嶬、前威胜节度使刘重进[9]等帅禁军与侯益等会屯赤冈。襄，象先[10]之子也。彦超以大军屯七里店[11]。

癸未[12]，南、北军遇于刘子陂[13]。帝欲自出劳军，太后曰："郭威吾家故旧，非死亡切身，何以至此！但按兵守城，飞诏谕之，观其志趣，必有辞理，则君臣之礼尚全，慎勿轻出。"帝不从。时扈从军甚盛，太后遣使戒聂文进曰："大须在意[14]！"对曰："有臣在，虽郭威百人，可擒也！"至暮，两军不战，帝还宫。慕容彦超大言曰："陛下来日宫中无事，幸再出观臣破贼。臣不必与之战，但叱散使归营耳！"

甲申[15]，帝欲再出，太后力止之，不可。既陈，郭威戒其众曰："吾来诛群小，非敢敌天子也，慎勿先动。"久之，慕容彦超引轻骑直前奋击，郭崇威与前博州刺史李荣帅骑兵拒之。彦超马倒，几获之。彦超引兵退，麾下死者百余人，于是诸军夺气[16]，稍稍降于北军。侯益、吴虔裕、张彦超、袁巏、刘重进皆潜往见郭威，威各遣还营，又谓宋延渥曰："天子方危，公近亲，宜以牙兵往卫乘舆，且附奏陛下，愿乘间早幸臣营。"延渥未至御营，乱兵云扰，不敢进而还。比暮，南军多归于北。慕容彦超与麾下十余骑奔还兖州[17]。

是夕，帝独与三相及从官数十人宿于七里寨[18]，余皆逃溃。乙酉旦[19]，郭威望见天子旌旗在高阪上，下马免胄往从之，至则帝已去矣。帝策马将还宫，至玄化门[20]，刘铢在门上，问帝左右："兵马何在？"因射左右。帝回辔，西北至赵村[21]，追兵已至，帝下马入民家，为乱兵所弑。苏逢吉、阎晋卿、郭允明皆自杀；聂文进挺身走，军士追斩之。李业奔陕州，后匡赞奔兖州。郭威闻帝遇弑，号恸曰："老夫之罪也！"

威至玄化门，刘铢雨射城外。威自迎春门[22]入，归私第，遣前曹州防御使何福进将兵守明德门。诸军大掠，通夕烟火四发。

军士入前义成节度使白再荣之第，执再荣，尽掠其财，既而进曰："某等昔尝趋走麾下，一旦无礼至此，何面目复见公！"遂刎其首而去。

吏部侍郎张允[23]，家赀以万计，而性吝，虽妻亦不之委，常自系众钥于衣下，行如环佩。是夕，匿于佛殿藻井[24]之上，登者浸多，板坏而坠，军士掠其衣，遂以冻卒。

初，作坊使贾延徽有宠于帝，与魏仁浦为邻，欲并仁浦所居以自广，屡谮仁浦于帝，几至不测[25]。至是，有擒延徽以授仁浦者，仁浦谢曰："因乱而报怨，吾所不为也！"郭威闻之，待仁浦益厚。

右千牛卫大将军枣强赵凤[26]曰："郭侍中举兵，欲诛君侧之恶以安国家耳；而鼠辈敢尔，乃贼也，岂侍中意邪！"执弓矢，踞胡床[27]，坐于巷首，掠者至，辄射杀之，里中皆赖以全。

丙戌[28]，获刘铢、李洪建，囚之。铢谓其妻曰："我死，汝且为人婢乎？"妻曰："以公所为，雅[29]当然耳！"

王殷、郭崇威言于郭威曰："不止剽掠，今夕止有空城耳。"威乃命诸将分部禁止掠者[30]，不从则斩之；至晡[31]，乃定。

（以上第六段，写郭威犯阙，后汉隐帝为乱军所杀。）

【注释】

[1]辛巳：十一月十八日。 [2]属者：近时，近日。 [3]下军：指禁军以外其他各军。[4]将士在北者：指在郭威部队中的将士。 [5]壬午：十一月十九日。 [6]封丘：县名，县治在今河南封丘县。 [7]蠛（miè）蠓（měng）：虫名。体小，喜乱飞，能叮咬人。 [8]剧贼：势力强大的盗贼。 [9]刘重进：本名晏僧，幽州（今北京市）人。习契丹语。入宋，官左领军卫上将军。传见《宋史》卷二百六十一。 [10]象先：袁象先，宋州下邑（今河南夏邑县）人。梁太祖朱温妹夫。后唐庄宗赐姓名李绍安。官至归德军节度使。传见《旧五代史》卷五十九、《新五代史》卷四十五。 [11]七里店：地名，在河南开封市北。 [12]癸未：十一月二十日。 [13]刘子陂：地名，在大梁北郊。 [14]大须在意：要特别留心。 [15]甲申：十一月二十一日。 [16]夺气：因恐惧而丧胆。 [17]兖州：治所在今山东济宁市兖州区。 [18]七里寨：即七里店寨。[19]乙酉旦：十一月二十二日晨。 [20]玄化门：在大梁城北偏东第一门。本为酸枣门，后梁改为兴和门，后晋改为玄化门。 [21]赵村：在河南开封市西南。 [22]迎春门：在大梁城东偏北第一门。本名曹门，后梁改为建阳门，后晋改为迎春门。 [23]张允：镇州（今河北正定县）人。仕后汉，官吏部侍郎。著《驳赦论》。传见《旧五代史》卷一百零八、《新五代史》卷五十七。[24]藻井：我国传统建筑中顶棚上的一种装饰处理。一般做成方形、多边形或圆形的凹面，上有各种花纹、雕刻和彩画。句谓张允藏身于佛殿屋顶上。 [25]几至不测：几乎置魏仁浦于死地。[26]赵凤：冀州枣强（今河北枣强县）人。初从契丹，汉主立，仕后汉、后周，官单州刺史。传见《旧五代史》卷一百二十九。 [27]胡床：又称"交床""交椅""绳床"，是一种可以折叠的轻便坐具。 [28]丙戌：十一月二十三日。 [29]雅：甚、很。 [30]"乃命诸将"句：便命令将领

们各自禁止部下抢掠。［31］晡（bū）：申时，即下午 3 点到 5 点。

窦贞固、苏禹珪自七里寨逃归，郭威使人访求得之，寻复其位。贞固为相，值杨、史弄权，李业等作乱，但以凝重[1]处其间，自全而已。

郭威命有司迁隐帝梓宫于西宫。或请如魏高贵乡公故事[2]，葬以公礼，威不许，曰："仓猝之际，吾不能保卫乘舆，罪已大矣，况敢贬君乎！"

太师冯道帅百官谒见郭威，威见，犹拜之，道受拜如平时[3]，徐曰："侍中此行不易！"

丁亥[4]，郭威帅百官诣明德门起居[5]太后，且奏称："军国事殷[6]，请早立嗣君。"太后诰称："郭允明弑逆，神器[7]不可无主；河东节度使崇，忠武节度使信，皆高祖之弟，武宁节度使赟[8]，开封尹勋，高祖之子，其令百官议择所宜。"赟，崇之子也，高祖爱之，养视如子。郭威、王峻入见太后于万岁宫[9]，请以勋为嗣。太后曰："勋久羸疾不能起。"威出谕诸将，诸将请见之，太后令左右以卧榻举之示诸将，诸将乃信之。于是郭威与峻议立赟。己丑[10]，郭威帅百官表请以赟承大统。太后诰所司，择日，备法驾迎赟即皇帝位。郭威奏遣太师冯道及枢密直学士王度、秘书监赵上交诣徐州奉迎。

郭威之讨三叛也，每见朝廷诏书，处分军事皆合机宜，问使者："谁为此诏？"使者以翰林学士范质[11]对。威曰："宰相器也。"入城，访求得之，甚喜。时大雪，威解所服紫袍衣之，令草太后诰令，迎新君仪注[12]。苍黄[13]之中，讨论撰定，皆得其宜。

初，隐帝遣供奉官押班阳曲张永德赐昭义节度使常思生辰物[14]，永德，郭威之婿也，会杨邠等诛，密诏思杀永德；思素闻郭威多奇异，囚永德以观变，及威克大梁，思乃释永德而谢之。

庚寅[15]，郭威帅百官上言："比皇帝到阙，动涉浃旬[16]，请太后临朝听政。"

（以上为第七段，写郭威奏请太后临朝。）

【注释】

［1］凝重：庄重，严谨持重。［2］如魏高贵乡公故事：三国魏高贵乡公曹髦（魏文帝曹丕孙）不满于司马氏集团专断朝政，不顾势单力微，率领几百僮仆前往问罪，被司马昭亲信成济刺死，后以“公”礼埋葬。隐帝死，有人建议也照此处理。［3］道受拜如平时：冯道仍摆出宰相架子像平常一样接受郭威礼拜。郭威拜冯道，希望冯道率百官劝进；冯道端架子，目的是抬高自己身价，又因当时后汉高祖刘知远弟刘信在许州、刘崇在河东、崇子刘赟在徐州，三镇尚强，故冯道亦示意郭威不要轻举妄动。此一礼拜极有政治深意，故特书之。［4］丁亥：十一月二十四日。［5］起居：请安、问好。［6］殷：重大。［7］神器：帝位、政权。［8］赟（yūn）：刘赟，刘知远弟刘崇子，深受知远喜爱，授徐州节度使。郭威起兵，被拥立为帝，不久又被废为湘阴公，幽死于住所。传见《旧五代史》卷一百零五、《新五代史》卷十八。［9］万岁宫：后唐以太后宫为长寿宫，后晋、后汉称万岁宫。［10］己丑：十一月二十六日。［11］范质：大名宗城（今河北威县东）人，字文素。官至侍中。通礼仪、善著文，以廉介自持。传见《宋史》卷二百四十九。［12］仪注：礼仪制度。［13］苍黄：同“仓皇”，匆忙。［14］供奉官押班：供奉官的头头。供奉，在皇帝身边供职者的称呼。生辰物：回赠给大臣的皇上生日的礼品。［15］庚寅：十一月二十七日。［16］浃旬：古代以干支纪日。自甲至癸一周十天为浃旬。

先是，马希萼遣蛮兵围玉潭，朱进忠引兵会之；崔洪琏兵败，奔还长沙。希萼引兵继进，攻岳州，刺史王赟拒之，五日不克。希萼使人谓赟曰：“公非马氏之臣乎？不事我，欲事异国乎？为人臣而怀贰心，岂不辱其先人！”赟曰：“赟父环为先王将，六破淮南兵[1]。今大王兄弟不相容，赟常恐淮南坐收其弊，一旦以遗体臣淮南；诚辱先人耳！大王苟能释憾罢兵，兄弟雍睦[2]如初，赟敢不尽死以事大王兄弟，岂有二心乎！”希萼惭，引兵去。辛卯[3]，至湘阴[4]，焚掠而过。至长沙，军于湘西[5]，步兵及蛮兵军于岳麓[6]，朱进忠自玉潭引兵会之。

马希广遣刘彦瑫召水军指挥使许可琼[7]帅战舰五百艘屯城北津，属[8]于南津，以马希崇为监军；又遣马军指挥使李彦温将骑兵屯驼口[9]，扼湘阴路，步军指挥使韩礼将二千人屯杨柳桥[10]，扼栅路。可琼，德勋之子也。

壬辰[11]，太后始临朝，以王峻为枢密使，袁䘵为宣徽南院使，王殷为侍卫马步军都指挥使，郭崇威为侍卫马军都指挥使，曹威为侍卫步军都指挥使，陈州[12]刺史李谷权判三司。

刘铢、李洪建及其党皆枭首于市，而赦其家。郭威谓公卿曰："刘铢屠吾家，吾复屠其家，怨仇反覆，庸[13]有极乎！"由是数家获免。王殷屡为洪建请免死，郭威不许。

后匡赞至兖州，慕容彦超执而献之。李业至陕州，其兄保义节度使洪信不敢匿于家；业怀金将奔晋阳[14]，至绛州，盗杀之而取其金。

蜀施州[15]刺史田行皋奔荆南。高保融[16]曰："彼贰于蜀，安肯尽忠于我！"执之，归于蜀，伏诛。

镇州、邢州奏："契丹主将数万骑入寇，攻内丘[17]，五日不克，死伤甚众。有戍兵五百叛应契丹，引契丹入城；屠之，又陷饶阳[18]。"太后敕郭威将大军击之，国事权委窦贞固、苏禹珪、王峻，军事委王殷。十二月，甲午朔[19]，郭威发大梁。

丁酉[20]，以翰林学士、户部侍郎范质为枢密副使。

初，蛮酋彭师暠[21]降于楚，楚人恶其犷直；楚王希广独怜之，以为强弩指挥使，领辰州[22]刺史，师暠常欲为希广死。及朱进忠与蛮兵合七千余人至长沙，营于江西[23]，师暠登城望之，言于希广曰："朗人骤胜而骄，杂以蛮兵，攻之易破也，愿假臣步卒三千，自巴溪渡江，出岳麓之后，至水西，令许可琼以战舰渡江，腹背合击，必破之。前军败，则其大军自不敢轻进矣。"希广将从之。时马希萼已遣间使以厚利啖许可琼，许分湖南而治，可琼有贰心，乃谓希广曰："师暠与梅山[24]诸蛮皆族类，安可信也！可琼世为楚将，必不负大王，希萼竟何能为！"希广乃止。

希萼寻以战舰四百余艘泊江西。希广命诸将皆受可琼节度，日赐可琼银五百两，希广屡造其营计事。可琼常闭垒，不使士卒知朗军进退，希广叹曰："真将军也，吾何忧哉！"可琼或夜乘单舸[25]诈称巡江，与希萼会水西，约为内应。一旦，彭师暠见可琼，瞋目叱之，拂衣入见希广曰："可琼将叛国，人皆知之，请速除之，无贻[26]后患。"希广曰："可琼，许侍中之子，岂有是邪！"师暠退，叹曰："王仁而不断，败亡可翘足[27]俟也！"

潭州大雪，平地四尺，潭、朗两军久不得战。希广信巫觋[28]及僧语，塑鬼于江上，举手以却朗兵，又作大像于高楼，手指水西，怒目视之，命众僧日夜诵经，希广自衣僧服膜拜[29]求福。

甲辰[30]，朗州步军指挥使武陵何敬真[31]等，以蛮兵三千陈于杨柳桥，敬真望韩礼营旌旗纷错，曰："彼众已惧，击之易破也。"朗人雷晖衣潭卒之服潜入礼寨，手剑击礼，不中，军中惊扰；敬真等乘其乱击之，礼军大溃，礼被创走，至家而卒。于是朗兵水陆急攻长沙，步军指挥使吴宏[32]、小门使杨涤相谓曰："以死报国，此其时矣！"各引兵出战。宏出清泰门，战不利；涤出长乐[33]，战自辰至午[34]，朗兵小却；许可琼、刘彦瑫按兵不救。涤士卒饥疲，退就食；彭师暠战于城东北隅。蛮兵自城东纵火，城上人招许可琼军使救城，可琼举全军降希萼，长沙遂陷。朗兵及蛮兵大掠三日，杀吏民，焚庐舍，自武穆王[35]以来所营宫室，皆为灰烬，所积宝货，皆入蛮落。李彦温望见城中火起，自驼口引兵救之，朗人已据城拒战。彦温攻清泰门，不克，与刘彦瑫各将千余人奉文昭王及希广诸子趣袁州[36]，遂奔唐。张晖降于希萼。左司马希崇帅将吏诣希萼劝进。吴宏战血满袖，见希萼曰："不幸为许可琼所误，今日死，不愧先王矣！"彭师暠投槊于地，大呼请死。希萼叹曰："铁石人也！"皆不杀。

乙巳[37]，希崇迎希萼入府视事，闭城，分捕希广及掌书记李弘皋[38]、弟弘节、都军判官唐昭胤及邓懿文、杨涤等[39]，皆获之。希萼谓希广曰："承父兄之业，岂无长幼乎？"希广曰："将吏见推，朝廷见命耳。"希萼皆囚之。丙午[40]，希萼命内外巡检侍卫指挥使刘宾禁止焚掠。

丁未[41]，希萼自称天策上将军、武安·武平·静江·宁远[42]等军节度使、楚王。以希崇为节度副使、判军府事；湖南要职，悉以朗人为之。脔食李弘皋、弘节、唐昭胤、杨涤，斩邓懿文于市。戊申[43]，希萼谓将吏曰："希广懦夫，为左右所制耳，吾欲生之，可乎？"诸将皆不对。朱进忠尝为希广所笞，对曰："大王三年血战[44]，始得长沙，一国不容二主，他日必悔之。"戊申，赐希广死。希广临刑，犹诵佛书；彭师暠葬之于浏阳门[45]外。

（以上为第八段，写马希萼破长沙，杀楚主马希广而自立。）

【注释】

［1］六破淮南兵：《十国春秋》卷七十二《王环传》称："环前后凡六破吴兵，再破荆南兵，声震一时。"［2］雍睦：和睦。［3］辛卯：十一月二十八日。［4］湘阴：县名，县治在今湖南湘阴县。［5］湘西：县名，县治在今湖南株洲市南。［6］岳麓：岳麓山，在湖南长沙市、湘江西岸。［7］许可琼：楚侍中许德勋子。马希广将，却暗通马希萼，后归附希萼，出为蒙州刺史，后又迁全州刺史。［8］属：连接。［9］驼口：在湖南长沙市北，湘水东岸。［10］杨柳桥：在湖南长沙市西。［11］壬辰：十一月二十九日。［12］陈州：治所宛丘，在今河南周口市淮阳区。［13］庸：岂、难道。［14］晋阳：县名，县治在今山西太原市西南。［15］施州：治所沙渠，在今湖北恩施市。［16］高保融：字德长。南平文献王高从诲第三子。从诲死，袭南平王。多次向后汉、后周进贡。周主伐南唐、后蜀，出兵相助，深得嘉奖。死后谥贞懿王。公元948年至公元960年在位。传见《旧五代史》卷一百三十三、《新五代史》卷六十九、《宋史》卷四百八十三。［17］内丘：县名，县治在今河北内丘县。汉名中丘县，隋避武元帝讳改。［18］饶阳：县名，县治在今河北饶阳县。［19］甲午朔：十二月一日。［20］丁酉：十二月四日。［21］彭师暠：黔南溪州刺史仕然子，受马希广恩宠，誓死效命。后又感激马希萼不杀之恩，与廖偃拥立希萼为衡山王。后投南唐。官殿直都虞候。［22］辰州：治所沅陵，在今湖南沅陵县。［23］江西：湘江之西。［24］梅山：在今湖南安化县西南，接新化县界。新化县为上梅山，安化县为下梅山。［25］单舸（gě）：一只小船。［26］贻（yí）：留下。［27］翘足：举足、抬起脚来，形容时间短暂。［28］巫觋：女巫和男巫。觋（xí），男巫。［29］膜拜：举手加额，长跪而拜。是极端恭敬或畏服的礼节。［30］甲辰：十二月十一日。［31］何敬真：一本作何景真。武陵（今湖南常德市）人。事恭孝王马希萼有功，除静江节度副使。因贪恋享乐，被部将杀死。［32］吴宏：废王马希广将，英勇善战，誓以死报国。因许可琼按兵不救，失利被俘。［33］长乐：长乐门。［34］自辰至午：从早晨七点到中午一点。［35］武穆王：楚王马殷谥武穆。［36］袁州：治所宜春，在今江西宜春市。［37］乙巳：十二月十二日。［38］李弘皋：文昭王马希范时为天策府十八学士之一，善著文。拥马希广为王。长沙失守，被杀。［39］弟弘节：弘皋弟，少有文学，天策府十八学士之一。长沙失守，被杀。邓懿文：以文学闻名楚中，天策府十八学士之一。拥立马希广为王，长沙失守，被杀。［40］丙午：十二月十三日。［41］丁未：十二月十四日。［42］宁远：方镇名，唐乾宁中置，治所容县，在今广西容县。宁远军时属南汉。以上官爵是马希萼继承父兄的官爵，并未禀命于中国。［43］戊申：十二月十五日。［44］三年血战：天福十二年（947）马氏兄弟始争国，第二年交兵，到此时整三年。［45］浏阳门：潭州城东门。

武宁节度使赟留右都押牙[1]巩延美、元从都教练[2]使杨温守徐州，与冯道等西来，在道仗卫[3]，皆如王者，左右呼万岁。郭威至滑州，留数日，赟遣使慰劳。诸将受命之际，相顾不拜，私相谓曰："我辈屠陷京城，其罪大矣；若刘氏复立，我辈尚有种乎[4]！"己酉[5]，威闻之，即引兵行，趣澶州。辛亥[6]，遣苏禹珪如宋州迎嗣君。

楚王希萼以子光赞为武平留后，以何敬真为朗州牙内都指挥使，将兵戍之。希萼召拓跋恒，欲用之，恒称疾不起。

壬子[7]，郭威渡河，馆于澶州。癸丑旦[8]，将发，将士数千人忽大噪，威命闭门，将士逾垣登屋而入曰："天子须侍中自为之，将士已与刘氏为仇，不可立也！"或裂黄旗以被威体，共扶抱之，呼万岁震地，因拥威南行。威乃上太后笺[9]，请奉汉宗庙[10]，事太后为母。丙辰[11]，至韦城[12]，下书抚谕大梁士民，以昨离河上，在道秋毫不犯，勿有忧疑。戊午[13]，威至七里店，窦贞固帅百官出迎拜谒，因劝进。威营于皋门村[14]。

武宁节度使赟已至宋州，王峻、王殷闻澶州军变，遣侍卫马军都指挥使郭崇威将七百骑往拒之，又遣前申州[15]刺史马铎将兵诣许州巡检。崇威忽至宋州，陈于府门外，赟大惊，阖门登楼诘之。对曰："澶州军变，郭公虑陛下未察，故遣崇威来宿卫，无他也。"赟召崇威，崇威不敢进。冯道出与崇威语，崇威乃登楼，赟执崇威手而泣，崇威以郭威意安谕之。

少顷，崇威出，时护圣指挥使张令超帅部兵为赟宿卫，徐州判官董裔说赟曰："观崇威视瞻举措[16]，必有异谋。道路皆言郭威已为帝，而陛下深入不止，祸其至哉！请急召张令超，谕以祸福，使夜以兵劫崇威，夺其兵。明日，掠睢阳[17]金帛，募士卒，北走晋阳。彼新定京邑，未暇追我，此策之上也！"赟犹豫未决。是夕，崇威密诱令超，令超帅众归之。赟大惧。

郭威遗赟书，云为诸军所迫；召冯道先归，留赵上交、王度奉侍。道辞行，赟曰："寡人此来所恃者，以公三十年旧相[18]，故无疑耳。今崇威夺吾卫兵，事危矣，公何以为计？"道默然。客将贾贞数目道，欲杀之。赟曰："汝辈勿草草，此无预冯公事。"

崇威迁赟于外馆，杀其腹心董裔、贾贞等数人。

己未[19]，太后诰，废赟为湘阴公。

马铎引兵入许州，刘信惶惑自杀。

庚申[20]，太后诰，以侍中监国[21]。百官藩镇相继上表劝进。壬戌[22]夜，监国营有步兵将校醉，扬言向者澶州骑兵扶立，今步兵亦欲扶立，监国斩之。

南汉主[23]以宫人卢琼仙、黄琼芝为女侍中，朝服冠带，参决政事。宗室勋旧，诛戮殆尽，惟宦官林延遇[24]等用事。

（以上为第九段，写郭威制造兵变，自己称帝。）

【注释】

[1]右都押牙：官名。唐代藩镇均置押牙，为衙属内部的亲信武职。主官称都押牙，有左、右都押牙，五代沿用。 [2]元从都教练：官名，禁军的教练官。元从，意为自始就相随从的人员。 [3]仗卫：仪仗和侍卫。 [4]我辈尚有种乎：意为我们还能有子孙存在吗！恐遭刘氏杀害。 [5]己酉：十二月十六日。 [6]辛亥：十二月十八日。 [7]壬子：十二月十九日。 [8]癸丑旦：十二月二十日晨。 [9]笺：文体名，书札、奏记一类。奏笺多用以上皇后、太子、诸王。 [10]请奉汉宗庙：原文"宗庙"上无"汉"字，据章校补。 [11]丙辰：十二月二十三日。 [12]韦城：县名，县治在今河南滑县东南。 [13]戊午：十二月二十五日。 [14]皋门村：在汴城之外有村，名皋门村。 [15]申州：治所在今河南信阳市南。 [16]视瞻举措：眼神举止。 [17]睢阳：郡名，治所宋城，在今河南商丘市南。 [18]三十年旧相：冯道于后唐明宗天成二年（927）为相，到此时已24年，称30年是取其整数。 [19]己未：十二月二十六日。 [20]庚申：十二月二十七日。 [21]监国：古代君王外出，太子或诸王留守，代行处理国政，称监国。或皇帝年幼，由父、叔摄政，也称监国。 [22]壬戌：十二月二十九日。 [23]南汉主：即南汉中宗刘晟。 [24]林延遇：闽清（今福建闽清县）人。原为闽惠宗王鏻的宦官，阴险多谋。惠宗娶南汉高祖刘龑女清远公主，派延遇置邸于番禺，专掌国信。后惠宗被弑，遂留南汉，任甘泉宫使。刘晟诛诸弟，延遇多参与其事。

【点评】

本卷点评楚国内讧、后汉隐帝滥杀大臣、郭威代汉三件史事。

一、楚国内讧。楚国，指湖南地，都长沙，为马殷所建。马殷，字霸图，许州鄢陵人。马殷原为孙儒裨将。孙儒、刘建峰均是蔡州秦宗权部属。唐末，秦宗权割据淮西，一度称帝。秦宗权遣孙儒、刘建峰入淮南与杨行密征战，孙儒兵败死。刘建峰、马殷领残部流动作战，进入湖南，杀潭州刺史邓处讷，唐僖宗授刘建峰为湖南节度使，授马殷为马步军都指挥使。后刘建峰为部属所杀，众将推马殷为主，唐昭宗授马殷为潭州刺史，时在乾宁三年（896）。马殷四出略地，占有湖南全境。乾宁四年（897），唐昭宗授马殷武安军节度使。入梁，后梁太祖朱温拜马殷为侍中兼中书令，封楚王。

马殷建立楚国，自铸铁钱，开发地方特产茶叶与周边贸易，获利十倍。由是，马殷兵强马壮，多次打败淮南杨行密进犯之军，与北边的荆南割据者高季兴、南边岭南割据者刘龑保持和睦关系。入后唐，明宗封马殷为楚国王。马殷承制，自署官属。长兴元年（930）卒，享年79岁。后唐明宗下诏，谥为武穆王。

马殷自唐昭宗乾宁四年据有湖南，到后唐明宗长兴元年，雄踞一方长达三十三年。

马殷诸夫人所生有子十余人，嫡子马希振长而贤，母不受宠未得立。次子马希声母袁夫人有美色专宠，希声得立为嗣。马殷嘱命兄终弟及。第三子马希范与马希声同日生，在诸子中为长，马希声卒后马希范立。希范死后，同母弟马希广立。朗州节度使马希萼，年长于马希广，不服马希广，于公元949年起兵争位，与马希广争战三年，破长沙，杀吏民，焚庐舍，马殷立国以来所建造的宫室，尽为灰烬。马希萼诛杀马希广，希广诸子及残部一千余人投奔南唐。马希萼从弟手中夺取政权，没有安睡几天，另一弟马希崇起而与马希萼争位，援引南唐兵入楚。唐将边镐在公元951年十月入长沙。十一月三日，边镐迫令马希崇及其族人一千余口登舟赴金陵，离别者、送行者全都号啕大哭，响震川谷。马希崇向边镐乞求留在长沙为民，边镐奚落说："我南唐与马氏为世仇近六十年，从来没想到灭亡你的国家。是你们兄弟不争气，相互仇杀，才落得这样的下场。是你走投无路自愿归服，如果不赶快上路，恐怕没机会上路了。"权力之争，宁亡于仇，不容于兄弟。权势扭曲人性，利益使人智昏，马氏兄弟的内讧，是又一生动的案例。

二、后汉隐帝滥杀大臣。后汉隐帝刘承祐，后汉高祖刘知远次子。刘知远有三子。长子刘承训，早年夭折，第三子刘承勋，患病瘫卧在床。刘知远病死，继承人在儿子中只有刘承祐了，时年十七岁。刘知远遗命郭威、杨邠、史弘肇、苏逢吉、王章诸大臣辅政。郭威为枢密使，首辅大臣，其余辅臣，皆为同中书门下平章事。郭威权势最高，再次史弘肇，再次苏逢吉、杨邠，王章又次之，个个尽显其能，都是辅孤大臣，互不相让。武将以史弘肇为代表，文官以苏逢吉为代表，两人水火不容。隐帝刘承祐年小心气高，顽劣无比，目无尊长，连生母太后都敢顶撞。小皇帝的权力欲一天天膨胀，怨恨辅臣的情绪一天天高涨。周围四大奸佞小人李业、聂文进、后赞、郭允明在隐帝耳边整日吹邪风，小皇帝对辅臣的积怨日益加重。李业，隐帝之舅，是皇亲国戚，关系特殊。聂文进是一个仗势欺人、献媚取宠的小人，军卒出身，官至枢密院承旨，是郭威的亲信。郭威出镇邺都，安插聂文进在宫中为耳目，聂文进却背叛郭威，投靠汉隐帝，一切邪谋诏书，皆聂文进所为。后赞，后汉高祖刘知远牙将，官至飞龙使，不满杨邠等执政裁制，因久久没有升官而怨恨。郭允明，刘知远的役童，官至飞龙使。四人轮番伴随隐帝，不让其他人靠近，以免自己的丑行暴露。诸执政大臣既固执，又狂傲，办事没有灵活性，连太后的面子也不给，也是取祸的一个原因。隐帝初除三年丧服，好不容易听一次音乐，一时高兴，赏赐伶人锦袍、玉带，史弘肇夺回去，还说："士卒守边苦战，还没有得到赏赐，你们这班人怎么能得这些赐物！"俗话说，打狗还看主人面，史弘肇此举，置皇帝颜面于何地。太后朋友的一个儿子想在军中谋一个职位，史弘肇一怒之下竟杀了这个请托的人，实属过分。宣徽使空位，李业想谋求这个职位，太后与隐帝都出面说情，史弘肇认为按资历还轮不到李业，又驳了太后、隐帝的颜面。有一天，隐帝与诸执政大臣议论一件事情，隐帝说："这件事要慎重地办，不要留下受人挑剔的把柄。"杨邠却说："陛下不要发表意见，有我们大臣在。"隐帝忍无可忍了。苏逢吉从中煽火，四小丑诬告诸执政大臣要谋反。隐帝决心起大狱，诛大臣。商定以后，隐帝向太后报告，太后说："这事要慎重。"隐帝发怒说："国家大事，女人有什么见识！"拂袖而出。

隐帝乾祐三年（950）十一月十三日丙子早晨，大臣入朝，隐帝埋伏甲士在宫中，杀史弘肇、杨邠、王章，骇人听闻。诸大臣的亲属、党羽、侍从尽行诛杀。隐帝又下诏要诛杀手握重兵在外的郭威等人，逼反郭威，称兵犯阙。隐帝出都劳军，官军大溃。隐帝还宫，至玄化门，守门将不纳，隐帝策马逃入民居，为乱兵所杀。一说为郭允明所弑。

隐帝滥诛大臣，是各种矛盾的总爆发。将相矛盾、权臣与帝权的矛盾、执政大臣与奸佞的矛盾。隐帝年方二十，轻率举事，以卵击石，简直就是一场闹剧。这场闹剧，既要了命，又葬送了国家。

三、郭威代汉。郭威率众入都，太师冯道率百官谒见郭威。郭威见太师，按常礼拜之，冯道公然接受，对郭威说："郭侍中这次来京很是劳苦吧。"郭威想象的百官劝进的场面没有出现，此时直接称帝的条件尚不成熟。郭威上表，太后临朝，议立嗣君。后汉高祖刘知远有两弟：刘崇、刘信。刘崇，亲弟，为河东节度使，镇守太原，对郭威早有防范，守大镇，兵强马壮。刘信，刘知远堂弟，无才无识，为许州刺史。刘崇子刘赟，刘知远爱之，养以为子，时任徐州节度使，有相当实力。郭威请立刘赟为嗣，赟为刘崇之子，立赟，能稳定刘崇，又能调虎离山，使刘赟北上就位，离开徐州，真是一箭双雕。刘崇在太原按兵不动，刘赟北上，郭威派出高规格使团，由太师冯道率领百官迎接刘赟，而派亲将郭崇威以兵相随。接着传来北方警报，契丹入寇，以太后诏，郭威率领大军征讨。郭威行军至澶州，十二月二十日癸丑，军士哗变，数千将士高声呐喊，说："皇帝要由郭侍中亲自来当，将士们已经与刘家结下仇怨，不可以立刘家的人当皇帝。"有的士兵扯下黄旗披在郭威身上权作黄袍。这时万岁之声震响大地。郭威率军南返，上表太后，请事为母亲。随后郭崇威在宋州杀了刘赟，又派人到许州杀了刘信。于是郭威称帝，建立后周，取代后汉。但后周的天下也不长久。郭威的部将赵匡胤看在眼里，仅仅十年后，赵匡胤如法炮制，发动陈桥兵变，夺了后周的政权。

卷二九〇　后周纪一

后周太祖广顺元年至二年（951—952 年）

【起重光大渊献（辛亥，951 年），尽玄黓困敦（壬子，952 年）八月，凡一年有奇】

【大事提要】

本卷记事起公元 951 年，讫公元 952 年八月，凡一年又八个月，当后周太祖广顺元年至二年八月。郭威受禅代汉建立后周，史称太祖。后周太祖识人任贤，礼葬隐帝，和好南唐，不禁两国边民往来。泰宁节度使慕容彦超反叛，郭威御驾亲征，立即扑灭，两败契丹南犯，巩固了后周政权。刘崇即位于晋阳，史称北汉。刘崇效石敬瑭之所为，向契丹主称儿皇帝，乞册命，引援契丹，一年之内两度南犯。因投靠契丹，不得人心，皆大败而逃。北汉之民，内供军国，外奉契丹，民甚苦之。楚国马希萼得志，荒淫暴虐，失士众心，遭遇南唐与南汉夹击，举国沦丧。南唐尽有湖南，楚岭南之地为南汉所有。南唐中主李璟爱好文学，重用文学之士，冯延己等轻浮文人用事，贤人隐，小人进，诸将不武。南唐侥幸得湖南，不知恤民，大肆抢掠楚国财物，加重赋役，湖南民众大失所望。

太祖圣神恭肃文孝皇帝[1]上

广顺元年（辛亥，951 年）

春，正月，丁卯[2]，汉太后下诰，授监国符宝，即皇帝位。监国自皋门入宫，即位于崇元殿，制曰："朕周室之裔，虢叔之后，国号宜曰周。"改元，大赦。杨邠、史弘肇、王章等皆赠官，官为敛葬[3]，仍访其子孙叙[4]用之。凡仓场、库务掌纳官吏[5]，无得收斗余[6]、称耗[7]，旧所进羡余物[8]，悉罢之[9]。犯窃盗及奸者，并依晋天福元年以前刑名，罪人非反逆，无得诛及亲族，籍没家赀。唐庄宗、明宗、晋高祖各置守陵十户，汉高祖陵职员、宫人、时月荐享[10]及守陵户并如故。初，唐衰，多盗，不用律文，更定峻法，窃盗赃三匹者死，晋天福中，加至五匹。奸有夫妇人，无问强、和[11]，男女并死。汉法，窃盗一钱以上皆死，又罪非反逆，往往族诛、籍没。故帝即位，首革其弊。

初，杨邠以功臣、国戚为方镇者多不闲吏事，乃以三司军将补都押牙、孔目官、内知客[12]，其人自恃敕补，多专横，节度使不能制；至是悉罢之。

帝命史弘肇亲吏上党李崇矩[13]访弘肇亲族，崇矩言："弘肇弟弘福[14]今存。"初，弘肇使崇矩掌其家赀之籍，由是尽得其产，皆以授弘福；帝贤之，使隶皇子荣帐下。

戊辰[15]，以前复州防御使王彦超权武宁节度使[16]。

汉李太后迁居西宫[17]，己巳[18]，上尊号曰昭圣皇太后。

开封尹兼中书令刘勋卒。

癸酉[19]，加王峻同平章事。

以卫尉卿刘皞[20]主汉隐帝之丧。

初，河东节度使兼中书令刘崇闻隐帝遇害，欲举兵南向，闻迎立湘阴公，乃止，曰："吾儿为帝，吾又何求！"太原少尹[21]李骧[22]阴说崇曰："观郭公之心，终欲自取，公不如疾引兵逾太行[23]，据孟津[24]，俟徐州相公[25]即位，然后还镇，则郭公不敢动矣；不然，且为所卖。"崇怒曰："腐儒，欲离间吾父子！"命左右曳出斩之。骧呼曰："吾负经济[26]之才而为愚人谋事，死固甘心！家有老妻，愿与之同死。"崇并其妻杀之，且奏于朝廷，示无二心。及赟废，崇乃遣使请赟归晋阳。诏报以"湘阴公比在宋州，今方取归京师，必令得所，公勿以为忧。公能同力相辅，当加王爵，永镇河东"。

巩廷美、杨温闻湘阴公失位，奉赟妃董氏据徐州拒守，以俟河东援兵[27]，帝使赟以书谕之。廷美、温欲降而惧死，帝复遗赟书曰："爰念斯人尽心于主，足以赏其忠义，何由责以悔尤[28]，俟新节度使[29]入城。当各除刺史，公可更以委曲[30]示之。"

契丹之攻内丘也，死伤颇多，又值月食，军中多妖异，契丹主惧，不敢深入，引兵还，遣使请和于汉。会汉亡，安国节度使刘词送其使者

诣大梁，帝遣左千牛卫将军朱宪报聘[31]，且叙革命[32]之由，以金器、玉带赠之，

帝以邺都镇抚河北，控制契丹，欲以腹心处之。乙亥[33]，以宁江节度使、侍卫亲军都指挥使王殷为邺都留守、天雄节度使、同平章事，领军如故，仍以侍卫司从赴镇。

丙子[34]，帝帅百官诣西宫，为汉隐帝举哀成服[35]，皆如天子礼。

慕容彦超遣使入贡，帝虑其疑惧，赐诏慰安之，曰："今兄[36]事已至此，言不欲繁，望弟扶持，同安亿兆[37]。"

（以上为第一段，写郭威受禅代汉建立后周，史称太祖。）

【注释】

[1]太祖圣神恭肃文孝皇帝：即周太祖郭威，邢州尧山（今河北隆尧县西）人，后周创立者。公元951年至954年在位，庙号太祖。郭威自叙宗谱为西周文王之弟虢叔之后，故建国称周，史称后周。[2]丁卯：正月五日。[3]官为敛葬：杨邠、史弘肇、王章等满门被诛，郭威赠官，举行国葬。[4]叙：按等级定规授官、升迁，以及按劳绩大小予以奖励。[5]仓场、库务掌纳官吏：粮仓、府库主管税收的官吏。[6]斗余：称量之后，又收取额外部分。[7]称耗：旧时征粮，在规定数量外，借口损耗多收之数。[8]进羡余物：正赋之外的无名税收，中唐以后多有巧取豪夺的杂税。[9]悉罢之：将斗余、王章所立省耗、中唐以来杂税，全部罢除，只收正税。[10]时月荐享：祭祀的时间。荐享，祭祀、进献祭品。[11]强、和：强，指强奸；和，指通奸。[12]内知客：豪门的管家。[13]李崇矩：潞州上党（今山西长治市）人，字守则。宋初，官至右千牛卫上将军。传见《宋史》卷二百五十七。[14]弘福：史弘肇弟。后周官至诸卫将军。传见《旧五代史》卷一百零七。[15]戊辰：正月六日。[16]复州：治所景陵，在今湖北天门市。王彦超：大名临清（今山东临清市）人。入宋，封邠国公，加太子太师。传见《宋史》卷二百五十五。[17]西宫：即后汉太平宫。[18]己巳：正月七日。[19]癸酉：正月十一日。[20]刘皞：后晋刘昫弟。死于酗酒。传见《旧五代史》卷一百三十一。[21]少尹：官名。唐制，州升为府，其刺史称府尹，下设少尹二人，协助府尹处理府中事务。五代沿用。[22]李骧：真定（今河北正定县）人。河东幕僚，辅佐刘崇，死后，刘崇为其立祠，以示悔悟与怀念。[23]太行：山名，在山西高原与河北平原之间。东北至西南走向，北起拒马河谷，南至晋、豫边境黄河沿岸。[24]孟津：古黄河渡口名，在今河南洛阳市孟津区东北、孟州市西南。[25]徐州相公：刘赟原为徐州节度使，故称徐州相公。[26]经济：经世济民。[27]河东援兵：此指太原尹刘崇军队，因居河东，故称。[28]悔尤：过错，悔恨。[29]新节度使：指王彦超。新授武宁节度使，治所为徐州。[30]委曲：唐末主帅以手书谕示将佐，称委曲，犹如批示。

[31]报聘：他国来聘，遣使酬答。 [32]革命：革故鼎新。古代以为王者受命于天，故称王者易姓、改朝换代为革命。 [33]乙亥：正月十三日。 [34]丙子：正月十四日。 [35]成服：旧时丧礼，大殓之后，亲属按照与死者关系的亲疏穿上不同的丧服，称“成服”。 [36]今兄：郭威自称，放下帝王的架子以安慰慕容彦超。 [37]亿兆：亿兆百姓。

戊寅[1]，杀湘阴公于宋州。

是日，刘崇即皇帝位于晋阳，仍用乾祐年号，所有者并、汾、忻、代、岚、宪、隆、蔚、沁、辽、麟、石十二州之地[2]。以节度判官郑珙[3]为中书侍郎，观察判官荥阳赵华[4]为户部侍郎，并同平章事。以次子承钧[5]为侍卫亲军都指挥使、太原尹，以节度副使李存瑰[6]为代州防御使，裨将武安张元徽[7]为马步军都指挥使，陈光裕为宣徽使。

北汉主谓李存瑰、张元徽曰：“朕以高祖之业一朝坠地，今日位号，不得已而称之；顾我是何天子，汝曹是何节度使邪！”由是不建宗庙，祭祀如家人，宰相月俸止百缗，节度使止三十缗，自余薄有资给而已，故其国中少廉吏[8]。

客省使[9]河南李光美[10]尝为直省官[11]，颇谙故事，北汉朝廷制度，皆出于光美。

北汉主闻湘阴公死，哭曰：“吾不用忠臣之言，以至于此！”为李骧立祠，岁时祭之。

己卯[12]，以太师冯道为中书令，加窦贞固侍中，苏禹珪司空。

王彦超奏遣使赍敕诣徐州，巩廷美等犹豫不肯启关，诏进兵攻之。

帝谓王峻曰：“朕起于寒微，备尝艰苦，遭时丧乱，一旦为帝王，岂敢厚自奉养以病下民乎！”命峻疏四方贡献珍美食物，庚辰[13]，下诏悉罢之。其诏略曰：“所奉止于朕躬，所损被于氓庶[14]。”又曰：“积于有司之中，甚为无用之物。”又诏曰：“朕生长军旅，不亲学问，未知治天下之道，文武官有益国利民之术，各具封事[15]以闻，咸宜直书其事，勿事辞藻。”帝以苏逢吉之第赐王峻，峻曰：“是逢吉所以族李崧也！”辞而不处。

初，契丹主北归，横海[16]节度使潘聿撚弃镇随之，契丹主以聿撚为西南路招讨使。及北汉主立，契丹主使聿撚遗刘承钧书；北汉主使承钧复书，称："本朝沦亡，绍袭帝位，欲循晋室故事[17]，求援北朝。"契丹主大喜。北汉主发兵屯阴地[18]、黄泽[19]、团柏[20]；丁亥[21]，以承钧为招讨使，与副招讨使白从晖[22]、都监李存瓌将步骑万人寇晋州[23]。从晖，吐谷浑人也。

郭崇威更名崇，曹威更名英。

二月，丁酉[24]，以皇子天雄牙内都指挥使荣为镇宁节度使，选朝士[25]为之僚佐，以侍御史[26]王敏[27]为节度判官[28]，右补阙[29]崔颂[30]为观察判官，校书郎[31]王朴[32]为掌书记[33]。颂，协之子；朴，东平人也。

戊戌[34]，北汉兵五道攻晋州[35]，节度使王晏闭城不出。刘承钧以为怯，蚁附登城；晏伏兵奋击，北汉兵死伤者千余人。承钧遣副兵马使安元宝焚晋州西城，元宝来降。承钧乃移军攻隰州[36]，癸卯[37]，隰州刺史许迁[38]遣步军都指挥使孙继业迎击北汉兵于长寿村[39]，执其将程筠等，杀之。未几，北汉兵攻州城，数日不克，死伤甚众，乃引去。迁，郓州人也。

（以上为第二段，写郭威杀湘阴公刘赟于宋州，刘崇即位于晋阳，史称北汉。刘崇连引契丹，发兵五道南下攻晋州，不胜而还。）

【注释】

［1］戊寅：正月十六日。［2］十二州之地：后汉河东节度使刘崇巡属并、汾等十二州之地，当今山西北部、中部及河北西部、陕北治黄河西岸地。后周建国，刘崇据十二州之地建国北汉，都并州，即太原府，在今山西太原市。［3］郑珙：青州（今山东青州市）人。刘崇称帝，任中书侍郎。北汉援引契丹，郑珙奉命出使，死于辽。［4］赵华：荥阳（今河南荥阳市）人。刘崇称帝，官户部侍郎、同平章事、加仆射。善进谏，却不被采纳。［5］承钧（926—968）：刘崇次子。初名承钧，后名钧。29岁即帝位，向契丹述律称儿皇帝，以换取支持。公元955年至968年在位，庙号睿宗。传见《旧五代史》卷一百三十五、《新五代史》卷七十。［6］李存瓌：唐庄宗从弟、后蜀孟知祥甥。刘崇称帝，官忠武节度使，曾带兵伐周，无所得而还。［7］张元徽：武安（今河北武安市）人。北汉大将。刘崇称帝，官武宁节度使。郭威死，率兵伐周，屡获胜。后因气骄轻敌，被周兵杀死，军遂不振。［8］"自余"二句：意为其余的官吏，仅略微给点津贴罢了，因俸薄，所以北汉很少廉吏。自余，此外。这里指中央丞相之外的百官，地方节度使之外的众多官吏。薄有资给，微

薄的俸禄。［9］客省使：掌外国使节的招待供应，实即前代鸿胪寺的职务。［10］李光美：河南（今河南洛阳市）人。熟悉历代典故，时人比之东晋王彪之、唐裴冕。［11］直省官：中书、门下、尚书三省都设有直省官，负责引接百官拜谒宰相等事。［12］己卯：正月十七日。［13］庚辰：正月十八日。［14］氓庶：平民百姓。氓（méng），古指农村居民。［15］封事：古代臣下上书奏事，防止泄漏，用袋密封，称封事。［16］横海：方镇名，唐贞元中置。后梁乾化二年（912）改为顺化军节度；后唐同光二年（924）复改为横海军节度。治所沧州，在今河北沧县。［17］晋室故事：指后晋高祖石敬瑭向契丹称儿皇帝，以求援助的故事。［18］阴地：阴地关，在山西灵石县西南，俗称南关，因其北有冷泉关。［19］黄泽：黄泽岭，在山西左权县东南，岭上有关。［20］团柏：团柏镇，在山西祁县东南，又称团柏谷。［21］丁亥：正月二十五日。［22］白从晖：吐谷浑人，与后周大同节度使白承福、辽云州观察使白可久皆同宗。仕后周官至义成节度使。高平大战后病卒。［23］晋州：治所在今山西临汾市。［24］丁酉：二月五日。［25］朝士：泛指中央的官吏。［26］侍御史：官名，在御史大夫之下，掌举劾非法、督察郡县或奉使执行指定任务，属御史台。［27］王敏：单州金乡（今山东金乡县）人。传见《旧五代史》卷一百二十八。［28］节度判官：节度使属吏之一，员二人，职掌兵马钱粮事务。［29］右补阙：官名，负责对皇帝进行规谏，并荐举人才，属中书省。［30］崔颂：河南偃师（今河南洛阳市偃师区）人，字敦美。父为后唐门下侍郎、平章事崔协。通经义，入宋，判国子监。传见《旧五代史》卷五十八、《宋史》卷四百三十一。［31］校书郎：掌校勘书籍、订正讹误。属秘书省。［32］王朴（905—959）：东平（今山东东平县）人，字文伯。周世宗即位，献《平边策》，深受信任，擢至枢密使，兼东京留守。精通历法，著《大周钦天历》。传见《旧五代史》卷一百二十八、《新五代史》卷三十一。［33］掌书记：唐代节度使属官，位在判官之下，相当于六朝时的记室参军，负责章表书记文檄。［34］戊戌：二月六日。［35］晋州：治所白马城，在今山西临汾市。［36］隰（xí）州：治所隰川，在今山西隰县。［37］癸卯：二月十一日。［38］许迁：郓州（今山东东平县西北）人，后汉末权知隰州。郭威即位，因守隰州有功，正授隰州刺史。传见《旧五代史》卷一百二十九。［39］长寿村：在今山西石楼县东，唐长寿县故址。

甲辰[1]，楚王希萼遣掌书记刘光辅[2]入贡于唐。

帝悉出汉宫中宝玉器数十，碎之于庭，曰："凡为帝王，安用此物！闻汉隐帝日与嬖宠于禁中嬉戏，珍玩不离侧，兹事不远，宜以为鉴。"仍戒左右，自今珍华悦目之物，无得入宫。

丁未[3]，契丹主遣其臣袅骨支与朱宪偕来，贺即位。

戊申[4]，敕前资官各听自便居外州[5]。

陈思让[6]未至湖南，马希萼已克长沙；思让留屯郢州[7]，敕召令还。

丁巳[8]，遣尚书左丞田敏[9]使契丹。北汉主遣通事舍人李詧[10]使于契丹，乞兵为援。

诏加泰宁节度使慕容彦超中书令，遣翰林学士鱼崇谅[11]诣兖州谕指。崇谅，即崇远也。彦超上表谢。三月，壬戌朔[12]，诏报之曰："向以前朝失德，少主用谗，仓猝之间，召卿赴阙，卿即奔驰应命，信宿至京[13]，救国难而不顾身，闻君召而不俟驾；以至天亡汉祚，兵散梁郊，降将败军，相继而至，卿即便回马首，径反龟阴[14]；为主为时[15]，有终有始。所谓危乱见忠臣之节，疾风知劲草之心，若使为臣者皆能如兹，则有国者谁不欲用！所言朕潜龙河朔之际[16]，平难浚郊之时[17]，缘不奉示喻之言，亦不得差人至行阙[18]。且事主之道，何必如斯！若或二三于汉朝，又安肯忠信于周室！以此为惧，不亦过乎！卿但悉力推心，安民体国，事朕之节，如事故君，不惟黎庶获安，抑亦社稷是赖。但坚表率[19]，未议替移[20]。由衷之诚，言尽于此。"

（以上为第三段，写周太祖下特诏安抚泰宁节度使慕容彦超。）

【注释】

［1］甲辰：二月十二日。［2］刘光辅：《湖湘故事》"光辅"作"光瀚"。［3］丁未：二月十五日。［4］戊申：二月十六日。［5］敕前资官各听自便居外州：周太祖颁赐特别命令，凡前朝所授的官居住地可以自由选择。后汉隐帝乾祐二年（949）冬杨邠曾下令"前资官宜分居两京"。郭威一改此令。［6］陈思让：幽州卢龙（今河北卢龙县）人，字后己。累历方镇，家无余财。酷信佛，人称"陈佛子"。传见《宋史》卷二百六十一。［7］郢州：治所长寿，在今湖北钟祥市。［8］丁巳：二月二十五日。［9］田敏：淄州邹平（今山东邹平市）人。通《春秋》之学。官至工部尚书。传见《宋史》卷四百三十一。［10］李詧：人名。詧，又作"詧"，即"辨"的俗字，胡注曰："巧言为辨"。［11］鱼崇谅：楚州山阳（今江苏淮安市）人。初名崇远，避刘知远讳改。传见《宋史》卷二百六十九。［12］壬戌朔：三月一日。［13］信宿至京：指慕容彦超奉汉隐帝诏，两天两夜就从兖州赶到了京城。再宿为信。［14］龟阴：龟山之阴。龟山在山东新泰市西南。兖州在龟山之北，此指兖州。［15］为主为时：为了国君，为了时局。［16］潜龙河朔之际：比喻郭威寄身河北的时候。［17］平难浚郊之时：指郭威在大梁北郊平定祸乱的时候。大梁有浚水，故名浚郊。［18］行阙：郭威的行军驻地。［19］但坚表率：只要你（慕容彦超）坚定忠心，为众人

做表率。［20］未议替移：朝廷从未议论过撤换你的职务。

唐以楚王希萼为天策上将军、武安·武平·静江·宁远节度使兼中书令、楚王；以右仆射孙忌[1]、客省使姚凤为册礼使[2]。

丙寅[3]，遣前淄州刺史陈思让将兵戍磁州，扼黄泽路[4]。

楚王希萼既得志，多思旧怨，杀戮无度，昼夜纵酒荒淫，悉以军府事委马希崇。希崇复多私曲，政刑紊乱。府库既尽于乱兵，籍民财以赏赉士卒，或封其门而取之，士卒犹以不均怨望；虽朗州旧将佐从希萼来者，亦皆不悦，有离心。

刘光辅之入贡于唐也，唐主待之厚，光辅密言："湖南民疲主骄，可取也。"唐主乃以营屯都虞候边镐[5]为信州刺史，将兵屯袁州[6]，潜谋进取。

小门使谢彦颙[7]，本希萼家奴，以首面[8]有宠于希萼，至与妻妾杂坐，恃恩专横。常肩随[9]希崇，或拊其背[10]；希崇衔之[11]。故事，府宴，小门使执兵在门外；希萼使彦颙预坐[12]，或居诸将之上，诸将皆耻之。

希萼以府舍焚荡，命朗州静江指挥使王逵[13]、副使周行逢[14]帅所部兵千余人治之，执役甚劳，又无犒赐，士卒皆怨，窃言曰："囚免死则役作之。我辈从大王出万死取湖南，何罪而囚役之！且大王终日酣歌，岂知我辈之劳苦乎！"逵、行逢闻之，相谓曰："众怨深矣，不早为计，祸及吾曹。"壬申旦[15]，帅其众各执长柯[16]斧、白梃[17]，逃归朗州。时希萼醉未醒，左右不敢白；癸酉[18]，始白之。希萼遣湖南指挥使唐师翥将千余人追之，不及，直抵朗州；逵等乘其疲乏，伏兵纵击，士卒死伤殆尽，师翥脱归。

逵等黜留后马光赞，更以希萼兄子光惠[19]知州事。光惠，希振[20]之子也。寻奉光惠为节度使，逵等与何敬真及诸军指挥使张仿[21]参决军府事。希萼具以状言于唐，唐主遣使以厚赏招谕之；逵等纳其赏，纵其使，不答其诏，唐亦不敢诘也。

王彦超奏克徐州，杀巩廷美等。

北汉李晉至契丹，契丹主使拽剌梅里报之。

丙子[22]，敕："朝廷与唐本无仇怨，缘淮军镇，各守疆域，无得纵兵民擅入唐境；商旅往来，无得禁止。"

（以上为第四段，写楚主马希萼得志，荒淫暴虐，杀戮无度，大失士众心。后周平定徐州。）

【注释】

[1]孙忌：即孙晟，初名凤，高密（今山东高密市）人。南唐宰相。出使后周，触怒世宗，不屈而死。 [2]册礼使：行使册封礼仪的使臣。 [3]丙寅：三月五日。 [4]扼黄泽路：控制通往黄泽关的路口。周太祖以陈思让守磁州（在今河北磁县），阻挡北汉从黄泽关东出。黄泽关，在磁州西北黄泽岭上。 [5]边镐：升州（今江苏南京市）人。伐闽、楚有功，官武安军节度使。后因轻敌，复丧楚地。削官，流放饶州。周师犯南唐，被元宗起用为大将。失利被俘，后放归，元宗置而不用。 [6]袁州：治所在今江西宜春市。 [7]谢彦颙：《湖湘故事》作"谢彦叙"；《三楚新录》作"谢延泽"。 [8]首面：貌美。 [9]肩随：与人并行而略后，以示敬意。据《礼记·曲礼》："年长以倍，则父事之；十年以长，则兄事之；五年以长，则肩随之。" [10]拊其背：轻拍他的肩背。表示辈分相同，关系十分亲近。 [11]衔之：对谢彦颙怀恨在心。 [12]预坐：坐在一起。预，参与。 [13]王逵：武陵（今湖南常德市）人。楚将。因不满马氏繁重劳役，反，据朗州，奉马殷孙马光惠为节度使。不久投后周，授武平军节度使，兼中书令。终为潘叔嗣杀。 [14]周行逢：武陵（今湖南常德市）人。楚将。杀潘叔嗣，任武平军节度使。约束简，执法严，收赋税，虽家人不免。 [15]壬申旦：三月十一日早晨。 [16]柯：斧柄。 [17]梃：棍棒。 [18]癸酉：三月十二日。 [19]光惠：即马光惠，马希萼兄希振子。性愚懦，嗜酒废事。不久被罢黜，同皇族一起送往金陵。 [20]希振：即马希振，武穆王嫡长子。官武顺节度使。工诗句，耽吟咏。庶弟马希声因母宠被立后，弃官为道士。 [21]张仿：楚将。王逵拥立马光惠，仿任武平节度副使。与何敬真为姻戚。何被杀，王逵疑仿，乘其醉杀之。 [22]丙子：三月十五日。

己卯[1]，潞州送涉县[2]所获北汉将卒二百六十余人，各赐衫裤巾履遣还。

加吴越王弘俶诸道兵马都元帅。

夏，四月，壬辰朔[3]，滨淮州镇上言："淮南饥民过淮籴谷，未敢禁止。"诏曰："彼之生民，与此何异，宜令州县津铺[4]无得禁止。"

蜀通奏使高延昭固辞知枢密院，丁未[5]，以前云安[6]榷盐使太原伊审征[7]为通奏使，知枢密院事。审征，蜀高祖妹褒国公主之子也，少与蜀主相亲狎，及知枢密，政之大小悉以咨之。审征亦以经济为己任，而贪侈回邪，与王昭远相表里，蜀政由是浸衰。

吴越王弘俶徙废王弘倧居东府，为筑宫室，治园圃，娱悦之，岁时供馈甚厚。

契丹主遣使如北汉，告以周使田敏来，约岁输钱十万缗。北汉主使郑珙以厚赂谢契丹，自称“侄皇帝致书于叔天授皇帝”，请行册礼。

五月，己巳[8]，遣左金吾将军姚汉英[9]等使于契丹，契丹留之。

辛未[10]，北汉礼部侍郎、同平章事郑珙卒于契丹。

甲戌[11]，义武节度使孙方简避皇考讳[12]，更名方谏。

定难节度[13]李彝殷遣使奉表于北汉。

（以上为第五段，写后周和好南唐，不禁两国边民来往，蜀主荒怠政事，吴越王钱弘俶厚待前废主钱弘倧。）

【注释】

[1]己卯：三月十八日。 [2]涉县：县治在今河北涉县。 [3]壬辰朔：四月一日。 [4]津铺：渡口和店铺。 [5]丁未：四月十六日。 [6]云安：县名，县治在今重庆市云阳县。其东北有云阳场，产盐，唐置云安监。 [7]伊审征：太原人，字申图。母为后蜀高祖孟知祥女褒国公主（一云崇华公主）。官宁江军节度使。自以经略为己任，宋师入境，却首奉降表，时人多窃笑。 [8]己巳：五月八日。 [9]姚汉英：后周将。出使契丹，用敌国礼，契丹主怒，将其扣留。直到孙姚景行显贵，始出籍，世居兴中（今辽宁朝阳县）。 [10]辛未：五月十日。 [11]甲戌：五月十三日。 [12]孙方简避皇考讳：周太祖郭威父郭简，故孙方简避其讳改名为方谏。皇考，宋代以前，一般尊称亡父为皇考；元代以后，用为皇帝亡父的专称。普通人亡父则只称考。 [13]定难节度：据胡三省注，“节度”之下应有“使”字。

六月，辛亥[1]，以枢密使、同平章事王峻为左仆射兼门下侍郎，枢密副使·兵部侍郎范质、户部侍郎判三司[2]李谷为中书侍郎，并同平章事，谷仍判三司。司徒兼侍中窦贞固、司空兼中书侍郎·同平章事苏禹珪并罢守本官[3]。癸丑[4]，范质参知枢密院事。丁巳[5]，以宣徽北院使翟光邺兼枢密副使。

初，帝讨河中，已为人望所属；李谷时为转运使，帝数以微言动之，谷但以人臣尽节为对，帝以是贤之，即位，首用为相。时国家新造，四方多故，王峻夙夜尽心，知无不为，军旅之谋，多所裨益。范质明敏强记，谨守法度。李谷沈毅有器略，在帝前议论，辞气慷慨，善譬谕以开主意。

武平节度使马光惠，愚懦嗜酒，不能服诸将；王逵、周行逢、何敬真谋以辰州刺史庐陵[6]刘言骁勇得蛮夷心，欲迎以为副使。言知逵等难制，曰："不往，将攻我。"乃单骑赴之。既至，众废光惠，送于唐，推言权武平留后，表求旄节于唐，唐人未许；亦称藩于周。

吴越王弘俶以前内外马步都统军使仁俊无罪[7]，复其官爵。

契丹遣燕王述轧等册命北汉主为大汉神武皇帝，妃为皇后。北汉主更名旻。

秋，七月，北汉主遣翰林学士博兴卫融[8]等诣契丹谢册礼，且请兵。

八月，壬戌[9]，葬汉隐帝于颍陵[10]。

义武节度使孙方谏入朝，壬子[11]，徙镇国节度使，以其弟易州刺史行友[12]为义武留后。又徙建雄节度使王晏镇徐州，以武宁节度使王彦超代之。

戊午[13]，追立故夫人柴氏为皇后。

九月，北汉主遣招讨使李存瓌将兵自团柏入寇。契丹[14]欲引兵会之，与酋长议于九十九泉[15]。诸部皆不欲南寇，契丹主强之，癸亥[16]，行至新州之火神淀[17]，燕王述轧及伟王之子太宁王沤僧作乱，弑契丹主而立述轧。契丹主德光之子齐王述律[18]逃入南山，诸部奉述律以攻述轧、沤僧，杀之，并其族党。立述律为帝，改元应历。自火神淀入幽州，遣使告于北汉，北汉主遣枢密直学士上党王得中[19]如契丹，贺即位，复以叔父事之，请兵以击晋州。

契丹主年少，好游戏，不亲国事；每夜酣饮，达旦乃寐，日中方起，国人谓之睡王。后更名明。

（以上为第六段，写周太祖识人任贤，政治粗安，礼葬后汉隐帝。契丹主册命刘崇为北汉皇帝，违众南侵，为部属所杀，述律继任，是为辽国穆宗皇帝。）

【注释】

[1]辛亥：六月二十一日。[2]户部侍郎判三司：判三司上“户部四郎”四字，据章校补。[3]并罢守本官：即解除窦贞固、苏禹珪的宰相职务，窦贞固仍守司徒，苏禹珪仍守司空等。[4]癸丑：六月二十三日。[5]丁巳：六月二十七日。[6]庐陵：县名，治所在今江西吉安市。[7]仁俊无罪：吴越王弘佐听信宠臣程昭悦诬告钱仁俊与阚璠、杜昭达谋反作乱，将他幽于东府，至此冤案始得昭雪。事见《资治通鉴》卷二百八十五齐王开运二年（945）。[8]卫融：博兴（今山东博兴县）人，字明远。仕北汉，官至中书侍郎、同平章事。李筠据上党降北汉，与北汉所署监军卢赞不和，卫融奉使和解二人，宋太祖讨伐李筠，李筠兵败，卫融被擒获，受辱不屈。后久留汴京，官司农卿。传见《宋史》卷四百八十二。[9]壬戌：八月庚寅朔，无壬戌。壬戌，九月三日。[10]颍陵：在许州阳翟县，今河南禹州市。[11]壬子：八月二十三日。[12]行友：孙行友，莫州清苑（今河北保定市清苑区）人。与其兄共尊奉狼山尼姑孙深意，收徒聚众。又仕后汉、后周，官定州节度使。入宋，宋太祖焚尼师之尸，行友被削官归私第。不久，起用为右监门卫大将军。传见《宋史》卷二百五十三。[13]戊午：八月二十九日。[14]契丹：据胡三省注，“契丹”之下应有“主”字。[15]九十九泉：据《魏土地记》，沮阳城（在今北京市昌平区东南）东有牧牛山，山下有九十九泉。[16]癸亥：九月四日。[17]新州之火神淀：据章校：“之”下有“西”字，是。新州，治所在今河北涿鹿县。火神淀，新州西郊地名。[18]德光之子齐王述律：“子”下“齐王”二字，据章校补。述律，辽太宗耶律德光长子耶律璟。即位后嗜酒无度、滥用刑罚、朝政荒废，被近侍所杀。公元951年至969年在位。庙号穆宗。传见《新五代史》卷七十三、《辽史》卷六。[19]王得中：上党（今山西长治市）人。仕北汉刘崇，官枢密直学士。后出使辽求救兵，被周世宗俘获，杀。

壬申[1]，蜀以吏部尚书、御史中丞范仁恕[2]为中书侍郎兼吏部尚书、同平章事。

楚王希萼既克长沙，不赏许可琼，疑可琼怨望，出为蒙州[3]刺史。遣马步都指挥使徐威、左右军马步使陈敬迁、水军都指挥使鲁公绾、牙内侍卫指挥使陆孟俊帅部兵立寨于城西北隅，以备朗兵，不存抚役者，将卒皆怨怒，谋作乱。希崇知其谋，戊寅[4]，希萼宴将吏，徐威等不预，希崇亦辞疾不至。威等使人先驱踶啮马[5]十余入府，自帅其徒执斧斤、白梃，声言絷[6]马，奄[7]至座上，纵横击人，颠踣[8]满地。希萼逾垣走，威等执囚之；执谢彦颙，自顶及踵锉[9]之。立希崇为武安留后，纵兵大掠。幽希萼于衡山县[10]。

刘言闻希崇立，遣兵趣潭州，声言讨其篡夺之罪，壬午[11]，军于益阳[12]之西。希崇惧，癸未[13]，发兵二千拒之，又遣使如朗州求和，请为邻藩。掌书记桂林李观象[14]说言曰：“希萼旧将佐犹在长沙，此必不欲与公为邻；不若先檄希崇取其首，然后图湖南，可兼有也。”言从之。希崇畏言，即断都军判官杨仲敏、掌书记刘光辅、牙内指挥使魏师进、都押牙黄勍等十余人首，遣前辰阳县[15]令李翊赍送朗州；至则腐败，言与王逵等皆以为非仲敏等首，怒责翊。翊惶恐自杀。

希崇既袭位，亦纵酒荒淫，为政不公，语多矫妄，国人不附。

初，马希萼入长沙，彭师暠虽免死，犹杖背黜为民；希崇以为师暠必怨之，使送希萼于衡山，实欲师暠杀之，师暠曰：“欲使我为弑君之人乎！”奉事逾谨。丙戌[16]，至衡山，衡山指挥使廖偃[17]，匡图[18]之子也，与其季父节度巡官匡凝谋曰：“吾家世受马氏恩，今希萼长而被黜，必不免祸，盍相与辅之！”于是帅庄户[19]及乡人悉为兵，与师暠共立希萼为衡山王，以县为行府[20]，断江为栅，编竹为战舰，以师暠为武清节度使[21]，召募徒众，数日，至万余人，州县多应之。遣判官刘虚己求援于唐。

徐威等见希崇所为，知必无成，又畏朗州、衡山之逼，恐一朝丧败，俱及祸，欲杀希崇以自解。希崇微觉之，大惧，密遣客将范守牧奉表请兵于唐，唐主命边镐自袁州将兵万人西趣长沙。

冬，十月，辛卯[22]，潞州巡检陈思让败北汉兵于虒亭[23]。

唐边镐引兵入醴陵[24]。癸巳[25]，楚王希崇遣使犒军。壬寅[26]，遣天策府学士拓跋恒奉笺诣镐请降。恒叹曰：“吾久不死，乃为小儿送降状！”癸卯[27]，希崇帅弟侄迎镐，望尘而拜，镐下马称诏劳之。甲辰[28]，希崇等从镐入城，镐舍于浏阳门楼，湖南将吏毕贺，镐皆厚赐之。时湖南饥馑，镐大发马氏仓粟赈之，楚人大悦。

（以上为第七段，写楚国内乱未已，南唐乘势夺取。）

【注释】

[1]壬申：九月十三日。[2]范仁恕：后蜀宰相。时逢成都水灾，祷于青羊观，卒。

［3］蒙州：治所蒙山县，在今广西蒙山县。［4］戊寅：九月十九日。［5］踶（dì）啮马：踢人咬人的马。［6］絷（zhí）：系马。［7］奄（yǎn）：急遽。［8］踣（bó）：仆倒。［9］锉：铡碎。［10］衡山县：县治在今湖南衡山县。［11］壬午：九月二十三日。［12］益阳：县名，县治在今湖南益阳市。［13］癸未：九月二十四日。［14］李观象：桂州临桂（今广西桂林市临桂区）人。初仕刘言，后仕周行逢。行逢死，劝其子保权降宋，深受宋太祖嘉奖，擢为左补阙。传见《宋史》卷四百八十三。［15］辰阳县：县治在今湖南辰溪县西南。［16］丙戌：九月二十七日。［17］廖偃：一名仁勇。仕马氏，官至裨将，戍衡山县。与彭师暠拥立马希萼为衡山王，并护送至金陵，唐主授为莱州刺史。后因部下叛乱，被杀。［18］匡图：即廖匡图，廖偃父。仕楚为江南观察判官，天策府学士。［19］庄户：唐代以来地主田庄中的佃农和雇农称庄客，其家庭称庄户。除耕种外，还要服其他劳役，并负保卫田庄的责任。［20］行府：临时的军府。［21］武清节度使：为廖偃等人所自设。［22］辛卯：十月三日。［23］虒（sī）亭：在山西襄垣县西，古铜鞮县境。分上虒亭与下虒亭。［24］醴陵：县名，县治在今湖南醴陵市。［25］癸巳：十月五日。［26］壬寅：十月十四日。［27］癸卯：十月十五日。［28］甲辰：十月十六日。

契丹遣彰国节度使萧禹厥将奚、契丹五万会北汉兵入寇；北汉主自将兵二万自阴地关寇晋州，丁未[1]，军于城北，三面置寨，昼夜攻之，游兵至绛州。时王晏已离镇，王彦超未至，巡检使王万敢权知晋州，与龙捷都指挥使[2]史彦超[3]、虎捷指挥使何徽共拒之。史彦超，云州人也。

癸丑[4]，唐武昌[5]节度使刘仁赡[6]帅战舰二百取岳州，抚纳降附，人忘其亡。仁赡，金[7]之子也。

唐百官共贺湖南平，起居郎[8]高远曰："我乘楚乱，取之甚易。观诸将之才，但恐守之难耳！"远，幽州人也。司徒致仕李建勋曰："祸其始于此乎！"

唐主自即位以来，未尝亲祠郊庙，礼官以为请，唐主曰："俟天下一家，然后告谢。"及一举取楚，谓诸国指麾可定。魏岑侍宴言："臣少游元城[9]，乐其风土，俟陛下定中原，乞魏博[10]节度使。"唐主许之，岑趋下拜谢。其主骄臣佞如此。

马希萼望唐人立己为潭帅，而潭人恶希萼，共请边镐为帅，唐主乃以镐为武安节度使。

王峻有故人曰申师厚，尝为兖州牙将，失职饥寒，望峻马拜谒于道。会凉州留后折逋[11]嘉施上表请帅于朝廷，帝以绝域非人所欲，募率府供奉官[12]愿行者，月余，无人应募，峻荐师厚于帝，丁巳[13]，以师厚为河西[14]节度使。

唐边镐趣马希崇帅其族入朝，马氏聚族相泣，欲重赂镐，奏乞留居长沙，镐微哂曰："国家与公家世为仇敌，殆六十年[15]，然未尝敢有意窥公之国。今公兄弟斗阋[16]，困穷自归，若复二三[17]，恐有不测之忧。"希崇无以应，十一月，辛酉[18]，与宗族及将佐千余人号恸登舟，送者皆哭，响振川谷。

帝以北汉、契丹之兵犹在晋州，甲子[19]，以王峻为行营都部署，将兵救之，诏诸军皆受峻节度，听以便宜从事，得自选择将吏。乙丑[20]，峻行，帝自至城西[21]饯之。

楚静江节度副使、知桂州马希隐[22]，武穆王殷之少子也。楚王希广、希萼兄弟争国，南汉主以内侍吴怀恩为西北招讨使，将兵屯境上，伺间密谋进取，希广遣指挥使彭彦晖将兵屯龙峒[23]以备之。希萼自衡山遣使以彦晖为桂州都监、在城外内巡检使、判军府事，希隐恶之，潜遣人告蒙州刺史许可琼。可琼方畏南汉之逼，即弃蒙州，引兵趣桂州，与彦晖战于城中，彦晖败，奔衡山，可琼留屯桂州。吴怀恩据蒙州，进兵侵掠，桂管[24]大扰，希隐、可琼不知所为，但相与饮酒对泣。

南汉主遗希隐书，言："武穆王奄有全楚，富强安靖五十余年[25]。正由三十五舅、三十舅[26]兄弟寻戈，自相鱼肉，举先人基业，北面仇雠[27]。今闻唐兵已据长沙，窃计桂林继为所取。当朝世为与国，重以婚姻，睹兹倾危，忍不赴救！已发大军水陆俱进，当令相公舅永拥节旄，常居方面[28]。"希隐得书，与僚佐议降之，支使[29]潘玄珪以为不可。丙寅[30]，吴怀恩引兵奄至城下，希隐、可琼帅其众，夜斩关奔全州[31]，桂州遂溃。怀恩因以兵略定宜、连、梧、严、富、昭、柳、龚、象等州[32]，南汉始尽有岭南[33]之地。

辛未[34]，唐边镐遣先锋指挥使李承戬将兵如衡山，趣马希萼入朝。庚辰[35]，希萼与将佐士卒万余人自潭州东下。

（以上为第八段，写北汉主引援契丹，再次南下攻后周晋州。南汉乘势夺取楚国岭南之地。）

【注释】

［1］丁未：十月十九日。［2］龙捷都指挥使：广顺元年（951）改侍卫马步军名称，马军旧称护圣，改为龙捷；步军旧称奉国，改为虎捷。［3］史彦超：云州（今山西长城以南、桑干河以北地）人。勇敢骁捷。仕后周，官至感德军节度使。后与契丹战，阵亡。传见《旧五代史》卷一百二十四、《新五代史》卷三十三。［4］癸丑：十月二十五日。［5］武昌：方镇名，唐元和元年（806）置（后多次罢、立），治所鄂州，在今湖北武汉市。［6］刘仁赡：彭城（今江苏徐州市）人，字守惠。官至南唐清淮军节度使，镇寿州。周世宗伐南唐，坚守寿州，虽病重，拒不投降，其子请降，立斩。传见《旧五代史》卷一百二十九、《新五代史》卷三十二。［7］金：刘金，仁赡父，事吴杨行密，任濠、滁二州刺史。传同上。［8］起居郎：官名，唐宋于门下省设起居郎、起居舍人，分记皇帝的言行，修起居注。［9］元城：县名，县治在今河北大名县。［10］魏博：方镇名，唐广云元年（763）置，为河北三镇之一，治所魏州，在今河北大名县东北。［11］凉州：治所在今甘肃武威市。折逋：本为羌族名，因以为姓。［12］率府供奉官：即在率府供职的官吏。率府，官署名。唐代有十率府，即左右卫率、左右司御率、左右清道率、左右监门率、左右内率。均为太子属官，掌东宫兵仗、仪卫及门禁、徼循、斥候等事。［13］丁巳：十月二十九日。［14］河西：方镇名，唐景云元年（710）置，治所凉州，在今甘肃武威市。［15］殆六十年：几乎六十年。唐僖宗中和三年（883），马殷从孙儒攻杨行密，昭宗乾宁三年（896）得湖南，自此与江淮为敌国。到后周广顺元年为56年，故云近六十年。［16］阋（xì）：争斗。［17］若复二三：如果再有三心二意。［18］辛酉：十一月三日。［19］甲子：十一月六日。［20］乙丑：十一月七日。［21］城西：大梁城西。［22］马希隐：武穆王马殷少子。南汉中宗刘晟趁马氏兄弟内讧，发兵占蒙州，侵管桂，希隐遂奔全州。后入南唐，不久又归后周，授节度行军司马。［23］龙峒（dòng）：地名，在广西桂林市南溪山西南的半山上。［24］桂管：方镇名，唐景云元年（710）置桂管经略使，治所桂州，在今广西桂林市。［25］富强安靖五十余年：自光化元年（898）马殷任武安军节度使领有潭衡等七州，至开运四年（947）马希范卒，楚约安定50年。［26］三十五舅：指马希广。三十舅：指马希萼。南汉主刘龑曾娶马殷女马氏为皇后，故称希广等为舅。［27］北面仇雠：向仇人（指南唐）称臣。［28］方面：一方的军政事务。后称总督、巡抚等为方面官。［29］支使：官名。唐代节度使、观察使属官皆有支使，位在副判官之下。［30］丙寅：十一月八日。［31］全州：治所清湘县，在今广西全州县。［32］宜、连、梧、严、富、昭、柳、龚、象等州：诸州均在今广西、广东境内，南汉领地。宜州治所龙水，在今广西河池市宜州区。连州治所桂阳，在今广东连州市。梧州治所苍梧，在今广西梧州市。严州治所严州，在今广西来宾市。富州治所富州，在今广西昭平县。昭州治所昭州，在今广西平乐县。柳州治所马平，在今广西柳州市。

龚州治所在今广西平南县。象州治所阳寿，在今广西象州县。［33］岭南：地区名，指五岭以南地区。［34］辛未：十一月十三日。［35］庚辰：十一月二十二日。

王峻留陕州旬日，帝以北汉攻晋州急，忧其不守，议自将由泽州路与峻会兵救之，且遣使谕峻。十二月，戊子朔[1]，下诏以三日西征。使者至陕，峻因使者言于帝曰："晋州城坚，未易可拔，刘崇兵锋方锐，不可力争。所以驻兵，待其气衰耳，非臣怯也。陛下新即位，不宜轻动。若车驾出汜水[2]，则慕容彦超引兵入汴，大事去矣！"帝闻之，自以手提耳曰："几败吾事！"庚寅[3]，敕罢亲征。

初，泰宁节度使兼中书令慕容彦超闻徐州平，疑惧愈甚，乃招纳亡命，畜聚薪粮，潜以书结北汉，吏获其书以闻。又遣人诈为商人求援于唐。帝遣通事舍人郑好谦就申慰谕，与之为誓。彦超益不自安，屡遣都押牙郑麟诣阙，伪输诚款[4]，实觇机事[5]，又献天平节度使高行周书，其言皆谤毁朝廷与彦超相结之意，帝笑曰："此彦超之诈也！"以书示行周，行周上表谢恩。既而彦超反迹益露，丙申[6]，遣阁门使张凝将兵赴郓州巡检以备之。

庚子[7]，王峻至绛州；乙巳[8]，引兵趣晋州。晋州南有蒙坑[9]，最为险要，峻忧北汉兵据之，是日，闻前锋已度蒙坑，喜曰："吾事济矣！"

慕容彦超奏请入朝，帝知其诈，即许之；既而复称境内多盗，未敢离镇。

北汉主攻晋州，久不克。会大雪，民相聚保山寨，野无所掠，军乏食。契丹思归，闻王峻至蒙坑，烧营夜遁。峻入晋州，诸将请亟追之，峻犹豫未决；明日，乃遣行营马军都指挥使仇弘超、都排陈使药元福[10]、左厢排陈使陈思让、康延沼[11]将骑兵追之，及于霍邑[12]，纵兵奋击，北汉兵坠崖谷死者甚众。霍邑道隘，延沼畏懦不急追，由是北汉兵得渡。药元福曰："刘崇悉发其众，挟胡骑而来，志吞晋、绛，今气衰力惫，狼狈而遁，不乘此翦扑[13]，必为后患。"诸将不欲进，王峻复遣使止之，遂还。契丹比至晋阳，士马什丧三四；萧禹厥耻无功，钉大酋长一人于市，旬余而斩之。北汉主始息意于进取。北汉土瘠民贫，内供军国，外奉契丹，赋繁役重，民不聊生，逃入周境者甚众。

（以上为第九段，写泰宁节度使慕容彦超蓄谋反叛，北汉主与契丹兵败晋州。北汉人民内供军国，外奉契丹，苦不堪言。）

【注释】

［1］戊子朔：十二月一日。［2］汜水：县名，县治在今河南荥阳市。［3］庚寅：十二月三日。［4］伪输诚款：假装表达诚意。［5］实觇机事：实际是探察机密事。［6］丙申：十二月九日。［7］庚子：十二月十三日。［8］乙巳：十二月十八日。［9］蒙坑：在今山西曲沃县北。［10］药元福：并州晋阳（今山西太原市西南）人。五代骁将。曾大败契丹、王景崇、慕容彦超、刘崇等，历数镇节度使。宋初，加检校太师。传见《宋史》卷二百五十四。［11］康延沼：历仕后晋、后周。入宋，官怀州防御史。传见《宋史》卷二百五十五。［12］霍邑：县名，县治在今山西霍州市。［13］翦扑：全部消灭。翦，尽、全。

唐主以镇南节度使兼中书令宋齐丘为太傅；以马希萼为江南西道[1]观察使，镇洪州[2]，仍赐爵楚王；以马希崇为永泰[3]节度使，镇舒州[4]。湖南将吏，位高者拜刺史、将军、卿监，卑者以次拜官。唐主嘉廖偃、彭师暠之忠，以偃为左殿直军使、莱州[5]刺史，师暠为殿直都虞候，赐予甚厚。湖南刺史皆入朝于唐，永州刺史王赟独后至，唐主毒杀之。

南汉主遣内侍省丞[6]潘崇彻[7]、将军谢贯[8]将兵攻郴州[9]，唐边镐发兵救之；崇彻败唐兵于义章[10]，遂取郴州。边镐请除全、道二州刺史[11]以备南汉。丙辰[12]，唐主以廖偃为道州刺史，以黑云指挥使张峦知全州。

是岁，唐主以安化节度使鄱阳王王延政为山南西道节度使，更赐爵光山王[13]。

初，蒙城[14]镇将咸师朗将部兵降唐；唐主以其兵为奉节都，从边镐平湖南。唐悉收湖南金帛、珍玩、仓粟乃至舟舰、亭馆、花果之美者，皆徙于金陵，遣都官郎中[15]杨继勋等收湖南租赋以赡戍兵。继勋等务为苛刻，湖南人失望。行营粮料使[16]王绍颜减士卒粮赐，奉节指挥使孙朗、曹进怒曰："昔吾从咸公[17]降唐，唐待我岂如今日湖南将士之厚哉！今有功不增禄赐，又减之，不如杀绍颜及镐，据湖南，归中原，富贵可图也！”

（以上为第十段，写南唐主掳掠楚国财物，又加重赋役，湖南人大失所望。）

【注释】

[1]江南西道：方镇名，唐开元中以江南道分置东西两道。西道治所洪州，在今江西南昌市。[2]镇洪州：驻节洪州。据章校，“镇”上有“守中书令”四字。[3]永泰：方镇名，五代十国南唐置，治所舒州，在今安徽潜山市。[4]镇舒州：驻节舒州。据章校，“镇”上有“兼侍中”三字。[5]莱州：治所在今山东莱州市。莱州时在周境，彭师暠只是遥领。[6]内侍省丞：内侍省为官署名，专由宦官充任，供侍殿中，备洒扫杂役。有监，有少监，未尝有丞。丞为南汉首置。[7]潘崇彻：咸宁（今湖北咸宁市）人，一说广东佛山市南海区人，南汉大将。后降宋，官汝州别驾。[8]谢贯：南汉将领，素有胆略，郴州一战，扩大了南汉土地。[9]郴州：治所在今湖南郴州市。[10]义章：县名，县治在今湖南宜章县北。[11]除全、道二州刺史：设置全、道两州刺史。两州为南唐所控，与南汉贺、昭、桂三州连界。道州治所营道，在今湖南道县。[12]丙辰：十二月二十九日。[13]光山王：王延政本光山（在今河南光山县西北）人，故以光山为爵位名。时山南西道在蜀，王延政遥领，所加节度使及王位，都是虚衔。[14]蒙城：县名，县治在今安徽蒙城县。[15]都官郎中：唐宋都官郎中属刑部。唐时掌配没徒隶，簿录俘囚，公私良贱，诉竞雪冤；宋时掌徒流、配隶等事。[16]行营粮料使：在军中管粮草供应的官吏。[17]咸公：对咸师朗的尊称。

二年（壬子，952年）

春，正月，庚申[1]，夜，孙朗、曹进帅其徒作乱，束藁潜烧府门，火不然[2]；边镐觉之，出兵格斗，且命鸣鼓角，朗、进等以为将晓，斩关奔朗州。王逵问朗曰：“吾昔从武穆王，与淮南战屡捷，淮南兵易与耳。今欲以朗州之众复取湖南，可乎？”朗曰：“朗在金陵数年，备见其政事，朝无贤臣，军无良将，忠佞无别，赏罚不当，如此，得国存幸矣，何暇兼人[3]！朗请为公前驱，取湖南如拾芥耳！”逵悦，厚遇之。

壬戌[4]，发开封府民夫五万修大梁城，旬日而罢。

慕容彦超发乡兵入城，引泗水[5]注壕中，为战守之备；又多以旗帜授诸镇将，令募群盗，剽掠邻境，所在奏其反状。甲子[6]，敕沂、密二州不复隶泰宁军。以侍卫步军都指挥使、昭武节度使曹英[7]为都部署，讨彦超，齐州[8]防御使史延超为副部署，皇城使河内[9]向训为都监，陈州[10]防御使药元福为行营马步都虞候。帝以元福宿将，命英、训无得以军礼见之，二人皆父事之。

唐主发兵五千，军于下邳[11]，以援彦超；闻周兵将至，退屯沭阳[12]。徐州巡检使张令彬击之，大破唐兵，杀、溺死者千余人，获其将燕敬权。

初，彦超以周室新造，谓其易摇，故北召北汉及契丹，南诱唐人，使侵边鄙，冀朝廷奔命不暇，然后乘间而动。及北汉、契丹自晋州北走，唐兵败于沭阳，彦超之势遂沮。

永兴节度使李洪信[13]，自以汉室近亲，心不自安，城中兵不满千人，王峻在陕，以救晋州为名，发其数百。及北汉兵遁去，遣禁兵千余人戍长安；洪信惧，遂入朝。

壬申[14]，王峻自晋州还，入见。

曹英等至兖州，设长围[15]。慕容彦超屡出战，药元福皆击败之，彦超不敢出。十余日，长围合，遂进攻。

初，彦超将反，判官崔周度[16]谏曰："鲁，诗书之国，自伯禽[17]以来不能霸诸侯，然以礼义守之，可以长世[18]。公于国家非有私憾，胡为自疑！况主上开谕勤至，苟撤备归诚，则坐享太山之安矣。独不见杜中令[19]、安襄阳[20]、李河中[21]竟何所成乎[22]！"彦超怒。及官军围城，彦超括士民之财以赡军，坐匿财死者甚众。前陕州司马阎弘鲁[23]，宝[24]之子也，畏彦超之暴，倾家为献，彦超犹以为有所匿，命周度索其家，周度谓弘鲁曰："君之死生，系财之丰约，宜无所爱。"弘鲁泣拜其妻妾曰："悉出所有以救吾死。"皆曰："竭矣！"周度以白彦超，彦超不信，收弘鲁夫妻系狱。有乳母于泥中掊[25]得金缠臂[26]，献之，冀以赎其主。彦超曰："所匿必犹多。"榜掠弘鲁夫妻，肉溃而死。以周度为阿庇[27]，斩于市。

北汉遣兵寇府州，防御使折德扆败之，杀二千余人。二月，庚子[28]，德扆奏攻拔北汉岢岚军[29]，以兵戍之。

（以上为第十一段，写泰宁节度使慕容彦超反叛，引南唐为援，周太祖发兵征讨，围困兖州。）

【注释】

[1]庚申：正月三日。[2]然："燃"的本字。[3]得国存幸矣，何暇兼人：能维持政权的生存已经很幸运了，哪有余力兼并别人之国。指南唐兼并楚国无力保有。暇，空闲，此指哪有余力。[4]壬戌：正月五日。[5]泗水：在山东中部，源出今山东泗水县东蒙山南麓，四源并发，故名。[6]甲子：正月七日。[7]曹英：字德秀，历仕后晋、后汉、后周，官至成德军节度使。传见《旧五代史》卷一百二十九。[8]齐州：方镇名，唐至德元年（756）置，治所齐州，在今山东济南市。[9]皇城使：官名，五代时设，为皇城司的主官，多用君主亲信担任，以拱卫皇城。河内：县名，县治在今河南沁阳市。[10]陈州：方镇名，后晋开运二年（945）十月升为镇安军节度，后汉天福十二年（947）六月降为刺史，后周广顺元年（951）正月升为防御州。治所淮阳，在今河南周口市淮阳区。[11]下邳：郡名，治所下邳，在今江苏睢宁县西北。[12]沭阳：县名，县治在今江苏沭阳县。[13]李洪信：后汉李太后弟。无才术，徒以外戚致位将相，为永兴军节度使，驻节长安。传见《宋史》卷二百五十二。[14]壬申：正月十五日。[15]设长围：布阵合围。[16]崔周度：后周泰宁节度判官，性刚烈。郭威平灭慕容彦超，追赠他为秘书少监。传见《旧五代史》卷一百三十。[17]伯禽：周代鲁国的始祖。姬姓，字伯禽。周公旦长子。周公东征胜利后，成王把殷民六族和旧奄国地连同奄民分封给他，国号鲁。传见《史记》卷三十三。[18]长世：国运长久。[19]杜中令：即杜重威。[20]安襄阳：即安从进。[21]李河中：即李守贞。[22]竟何所成乎：终究没有一个人能成事。指杜重威、安从进、李守贞三人皆以反叛失败而死。[23]阎弘鲁：死后被郭威追赠为左骁卫大将军。传见《旧五代史》卷一百三十。[24]宝：阎宝，弘鲁父。历仕后梁、后唐。官至天平军节度使。传见《旧五代史》卷五十九、《新五代史》卷四十四。[25]掊：挖掘。[26]金缠臂：金饰器。形制不详。[27]阿庇：偏袒、庇护。[28]庚子：二月十四日。[29]岢岚军：北汉所置军镇名，治岚谷县，在今山西岚县。

甲辰[1]，帝释燕敬权等使归唐，谓唐主曰："叛臣，天下所共疾也，不意[2]唐主助之，得无非计乎！"唐主大惭，先所得中国人，皆礼而归之。唐之言事者犹献取中原之策，中书舍人韩熙载曰："郭氏有国虽浅，为治已固，我兵轻动，必有害无益。"

唐自烈祖[3]以来，常遣使泛海与契丹相结，欲与之共制中国，更相馈遗，约为兄弟。然契丹利其货，徒以虚语往来，实不为唐用也。

唐主好文学，故熙载与冯延己[4]、延鲁、江文蔚、潘佑[5]、徐铉之徒皆至美官[6]。佑，幽州人也。当时唐之文雅于诸国为盛，然未尝设科举，多因上书言事拜官，至是，始命翰林学士江文蔚知贡举[7]，进士庐陵王克贞等三人及第。唐主问文蔚："卿取士何如前朝？"对曰："前朝公举、私谒相半，臣专任至公耳！"唐主悦。中书舍人张纬，前朝登第，闻而衔之。时执政皆不由科第，相与沮毁，竟罢贡举。

三月，戊辰[8]，以内客省使、恩州团练使晋阳郑仁诲为枢密副使。

甲戌[9]，改威胜军曰武胜军[10]。

唐主以太弟太保、昭义节度使冯延已为左仆射，前镇海节度使徐景运为中书侍郎，及右仆射孙晟皆同平章事。既宣制，户部尚书常梦锡众中大言曰："白麻[11]甚佳，但不及江文蔚疏[12]耳！"晟素轻延已，谓人曰："金杯玉碗，乃贮狗矢[13]乎！"

延已言于唐主曰："陛下躬亲庶务，故宰相不得尽其才，此治道所以未成也！"唐主乃悉以政事委之，奏可而已。既而延已不能勤事，文书皆仰成胥史[14]，军旅则委之边将，顷之，事益不治，唐主乃复自览之。

大理卿[15]萧俨[16]恶延已为人，数上疏攻之，会俨坐失入人死罪[17]，钟谟、李德明辈必欲杀之，延已曰："俨误杀一妇人，诸君以为当死。俨九卿[18]也，可误杀乎？"独上言："俨素有直声[19]，今所坐已会赦，宜从宽宥。"俨由是得免；人亦以此多[20]之。

景运寻罢为太子少傅。

夏，四月，丙戌朔[21]，日有食之。

帝以曹英等攻兖州久未克，乙卯[22]，下诏亲征，以李谷权东京留守兼判开封府，郑仁诲权大内都点检[23]，又以侍卫马军都指挥使郭崇充在京都巡检[24]。

唐主既克湖南，遣其将李建期屯益阳[25]以图朗州，以知全州张峦兼桂州招讨使以图桂州，久之，未有功。唐主谓冯延已、孙晟曰："楚人求息肩[26]于我，我未有抚其疮痍而虐用其力，非所以副来苏[27]之望；吾欲罢桂林之役，敛益阳之戍，以旌节授刘言，何如？"晟以为宜然。延已曰："吾出偏将举湖南，远近震惊，一旦三分丧二[28]，人将轻我。请委边将察其形势。"唐主乃遣统军使侯训将兵五千自吉州[29]路趣全州，与张峦合兵攻桂州。南汉伏兵于山谷，峦等始至城下，罢[30]乏，伏兵四起，城中出兵夹击之，唐兵大败，训死，峦收散卒数百奔归全州。

（以上为第十二段，写南唐主好文学，多用如冯延己等文士为大臣，互相轻视。南唐争桂州，为南汉所败。）

【注释】

[1]甲辰：二月十八日。[2]不意：不料、没想到。[3]烈祖：南唐李昪，庙号烈祖。[4]冯延己：南唐著名词人，今之文学史多写作“冯延已”。[5]潘佑：仕南唐，官知制诰，内史舍人。好神仙，与道士李平相善。多次上疏，指陈奸恶，竟不被后主采纳，愤然自缢。[6]美官：有实权的高官美差。俗谓之肥缺，肥官。[7]知贡举：主持科举考试。[8]戊辰：三月十二日。[9]甲戌：三月十八日。[10]改威胜军曰武胜军：旧以邓州为威胜军，避郭威讳改。[11]白麻：唐代诏书用麻纸誊写，有黄白麻之分。凡赦书、德音、立后、建储、大诛讨及拜免将相等均用白麻；制、敕用黄麻。[12]江文蔚疏：此指江文蔚弹劾冯延己。[13]矢：通“屎”。[14]胥史：旧时在官府办理文书的小吏。[15]大理卿：官名，掌刑狱诉讼。古代称法官为理或李。[16]萧俨：庐陵（今江西吉安市）人，仕南唐，官至大理卿。办案秉公执法，弹奏不阿，虽元宗、后主也不得不听从、采纳。[17]失入人死罪：误判人死罪。[18]九卿：泛指朝廷大臣。秦汉通常以奉常（太常）、郎中令（光禄勋）、卫尉、太仆、廷尉、典客（大鸿胪）、宗正、治粟内史（大司农）、少府为九卿。后世九卿的范围、职权屡有变化，但大同小异。这里以九卿之廷尉为大理卿，用以尊称萧俨。[19]直声：正直的名声。[20]多：推重、赞美。[21]丙戌朔：四月一日。[22]乙卯：四月三十日。[23]大内都点检：官名，守卫皇宫的将领。点，原文作“巡”，据章校改。[24]京都巡检：守卫京城的将领。[25]益阳：县名，县治在今湖南益阳市。[26]息肩：免除劳役的负担。[27]来苏：因其来而获得休养生息。《书·仲虺之诰》：“徯予后，后来其苏。”孔传：“汤所往之民皆喜曰：‘待我君来，其可苏息。’”苏，苏息。[28]三分丧二：指得潭州而失掉朗州、桂州。[29]吉州：治所庐陵，在今江西吉安市。[30]罢：通“疲”。

五月，庚申[1]，帝发大梁；戊辰[2]，至兖州。己巳[3]，帝使人招谕慕容彦超，城上人语不逊；庚午[4]，命诸军进攻。

先是，术者[5]给彦超云：“镇星行至角、亢[6]，角、亢兖州之分，其下有福。”彦超乃立祠而祷之，令民间皆立黄幡[7]。彦超性贪吝，官军攻城急，犹瘗[8]藏珍宝，由是人无斗志，将卒相继有出降者。乙亥[9]，官军克城，彦超方祷镇星祠，帅众力战，不胜，乃焚镇星祠，与妻赴井死；子继勋出走，追获，杀之。官军大掠，城中死者近万人。初，彦超将反，募群盗置帐下，至者二千余人，皆山林犷悍[10]，竟不为用。

帝欲悉诛兖州将吏，翰林学士窦仪[11]见冯道、范质，与之共白帝曰："彼皆胁从耳。"乃赦之。丁丑[12]，以端明殿学士颜衎[13]权知兖州事。赦[14]兖州管内，彦超党逃匿者期一月听自首，前已伏诛者赦其亲戚。癸未[15]，降泰宁军为防御州。

唐司徒致仕李建勋卒，且死，戒其家人曰："时事如此，吾得良死幸矣！勿封土立碑，听人耕种于其上，免为他日开发之标。"及江南之亡[16]也，诸贵人高大之家无不发者，惟建勋冢莫知其处。

六月，乙酉朔[17]，帝如曲阜[18]，谒孔子祠。既奠，将拜，左右曰："孔子，陪臣也，不当以天子拜之。"帝曰："孔子百世帝王之师，敢不敬乎！"遂拜之。又拜孔子墓，命葺孔子祠，禁孔林樵采。访孔子、颜渊之后，以为曲阜令及主簿。丙戌[19]，帝发兖州。

乙未[20]，吴越顺德太夫人[21]吴氏卒。

（以上为第十三段，写周太祖亲征，平定慕容彦超之乱，祠祀孔子。）

【注释】

[1]庚申：五月五日。 [2]戊辰：五月十三日。 [3]己巳：五月十四日。 [4]庚午：五月十五日。 [5]术者：指占卜星相等操迷信职业的人。 [6]镇星：即土星。我国古代认为土星每二十八年运行一周天，好像每年坐镇二十八宿中的一宿，故名。角：星官名。二十八宿之一。即角宿，苍龙七宿的第一宿。亢：亢宿。二十八宿之一，苍龙七宿的第二宿。 [7]黄幡：黄色的旗幡。土色黄，立黄幡以从土的颜色，象征得土地为王。 [8]瘗（yì）：埋藏。 [9]乙亥：五月二十日。 [10]犷悍：粗犷凶悍。 [11]窦仪：蓟州渔阳（今天津市蓟州区）人，字可象。后晋天福进士。官至翰林学士、礼部尚书。通礼仪，所提建议多被采纳。传见《宋史》卷二百六十三。 [12]丁丑：五月二十二日。 [13]颜衎（kàn）：兖州曲阜（今山东曲阜市）人，字祖德。自言为兖国公四十五世孙。后周官权知开封。传见《宋史》卷二百七十。 [14]赦：据章校，"赦"上有"壬午"二字。壬午，五月二十七日。 [15]癸未：五月二十八日。 [16]江南之亡：指北宋平灭南唐。 [17]乙酉朔：六月一日。 [18]曲阜：县名，县治在今山东曲阜市，孔子故里，有鲁国故城遗址、孔庙、孔府、孔林等古迹。 [19]丙戌：六月二日。 [20]乙未：六月十一日。 [21]顺德太夫人：吴越文穆王妃吴氏，名汉月，忠懿王钱俶生母。性慈惠节俭，尚黄老之学。谥恭懿。

丁酉[1]，蜀大水入成都，漂没千余家，溺死五千余人，坏太庙四室。戊戌[2]，蜀大赦，赈水灾之家。

己亥[3]，帝至大梁。

朔方节度使兼中书令陈留王冯晖卒，其子牙内都虞候继业[4]杀其兄继勋，自知军府事。

太子宾客李涛之弟瀚[5]，在契丹为勤政殿学士，与幽州[6]节度使萧海真善，海真，契丹主兀欲之妻弟也。瀚说海真内附，海真欣然许之。瀚因定州谍者田重霸赍绢表以闻，且与涛书，言："契丹主童騃[7]，专事宴游，无远志，非前人[8]之比，朝廷若能用兵，必克；不然，与和，必得。二者皆利于速，度其情势，他日终不能力助河东[9]者也。"壬寅[10]，重霸至大梁，会中国多事，不果从[11]。

辛亥[12]，以冯继业为朔方留后。

枢密使王峻，性轻躁，多计数[13]，好权利，喜人附己。自以天下为己任。每言事，帝从之则喜，或时未允，辄愠怼[14]，往往发不逊语[15]；帝以其故旧，且有佐命功，又素知其为人，每优容[16]之。峻年长于帝，帝即位，犹以兄呼之，或称其字，峻以是益骄。副使郑仁诲、皇城使向训、恩州团练使李重进[17]，皆帝在藩镇时腹心将佐也，帝即位，稍稍进用。峻心嫉之，累表称疾，求解机务，以诇[18]帝意，帝屡遣左右敦谕，峻对使者辞气亢厉[19]，又遗诸道节度使书求保证[20]；诸道各献其书，帝惊骇久之，复遣左右慰勉，令视事[21]，且曰："卿傥不来，朕且自往。"犹不至。帝知枢密直学士陈观与峻亲善，令往谕指，观曰："陛下但声言临幸其第[22]，峻必不敢不来[23]。"秋，七月，戊子[24]，峻入朝，帝慰劳令视事。重进，沧州人，其母即帝妹福庆长公主也。

李谷足跌，伤右臂，在告月余[25]；帝以谷职业繁剧，趣令入朝，辞以未任趋拜[26]。癸巳[27]，诏免朝参[28]，但令视事。

蜀工部尚书、判武德军郭延钧不礼于监押王承丕，承丕谋作乱。辛丑[29]，左奉圣都指挥使安次孙钦[30]当以部兵[31]戍边，往辞承丕，承丕邀与俱见府公[32]；钦不知其谋，从之。承丕至，则令左右击杀延钧，屠其家，称奉诏处置军府[33]，即开府库赏士卒，出系囚，发屯戍[34]。将吏毕集，钦谓承丕曰："今延钧已伏辜，公宜出诏书以示众。"承丕曰："我能致公富贵，勿问诏书。"钦始知承丕反，因绐曰："今内外未安，我请以部兵为公巡察。”即跃马而出，承丕连呼之，不止。钦至营，晓谕其众，帅以入府，攻承丕，承丕左右欲拒战，钦叱之，皆弃兵走，遂执承丕，斩之，并其亲党，传首成都。

天平节度使、守中书令高行周卒。行周有勇而知义，功高而不矜，策马临敌，叱咤风生，平居与宾僚宴集[35]，侃侃和易[36]，人以是重之。

癸卯[37]，蜀主遣客省使赵季札如梓州[38]，慰抚吏民。

汉法，犯私盐、曲，无问多少抵死。郑州民有以屋税[39]受盐于官，过州城，吏以为私盐，执而杀之；其妻讼冤。癸丑[40]，始诏犯盐、曲者以斤两定刑有差[41]。

（以上为第十四段，写后周枢密使王峻恃功跋扈。后蜀武德军监押王承丕用诈计杀节镇，为左奉圣都指挥使孙钦所诛。）

【注释】

[1]丁酉：六月十三日。[2]戊戌：六月十四日。[3]己亥：六月十五日。[4]继业：冯继业，大名（今河北大名县东）人，字嗣宗。杀兄自领节镇。入宋，封梁国公。传见《旧五代史》卷一百二十五、《宋史》卷二百五十三。[5]瀚：即李瀚，京兆万年（今陕西西安市）人，字日新。善著文，后晋翰林学士。契丹入汴，陷塞北。传见《宋史》卷二百六十二、《辽史》卷一百零三。[6]幽州：方镇名，唐先天二年（713）置，天宝元年（742）改名范阳节度使，为唐玄宗时边防十节度使之一。宝应元年（762）复改为幽州节度使。治所幽州，在今北京市西南。[7]童騃：年少无知。騃，迟钝、不灵敏。[8]前人：指耶律阿保机、耶律德光等。[9]河东：此指北汉。[10]壬寅：六月十八日。[11]不果从：终于没有实现李瀚的计划。[12]辛亥：六月二十七日。[13]多计数：善用计谋。[14]愠（yùn）怼（duì）：怨恨。[15]不逊语：不恭顺的话。[16]优容：宽容。[17]李重进：郭威妹福庆长公主之子。历数镇节度使、加检校太尉。宋太祖立，谋反失败，自焚。传见《宋史》卷四百八十四。[18]诇（xiòng）：侦察、试探。[19]辞气亢厉：语气高傲、严厉。[20]求保证：求得他们向皇上保证王峻可以胜任更重要的职务。[21]令视事：命他任职治事。[22]第：据章校，“第”下有“严驾以待之”五字。[23]来：据章校，“来”下有“从之”二字。[24]戊子：七月乙卯朔，无戊子。戊子，八月五日。[25]在告月余：告假一个多月。告，古时官吏休假称告。[26]趋拜：趋走跪拜。[27]癸巳：七月乙卯朔，无癸巳。癸巳，八月十日。[28]朝参：古代指臣下朝见皇帝。[29]辛丑：七月乙卯朔，无辛丑。辛丑，八月十八日。[30]孙钦：幽州安次（今河北廊坊市安次区）人。为人果敢，多权谋。事高祖与后主，官左奉圣都指挥使。[31]部兵：所统辖的军队。[32]府公：一府之尊

者称府公。郭延钧为武德军府最高长官，故称。［33］称奉诏处置军府：说奉皇上诏令来处置军府之事。［34］发屯戍：调发驻扎当地的戍卒。［35］宴集：宴饮聚会。［36］侃侃和易：从容不迫，平易近人。［37］癸卯：七月乙卯朔，无癸卯。癸卯，八月二十日。［38］梓州：治所昌城，在今四川三台县。梓州为武德军节度使驻镇，蜀主派赵季札前往，目的在于抚慰遭遇王承丕之乱的官民。［39］屋税：房屋税。［40］癸丑：七月乙卯朔，无癸丑。癸丑，八月三十日。［41］以斤两定刑有差：按走私盐、曲多少确定轻重不同的刑罚。按：当时规定，走私一斤以下至一两，杖八十，配役；五斤以下，一斤以上，徒三年；五斤以上，重杖一顿，处死。

【点评】

本卷点评后周太祖识人任贤、李崇矩仁厚、北汉民苦楚三件史事。

一、后周太祖识人任贤。郭威代汉，礼葬后汉隐帝，平反被害后汉大臣，国葬史弘肇、杨邠、王章等，又寻访各家幸存子孙录用之。宽待仇家，不泄私愤。刘铢贪婪酷虐，非汉室忠臣，杀灭郭威全家。刘铢被捕，郭威责问，刘铢答曰："我刘铢为汉家诛杀叛逆的家族，没有计较后果。"郭威怒杀刘铢，但不株连其妻子，说："刘铢杀我全家，我再杀刘铢的全家，冤冤相报，何时是尽头。"表现了郭威的帝王器度。识人与任贤，郭威在五代之君中更是高人一筹。当郭威在讨灭李守贞等三镇之叛时，看到朝廷的诏书以及处分军事方略都十分得体。郭威询问使者，得知出自翰林学士范质之手，郭威说："这个人是当宰相的人才。"郭威入京，找到了范质，非常高兴，当时漫天大雪，郭威立即解下自身的紫袍披到范质身上。郭威即位后，任用王峻为枢密使、同平章事兼左仆射门下侍郎；范质为兵部侍郎，参知枢密院事；李谷判三司为中书侍郎，参知枢密院事，并同平章事；窦贞固为司徒兼侍中；苏禹珪为司空兼中书侍郎并同平章事，诸人皆一时之选。当时国家新造，四方多故，后周君臣协力，很快步入正轨。慕容彦超反叛，郭威亲征，及时平灭，又两败刘崇连引的契丹南犯。郭威和好南唐，不禁两国边民来往，集中全力打击北汉及契丹，巩固政权，后周在五代中是治理得最有条理的朝代，郭威算得上是乱世中的明君。

二、李崇矩仁厚。李崇矩，上党人，史弘肇故人亲吏，掌管史弘肇的家产和账簿。史弘肇死后，李崇矩得到了史弘肇的全部家产。郭威称帝，平反史弘肇等人的冤案，并派李崇矩寻访史弘肇的亲族。李崇矩说："史弘肇的弟弟史弘福还活着。"史弘福得以重见天日。李崇矩把他得到的史弘肇的全部家产完璧归赵，全都移交给了史弘福。后周太祖郭威十分称赞李崇矩的高贵品德，特地把李崇矩安排在皇太子柴荣府中为皇太子的宾客和导师，让李崇矩的仁厚品德影响皇太子。五代乱世，弱肉强食成为普遍的现象，人与人之间道德底线衰颓，无官不贪。在这样的社会生态中，李崇矩的仁厚品德无比崇高，不仅赢得了一国之君后周太祖的尊重，而且还赢得了大史学家司马光大书一笔。

三、北汉民苦楚。公元951年，刘崇即帝位于晋阳，建立了北汉，拥有河东十二州之地。刘崇不建宗庙，祭祀祖先用平民礼，宰相月俸仅百缗，节度使才三十缗，君臣节俭，表示出卧薪尝胆、报仇雪耻的决心。刘崇效法石敬瑭，向契丹称侄皇帝，连引契丹兵南犯。公元951年，刘崇两次与契丹人大举进攻后周，而结纳契丹，不得人心，两次都大败而回。北汉每年向契丹输钱十万缗，厚赂打点契丹权贵还未计在内。北汉土地，本来就贫瘠，民众艰辛，内供军国，外奉契丹，所以赋役繁重。北汉官俸过低，十官九贪，加重了民众的负担。北汉民苦楚，陷于水深火热之中，“民不聊生，逃入周境者甚众”。

卷二九一　后周纪二

后周太祖广顺二年至显德元年（952—954 年）

【起玄黓困敦（壬子，952 年）九月，尽阏逢摄提格（甲寅，954 年）四月，凡一年有奇】

【大事提要】

本卷记事起公元 952 年九月，讫公元 954 年四月，凡一年又八个月，当后周太祖广顺二年九月至显德元年四月。后周太祖减轻赋役，废军屯，以地赐民，贬逐跋扈之臣王峻，抱病祀南郊，临终遗命薄葬，不失明主风采。养子柴荣嗣位，史称后周世宗。北汉主刘崇趁后周国丧而南侵，后周世宗御众亲征。高平之战，后周世宗大破北汉兵，刘崇狼狈逃窜，后周世宗乘胜兵围晋阳。是役也，赵匡胤作战，一马当先，初露头角。楚国旧将刘言、王逵逐走南唐兵，尽复楚国之旧境，只有郴、连两州落入南汉。湖南局势恢复，王逵杀刘言，称藩于后周。

太祖圣神恭肃文武孝皇帝中

广顺二年（壬子，952 年）

九月，甲寅朔[1]，吴越丞相裴坚[2]卒。以台州[3]刺史吴延福同参相府事。

庚午[4]，敕北边吏民毋得入契丹境俘掠。

契丹将高谟翰以苇筏[5]渡胡卢河[6]入寇，至冀州[7]，成德节度使何福进遣龙捷都指挥使刘诚诲等屯贝州[8]以拒之。契丹闻之，遽引兵北渡；所掠冀州丁壮数百人，望见官军，争鼓噪，欲攻契丹，官军不敢应，契丹尽杀之。

蜀山南西道节度使李廷珪奏周人聚兵关中[9]，请益兵为备。蜀主遣奉銮肃卫都虞候赵进将兵趣利州[10]；既而闻周人聚兵以备北汉，乃引还。

唐武安节度使边镐，昏懦无断，在湖南，政出多门，不合众心。吉水人欧阳广[11]上书言："镐非将帅才，必丧湖南，宜别择良帅，益兵以救其败。"不报。

唐主使镐经略朗州，有自朗州来者，多言刘言忠顺，镐由是不为备。唐主召刘言入朝，言不行，谓王逵曰："唐必伐我，奈何？"逵曰："武陵[12]负江湖之险，带甲数万，安能拱手受制于人！边镐抚御无方，士民不附，可一战擒也。"言犹豫未决，周行逢曰："机事贵速，缓则彼为之备，不可图也。"言乃以逵、行逢及牙将何敬真、张仿、蒲公益、朱全琇、宇文琼、彭万和、潘叔嗣、张文表[13]十人皆为指挥使，部分发兵[14]。叔嗣、文表，皆朗州人也。行逢能谋，文表善战，叔嗣果敢，三人多相须成功[15]，情款甚昵[16]。

诸将欲召溆州[17]酋长苻彦通[18]为援，行逢曰："蛮贪而无义，前年从马希萼入潭州，焚掠无遗。吾兵以义举，往无不克，乌用此物，使暴殄百姓哉！"乃止。然亦畏彦通为后患，以蛮酋土团都指挥使刘瑫为群蛮所惮，补西境镇遏使以备之。

冬，十月，逵等将兵分道趣长沙，以孙朗、曹进为先锋使，边镐遣指挥使郭再诚等将兵屯益阳以拒之。戊子[19]，逵等克沅江[20]，执都监刘承遇，裨将李师德帅众五百降之。壬辰[21]，逵等命军士举小舟自蔽，直造益阳，四面斧寨[22]而入，遂克之，杀戍兵二千人。边镐告急于唐。甲午[23]，逵等克桥口[24]及湘阴[25]，乙未[26]，至潭州，边镐婴城自守；救兵未至，城中兵少，丙申[27]夜，镐弃城走，吏民俱溃。醴陵门[28]桥折，死者万余人。道州[29]刺史廖偃为乱兵所杀。丁酉[30]旦，王逵入城，自称武平节度副使、权知军府事，以何敬真为行军司马。遣敬真等追镐，不及，斩首五百级。蒲公益攻岳州，唐岳州刺史宋德权走，刘言以公益权知岳州。唐将守湖南诸州者，闻长沙陷，相继遁去。刘言尽复马氏岭北故地，惟郴、连入于南汉。

契丹瀛、莫、幽州大水，流民入塞散居河北者数十万口，契丹州县亦不之禁。诏所在赈给存处之，中国民先为所掠，得归者什五六。

（以上为第一段，写楚旧将刘言、王逵逐走南唐兵，尽复楚国之旧，唯有郴、连两州落入南汉。)

【注释】

[1]甲寅朔：九月一日。 [2]裴坚：湖州（治所在今浙江湖州市吴兴区）人，字廷实。善属文，任吴越丞相，有善政。 [3]台州：治所临海，在今浙江临海市。 [4]庚午：九月十七日。 [5]苇筏：用芦苇编成的渡水工具。 [6]胡卢河：又名宁晋泊，在今河北宁晋县东南，现已成洼地。 [7]冀州：治所在今河北衡水市冀州区。 [8]贝州：治所在今河北清河县，北至冀州120里。 [9]关中：地区名，相当于今陕西中部，旧说在东函谷、南武关、西散关、北萧关等四关之中。 [10]利州：治所兴安，在今四川广元市。 [11]欧阳广：吉州吉水（今江西吉水县）人。善于洞察时局，有远见。南唐元宗李璟曾想召试他，拟授予官职，他却不肯就试。后出任吉水县令。 [12]武陵：郡名，唐天宝、至德时改朗州为武陵郡，治所在今湖南常德市。 [13]张文表：朗州人。周行逢死，据长沙发动叛乱，后被杨师璠平灭。 [14]部分发兵：部署发兵事宜。[15]相须成功：相互配合，取得成功。 [16]情款甚昵：感情十分亲密。 [17]溆州：治所在今湖南怀化市。 [18]苻彦通：溆州部族首领，称王于溪峒间。曾助马希萼攻入长沙，焚掠无遗。后投王逵，授黔中节度使。 [19]戊子：十月五日。 [20]沅江：县名，县治在今湖南沅江市。[21]壬辰：十月九日。 [22]斧寨：砍伐营寨。 [23]甲午：十月十一日。 [24]桥口：桥口镇，在今湖南长沙市西北。 [25]湘阴：县名，治所在今湖南湘阴县。 [26]乙未：十月十二日。[27]丙申：十月十三日。 [28]醴陵门：即潭州城东门。 [29]道州：治所营道，在今湖南道县。[30]丁酉：十月十四日。

丁未[1]，谷以病臂久未愈[2]，三表辞位，帝遣中使谕指曰：“卿所掌至重，朕难其人[3]，苟事功克集，何必朝礼！朕今于便殿待卿，可暂入相见。”谷入见于金祥殿，面陈悃款[4]；帝不许。谷不得已复视事。谷未能执笔，诏以三司务繁[5]，令刻名印[6]用之。

辛亥[7]，敕“民有诉讼，必先历县州及观察使处决，不直，乃听讼于台省[8]，或自不能书牒[9]，倩人[10]书者，必书所倩姓名、居处[11]。若无可倩，听执素纸[12]。所诉必须己事，毋得挟私客诉[13]。”

庆州[14]刺史郭彦钦性贪，野鸡族[15]多羊马，彦钦故扰之以求赂，野鸡族遂反，剽掠纲商[16]；帝命宁、环二州[17]合兵讨之。

刘言遣使来告，称：“湖南世事朝廷，不幸为邻寇[18]所陷，臣虽不奉诏，辄纠合义兵，削平旧国[19]。”

唐主削边镐官爵，流饶州[20]。初，镐以都虞候从查文徽克建州，凡所俘获皆全之，建人谓之“边佛子”；及克潭州，市不易肆[21]，潭人谓之“边菩萨”；既而为节度使，政无纲纪，惟日设斋供[22]，盛修佛事，潭人失望，谓之“边和尚”矣。

左仆射同平章事冯延已、右仆射同平章事孙晟上表请罪；皆释之。晟陈请不已，乃与延己皆罢守本官。

唐主以比年[23]出师无功，乃议休兵息民。或曰：“愿陛下数十年不用兵，可小康矣！”唐主曰：“将终身不用，何数十年之有！”唐主思欧阳广之言，拜本县令。

（以上为第二段，写南唐边镐非将帅才，丢失湖南，冯延己等引咎辞相位。）

【注释】

[1]丁未：十月二十四日。 [2]谷以病臂久未愈：《宋史·李谷传》载：“晨起仆阶下，伤右臂。”据章校：“谷”上有“李”字。 [3]朕难其人：我很难找到合适的人选。 [4]悃（kǔn）款：至诚的心意。 [5]三司务繁：李谷此时的职务是“中书侍郎、平章事、判三司”。 [6]刻名印：刻图章。指以盖印章代签字。 [7]辛亥：十月二十八日。 [8]不直，乃听讼于台省：地方判案不公正，才允许向朝廷台省上诉。台省，指御史台和尚书省刑部。 [9]牒：公文，凭证。此指上诉的状子。 [10]倩人：请人，托人。 [11]必书所倩姓名、居处：状予上写明代写状子人的姓名、住处。 [12]素纸：白纸。指不识字又请不到代写状子的人，可手执一张白纸代替状子。 [13]挟私客诉：不得挟持私情替人打官司。 [14]庆州：治所安化，在今甘肃庆阳市。 [15]野鸡族：党项族的一支，居庆州北。 [16]纲商：往沿边从事贸易的集团商贩。纲，商人结伙发运大宗商品，分批起运，每一批编号称为一纲。 [17]宁、环二州：宁州治所定安，在今甘肃宁县。环州治所在今甘肃环县。 [18]邻寇：指南唐。 [19]旧国：指湖南旧楚之地。 [20]饶州：治所鄱阳，在今江西鄱阳县。 [21]市不易肆：街上的店铺照常做买卖（未受骚扰）。 [22]设斋供：摆设供佛的物品。 [23]比年：连年。

十一月，辛未[1]，徙保义节度使折从阮为静难节度使，讨野鸡族。

癸酉[2]，敕：“约每岁民间所输牛皮，三分减二；计田十顷，税取一皮，余听民自用及卖买，惟禁卖于敌国。”先是，兵兴以来[3]，禁民私卖买牛皮，悉令输官受直[4]。唐明宗之世，有司止偿以盐；晋天福中，并盐不给。汉法，犯私牛皮一寸抵死，然民间日用实不可无。帝素知其弊，至是，李谷建议，均于田亩[5]，公私便之。

十二月，丙戌[6]，河决郑、滑，遣使行视修塞。

甲午[7]，前静难节度使侯章献买宴[8]绢千匹，银五百两；帝不受，曰："诸侯入觐[9]，天子宜有宴犒[10]，岂待买邪！自今如此比者，皆不受。"

王逵将兵及洞蛮五万攻郴州，南汉将潘崇彻救之，遇于蚝石[11]。崇彻登高望湖南兵，曰："疲而不整，可破也。"纵击，大破之，伏尸八十里。

翰林学士徐台符请诛诬告李崧者[12]葛延遇及李澄，冯道以为屡更赦[13]，不许。王峻嘉台符之义，白于帝，癸卯[14]，收延遇、澄，诛之。

刘言表称潭州残破，乞移使府治朗州，且请贡献、卖茶，悉如马氏故事；许之。

唐江西观察使楚王马希萼入朝，唐主留之，后数年，卒于金陵，谥曰恭孝。

初，麟州[15]土豪杨信自为刺史，受命于周。信卒，子重训嗣。以州降北汉；至是，为群羌所围，复归款[16]，求救于夏、府二州[17]。

（以上为第三段，写周太祖减轻赋役，南唐遣使入朝。）

【注释】

[1]辛未：十一月十九日。 [2]癸酉：十一月二十一日。 [3]兵兴以来：指唐末战乱以来。 [4]悉令输官受直：民间牛皮全部交纳官府接受偿值。直，价值。牛皮做甲胄，故禁卖敌国，官府垄断收购。 [5]均于田亩：征取牛皮，纳入税收按田亩计算。 [6]丙戌：十二月四日。 [7]甲午：十二月十二日。 [8]买宴：五代时方镇入朝以及在朝之臣参加宴会，都要交买宴钱或物。 [9]觐（jìn）：古代诸侯朝见天子，春见叫朝，秋见叫觐。此泛指晋见天子。 [10]宴犒：设宴犒劳。 [11]蚝石：地名，在今湖南宜章县境。 [12]诬告李崧者：指葛延遇与李澄两仆夫，诬告李崧事见《资治通鉴》卷二百八十八。 [13]屡更赦：屡次颁布赦令。 [14]癸卯：十二月二十一日。 [15]麟州：治所在今陕西神木市北。 [16]归款：诚心归附。 [17]求救于夏、府二州：指杨信向夏州镇将李彝殷、府州镇将折德扆二将求救。夏州治所岩绿，在今陕西靖边县红墩界镇。府州治所在今陕西府谷县。

三年（癸丑，953 年）

春，正月，丙辰[1]，以武平留后刘言为武平节度使，制置武安·静江等军事、同平章事；以王逵为武安节度使，何敬真为静江节度使，周行逢为武安行军司马。

诏折从阮："野鸡族能改过者，拜官赐金帛，不则进兵讨之。"壬戌[2]，从阮奏："酋长李万全[3]等受诏立誓外，自余犹不服，方讨之。"

前世屯田皆在边地，使戍兵佃之。唐末，中原宿兵，所在皆置营田以耕旷土；其后又募高赀户使输课佃之[4]，户部别置官司总领[5]，不隶州县，或丁多无役，或容庇奸盗，州县不能诘。梁太祖击淮南，掠得牛以千万计，给东南诸州农民，使岁输租。自是历数十年，牛死而租不除，民甚苦之。帝素知其弊，会閤门使、知青州[6]张凝上便宜[7]，请罢营田务[8]，李谷亦以为言，乙丑[9]，敕"悉罢户部营田务，以其民隶州县；其田、庐、牛、农器，并赐见佃者为永业[10]，悉除租牛课[11]。"是岁，户部增三万余户。民既得为永业，始敢葺屋植木，获地利数倍。或言："营田有肥饶者，不若鬻之，可得钱数十万缗以资国。"帝曰："利在于民，犹在国也，朕用此钱何为！"

莱州刺史叶仁鲁，帝之故吏也，坐赃绢万五千匹，钱千缗，庚午[12]，赐死；帝遣中使赐以酒食曰："汝自抵[13]国法，吾无如之何！当存恤汝母。"仁鲁感泣。

帝以河决为忧，王峻自请往行视，许之。镇宁节度使荣屡求入朝，峻忌其英烈[14]，每沮止[15]之。闰月[16]，荣复求入朝，会峻在河上[17]，帝乃许之。

契丹寇定州，围义丰军[18]，定和都指挥使杨弘裕夜击其营，大获，契丹遁去。又寇镇州，本道兵击走之。

丙申[19]，镇宁节度使荣入朝。故李守贞骑士马全乂[20]从荣入朝，帝召见，补殿前指挥使，谓左右曰："全乂忠于所事，昔在河中，屡挫吾军，汝辈宜效之。"王峻闻荣入朝，遽自河上归，戊戌[21]，至大梁。

（以上为第四段，写周太祖废军屯，以地赐民，镇宁节度使柴荣入朝。）

【注释】

[1]丙辰：正月五日。［2］壬戌：正月十一日。［3］李万全：吐谷浑部人。善左右射，老而不衰。仕后周，官彰武军节度使。入宋，加检校太尉、横海军节度使。传见《宋史》卷二百六十一。［4］高赀户：有钱的人家。使输课佃之：租给他们土地，向他们抽税。［5］户部别置官司总领：户部另设一个机构，专门掌握租佃土地的事。［6］青州：治所在今山东青州市。［7］上便宜：上书论述便于公宜于民的事。［8］请罢营田务：请求废除户部营田（屯田）的机构。［9］乙丑：正月十四日。［10］并赐见佃者为永业：都赠给租佃土地的人，作为永久的产业。［11］悉除租牛课：全部废除租牛税。［12］庚午：正月十九日。［13］抵：触犯、冒犯。［14］英烈：英明刚正，才智出众。［15］沮止：阻止。［16］闰月：闰二月。［17］会峻在河上：正赶上王峻外出巡视黄河。［18］义丰军：治所义丰，在今河北滦州市。［19］丙申：正月十五日。［20］马全义：幽州蓟（今北京市西南）人。长于谋划和骑射。初仕李守贞，不为所用。入周，颇受郭威赏识，屡破强敌，官至江州防御使。传见《宋史》卷二百七十八。［21］戊戌：正月十七日。

彰武节度使高允权卒，其子牙内指挥使绍基谋袭父位，诈称允权疾病，表己知军府事。观察判官李彬切谏，绍基怒，斩之，辛巳[1]，以彬谋反闻。

王峻固求领藩镇，帝不得已，以峻[2]兼平卢节度使。

高绍基屡奏杂虏犯边，冀得承袭，帝遣六宅使[3]张仁谦诣延州[4]巡检，绍基不能匿，始发父丧。

戊申[5]，折从阮奏降野鸡二十一族。

唐草泽[6]邵棠上言："近游淮上[7]，闻周主恭俭，增修德政。吾兵新破于潭、朗，恐其有南征之志，宜为之备。"

初，王逵既得潭州，以指挥使何敬真为静江节度副使，朱全琇为武安节度副使，张文表为武平节度副使，周行逢为武安行军司马。敬真、全琇各置牙兵，与逵分厅视事[8]，吏民莫知所从。每宴集，诸将使酒，纷拿如市[9]，无复上下之分，唯行逢、文表事逵尽礼，逵亲爱之。敬真与逵不协，辞归朗州，又不能事刘言，与全琇谋作乱。言素忌逵之强，疑逵使敬真伺己，将讨之，逵闻之，甚惧。行逢曰："刘言素不与吾辈同心，何敬真、朱全琇耻在公下，公宜早图之。"逵喜曰："与公共除凶党，同治潭、朗，夫复何忧！"会南汉寇全、道、永州[10]，行逢请："身至朗州说言，遣敬真、全琇南讨，俟至长沙，以计取之，如掌中物耳。”逵从之。行逢至朗州，言以敬真为南面行营招讨使，全琇为先锋使，将牙兵百余人会潭州兵以御南汉。二人至长沙，逵出郊迎，相见甚欢，宴饮连日，多以美妓饵之，敬真因淹留[11]不进。朗州指挥使李仲迁部兵三千人久戍潭州，敬真使之先发，趣岭北[12]，都头符会等因士卒思归，劫仲迁擅还朗州。逵乘敬真醉，使人诈为言使者，责敬真以“南寇深侵，不亟捍御而专务荒宴，太师[13]命械公归西府[14]”，因收系狱。全琇逃去，遣兵追捕之。二月，辛亥朔[15]，斩敬真以徇。未几，获全琇及其党十余人，皆斩之。

癸丑[16]，镇宁节度使荣归澶州。

初，契丹主德光北还，以晋传国宝自随。至是，更以玉作二宝[17]。

王逵遣使以斩何敬真告刘言，言不得已，庚申[18]，斩符会等数人。

枢密使、平卢节度使、同平章事王峻，晚节益狂躁，奏请以端明殿学士颜衎、枢密直学士陈观代范质、李谷为相，帝曰：“进退宰辅，不可仓猝，俟朕更思之。”峻力论列，语浸不逊；日向中，帝尚未食，峻争之不已，帝曰：“今方寒食，俟假开[19]，如卿所奏。”峻乃退。

癸亥[20]，帝亟召宰相、枢密使入，幽峻于别所。帝见冯道等，泣曰：“王峻陵[21]朕太甚，欲尽逐大臣，翦朕羽翼。朕惟一子，专务间阻[22]，暂令诣阙，已怀怨望。岂有身典枢机[23]，复兼宰相，又求重镇[24]！观其志趣，殊未盈厌[25]。无君如此，谁则堪之！”甲子[26]，贬峻商州[27]司马[28]，制辞略曰：“肉视群后，孩抚朕躬[29]。”帝虑邺都留守王殷不自安，命殷子尚食使承诲诣殷，谕以峻得罪之状。峻至商州，得腹疾，帝犹愍之，命其妻往视之，未几而卒。

（以上为第五段，写武安节度使王逵清除异己。后周枢密使、同平章事王峻居功跋扈遭贬逐，忧愤而死。）

【注释】

[1]辛巳：正月三十日。[2]以峻：据章校，“以”上有“壬寅”二字。壬寅，正月二十一日。[3]六宅使：官名，掌诸王第宅之事。[4]延州：治所肤施，在今陕西延安市东北。[5]戊申：正月二十七日。[6]草泽：在野未做官的人。[7]淮上：淮河一带。[8]分厅视事：各设一

厅办公。［9］纷拿如市：吵嚷混战，像闹市一样。［10］全、道、永州：三州名。全州治所清湘，在今广西全州县西。道州治所在今湖南道县。永州治所零陵，在今湖南永州市零陵区。［11］淹留：停留、久留。［12］岭北：大庾岭之北。［13］太师：此指刘言。［14］西府：朗州军府在潭州之西，故称西府。［15］辛亥朔：二月一日。［16］癸丑：二月三日。［17］二宝：据《五代会要》卷十三“符宝郎”记载，当时制宝两座，用白玉，方六寸，螭虎纽，冯道题宝文，一为“皇帝承天受命之宝”、一为“皇帝神宝”。［18］庚申：二月十日。［19］俟假开：等到假期结束。［20］癸亥：二月十三日。［21］陵：欺凌。［22］专务间阻：专门琢磨从中加以阻挠。［23］身典枢机：本身掌握枢密院机要。［24］又求重镇：又要求做大镇节度使。［25］殊未盈厌：毫无满足的意思。［26］甲子：二月十四日。［27］商州：治所上洛，在今陕西商洛市商州区。［28］司马：官名，唐、五代司马为州刺史的佐官，多安置被贬斥之官。［29］肉视群后，孩抚朕躬：视朝臣如菜板上的肉块，把天子当作年幼无知的孩子。

帝命折从阮分兵屯延州，高绍基始惧，屡有贡献。又命供奉官张怀贞将禁兵两指挥屯鄜、延，绍基乃悉以军府事授副使张匡图。甲戌[1]，以客省使向训权知延州。

三月，甲申[2]，以镇宁节度使荣为开封尹、晋王。丙戌[3]，以枢密副使郑仁诲为镇宁节度使。

初，杀牛族[4]与野鸡族有隙，闻官军讨野鸡，馈饷迎奉，官军利其财畜而掠之；杀牛族反，与野鸡合，败宁州[5]刺史张建武于包山[6]。帝以郭彦钦扰群胡，致其作乱，黜废于家。

初，解州[7]刺史浚仪[8]郭元昭与榷盐使李温玉有隙，温玉婿魏仁浦为枢密主事[9]，元昭疑仁浦庇之；会李守贞反，温玉有子在河中，元昭收系温玉，奏言其叛，事连仁浦。帝时为枢密使，知其诬，释不问。至是，仁浦为枢密承旨[10]，元昭代归[11]，甚惧，过洛阳，以告仁浦弟仁涤，仁涤曰：“吾兄平生不与人为怨，况肯以私害公乎！”既至，丁亥[12]，仁浦白帝，以元昭为庆州刺史。

己丑[13]，以棣州[14]团练使太原王仁镐[15]为宣徽北院使兼枢密副使。

唐主复以左仆射冯延己同平章事。

周行逢恶武平节度副使张仿，言于王逵曰：“何敬真，仿之亲戚，临刑以后事属仿，公宜备之。”夏，四月，庚申[16]，逵召仿饮，醉而杀之。

丙寅[17]，归德节度使兼侍中常思入朝；戊辰[18]，徙平卢节度使。将行，奏曰：“臣在宋州，举丝[19]四万余两在民间，谨以上进，请征之。”帝颔[20]之。五月，丁亥[21]，敕榜宋州，凡常思所举悉蠲[22]之，思[23]亦无怍色[24]。

自唐末以来，所在学校废绝，蜀毋昭裔出私财百万营学馆，且请刻板印《九经》[25]，蜀主从之。由是蜀中文学[26]复盛。

六月，壬子[27]，沧州[28]奏契丹知卢台军事范阳张藏英[29]来降。

初，唐明宗之世，宰相冯道、李愚[30]请令判国子监[31]田敏校正《九经》，刻板印卖，朝廷从之。丁巳[32]，板成[33]，献之。由是，虽乱世，《九经》传布甚广。

（以上为第六段，写五代时《九经》雕版大行于世。）

【注释】

[1]甲戌：二月二十四日。 [2]甲申：三月五日。 [3]丙戌：三月七日。 [4]杀牛族：党项族的一支。 [5]宁州：治所在今甘肃宁县。 [6]包山：地名，在宁州境。 [7]解州：治所在今山西运城市。 [8]浚（xùn）仪：县名，县治在今河南开封市。 [9]枢密主事：枢密院属官。[10]枢密承旨：官名。五代置枢密院承旨、副承旨，以诸卫将军充任。 [11]代归：任职期满。[12]丁亥：三月八日。 [13]己丑：三月十日。 [14]棣州：治所厌次，在今山东惠民县东南。[15]王仁镐：邢州龙冈（今河北邢台市西南）人。历仕后唐、后晋、后汉、后周。官至山南东道节度使。崇信佛教，所得俸禄，多奉佛饭僧。传见《宋史》卷二百六十一。 [16]庚申：四月十一日。 [17]丙寅：四月十七日。 [18]戊辰：四月十九日。 [19]举丝：先将货物借贷给百姓，到蚕丝熟时，再征收其丝，称举丝。 [20]颔（hàn）：点头。 [21]丁亥：五月九日。 [22]蠲（juān）：除去、免除。 [23]思：据章校，“思”上有“已输者复归之”六字。 [24]怍（zuò）色：惭愧的神色。 [25]《九经》：唐代科举取士，在明经科中有“三礼”：《周礼》《仪礼》《礼记》；“三传”：《左传》《公羊传》《谷梁传》；还有《诗》《书》《易》，共九经。 [26]文学：文献典籍之学，此指经学。 [27]壬子：六月四日。 [28]沧州：治所清池，在今河北沧县东南。 [29]张藏英：涿州范阳（今河北涿州市）人。唐末举族为贼所杀，后设计报仇，官府不罪，世称“报仇张孝子”。契丹用为卢台军使。不久率众航海归周，屡破契丹。传见《宋史》卷二百七十一。 [30]李愚：渤海无棣（今山东无棣县）人。好古文。后唐明宗宰相。传见《旧五代史》卷六十七、《新五代史》卷五十四。 [31]国子监：中国封建时代的教育管理机关和最高学府。此时田敏官尚书右丞，兼国

子监，故称判国子监。雕印《九经》始于后唐明宗长兴三年（932），至此共历时22年。胡注称“凡涉二十八年”，有误。［32］丁巳：六月九日。［33］板成：《九经》雕版刻成。

王逵以周行逢知潭州，自将兵袭朗州，克之，杀指挥使郑珓，执武安节度使[1]、同平章事刘言，幽于别馆。

秋，七月，王殷三表请入朝，帝疑其不诚，遣使止之。

唐大旱，井泉涸，淮水可涉，饥民渡淮而北者相继，濠[2]、寿发兵御之，民与兵斗而北来。帝闻之曰：“彼我之民一也，听粜米过淮[3]。”唐人遂筑仓，多粜以供军。八月，己未[4]，诏唐民以人畜负米者听[5]之，以舟车运载者勿予。

王逵遣使上表，诬“刘言谋以朗州降唐，又欲攻潭州，其众不从，废而囚之，臣已至朗州抚安军府讫[6]。”且请复移使府治潭州[7]。甲戌[8]，遣通事舍人翟光裔诣湖南宣抚，从其所请。逵还长沙，以周行逢知朗州事，又遣潘叔嗣杀刘言于朗州。

九月，己亥[9]，武成节度使[10]白重赞[11]奏塞决河。

契丹寇乐寿，齐州戍兵右保宁都头刘汉章杀都监杜延熙，谋应契丹，不克，并其党伏诛。

南汉主立其子继兴[12]为卫王，璇兴[13]为桂王，庆兴[14]为荆王，保兴[15]为祯王，崇兴[16]为梅王。

（以上为第七段，写武安节度使王逵攻杀武平军节度使刘言。南汉主封诸子为王。）

【注释】

［1］执武安节度使：按：武安，误。应为武平节度使。［2］濠：濠州，治所钟离，在今安徽凤阳县东。［3］听粜米过淮：听凭其自由买米，渡过淮河。［4］己未：八月十二日。［5］听：听凭，允许。［6］抚安军府讫：把军府安抚完毕。［7］且请复移使府治潭州：前一年刘言曾上表使府治朗州，至此又恢复。［8］甲戌：八月二十七日。［9］己亥：九月二十二日。［10］武成节度使：滑州自唐以来置义成节度使。宋太平兴国元年（976）避太宗初名匡义讳，改武成军。此处“武”当作“义”。［11］白重赞：宪州楼烦（今山西静乐县）人，其先为沙陀部族。仕后周、宋，官至左千牛卫上将军。传见《宋史》卷二百六十一。［12］继兴：南汉后主，名𬬮（chǎng），初名继兴，封卫王，中宗刘晟长子。十六岁袭位，年号大宝。即位后，委政事于宦官、女巫，淫

戏无度，国势日衰。宋太祖出师南征，举族出降。公元958年至971年在位。传见《旧五代史》卷一百三十五、《新五代史》卷六十五。［13］璇兴：南汉中宗次子，被后主杀。［14］庆兴：南汉中宗第三子。［15］保兴：南汉中宗第四子，宋师至城下，作战失败，逃至民家，被俘。［16］崇兴：南汉中宗少子。

东自青、徐[1]，南至安、复[2]，西至丹、慈[3]，北至贝、镇[4]，皆大水。

帝自入秋得风痹疾[5]，害于食饮及步趋，术者言宜散财以禳[6]之。帝欲祀南郊，又以自梁以来，郊祀常在洛阳，疑之。执政曰："天子所都则可以祀百神，何必洛阳！"于是，始筑圜丘[7]、社稷坛[8]，作太庙于大梁。癸亥[9]，遣冯道迎太庙社稷神主[10]于洛阳。

南汉大赦。

冬，十一月，己丑[11]，太常[12]请准洛阳筑四郊诸坛，从之。十二月，丁未朔[13]，神主至大梁，帝迎于西郊，祔[14]享于太庙。

邺都留守、天雄节度使兼侍卫亲军都指挥使、同平章事王殷恃功专横，凡河北镇戍兵应用敕处分者[15]，殷即以帖[16]行之，又多掊敛民财。帝闻之不悦，使人谓曰："卿与国同体，邺都帑庾[17]甚丰，卿欲用则取之，何患无财！"成德节度使何福进素恶殷，甲子[18]，福进入朝，密以殷阴事白帝，帝由是疑之。乙丑[19]，殷入朝，诏留殷充京城内外巡检。

戊辰[20]，府州防御使折德扆奏北汉将乔赟入寇，击走之。

王殷每出入，从者常数百人；殷请量给铠仗[21]以备巡逻，帝难之。时帝体不平，将行郊祀，而殷挟震主之势在左右，众心忌之。壬申[22]，帝力疾御滋德殿，殷入起居；遂执之。下制诬殷谋以郊祀日作乱，流登州，出城，杀之。命镇宁节度使郑仁诲诣邺都安抚；仁诲利殷家财，擅杀殷子，迁其家属于登州[23]。

唐祠部郎中[24]、知制诰[25]徐铉言贡举初设，不宜遽罢，乃复行之。

先是，楚州刺史田敬洙请修白水塘[26]溉田以实边，冯延己以为便。李德明因请大辟旷土为屯田，修复所在渠塘堙废者。吏因缘[27]侵扰，大兴力役，夺民田甚众，民愁怨无诉。徐铉以白唐主，唐主命铉按视之，铉籍民田悉归其主[28]。或谮铉擅作威福，唐主怒，流铉舒州。然白水塘竟不成。

唐主又命少府监[29]冯延鲁巡抚诸州，右拾遗徐锴[30]表延鲁无才多罪，举措轻浅，不宜奉使。唐主怒，贬锴校书郎[31]、分司东都[32]。锴，铉之弟也。

道州盘容洞[33]蛮酋盘崇聚众自称盘容州都统，屡寇郴、道州。

乙亥[34]，帝朝享太庙，被衮冕[35]，左右掖以登阶，才及一室[36]，酌献[37]，俯首不能拜而退，命晋王荣终礼[38]。是夕，宿南郊，疾尤剧[39]，几不救，夜分小愈[40]。

（以上为第八段，写邺都留守王殷恃功专横，以谋乱被诛。后周太祖抱病祀南郊。）

【注释】

[1]青、徐：两州名。青州治所在今山东青州市。徐州治所在今江苏徐州市。[2]安、复：两州名。安州治所在今湖北安陆市。复州治所景陵，在今湖北天门市。[3]丹、慈：两州名。丹州治所在今陕西宜川县。慈州治所吉乡，在今山西吉县。[4]贝、镇：两州名。贝州治所在今河北清河县。镇州治所在今河北正定县。[5]风痹疾：病名。多因风、寒、湿三气侵袭而致。症状多表现为肢体酸痛、关节疼痛、肌肤麻木等。[6]禳（ráng）：祭祷消灾。[7]圜丘：古时祭天的坛。[8]社稷坛：古代帝王、诸侯祭土神与谷神之处。[9]癸亥：九月戊寅朔，无癸亥。癸亥，十月十六日。[10]神主：神的牌位。[11]己丑：十一月十三日。[12]太常：官名，掌祭祀礼乐。[13]丁未朔：十二月一日。[14]祔（fù）：祭祀名。把新死者的神主附于宗庙先祖旁祭祀。[15]应用敕处分者：意为应由朝廷用敕书处置的。指应由朝廷任命。[16]帖：帖子，普通公文。指王殷擅自任命。[17]帑庾（yǔ）：国库、粮库。[18]甲子：十二月十八日。[19]乙丑：十二月十九日。[20]戊辰：十二月二十二日。[21]量给铠仗：酌情供给铠甲及兵器。[22]壬申：十二月二十六日。[23]登州：治所在今山东烟台市蓬莱区。[24]祠部郎中：官名，与祠部员外郎共掌祠祀、享祭、天文漏刻、国忌庙讳、卜筮、医药、僧尼之事。祠部，东晋始设祠部，掌祭祀之事。后变为礼部，而以祠部为所属四司之一。[25]知制诰：官名，掌起草诏令。[26]白水塘：三国时邓艾屯田淮南所筑水库名，在江苏宝应县西。[27]因缘：趁机会。[28]籍民田悉归其主：把被侵占的民田登记下来，全部退还给它的主人。[29]少府监：官名，掌宫中百工技巧之事。[30]徐锴（920—974）：扬州广陵（今江苏扬州市）人，字楚金，五代末北宋初文字学家。徐铉弟，世称小徐，官至内史舍人。著有《说文解字系传》。传见《宋史》卷四百四十一。[31]校书郎：官名，掌校勘书籍，订正讹误。[32]分司东都：唐宋官制，中央

职官分到陪都（如唐以洛阳为陪都或称东都）执行任务称分司。但除御史分司有实职外，其他分司者多为优待退闲之官，并不任实职。南唐陪都为扬州。［33］盘容洞：在湖南道县南。［34］乙亥：十二月二十九日。［35］被衮冕：身披龙袍，头戴皇冠。［36］才及一室：才祭祀了一室。［37］酌献：斟酒上献。［38］命晋王荣终礼：命晋王柴荣代行典礼直到结束。［39］疾尤剧：病情极为沉重。［40］夜分小愈：到了半夜，才略微好一些。

显德元年（甲寅，954年）

春，正月，丙子朔[1]，帝祀圜丘，仅能瞻仰致敬[2]而已，进爵奠币[3]皆有司代之。大赦，改元。听蜀境通商[4]。

戊寅[5]，罢邺都[6]，但为天雄军。

庚辰[7]，加晋王荣兼侍中，判内外兵马事。时群臣希得见帝，中外恐惧，闻晋王典兵，人心稍安。

军士有流言[8]郊赏薄于唐明宗时者，帝闻之，壬午[9]，召诸将至寝殿[10]，让[11]之曰："朕自即位以来，恶衣菲食，专以赡军为念；府库蓄积，四方贡献，赡军之外，鲜有赢余，汝辈岂不知之！今乃纵凶徒腾口[12]，不顾人主之勤俭，察国之贫乏，又不思己有何功而受赏，惟知怨望，于汝辈安乎！"皆惶恐谢罪，退，索不逞者[13]戮之，流言乃息。

初，帝在邺都，奇爱小吏曹翰[14]之才，使之事晋王荣；荣镇澶州，以为牙将。荣入为开封尹，未即召翰，翰自至，荣怪之。翰请间[15]言曰："大王国之储嗣[16]，今主上寝疾，大王当入侍医药，奈何犹决事于外邪！"荣感悟，即日入止禁中。丙戌[17]，帝疾笃，停诸司细务皆勿奏，有大事，则晋王荣禀进止宣行之。

以镇宁节度使郑仁诲为枢密使、同平章事。

戊子[18]，以义武留后孙行友、保义留后韩通[19]、朔方留后冯继业皆为节度使。通，太原人也。

帝屡戒晋王曰："昔吾西征，见唐十八陵[20]无不发掘者，此无他，惟多藏金玉故也。我死，当衣以纸衣，敛以瓦棺；速营葬，勿久留宫中；圹[21]中无用石，以甓[22]代之；工人役徒皆和雇[23]，勿以烦民；葬毕，募近陵民三十户，蠲其杂徭，使之守视；勿修下宫[24]，勿置守陵宫人，勿作石羊、虎、人、马，惟刻石置陵前云：‘周天子平生好俭约，遗令用纸衣、瓦棺，嗣天子不敢违也。’汝或吾违，吾不福汝。”又曰：“李洪义当与节钺，魏仁浦勿使离枢密院。”

庚寅[25]，诏前登州刺史周训等塞决河。先是，河决灵河[26]、鱼池[27]、酸枣、阳武[28]、常乐驿、河阴[29]、六明镇[30]、原武[31]，凡八口[32]。至是，分遣使者塞之。

帝命趣草制[33]，以端明殿学士、户部侍郎王溥为中书侍郎、同平章事。壬辰[34]，宣制毕，左右以闻，帝曰：“吾无恨矣！”以枢密副使王仁镐为永兴军节度使，以殿前都指挥使[35]李重进领武信节度使，马军都指挥使樊爱能领武定节度使，步军都指挥使何徽领昭武节度使。重进年长于晋王荣，帝召入禁中，属以后事，仍命拜荣，以定君臣之分。是日，帝殂于滋德殿，秘不发丧。乙未[36]，宣遗制。丙申[37]，晋王即皇帝位。

初，静海[38]节度使吴权卒，子昌岌立；昌岌卒，弟昌文立。是月，始请命于南汉，南汉以昌文为静海节度使兼安南都护[39]。

（以上为第九段，写后周太祖驾崩，临终调整人事，遗命薄葬。晋王柴荣即位，史称世宗。）

【注释】

[1]丙子朔：正月一日。 [2]瞻仰致敬：抬头仰望表示敬意。后周太祖郊祀，因病不能跪拜天帝，只能仰望致意。 [3]进爵奠币：进献酒和缯帛等祭品。爵，本指酒器，此代酒。币，古时以缯帛为祭祀或赠送宾客的礼物。 [4]听蜀境通商：允许蜀地人民自由贸易。后晋天福初年，蜀与中原尚通商。开运年后，由于中原多事，蜀又有吞并关西的企图，方断绝往来。 [5]戊寅：正月三日。 [6]罢邺都：五代后唐同光元年（923）改魏州为兴唐府，建号东京。三年（925）又改东京为邺都。后屡有更改，至此又罢都，建天雄军。 [7]庚辰：正月五日。 [8]军士有流言：当时军士有散布流言说，皇上举行祭天典礼，赏赐给士兵的东西比唐明宗时少。 [9]壬午：正月七日。[10]寝殿：帝王卧内。[11]让：责备。[12]纵凶徒腾口：放纵凶暴之徒散布流言蜚语。[13]不逞者：犯法为非之徒。 [14]曹翰：大名（今河北大名县）人。阴狡多智数，屡立战功。仕后周，为德州刺史，入宋，为右千牛卫大将军。传见《宋史》卷二百六十。 [15]请间：请求屏退左右的人。 [16]储嗣：皇位的继承人，指太子。 [17]丙戌：正月十一日。 [18]戊子：正月十三日。 [19]韩通：并州太原（今山西太原市西南）人。仕后汉、后周，官检校太尉、同平章事。刚而寡谋，号称“韩瞠眼”。陈桥兵变时遇害。传见《宋史》卷四百八十四。 [20]唐十八陵：

指唐高祖、太宗、高宗、中宗、睿宗、玄宗、肃宗、代宗、德宗、顺宗、宪宗、穆宗、敬宗、文宗、武宗、宣宗、懿宗、僖宗十八个皇帝在关中的陵墓。［21］圹（kuàng）：墓穴。［22］甓（pì）：砖。［23］和雇：官府出钱雇佣劳力。［24］下宫：指墓穴地下宫室。［25］庚寅：正月十五日。［26］灵河：县名，原名灵昌，五代避唐李克用父国昌讳改，县治在今河南滑县西南。［27］鱼池：县名，县治在今山东泰安市。［28］阳武：县名，县治在今河南原阳县东南。［29］河阴：县名，县治在今河南荥阳市东北。［30］六明镇：在今河南滑县东北。［31］原武：县名，县治在今河南原阳县。［32］凡八口：指黄河在灵河等地总计有八处缺口。［33］趣（cù）草制：赶紧起草制书。［34］壬辰：正月十七日。［35］都指挥使：统领军队的总指挥使，有三使。殿前都指挥使总领禁军，马军都指挥使总领京师骑兵，步军都指挥使总领京师步兵。三使为全国最高武官。武信、武定、昭武三镇皆属蜀，武信治所遂州（今四川遂宁市），武定治所洋州（今陕西西乡县），昭武治所利州（今四川广元市）。三使皆为遥领。［36］乙未：正月二十日。［37］丙申：正月二十一日。［38］静海：方镇名，本为安南经略使，唐乾元初改为安南节度使，咸通中改为静海节度使。治所交州，在今越南河内市附近。［39］安南都护：是设在安南的最高长官。都护，官名，意为总监。

北汉主闻太祖晏驾，甚喜，谋大举入寇，遣使请兵于契丹。二月，契丹遣其武定节度使、政事令[1]杨衮将万余骑如晋阳。北汉主自将兵三万，以义成节度使白从晖为行军都部署，武宁节度使张元徽为前锋都指挥使，与契丹自团柏南趣潞州。

蜀左匡圣马步都指挥使、保宁节度使安思谦谮杀[2]张业，废赵廷隐，蜀人皆恶之；蜀主使将兵救王景崇，思谦逗挠无功[3]，内惭惧，不自安。自张业之诛，宫门守卫加严，思谦以为疑己，言多不逊。思谦典宿卫，多杀士卒以立威，蜀主阅卫士，有年尚壮而为思谦所斥者，复留隶籍[4]，思谦杀之，蜀主不能平。思谦三子，扆、嗣、裔，倚父势暴横，为国人患。翰林使[5]王藻屡言思谦怨望，将反，丁巳[6]，思谦入朝，蜀主命壮士击杀之，及其三子。藻亦坐擅启边奏[7]，并诛之。

北汉兵屯梁侯驿[8]，昭义节度使李筠[9]遣其将穆令均将步骑二千逆战，筠自将大军壁于太平驿[10]。张元徽与令均战，阳[11]不胜而北，令均逐之，伏发，杀令均，俘斩士卒千余人。筠遁归上党，婴城自守。筠，即李荣也，避上名改焉。

世宗闻北汉主入寇，欲自将兵御之，群臣皆曰："刘崇自平阳[12]遁走以来，势蹙气沮，必不敢自来。陛下新即位，山陵有日[13]，人心易摇，不宜轻动，宜命将御之。”帝曰：“崇幸我大丧，轻朕年少新立，有吞天下之心，此必自来，朕不可不往。”冯道固争之，帝曰：“昔唐太宗定天下，未尝不自行，朕何敢偷安！”道曰：“未审陛下能为唐太宗否？”帝曰：“以吾兵力之强，破刘崇如山压卵耳！”道曰：“未审陛下能为山否？”帝不悦。惟王溥劝行，帝从之。

三月，乙亥朔[14]，蜀主加捧圣、控鹤都指挥使兼中书令孙汉韶武信节度使，赐爵乐安郡王，罢军职[15]。蜀主惩安思谦之跋扈，命山南西道节度使李廷珪等十人分典禁兵。

北汉乘胜进逼潞州。丁丑[16]，诏天雄节度使符彦卿引兵自磁州固镇出北汉军后，以镇宁节度使郭崇副之；又诏河中[17]节度使王彦超引兵自晋州东北邀北汉军[18]，以保义节度使韩通副之；又命马军都指挥使·宁江节度使樊爱能、步军都指挥使·清淮节度使何徽、义成节度使白重赞、郑州防御使史彦超、前耀州[19]团练使符彦能将兵先趣泽州，宣徽使向训监之。重赞，宪州人也。

辛巳[20]，大赦。

癸未[21]，帝命冯道奉梓宫赴山陵[22]，以郑仁诲为东京留守。

乙酉[23]，帝发大梁；庚寅[24]，至怀州。帝欲兼行速进，控鹤都指挥使真定赵晁[25]私谓通事舍人郑好谦曰：“贼势方盛，宜持重以挫之。”好谦言于帝，帝怒曰：“汝安得此言！必为人所使，言其人则生，不然必死。”好谦以实对，帝命并晁械于州狱。壬辰[26]，帝过泽州，宿于州东北。

（以上为第十段，写北汉主刘崇因后周国丧南侵，后周世宗柴荣御众北伐。）

【注释】

[1]政事令：即中书令。辽初中书省称政事省，中书令称政事令。后改。 [2]谮杀：说坏话中伤，致死。 [3]逗桡无功：逗留不进，没有立功。 [4]复留隶籍：恢复军籍，留在军中。[5]翰林使：即翰林待诏。唐代除文词经学之士外，凡有医卜等一技之长的人也可待诏命，如画待诏、医待诏等，泛称翰林使。 [6]丁巳：二月十八日。 [7]擅启边奏：擅自奏报边境的事。[8]梁侯驿：在山西团柏谷（位于祁县东南）南。 [9]李筠：并州太原（今山西太原市西南）人。

原名李荣，避柴荣讳改。善骑射。初随契丹，后反，逐契丹麻荅。仕后汉、后周，官至昭义军节度使、同平章事。赵匡胤建宋，起兵征讨，失败，赴水死。传见《宋史》卷四百八十四。［10］太平驿：在山西长治市西北。［11］阳：通“佯”。［12］平阳：郡名，治所在今山西临汾市西南。刘崇自平阳遁走，指广顺元年攻围晋州之败，事见上卷。［13］山陵有日：安葬先帝之日在即。山陵，旧称皇帝的坟墓。郭威山陵在河南新郑市，称嵩陵。［14］乙亥朔：三月一日。［15］罢军职：罢孙汉韶掌禁军的职务。［16］丁丑：三月三日。［17］河中：方镇名，唐至德二年（757）置，治所蒲州，在今山西永济市蒲州镇。后期号护国军。［18］北汉军：“军”字据章校补。［19］耀州：治所华原，在今陕西铜川市耀州区。［20］辛巳：三月七日。［21］癸未：三月九日。［22］奉梓宫赴山陵：郭威的坟在今河南新郑市。［23］乙酉：三月十一日。［24］庚寅：三月十六日。［25］赵晁：真定（今河北正定县）人。仕周，官至河阳三城节度使。宋初，加检校太尉。传见《宋史》二百五十四。［26］壬辰：三月十八日。

北汉主不知帝至，过潞州不攻，引兵而南，是夕，军于高平[1]之南。癸巳[2]，前锋与北汉军遇，击之，北汉兵却；帝虑其遁去，趣诸军亟进。北汉主以中军陈于巴公原[3]，张元徽军其东，杨衮军其西，众颇严整。时河阳节度使刘词将后军未至，众心危惧，而帝志气益锐，命白重进[4]与侍卫马步都虞候李重进将左军居西，樊爱能、何徽将右军居东，向训、史彦超将精骑居中央，殿前都指挥使张永德[5]将禁兵卫帝。帝介马[6]自临陈督战。

北汉主见周军少，悔召契丹，谓诸将曰：“吾自用汉军可破也，何必契丹！今日不惟克周，亦可使契丹心服。”诸将皆以为然。杨衮策马前望周军，退谓北汉主曰：“勍敌[7]也，未可轻进！”北汉主奋髯[8]曰：“时不可失，请公勿言，试观我战。”衮默然不悦。时东北风方盛，俄而忽转南风，北汉副枢密使王延嗣使司天监李义白北汉主云：“时可战矣。”北汉主从之。枢密直学士王得中扣马谏[9]曰：“义可斩也！风势如此，岂助我者邪！”北汉主曰：“吾计已决，老书生勿妄言，且斩汝！”麾东军先进，张元徽将千骑击周右军。

合战[10]未几，樊爱能、何徽引骑兵先遁，右军溃，步兵千余人解甲呼万岁，降于北汉。帝见军势危，自引亲兵犯矢石督战。太祖皇帝[11]时为宿卫将，谓同列曰：“主危如此，吾属何得不致死！”又谓张永德曰：

"贼气骄，力战可破也！公麾下多能左射者，请引兵乘高出为左翼，我引兵为右翼以击之。国家安危，在此一举！"永德从之，各将二千人进战。太祖皇帝身先士卒，驰犯其锋，士卒死战，无不一当百，北汉兵披靡。内殿直夏津马仁瑀[12]谓众曰："使乘舆[13]受敌，安用我辈！"跃马引弓大呼，连毙数十人，士气益振。殿前右番行首[14]马全乂言于帝曰："贼势极矣，将为我擒，愿陛下按辔勿动，徐观诸将破之。"即引数百骑进陷陈。

北汉主知帝自临陈，褒赏张元徽，趣使乘胜进兵。元徽前略陈[15]，马倒，为周兵所杀。元徽，北汉之骁将也，北军由是夺气。时南风益盛，周兵争奋，北汉兵大败，北汉主自举赤帜[16]以收兵，不能止。杨衮畏周兵之强，不敢救，且恨北汉主之语，全军而退。

樊爱能、何徽引数千骑南走，控弦露刃，剽掠辎重，役徒惊走，失亡甚多。帝遣近臣及亲军校追谕止之，莫肯奉诏，使者或为军士所杀，扬言："契丹大至，官军败绩，余众已降虏矣。"刘词遇爱能等于涂，爱能等止之，词不从，引兵而北。时北汉主尚有余众万余人，阻涧而陈[17]，薄暮[18]，词至，复与诸军击之，北汉兵又败，杀王延嗣，追至高平，僵尸满山谷，委弃御物及辎重、器械、杂畜不可胜纪。

是夕，帝宿于野次，得步兵之降敌者，皆杀之。樊爱能等闻周兵大捷，与士卒稍稍复还，有达曙[19]不至者。甲午[20]，休兵于高平，选北汉降卒数千人为效顺指挥，命前武胜行军司马唐景思将之[21]，使戍淮上，余二千余人赐赀装[22]纵遣之。李谷为乱兵所迫，潜窜山谷，数日乃出。丁酉[23]，帝至潞州。

北汉主自高平被褐戴笠[24]，乘契丹所赠黄骝[25]，帅百余骑由雕窠岭[26]遁归，宵迷[27]，俘村民为导，误之晋州，行百余里，乃觉之，杀导者；昼夜北走，所至，得食未举箸[28]，或传周兵至，辄苍黄[29]而去。北汉主衰老力惫，伏于马上，昼夜驰骤，殆不能支，仅得入晋阳。

帝欲诛樊爱能等以肃军政，犹豫未决；己亥[30]，昼卧行宫帐中，张永德侍侧，帝以其事访之，对曰："爱能等素无大功，忝冒节钺[31]，望敌先逃，死未塞责。且陛下方欲削平四海，苟军法不立，虽有熊罴之士，百万之众，安得而用之！”帝掷枕于地，大呼称善。即收爱能、徽及所部军使以上七十余人，责之曰：“汝曹皆累朝宿将，非不能战；今望风奔遁者，无他，正欲以朕为奇货，卖与刘崇耳！”悉斩之。帝以何徽先守晋州有功，欲免之，既而以法不可废，遂并诛之，而给槥车归葬[32]。自是骄将惰卒始知所惧，不行姑息之政矣。

庚子[33]，赏高平之功，以李重进兼[34]忠武节度使，向训兼义成节度使，张永德兼武信节度使，史彦超为镇国节度使。张永德盛称太祖皇帝[35]之智勇，帝擢太祖皇帝为殿前都虞候[36]，领严州[37]刺史，以马仁瑀为控鹤弓箭直指挥使，马全义为散员指挥使；自余将校迁拜者凡数十人，士卒有自行间擢主军厢者[38]。释赵晁之囚。

（以上为第十一段，写高平之战周世宗大败北汉主，整肃军纪。赵匡胤初露头角。）

【注释】

［1］高平：县名，县治在今山西高平市。［2］癸巳：三月十九日。［3］巴公原：地名，在今山西晋城市北。［4］白重进：据章校，“进”当作“赞”。是。［5］张永德：并州阳曲（今山西阳曲县）人，字抱一。郭威女婿。善骑射。随柴荣南征北战，屡立战功，官至忠武军节度使。入宋，官泰宁军节度使兼侍中。传见《宋史》卷二百五十五。［6］介马：穿战衣、骑战马。［7］勍敌：强敌。［8］髯：颊上长须。［9］扣马谏：拉住马缰绳进谏。［10］合战：交战。［11］太祖皇帝：宋太祖赵匡胤（927—976），涿州（今河北涿州市）人。后周时任殿前都检点，领归德军节度使。公元960年发动陈桥兵变，即帝位，国号宋。先后平灭荆南、湖南、后蜀、南汉、南唐等国，收回诸将兵权，加强了中央集权的统治，使中原重归统一。公元960年至976年在位。传见《宋史》卷一。［12］内殿直：殿前司骑军属官。殿前司为后周统率军队的机构。马仁瑀：大名夏津（今山东夏津县）人。善射，二百步远皆中的。传见《宋史》卷二百七十三。［13］乘舆：帝王所用的车舆。此为帝王的代称。［14］殿前右番行首：官名，居殿前右番班行之首。马全义初被郭威召见，补殿前指挥使。柴荣即位，迁殿前右番行首。高平之战后，因功又迁散员指挥使。可见殿前右番行首还在散员指挥使之下。［15］略陈：巡阵，督战。［16］赤帜：北汉自认为是汉高帝刘氏之后，故旗帜尚赤。［17］阻涧而陈：凭借溪水之险布阵。［18］薄暮：临近黄昏。［19］达曙：通夜，直到天亮。［20］甲午：三月二十日。［21］武胜：方镇名，原为威胜，避郭威讳改。唐景思：秦州人。从周世宗战高平，伐淮南，以功领饶州刺史。传见《旧五代史》卷一百二十四、《新五代史》卷四十九。［22］赐赀装：给予路费及服装。［23］丁酉：三月二十三日。［24］被褐戴笠：身穿粗布衣，头戴斗笠。［25］黄骝：黄色近于赤的战马。［26］雕窠岭：在山西长子县

西南。[27]宵迷：夜行迷路。[28]未举箸：来不及举起筷子。[29]苍黄：通“仓皇”，狼狈。[30]己亥：三月二十五日。[31]忝（tiǎn）冒节钺：有愧于充当节度使。[32]给槥车归葬：送一具小棺材拉回去安葬。槥（huì），小而薄的棺材。[33]庚子：三月二十六日。[34]兼：以本职兼节镇，禄赐优于遥领者。[35]太祖皇帝：指赵匡胤，建立北宋，庙号太祖。这里是追书，译文应加括号补“赵匡胤”三字。[36]殿前都虞候：官名。殿前司设都指挥使、副都指挥使、都虞候各一人，分领禁军。[37]严州：治所在今广西来宾市。[38]“士卒”句：士兵有从行伍中提拔为军厢主帅的。当时诸军皆分左、右厢，厢各有主帅。擢，提拔。

北汉主收散卒，缮甲兵，完城堑以备周。杨衮将其众北屯代州，北汉主遣王得中送衮，因求救于契丹，契丹主遣得中还报，许发兵救晋阳。

壬寅[1]，以符彦卿为河东行营都部署兼知太原行府事，以郭崇副之，向训为都监，李重进为马步都虞候，史彦超为先锋都指挥使，将步骑二万发潞州；仍诏王彦超、韩通自阴地关入，与彦卿合军而进，又以刘词为随驾部署[2]，保大节度使白重赞副之。

汉昭圣皇太后李氏殂于西宫。

夏，四月，北汉盂县[3]降。符彦卿军晋阳城下，王彦超攻汾州，北汉防御使董希颜降。帝遣莱州防御使康延沼[4]攻辽州，密州防御使田琼攻沁州，皆不下。供备库副使太原李谦溥[5]单骑说辽州刺史张汉超，汉超即降。

乙卯[6]，葬圣神恭肃文武孝皇帝于嵩陵[7]，庙号太祖。

南汉主以高王弘邈[8]为雄武节度使，镇邕州[9]。弘邈以齐、镇二王相继死于邕州，固辞，求宿卫；不许。至镇，委政僚佐，日饮酒，祷鬼神。或上书诬弘邈谋作乱，戊午[10]，南汉主遣甘泉宫使林延遇赐鸩杀之。

初，帝遣符彦卿等北征，但欲耀兵于晋阳城下，未议攻取。既入北汉境，其民争以食物迎周师，泣诉刘氏赋役之重，愿供军须，助攻晋阳，北汉州县继有降者。帝闻之，始有兼并之意，遣使往与诸将议之，诸将皆言“刍粮[11]不足，请且班师以俟再举”，帝不听。既而诸军数十万聚于太原城下，军士不免剽掠，北汉民失望，稍稍保山谷自固。帝闻之，驰诏禁止剽掠，安抚农民，止征今岁租税，及募民入粟拜官有差[12]，仍发泽、潞、晋、绛、慈、隰及山东近便诸州民运粮以馈军。己未[13]，遣李谷诣太原计度[14]刍粮。

（以上为第十二段，写周世宗乘胜大举北伐，围攻晋阳。）

【注释】

[1]壬寅：三月二十八日。[2]刘词为随驾部署：据《新五代史》《旧五代史》，“随驾”之下当有“都”字。[3]盂县：县治大盂城，在今山西阳曲县东北。[4]康延沼：少从军，后从郭威、柴荣出征有功，历任蔡、齐、郑、楚四州防御使。传见《宋史》卷二百五十五。[5]李谦溥：并州盂（今山西盂县）人。性慷慨，重然诺，从柴荣出征，多立功。入宋，官济州团练使。传见《宋史》卷二百七十三。[6]乙卯：四月十二日。[7]嵩陵：在河南新郑市北。[8]弘邈：南汉高祖刘龑第十二子，封高王。[9]邕州：治所宣化，在今广西南宁市南。[10]戊午：四月十五日。[11]刍粮：粮草。刍，喂牲口的草。[12]入粟拜官有差：根据捐献粮食的多少，授予高低不等的官职。[13]己未：四月十六日。[14]计度：核算。

庚申[1]，太师、中书令瀛文懿王冯道卒。道少以孝谨知名，唐庄宗世始贵显，自是累朝不离将、相、三公、三师[2]之位，为人清俭宽弘，人莫测其喜愠，滑稽多智，浮沈取容[3]，尝著《长乐老叙》，自述累朝荣遇之状，时人往往以德量推[4]之。

欧阳修论曰：“礼义廉耻，国之四维[5]；四维不张，国乃灭亡。”礼义，治人之大法；廉耻，立人之大节。况为大臣而无廉耻，天下其有不乱，国家其有不亡者乎！予读冯道《长乐老叙》，见其自述以为荣，其可谓无廉耻者矣，则天下国家可从而知也。

予于五代得全节之士三[6]，死事之人十有五[7]，皆武夫战卒，岂于儒者果无其人哉[8]？得非[9]高节之士，恶时之乱，薄其世[10]而不肯出欤？抑君天下者不足顾，而莫能致之欤[11]？

予尝闻五代时有王凝者，家青、齐之间，为虢州司户参军，以疾卒于官。凝家素贫，一子尚幼，妻李氏，携其子，负其遗骸以归，东过开封，止于旅舍，主人不纳。李氏顾天已暮，不肯去，主人牵其臂而出之。李氏仰天恸曰：“我为妇人，不能守节，而此手为人所执邪！”即引斧自断其臂，见者为之嗟泣。开封尹闻之，白其事于朝，厚恤李氏而笞其主人。呜呼！士不自爱其身而忍耻以偷生[12]者，闻李氏之风，宜少知愧哉！

臣光曰：天地设位，圣人则之[13]，以制礼立法，内有夫妇，外有君臣。妇之从夫，终身不改；臣之事君，有死无贰；此人道之大伦也。苟或废之，乱莫大焉！范质称冯道厚德稽古[14]，宏才伟量，虽朝代迁贸[15]，人无间言[16]，屹若巨山[17]，不可转也。臣愚以为正女[18]不从二夫，忠臣不事二君。为女不正，虽复华色[19]之美，织纴[20]之巧，不足贤矣；为臣不忠，虽复材智之多，治行之优，不足贵矣。何则？大节已亏故也。道之为相，历五朝、八姓[21]，若逆旅之视过客[22]，朝为仇敌，暮为君臣，易面变辞[23]，曾无愧怍，大节如此，虽有小善，庸足称乎！

或以为自唐室之亡，群雄力争，帝王兴废，远者十余年，近者四三年，虽有忠智，将若之何！当是之时，失臣节者非道一人，岂得独罪道哉！臣愚以为忠臣忧公如家，见危致命[24]，君有过则强谏力争，国败亡则竭节致死。智士邦有道[25]则见，邦无道则隐，或灭迹山林，或优游下僚[26]。今道尊宠则冠三师，权任则首诸相，国存则依违拱嘿[27]，窃位素餐[28]，国亡则图全苟免，迎谒劝进。君则兴亡接踵，道则富贵自如，兹乃奸臣之尤[29]，安得与他人为比哉！或谓道能全身远害于乱世，斯亦贤已。臣谓君子有杀身成仁，无求生害仁，岂专以全身远害为贤哉！然则盗跖病终而子路醢[30]，果谁贤乎？

抑此非特道之愆也[31]，时君亦有责焉。何则？不正之女，中士羞以为家；不忠之人，中君羞以为臣。彼相前朝，语其忠则反君事仇，语其智则社稷为墟；后来之君，不诛不弃，乃复用以为相，彼又安肯尽忠于我而能获其用乎！故曰，非特道之愆，亦时君之责也。

（以上为第十三段，写欧阳修、司马光论人臣之节。）

【注释】

[1]庚申：四月十七日。 [2]三公、三师：唐制，太尉、司徒、司空为三公。太师、太傅、太保为三师。三公、三师均为虚衔，无实际职务。 [3]浮沈取容：俯仰随俗，讨人欢心。沈，同

"沉"。［4］推：推崇。［5］四维：旧指治理国家的四大纲维，即礼、义、廉、耻。维，本指系物的大绳，比喻治理国家的重要法纪。［6］全节之士三：保全节操的有三人，即后梁王彦章、后唐裴约、南唐刘仁赡。［7］死事之人十有五：殉国殉职的有十五人，即后梁张源德，后唐夏鲁奇，后唐姚洪，后唐王思同，后唐张敬达，后晋翟进宗，后晋沈斌，后晋王清，后周史彦超，南唐孙晟，后唐宋令珣，后晋李遐，南唐张彦卿、郑昭业，后唐马彦超。［8］岂于儒者果无其人哉：难道儒士中没有死事的人吗？［9］得非：莫不是。设论之辞。［10］薄其世：鄙弃世道，厌弃乱世的政治。［11］"抑君"二句：是统治天下的君王来不及顾恤儒士呢，还是没有人用世呢？抑，选择连词，表示还是，或是。［12］忍耻偷生：指如冯道辈，忍受耻辱而苟活于世。［13］天地设位，圣人则之：天尊地卑，各设其位，圣人效法它，制定礼仪，树立法度。［14］厚德稽古：道德纯厚，效法古人。［15］迁贸：变易。［16］间言：责难的话。［17］屹若巨山：像大山一样屹立。［18］正女：正派女人，淑女。［19］华色：花色，指貌美。［20］织纴：纺纱织锦。［21］历五朝、八姓：五朝为后唐、后晋、辽、后汉、后周。八姓，指历仕八姓帝王，为后唐庄宗、明宗、潞王、后晋高祖石敬瑭、辽太宗耶律德光、后汉刘知远、后周郭威和柴荣。后唐庄宗、明宗、潞王，各为一姓。加仕后唐愍帝、后晋出帝，共八姓十帝。［22］若逆旅之视过客：像在旅馆里看来往的旅客。［23］易面变辞：改换面孔和说话腔调，侍奉新主人。［24］见危致命：见国势危亡，敢于献出生命。［25］邦有道：邦有道，及下句邦无道，两句，语出《论语·卫灵公》孔子之言。［26］优游下僚：悠闲地做职务低微的属吏。［27］依违拱嘿：见风使舵，拱手沉默。［28］窃位素餐：窃居高位，无功受禄。素餐，本意为不劳而食。［29］奸臣之尤：奸臣中最坏的。尤，突出的。［30］盗跖病终而子路醢（hǎi）：盗跖生病而死，终其天年；子路被人杀害，剁成了肉酱。跖（zhí），春秋战国之际人民起义领袖，旧时被诬称为盗跖。子路，孔子学生，仲氏，名由，又字季路。孔子任鲁国司寇时，他任季孙氏家臣。后任卫大夫孔悝的家臣。在贵族内讧中被杀。［31］"抑此"句：意谓话又说回来，这不是冯道单方面的过错。愆（qiān），过失。

辛酉[1]，符彦卿奏北汉宪州刺史太原韩光愿、岚州[2]刺史郭言皆举城降。

初，符彦卿有女适李守贞之子崇训，相者言其贵当为天下母。守贞喜曰："吾妇犹母天下，况我乎！"反意遂决。及败，崇训先刃其弟妹，次及符氏；符氏匿帏下，崇训仓猝求之不获，遂自刭。乱兵既入，符氏安坐堂上，叱乱兵曰："吾父与郭公为昆弟，汝曹勿无礼！"太祖遣使归之于彦卿。及帝镇澶州，太祖为帝娶之。壬戌[3]，立为皇后。后性和惠而明决，帝甚重之。

王彦超、韩通攻石州[4]，克之，执刺史安彦进。癸亥[5]，沁州刺史李廷诲降。庚午[6]，帝发潞州，趣晋阳。癸酉[7]，北汉忻州监军李勍杀刺史赵皋及契丹通事杨耨姑，举城降；以勍为忻州刺史。

王逵表请复徙使府治朗州。

（以上为第十四段，写周世宗符皇后的人生经历。）

【注释】

［1］辛酉：四月十八日。［2］岚州：治所在今山西岚县。［3］壬戌：四月十九日。［4］石州：治所在今山西吕梁市离石区。［5］癸亥：四月二十日。［6］庚午：四月二十七日。［7］癸酉：四月三十日。

【点评】

本卷点评后周太祖废屯田、版刻《九经》行于世、不倒翁冯道等三事。

一、后周太祖废屯田。东汉末战乱，破坏了生产力，魏、蜀、吴三国都实行屯田恢复生产，积聚国力，取得了很大的成功。曹魏屯田最早，规模最大。曹操屯田令说："夫定国之术，在于强兵足食，秦人以急农兼天下，孝武以屯田定西域，此先代之良式也。"自汉武屯田以来，各代大都在边境地区实行军屯，士兵战时打仗，平时耕地。曹操大规模屯田在内部腹地，最早屯田在许下，主要形式为民屯。屯民按军事编制，土地、牛、耕具、种子，由官府供给，管理机构为典农中郎将和屯田都尉，不隶属地方。收获物过半交纳国家。屯民没有自由，如同农奴。当战乱制造的流民一无所有，他们在死亡线上挣扎，能够获得一块土地进行生产，得以生存，是很高兴的。因此屯田之初，产量很高，因为屯民有生产积极性。屯田解决军粮问题，支持战争，可以称之为古代的战时经济。随着生产的恢复，国家政治稳定，战争减少，或没有了战争，出现和平环境，处于农奴地位的屯民就没有了生产积极性。屯民集中营式的劳作不符人情，不符历史进步，必然要瓦解，公元264年，司马氏篡魏，为了争取民心，废除了屯田。

唐朝末年，长年累月的战乱，产生了大批流民和荒地。中原驻守的军队，所在之处都设置营田来耕种，属军屯。其后招募高门大户来承包营田，农民租种，向国家纳租赋，已是民屯形式。户部另设管理机构管理营田，不属地方。营田大户收容庇护奸邪盗贼，州县不能过问，租地的农户男子不服徭役，加重了户籍民的负担。后梁太祖攻淮南，抢掠淮南民耕牛以万计，供给营田民租用，几十年后，牛死了而牛租不免，百姓深受其害。后周太祖郭威征战四方，一向知道其中弊端。广顺三年（953），后周太祖宣布废除营田，把耕种营田的人重新编入户籍，由地方管理。田地、房舍、耕牛、农具，全部赐给耕作人为永久的产业，废除全部租牛税。这一年，周境户口增加了三万户。耕户民得到了永业田，于是修整房屋，栽种树木，精耕细作，亩产量增加了好几倍。有人建议，把肥沃的营田出卖，可以获得几十万缗的钱来充实国库。后周太祖说："利益归百姓，如同藏在国家。"懂得藏富于民，民富而国强的帝王，是政治境界最高的帝王。后周太祖废屯田，惩贪官，薄民赋，是五代时难得的一位开明之君。

二、版刻《九经》行于世。我国雕版印刷术发明于唐初，雕版图书始于五代冯道主持的版刻五经，又称版刻九经。五经为《易》《礼》《诗》《书》《春秋》。礼有《周礼》《仪礼》《礼记》，又称三礼，春秋有《左氏传》《公羊传》《谷梁传》，又称春秋三传。是以合而为五经，分而为九经。后唐明宗长兴三年（932），冯道任宰相，倡议在国子监校定《九经》，版刻印刷传于世。这项学术大工程，历经后唐、后晋、后汉、后周四朝，至后周广顺三年（953）完成，历时二十三年。学术界称为五代监本。从此，雕版书大行于世，官印书在此后的历朝历代大规模展开。冯道历任后唐、后晋、后汉、后周及契丹五朝宰相、太师，能在频繁改朝换代的乱世，完成这一学术工程，是一个奇迹，在学术上，推动雕版图书的发展与普及，意义重大。

三、不倒翁冯道。冯道，字可道，五代时大臣。瀛州景城（今河北沧州市西北）人。少好学，奉亲至孝。冯道初事刘守光为参军，守光败，事晋王李存勖河东监军张承业为巡官。张承业以冯道长于文学推荐于晋王，为河东掌书记。从此，冯道飞黄腾达，历仕后唐、后晋、后汉、后周，以及契丹主耶律德光，历经四朝、五姓、十皇帝，成为乱世之中的一位不倒翁。所事十皇帝为：后唐庄宗、明宗、愍帝、末帝（潞王）；后晋高祖、出帝；辽太宗耶律德光；后汉高祖；后周太祖、世宗。十帝共有八姓。冯道在后唐历任集贤殿弘文馆大学士、司空等职。归晋任司徒、中书令。契丹灭后晋，任戎主太傅。后汉时任太师。入周任太师兼中书令，终官后周太祖山陵使。公元954年卒，享年七十三岁。当时人都尊仰冯道为元老，叹其与孔子同寿，喜为之延誉。冯道自号长乐老。

人生乱世或处于昏暴之朝，往往朝不保夕，而冯道处乱世，历四朝八姓事十君，为相二十余年不倒而安如泰山，在中国古代史上是一个奇迹。冯道明哲保身的处世之道有过人之处，亦有不为人齿之处。其过人者有三。其一，生性宽厚，冯道不与任何人结怨，他没有损人害人的记录，力所能及，以救人为己任。诸将掳掠美女奉献给冯道，冯道阳受之，而阴遣送回家。其二，冯道大富大贵，而生活俭约，不事张扬。其三，持重，遇事临危不惧，往往化险为夷。史官说："道之履行，郁有古人之风；道之宇量，深得大臣之体。"（《旧五代史·冯道传》）其不为人齿者，谓冯道不忠。一女事二夫，人之不幸，何况冯道事四朝、相十帝。王夫之《读通鉴论》诛其心曰："李存勖之灭梁而骄，狎倡优、吝粮赐也，而道不言；忌郭崇韬，激蜀兵以复反，而道不言；李从珂挑石敬瑭以速祸，而道不言；石重贵不量力固本以亟与虏争，而道不言；刘承祐狎群小、杀大臣，而道不言；数十年民之憔悴于虐政，流离死亡以濒尽，而道不言；其或言也，则摘小疵以示直，听则居功，不听而终免于斥逐，视人国之存亡，若浮云之聚散，真所谓谗谄面谀之臣也。"从尽忠尽节立场看，王夫之的评论十分中肯。冯道从不犯颜直谏，对昏君暴主，只说一些不痛不痒的话，以示己直，事关国家安危，黎民疾苦，昏暴之主不听，冯道则不言。试问，桀纣之主，自己不爱江山，纵有十比干，又奈何为？刘守光、后唐末帝、后晋出帝、刘承佑之流，是扶不起的阿斗，冯道委曲求全，以求自保，无可厚非。王夫之认为冯道是一个伪君子，"真所谓谗谄面谀之臣"，此语似过也。冯道没有谗谄之行，而尽力做一些善事。例如冯道建言雕版五经，说契丹主耶律德光为当今救民活佛，史称"人皆以谓契丹不夷灭中国之人者，赖道一言之善也"（《新五代史·冯道传》）。冯道处乱世，以他不倒翁的持重大臣身份，做了一些好事，还是值得肯定的，但他的忍辱苟活，不为人齿，亦是应得。

卷二九二　后周纪三

后周太祖显德元年至后周世宗显德三年（954—956 年）

【起阏逢摄提格（甲寅，954 年）五月，尽柔兆执徐（丙辰，956 年）二月，凡一年有奇】

【大事提要】

本卷记事起公元 954 年五月，讫公元 956 年二月，凡一年又十个月，当后周太祖显德元年五月至后周世宗显德三年二月。契丹主发兵救北汉，后周世宗不胜退军。后周世宗锐意兴革，实行多项强国政策。其一，整训禁军，淘汰羸弱；其二，清盗贼，重民生；其三，塞黄河决口，使民安居；其四，下诏荐贤、求言。比部郎中王朴献统一治安之策，被升职为左谏议大夫；其五，裁撤佛寺三万余所，只留二千余所，十之八九被裁撤；其六，毁铜佛像，以之制钱，废无用为有用。司马光称赞后周世宗是五代时最有民望的仁明之君。后周兵西征，夺取后蜀秦、凤、阶、成四州。后周世宗对新区民众，只收正税，一切苛细，全部废除。北方稳固，后周世宗立即挥师南指，兵伐南唐，第一次亲征淮南。湖南、吴越奉命夹击南唐。周师进展顺利。突然间湖南兵变，王逵被杀，后周失去了攻唐的侧翼。

太祖圣神恭肃文武孝皇帝下

显德元年（甲寅，954 年）

五月，甲戌朔[1]，王逵自潭州迁于朗州，以周行逢知潭州事，以潘叔嗣为岳州团练使。

丙子[2]，帝至晋阳城下，旗帜环城四十里。杨衮疑北汉代州防御使郑处谦贰于周[3]，召与计事，欲图之；处谦知之，不往。衮使胡骑数十守其城门，处谦杀之，因闭门拒衮；衮奔归契丹。契丹主怒其无功，囚之。处谦举城来降。丁丑[4]，置静塞[5]军于代州，以郑处谦为节度使。

契丹数千骑屯忻、代之间，为北汉之援，庚辰[6]，遣符彦卿等将步骑万余击之；彦卿入忻州，契丹退保忻口[7]。

丁亥[8]，置宁化[9]军于汾州，以石、沁二州隶之。

代州将桑珪、解文遇杀郑处谦，诬奏云潜通契丹。

符彦卿奏请益兵，癸巳[10]，遣李筠、张永德将兵三千赴之。契丹游骑时至忻州城下，丙申[11]，彦卿与诸将陈以待之。史彦超将二十骑为前锋[12]，遇契丹，与战，李筠引兵继之，杀契丹二千人。彦超恃勇轻进，去大军浸远，众寡不敌，为契丹所杀，筠仅以身免，周兵死伤甚众。彦卿退保忻州，寻引兵还晋阳。

府州防御使折德扆将州兵来朝；辛丑[13]，复置永安[14]军于府州，以德扆为节度使。

时大发兵夫，东自怀、孟，西及蒲[15]、陕，以攻晋阳，不克；会久雨，士卒疲病[16]，乃议引还。

初，王得中返自契丹，值周兵围晋阳，留止代州。及桑珪杀郑处谦，囚得中，送于周军，帝释之，赐以带、马，问："虏兵何时当至？"得中曰："臣受命送杨衮，他无所求。"或谓得中曰："契丹许公发兵，公不以实告，契丹兵即至，公得无危乎？"得中太息曰："吾食刘氏禄，有老母在围中，若以实告，周人必发兵据险以拒之，如此，家国两亡，吾独生何益！不若杀身以全家国，所得多矣！"甲辰[17]，帝以得中期罔，缢杀之。

乙巳[18]，帝发晋阳。匡国节度使药元福言于帝曰："进军易，退军难。"帝曰："朕一以委卿。"元福乃勒兵成列而殿[19]。北汉果出兵追蹑，元福击走之。然军还匆遽[20]，刍粮数十万在城下，悉焚弃之。军中讹言相惊，或相剽掠，军须[21]失亡不可胜计。所得北汉州县，周所置刺史等皆弃城走，惟代州桑珪既叛北汉，又不敢归周，婴城自守，北汉遣兵攻拔之。

（以上为第一段，写契丹救北汉，周世宗从晋阳败归。）

【注释】

[1]甲戌朔：五月一日。 [2]丙子：五月三日。 [3]贰于周：意为明属北汉，暗通北周。 [4]丁丑：五月四日。 [5]静塞：方镇名，后周显德元年五月置，治所代州，在今山西代

县。［6］庚辰：五月七日。［7］忻口：地名，在今山西忻州市，两山相夹，滹沱水流经其中。［8］丁亥：五月十四日。［9］宁化：方镇名，后周显德元年（954）五月置，治所汾州，在今山西汾阳市。［10］癸巳：五月二十日。［11］丙申：五月二十三日。［12］二十骑为前锋：二十骑太少，"十"疑为"千"。［13］辛丑：五月二十八日。［14］永安：方镇名，汉天福十二年（947）升为永安军，乾祐三年（950）四月降为团练州，周显德元年（954）五月复置永安军。治所府州，在今陕西府谷县。［15］蒲：州名，治所河中府，在今山西永济市西蒲州镇。［16］士卒疲病：据章校，"病"下有"及史彦超死"五字。［17］甲辰：五月甲戌朔，无甲辰。甲辰，六月二日。［18］乙巳：五月甲戌朔，无乙巳。乙巳，六月三日。［19］殿：行军走在最后。［20］军还匆遽：军队撤退过于匆忙仓促。［21］军须：军用物资，即军需。

乙酉[1]，帝至潞州；甲子[2]，至郑州；丙寅[3]，谒嵩陵；庚午[4]，至大梁。

帝违众议破北汉，自是政事无大小皆亲决，百官受成于上而已。河南府[5]推官[6]高锡[7]上书谏，以为："四海之广，万机之众，虽尧、舜不能独治，必择人而任之。今陛下一以身亲之，天下不谓陛下聪明睿智足以兼百官之任，皆言陛下褊迫疑忌举不信群臣[8]也。不若选能知人公正者以为宰相，能爱民听讼者以为守令，能丰财足食者使掌金谷，能原情守法者使掌刑狱，陛下但垂拱明堂[9]，视其功过而赏罚之，天下何忧不治！何必降君尊而代臣职，屈贵位而亲贱事，无乃失为政之本乎！"帝不从。锡，河中人也。

北汉主忧愤成疾，悉以国事委其子侍卫都指挥使承钧。

河西[10]节度使申师厚不俟诏，擅弃镇入朝，署其子为留后；秋，七月，癸酉朔[11]，责授[12]率府副率[13]。

丁丑[14]，加吴越王钱弘俶天下兵马都元帅。

癸巳[15]，加门下侍郎、同平章事范质守司徒，以枢密直学士、工部侍郎长山景范[16]为中书侍郎、同平章事、判三司。加枢密使、同平章事郑仁诲兼侍中。乙未[17]，以枢密副使魏仁浦为枢密使。范质既为司徒，司徒窦贞固归洛阳，府县[18]以民视之[19]，课役皆不免。贞固诉于留守向训，训不听。

初，帝与北汉主相拒于高平，命前泽州刺史李彦崇将兵守江猪岭[20]，遏北汉主归路。彦崇闻樊爱能等南遁，引兵退，北汉主果自其路遁去。八月，己酉[21]，贬彦崇率府副率。

己巳[22]，废镇国军[23]。

初，太祖以建雄节度使王晏有拒北汉之功，其乡里在滕县[24]，徙晏为武宁节度使。晏少时尝为群盗，至镇，悉召故党，赠之金帛、鞍马，谓曰："吾乡素名多盗，昔吾与诸君皆尝为之，想后来者无能居诸君之右。诸君幸为我语之，使勿复为，为者吾必族之。"于是一境清肃。九月，徐州人请为之立衣锦碑[25]；许之。

冬，十月，甲辰[26]，左羽林大将军孟汉卿坐纳藁税[27]，场官[28]扰民，多取耗余[29]，赐死。有司奏汉卿罪不至死；上曰："朕知之，欲以惩众耳！"

己酉[30]，废安远、永清军[31]。

（以上为第二段，写周世宗精明强干，事无巨细，大权独揽，奖惩鲜明。）

【注释】

[1]乙酉：据胡三省注，应为乙卯，六月十三日。[2]甲子：五月甲戌朔，无甲子。甲子，六月二十二日。[3]丙寅：五月甲戌朔，无丙寅。丙寅，六月二十四日。[4]庚午：五月甲戌朔，无庚午。庚午，六月二十八日。[5]河南府：治所在今河南洛阳市。[6]推官：官名，在节度、观察等使下掌勘问刑狱。[7]高锡：河中虞乡（今山西永济市）人，字天赐。宋初，官至左拾遗、知制诰。传见《宋史》卷二百六十九。[8]褊（biǎn）迫疑忌举不信群臣：心胸狭小，好猜忌人，完全不信任群臣。[9]垂拱明堂：垂拱，垂衣拱手，古代形容太平无事，可以无为而治。明堂，古代天子宣明政教的地方。凡朝会、祭祀、庆赏、选士养老、教学等大典，均在其中举行。[10]河西：方镇名，唐景云元年（710）置，治所凉州，在今甘肃武威市。[11]癸酉朔：七月一日。[12]责授：授较低的官职，以示谴责。[13]率府副率：唐制，东宫有十率府，即左右卫率、左右司御率、左右清道率、左右监门率、左右内率，每率府设率各一人，副率各二人。均为太子属官，掌东宫兵仗、仪卫及门禁、徼循、斥候等事。[14]丁丑：七月五日。[15]癸巳：七月二十一日。[16]景范：淄州长山（今山东邹平市）人。传见《旧五代史》卷一百二十七。[17]乙未：七月二十三日。[18]府县：指河南府和洛阳县。[19]以民视之：把致仕的司徒窦贞固当普通民众一样对待。[20]江猪岭：在今山西长子县西南，近长平关。[21]己酉：八月八日。[22]己巳：八月二十八日。[23]废镇国军：后梁以华州为感化军，后唐同光元年（923）改为镇国军，至后周显德元年（954）八月，降为刺史。[24]滕县：即今山东滕州市。[25]立

衣（yì）锦碑：有富贵还乡，立碑纪念之意。衣锦，穿锦绣衣服，表示富贵。［26］甲辰：十月三日。［27］纳藁税：收受禾秆税。［28］场官：藁场收税官。［29］耗余：旧时收税，正额之外又多收取，以备耗损的部分，称耗余。［30］己酉：十月八日。［31］废安远、永清军：后唐同光元年（923）以安州为安远军节度，至后晋天福五年（940）七月，降为防御使。至天福十二年（947）六月，复为安远军节度。至后周显德元年（954）十月，又降为防御州。后晋天福三年（938）十二月，以贝州为永清军节度，至后周显德元年（954）十月，降为防御州。

初，宿卫之士，累朝相承，务求姑息，不欲简阅[1]，恐伤人情，由是羸老者居多；但骄蹇[2]不用命，实不可用，每遇大敌，不走即降，其所以失国，亦多由此。帝因高平之战，始知其弊，癸亥[3]，谓侍臣曰："凡兵务精不务多，今以农夫百未能养甲士一，奈何浚民之膏泽[4]，养此无用之物乎！且健懦不分，众何所劝！"乃命大简诸军，精锐者升之上军，羸者斥去之。又以骁勇之士多为藩镇所蓄，诏募天下壮士，咸遣诣阙，命太祖皇帝选其尤者为殿前诸班[5]，其骑步诸军，各命将帅选之。由是士卒精强，近代无比，征伐四方，所向皆捷，选练之力也。

戊辰[6]，帝谓侍臣曰："诸道盗贼颇多，讨捕终不能绝，盖由累朝分命使臣巡检，致藩侯、守令皆不致力。宜悉召还，专委节镇、州县，责其清肃[7]。"

河自杨刘至于博州百二十里，连年东溃，分为二派[8]，汇为大泽，弥漫数百里；又东北坏古堤而出，灌齐、棣[9]、淄[10]诸州，至于海涯，漂没民田庐不可胜计，流民采菰稗[11]、捕鱼以给食，朝廷屡遣使者不能塞。十一月，戊戌[12]，帝遣李谷诣澶、郓、齐按视堤塞，役徒六万，三十日而毕。

北汉主疾病[13]，命其子承钧监国[14]，寻殂[15]。遣使告哀于契丹。契丹遣骠骑大将军、知内侍省事刘承训册命承钧为帝，更名钧。北汉孝和帝[16]性孝谨，既嗣位，勤于为政，爱民礼士，境内粗安。每上表于契丹主称男；契丹主赐之诏，谓之"儿皇帝"。

（以上为第三段，写周世宗整训禁军，淘汰羸弱，清盗贼，塞黄河决口，关心民生。北汉主效石敬瑭向契丹称儿皇帝。）

【注释】

[1]简阅：考察、检阅。[2]骄蹇(jiǎn)：傲慢不逊。[3]癸亥：十月二十二日。[4]浚：榨取。膏泽：甘露，滋润土壤的雨水。[5]诸班：宋代禁军中，骑军有殿前指挥使、内殿直、散员、散指挥、散都头、散祗候、金枪班、东西班、散直、钧容直等军，称诸班。与步军统属于殿前司。[6]戊辰：十月二十七日。[7]责其清肃：责令他们肃清自己境内的盗贼。[8]二派：分成两条水路。[9]棣：州名，治所厌次，在今山东惠民县东南。[10]淄：州名，治所淄川，在今山东淄博市。[11]菰(gū)稗(bài)：菰米(又名雕胡米)和稗子。[12]戊戌：十一月二十八日。[13]疾病：病情加重。古代有病称疾，病重为病。[14]监国：古代君主因故不能亲政，由其嗣子或近亲代行职务，称监国。[15]寻殂(cú)：不久死去。[16]孝和帝：刘承钧死后谥号孝和皇帝，庙号睿宗。

马希萼之帅群蛮破长沙也，府库累世之积，皆为溆州蛮酋苻彦通所掠，彦通由是富强，称王于溪洞间。王逵既得湖南，欲遣使抚之，募能往者，其将王虔朗请行。既至，彦通盛侍卫[1]而见之，礼貌甚倨[2]。虔朗厉声责之曰："足下自称苻秦苗裔[3]，宜知礼义，有以异于群蛮。昔马氏在湖南，足下祖父皆北面事之；今王公尽得马氏之地，足下不早往乞盟，致使者先来，又不接之以礼，异日得无悔乎！"彦通惭惧，起，执虔朗手谢之。虔朗知其可动，因说之曰："溪洞之地，隋、唐之世皆为州县[4]，著在图籍。今足下上无天子之诏，下无使府[5]之命，虽自王于山谷之间，不过蛮夷一酋长耳！曷若去王号，自归于王公，王公必以天子之命授足下节度使，与中国侯伯等夷，岂不尊荣哉！"彦通大喜，即日去王号，因虔朗献铜鼓数枚于王逵。逵曰："虔朗一言胜数万兵，真国士也！"承制以彦通为黔中[6]节度使；以虔朗为都指挥使，预闻府政[7]。

逵虑西界镇遏使、锦州[8]刺史刘瑫为边患，表为镇南节度副使，充西界都招讨使。

是岁，湖南大饥，民食草木实；武清[9]节度使、知潭州事周行逢开仓以赈之，全活甚众。行逢起于微贱，知民间疾苦，励精为治，严而无私，辟署僚属[10]，皆取廉介之士，约束简要，吏民便之[11]，其自奉甚薄；或讥其太俭，行逢曰："马氏父子穷奢极靡，不恤百姓，今子孙乞食于人，又足效乎！"

（以上为第四段，写湖南王逵抚定溪洞蛮夷，周行逢开仓赈济饥民。）

【注释】

[1]盛侍卫：摆出盛大的侍卫场面。即警卫森严。 [2]礼貌甚倨：接待十分倨傲。 [3]自称苻秦苗裔：苻坚死后，其子苻宏归东晋。桓玄篡位，以宏为梁州刺史，活动于荆、楚间，故苻彦通自称是苻宏后代。 [4]隋、唐之世皆为州县：溪洞之地，隋、唐时属黔中道。 [5]使府：指湖南都府。 [6]黔中：方镇名，唐大历十二年（777）置。大顺元年（890）号武泰军节度。治所在今重庆彭水县。 [7]预闻府政：参与湖南都府的政事。据章校，“政”下有“虔朗，桂州人也”六字。 [8]锦州：治所在今湖南麻阳县西。 [9]武清：方镇名，五代十国楚置，治所在今湖南衡山县。 [10]辟署僚属：征召任用幕僚与部属。 [11]吏民便之：四字原文无，据章校补。

世宗睿武孝文皇帝[1]上

显德二年（乙卯，955年）

春，正月，庚辰[2]，上以漕运自晋、汉以来不给斗耗[3]，纲吏[4]多以亏欠抵死，诏自今每斛给耗一斗[5]。

定难节度使李彝兴[6]，以折德扆亦为节度使，与己并列，耻之，塞路不通周使。癸未[7]，上谋于宰相，对曰：“夏州[8]边镇，朝廷向来每加优借，府州褊小，得失不系重轻，且宜抚谕彝兴，庶全大体。”上曰：“德扆数年以来，尽忠戮力以拒刘氏，奈何一旦弃之！且夏州惟产羊马，贸易百货，悉仰中国，我若绝之，彼何能为！”乃遣供奉官齐藏珍赍诏书责之，彝兴惶恐谢罪。

戊子[9]，蜀置威武军于凤州[10]。

辛卯[11]，初令翰林学士、两省官[12]举令、录[13]；除官之日，仍署举者姓名，若贪秽败官，并当连坐[14]。

契丹自晋、汉以来屡寇河北[15]，轻骑深入，无藩篱之限，郊野之民每困杀掠。言事者称深、冀之间有胡卢河，横亘数百里，可浚之以限其奔突[16]；是月，诏忠武节度使王彦超、彰信[17]节度使韩通，将兵夫浚胡卢河，筑城于李晏口[18]，留兵戍之。帝召德州[19]刺史张藏英，问以备边之策，藏英具陈地形要害，请列置戍兵，募边人骁勇者，厚其禀给，自请将之，随便宜讨击；帝皆从之，以藏英为沿边巡检招收都指挥使。

藏英到官数月，募得千余人。王彦超等行视役者[20]，尝为契丹所围；藏英引所募兵驰击，大破之。自是契丹不敢涉胡卢河，河南[21]之民始得休息。

二月，庚子朔[22]，日有食之。

罗夔恭孝王仁毅[23]卒。

壬戌[24]，诏群臣极言得失，其略曰："朕于卿大夫，才不能尽知，面不能尽识；若不采其言而观其行，审其意而察其忠，则何以见器略之浅深，知任用之当否！若言之不入，罪实在予；苟求之不言，咎将谁执！"

唐主以中书侍郎、知尚书省严续[25]为门下侍郎、同平章事。

（以上为第五段，写后周世宗下诏荐贤、求言，抗御契丹侵扰河北的游骑。）

【注释】

[1]世宗睿武孝文皇帝：讳柴名荣，为郭威妻兄之子，自幼从姑，郭威养为己子。公元955年至959年在位，庙号世宗。 [2]庚辰：正月十日。 [3]斗耗：往来运送粮食合理的损耗。 [4]纲吏：旧时负责成批运送货物的官吏。 [5]每斛给耗一斗：每斛允许扣减损耗一斗。斛，古代十斗为一斛，南宋末改为五斗。 [6]李彝兴：夏州人，本姓拓跋氏。原名彝殷，避宋宣祖讳改。传见《旧五代史》卷一百三十二、《新五代史》卷四十、《宋史》卷四百八十五。 [7]癸未：正月十三日。 [8]夏州：治所朔方，在今陕西靖边县红墩界镇。 [9]戊子：正月十八日。 [10]凤州：治所在今陕西凤县。 [11]辛卯：正月二十一日。 [12]两省官：中书省和门下省。 [13]举令、录：推举县令和州郡录事参军。 [14]连坐：牵连受罚。 [15]河北：道名，治所魏州，在今河北大名县东北。 [16]奔突：横冲直撞。 [17]彰信：方镇名，后晋开运二年（945）以曹州为威信节度。至后汉天福十二年（947）六月降为刺史。后周广顺二年（952）七月，复升为彰信军节度。治所左城，在今山东曹县西北。 [18]李晏口：即李晏镇，在今河北景县东北，与县西宋门镇均为大镇。 [19]德州：治所在今山东德州市陵城区。 [20]行视役者：巡视为治河工程服役的人。 [21]河南：此指胡卢河之南。 [22]庚子朔：二月一日。 [23]仁毅：蜀后主孟昶弟。 [24]壬戌：二月二十三日。 [25]严续：字兴宗，吴相严可求之子。南唐烈祖李昪婿。敢于直言，常遭群小斥逐。官至门下侍郎、同平章事、镇海军节度使。

三月，辛未[1]，以李晏口为静安军[2]。

帝常愤广明[3]以来中国日蹙[4]，及高平既捷，慨然有削平天下之志。会秦州民夷[5]有诣大梁献策请恢复旧疆[6]者，帝纳其言。

蜀主闻之，遣客省使赵季札按视边备。季札素以文武才略自任，使还，奏称："雄武节度使韩继勋、凤州刺史王万迪非将帅才，不足以御大敌。"蜀主问："谁可往者？"季札请自行。丙申[7]，以季札为雄武监军使，仍以宿卫精兵千人为之部曲。

帝以大梁城中迫隘[8]，夏，四月，乙卯[9]，诏展外城，先立标帜[10]，俟今冬农隙兴板筑[11]；东作[12]动则罢之，更俟次年，以渐成之。且令自今葬埋皆出所标七里之外，其标内俟县官分画街衢、仓场、营廨[13]之外，听民随便筑室。

丙辰[14]，蜀主命知枢密院王昭远按行[15]北边城寨及甲兵[16]。

上谓宰相曰："朕每思致治之方[17]，未得其要，寝食不忘。又自唐、晋以来，吴、蜀、幽、并[18]皆阻声教[19]，未能混壹[20]，宜命近臣著《为君难为臣不易论》及《开边策》各一篇，朕将览焉。"

比部郎中[21]王朴献策，以为："中国之失吴、蜀、幽、并，皆由失道[22]。今必先观所以失之之原，然后知所以取之之术。其始失之也，莫不以君暗臣邪，兵骄民困，奸党内炽，武夫外横，因小致大，积微成著[23]。今欲取之，莫若反其所为而已。夫进贤退不肖，所以收其才也；恩隐诚信，所以结其心也；赏功罚罪，所以尽其力也；去奢节用，所以丰其财也；时使薄敛[24]，所以阜[25]其民也。俟群才既集，政事既治，财用既充，士民既附，然后举而用之，功无不成矣！彼之人观我有必取之势，则知其情状者愿为间谍，知其山川者愿为乡导，民心既归，天意必从矣。

"凡攻取之道，必先其易者。唐与吾接境几二千里[26]，其势易扰也。扰之当以无备之处为始，备东则扰西，备西则扰东，彼必奔走而救之。奔走之间，可以知其虚实强弱，然后避实击虚，避强击弱。未须大举，且以轻兵扰之。南人懦怯，闻小有警，必悉师以救之。师数动则民疲而财竭，不悉师则我可以乘虚取之。如此，江北诸州将悉为我有。既得江北，则用彼之民，行我之法，江南亦易取也。得江南则岭南、巴蜀可传檄而定。南方既定，则燕地必望风内附；若其不至，移兵攻之，席卷可平矣。惟河东必死之寇[27]，不可以恩信诱，当以强兵制之，然彼自高平之败，力竭气沮，必未能为边患，宜且以为后图，俟天下既平，然后伺间[28]，一举可擒也。今士卒精练，甲兵有备[29]，群下畏法[30]，诸将效力，期年[31]之后可以出师，宜自夏秋蓄积实边[32]矣。"

上欣然纳之。时群臣多守常偷安，所对少有可取者，惟朴神峻气劲[33]，有谋能断，凡所规画，皆称上意，上由是重其气识[34]，未几，迁左谏议大夫，知开封府事。

（以上为第六段，写比部郎中王朴献统一治安之策，被升职为左谏议大夫。）

【注释】

[1]辛未：三月二日。 [2]静安军：本名李晏口，又名李晏镇。在今河北深州市东南，夹胡卢河为垒。 [3]广明：唐僖宗年号（880—881）。 [4]中国日蹙：由于藩镇割据，中原王朝控制的中原地区日益缩小。 [5]民夷：百姓和少数民族。此指秦州的进言者代表当地民夷。 [6]旧疆：指唐时疆域。 [7]丙申：三月二十七日。 [8]迫隘：指城中局促狭窄。 [9]乙卯：四月十二日。 [10]诏展外城，先立标帜：下诏拓展大梁外城，先立下标记。 [11]板筑：造泥墙的工具。板，夹墙板。筑，捣土的杵。 [12]东作：春耕生产。 [13]营廨：军营和官署。 [14]丙辰：四月十三日。 [15]按行：巡视检查。 [16]甲兵：盔甲和兵器。 [17]致治之方：导致天下治平的方略。 [18]吴、蜀、幽、并：吴，指徐氏、李氏。蜀，指孟氏。幽，指契丹。并，指北汉。[19]声教：声威和教化。 [20]混壹：混为一体，即天下统一。 [21]比部郎中：刑部属官，职掌复核朝中及地方上报的统计与账簿。 [22]失道：丧失了治国之道。 [23]积微成著：细小的积累而成显明的大事。 [24]时使：使民以时。薄敛：减少赋税。 [25]阜：丰足。 [26]唐与吾接境几二千里：唐与后周以淮河为界，淮河从源头桐柏山至洪泽湖，再由洪泽湖流入长江至海，全长约二千里。 [27]必死之寇：到死也不会改变的仇敌，此指北汉，与周有深仇。 [28]伺间：寻求战机。 [29]甲兵有备：武器齐全。 [30]群下畏法：部属畏服军法。 [31]期年：一年。[32]宜自夏秋蓄积实边：应该从夏秋开始，储备好粮草，充实边塞，为用兵做准备。 [33]神峻气劲：精神豪迈，气势刚强。 [34]上由是重其气识：周世宗十分看重王朴的才干和见识。气识，才气与见识。据章校，"气"作"器"。器识，器度，识见。

上谋取秦、凤，求可将者。王溥荐宣徽南院使、镇安节度使向训。上命训与凤翔节度使王景、客省使高唐昝居润[1]偕行。五月，戊辰朔[2]，景出兵自散关趣秦州。

敕天下寺院，非敕额者悉废之[3]。禁私度僧尼，凡欲出家者必俟祖父母、父母、伯叔之命。惟两京[4]、大名府、京兆府、青州听设戒坛[5]。禁僧俗舍身[6]、断手足、炼指[7]、挂灯[8]、带钳[9]之类幻惑流俗[10]者。令两京及诸州每岁造僧帐[11]，有死亡、归俗，皆随时开落[12]。是岁，天下寺院存者二千六百九十四，废者三万三百三十六，见僧[13]四万二千四百四十四，尼一万八千七百五十六。

王景拔黄牛[14]等八寨。戊寅[15]，蜀主以捧圣控鹤都指挥使、保宁节度使李廷珪为北路行营都统，左卫圣步军都指挥使高彦俦[16]为招讨使，武宁节度使吕彦珂副之，客省使赵崇韬[17]为都监。

蜀赵季札至德阳，闻周师入境，惧不敢进，上书求解边任还奏事，先遣辎重及妓妾西归。丁亥[18]，单骑驰入成都，众以为奔败，莫不震恐。蜀主问以机事，皆不能对；蜀主怒，系之御史台[19]，甲午[20]，斩之于崇礼门。

六月，庚子[21]，上亲录囚[22]于内苑[23]。有汝州民马遇，父及弟为吏所冤死，屡经覆按[24]，不能自伸，上临问，始得其实，人以为神。由是诸长吏无不亲察狱讼。

壬寅[25]，西师与蜀李廷珪等战于威武城[26]东，不利，排陈使濮州刺史胡立等为蜀所擒。丁未[27]，蜀主遣间使[28]如北汉及唐，欲与之俱出兵以制周，北汉主、唐主皆许之。

己酉[29]，以彰信节度使韩通充西南行营马步军都虞候。

戊午[30]，南汉主杀祯州节度使通王弘政[31]，于是高祖之诸子尽矣。

壬戌[32]，以枢密院承旨清河张美[33]为右领军大将军、权点检三司事[34]。初，帝在澶州，美掌州之金谷隶三司者[35]，帝或私有所求，美曲为供副[36]。太祖闻之怒，恐伤帝意，但徙美为濮州马步军都虞候。美治财精敏，当时鲜及，故帝以利权授之[37]；然思其在澶州所为，终不以公忠待之。

秋，七月，丁卯朔[38]，以王景兼西南行营都招讨使，向训兼行营兵马都监。宰相以景等久无功，馈运不继，固请罢兵。帝命太祖皇帝往视之，还，言秦、凤可取之状，帝从之。

（以上为第七段，写周世宗裁撤佛寺十之八九，平反冤狱，用王溥策西征后蜀。）

【注释】

[1]昝（zǎn）居润：博州高唐（今山东高唐县）人。善书计，从周世宗出征有功，官至左领军卫上将军。入宋，拜义武军节度使。传见《宋史》卷二百六十二。[2]戊辰朔：五月一日。[3]非敕额者悉废之：不在敕令允许设寺院名额之内的，全部废除。敕额，指制书明令的佛寺，如慈恩、安国、兴唐等寺。[4]两京：指东京开封府和西京河南府。[5]戒坛：僧尼受戒的坛台。[6]舍身：自杀。[7]炼指：用香燃手指。[8]挂灯：以小铁钩钩遍皮肤，钩上挂油灯，时称燃肉身灯。[9]带钳：类似带枷。[10]幻惑流俗：迷惑世俗的人们。按：僧俗信徒用上述折磨自身的行动表示对佛的虔诚。[11]造僧帐：编造和尚名册。[12]开落：注销。[13]见僧：现有和尚。见，通"现"。[14]黄牛：黄牛寨，又称黄牛堡，在今陕西凤县东北。[15]戊寅：五月十一日。[16]高彦俦：并州太原（今太原市晋源区）人。后蜀昭武军节度使。宋师攻夔州，守城失利，自焚死。传见《宋史》卷四百七十九。[17]赵崇韬：并州太原（今太原市晋源区）人。后蜀勇将，蜀后主姻亲。宋师入蜀，被擒。传见《宋史》卷四百七十九。[18]丁亥：五月二十日。[19]御史台：国家监察机关，掌纠察百官。长官为御史大夫、御史中丞。[20]甲午：原文作"庚午"，是月无庚午，据章校改为甲午，五月二十七日。[21]庚子：六月三日。[22]录囚：审理囚犯。[23]内苑：宫内的庭园，即禁苑。[24]屡经覆按：多次复审。[25]壬寅：六月五日。[26]威武城：前蜀所筑，在今陕西凤县东北。[27]丁未：六月十日。[28]间使：暗中派出的秘密使者。[29]己酉：六月十二日。[30]戊午：六月二十一日。[31]祯州：五代南汉改循州为祯州，宋朝避仁宗赵祯讳，改为惠州，在今广东惠州市惠阳区。弘政：南汉高祖刘龑第十八子，封通王。[32]壬戌：六月二十五日。[33]张美：贝州清河（今河北清河县）人，字玄圭。善书计，任宣徽北院使、判三司，世宗连年征伐，赖其筹划，粮馈不乏。宋初，加检校太尉。传见《宋史》卷二百五十九。[34]权点检三司事：暂代点检三司事的官职，未授正式职务。[35]掌州之金谷隶三司者：掌管澶州隶属于三司的金谷业务。[36]曲为供副：想尽办法满足供应。[37]以利权授之：把理财大权授给他。据章校，"之"下有"帝征伐四方，用度不乏，美之力也"十三字。[38]丁卯朔：七月一日。

八月，丁未[1]，中书侍郎、同平章事景范罢判三司，寻以父丧罢政事。

王景等败蜀兵，获将卒三百。己未[2]，蜀主遣通奏使、知枢密院、武泰节度使伊审征[3]如行营慰抚，仍督战。

帝以县官久不铸钱，而民间多销钱为器皿及佛像，钱益少，九月，丙寅朔[4]，敕始立监采铜铸钱[5]，自非县官法物[6]、军器及寺观钟、磬、钹、铎[7]之类听留外，自余民间铜器、佛像，五十日内悉令输官，给其直；过期隐匿不输，五斤以上其罪死，不及者论刑有差[8]。上谓侍臣曰："卿辈勿以毁佛为疑。夫佛以善道化人，苟志于善，斯奉佛矣。彼铜像岂所谓佛邪！且吾闻佛在利人，虽头目犹舍以布施[9]，若朕身可以济民，亦非所惜也。"

臣光曰：若周世宗，可谓仁矣，不爱其身而爱民；若周世宗，可谓明矣，不以无益废有益。

蜀李廷珪遣先锋都指挥使李进据马岭寨[10]，又遣奇兵出斜谷[11]，屯白涧[12]，又分兵出凤州之北唐仓镇[13]及黄花谷[14]，绝周粮道。闰月[15]，王景遣裨将张建雄将兵二千抵黄花，又遣千人趣唐仓，扼蜀归路。蜀染院使王峦将兵出唐仓，与建雄战于黄花，蜀兵败，奔唐仓，遇周兵，又败，虏峦及其将士三千人；马岭、白涧兵皆溃，李廷珪、高彦俦等退保青泥岭[16]。蜀雄武节度使兼侍中韩继勋弃秦州，奔还成都，观察判官赵玭[17]举城降，斜谷援兵亦溃。成、阶二州皆降，蜀人震恐。玭，澶州人也。帝欲以玭为节度使，范质固争以为不可，乃以为郢州刺史。

壬子[18]，百官入贺，帝举酒属王溥曰："边功之成，卿择帅之力也！"

甲子[19]，上与将相食于万岁殿，因言："两日大寒，朕于宫中食珍膳，深愧无功于民而坐享天禄，既不能躬耕而食，惟当亲冒矢石为民除害，差可自安耳[20]！"

乙丑[21]，蜀李廷珪上表待罪。冬，十月，壬申[22]，伊审征至成都请罪[23]。

蜀主致书于帝请和，自称大蜀皇帝；帝怒其抗礼[24]，不答。蜀主愈恐，聚兵粮于剑门[25]、白帝[26]，为守御之备，募兵既多，用度不足，始铸铁钱，榷境内铁器[27]，民甚苦之。

（以上为第八段，写周世宗毁铜佛铸钱，废无益补有益，司马光称其为仁明之君。后周西征军大败蜀军，夺取代、阶两州。）

【注释】

［1］丁未：八月十一日。［2］己未：八月二十三日。［3］伊审征：并州人，字申图。蜀后主姻亲。官至宁江军节度使、同平章事。宋师入蜀，首奉降表诣军前。传见《宋史》卷四百七十九。［4］丙寅朔：九月一日。［5］立监采铜铸钱：设立官署，采铜铸造钱币。监，官署名。古代铸钱属少府监。［6］县官法物：朝廷礼器。［7］钟、磬、钹、铎：乐器名。钟，青铜制，悬于架上，以槌叩击发音。磬，用玉或石雕成，悬于架上，击之而鸣。钹（bó），铜钹，圆形，两片为一副，相击发声。铎，形如铙、钲而有舌，是大铃的一种。［8］"不及"句：谓隐藏铜器不足五斤的，按重量多少量刑。不及，不足。［9］头目犹舍以布施：只要对人有利，即便是脑袋、眼睛都可舍弃用来布施。［10］马岭寨：在今陕西凤县西，又称马岭关。［11］斜谷：在今陕西眉县西南。谷口有关，称斜谷关。［12］白涧：白涧镇，在今陕西凤县境。［13］唐仓镇：在今陕西凤县北。［14］黄花谷：在今陕西凤县北。［15］闰月：闰九月。［16］青泥岭：在今陕西略阳县西北，为入蜀要路。［17］赵玭（pín）：澶州人。家富于财。官至秦、成、阶等州观察判官。周师入蜀，举城阵。宋初，任左监门卫大将军、判三司。传见《宋史》卷二百七十四。［18］壬子：闰九月十七日。［19］甲子：闰九月二十九日。［20］差（chā）可自安耳：略可以让自己安心罢了。［21］乙丑：闰九月丙申朔，无乙丑。乙丑，十月一日。［22］壬申：十月八日。［23］请罪：据章校，"罪"下有"皆释之"三字。［24］抗礼：以彼此对等的礼节相待。［25］剑门：县名，县治在今四川剑阁县东北，因境内有剑门山得名。守剑门以防北兵从岐州、雍州攻入。［26］白帝：古城名，在今重庆市奉节县东。守白帝以防北兵溯长江三峡而上。［27］榷（què）境内铁器：境内铁器由官府专卖。榷，专利、专卖。

唐主性和柔，好文章，而喜人佞己[1]，由是谄谀之臣多进用，政事日乱。既克建州，破湖南，益骄，有吞天下之志。李守贞、慕容彦超之叛，皆为之出师，遥为声援，又遣使自海道通契丹及北汉，约共图中国；值中国多事，未暇与之校。

先是，每冬淮水浅涸，唐人常发兵戍守，谓之"把浅"，寿州监军吴廷绍以为疆埸无事，坐费资粮，悉罢之；清淮节度使刘仁赡上表固争，不能得。十一月，乙未朔[2]，帝以李谷为淮南道[3]前军行营都部署兼知庐、寿等行府事[4]，以忠武节度使王彦超副之，督侍卫马军都指挥使韩令坤[5]等十二将以伐唐。令坤，磁州武安人也。

汴水自唐末溃决，自埇桥[6]东南悉为污泽。上谋击唐，先命武宁节度使武行德发民夫，因故堤疏导之，东至泗上[7]；议者皆以为难成，上曰："数年之后，必获其利。"

丁未[8]，上与侍臣论刑赏，上曰："朕必不因怒刑人，因喜赏人[9]。"

先是，大梁城中民侵街衢为舍，通大车者盖寡，上命悉直而广之，广者至三十步；又迁坟墓于标外。上曰："近广京城，于存殁扰动诚多[10]；怨谤之语，朕自当之，他日终为人利[11]。"

王景等围凤州，韩通分兵城固镇以绝蜀之援兵。戊申[12]，克凤州，擒蜀威武节度使王环[13]及都监赵崇溥[14]等将士五千人。崇溥不食而死。环，真定人也。乙卯[15]，制曲赦[16]秦、凤、阶、成境内，所获蜀将士，愿留者优其俸赐，愿去者给资装而遣之。诏曰："用慰众情，免违物性[17]，其四州之民，二税征科[18]之外，凡蜀人所立诸色科徭[19]，悉罢之。"

唐人闻周兵将至而惧，刘仁赡神气自若，部分守御，无异平日，众情稍安。唐主以神武统军刘彦贞为北面行营都部署，将兵二万趣寿州，奉化[20]节度使、同平章事皇甫晖[21]为应援使，常州[22]团练使姚凤为应援都监，将兵三万屯定远[23]。召镇南节度使宋齐丘还金陵，谋国难，以翰林承旨、户部尚书殷崇义[24]为吏部尚书、知枢密院。

李谷等为浮梁[25]，自正阳[26]济淮。十二月，甲戌[27]，谷奏王彦超败唐兵二千余人于寿州城下，己卯[28]，又奏先锋都指挥使白延遇败唐兵千余人于山口镇[29]。

丙戌[30]，枢密使兼侍中韩忠正公郑仁诲卒。上临其丧，近臣奏称岁道非便[31]，上曰："君臣义重，何日时之有！"往哭尽哀。

吴越王弘俶遣元帅府判官[32]陈彦禧入贡，帝以诏谕弘俶，使出兵击唐。

（以上为第九段，写后周西征军取蜀秦、凤、阶、成四州，对四州之民只征正税，蜀人所立杂税悉免之。后周兵伐南唐。）

【注释】

[1]佞（nìng）己：喜欢别人奉承自己。 [2]乙未朔：十一月一日。 [3]淮南道：唐贞观初置，治所扬州，在今江苏扬州市。时扬州为南唐东都，李谷只是遥领。 [4]庐、寿：二州当时也在南唐境内。庐，州名，治所合肥，在今安徽合肥市。行府：中央官署派出在外代行指定事务的

机构。［5］韩令坤：磁州武安（今河北武安市）人。传见《宋史》卷二百五十一。［6］埇桥：汴水桥名，又名符离桥，在今安徽宿州市北。［7］东至泗上：往东流入泗水。泗水在山东东部，源出今山东泗水县东蒙山南麓，四源并发，故名。［8］丁未：十一月十三日。［9］不因怒刑人，因喜赏人：不因为生气滥处罚人，不因为高兴滥奖赏人。［10］近广京城，于存殁扰动诚多：近来拓宽京城的工程，对活着的和死去的人惊动得太多了。［11］他日终为人利：将来终究会给人带来好处。［12］戊申：十一月十四日。［13］王环：镇州真定（今河北正定县）人。后蜀威武军节度使。周师伐凤州，坚守百余日方被擒。周世宗奖其忠于所事，授右骁卫将军。传见《旧五代史》卷一百二十九、《新五代史》卷五十。［14］赵崇溥：威武军都监。周师伐凤州，不肯降，被俘，饿数日而死。［15］乙卯：十一月二十一日。［16］曲赦：因特殊情况而赦免。［17］用慰众情，免违物性：为了安慰众人的心情，避免违背人性。［18］二税征科：夏秋两次征税。［19］诸色科徭：各种杂税和徭役差遣。［20］奉化：方镇名，南唐置，治所江州，在今江西九江市。［21］皇甫晖：魏州人，南唐奉化军节度使、同平章事。周师攻滁州，被俘，伤重不屈而死。［22］常州：治所在今江苏常州市。［23］定远：县名，县治在今安徽定远县。［24］殷崇义：陈州西华（今河南西华县）人。官至南唐枢密使、右仆射。博洽能文。撰《扬州孝先寺碑》，受到后周世宗赞赏。入宋，避宋宣祖庙讳，易姓名汤悦。参与修《太平御览》等书。［25］浮梁：浮桥。［26］正阳：正阳镇，有二：在今安徽颍上县东南，淮水西土著所居之处称西正阳，即古颍口；在今安徽寿县西，商贾所聚之处称东正阳，又名正阳关。两地夹淮相对。此句当指西正阳。［27］甲戌：十二月十日。［28］己卯：十二月十五日。［29］山口镇：镇名，在今安徽淮南市西。［30］丙戌：十二月二十二日。［31］岁道非便：意为，从岁星所经过的星空看，不利于到有丧事的人家吊唁。这是古人的一种迷信说法。［32］元帅府判官：后汉乾祐元年（948）曾册封吴越王弘俶为东南面兵马都元帅，故置元帅府判官。

三年（丙辰，956年）

春，正月，丙午[1]，以王环为右骁卫大将军，赏其不降也。

丁酉[2]，李谷奏败唐兵千余人于上窑[3]。

戊戌[4]，发开封府、曹、滑、郑州之民十余万筑大梁外城。

庚子[5]，帝下诏亲征淮南，以宣徽南院使、镇安节度使向训权东京留守，端明殿学士王朴副之，彰信节度使韩通权点检侍卫司及在京内外都巡检。命侍卫都指挥使、归德节度使李重进将兵先赴正阳，河阳节度使白重赞将亲兵三千屯颍上[6]。壬寅[7]，帝发大梁。

李谷攻寿州，久不克；唐刘彦贞引兵救之，至来远镇[8]，距寿州二百里，又以战舰数百艘趣正阳，为攻浮梁之势。李谷畏之，召将佐谋曰："我军不能水战，若贼断浮梁，则腹背受敌，皆不归矣！不如退守浮梁以待车驾。"上至圉镇[9]，闻其谋，亟遣中使乘驿止之。比至，已焚刍粮，退保正阳。丁未[10]，帝至陈州，亟遣李重进引兵趣淮上。

辛亥[11]，李谷奏："贼舰中流而进，弩炮所不能及，若浮梁不守，则众心动摇，须至退军。今贼舰日进，淮水日涨，若车驾亲临，万一粮道阻绝，其危不测。愿陛下且驻跸[12]陈、颍，俟李重进至，臣与之共度[13]贼舰可御，浮梁可完，立具奏闻。但若厉兵秣马[14]，春去冬来，足使贼中疲弊，取之未晚。"帝览奏，不悦。

刘彦贞素骄贵，无才略，不习兵，所历藩镇，专为贪暴，积财巨亿[15]，以赂权要，由是魏岑等争誉之，以为治民如龚、黄[16]，用兵如韩、彭[17]，故周师至，唐主首用之。其裨将咸师朗等皆勇而无谋，闻李谷退，喜，引兵直抵正阳，旌旗辎重数百里，刘仁赡及池州刺史张全约固止之。仁赡曰："公军未至而敌人先遁，是畏公之威声也，安用速战！万一失利，则大事去矣！"彦贞不从。既行，仁赡曰："果遇，必败。"乃益兵乘城为备。李重进渡淮，逆战于正阳东，大破之，斩彦贞，生擒咸师朗等，斩首万余级，伏尸三十里，收军资器械三十余万。是时江、淮久安，民不习战，彦贞既败，唐人大恐，张全约收余众奔寿州，刘仁赡表全约为马步左厢都指挥使。皇甫晖、姚凤退保清流关[18]。滁州刺史王绍颜委城走。

壬子[19]，帝至永宁镇[20]，谓侍臣曰："闻寿州围解，农民多归村落，今闻大军至，必复入城。怜其聚为饿殍，宜先遣使存抚，各令安业。"甲寅[21]，帝至正阳，以李重进代李谷为淮南道行营都招讨使，以谷判寿州行府事。丙辰[22]，帝至寿州城下，营于淝水之阳[23]，命诸军围寿州，徙正阳浮梁于下蔡镇[24]。丁巳[25]，征宋、亳、陈、颍、徐、宿、许、蔡等州丁夫[26]数十万以攻城，昼夜不息。唐兵万余人维舟于淮[27]，营于涂山[28]之下。庚申[29]，帝命太祖皇帝击之，太祖皇帝遣百余骑薄其营而伪遁，伏兵邀之，大败唐兵于涡口[30]，斩其都监何延锡等，夺战舰五十余艘。

诏以武平节度使兼中书令王逵为南面行营都统，使攻唐之鄂州[31]。

逵引兵过岳州，岳州团练使潘叔嗣厚具燕犒，奉事甚谨；逵左右求取无厌，不满望者谮叔嗣于逵，云其谋叛，逵怒形于词色，叔嗣由是惧而不自安。

唐主闻湖南兵将至，命武昌节度使何敬洙[32]徙民入城，为固守之计；敬洙不从，使除地[33]为战场，曰："敌至，则与军民俱死于此耳！"唐主善之。

二月，丙寅[34]，下蔡浮梁成，上自往视之。

（以上为第十段，写后周世宗第一次亲征南唐，前锋初战告捷。）

【注释】

[1]丙午：正月十二日。据下文看，当为丙申，正月二日，为宜。[2]丁酉：正月三日。[3]上窑：上窑镇，在安徽怀远县南。[4]戊戌：正月四日。[5]庚子：正月六日。[6]颍上：县名，县治在今安徽颍上县。[7]壬寅：正月八日。[8]来远镇：在今安徽寿县西南。[9]圉（yǔ）镇：在今河南杞县南。[10]丁未：正月十三日。[11]辛亥：正月十四日。[12]跸（bì）：帝王出行时开路清道，禁止通行。引申为帝王的车驾。[13]度（duó）：商量、计议。[14]厉兵秣马：磨快兵器，喂饱战马。意为做好战斗准备。厉，通"砺"，磨刀石。[15]巨亿：万万为亿，亿亿为巨亿，极言其多。[16]龚、黄：龚遂、黄霸，西汉良吏。传见《汉书》卷八十九。[17]韩、彭：韩信、彭越，西汉名将。韩信传见《史记》卷九十二。彭越传见《史记》卷九十。[18]清流关：在今安徽滁州市西南。[19]壬子：正月十八日。[20]永宁镇：在今安徽阜阳市境。[21]甲寅：正月二十日。[22]丙辰：正月二十二日。[23]淝水之阳：淝水之北。[24]下蔡镇：在今安徽凤台县。[25]丁巳：正月二十三日。[26]丁夫：征发的成年民工。[27]维舟于淮：把船停在淮河边上。[28]涂山：在今安徽蚌埠市西淮河东岸，又名当涂山，与荆山隔淮相对。[29]庚申：正月二十六日。[30]涡口：涡河入淮处。在今安徽怀远县东北。[31]鄂州：治所江夏，在今湖北武汉市武昌区。[32]何敬洙：广陵人。善射，官武昌军节度使，治政有方。曾击退袭击江南的王逵，因功加镇国将军、中书令。[33]除地：把地上的农作物收割起来。[34]丙寅：二月三日。

戊辰[1]，庐、寿、光、黄[2]巡检使司超[3]奏败唐兵三千余人于盛唐[4]，擒都监高弼等，获战舰四十余艘。

上命太祖皇帝倍道袭清流关。皇甫晖等陈于山下，方与前锋战，太祖皇帝引兵出山后；晖等大惊，走入滁州[5]，欲断桥自守，太祖皇帝跃马麾兵涉水，直抵城下。晖曰："人各为其主，愿容成列而战。"太祖皇帝笑而许之。晖整众而出，太祖皇帝拥马颈突陈而入，大呼曰："吾止取皇甫晖，他人非吾敌也！"手剑击晖，中脑，生擒之，并擒姚凤，遂克滁州。后数日，宣祖皇帝[6]为马军副都指挥使，引兵夜半至滁州城下，传呼开门。太祖皇帝曰："父子虽至亲，城门王事也，不敢奉命。"明旦乃得入[7]。

上遣翰林学士窦仪籍滁州帑藏[8]，太祖皇帝遣亲吏取藏中绢。仪曰："公初克城时，虽倾藏取之，无伤[9]也。今既籍为官物，非有诏书，不可得也。"太祖皇帝由是重仪。诏左金吾卫将军马崇祚知滁州。

初，永兴节度使刘词遗表荐其幕僚蓟人赵普[10]有才可用。会滁州平，范质荐普为滁州军事判官，太祖皇帝与语，悦之。时获盗百余人，皆应死，普请先讯鞫[11]然后决，所活十七八。太祖皇帝益奇之。

太祖皇帝威名日盛，每临陈，必以繁缨饰马[12]，铠仗鲜明。或曰："如此，为敌所识。"太祖皇帝曰："吾固欲其识之耳！"

（以上为第十一段，写宋太祖赵匡胤在征战中智勇双全，地位声望日益隆盛。）

【注释】

[1]戊辰：二月五日。 [2]光、黄：两州名。光州治所定城，在今河南潢川县。黄州治所在今湖北黄冈市。 [3]司超：大名元城（今河北大名县东）人。周世宗伐江南，屡立战功。入宋，官至蕲州防御使。传见《宋史》卷二百七十二。据章校，"司"上有"元城"二字，是。 [4]盛唐：县名，县治在今安徽六安市。 [5]滁州：治所清流，在今安徽滁州市。 [6]宣祖皇帝：宋太祖赵匡胤生父，后周时，官至检校司徒、天水县男。庙号宣祖。传见《宋史》卷一。 [7]明旦乃得入：五字原文无，据章校补。 [8]籍滁州帑藏：登记滁州官库里的财物。 [9]无伤：没有妨碍。 [10]赵普（922—992）：祖籍幽州蓟（今天津市蓟州区）人，后迁镇州（今河北正定县），再迁洛阳。字则平。初为赵匡胤幕僚，陈桥兵变，有佐命之功，累官枢密使、同平章事。宋初削弱地方武力，加强中央集权，多为其参与谋划。传见《宋史》卷二百五十六。 [11]讯鞫（jū）：审讯。 [12]繁缨饰马：用鲜艳的络头马绳装饰坐骑。

唐主遣泗州[1]牙将王知朗赍书抵徐州，称："唐皇帝奉书大周皇帝，请息兵修好，愿以兄事帝，岁输货财以助军费。"甲戌[2]，徐州以闻；帝不答。戊寅[3]，命前武胜节度使侯章等攻寿州水寨，决其壕之西北隅，导壕水入于淝。

太祖皇帝遣使献皇甫晖等，晖伤甚，见上，卧而言曰："臣非不忠于所事，但士卒勇怯不同耳。臣向日屡与契丹战，未尝见兵精如此。"因盛称太祖皇帝之勇。上释之，后数日卒。

帝诇知扬州无备，己卯[4]，命韩令坤等将兵袭之，戒以毋得残民，其李氏陵寝[5]，遣人与李氏人共守护之。

唐主兵屡败，惧亡，乃遣翰林学士·户部侍郎钟谟、工部侍郎·文理院学士李德明奉表称臣，来请平[6]，献御服、汤[7]药及金器千两，银器五千两，缯锦二千匹，犒军牛五百头，酒二千斛，壬午[8]，至寿州城下。谟、德明素辩口[9]，上知其欲游说，盛陈甲兵而见之，曰："尔主自谓唐室苗裔[10]，宜知礼义，异于他国。与朕止隔一水[11]，未尝遣一介[12]修好，惟泛海通契丹[13]，舍华事夷，礼义安在？且汝欲说我令罢兵邪？我非六国愚主[14]，岂汝口舌所能移邪！可归语汝主：亟[15]来见朕，再拜谢过，则无事矣。不然，朕欲观金陵城，借府库以劳军，汝君臣得无悔乎！"谟、德明战栗不敢言。

吴越王弘俶遣兵屯境上以俟周命。苏州营田指挥使陈满言于丞相吴程曰："周师南征，唐举国惊扰，常州无备，易取也。"会唐主有诏抚安江阴[16]吏民，满告程云："周诏书已至。"程为之言于弘俶，请亟发兵从其策。丞相元德昭[17]曰："唐大国，未可轻也。若我入唐境而周师不至，谁与并力，能无危乎！请姑俟之。"程固争，以为时不可失，弘俶卒从程议。癸未[18]，遣程督衢州[19]刺史鲍修让、中直都指挥使罗晟趣常州。程谓将士曰："元丞相不欲出师。"将士怒，流言欲击德昭。弘俶匿德昭于府中，令捕言者，叹曰："方出师而士卒欲击丞相，不祥甚哉！"

乙酉[20]，韩令坤奄至扬州；平旦，先遣白延遇以数百骑驰入城，城中不之觉。令坤继至，唐东都营屯使贾崇[21]焚官府民舍，弃城南走，副留守工部侍郎冯延鲁髡发[22]被僧服，匿于佛寺，军士执之。令坤慰抚其民，使皆安堵。

（以上为第十二段，写南唐主向后周世宗求和，不允。）

【注释】

[1]泗州：治所临淮，在今江苏泗洪县东南。[2]甲戌：二月十一日。[3]戊寅：二月十五日。[4]己卯：二月十六日。[5]李氏陵寝：指南唐烈祖李昪等人的陵寝。[6]来请平：来请求讲和。[7]汤：据章校，"汤"作"荼"。[8]壬午：二月十九日。[9]素辩口：一向能言善辩。[10]唐室苗裔：南唐自称是唐太宗之子吴王李恪的后代。[11]一水：指淮水。周与南唐以淮水为界。[12]一介：一个使者。介，同"个"。[13]泛海通契丹：自从徐温执吴国国政到南唐烈祖以及元宗，一直派使者泛海欲联合契丹，共同图谋中原。[14]六国愚主：指战国时六国国君。[15]亟（jí）：急，赶快。[16]江阴：军名。南唐李昪置江阴军。治所在今江苏江阴市。[17]元德昭：抚州南城（今江西南城县东南）人。本姓危，字明远，因恶危姓，改为元氏。足智多谋，深受吴越王钱弘俶信任，官至吴越丞相。[18]癸未：二月二十日。[19]衢州：治所西安，在今浙江衢州市。[20]乙酉：二月二十二日。[21]贾崇：南唐烈祖侍卫都虞候，元宗时为东都营屯使。周师入境，弃城而逃，被流放抚州。[22]髡（kūn）发：剃去头发。

庚寅[1]，王逵奏拔鄂州长山寨[2]，执其将陈泽等，献之。

辛卯[3]，太祖皇帝奏唐天长[4]制置使耿谦降，获刍粮二十余万。

唐主遣园苑使尹延范如泰州，迁吴让皇[5]之族于润州[6]。延范以道路艰难，恐杨氏为变，尽杀其男子六十人，还报，唐主怒，腰斩之。

韩令坤等攻泰州[7]，拔之，刺史方讷奔金陵[8]。

唐主遣人以蜡丸求救于契丹。壬辰[9]，静安军使何继筠[10]获而献之。

以给事中高防权知泰州。

癸巳[11]，吴越王弘俶遣上直都指挥使路彦铢攻宣州，罗晟帅战舰屯江阴。唐静海[12]制置使姚彦洪帅兵民万人奔吴越。

潘叔嗣属将士而告之曰："吾事令公[13]至矣，今乃信谗疑怒，军还，必击我，吾不能坐而待死，汝辈能与吾俱西乎？"众愤怒，请行，叔嗣帅之西袭朗州。逵闻之，还军追之，及于武陵城外，与叔嗣战，逵败死。

或劝叔嗣遂据朗州，叔嗣曰："吾救死耳，安敢自尊[14]，宜以督府[15]归潭州太尉[16]，岂不以武安见处乎[17]！"乃归岳州，使团练判官李简帅朗州将吏迎武安节度使周行逢。众谓行逢："必以潭州授叔嗣。"行逢曰："叔嗣贼杀主帅，罪当族。所可恕者，得武陵[18]而不有，以授吾耳。若遽用为节度使，天下谓我与之同谋，何以自明！宜且以为行军司马，俟逾年，授以节钺可也。”乃以衡州[19]刺史莫弘万权知潭州，帅众入朗州，自称武平、武安留后，告于朝廷，以叔嗣为行军司马。叔嗣怒，称疾不至。行逢曰：“行军司马，吾尝为之，权与节度使相埒耳，叔嗣犹不满望，更欲图我邪！”

或说行逢：“授叔嗣武安节钺以诱之，令至都府受命，此乃机上肉耳！”行逢从之。叔嗣将行，其所亲止之。叔嗣自恃素以兄事行逢，相亲善，遂行不疑。行逢遣使迎候，道路相望，既至，自出郊劳[20]，相见甚欢。叔嗣入谒[21]，未至听事[22]，遣人执之，立于庭下，责之曰：“汝为小校无大功，王逵用汝为团练使，一旦反杀主帅；吾以畴昔[23]之情，未忍斩汝，以为行军司马，乃敢违拒吾命而不受乎！”叔嗣知不免，以宗族为请[24]。遂斩之。

（以上为第十三段，写湖南兵变，后周失去了征伐南唐的侧翼。）

【注释】

[1]庚寅：二月二十七日。[2]长山寨：在今湖北通城县南。[3]辛卯：二月二十八日。[4]天长：县名，县治在今安徽天长市。[5]吴让皇：十国吴睿帝杨溥，吴太祖杨行密第四子。武义二年（920）即吴王位，由太师、齐王徐知诰（李昪）专国政。天祚三年（937）徐知诰篡位，号杨溥为让皇帝，吴亡。升元二年（938）遇害。[6]润州：治所丹徒，在今江苏镇江市。[7]韩令坤等攻泰州：据章校，“泰”上有“唐”字。[8]金陵：府名，治所上元，在今江苏南京市，后改名江宁府。[9]壬辰：二月二十九日。[10]何继筠：河南人，字化龙。仕后周，官西北面行营都监。宋初因抵御契丹有功，拜建武军节度使。传见《宋史》卷二百七十三。[11]癸巳：二月三十日。[12]静海：军名。后周置静海军。治所静海县，在今江苏南通市。[13]令公：王逵兼中书令，故称“令公”。[14]吾救死耳，安敢自尊：我只是挽救自己，免得被害罢了，哪里敢自立称尊。[15]督府：军府，指朗州。[16]太尉：指周行逢。[17]岂不以武安见处乎：难道（周行逢）能不安排我做武安军节度使吗。[18]武陵：县名，县治在今湖南常德市，即朗州治所。[19]衡州：治所在今湖南衡阳市。[20]自出郊劳：亲自到郊外迎候慰劳。[21]入谒：进去拜见。[22]听事：厅堂，指官府治事之所。[23]畴昔：往日。[24]以宗族为请：请求赦免同族的人。

【点评】

本卷点评后周世宗改革、王朴献统一治安之策两件史事。

一、后周世宗改革。后周世宗柴荣，是后周太祖郭威圣穆皇后兄柴守礼之子，从姑长于郭威家，郭威爱其英武，于是养以为子，封晋王，继嗣郭威为帝，史称后周世宗。显德元年（954）正月二十日乙未，后周世宗即位，至显德六年（959）六月十九日辞世，享年三十九岁，在位不足六年，是一位不幸英年早逝的圣明之君。短短五年多的时间，文治武功不比历史上任何一位英武之君逊色。若天假后周世宗数年，必能统一中国。历史没有假设，就事论事，后周世宗是一位圣明的改革之君。其改革涉及政治、经济、军事等各个方面，都获得了显著的成绩。政治改革大端有五：一、下诏求言，任用贤才；二、清盗贼，抚流民，使人民生活安定；三、减轻租税徭役，以纾民困；四、规范刑律，以解民忧；五、营建汴京，成为全国新的政治、经济、文化中心。经济改革最有成效者有三：一、均赋税，取消大户特权，即使历代享有免税特权的曲阜圣人后裔孔氏也要交税；二、兴修水利，塞黄河决口，既有利于交通运输，又防止水患；三、抑制寺院经济，裁汰三万三百六十所寺庙，迫使僧人大批还俗，毁铜佛以铸钱，有利于通货流通，推动工商发展。军事上，整训禁军，沙汰羸弱，节制藩镇，既增加了军队的战斗力，又基本消除了尾大不掉之势，为国家的统一奠定了基础。后周世宗还三征南唐，两度北征，弱北汉，败契丹，又西取蜀边数州之地，大长中原天子气势。司马光评论五代时有两位最为雄武的皇帝，一是后唐庄宗李存勖，以弱胜强，灭梁建唐，但后唐庄宗只会打仗，不会治国，数年间断送了江山，不圣，不贤，不明，殁身而亡，是一个不成功的君主。二是后周世宗柴荣，他用兵所向无敌，为后继者奠定了统一的基础，他的改革使国家欣欣向荣，是五代时最有民望的仁明之君。司马光的评价，一点也不过分。

二、王朴献统一治安之策。后周世宗即位之初就下诏求言，要求群臣极言得失，命朝官大臣每人撰写《为君难为臣不易》和《平边策》各一篇，供作决策参考。比部郎中王朴献统一治安之策，切中时弊，策略得当，受到后周世宗的高度重视，付诸实行，成为后周进行政治改革和统一的基本国策。王朴的统一治安策，分为战略和战术两个部分，下面分别评说。

从战略上，王朴指出，首先找出国家四分五裂的原因，即周边群雄割据和契丹入侵的根本原因。王朴列出四条主因：一、君主昏庸；二、臣子奸邪；三、士兵骄横；四、百姓困穷。奸邪朋党在朝内恃势乱政，将帅在外横行霸道，人民困穷受害，国家怎能不四分五裂呢？统一的办法，就是要把颠倒的是非再颠倒过来，使之恢复正道。第一，君主要信用贤人，斥退小人，这是搜罗人才的办法；第二，恩及穷困，讲求诚信，这是收拾人心的办法；第三，赏赐功劳，惩罚罪过，这是要文臣武将尽力为国家做贡献的办法；第四，勤俭节用，这是增加财富的方法；第五，减少赋税，使民以时，这是让百姓富足的办法。这些都做到了，群贤满朝，国家政治上轨道，国库充实，人民亲附，再任用能人统兵征讨，大功即可告成。周边的割据势力，他们的部属民众，眼看大势已去，争相效顺立功，一定会成为我方的间谍和向导，这叫作民心归顺，天命也一定追随民心。王朴的战略思想，立足于改革政治，这叫纲举目张。后周世宗是一个志向远大又务实的皇帝，雷厉风行进行了政治改革，后周国力大增。

从战术上讲，王朴所言为用兵统一的步骤。王朴提出用兵统一，要用先易后难、先南后北的方针。具体步骤，先下江南，收岭南，次巴蜀，次幽燕，河东最后。王朴说，契丹兵强，河东北汉是周朝的死敌，这两块硬骨头最难啃，暂将放在一边。江南李唐是最大的割据国，与周疆界二千多里，是北伐的后顾之忧。首先征服唐国，则巴蜀、岭南会胆战心惊，发一封通告檄文就可以平定。征李唐，又分为两步，先吞其江北，再徐图江南。王朴之策，大体不误，后周世宗三次亲征李唐，夺了江北之地，李唐臣服而罢兵，解除了北伐后顾之忧；然后统大军亲征契丹，一举夺了三关，兵临幽州城下，契丹气馁。眼看大功告成，后周世宗不幸染病，功亏一篑。其后宋太祖统一中国的用兵方略，基本上是遵循王朴之策，基本上完成了后周世宗的未竟之功，大略是先南后北，江南悉平，然后用兵北方，灭北汉，伐契丹。宋太祖收江南，是先灭蜀后灭唐，此乃效秦灭楚、晋灭吴、隋灭陈的经验，修正了王朴策之不足。从地理言，据巴蜀顺流而下，江南不守，势理之必然，此是先易后难。当时后蜀孟氏政权不得人心，李唐尚有人气，先攻李唐，后取巴蜀，此是先难后易，因此后周世宗三次大举亲征，也未达灭唐之效，只得江北之地而已。这是王朴策之未精留下的遗憾。

卷二九三　后周纪四

后周世宗显德三年至四年（956—957年）

【起柔兆执徐（丙辰，956年）三月，尽强圉大荒落（丁巳，957年），凡一年有奇】

【大事提要】

本卷记事起公元956年三月，讫公元957年，凡一年又十个月，当后周世宗显德三年三月至显德四年。此时期最大历史事件是后周与南唐两国在淮南大规模进行主力决战。南唐全线败退，丧师失地，但南唐主不愿割江北之地请和，所恃寿州屹立不动，后周世宗北还，大发诸州之民城下蔡。后周世宗第二次亲征淮南，大破南唐援兵，后周世宗北还，但南唐主屡败屡战，仍在江北抗击周军。南唐左仆射司空孙晟出使后周求和，后周世宗逼其劝说寿州南唐守将出降，孙晟激励南唐守将忠义报国，不亏臣节，不辱使命，虽死犹荣，后周世宗悔杀孙晟。后周中书舍人窦俨上疏论为政之本，大要为制礼作乐，任贤择相，沙汰冗官，治盗贼，安民生，后周世宗称善。吴越夹击南唐，攻取常州，南唐将柴克宏为名将柴再用之子，天生将才，以羸弱之兵，大败吴越劲兵，克复常州，入援寿州，卒于半道，寿州是以不救。后周世宗释蜀俘，制《刑统》，第三次亲征南唐。北汉主引契丹南犯，不胜而还。

世宗睿武孝文皇帝中

显德三年（丙辰，956年）

三月，甲午朔[1]，上行视水寨，至淝桥[2]，自取一石，马上持之至寨以供炮[3]，从官过桥者人赍一石。太祖皇帝乘皮船入寿春壕中，城上发连弩[4]射之，矢大如屋椽[5]，牙将馆陶张琼[6]遽以身蔽之，矢中琼髀[7]，死而复苏。镞着骨不可出，琼饮酒一大卮[8]，令人破骨出之，流血数升，神色自若。

唐主复以右仆射孙晟为司空，遣与礼部尚书王崇质奉表入见，称：

“自天祐[9]以来，海内分崩，或跨据一方[10]，或迁革异代[11]，臣绍袭先业，奄[12]有江表，顾以瞻乌未定，附凤何从[13]！今天命有归，声教远被[14]，愿比两浙、湖南，仰奉正朔[15]，谨守土疆，乞收薄伐[16]之威，赦其后服之罪，首于下国[17]，俾作外臣，则柔远之德，云谁不服！”又献金千两，银十万两，罗绮二千匹。晟谓冯延己曰：“此行当在左相[18]，晟若辞之，则负先帝。”既行，知不免，中夜，叹息谓崇质曰：“君家百口，宜自为谋。吾思之熟矣，终不负永陵一培土[19]，余无所知！”

南汉甘泉宫使林延遇，阴险多计数，南汉主倚信之；诛灭诸弟，皆延遇之谋也。乙未[20]卒，国人相贺。延遇病甚，荐内给事[21]龚澄枢[22]自代，南汉主即日擢澄枢知承宣院[23]及内侍省[24]。澄枢，番禺人也。

光·舒·黄招安巡检使、行光州刺史何超以安、随、申、蔡[25]四州兵数万攻光州。丙申[26]，超奏唐光州刺史张绍弃城走，都监张承翰以城降。

丁酉[27]，行舒州刺史郭令图拔舒州，唐蕲州将李福杀其知州王承㑺，举州来降。遣六宅使齐藏珍攻黄州。

彰武留后李彦頵[28]，性贪虐，部民[29]与羌胡作乱，攻之。上召彦頵还朝。

秦、凤之平也，上赦所俘蜀兵以隶军籍[30]，从征淮南，复亡降于唐。癸卯[31]，唐主表献[32]百五十人；上悉命斩之。

舒州人逐郭令图，铁骑都指挥使洛阳王审琦[33]选轻骑夜袭舒州，复取之，令图乃得归[34]。

马希崇及王延政之子继沂[35]皆在扬州；诏抚存之。

丙午[36]，孙晟等至上所。庚戌[37]，上遣中使以孙晟诣寿春城下[38]，且招谕之。仁赡见晟，戎服拜于城上[39]。晟谓仁赡曰：“君受国厚恩，不可开门纳寇。”上闻之，甚怒，晟曰：“臣为[40]宰相，岂可教节度使外叛邪！”上乃释之。

（以上为第一段，写南唐左仆射司空孙晟出使后周求和，不辱臣节，不辱使命。）

【注释】

[1]甲午朔：三月一日。[2]淝桥：淝水上的桥。[3]炮：古代发射石头的火器。[4]连弩：装有机栝（guā），可以连续发射的弓。[5]椽（chuán）：椽子，安在梁上，支架屋面和瓦片的木条。[6]张琼：馆陶（今河北馆陶县）人。有勇力，善射。周师攻寿春，城上连弩遽发，琼以身蔽赵匡胤，有功。宋初，官殿前都虞候。后遭诬陷致死。传见《宋史》卷二百五十九。[7]髀（bì）：股部、大腿。[8]卮（zhī）：古代的一种盛酒器。[9]天祐：唐昭宗和唐哀帝年号，公元904年至907年。[10]跨据一方：指四方割据的国家。[11]迁革异代：指中原不断改朝换代。[12]奄（yǎn）：包括。[13]瞻乌未定，附凤何从：意为乱世流离失所的人民漂泊不定，不知道归附谁。《诗·小雅·正月》："瞻乌爰止，于谁之屋。"意谓看那乌鸦将止息，停落在谁家的屋顶？后世以瞻乌比喻流离失所的人民。凤，比喻真命天子。[14]声教远被：政声和教化传播远方。[15]愿比两浙、湖南，仰奉正朔：愿意比照两浙、湖南的先例，尊奉天子颁布的正朔历法。意为归顺后周。两浙，浙东和浙西的合称。正（zhēng）朔，正，一年的开始；朔，一月的开始。正朔就是一年第一天的开始，正月元日。这里以正朔代指象征天命及政权的历法。仰奉正朔，谓谨奉中原历法，听从中原号令。[16]薄伐：征伐。薄，发语词。语出《诗·小雅·出车》："赫赫南仲，薄伐西戎。"[17]首于下国：从（我们）小国开始。首，最先，最早。引申为开始。[18]左相：指左仆射冯延已，其位在孙晟之上。[19]永陵：南唐烈祖李昪陵墓。一培土：增加一畚土。培，益。又，据章校，"培"作"抔"。[20]乙未：三月二日。[21]内给事：内侍省属官，由宦官充任。[22]龚澄枢：广州番禺（今广东广州市番禺区）人。南汉宦官，深受后主宠信，官至特进、开府仪同三司、内太师，总揽军政大事。与女巫樊胡子内外作奸。宋师入境，被处死。[23]承宣院：官署名，总领宫内诸司事务。[24]内侍省：官署名，掌宫廷内部事务。承宣院与内侍省多由宦官担任。[25]安、随、申、蔡：皆州名。四州呈半圆形环绕光州。蔡州在光州之北，申州在光州西，随、蔡在光州西南。四州之兵环攻光州。安州治所在今湖北安陆市，申州治所在今河南信阳市，随州治所在今湖北随州市，蔡州治所在今河南汝南县。光州治所在今河南潢川县。[26]丙申：三月三日。[27]丁酉：三月四日。[28]李彦頵：太原人，字德循。本以商贾为业，仕后周，官榷易使、延州兵马留后。贪图财利，侵凌掠夺蕃、汉百姓，群情大扰，世宗不得不将其调回京城任职。传见《旧五代史》卷一百二十九。[29]部民：所统属的人民。[30]隶军籍：编入军队。军籍，本指军人名册。[31]癸卯：三月十日。[32]表献：上表献出俘虏。[33]王审琦：其先辽西人，后徙家洛阳，字仲宝。厚重有方略，随周世宗征北汉、南唐，屡立战功。官睦州防御使，宋初，拜同平章事。传见《宋史》卷二百五十。[34]令图乃得归：郭令图才又回到了舒州。[35]继沂：即王继沂，闽天德帝王延政子。南唐灭闽后，囚于扬州。周师破扬州，故加以安抚。[36]丙午：三月十三日。[37]庚戌：三月十七日。[38]寿春城下：据章校，"下"下有"示刘仁赡"四字。[39]拜于城上：边帅见宰相，故予礼拜。[40]臣为：据章校，"为"下有"唐"字。

唐主使李德明、孙晟言于上，请去帝号，割寿、濠、泗、楚、光、海六州[1]之地。仍岁[2]输金帛百万以求罢兵。上以淮南之地已半为周有，诸将捷奏日至，欲尽得江北之地，不许。德明见周兵日进，奏称："唐主不知陛下兵力如此之盛，愿宽臣五日之诛，得归白唐主，尽献江北之地。"上乃许之。晟因奏遣王崇质与德明俱归。上遣供奉官安弘道送德明等归金陵，赐唐主书，其略曰："但存帝号，何爽岁寒[3]！傥坚事大之心，终不迫人于险[4]。"又曰："俟诸郡之悉来，即大军之立罢。言尽于此，更不烦云[5]；苟曰未然，请从兹绝[6]。"又赐其将相书，使熟议而来。唐主复上表谢。

李德明盛称上威德及甲兵之强，劝唐主割江北之地；唐主不悦。宋齐丘以割地为无益；德明轻佻，言多过实，国人亦不之信。枢密使陈觉、副使李征古[7]素恶德明与孙晟，使王崇质异其言，因谮德明于唐主曰："德明卖国求利。"唐主大怒，斩德明于市。

吴程攻常州，破其外郭，执唐常州团练使赵仁泽[8]，送于钱唐。仁泽见吴越王弘俶不拜，责以负约[9]；弘俶怒，决其口至耳[10]。元德昭怜其忠，为傅[11]良药，得不死。

（以上为第二段，写南唐主不忍割江北之地以求和于后周。吴越王夹击南唐取常州。）

【注释】

[1]寿、濠、泗、楚、光、海六州：六州之地当今江苏江北及安徽东北部地区。寿州治所在今安徽寿县。濠州治所在今安徽凤阳县东北。泗州治所在今安徽盱眙县。楚州治所山阳，在今江苏淮安市。光州治所在今河南潢川县。海州治所海州镇，在今江苏连云港市西南。 [2]仍岁：连年、每年。 [3]何爽岁寒：不因岁寒而失约。爽，差失，违背。岁寒，取"岁寒知松柏之后凋"之意，意为经得住考验。 [4]傥坚事大之心，终不迫人于险：如果能坚定事奉大国的决心，终究不会逼迫人陷于险境。傥，如果。 [5]更不烦云：不用再反复述说了。 [6]苟曰未然，请从兹绝：如果不答应，就请从此断绝一切关系。 [7]李征古：袁州宜春（今江西宜春市）人。南唐宋齐丘表亲，与陈觉等结为朋党。官枢密副使。在元宗面前议事，"横甚，无人臣礼"。后被削夺官爵，流放洪州，赐死。 [8]赵仁泽：南唐常州团练使。周师南侵，吴越乘机攻常州，被俘。在吴越王面前宁死不屈，后遇吴越丞相元德昭相救，免死。 [9]责以负约：南唐与吴越本来互通友好。吴越奉

后周之命攻南唐，故仁泽责备其负约。［10］决其口至耳：撕裂他的嘴，一直到耳根。［11］傅：通“敷”。

唐主以吴越兵在常州，恐其侵逼润州，以宣、润大都督燕王弘冀年少，恐其不习兵，征还金陵。部将赵铎言于弘冀曰：“大王元帅，众心所恃，逆自退归，所部必乱。”弘冀然之，辞不就征，部分诸将，为战守之备。

龙武都虞候柴克宏[1]，再用[2]之子也，沉默好施，不事家产，虽典宿卫，日与宾客博弈[3]饮酒，未尝言兵，时人以为非将帅材。至是，有言克宏久不迁官者，唐主以为抚州刺史。克宏请效死行陈，其母亦表称克宏有父风，可为将，苟不胜任，分甘孥戮[4]。唐主乃以克宏为右武卫将军，使将兵会袁州刺史陆孟俊救常州。

时唐精兵悉在江北，克宏所将数千人皆羸老，枢密使李征古复以铠仗之朽蠹者给之。克宏诉于征古，征古慢骂之，众皆愤恚，克宏怡然[5]。至润州，征古遣使召还，以神卫[6]统军朱匡业[7]代之。燕王弘冀谓克宏：“君但前战，吾当论奏。”乃表克宏才略可以成功，常州危在旦莫[8]，不宜中易主将。克宏引兵径趣常州，征古复遣使召之，克宏曰：“吾计日破贼，汝来召吾，必奸人也！”命斩之。使者曰：“受李枢密命而来。”克宏曰：“李枢密来，吾亦斩之！”

初，鲍修让、罗晟在福州，与吴程有隙，至是，程抑挫之，二人皆怨。先是，唐主遣中书舍人乔匡舜[9]使于吴越，壬子[10]，柴克宏至常州，蒙其船以幕，匿甲士于其中，声言迎匡舜。吴越逻者以告，程曰：“兵交，使在其间，不可妄以为疑。”唐兵登岸，径薄吴越营，罗晟不力战，纵之使趣程帐，程仅以身免。克宏大破吴越兵，斩首万级。朱匡业至行营，克宏事之甚谨。吴程至钱唐，吴越王弘俶悉夺其官。

甲寅[11]，蜀主以捧圣控鹤都指挥使李廷珪为左右卫圣诸军马步都指挥使[12]，仍分卫圣、匡圣步骑为左右十军[13]，以武定节度使吕彦琦等为使，廷珪总之[14]，如赵廷隐之任[15]。

初，柴克宏为宣州巡检使，始至，城堑不修，器械皆阙，吏云：“自田頵[16]、王茂章[17]、李遇[18]相继叛，后人无敢治之者。”克宏曰：“时移事异，安有此理！”悉缮完之。由是路彦铢攻之不克，闻吴程败，乙卯[19]，引归。唐主以克宏为奉化节度使，克宏复请将兵救寿州，未至而卒。

（以上为第三段，写南唐柴克宏有大将才，以羸兵击败吴越劲兵，收复常州；将兵救寿州，惜卒于道。）

【注释】

［1］柴克宏：吴功臣柴再用子。性豪爽，博弈纵酒，不事家产。吴越侵常州，自请效死行阵。官右武卫将军。不畏奸臣干扰，终于智胜吴越军。拜奉化军节度使。［2］再用：柴再用，汝阳（今河南汝阳县）人。吴名将。曾击败梁王朱全忠、吴越将张仁杰以及楚师等。官至德胜军节度使兼中书令。［3］博弈：博戏、围棋。［4］分甘孥戮：甘愿与儿子一同受诛戮。分、甘，均作甘愿讲。孥，儿子。［5］怡然：安然。［6］神卫：据严衍《资治通鉴补》，“卫”改“武”。［7］朱匡业：吴奉国节度使吴延寿子。周师侵淮南，任内外巡检使。严而无私，四郊肃然。官至神武统军、加中书令。［8］莫：通“暮”。［9］乔匡舜：高邮（今江苏高邮市）人，字亚元。直率、能属文。仕南唐烈祖、元宗，主持贡举，使乐史（后来成为文学家、地理学家）等久滞名场者及第，时称得人。官至刑部侍郎。［10］壬子：三月十九日。［11］甲寅：三月二十一日。［12］捧圣控鹤都指挥使、左右卫圣诸军马步都指挥使：禁卫军官名。［13］卫圣、匡圣步骑为左右十军：禁卫军名。分左右卫圣步军、左右卫圣骑军、左右匡圣步军、左右匡圣骑军等。［14］总之：总领他们。［15］如赵廷隐之任：像赵廷隐的职务一样。后蜀赵廷隐在高祖孟知祥时任左匡圣步军都指挥使。后主孟昶立，加兼侍中，为六军副使，即任禁卫军副统帅。［16］田頵：庐州合肥（今安徽合肥市）人，字德臣。初事杨行密，官宁国军节度使。因求池、歙二州，行密不许，遂于天复三年（903）据宣州反。遣使通好梁王朱全忠。后被行密将台濛打败，为乱军所杀。传见《新唐书》卷一百八十九、《旧五代史》卷十七。［17］王茂章：庐州合肥（今安徽合肥市）人。从杨行密起兵，后因得罪杨渥，天祐二年（905），叛归吴越，又降梁王朱全忠。避朱全忠家讳（全忠曾祖名茂琳），更名景仁。官至宁国军节度使。［18］李遇：合肥人，吴宣州观察使。因不满徐温专国政，于后梁乾化二年（912）据宣州反，后被柴再用杀。传见《旧唐书》卷一百一十六、《新唐书》卷八十二。［19］乙卯：三月二十二日。

河阳节度使白重赞以天子南征，虑北汉乘虚入寇，缮完守备，且请兵于西京。西京留守王晏初不之与，又虑事出非常，乃自将兵赴之。重赞以晏不奉诏而来，拒不纳，遣人谓之曰：“令公昔在陕服[1]，已立大功，河阳小城，不烦枉驾！”晏惭怍[2]而还。孟、洛之民，数日惊扰[3]。

唐主命诸道兵马元帅齐王景达将兵拒周，以陈觉为监军使，前武安节度使边镐为应援都军使。中书舍人韩熙载上书曰：“信莫信于亲王，重莫重于元帅，安用监军使为！”唐主不从。

遣鸿胪卿[4]潘承祐[5]诣泉、建召募骁勇，承祐荐前永安节度使许文稹、静江指挥使陈德诚[6]、建州人郑彦华[7]、林仁肇[8]。唐主以文稹为西面行营应援使，彦华、仁肇皆为将。仁肇，仁翰之弟也。

夏，四月，甲子[9]，以侍卫亲军都指挥使、归德节度使李重进为庐、寿等州招讨使，以武宁节度使武行德为濠州城下都部署。

唐右卫将军陆孟俊自常州将兵万余人趣泰州，周兵遁去，孟俊复取之，遣陈德诚戍泰州。孟俊进攻扬州，屯于蜀冈[10]，韩令坤弃扬州走。帝遣张永德将兵救之，令坤复入扬州。帝又遣太祖皇帝将兵屯六合[11]。太祖皇帝令曰：“扬州兵有过六合者，折其足！”令坤始有固守之志。

帝自至寿春以来，命诸军昼夜攻城，久不克；会大雨，营中水深数尺，攻具及士卒失亡颇多，粮运不继，李德明失期不至，乃议旋师。或劝帝东幸濠州，声言寿州已破；从之。己巳[12]，帝自寿春循淮而东；乙亥[13]，至濠州。

韩令坤败唐兵于城东[14]，擒陆孟俊。初，孟俊之废马希萼立希崇也，灭故舒州[15]刺史杨昭恽[16]之族而取其财，杨氏有女美，献于希崇。令坤入扬州，希崇以杨氏遗令坤，令坤嬖之。既获孟俊，将械送帝所；杨氏在帘下，忽抚膺恸哭，令坤惊问之，对曰：“孟俊昔在潭州，杀妾家二百口，今日见之，请复其冤。”令坤乃杀之。

唐齐王景达将兵二万自瓜步[17]济江，距六合二十余里，设栅不进。诸将欲击之，太祖皇帝曰：“彼设栅自固，惧我也。今吾众不满二千，若往击之，则彼见吾众寡矣；不如俟其来而击之，破之必矣！”居数日，唐出兵趣六合；太祖皇帝奋击，大破之，杀获近五千人，余众尚万余，走渡江，争舟溺死者甚众，于是唐之精卒尽矣。

是战也，士卒有不致力者。太祖皇帝阳[18]为督战，以剑斫其皮笠[19]。明日，遍阅其皮笠，有剑迹者数十人，皆斩之，由是部兵莫敢不尽死。

先是，唐主闻扬州失守，命四旁发兵取之。己卯[20]，韩令坤奏败楚州兵[21]万余人于湾头堰[22]，获涟州[23]刺史秦进崇；张永德奏败泗州兵[24]万余人于曲溪堰[25]。

丙戌[26]，以宣徽南院使向训为淮南节度使兼沿江招讨使。

涡口奏新作浮梁成。丁亥[27]，帝自濠州如涡口。

帝锐于进取，欲自至扬州，范质等以兵疲食少，泣谏而止。

帝尝怒翰林学士窦仪，欲杀之；范质入救之，帝望见，知其意，即起避之，质趋前伏地，叩头谏曰："仪罪不至死，臣为宰相，致陛下枉杀近臣，罪皆在臣。"继之以泣。帝意解，乃释之。

北汉葬神武帝[28]于交城[29]北山，庙号世祖。

五月，壬辰朔[30]，以涡口为镇淮军。

丙申[31]，唐永安节度使陈诲败福州兵于南台江[32]，俘斩千余级。唐主更命永安曰忠义军[33]。诲，德诚之父也。

戊戌[34]，帝留侍卫亲军都指挥使李重进等围寿州，自涡口北归；乙卯[35]，至大梁。

六月，壬申[36]，赦淮南诸州系囚，除李氏非理赋役[37]，事有不便于民者，委长吏以闻[38]。

（以上为第四段，写后周世宗在淮南与南唐兵全线大交战，南唐军溃败，多数州城失守，但寿州屹立不动，后周世宗留军北还。）

【注释】

[1]令公昔在陕服：王晏原为后晋军官，契丹灭后晋，晏杀契丹将刘愿，率陕州归附刘知远，后汉亡，又投郭威。世宗时，兼中书令。[2]惭怍：惭愧。[3]孟、洛之民，数日惊扰：孟、洛百姓因见白重赞拒纳王晏兵，担心交战，故惊扰。[4]鸿胪卿：官名，掌朝祭礼仪等事。[5]潘承祐：晋安（今福建南安市）人。初仕吴，后归闽。王延政建殷，官吏部尚书、同平章事。因上书十事，被削官爵。唐破建州，颇受元宗重用。官鸿胪卿。[6]陈德诚：南唐名将陈诲子。才兼文武。周师南侵，率兵赴难，未尝受挫。号"百胜"军。官至和州刺史。[7]郑彦华：建州（今福建建瓯市，《十国春秋》称福州）人。南唐镇海军节度使。后主末年，宋师自采石渡江，杜

贞率军迎战，彦华拥兵不救，导致国破。宋初，官左千牛卫大将军。［8］林仁肇：建阳（今福建南平市建阳区）人。闽南廊承旨林仁翰弟。文身为虎形，军中称他为“林虎子”。初仕闽，为裨将。周师南侵，被荐为将，率军抵抗。与士卒均食、同服，颇得士心。后遭诬陷，被南唐后主鸩杀。［9］甲子：四月二日。［10］蜀冈：在今江苏扬州市江都区西北。上有蜀井，相传地脉通蜀，故名。［11］六（lù）合：县名，县治在今江苏南京市六合区，是扬州往西北归的必经之路。［12］己巳：四月七日。［13］乙亥：四月十三日。［14］城东：扬州城东。［15］舒州：应为衡州。［16］杨昭恽：长沙人。父杨谥，为楚节度行军司马。杨谥仲女为衡阳王马希声夫人。马希声袭位，昭恽迁衡州刺史，成为地方豪富。［17］瓜步：瓜步镇，在江苏南京市六合区东南瓜步山下。［18］阳：通“佯”。［19］皮笠：皮制的笠帽。［20］己卯：四月十七日。［21］韩令坤奏败楚州兵：本句中“楚”字，原文作“扬”，据章校改。［22］湾头堰：即湾头镇，在今江苏扬州市江都区东北，运河分流处。［23］涟州：治所涟水县，在今江苏涟水县北。［24］张永德奏败泗州兵：本句“州”字下“兵”字原无，据章校补。［25］曲溪堰：又名新河堰，在今江苏盱眙县西南。［26］丙戌：四月二十四日。［27］丁亥：四月二十五日。［28］神武帝：北汉皇帝刘旻（初名崇）的谥号。［29］交城：县名，县治在今山西交城县。［30］壬辰朔：“壬辰”，原文作“丙辰”，据章校改。壬辰，五月一日。［31］丙申：五月五日。［32］南台江：闽江经南台山下一段称南台江。［33］唐主更命永安曰忠义军：南唐保大三年（945）取建州，升为永安军节度，至此又改为忠义军。［34］戊戌：五月七日。［35］乙卯：五月二十四日。［36］壬申：六月十一日。［37］除李氏非理赋役：免除南唐李氏政权的不合理的徭役与赋税。［38］委长吏以闻：委托地方行政长官（如县令、长、丞、尉等）向上级报告。

侍卫步军都指挥使、彰信节度使李继勋[1]营于寿州城南，唐刘仁赡伺继勋无备，出兵击之，杀士卒数百人，焚其攻具。

唐驾部员外郎[2]朱元因奏事论用兵方略，唐主以为能，命将兵复江北诸州。

秋，七月，辛卯朔[3]，以周行逢为武平节度使，制置武安、静江等军事。行逢既兼总湖、湘，乃矫前人之弊，留心民事，悉除马氏横赋[4]，贪吏猾民为民害者皆去之，择廉平吏为刺史、县令。

朗州民夷杂居，刘言、王逵旧将多骄横，行逢壹[5]以法治之，无所宽假[6]，众怨怼[7]且惧。有大将与其党十余人谋作乱，行逢知之，大会诸将，于座中擒之，数曰：“吾恶衣粝[8]食，充实府库，正为汝曹，何负而反！今日之会，与汝诀也！”立挝杀之，座上股栗[9]。行逢曰：“诸君无罪，皆宜自安。”乐饮而罢。

行逢多计数，善发隐伏[10]，将卒有谋乱及叛亡者，行逢必先觉，擒杀之，所部凛然。然性猜忍[11]，常散遣人密诇诸州事，其之邵州[12]者，无事可复命，但言刺史刘光委多宴饮。行逢曰：“光委数聚饮，欲谋我邪！”即召还，杀之。亲卫指挥使、衡州刺史张文表恐获罪，求归治所；行逢许之。文表岁时馈献甚厚，及谨事左右[13]，由是得免。

行逢妻郧国夫人邓氏[14]，陋而刚决，善治生[15]，尝谏行逢用法太严，人无亲附者，行逢怒曰：“汝妇人何知！”邓氏不悦，因请之村墅视田园，遂不复归府舍。行逢屡遣人迎之，不至；一旦，自帅僮仆来输税，行逢就见之，曰：“吾为节度使，夫人何自苦如此！”邓氏曰：“税，官物也。公为节度使，不先输税，何以率下！且独不记为里正[16]代人输税以免楚挞[17]时邪？”行逢欲与之归，不可，曰：“公诛杀太过，常恐一旦有变，村墅易为逃匿耳。”行逢惭怒，其僚属曰：“夫人言直，公宜纳之。”

行逢婿唐德求补吏，行逢曰：“汝才不堪为吏，吾今私汝则可矣；汝居官无状[18]，吾不敢以法贷[19]汝，则亲戚之恩绝矣。”与之耕牛、农具而遣之。

行逢少时尝坐事黥[20]，隶辰州铜坑[21]，或说行逢：“公面有文，恐为朝廷使者所嗤，请以药灭之。”行逢曰：“吾闻汉有黥布[22]，不害为英雄，吾何耻焉！”

自刘言、王逵以来，屡举兵，将吏积功及所羁縻蛮夷，检校[23]官至三公者以千数。前天策府学士徐仲雅[24]，自马希广之废，杜门不出，行逢慕之，署节度判官。仲雅曰：“行逢昔趋事我，奈何为之幕吏！”辞疾不至。行逢迫胁固召之，面授文牒，终辞不取，行逢怒，放之邵州，既而召还。会行逢生日，诸道各遣使致贺，行逢有矜色，谓仲雅曰：“自吾兼镇三府[25]，四邻亦畏我乎？”仲雅曰：“侍中[26]境内，弥天太保，遍地司空，四邻那得不畏！”行逢复放之邵州，竟不能屈。有僧仁及，为行逢所信任，军府事皆预之，亦加检校司空，娶数妻，出入导从[27]如王公。

辛亥[28]，宣懿皇后符氏[29]殂。

（以上为第五段，写湖南武平节度使周行逢多智略，然性情猜忍苛暴，夫人规谏不听。）

【注释】

［1］李继勋：大名元城（今河北大名县东）人。从周世宗、宋太祖出征南唐、北汉与契丹，官至同平章事、加兼侍中。传见《宋史》卷二百五十四。［2］驾部员外郎：官名，兵部第三司，长官为郎中，副长官为员外郎。掌车舆、驿传、马政、监牧等事。［3］辛卯朔：七月一日。［4］横赋：不合理的赋税。［5］壹：一律。［6］宽假：宽贷、宽容。［7］怨怼（duì）：怨恨。［8］粝（lì）：粗米。［9］股栗：大腿发抖，形容十分恐惧。［10］善发隐伏：善于揭发别人隐秘的非法行为。［11］猜忍：猜忌而残忍。［12］邵州：治所邵阳，在今湖南邵阳市。［13］谨事左右：谨慎地服事周行逢身边亲近的人。［14］邓氏：《宋史》卷四百八十三作"潘氏"；《新五代史》卷六十六及《九国志》卷十一作"严氏"。［15］善治生：善于治理产业。［16］里正：古代乡官。历代制度不同，隋畿外二十五家为里，置里正；百家为党，置党长。唐以百户为里，置里正一人。［17］楚挞：拷打。［18］无状：无功状，无成绩。［19］贷：饶恕、宽免。［20］黥：古代的一种肉刑。用刀刺刻额颊处，再涂上墨，故又称墨刑。［21］铜坑：采铜矿的坑洞，即铜矿场。［22］黥布（？—前195）：西汉初诸侯王英布。曾因犯法被黥面，故又名黥布。传见《史记》卷九十一、《汉书》卷三十四。［23］检校：官名，唐宋均有检校官，从检校司空、检校太师至检校各部员外郎。实为加官。［24］徐仲雅：其先秦中人，后徙长沙。字东野。长于诗文，年十八即为天策府十八学士之一。性滑稽，重气节，地方豪强也胁迫不得。［25］三府：指武平、武安、静江三军府。［26］侍中：周行逢加侍中，故徐仲雅以此称他。［27］出入导从：出入门庭，前面都有人给他开道。［28］辛亥：七月二十一日。［29］宣懿皇后符氏：出身于将相之家。祖父为符存审，父为符彦卿。果决有大志。初嫁李守贞子李崇信。崇信死，为周世宗所娶，册封为皇后。

唐将朱元取舒州，刺史郭令图弃城走。李平取蕲州。唐主以元为舒州团练使，平为蕲州刺史。元又取和州。

初，唐人以茶盐强民而征其粟帛[1]，谓之博征[2]，又兴营田[3]于淮南，民甚苦之；及周师至，争奉牛酒迎劳。而将帅不之恤，专事俘掠，视民如土芥；民皆失望，相聚山泽，立堡壁自固，操农器为兵，积纸为甲，时人谓之"白甲军"。周兵讨之，屡为所败，先所得唐诸州，多复为唐有。

唐之援兵营于紫金山[4]，与寿春城中烽火相应。淮南节度使向训奏请以广陵[5]之兵并力攻寿春，俟克城，更图进取，诏许之。训封府库以授扬州主者[6]，命扬州牙将分部按行[7]城中，秋毫不犯，扬州民感悦，军还，或负糗糒[8]以送之。滁州守将亦弃城去，皆引兵趣寿春。

唐诸将请据险以邀周师，宋齐丘曰："如此，则怨益深。"乃命诸将各自保守，毋得擅出击周兵。由是寿春之围益急。齐王景达军于濠州，遥为寿州声援，军政皆出于陈觉，景达署纸尾而已[9]，拥兵五万，无决战意，将吏畏觉，无敢言者。

八月，戊辰[10]，端明殿学士王朴、司天少监王处纳[11]撰《显德钦天历》[12]，上之。诏自来岁行之。

殿前都指挥使、义成节度使张永德屯下蔡，唐将林仁肇以水陆军援寿春；永德与之战，仁肇以船实薪刍，因风纵火，欲焚下蔡浮梁，俄而风回，唐兵败退。永德为铁绠[13]千余尺，距浮梁十余步，横绝淮流，系以巨木，由是唐兵不能近。

九月，丙午[14]，以端明殿学士、左散骑常侍、权知开封府事王朴为户部侍郎，充枢密副使。

冬，十月，癸酉[15]，李重进奏唐人寇盛唐，铁骑都指挥使王彦升[16]等击破之，斩首三千余级。彦升，蜀人也。

丙子[17]，上谓侍臣："近朝[18]征敛谷帛，多不俟收获、纺绩之毕。"乃诏三司[19]，自今夏税以六月，秋税以十月起征，民间便之。

山南东道节度使、守太尉兼中书令安审琦镇襄州十余年，至是入朝，除守太师，遣还镇。既行，上问宰相："卿曹送之乎？"对曰："送至城南，审琦深感圣恩。"上曰："近朝多不以诚信待诸侯，诸侯虽有欲效忠节者，其道无由。王者但能毋失其信，何患诸侯不归心哉！"

壬午[20]，张永德奏败唐兵于下蔡。是时唐复以水军攻永德，永德夜令善游者没其船下，縻以铁锁，纵兵击之，船不得进退，溺死者甚众。永德解金带以赏善游者。

甲申[21]，以太祖皇帝为定国[22]节度使兼殿前都指挥使。太祖皇帝表渭州[23]军事判官赵普为节度推官。

张永德与李重进不相悦，永德密表重进有二心，帝不之信。时二将各拥重兵，众心忧恐。重进一日单骑诣永德营[24]，从容宴饮，谓永德曰："吾与公幸以肺附[25]俱为将帅，奚相疑若此之深邪？"永德意乃解，众心亦安。唐主闻之，以蜡丸遗重进，诱以厚利，其书皆谤毁及反间之语；重进奏之。

（以上为第六段，写南唐宋齐丘误国，后周侍卫亲军都指挥使李重进顾全大局，释私嫌，重公义，将士一心。）

【注释】

[1]以茶盐强民而征其粟帛：强迫百姓购买茶、盐，同时征收他们的粮食和布帛。[2]博征：意为以茶盐换取粮帛。博，易也。[3]营田：屯田。[4]紫金山：在今安徽凤台县东南。[5]广陵：县名，县治在今江苏扬州市。[6]主者：指主管府库的人。[7]分部按行：分别巡视。[8]糗（qiǔ）糒（bèi）：干粮。[9]署纸尾而已：在公文纸末端签个名罢了。[10]戊辰：八月九日。[11]王处纳：河南洛阳人。通星历、占候之学。宋初，官司农少卿、并判司天事。《宋史》"纳"作"讷"。传见《宋史》卷四百六十一。[12]撰《显德钦天历》：《宋史》称《钦天历》为王朴所作，王处讷作《应天历》。[13]铁緪：铁索。[14]丙午：九月十七日。[15]癸酉：十月十四日。[16]王彦升：本为蜀人，后唐同光中徙家洛阳。字光烈。性残忍，善击剑，号"王剑儿"。宋初，官至原州防御使。宋太祖因其擅杀韩通，终身不授节钺。传见《宋史》卷二百五十。[17]丙子：十月十七日。[18]近朝：近代。[19]三司：五代、北宋以盐铁、户部、度支为三司，长官称三司使，掌管统筹国家财政。[20]壬午：十月二十三日。[21]甲申：十月二十五日。[22]定国：即定国军，原名同州匡国军。避宋太祖赵匡胤讳，史书遂改军号。[23]渭州：治所平凉，在今甘肃平凉市。[24]单骑诣永德营：当时李重进扎营寿州城下；张永德扎营在下蔡镇。[25]肺附：指帝王的近亲。李重进是后周太祖的外甥；张永德是周太祖的女婿。

初，唐使者孙晟、钟谟从帝至大梁，帝待之甚厚，每朝会，班于中书省官之后[1]，时召见，饮以醇酒，问以唐事。晟但言"唐主畏陛下神武，事陛下无二心。"及得唐蜡书，帝大怒，召晟，责以所对不实。晟正色抗辞，请死而已。问以唐虚实，默不对。十一月，乙巳[2]，帝命都承旨[3]曹翰送晟于右军巡院[4]，更以帝意问之；翰与之饮酒数行，从容问之，晟终不言。翰乃谓曰："有敕，赐相公死。"晟神色怡然，索袍笏[5]，整衣冠，南向拜曰："臣谨以死报国。"乃就刑。并从者百余人皆杀之，贬钟谟耀州[6]司马。既而帝怜晟忠节，悔杀之，召谟，拜卫尉少卿[7]。

帝召华山[8]隐士真源陈抟[9]，问以飞升[10]、黄白[11]之术，对曰："陛下为天子，当以治天下为务，安用此为！"戊申[12]，遣还山，诏州县长吏常存问之。

十二月，壬申[13]，以张永德为殿前都点检。

分命中使发陈、蔡、宋、亳、颍、兖[14]、曹、单[15]等州丁夫城下蔡。

是岁，唐主诏淮南营田害民尤甚者罢之。遣兵部郎中陈处尧持重币浮海诣契丹乞兵；契丹不能为之出兵，而留处尧不遣。处尧刚直有口辩，久之，忿怼[16]，数面责契丹主，契丹主亦不之罪也。

蜀陵[17]、荣州[18]獠[19]反，弓箭库使赵季文讨平之。

吴越王弘俶括境内民兵，劳扰颇多，判明州钱弘亿手疏切谏，罢之。

（以上为第七段，写后周世宗悔杀南唐使孙晟，大发诸州之民城下蔡。）

【注释】

[1]班于中书省官之后：班次排列在中书省官员的后面。[2]乙巳：十一月十七日。[3]都承旨：官名，属枢密院。有都承旨、副都承旨。常承宣旨命，通领院务。[4]右军巡院：侍卫亲军分左、右军，每军各有巡院，用来审讯关押犯人。[5]索袍笏（hù）：索求袍服和朝笏。[6]耀州：治所在今陕西铜川市耀州区。[7]卫尉少卿：官名，唐制，卫尉设寺卿一人，少卿二人，丞二人。掌军器、仪仗、帐幕等事。[8]华（huà）山：在陕西东部，北临渭河平原。属秦岭东段。古称"西岳"。[9]陈抟（tuán）：亳州真源（今河南鹿邑县）人，字图南。五代、宋初道士。自号扶摇子。后唐长兴中举进士不第，隐居华山。著有《无极图》《先天图》。传见《宋史》卷四百五十七。[10]飞升：所谓羽化而升仙。[11]黄白：所谓炼白银为黄金。[12]戊申：十一月二十日。[13]壬申：十二月十四日。[14]兖：州名，治所在今山东济宁市兖州区。[15]单（shàn）：州名，治所单父，在今山东单县。[16]忿怼：愤恨怨怒。[17]陵：州名，治所仁寿，在今四川仁寿县。[18]荣州：治所旭川，在今四川荣县。[19]獠（lǎo）：古籍中对我国少数民族仡（gē）佬族的侮辱性称谓。

四年（丁巳，957 年）

春，正月，己丑朔[1]，北汉大赦，改元天会[2]。以翰林学士卫融为中书侍郎、同平章事，内客省使段恒[3]为枢密使。

宰相屡请立皇子为王，上曰："诸子皆幼；且功臣之子皆未加恩，而独先朕子，能自安乎！"

周兵围寿春，连年未下，城中食尽。齐王景达自濠州遣应援使永安节度使许文稹、都军使边镐、北面招讨使朱元将兵数万，溯淮救之，军于紫金山，列十余寨如连珠，与城中烽火晨夕相应，又筑甬道抵寿春，欲运粮以馈之，绵亘数十里。将及寿春，李重进邀击，大破之，死者五千人，夺其二寨。丁未[4]，重进以闻。戊申[5]，诏以来月幸淮上。

刘仁赡请以边镐守城，自帅众决战；齐王景达不许，仁赡愤邑[6]成疾。其幼子崇谏夜泛舟渡淮北，为小校所执，仁赡命腰斩之，左右莫敢救，监军使周廷构哭于中门以救之；仁赡不许。廷构复使求救于夫人，夫人曰："妾于崇谏非不爱也，然军法不可私，名节不可亏；若贷之，则刘氏为不忠之门[7]，妾与公何面目见将士乎！"趣命斩之，然后成丧[8]。将士皆感泣。

议者以唐援兵尚强，多请罢兵，帝疑之。李谷寝疾在第，二月，丙寅[9]，帝使范质、王溥就与之谋，谷上疏，以为："寿春危困，破在旦夕，若銮驾亲征，则将士争奋，援兵震恐，城中知亡，必可下矣！"上悦。

庚午[10]，诏有司更造祭器[11]、祭玉[12]等，命国子博士[13]聂崇义[14]讨论制度，为之图。

甲戌[15]，以王朴权东京留守兼判开封府事，以三司使张美为大内都巡检[16]，以侍卫都虞候韩通为京城内外都巡检[17]。

乙亥[18]，帝发大梁。先是周与唐战，唐水军锐敏，周人无以敌之，帝每以为恨。返自寿春，于大梁城西汴水侧造战舰数百艘，命唐降卒教北人水战，数月之后，纵横出没，殆胜唐兵。至是命右骁卫大将军王环将水军数千自闵河[19]沿颍[20]入淮，唐人见之大惊。

（以上为第八段，写周师围南唐寿春，连年不下，后周世宗第二次亲征，以唐降卒编练为周军水师，南唐人见之大惊。）

【注释】

[1]己丑朔：正月一日。[2]天会：北汉睿宗刘钧年号（957—968）。[3]段恒：《新五代史》避宋真宗赵恒讳，又写作段常。北汉枢密使。王隐等作乱，辞连段恒，被睿宗缢杀。[4]丁未：正月十九日。[5]戊申：正月二十日。[6]邑：通"悒"，忧郁不乐。[7]不忠之门：不忠的门第。[8]成丧：办丧礼。[9]丙寅：二月八日。[10]庚午：二月十二日。[11]祭器：如樽（zūn）、彝（yí）、簠（fǔ）、簋（guǐ）、笾（biān）、豆之类。[12]祭玉：如苍璧（礼天）、黄琮（礼地）、青圭（礼东方）、赤璋（礼南方）、白琥（礼西方）、玄璜（礼北方）。[13]国子博士：国子监中的教授官。有五经博士、律学博士、医学博士、算学博士等。[14]聂崇义：河南洛阳人。善礼学，通经旨，累迁国子司业兼太常博士。传见《宋史》卷四百三十一。[15]甲戌：二月十六日。[16]大内都巡检：官名，负责皇宫安全的最高指挥官。[17]京城内外都巡检：负责京城内外安全的最高指挥官。[18]乙亥：二月十七日。[19]闵河：又名蔡河、惠民河。起自新郑，东北流入开封，又折东南出城，经淮阳入颍河。今故道已湮。[20]颍：颍河，淮河最大支流。源出今河南登封市嵩山西南，东南流到商水县，至安徽寿县正阳关入淮河。

乙酉[1]，帝至下蔡；三月，己丑[2]夜，帝渡淮，抵寿春城下。庚寅[3]旦，躬擐[4]甲胄，军于紫金山南，命太祖皇帝击唐先锋寨及山北一寨，皆破之，斩获三千余级，断其甬道，由是唐兵首尾不能相救。至暮，帝分兵守诸寨，还下蔡。

唐朱元恃功，颇违元帅节度；陈觉与元有隙，屡表元反覆，不可将兵，唐主以武昌节度使杨守忠代之。守忠至濠州，觉以齐王景达之命，召元至濠州计事，将夺其兵；元闻之，愤怒，欲自杀，门下客宋垍说元曰："大丈夫何往不富贵，何必为妻子死乎！"辛卯[5]夜，元与先锋壕寨使朱仁裕等举寨万余人降；裨将时厚卿不从，元杀之。

帝虑其余众沿流东溃，遽命虎捷左厢都指挥使赵晁将水军数千沿淮而下。壬辰[6]旦，帝军于赵步[7]，诸将击唐紫金山寨，大破之，杀获万余人，擒许文稹、边镐、杨守忠。余众果沿淮东走，帝自赵步将骑数百循北岸追之，诸将以步骑循南岸追之，水军自中流而下，唐兵战溺死及降者殆四万人，获船舰粮仗以十万数。晡时，帝驰至荆山洪[8]，距赵步二百余里。是夜，宿镇淮军[9]，癸酉[10]，从官始至。刘仁赡闻援兵败，扼吭叹息。

甲午[11]，发近县丁夫[12]城镇淮军，为二城，夹淮水，徙下蔡浮梁于其间，扼濠、寿应援之路。会淮水涨，唐濠州都监彭城郭廷谓[13]以水军溯淮，欲掩不备，焚浮梁；右龙武统军赵匡赞觇知之，伏兵邀击，破之。

唐齐王景达及陈觉皆自濠州奔归金陵，惟静江指挥使陈德诚全军而还。

戊戌[14]，以淮南节度使向训为武宁节度使、淮南道行营都监，将兵戍镇淮军。

己亥[15]，上自镇淮军复如下蔡。庚子[16]，赐刘仁赡诏，使自择祸福。

唐主议自督诸将拒周，中书舍人乔匡舜上疏切谏，唐主以为沮众，流抚州。唐主问神卫统军朱匡业、刘存忠以守御方略，匡业诵罗隐[17]诗曰："时来天地皆同力，运去英雄不自由[18]。"存忠以匡业言为然。唐主怒，贬匡业抚州副使，流存忠于饶州[19]。既而竟不敢自行。

甲辰[20]，帝耀兵于寿春城北。唐清淮节度使兼侍中刘仁赡病甚，不知人[21]，丙午[22]，监军使周廷构、营田副使孙羽等作仁赡表，遣使奉之来降。丁未[23]，帝赐仁赡诏，遣阁门使万年张保续[24]入城宣谕，仁赡子崇让复出谢罪。戊申[25]，帝大陈甲兵，受降于寿春城北，廷构等舁[26]仁赡出城，仁赡卧不能起，帝慰劳赐赉，复令入城养疾。

（以上为第九段，写周师大破南唐援兵，寿春城破。）

【注释】

[1]乙酉：二月二十七日。[2]己丑：三月二日。[3]庚寅：三月三日。[4]擐（huàn）：套、穿。[5]辛卯：三月四日。[6]壬辰：三月五日。[7]赵步：赵步镇，在今安徽凤台县东北，淮河北岸，以赵氏居其地而得名。[8]荆山洪：地名，在今安徽怀远县西南。[9]镇淮军：为征淮南所置军镇，驻节涡口。[10]癸酉：三月戊子朔，无癸酉，疑为癸巳，三月六日。[11]甲午：三月七日。[12]发近县丁夫：据章校，"夫"下有"数千"二字。[13]郭廷谓：彭城（今江苏徐州市）人，字信臣。南唐濠州都监，屡破周兵。后因援兵不至，降周。传见《宋史》卷二百七十一。[14]戊戌：三月十一日。[15]己亥：三月十二日。[16]庚子：三月十三日。[17]罗隐：唐末五代余杭（今浙江杭州市余杭区）人。相貌丑陋，诗才闻名天下，尤长于

咏史。在诗中多所讽刺，故不中第。初仕钱镠，后梁开平初任给事中，有文集传世。传见《旧五代史》卷二十四。［18］时来天地皆同力，运去英雄不自由：意为时机到来，天地都一齐相助；运气失掉，英雄也无能为力。［19］饶州：治所鄱阳，在今江西鄱阳县。［20］甲辰：三月十七日。［21］不知人：不省人事。［22］丙午：三月十九日。［23］丁未：三月二十日。［24］张保续：京兆万年（今陕西西安市长安区）人，字嗣光。性耿直、俭朴，善宣赞辞，在阁门前后40年，未尝有过。传见《宋史》卷二百七十四。［25］戊申：三月二十一日。［26］舁（yú）：抬。

庚戌[1]，徙寿州治下蔡[2]，赦州境死罪以下。州民受唐文书聚山林者，并召令复业，勿问罪；有尝为其杀伤者，毋得雠讼。向日政令有不便于民者，令本州条奏。辛亥[3]，以刘仁赡为天平节度使兼中书令，制辞略曰："尽忠所事，抗节无亏[4]，前代名臣，几人堪比！朕之伐叛，得尔为多[5]。"是日，卒，追赐爵彭城郡王。唐主闻之，亦赠太师。帝复以清淮军为忠正军以旌仁赡之节，以右羽林统军杨信为忠正节度使、同平章事。

前许州司马韩伦[6]，侍卫马军都指挥使令坤之父也。令坤领镇安节度使，伦居于陈州，干预政事，贪污不法，为公私患，为人所讼，令坤屡为之泣请。癸丑[7]，诏免伦死，流沙门岛[8]。

伦后得赦还，居洛阳，与光禄卿[9]致仕[10]柴守礼及当时将相王溥、王晏、王彦超之父游处，恃势恣横，洛阳人畏之，谓之十阿父。帝既为太祖嗣，人无敢言守礼子者，但以元舅[11]处之，优其俸给，未尝至大梁；尝以小忿杀人，有司不敢诘，帝知而不问。

诏开寿州仓振饥民。丙辰[12]，帝北还；夏，四月，己巳[13]，至大梁。

诏修永德殿，命宦官孙延希董其役。丁丑[14]，帝至其所，见役徒有削柿为匕[15]，瓦中啖饭[16]者，大怒，斩延希于市。

（以上为第十段，写后周世宗安抚新得淮南之民，北还京师，诛杀虐待工役的宦官孙延希。）

【注释】

［1］庚戌：三月二十三日。［2］徙寿州治下蔡：隋唐时寿州治所在寿春（今安徽寿县），今

徙下蔡（今安徽凤台县）。［3］辛亥：三月二十四日。［4］尽忠所事，抗节无亏：意为尽忠于所事奉的君主，坚持节操，没有缺陷。［5］朕之伐叛，得尔为多：我讨伐叛逆，得到你才真正值得称道。［6］韩伦：磁州武安（今河北武安市）人。入宋，又任亳州防御使。传见《宋史》卷二百五十一。［7］癸丑：三月二十六日。［8］沙门岛：在今山东烟台市蓬莱区西北。［9］光禄卿：官名，专管皇室祭品、膳食及招待酒宴。唐一度改称司宰寺卿，旋复旧称。［10］致仕：辞官。［11］元舅：大舅。［12］丙辰：三月二十九日。［13］己巳：四月十二日。［14］丁丑：四月二十日。［15］削柹为匕：削木片为勺子。柹，果木名，落叶乔木。匕，勺、匙类取食物的用具。［16］瓦中啖（dàn）饭：用瓦片盛饭吃。啖，吃或给人吃。此作吃解。

帝之克秦、凤也，以蜀兵数千人为怀恩军。乙亥[1]，遣怀恩指挥使萧知远等将士八百余人西还。

壬午[2]，李谷扶疾入见，帝命不拜，坐于御坐之侧。谷恳辞禄位，不许。

甲申[3]，分江南降卒为六军、三十指挥，号怀德军。

乙酉[4]，诏疏汴水北入五丈河[5]，由是齐、鲁舟楫皆达于大梁。

五月，丁酉[6]，以太祖皇帝领义成节度使。

诏以律令文古难知，格敕[7]烦杂不壹，命御史知杂事[8]张湜等训释，详定为《刑统》。

唐郭廷谓将水军断涡口浮梁，又袭败武宁节度使武行德于定远[9]，行德仅以身免。唐主以廷谓为滁州[10]团练使，充上淮[11]水陆应援使。

蜀人多言左右卫圣马步都指挥使、保宁节度使、同平章事李廷珪为将败覆，不应复典兵；廷珪亦自请罢去。六月，乙丑[12]，蜀主加廷珪检校太尉，罢军职。李太后[13]以典兵者多非其人，谓蜀主曰："吾昔见庄宗跨河与梁战，及先帝[14]在太原，平二蜀[15]，诸将非有大功，无得典兵，故士卒畏服。今王昭远出于厮养[16]，伊审征、韩保贞、赵崇韬皆膏粱乳臭子[17]，素不习兵，徒以旧恩置于人上，平时谁敢言者，一旦疆场有事，安能御大敌乎！以吾观之，惟高彦俦太原旧人，终不负汝，自余无足任者。"蜀主不能从。

（以上为第十一段，写后周世宗释蜀俘，制《刑统》，任命赵匡胤为义成节度使。后蜀主不听嘉言，不能任用贤将。）

【注释】

［1］乙亥：四月十八日。［2］壬午：四月二十五日。［3］甲申：四月二十七日。［4］乙酉：四月二十八日。［5］五丈河：在河南开封市北，宽五丈，故名。宋开宝六年（973）更名广济河。［6］丁酉：五月十一日。［7］格敕：法令。［8］御史知杂事：应为“侍御史知杂事”，官名，御史台属官，掌御史台日常事务。据章校，“御”上有“侍”字。［9］定远：县名，县治定远，在今安徽定远县。［10］滁州：严衍《资治通鉴补》作“濠州”。［11］上淮：淮水上游。［12］乙丑：六月十日。［13］李太后：太原人。原为后唐庄宗妃，赐后蜀高祖，生孟昶，尊为皇太后。后蜀亡，归宋，盛加礼遇，呼为国母。孟昶殁，不食而死。［14］先帝：后蜀高祖孟知祥。［15］二蜀：东川、西川。［16］厮养：干粗杂活的奴隶，泛指为人驱使的奴仆。［17］膏粱乳臭子：意为出身于富贵人家的不懂事的子弟。膏粱，精美的食物。乳臭，口中尚有乳味，比喻幼稚。

丁丑［1］，以前华州刺史王祚为颍州团练使。祚，溥之父也。溥为宰相，祚有宾客，溥常朝服侍立；客坐不安席，祚曰：“豚犬［2］不足为起。”

秋，七月，丁亥［3］，上治［4］定远军［5］及寿春城南之败，以武宁节度使兼中书令武行德为左卫上将军，河阳节度使李继勋为右卫大将军。

北汉主初立七庙。

司空兼门下侍郎、同平章事李谷卧疾二年，凡九表辞位；八月，乙亥［6］，罢守本官，令每月肩舆一诣便殿议政事［7］。

以枢密副使、户部侍郎王朴检校太保，充枢密使。

怀恩军至成都，蜀主遣梓州别驾胡立等八十人东还，且致书为谢，请通好。癸未［8］，立等至大梁。帝以蜀主抗礼，不之答；蜀主闻之，怒曰：“朕为天子郊祀天地时，尔犹作贼，何敢如是！”

九月，中书舍人窦俨［9］上疏请令有司讨论古今礼仪，作《大周通礼》［10］，考正钟律［11］，作《大周正乐》［12］。又以为：“为政之本，莫大择人；择人之重，莫先宰相。自有唐之末，轻用名器［13］，始为辅弼［14］，即兼三公、仆射之官。故其未得之也，则以趋竞为心［15］；既得之也，则以容默为事［16］。但思解密勿之务［17］，守崇重之官［18］，逍遥林亭，保安宗族［19］。乞令即日宰相［20］于南宫［21］三品［22］、两省给、舍［23］以上，各举所知。若陛下素知其贤，自可登庸［24］；若其未也，且令以本官权知政事［25］。期岁之间，察其职业，若果能堪称，其官已高，则除平章事；

未高，则稍更迁官，权知如故。若有不称，则罢其政事，责其举者[26]。又，班行之中[27]，有员无职者太半[28]，乞量其才器，授以外任，试之于事，还[29]以旧官登叙[30]，考其治状，能者进之，否者黜之。”又请：“令盗贼自相纠告[31]，以其所告赀产之半赏之；或亲戚为之首[32]，则论其徒侣而赦其所首者[33]。如此，则盗不能聚矣。又，新郑乡村团为义营[34]，各立将佐，一户为盗，累其一村，一户被盗，罪其一将。每有盗发，则鸣鼓举火，丁壮云集，盗少民多，无能脱者。由是邻县充斥而一境独清。请令他县皆效之，亦止盗之一术也。又，累朝已来，屡下诏书，听民多种广耕，止输旧税，及其既种，则有司履亩而增之[35]，故民皆疑惧而田不加辟。夫为政之先，莫如敦信，信苟著矣，则田无不广，田广则谷多，谷多则藏之民犹藏之官也。”又言：“陛下南征江、淮，一举而得八州[36]，再驾而平寿春，威灵所加，前无强敌。今以众击寡，以治伐乱，势无不克，但行之贵速，则彼民免俘馘之灾[37]，此民息转输之困[38]矣。”帝览而善之。俨，仪之弟也。

冬，十月，戊午[39]，设贤良方正直言极谏、经学优深可为师法、详闲吏理达于教化[40]等科。

癸亥[41]，北汉麟州[42]刺史杨重训举城降，以为麟州防御使。

己巳[43]，以王朴为东京留守，听以便宜从事。以三司使张美充大内都点检。

（以上为第十二段，写后周中书舍人窦俨上疏论为政之本，制礼作乐、任贤择相、沙汰冗官、治盗贼以重民生，后周世宗称善。）

【注释】

[1]丁丑：六月二十二日。 [2]豘犬：旧时用为称自己儿子的谦辞。豘，小猪，也泛指猪。[3]丁亥：七月二日。 [4]治：追究、惩处。武行德与李继勋因守备失利均被降职。 [5]定远军：定远，县名，“军”为衍文。 [6]乙亥：八月二十一日。 [7]每月肩舆一诣便殿议政事：指让李谷每一个月乘坐轿子到便殿议政事一次。肩舆，人抬的轿子。诣，到。 [8]癸未：八月二十九日。 [9]窦俨：字望之。窦仪弟。通音律法令。后周世宗时官中书舍人、翰林学士。宋初转礼部侍郎。祠祀乐章、宗庙谥号，多为其撰定。传见《宋史》卷二百六十三。 [10]《大周通礼》：据《宋史·窦俨传》称：“未及编纂而卒。” [11]考正钟律：考正乐器的音律。 [12]《大周正乐》：据《宋史·窦俨传》称：“所撰《周正乐》成一百二十卷，诏藏于史阁。” [13]轻用名器：

滥授禄位。名器，本指奴隶社会和封建社会表示等级的称号和车服仪制。［14］始为辅弼：刚开始辅佐国君。［15］趋竞为心：为争得它而苦心钻营。［16］容默为事：遇事保持缄默，取容当世。［17］但思解密勿之务：只想解脱机要繁重的事务。［18］守崇重之官：守住位高权重的官衔。［19］逍遥林亭，保安宗族：逍遥自在于山林亭榭之中，保护宗族太平无事。［20］即日宰相：现任宰相。［21］南宫：尚书省。南宫本为南方列宿，汉代用它比拟尚书省。［22］三品：指六部尚书。［23］两省给、舍：中书省和门下省的给事中、中书舍人。［24］登庸：选拔重用。［25］以本官权知政事：以本官代理主持政事。［26］责其举者：追究荐举者。［27］班行之中：百官的班位中。［28］有员无职者太半：有员额而无职务的占了一多半。［29］还：据章校，“还”下有“则”字。［30］登叙：官吏的升迁和叙用。［31］纠告：揭发密告。［32］或亲戚为之首：有的亲戚替自家盗贼自首。［33］则论其徒侣而赦其所首者：那就治他的党徒同伴的罪，而赦免所代为自首的对象。［34］新郑：县名，县治在今河南新郑市北。为义营：组成义营。［35］履亩而增之：巡视田亩，增加税额。［36］八州：指光、黄、舒、蕲、和、扬、滁、泰八州。［37］免俘馘之灾：免除被生俘和被杀的灾祸。馘（guō），本指古代作战时割取所杀敌人的左耳，用以计功。［38］转输之困：运输粮饷的困苦。［39］戊午：十月五日。［40］贤良方正直言极谏、经学优深可为师法、详闲吏理达于教化：均为选拔统治人才的科举科目。［41］癸亥：十月十日。［42］麟州：治所在今陕西神木市北。［43］己巳：十月十六日。

壬申[1]，帝发大梁；十一月，丙戌[2]，至镇淮军，是夜五鼓[3]，济淮；丁亥[4]，至濠州城西。濠州东北十八里有滩，唐人栅于其上，环水自固，谓周兵必不能涉。戊子[5]，帝自攻之，命内殿直康保裔[6]帅甲士数百，乘橐驼[7]涉水，太祖皇帝帅骑兵继之，遂拔之。李重进破濠州南关城。癸巳[8]，帝自攻濠州，王审琦拔其水寨。唐人屯战船数百于城北，又植巨木于淮水以限周兵。帝命水军攻之，拔其木，焚战船七十余艘，斩首二千余级，又攻拔其羊马城，城中震恐。丙申[9]夜，唐濠州团练使郭廷谓上表言：“臣家在江南，今若遽降，恐为唐斯种族[10]，请先遣使诣金陵禀命，然后出降。”帝许之。辛丑[11]，帝闻唐有战船数百艘在涣水[12]东，欲救濠州，自将兵夜发水陆击之。癸卯[13]，大破唐兵于洞口[14]，斩首五千余级，降卒二千余人，因鼓行而东，所至皆下。乙巳[15]，至泗州城下，太祖皇帝先攻其南，因焚城门，破水寨及月城[16]。帝居于月城楼，督将士攻城。

北汉主自即位以来，方安集境内，未遑外略。是月，契丹遣其大同节度使、侍中崔勋将兵来会北汉，欲同入寇，北汉主遣其忠武节度使、同平章事李存瑰将兵会之，南侵潞州，至其城下而还。北汉主知契丹不足恃而不敢遽与之绝，赠送勋甚厚。

十二月，乙卯[17]，唐泗州守将范再遇举城降，以再遇为宿州[18]团练使。上自至泗州城下，禁军中刍荛者[19]毋得犯民田，民皆感悦，争献刍粟；既克泗州，无一卒敢擅入城者。帝闻唐战船数百艘泊洞口，遣骑诇之，唐兵退保清口[20]。

戊午[21]，上自将亲军自淮北进，命太祖皇帝将步骑自淮南进，诸将以水军自中流进，共追唐兵。时淮滨久无行人，葭苇[22]如织，多泥淖[23]沟堑，士卒乘胜气蔍涉[24]争进，皆忘其劳。庚申[25]，追及唐兵，且战且行，金鼓声闻数十里。辛酉[26]，至楚州[27]西北，大破之。唐兵有沿淮东下者，帝自追之，太祖皇帝为前锋，行六十里，擒其保义节度使、濠·泗·楚·海都应援使陈承昭[28]以归。所获战船烧沈之余得三百余艘，士卒杀溺之余得七千余人。唐之战船在淮上者，于是尽矣。

郭廷谓使者自金陵还，知唐不能救，命录事参军[29]鄱阳[30]李延邹草降表。延邹责以忠义，廷谓以兵临之，延邹掷笔曰："大丈夫终不负国为叛臣作降表！"廷谓斩之，举濠州降，得兵万人，粮数万斛。唐主赏李延邹之子以官。

壬戌[31]，帝济淮，至楚州，营于城西北。

乙丑[32]，唐雄武军使、知涟水[33]县事崔万迪降。

丙寅[34]，以郭廷谓为亳州防御使。

戊辰[35]，帝攻楚州，克其月城。

庚午[36]，郭廷谓见于行宫[37]，帝曰："朕南征以来，江南诸将败亡相继，独卿能断涡口浮梁，破定远寨，所以报国足矣。濠州小城，使李璟自守，能守之乎！"使将濠州兵攻天长[38]。帝遣铁骑左厢都指挥使武守琦将骑数百趋扬州，至高邮[39]，唐人悉焚扬州官府民居，驱其人南渡江，后数日，周兵至，城中余癃病[40]十余人而已，癸酉[41]，守琦以闻。

帝闻泰州无备，遣兵袭之，丁丑[42]，拔泰州。

南汉中书侍郎、同平章事卢膺[43]卒。

南汉主闻唐屡败，忧形于色，遣使入贡于周，为湖南所闭，乃治战舰，修武备；既而纵酒酣饮，曰：“吾身得免，幸矣，何暇虑后世哉！”

唐使者陈处尧在契丹，白契丹主请南游太原，北汉主厚礼之；留数日，北还，竟卒于契丹。

（以上为第十三段，写后周世宗第三次亲征南唐，周师连战皆捷。北汉连引契丹南犯，不胜而还。）

【注释】

［1］壬申：十月十九日。［2］丙戌：十一月四日。［3］五鼓：一夜分五鼓，也叫五更。第五鼓相当于后半夜三至五时。［4］丁亥：十一月五日。［5］戊子：十一月六日。［6］康保裔：河南洛阳人。祖、父均死于战阵。袭父职，仕后周、宋，屡立战功。传见《宋史》卷四百四十六。［7］橐（tuó）驼：即骆驼。［8］癸巳：十一月十一日。［9］丙申：十一月十四日。［10］种族：屠灭全家族。［11］辛丑：十一月十九日。［12］涣水：古水名。自今河南开封市东分狼汤渠水东南流经杞县、睢县南、柘城县北入安徽境，此下即今浍河。［13］癸卯：十一月二十一日。［14］洞口：即浮山洞口。在今安徽盱眙县西，五河县东，两县分界处。据《太平寰宇记》载：“山下有水穴，淮水泛滥，其穴即高；水减，其穴还低，有似山浮，亦号浮山。”［15］乙巳：十一月二十三日。［16］月城：临水筑城，两头抱水，形如半圆形的月亮，称月城。［17］乙卯：十二月三日。［18］宿州：治所古符离城，在今安徽宿州市。［19］刍荛（ráo）者：割草打柴的人。［20］清口：古泗水入淮河之口，又名清河口。在今江苏淮安市淮阳区西南。［21］戊午：十二月二十六日。据章校，“午”下有“旦”字。［22］葭苇：芦苇。葭（jiā），本指初生的芦苇。［23］泥淖（nào）：泥沼。［24］茇涉：踏草涉水。茇（bá），本意为草根。［25］庚申：十二月八日。［26］辛酉：十二月九日。［27］楚州：治所山阳，在今江苏淮安市。［28］陈承昭：江表人。南唐保义军节度使。被后周世宗俘获后，因习知水利，督治惠民、五丈两河，又修畿内河堤，使京城大受其利。传见《宋史》卷二百六十一。［29］录事参军：刺史属官，掌各曹文书、纠查府事。［30］鄱阳：县名，县治鄱阳，在今江西鄱阳县，临鄱阳湖。［31］壬戌：十二月十日。［32］乙丑：十二月十三日。［33］涟水：县名，县治在今江苏涟水县北。［34］丙寅：十二月十四日。［35］戊辰：十二月十六日。［36］庚午：十二月十八日。［37］行宫：古代京城以外供帝王出行时居住的宫室。［38］天长：县名，县治天长，在今安徽天长市。［39］高邮：县名，县治高邮，在今江苏高邮市。［40］癃（lóng）病：手足不灵活的病。［41］癸酉：十二月二十一日。［42］丁丑：十二月二十五日。［43］卢膺：南汉高祖时为工部侍郎。才干出众，善著文章，中宗时官至中书侍郎、同平章事。

【点评】

本卷点评南唐多忠臣义士、宋齐丘误国、后周世宗制《刑统》三件史事。

一、南唐多忠臣义士。后周世宗三次亲征南唐，全力以赴，全线进攻，南唐屡战屡败，但南唐主李璟决不屈服，最终以和议收场。南唐主去帝号，称唐主臣服后周，割江北之地与后周，总算是保全了宗庙社稷。南唐政权奉行保境安民政策，不随群雄力争中原，国力足，民心安。南唐主李氏父子中庸，虽无善政，亦无殃民之祸；虽有奸佞，亦兼用贤才，是以将相大臣多忠臣死义之士，是以不灭。南唐忠臣，以司空孙晟、寿州节度使刘仁赡、右武卫将军柴克宏、楚州防御使张彦卿等四人最为人称道，青史留名。试分述之。

孙晟使后周，不亏臣节，不辱君命。后周显德三年（956）三月，南唐主再次遣使求和于后周。司空孙晟奉命出使，礼部尚书王崇质为副使。孙晟对左丞相冯延己说："这趟差事应当由你左相出使，可是我若推辞，就对不起先帝。"启程后，孙晟对王崇质说："这次出使我已经做好了准备，决不辜负先帝的在天之灵。你家有一百多口，考虑好该怎么办。"孙晟决心以一死捍卫国家尊严和使命。后周世宗要孙晟说出南唐虚实，孙晟拒绝，不说话。周军久攻寿州不克，后周世宗派出宫中使者送孙晟到寿州城下劝降刘仁赡。刘仁赡在城楼上穿着军服向孙晟下拜。孙晟对刘仁赡坚定地说："将军深受国家厚恩，决不要开城门接纳贼寇。"后周世宗震怒。孙晟说："臣身为宰相，怎么可以教唆节度使背叛国家。"后周世宗百般劝降孙晟，孙晟不从，索袍笏，整衣冠，大义凛然面对死亡，南向拜谢说："谨以死报国。"从容就义。王夫之将孙晟比作唐之颜真卿，极为中肯。

刘仁赡守寿州，大义灭子。后周世宗亲征南唐，南唐淮南州县大部陷落，寿州节度使刘仁赡坚守，岿然不动。在重围中，刘仁赡之子刘崇谏犯军禁，意欲北走后周军，刘仁赡数其罪腰斩于众，是以全军感佩，誓死不降，团结如一人。后周军屡攻不克，后周世宗留将困守，返回大梁。后周世宗休整后，第二次亲征南唐，后周军大破南唐援军，刘仁赡扼腕叹息。此时刘仁赡卧病不省人事，寿州监军使周廷构、营田副使孙羽等作降表，寿州最终城破，江北之地尽为后周所有。刘仁赡以一旅之众，孤军守城一年有余，可与古之名将比肩。

柴克宏以弱胜强，光复常州。后周世宗攻南唐，命吴越王钱弘俶夹攻南唐，吴越夺取了南唐常州。南唐名将柴再用之子柴克宏为唐主宿卫兵龙武都虞候，自请效死行阵。其母亦上表称克宏像他父亲一样可为将，如不胜任，甘受军法赴死。柴克宏母子赴国难的行动义薄云天。当时南唐精兵都在江北，柴克宏受命为右武卫将军，只率领老弱兵数千人，光复常州，枢密使李征古又发给破败的兵器。柴克宏口无怨言，智取常州，大破吴越军。南唐主任命柴克宏为奉化节度使，柴克宏再次请命率兵救寿州。天不假南唐，柴克宏半道病卒，英年早逝，是以寿州城破。

此外，南唐楚州守将张彦卿，率一千余众，坚守孤城四十余日，全军覆没，无一人生降。后周世宗连年征战，见南唐王气犹存，亦不敢贸然过江，于是接受南唐主去帝号，称国主，举国内附，划江为界的条件，议和班师。

二、宋齐丘误国。有忠义，就必有奸佞。南唐不乏忠义之士，更不乏奸佞之臣，南唐未灭于后周，而后灭于宋，最终败亡的根本原因是君昏臣奸。南唐中主李璟、后主李煜，皆中庸之主，好文学，放纵声色，冯延己等文学之士当国，拉帮结派，歌舞升平，丧失了趁中原多务而进取的机会；排斥忠良，使南唐国势日衰。两朝宰相宋齐丘，是李氏建唐的主要谋士，但不懂军事，又争权不已，大敌当前，不以保国为己任，而是留后路，思谋叛国投敌。寿州保卫战，南唐救援的各路大军云集，江北所失州县大部回归南唐。各路援军请求据险截击后周军，时任南唐太傅兼中书令之宋齐丘说："如此，则怨益深。"两国交兵不是你死就是我亡，何来结怨之说。这一谬论，南唐主不能辨，让诸将各保实力有了借口。宋齐丘下令诸将各自保地盘，不许擅自出击，于是寿州告急。等到周师部署停当，各个击破，打败南唐各路援军，于是寿州不守，江北之地全部沦陷于后周。枢密使陈觉、李师古皆宋齐丘之党。柴克宏抗李师古之命收复常州，保住了南唐江南的稳定，使周师止步于江水，南唐才又苟延了岁月。

三、后周世宗制《刑统》。南唐臣服后，后周世宗深化政治改革，让社会趋于和谐，为大举北伐契丹做准备。在刑法方面花了大力气。《册府元龟》卷九六《赦宥》记载，后周世宗要求做到"狱讼无冤，刑戮不滥"。后周世宗亲自裁决政事，执掌赏罚大权，还要求臣下提醒，他不因怒而杀人，不因喜而滥施赏赐。后周世宗议和南唐后，北返大梁京都，办的第一件事就是诛杀了克扣工役的亲信宦官孙延希，整肃纲纪。后周世宗对五代相沿的律、令、格、敕进行删节，再作注释和评议，详定为《大周刑统》二十一卷，颁行全国。但是任何一个封建帝王，只能做到开明，做不到公平，不可能一视同仁。许州司马韩伦，是后周世宗爱将侍卫马军都指挥使韩令坤之父，韩令坤在南伐南唐中又立有大功。韩伦有恃无恐，在陈州贪污不法，干预政事，成为公众的大害，被人告发，当死。韩令坤在后周世宗面前哭诉，韩伦被宽大免死，流放沙门岛，随后又赦免回到洛阳。后周世宗之生父柴守礼以光禄卿致仕，家居洛阳。当时将相王溥、王晏、王彦超等人的父亲，也闲居洛阳。韩伦与这帮人在洛阳结伙游宴，共十人，恃势横恣，洛阳人闻风胆寒，称他们为"十阿父"。柴守礼以小过杀人，当局不敢问责，后周世宗也装聋作哑，不予过问。后周世宗让这些权势之家的生父，闲居洛阳，给予丰厚的俸禄，不许他们在京城大梁干预政事，已经是一个开明帝王的最大底线，他们犯法、欺压小民，后周世宗就不加追究了。

卷二九四　后周纪五

后周世宗显德五年至六年（958—959年）

【起著雍敦牂（戊午，958年），尽屠维协洽（己未，959年），凡二年】

【大事提要】

本卷记事起公元958年，讫公元959年，凡二年，当后周世宗显德五年至显德六年。南唐楚州守将张彦卿，率一千余众，坚守孤城四十日，全军覆没，无一人生降。后周世宗连年征战，亦不愿侥幸过江，于是接受南唐主去帝号、称国主、举国内附、划江为界的要求。后周世宗取得南唐江北之地后班师。南唐主惩治宋齐丘之党，幽囚宋齐丘于九华山，宋齐丘自缢而死。后周世宗以一统天下、北逐胡虏为己任，稍事休整，举众北伐，亲征契丹，又分兵伐后蜀。周师士气高昂，初战节节取胜，瓦桥关以南诸州望风归降。后周世宗即将进兵幽州，不幸染病，还师大梁，随即辞世，统一之业半道而废。后周世宗在位六年，勤于政事，精力过人，征伐四方，亲历战阵，将士效命，攻必取，战必胜，声威远扬，司马光称其为英武之君。惜其天不假年，功业不就。后周世宗前三子为后汉所诛，第四子柴宗训年七岁嗣位，孤儿寡母，是以社稷不守。《资治通鉴》全书终于柴宗训继位而止，为宋太祖禅位讳也。

世宗睿武孝文皇帝下

显德五年（戊午，958年）

春，正月，乙酉[1]，废匡国军。

唐改元中兴[2]。

丁亥[3]，右龙武将军王汉璋奏克海州[4]。

己丑[5]，以侍卫马军都指挥使韩令坤权扬州军府事。

上欲引战舰自淮入江，阻北神堰[6]，不得渡；欲凿楚州西北鹳水[7]以通其道，遣使行视，还言地形不便，计功甚多[8]。上自往视之，授以规画，发楚州民夫浚之，旬日而成，用功甚省，巨舰数百艘皆达于江，唐人大惊，以为神。

壬辰[9]，拔静海军[10]，始通吴越之路。先是帝遣左谏议大夫[11]长安尹日就等使吴越，语之曰："卿今去虽泛海，比还，淮南已平，当陆归耳。"已而果然。

甲辰[12]，蜀右补阙[13]章九龄[14]见蜀主，言政事不治，由奸佞在朝；蜀主问奸佞为谁，指李昊、王昭远以对。蜀主怒，以九龄为毁斥大臣，贬维州[15]录事参军。

周兵攻楚州，逾四旬，唐楚州防御使张彦卿[16]固守不下；乙巳[17]，帝自督诸将攻之，宿于城下，丁未[18]，克之。彦卿与都监郑昭业犹帅众拒战，矢刃皆尽，彦卿举绳床以斗而死，所部千余人，至死无一人降者。

高保融遣指挥使魏璘将战船百艘东下会伐唐；至于鄂州。

庚戌[19]，蜀置永宁军于果州[20]，以通州[21]隶之。

唐以天长为雄州[22]，以建武军[23]使易文赟为刺史。二月，甲寅[24]，文赟举城降。

戊午[25]，帝发楚州；丁卯[26]，至扬州，命韩令坤发丁夫万余，筑故城之东南隅[27]为小城以治之。

乙亥[28]，黄州刺史司超奏与控鹤右厢都指挥使王审琦攻唐舒州，擒其刺史施仁望。

丙子[29]，建雄节度使真定杨廷璋[30]奏败北汉兵于隰州城下。时隰州刺史孙议暴卒，廷璋谓都监、闲厩使李谦溥曰："今大驾南征，泽州[31]无守将，河东必生心；若奏请待报，则孤城危矣。"即牒谦溥权隰州事，谦溥至则修守备。未几，北汉兵果至，诸将请速救之，廷璋曰："隰州城坚将良，未易克也。"北汉攻城久不下，廷璋度其疲困无备，潜与谦溥约，各募死士百余夜袭其营，北汉兵惊溃，斩首千余级，北汉兵遂解去。

（以上为第一段，写南唐楚州守将张彦卿坚守四十日抗击周师，全军覆没。后周隰州守将大败北汉兵。）

【注释】

［1］乙酉：正月三日。［2］中兴：南唐李璟年号。［3］丁亥：正月五日。［4］海州：治所朐（qú）县，在今江苏连云港市西南海州区。［5］己丑：正月七日。［6］北神堰：在今江苏淮安市北，又名平水堰。［7］鹳水：又名老鹳河，在江苏淮安市西，今已堙。［8］计功甚多：预计费工太多。［9］壬辰：正月十日。［10］静海军：军镇名。唐立静海制置院，后周置军。治所静海，在今江苏南通市。［11］左谏议大夫：官名，西汉始置，掌侍从规谏。唐代左谏议大夫属门下省，右谏议大夫属中书省。［12］甲辰：正月二十二日。［13］右补阙：官名，唐武则天时始置左右补阙，对皇帝进行规谏，并荐举人才。左补阙属门下省，右补阙属中书省，五代沿用。［14］章九龄：后蜀右补阙，慷慨直言，不避权贵，遂遭贬谪。［15］维州：治所薛城，在今四川理县东北。［16］张彦卿：南唐楚州防御使。后周世宗伐楚州，率部下顽强抵抗，至死不屈。唐元宗嘉其忠，诏赠侍中。［17］乙巳：正月二十三日。［18］丁未：正月二十五日。［19］庚戌：正月二十八日。［20］果州：治所在今四川南充市北。［21］通州：治所通川，在今四川达州市。［22］雄州：治所天长，在今安徽天长市。［23］建武军：军名，五代南唐置，治所在今安徽天长市。［24］甲寅：二月二日。［25］戊午：二月六日。［26］丁卯：二月十五日。［27］故城之东南隅：扬州旧城的东南角。［28］乙亥：二月二十三日。［29］丙子：二月二十四日。［30］杨廷璋：镇州真定（今河北正定县）人。后周太祖妃杨氏兄。历任晋州、邢州、鄜州节度使。事附《旧五代史》卷一百二十一。［31］泽州：当作“隰州”。

三月，壬午朔[1]，帝如泰州。

丁亥[2]，唐大赦，改元交泰[3]。

唐太弟景遂前后凡十表辞位，且言：“今国危不能扶，请出就藩镇。燕王弘冀嫡长有军功，宜为嗣，谨奏上太弟宝册。”齐王景达亦以败军辞元帅。唐主乃立景遂为晋王，加天策上将军、江南西道[4]兵马元帅、洪州大都督、太尉、尚书令，以景达为浙西道[5]元帅、润州大都督。景达以浙西方用兵，固辞，改抚州大都督。立弘冀为太子，参决庶政。弘冀为人猜忌严刻，景遂左右有未出东宫者，立斥逐之。其弟安定公从嘉[6]畏之，不敢预事，专以经籍自娱。

辛卯[7]，上如迎銮镇[8]，屡至江口，遣水军击唐兵，破之。上闻唐战舰数百艘泊东洲州[9]，将趣海口扼苏、杭路，遣殿前都虞候慕容延钊[10]将步骑，右神武统军宋延渥将水军，循江而下。甲午[11]，延钊奏大破唐兵于东洲州；上遣李重进将兵趣庐州。

唐主闻上在江上，恐遂南渡，又耻降号称藩，乃遣兵部侍郎陈觉奉表，请传位于太子弘冀，使听命于中国。时淮南惟庐、舒、蕲、黄未下，丙申[12]，觉至迎銮，见周兵之盛，白上，请遣人渡江取表，献四州之地，画江为境，以求息兵，辞指甚哀。上曰："朕本兴师止取江北，尔主能举国内附，朕复何求！"觉拜谢而退。丁酉[13]，觉请遣其属阁门承旨[14]刘承遇如金陵，上赐唐主书，称"皇帝恭问江南国主"，慰纳之。

戊戌[15]，吴越奏遣上直指挥使[16]·处州[17]刺史邵可迁、秀州[18]刺史路彦铢以战舰四百艘、士卒万七千人屯通州南岸。

唐主复遣刘承遇奉表称唐国主，请献江北四州，岁输贡物数十万[19]。于是江北悉平，得州十四[20]，县六十。

庚子[21]，上赐唐主书，谕以："缘江诸军及两浙、湖南、荆南兵并当罢归，其庐、蕲、黄三道，亦令敛兵近外[22]。俟彼将士及家属就道[23]，可遣人召将校以城邑付之[24]。江中舟舰有须往来者，并令就北岸引之[25]。"辛丑[26]，陈觉辞行，又赐唐主书，谕以不必传位于子。

壬寅[27]，上自迎銮复如扬州。

癸卯[28]，诏吴越、荆南军各归本道；赐钱弘俶犒军帛三万匹，高保融一万匹。

甲辰[29]，置保信[30]军于庐州，以右龙武统军赵匡赞为节度使。

丙午[31]，唐主遣冯延己献银、绢、钱、茶、谷共百万[32]以犒军。

己酉[33]，命宋延渥将水军三千溯江巡警。

庚戌[34]，敕故淮南[35]节度使杨行密[36]、故升府[37]节度使徐温[38]等墓并量给守户；其江南群臣墓在江北者，亦委长吏以时检校[39]。

（以上为第二段，写南唐主举国内附称藩，唐与周划江为界。）

【注释】

[1]壬午朔：三月一日。[2]丁亥：三月六日。[3]交泰：南唐元宗李璟年号。[4]江南西道：方镇名，唐开元中以江南道分置。治所洪州，在今江西南昌市。[5]浙西道：方镇名，唐至德元年（756）始置，治所润州，在今江苏镇江市。[6]安定公从嘉：即李煜（937—978），字重光，初名从嘉。元宗李璟第六子，封安定公。即位后荒于政事。公元975年宋兵破金陵，出降，后被毒死。公元961年至975年在位，世称李后主。通诗文、音乐、书画，尤以词著称于世。传

见《旧五代史》卷一百三十四、《新五代史》卷六十二、《宋史》卷四十。［7］辛卯：三月十日。［8］迎銮镇：地名，唐时称白沙镇，五代吴睿帝杨溥到白沙镇，检阅舟师，徐温自金陵来见，遂改白沙镇名迎銮镇。在今江苏仪征市。［9］东沛（bù）州：地名，在今江苏泰州市东南大江中，原为海屿沙岛之地。［10］慕容延钊：太原人。仕后周，屡随世宗出征，官镇军节度使。与赵匡胤素友善，宋初，加检校太尉。传见《宋史》卷二百五十一。［11］甲午：三月十三日。［12］丙申：三月十五日。［13］丁酉：三月十六日。［14］阁门承旨：官名，职掌同阁门使。［15］戊戌：三月十七日。［16］上直指挥使：据章校，"直"下有"都"字。［17］处州：治所丽水，在今浙江丽水市西。［18］秀州：治所嘉兴，在今浙江嘉兴市。［19］岁输贡物数十万：原文"十"无"数"字，据章校补。［20］得州十四：指光、寿、庐、舒、蕲、黄、滁、和、濠、泗、楚、扬、泰、通十四州。［21］庚子：三月十九日。［22］其庐、蕲、黄三道，亦令敛兵近外：意为攻打庐、蕲、黄三道的军队，也命令他们收兵退到近郊之外。［23］俟彼将士及家属就道：指等南唐将士和家属上了路（退回江南）。［24］可遣人召将校以城邑付之：指派人召后周的将校，把南唐退出的城邑交给他们驻防。［25］令就北岸引之：指南唐船舰如需往来，可以停靠北岸再回到南岸。［26］辛丑：三月二十日。［27］壬寅：三月二十一日。［28］癸卯：三月二十二日。［29］甲辰：三月二十三日。［30］保信：方镇名，五代后周置，治所庐州，在今安徽合肥市。［31］丙午：三月二十五日。［32］献银、绢、钱、茶、谷共百万：指银两、绢匹、钱贯、茶斤、谷石各以万计，共值百万。［33］己酉：三月二十八日。［34］庚戌：三月二十九日。［35］淮南：方镇名，唐至德元年（756）置，治所在今江苏扬州市。［36］杨行密（852—905）：唐末为淮南节度使，五代吴国建立者，公元902年至905年在位。传见《新唐书》卷一百八十八、《旧五代史》卷一百三十四、《新五代史》卷六十一。［37］升府：方镇名，五代十国吴置，治所金陵，在今江苏南京市。［38］徐温：海州朐山（今江苏东海县）人，字敦美。吴国大丞相，封东海郡王，奸诈多疑，专吴国政。养子徐知诰（李昪）为南唐创建者。传见《新五代史》卷六十一。［39］以时检校：按时加以检阅、察看。

辛亥［1］，唐主遣其临汝公徐辽代己来上寿［2］。

是月，浚汴口，导河流达于淮，于是江、淮舟楫始通。

夏，四月，乙卯［3］，帝自扬州北还。

新作太庙成。庚申［4］，神主入庙［5］。

辛酉［6］夜，钱唐城南火，延及内城，官府庐舍几尽。壬戌［7］旦，火将及镇国仓，吴越王弘俶久疾，自强出救火［8］；火止，谓左右曰："吾疾因灾而愈。"众心稍安。

帝之南征也，契丹乘虚入寇。壬申[9]，帝至大梁，命张永德[10]将兵备御北边。

五月，辛巳朔[11]，日有食之。

诏赏劳南征士卒及淮南新附之民。

辛卯[12]，以太祖皇帝领忠武节度使，徙安审琦为平卢节度使。

成德节度使郭崇攻契丹束城[13]，拔之，以报其入寇[14]也。

唐主避周讳，更名景[15]。下令去帝号，称国主，凡天子仪制皆有降损，去年号，用周正朔[16]，仍告于太庙。左仆射、同平章事冯延己罢为太子太傅，门下侍郎、同平章事严续罢为少傅，枢密使、兵部侍郎陈觉罢守本官[17]。

初，冯延己以取中原之策说唐主，由是有宠。延己尝笑烈祖戢兵为龌龊[18]，曰："安陆所丧才数千兵，为之辍食咨嗟者旬日，此田舍翁识量[19]耳，安足与成大事！岂如今上暴师[20]数万于外，而击球宴乐无异平日，真英主也！"延己与其党谈论，常以天下为己任，更相唱和。翰林学士常梦锡屡言延己等浮诞[21]，不可信；唐主不听，梦锡曰："奸言似忠，陛下不悟，国必亡矣！"及臣服于周，延己之党相与言，有谓周为大朝者，梦锡大笑曰："诸公常欲致君尧、舜[22]，何意今日自为小朝邪！"众默然。

自唐主内附，帝止因其使者赐书，未尝遣使至其国。己酉[23]，始命太仆卿[24]冯延鲁、卫尉少卿[25]钟谟使于唐，赐以御衣、玉带等及犒军帛十万，并今年《钦天历》。

刘承遇之还自金陵也，唐主使陈觉白帝，以江南无卤田[26]，愿得海陵监南属以赡军[27]。帝曰："海陵在江北，难以交居[28]，当别有处分[29]。"至是，诏岁支盐三十万斛以给江南，所俘获江南士卒，稍稍归之。

六月，壬子[30]，昭义节度使李筠奏击北汉石会关[31]，拔其六寨。乙卯[32]，晋州奏都监李谦溥击北汉，破孝义[33]。

高保融遣使劝蜀主称藩于周，蜀主报以前岁遣胡立致书于周而不答。

秋，七月，丙戌[34]，初行《大周刑统》。

帝欲均田租，丁亥[35]，以元稹[36]《均田图》遍赐诸道。

闰月[37]，唐清源节度使兼中书令留从效遣牙将蔡仲赟衣商人服，以绢表置革带中，间道来称藩。

唐江西元帅晋王景遂之赴洪州[38]也，以时方用兵，启求大臣以自副[39]，唐主以枢密副使、工部侍郎李征古为镇南节度副使。征古傲很专恣，景遂虽宽厚，久而不能堪，常欲斩征古，自拘于有司[40]，左右谏而止，景遂忽忽不乐。

太子弘冀在东宫多不法，唐主怒，尝以球杖击之曰："吾当复召景遂。"昭庆宫使袁从范从景遂为洪州都押牙，或谮从范之子于景遂，景遂欲杀之，从范由是怨望。弘冀闻之，密遣从范毒之；八月，庚辰[41]，景遂击球渴甚，从范进浆[42]，景遂饮之而卒。未殡，体已溃；唐主不之知，赠皇太弟，谥曰文成。

辛巳[43]，南汉中宗殂，长子卫王[44]继兴即帝位，更名鋹[45]，改元大宝。鋹年十六。国事皆决于宦官玉清宫使[46]龚澄枢及女侍中卢琼仙[47]等，台省[48]官备位而已。

甲申[49]，唐始置进奏院[50]于大梁。

壬辰[51]，命西上閤门使灵寿曹彬[52]使于吴越，赐吴越王弘俶骑军钢甲[53]二百，步军甲五千及他兵器。彬事毕亟返，不受馈遗，吴越人以轻舟追与之，至于数四，彬曰："吾终不受，是窃名也[54]。"尽籍其数，归而献之。帝曰："向之奉使，乞丐无厌[55]，使四方轻朝命[56]。卿能如是，甚善；然彼以遗卿，卿自取之。"彬始拜受，悉以散于亲识，家无留者。

（以上为第三段，写南唐主去帝号称国主，君臣黯然。南唐太子李弘冀忌杀前皇太弟李景遂。南汉中宗殂，长子刘继兴即位，权落宦官之手。）

【注释】

[1]辛亥：三月三十日。[2]上寿：祝酒，奉酒祝寿。[3]乙卯：四月四日。[4]庚申：四月九日。[5]神主入庙：把祖先的牌位安置入太庙。有郭威的高祖璟，睿和皇帝，庙号信祖；曾祖谌，明宪皇帝，庙号僖祖；祖蕴，翼顺皇帝，庙号义祖；考简，章肃皇帝，庙号庆祖。[6]辛酉：四月十日。[7]壬戌：四月十一日。[8]自强出救火：自己勉强出来救火。[9]壬申：

四月二十一日。［10］命张永德：据章校，“命”下有“镇宁节度使”五字。［11］辛巳朔：五月一日。［12］辛卯：五月十一日。［13］束城：县名，在今河北河间市东北。［14］以报其入寇：用来报复契丹的入侵。［15］唐主避周讳，更名景：后周信祖名璟，故唐元宗李璟避讳，改名为景。［16］去年号，用周正朔：去掉交泰年号（958），用周正朔，即用显德年号。［17］罢守本官：罢枢密使职务，只任兵部侍郎。［18］延己尝笑烈祖戢兵为龌龊：后晋高祖天福五年（940），南唐将李承裕在安州（治所在今湖北安陆市）被后晋将马全节击败，承裕和1500名士兵被杀，失亡数千。烈祖李昪为此辍食长吁短叹十多天。戢（jí）兵，息兵。龌（wò）龊（chuò），器量狭小，拘泥于小节。［19］田舍翁识量：庄稼汉的见识和度量。［20］暴（pù）师：军队战戍在外，蒙受风日霜露。［21］浮诞：浮夸虚妄。［22］致君尧、舜：使国君成为像尧舜一样的圣君。［23］己酉：五月二十九日。［24］太仆卿：官名，太仆寺长官，掌舆马和牧畜之事。［25］卫尉少卿：官名，唐设卫尉寺，卿一人，少卿二人。掌邦国器械文物。五代沿用。［26］卤田：盐碱地，可煮盐。［27］愿得海陵监南属以赡军：希望把海陵盐监归属江南，用来供应军队。据章校，“陵”下有“盐”字。海陵盐监，又称西溪盐仓，在今江苏泰州市东北。［28］难以交居：难以让周和南唐的官吏杂居在一起。［29］当别有处分：应另作处理。指南唐主请求以另外办法处理，即下文“诏岁支盐三十万斛以给江南”。［30］壬子：六月二日。［31］石会关：在今山西榆社县西。［32］乙卯：六月五日。［33］孝义：县名，县治在今山西孝义市。［34］丙戌：七月七日。［35］丁亥：七月八日。［36］元稹（779—831）：唐代诗人。字微之，河南（今河南洛阳市）人。官至同中书门下平章事。与白居易友善，世称“元白”，其诗称“元和体”。著有《元氏长庆集》。传见《旧唐书》卷一百六十六、《新唐书》卷一百七十四。［37］闰月：闰七月。［38］洪州：治所南昌，在今江西南昌市。［39］启求大臣以自副：请求朝廷派一名大臣做自己的副帅。［40］自拘于有司：指景遂计划斩李征古后，亲自到主管机关自首擅诛大臣之罪。［41］庚辰：八月二日。［42］浆：酒。［43］辛巳：八月三日。［44］卫王：二字原无，据章校补。［45］鋹（chǎng）：南汉后主，初名继兴，即帝位后更名鋹，封卫王，中宗长子。公元958年至969年在位。传见《旧五代史》卷一百三十五、《新五代史》卷六十五、《宋史》卷四百八十一。［46］玉清宫使：南汉主为了游猎，建有南宫、大明、昌华、甘泉、玩华、秀华、玉清、太微等离宫，每宫都设宫使统领。［47］卢琼仙：南汉中宗宫人，与黄琼芝并为女侍中。后主继位，进为才人，朝政一决于琼仙。琼仙与女巫樊胡子、宦官龚澄枢等内外勾结，朝纲日益败坏。［48］台省：唐代尚书省称中台，门下省称东台，中书省称西台，总称台省。一说三省及御史台合称台省。五代沿用。［49］甲申：八月六日。［50］进奏院：官署名，唐代藩镇在京城设的办事处，称上都留后院。大历十二年（777）改为上都进奏院。［51］壬辰：八月十四日。［52］曹彬：真定灵寿（今河北灵寿县）人，字国华。以廉洁著称。从征北汉、后蜀、南唐、契丹等有功，官至同平章事。传见《宋史》卷二百五十八。［53］钢甲：铁衣。［54］吾终不受，是窃名也：我若始终不接受，就好像我在沽名钓誉。［55］乞丐无厌：一味索求，永不满足。［56］四方轻朝命：致使四方国家轻视朝廷的命令。

辛丑[1]，冯延鲁、钟谟来自唐，唐主手表谢恩[2]，其略曰："天地之恩厚矣，父母之恩深矣，子不谢父，人何报天，惟有赤心，可酬大造[3]。"又乞比藩方，赐诏书[4]。又称："有情事令钟谟上奏，乞令早还。"唐主复令谟白帝，欲传位太子。九月，丁巳[5]，以延鲁为刑部侍郎、谟为给事中。唐[6]主复遣吏部尚书、知枢密院殷崇义来贺天清节[7]。

帝谋伐蜀，冬，十月，己卯[8]，以户部侍郎高防为西南面水陆制置使，右赞善大夫[9]李玉为判官。

甲午[10]，帝归冯延鲁及左监门卫上将军许文稹、右千牛卫上将军边镐、卫尉卿周廷构于唐。唐主以文稹等皆败军之俘，弃不复用。

高保融再遗蜀主书，劝称臣于周，蜀主集将相议之，李昊曰："从之则君父之辱，违之则周师必至，诸将能拒周乎？"诸将皆曰："以陛下圣明，江山险固，岂可望风屈服！秣马厉兵，正为今日。臣等请以死卫社稷！"丁酉[11]，蜀主命昊草书，极言拒绝之。

诏左散骑常侍[12]须城[13]艾颖等三十四人分行诸州，均定田租。庚子[14]，诏诸州并乡村，率以百户为团，团置耆长[15]三人。帝留心农事，刻木为耕夫、蚕妇，置之殿庭。

命武胜节度使宋延渥以水军巡江。

高保融奏，闻王师将伐蜀，请以水军趣三峡[16]，诏褒之。

十一月，庚戌[17]，敕窦俨编集《大周通礼》《大周正乐》。

辛亥[18]，南汉葬文武光明孝皇帝于昭陵，庙号中宗。

乙丑[19]，唐主复遣礼部侍郎钟谟入见。

李玉至长安，或言"蜀归安镇[20]在长安南三百余里，可袭取也。"玉信之，牒永兴节度使王彦超，索兵二百，彦超以为归安道阻隘难取，玉曰："吾自奉密旨。"彦超不得已与之。玉将以往，十二月，蜀归安镇遏使李承勋据险邀之，斩玉，其众皆没。

乙酉[21]，蜀主以右卫圣步军都指挥使赵崇韬为北面招讨使，丙戌[22]，以奉銮肃卫都指挥使、武信节度使兼中书令孟贻业为昭武、文州[23]都招讨使，左卫圣马军都指挥使赵思进为东面招讨使，山南西道节度使韩保贞为北面都招讨使，将兵六万，分屯要害以备周。

（以上为第四段，写后周世宗谋伐蜀，蜀主命将率兵六万分屯要害。）

【注释】

[1]辛丑：八月二十三日。[2]手表谢恩：亲手写表文谢恩。[3]可酬大造：才可以报答您伟大的恩德。[4]乞比藩方，赐诏书：请求比照藩镇那样，颁赐诏书。[5]丁巳：九月九日。[6]唐：据章校，“唐”上有“己未，先遣谟还，赐书谕以未可传位之意”十六字。己未，九月十一日。[7]天清节：后周世宗生于九月二十四日，这一天定为天清节。[8]己卯：十月二日。[9]右赞善大夫：官名，东宫右春坊属官，掌侍从献纳启奏。[10]甲午：十月十七日。[11]丁酉：十月二十日。[12]左散骑常侍：官名，隶门下省。在皇帝左右规谏过失，以备顾问，无实际职权。[13]须城：县名，原为唐须昌县，避后唐献祖庙讳改须城，县治在今山东东平县。[14]庚子：十月二十三日。[15]耆长：年长者担任的职务。耆（qí），老。[16]三峡：长江上游的瞿塘峡、巫峡和西陵峡的简称。[17]庚戌：十一月四日。[18]辛亥：十一月五日。[19]乙丑：十一月十九日。[20]归安镇：地名，在今陕西安康市北，又名香獐坝。[21]乙酉：十二月九日。[22]丙戌：十二月十日。[23]文州：治所曲水，在今甘肃文县西。

丙戌[1]，诏凡诸色课户[2]及俸户[3]并勒归州县，其幕职[4]、州县官自今并支俸钱及米麦。

初，唐太傅兼中书令楚公宋齐丘多树朋党，欲以专固朝权，躁进之士争附之，推奖以为国之元老。枢密使陈觉、副使李征古恃齐丘之势，尤骄慢。及许文稹等败于紫金山，觉与齐丘、景达自濠州遁归，国人恟惧。唐主尝叹曰：“吾国家一朝至此！”因泣下。征古曰：“陛下当治兵以捍敌，涕泣何为！岂饮酒过量邪，将乳母不至邪？”唐主色变，而征古举止自若。会司天奏：“天文有变，人主宜避位禳灾。”唐主乃曰：“祸难方殷，吾欲释去万机[5]，栖心冲寂[6]，谁可以托国者？”征古曰：“宋公，造国手[7]也，陛下如厌万机，何不举国授之！”觉曰：“陛下深居禁中，国事皆委宋公，先行后闻，臣等时入侍，谈释、老[8]而已。”唐主心愠，即命中书舍人豫章陈乔[9]草诏行之。乔惶恐请见，曰：“陛下一署此诏，臣不复得见矣！”因极言其不可。唐主笑曰：“尔亦知其非邪？”乃止。

由是因晋王[10]出镇，以征古为之副，觉自周还，亦罢近职[11]。

钟谟素与李德明善，以德明之死怨齐丘；及奉使归唐，言于唐主曰："齐丘乘国之危，遽谋篡窃，陈觉、李征占为之羽翼，理不可容。"陈觉之自周还，矫以帝命谓唐主曰："闻江南连岁拒命，皆宰相严续之谋，当为我斩之。"唐主知觉素与续有隙，固未之信。钟谟请覆[12]之于周，唐主乃因谟复命，上言："久拒王师，皆臣愚迷，非续之罪。"帝闻之，大惊曰："审[13]如此，则续乃忠臣，朕为天下主，岂教人杀忠臣乎！"谟还，以白唐主。

唐主欲诛齐丘等，复遣谟入禀于帝。帝以异国之臣，无所可否。己亥[14]，唐主命知枢密院殷崇义草诏暴齐丘、觉、征古罪恶，听齐丘归九华山[15]旧隐，官爵悉如故；觉责授国子博士，宣州安置；征古削夺官爵，赐自尽；党与皆不问。遣使告于周。

丙午[16]，蜀以峡路巡检制置使高彦俦为招讨使。

平卢节度使、太师、中书令陈王安审琦仆夫安友进与其嬖妾通，妾恐事泄，与友进谋杀审琦，友进不可，妾曰："不然，我当反告汝。"友进惧而从之。

（以上为第五段，写南唐主惩治宋齐丘之党。）

【注释】

[1]丙戌：十二月十日。 [2]课户：有纳税丁口的民户。 [3]俸户：替官府放债收息、提供俸给的富户。 [4]幕职：幕僚。 [5]万机：指皇帝日常处理的纷繁的政务。 [6]栖心冲寂：让心胸清静。冲寂，虚静。 [7]造国手：国家的缔造者。 [8]释、老：佛学和老庄学说。 [9]陈乔：庐陵玉笥（在今江西峡江县东南）人，字子乔。善文辞，官至门下侍郎兼枢密使。宋太祖围金陵，不肯降，自缢死。 [10]晋王：即李昪第三子景遂。 [11]近职：近臣的职务，重要职务。 [12]覆：核查虚实。 [13]审：果真、确实。 [14]己亥：十二月二十三日。 [15]九华山：在安徽青阳县西南。 [16]丙午：十二月三十日。

六年（己未，959 年）

春，正月，癸丑[1]，审琦醉熟寝[2]，妾取审琦所枕剑授友进而杀之，仍尽杀侍婢在帐下者以灭口。后数日，其子守忠[3]始知之，执友进等冄[4]之。

初，有司将立正仗[5]，宿设乐县于殿庭[6]，帝观之，见钟磬有设而不击者，问乐工，皆不能对。乃命窦俨讨论古今，考正雅乐[7]。王朴素晓音律，帝以乐事询之，朴上疏，以为：

“礼以检形[8]，乐以治心[9]；形顺于外[10]，心和于内[11]，然而天下不治者未之有也。是以礼乐修于上，万国化于下，圣人之教不肃而成，其政不严而治[12]，用此道也。夫乐生于人心而声成于物，物声既成，复能感人之心。

“昔黄帝吹九寸之管，得黄钟[13]正声[14]，半之为清声[15]，倍之为缓声[16]，三分损益[17]之以生十二律[18]。十二律旋相为宫[19]以生七调，为一均[20]。凡十二均、八十四调[21]而大备。遭秦灭学[22]，历代治乐者罕能用之。唐太宗之世，祖孝孙[23]、张文收[24]考正大乐，备八十四调；安、史之乱，器与工什亡八九，至于黄巢，荡尽无遗。时有太常博士殷盈孙[25]，按《考工记》[26]，铸镈钟[27]十二，编钟[28]二百四十。处士[29]萧承训校定石磬，今之在县者是也。虽有钟磬之状，殊无相应之和[30]，其镈钟不问音律，但循环而击，编钟、编磬徒悬而已。丝[31]、竹[32]、匏[33]、土[34]仅有七声[35]，名为黄钟之宫[36]，其存者九曲[37]。考之三曲协律，六曲参涉诸调[38]；盖乐之废缺，无甚于今。

“陛下武功既著，垂意礼乐，以臣尝学律吕，宣示古今乐录[39]，命臣讨论。臣谨如古法，以秬黍定尺[40]，长九寸径三分为黄钟之管[41]，与今黄钟之声相应，因而推之，得十二律。以为众管互吹，用声不便，乃作律准[42]，十有三弦，其长九尺，皆应黄钟之声，以次设柱，为十一律[43]，及黄钟清声，旋用七律[44]以为一均。为均之主者，宫也[45]，徵、商、羽、角、变宫、变徵次焉[46]。发其均主之声，归于本音之律，迭应不乱[47]，乃成其调，凡八十一调。此法久绝，出臣独见[48]，乞集百官校其得失。”

诏从之。百官皆以为然，乃行之。

唐宋齐丘至九华山，唐主命锁其第[49]，穴墙给饮食[50]。齐丘叹曰：

"吾昔献谋幽让皇帝族于泰州，宜其及此！"乃缢而死。谥曰丑缪。

初，翰林学士常梦锡知宣政桅，参预机政，深疾齐丘之党，数言于唐主曰："不去此属，国必危亡。"与冯延己、魏岑之徒日有争论。久之，罢宣政院，梦锡郁郁不得志，不复预事，纵酒成疾而卒。及齐丘死，唐主曰："常梦锡平生欲杀齐丘，恨不使见之！"赠梦锡左仆射。

（以上为第六段，写后周世宗正音律。南唐宋齐丘被贬九华山，自缢而死。）

【注释】

[1]癸丑：正月七日。[2]醉熟寝：因醉酒而沉睡。[3]守忠：即安守忠，并州晋阳（今山西太原市）人，字信臣。官至濮州团练使，为治简静。因父以爱妾故被害，故终身不畜妓妾。传见《宋史》卷二百七十五。[4]冎（guǎ）：同"剐"。割肉离骨，即凌迟。[5]正仗：正式的仪仗。[6]宿设：前一夕设置者称宿设。乐县：悬挂的钟磬一类的打击乐器。县，同"悬"。[7]雅乐：古代帝王祭祀天地、祖先及朝贺、宴享等大典所用的乐舞。音乐"中正和平"，歌词"典雅纯正"，故名雅乐。[8]礼以检形：礼是用来约束行为的。[9]乐以治心：音乐是用来陶冶心灵的。[10]形顺于外：外在的行为顺乎情理。[11]心和于内：内在的心灵和谐融洽。[12]圣人之教不肃而成，其政不严而治：语见《孝经・圣治章》孔子之言。圣人的教化不严急，却能成功；他的政治不苛刻，却治理得好。[13]黄钟：十二律中第一律。[14]正声：音阶中居核心地位的五声，即宫、商、角、徵（zhǐ）、羽。[15]半之为清声：将九寸的竹管截去一半，则为清声，即高音。[16]倍之为缓声：将竹管加长一倍则为缓声，即低音。[17]三分损益：我国古代生律的方法。其所生各律形成一种律制，称三分损益律，也叫三分法。具体方法是用三分损益法生成十二律。阳生阴为下生，即三分去一，数学公式为乘以 2/3；阴生阳为上生，即三分益一，数学公式为乘以 4/3。以黄钟为基数，"三分损一，下生林钟。三分林钟益一，上生太簇。三分太簇损一，下生南吕。三分南吕益一，上生姑洗。三分姑洗损一，下生应钟。三分应钟益一，上生蕤宾。三分蕤宾损一，下生大吕。三分大吕益一，上生夷则。三分夷则损一，下生夹钟。三分夹钟益一，上生无射。三分无射损一，下生仲吕"。[18]十二律：中国古代乐律学名词。律，定音的竹管。竹管的长度用三分损益法定出十二支长度不同的律管吹出十二个不同高度的标准音，叫十二律。十二律分阴阳两类，各有特定的名称。由低到高的排列是：1. 黄钟，2. 大吕，3. 太簇，4. 夹钟，5. 姑洗，6. 中吕，7. 蕤宾，8. 林钟，9. 夷则，10. 南吕，11. 无射，12. 应钟。奇数六律为阳律，叫六律。偶数六律为阴律，叫六吕，合称律吕，也统称六律。[19]旋相为宫：指一定宫调系统中，宫（调高）的转换与调（调式）的转换。十二律轮流作为宫音，就构成不同的五声（五调）、七声（七调）。[20]均：通"钧"。表明音高的分组，或音区高低的名词。一钧包括七种调式。[21]八十四调：一钧包括七种调式，十二钧，故得八十四调。[22]遭秦灭学：遭遇到秦始皇焚书坑儒，灭绝学

术。［23］祖孝孙：幽州范阳（今河北涿州市）人，隋唐乐律学家。隋开皇年间任协律郎，入唐历任著作郎、吏部郎、太常少卿。曾奉命与秘书监窦琎修订雅乐，实践了八十四调的理论。传见《旧唐书》卷七十九。［24］张文收：贝州武城（今河北南宫市）人，唐初音乐家。通音律，能作曲。历任协律郎、太子率更令。唐初沿用隋乐，但太乐有古钟十二，只击七钟，另五钟设而不击。俗号哑钟，无人知晓。文收断竹为十二律，用以吹调上述五钟，声皆响彻，实践了祖孝孙的理论。传见《旧唐书》卷八十五、《新唐书》卷一百十三。［25］殷盈孙：唐末太常博士、秘书少监。通礼仪，时值安史乱后，礼乐俱废。盈孙参照古礼，制定了祭祀太庙和应穿的服饰制度。传见《旧唐书》卷一百六十五、《新唐书》卷一百六十四。［26］《考工记》：先秦古籍中重要的科技著作。作者不详。据后人考证，是一部春秋末年齐国人记录手工技术的官书。［27］镈（bó）钟：大钟。［28］编钟：十六个小钟同悬在虡上，称编钟。虡（jù），悬挂钟磬的木柱。［29］处士：古时称有才德而隐居不仕的人。［30］和：和声。［31］丝：弦乐器，如琵琶、二胡等。［32］竹：竹制乐器，如箫、笛等。［33］匏（páo）：葫芦类所制乐器，如笙、竽等。［34］土：陶制乐器，如埙（xūn）等。［35］七声：又称七音，分旧、新两种。七声旧音阶为宫、商、角、变徵、徵、羽、变宫。七声新音阶为宫、商、角、清角、徵、羽、变宫。［36］黄钟之宫：即黄钟钧的宫调式。［37］九曲：九支曲子。［38］考之三曲协律，六曲参涉诸调：所存九曲，详加考核，只有三支曲子合符音律，九支曲子夹杂各种音调。［39］乐录：有关乐律的记载、资料及乐谱。［40］以秬黍定尺：以黑黍校定尺度。［41］黄钟之管：以黄钟钧为基调的竹管。［42］律准：按弦发音原理而定的律法。［43］十一律：除黄钟外的林钟、太簇等十一律。［44］七律：先秦称宫、商等七音为七律。十二律的每一律，轮番使用七音就成为一钧。故十二钧总计八十四调。［45］为均之主者，宫也：意为宫声是音阶组织中最重要的一个音级，故成为钧中的主音。其次是徵、商、羽、角、变宫、变徵。［46］徵、商、羽、角、变宫、变徵次焉：意为徵、商、羽、角、变宫、变徵与宫声相比，在其次。［47］迭应不乱：指一钧中宫、徵等七音重叠应和而不杂乱。［48］此法久绝，出臣独见：古法音律，早已失传；上述见解，只是个人的理解。［49］锁其第：封闭宋齐丘的宅第，即幽囚宋齐丘于自己的私宅中。［50］穴墙给饮食：墙上穿洞递进饮食。

二月，丙子朔[1]，命王朴如河阴[2]按行河堤，立斗门[3]于汴口[4]。壬午[5]，命侍卫都指挥使韩通、宣徽南院使吴延祚[6]，发徐、宿、宋、单等州丁夫数万浚汴水。甲申[7]，命马军都指挥使韩令坤自大梁城东导汴水入于蔡水[8]，以通陈、颍之漕，命步军都指挥使袁彦[9]浚五丈渠[10]东过曹、济、梁山泊[11]，以通青、郓之漕，发畿内及滑、亳丁夫数千以供其役。

丁亥[12]，开封府奏田税旧一十万二千余顷，今按行得羡田[13]

四万二千余顷；敕减三万八千顷。诸州行苗使还，所奏羡田，减之仿此。

淮南饥，上命以米贷之。或曰："民贫，恐不能偿。"上曰："民吾子也，安有子倒悬[14]而父不为之解哉！安在责其必偿也！"

庚申[15]，枢密使王朴卒。上临其丧，以玉钺卓地[16]，恸哭数四，不能自止。朴性刚而锐敏，智略过人，上以是惜之。

甲子[17]，诏以北鄙未复，将幸沧州，命义武节度使孙行友捍西山路[18]，以宣徽南院使吴延祚[19]权东京留守、判开封府事，三司使张美权大内都部署。丁卯[20]，命侍卫亲军都虞候韩通等将水陆军先发。甲戌[21]，上发大梁。

夏，四月，庚寅[22]，韩通奏自沧州治水道入契丹境，栅于乾宁军[23]南，补坏防，开游口[24]三十六，遂通瀛、莫。

辛卯[25]，上至沧州，即日帅步骑数万发沧州，直趋契丹之境。河北州县非车驾所过，民间皆不之知。壬辰[26]，上至乾宁军，契丹宁州刺史王洪举城降。

乙未[27]，大治水军，分命诸将水陆俱下，以韩通为陆路都部署，太祖皇帝为水路都部署。丁酉[28]，上御龙舟沿流而北，舳舻相连数十里；己亥[29]，至独流口[30]，溯流而西。辛丑[31]，至益津关[32]，契丹守将终廷辉以城降。

自是以西，水路渐隘，不能胜巨舰，乃舍之。壬寅[33]，上登陆而西，宿于野次[34]，侍卫之士不及一旅[35]，从官皆恐惧。胡骑连群出其左右，不敢逼。

癸卯[36]，太祖皇帝先至瓦桥关[37]，契丹守将姚内斌[38]举城降，上入瓦桥关。内斌，平州人也。甲辰[39]，契丹莫州刺史刘楚信举城降。五月，乙巳朔[40]，侍卫亲军都指挥使、天平节度使李重进等始引兵继至，契丹瀛州刺史高彦晖[41]举城降。彦晖，蓟州人也。于是关南[42]悉平。

（以上为第七段，写后周世宗北进亲征契丹，河北瓦桥关以南诸州望风归降于周。）

【注释】

[1]丙子朔：二月一日。[2]河阴：县名，县治在今河南荥阳市北古汴河口。[3]斗门：古代指堤、堰上所设的放水闸门，或横截河渠，用以壅高水位的闸门。[4]汴口：汴河口。[5]壬午：二月七日。[6]吴延祚：并州太原（今山西太原市西南）人，字庆之。后周世宗时，治汴水、黄河有功，官枢密使。宋初，官至雄武军节度使。传见《宋史》卷二百五十七。延，原文为"廷"，据章校改。[7]甲申：二月九日。[8]蔡水：在今河南上蔡县东南，即涡河上游，东入颍河。[9]袁彦：河中河东（今山西永济市蒲州镇）人。随后周世宗攻南唐，屡立战功。官彰信军节度使，宋初加检校太尉。传见《宋史》卷二百六十一。[10]五丈渠：又名五丈河，在今河南开封市北。[11]曹、济、梁山泊：曹、济，皆州名。曹州治所在今山东曹县。济州治所巨野，在今山东巨野县南。梁山泊，泊，一作泺（luò），在今山东梁山、郓城等县间。南部梁山以南本系大野泽的一部分，五代时泽水北移，环梁山皆成巨浸，始称梁山泊。[12]丁亥：二月十二日。[13]羡田："田"字原作"苗"，据章校改；下文"所奏羡苗"，同改"苗"作"田"。羡田，多余的土地。[14]倒悬：比喻处境痛苦和危急，像人被倒挂一样。[15]庚申：二月丙子朔，无庚申。庚申，三月十五日。[16]玉钺：玉杖。卓地：椎击地面。[17]甲子：二月丙子朔，无甲子。甲子，三月十九日。[18]捍：防卫、封锁。西山路：在定州（今河北正定县）境。封锁西山路，以防北汉救契丹。[19]吴延祚：原文作"吴廷祚"，"廷"为"延"字之误，据章校改。[20]丁卯：二月丙子朔，无丁卯。丁卯，三月二十二日。[21]甲戌：二月丙子朔，无甲戌。甲戌，三月二十九日。[22]庚寅：四月十五日。[23]乾宁军：军名，唐置，治所在今河北青县。[24]游口：在水不到之处开凿，以备涨水时泄洪。[25]辛卯：四月十六日。[26]壬辰：四月十七日。[27]乙未：四月二十日。[28]丁酉：四月二十二日。[29]己亥：四月二十四日。[30]独流口：在天津市静海区，运河与潮河在此会合，称独流口，为水陆往来要冲。[31]辛丑：四月二十六日。[32]益津关：在今河北霸州市。[33]壬寅：四月二十七日。[34]野次：野外。[35]旅：五百人为一旅。[36]癸卯：四月二十八日。[37]瓦桥关：在今河北雄县南易水（今称大清河）上，为五代后周河北三关之一。[38]姚内斌：平州卢龙（今河北卢龙县）人。仕契丹，为关西巡检、瓦桥关使。降后周，官至庆州刺史兼青、白两池榷盐制置使，以武猛著称。传见《宋史》卷二百七十三。[39]甲辰：四月二十九日。[40]乙巳朔：五月一日。[41]高彦晖：蓟州渔阳（今天津市蓟州区）人。原为契丹瀛州刺史，降后周世宗，伐蜀失利，与部下十余骑皆阵亡。传见《宋史》卷二百五十五。[42]关南：瓦桥关南。

丙午[1]，宴诸将于行宫，议取幽州，诸将以为："陛下离京四十二日，兵不血刃，取燕南之地，此不世之功也。今虏骑皆聚幽州之北，未宜深入。"上不悦。是日，趣先锋都指挥使刘重进先发，据固安[2]；上自至安阳水[3]，命作桥，会日暮，还宿瓦桥，是日，上不豫而止。契丹主遣使者日驰七百里诣晋阳，命北汉主发兵挠周边，闻上南归，乃罢兵。

戊申[4]，孙行友奏拔易州，擒契丹刺史李在钦，献之，斩于军市[5]。

己酉[6]，以瓦桥关为雄州[7]，割容城[8]、归义[9]二县隶之；以益津关为霸州[10]，割文安、大城[11]二县隶之。发滨[12]、棣丁夫数千城霸州，命韩通董其役。

庚戌[13]，命李重进将兵出土门，击北汉。

辛亥[14]，以侍卫马步都指挥使韩令坤为霸州都部署，义成节度留后陈思让为雄州都部署，各将部兵以戍之。

壬子[15]，上自雄州南还。

己巳[16]，李重进奏败北汉兵于百井[17]，斩首二千余级。

甲戌[18]，帝至大梁。

六月，乙亥朔[19]，昭义节度使李筠奏击北汉，拔辽州[20]，获其刺史张丕[21]。

丙子[22]，郑州奏河决原武[23]，命宣徽南院使吴廷祚发近县二万余夫塞之。

（以上为第八段，写后周世宗欲进取幽州，因病还京，敕令堵塞黄河决口。）

【注释】

[1]丙午：五月二日。[2]固安：县名，县治在今河北固安县。[3]安阳水：在今河南安阳县北。[4]戊申：五月四日。[5]军市：军中贸易场所。[6]己酉：五月五日。[7]雄州：治所归义县，在今河北雄县。[8]容城：县名，县治在今河北容城县。[9]归义：县名，县治在今河北雄县。[10]霸州：治所永清县，在今河北霸州市。[11]文安：县名，县治在今河北文安县东。大城：县名，县治在今河北大城县。[12]滨：州名，治所渤海县，在今山东滨州市。[13]庚戌：五月六日。[14]辛亥：五月七日。[15]壬子：五月八日。[16]己巳：五月二十五日。[17]百井：一作柏井，即百井镇，在今山西阳曲县北。[18]甲戌：五月三十日。[19]乙亥朔：六月一日。[20]辽州：治所辽山，在今山西左权县。[21]张丕：后周忠武军节度使张永德曾祖。传见《宋史》卷二百五十五。[22]丙子：六月二日。[23]原武：县名，县治在今河南原阳县。

唐清源节度使留从效遣使入贡，请置进奏院于京师，直隶中朝，诏[1]报以“江南近服，方务绥怀[2]，卿久奉金陵，未可改图。若置邸上都，与彼抗衡，受而有之，罪在于朕。卿远修职贡，足表忠勤，勉事旧君，且宜如故。如此，则于卿笃始终之义，于朕尽柔远之宜，惟乃通方，谅达予意[3]。”

唐主遣其子纪公从善[4]与钟谟俱入贡，上问谟曰：“江南亦治兵，修守备乎？”对曰：“既臣事大国，不敢复尔。”上曰：“不然。向时则为仇敌，今日则为一家，吾与汝国大义已定，保无他虞；然人生难期，至于后世，则事不可知。归语汝主：可及吾时完城郭，缮甲兵，据守要害，为子孙计。”谟归，以告唐主。唐主乃城金陵，凡诸州城之不完者葺之，戍兵少者益之。

臣光曰：或问臣：五代帝王，唐庄宗、周世宗皆称英武，二主孰贤？臣应之曰：夫天子所以统治万国，讨其不服，抚其微弱，行其号令，壹其法度，敦明信义，以兼爱兆民者也。庄宗既灭梁，海内震动，湖南马氏遣子希范入贡[5]，庄宗曰：“比闻马氏之业，终为高郁[6]所夺。今有儿如此，郁岂能得之哉？”郁，马氏之良佐也。希范兄希声闻庄宗言，卒矫其父命而杀之。此乃市道商贾之所为，岂帝王之体哉！盖庄宗善战者也，故能以弱晋胜强梁，既得之，曾不数年，外内离叛，置身无所[7]。诚由知用兵之术[8]，不知为天下之道[9]故也。世宗以信令御群臣，以正义责诸国，王环以不降受赏，刘仁赡以坚守蒙褒，严续以尽忠获存，蜀兵以反覆就诛，冯道以失节被弃，张美以私恩见疏；江南未服，则亲犯矢石，期于必克，既服，则爱之如子，推诚尽言，为之远虑[10]。其宏规大度，岂得与庄宗同日语哉！《书》曰：“无偏无党，王道荡荡[11]。”又曰：“大邦畏其力，小邦怀其德[12]。”世宗近之矣。

（以上为第九段，写周世宗示信南唐，受到司马光的高度评价，称之为英武之君，其德“王道荡荡”。）

【注释】

[1]诏：据章校，“诏”上有“戊寅”二字。戊寅，六月四日。 [2]绥怀：安抚怀柔。 [3]惟乃通方，谅达予意：你通达事理，想必能体会我的心意。 [4]纪公从善：南唐元宗李景第七子，后主李煜同母弟，字子师，初封纪国公，深得元宗宠爱，官太尉、中书令。宋初留京师，官泰宁军节度使。传见《宋史》卷四百七十八。 [5]希范入贡：马希范入朝后唐，事见《资治通鉴》卷二百七十二。 [6]高郁：扬州人。楚武穆王马殷谋主。楚国收茶丝之利，能与诸镇抗衡，多出于他的谋划。但性奢侈，终被衡阳王马希声以谋反罪名灭族。事见《资治通鉴》卷二百七十六。 [7]置身无所：没有立身之地。 [8]诚由知用兵之术：指唐庄宗实在是只知打仗。诚，实在，真的。 [9]不知为天下之道：不懂治国之道。 [10]推诚尽言，为之远虑：推心置腹告诫唐主缮守备，为子孙长远计。 [11]无偏无党，王道荡荡：语出《尚书·洪范》。意为：不偏不倚，王者之道平坦辽阔。 [12]大邦畏其力，小邦怀其德：语出《尚书·武成》。意为：大国敬畏周文王的威力，小国思念周文王的美德。

辛巳[1]，建雄节度使杨廷璋奏击北汉，降堡寨一十三。

癸未[2]，立皇后符氏[3]，宣懿皇后之女弟也。

立皇子宗训[4]为梁王，领左卫上将军，宗让[5]为燕公，领左骁卫上将军。

上欲相枢密使魏仁浦，议者以仁浦不由科第，不可为相。上曰：“自古用文武才略者为辅佐，岂尽由科第邪！”己丑[6]，加王溥门下侍郎，与范质皆参知枢密院事。以仁浦为中书侍郎、同平章事，枢密使如故。仁浦虽处权要而能谦谨，上性严急，近职有忤旨者，仁浦多引罪归己以救之，所全活什七八，故虽起刀笔吏，致位宰相，时人不以为忝[7]。又以宣徽南院使吴延祚为左骁卫上将军，充枢密使；加归德节度使、侍卫亲军都虞候韩通、镇宁节度使兼殿前都点检张永德并同平章事，仍以通充侍卫亲军副都指挥使；以太祖皇帝兼殿前都点检。

上尝问大臣可为相者于兵部尚书张昭[8]，昭荐李涛。上愕然曰：“涛轻薄无大臣体，朕问相而卿首荐之，何也？”对曰：“陛下所责者细行[9]也，臣所举者大节也。昔晋高祖之世，张彦泽虐杀不辜，涛累疏请诛之，以为不杀必为国患，汉隐帝之世，涛亦上疏请解先帝兵权。夫国家安危未形而能见之，此真宰相器也，臣是以荐之。”上曰：“卿言甚善且至公，然如涛者，终不可置之中书。”涛喜诙谐，不修边幅[10]，与弟浣俱以文学著名，虽甚友爱，而多谑浪[11]，无长幼体，上以是薄之。

上以翰林学士单父王著[12]，幕府旧僚，屡欲相之，以其嗜酒无检[13]而罢。

癸巳[14]，大渐[15]，召范质等入受顾命。上曰：“王著藩邸故人，朕若不起，当相之。”质等出，相谓曰：“著终日游醉乡，岂堪为相！慎勿泄此言。”是日，上殂。

上在藩，多务韬晦[16]，及即位，破高平之寇，人始服其英武。其御军，号令严明，人莫敢犯，攻城对敌，矢石落其左右，人皆失色而上略不动容；应机决策[17]，出人意表。又勤于为治，百司簿籍，过目无所忘，发奸擿伏[18]，聪察如神。闲暇则召儒者读前史，商榷大义。性不好丝竹珍玩之物，常言太祖养成王峻、王殷之恶，致君臣之分不终，故群臣有过则面质责之，服则赦之，有功则厚赏之。文武参用，各尽其能，人无不畏其明而怀其惠，故能破敌广地，所向无前。然用法太严，群臣职事小有不举[19]，往往置之极刑，虽素有才干声名，无所开宥，寻亦悔之，末年浸宽[20]。登遐[21]之日，远迩[22]哀慕焉。

甲午[23]，宣遗诏，命梁王宗训即皇帝位[24]，生七年矣。

（以上为第十段，写后周世宗辞世，赵匡胤被任命为殿前都点检。后周世宗第四子梁王柴宗训继位，史称恭帝。）

【注释】

[1]辛巳：六月七日。［2］癸未：六月九日。［3］符氏：后周世宗宣懿皇后符氏妹。传见《新五代史》卷二十。［4］宗训：后周世宗第四子，七岁封梁王，特进左卫上将军。显德六年（959）六月，世宗死，即位。翌年正月退位，谥恭帝。传见《旧五代史》卷一百二十、《新五代史》卷十二。［5］宗让：后周世宗第五子。封燕国公、左骁卫上将军。恭帝即位，避其字，改名熙让，封曹王。传见《旧五代史》卷一百二十二、《新五代史》卷二十。［6］己丑：六月十五日。［7］忝（tiǎn）：辱、有愧于。［8］张昭：字潜夫，本名昭远，避汉祖刘知远讳，止称昭。博通经史，宋初官至吏部尚书。传见《宋史》卷二百六十三。［9］细行（xìng）：生活小节。［10］边幅：本指布帛的边缘，借以比喻人的仪表、衣着。文中指不事修饰，不拘小节。［11］谑浪：戏谑放荡。［12］王著：单州单父（今山东单县）人，字成象。后周世宗幕府旧僚。世宗即位，官至翰林学士。因嗜酒，始终未能任相。传见《宋史》卷二百六十九。［13］无检：行为不检点。

[14]癸巳：六月十九日。[15]大渐：病情加剧。[16]韬晦：即收敛锋芒，隐藏才能行迹。韬，韬光；晦，晦迹。[17]应机决策：随机应变，果断决策。[18]发奸擿（tì）伏：揭发奸诈和隐秘的坏事。[19]不举：不成功。[20]浸（qìn）宽：逐渐放宽。[21]登遐：古代帝王死的讳称。[22]远迩：远近。[23]甲午：六月二十日。[24]梁王宗训即皇帝位：梁王宗训本是后周世宗第四子。后周世宗前三子皆为后汉隐帝所杀。后周世宗辞世前十天柴宗训始封为梁王。

秋，七月，壬戌[1]，以侍卫亲军都指挥使李重进领淮南节度使，副都指挥使韩通领天平节度使，太祖皇帝领归德节度使。以山南东道节度使、同平章事向拱[2]为西京留守，庚申[3]，加拱兼侍中。拱，即向训也，避恭帝名改焉。

丙寅[4]，大赦。

唐主以金陵去周境才隔一水[5]，洪州险固居上游[6]，集群臣议徙都之。群臣多不欲徙，惟枢密副使、给事中唐镐劝之，乃命经营豫章[7]为都城之制。

唐自淮上用兵及割江北，臣事于周，岁时贡献，府藏空竭，钱益少，物价腾贵[8]。礼部侍郎钟谟请铸大钱，一当五十，中书舍人韩熙载请铸铁钱；唐主始皆不从，谟陈请不已，乃从之。是月，始铸当十大钱，文曰“永通泉货”，又铸当二钱，文曰“唐国通宝”，与开元钱[9]并行。

八月，戊子[10]，蜀主以李昊领武信节度使，右补阙李起上言：“故事[11]，宰相无领方镇者。”蜀主曰：“昊家多冗费[12]，以厚禄优之耳。”起，邛州[13]人，性婞直[14]，李昊尝语之曰：“以子之才，苟能慎默[15]，当为翰林学士。”起曰：“俟无舌，乃不言耳[16]！”

庚寅[17]，立皇弟宗让为曹王，更名熙让；熙谨[18]为纪王，熙诲[19]为蕲王。

九月，丙午[20]，唐太子弘冀卒，有司引浙西之功[21]，谥曰武宣[22]。句容尉全椒张洎[23]上言：“太子之德，主于孝敬，今谥以武功，非所以防微而慎德[24]也。”乃更谥曰文献[25]；擢洎为上元尉[26]。

唐礼部侍郎、知尚书省事钟谟数奉使入周，传世宗命于唐主，世宗及唐主皆厚待之，恃此骄横于其国，三省[27]之事皆预焉。

文献太子[28]总朝政，谟求兼东宫官不得，乃荐其所善阎式为司议郎[29]，掌百司关启[30]。李德明之死也，唐镐预其谋，谟闻镐受赇，尝面诘之，镐甚惧。谟与天威都虞候张峦善，数于私第屏人语至夜分，镐谮诸唐主曰："谟与峦气类不同[31]，而过相亲狎，谟屡使上国，峦北人，恐其有异谋。"又言："永通大钱民多盗铸，犯法者众。"及文献太子卒，唐主欲立其母弟郑王从嘉[32]，谟尝与纪公从善同奉使于周，相厚善，言于唐主曰："从嘉德轻志懦，又酷信释氏，非人主才。从善果敢凝重，宜为嗣。"唐主由是怒。寻徙从嘉为吴王、尚书令、知政事，居东宫。冬，十月，谟请令张峦以所部兵巡徼[33]都城。唐主乃下诏暴谟侵官[34]之罪，贬国子司业，流饶州[35]，贬张峦为宣州副使，未几，皆杀之。废永通钱。

十一月，壬寅朔[36]，葬睿武孝文皇帝于庆陵[37]，庙号世宗。

（以上为第十一段，写赵匡胤领归德节度使。南唐主畏周之逼，经营豫章为京城之制以备迁都，后周葬周世宗于庆陵。）

【注释】

[1]壬戌：七月十九日。 [2]向拱：怀州河内（今河南沁阳市）人，字星民，初名训，避后周恭帝讳改。官至加检校太师、河南尹、西京留守，宋初封秦国公。传见《宋史》卷二百五十五。 [3]庚申：七月十七日。 [4]丙寅：七月二十三日。 [5]一水：指长江水。 [6]上游：指洪州地居金陵上游。 [7]豫章：县名，隋唐时为洪州治所，在今江西南昌市。 [8]腾贵：价格飞涨。 [9]开元钱：开元通宝，古钱币名。唐高祖武德四年（621）废五铢后开始铸造。币面上下左右有"开元通宝"四字。"开元"意为开辟新纪元。 [10]戊子：八月十五日。 [11]故事：成例，或旧日的典章制度。 [12]冗费：繁多杂乱的开支。 [13]邛州：治所临邛，在今四川邛崃市。 [14]婞直：倔强。 [15]慎默：谨慎寡言。 [16]俟无舌，乃不言耳：等到我没有舌头那一天，才不说话。意谓决不做慎默保身的庸人。 [17]庚寅：八月十七日。 [18]熙谨：后周世宗第六子，右武卫大将军，封纪王。传见《旧五代史》卷一百二十二、《新五代史》卷二十。 [19]熙诲：后周世宗第七子，左领军卫大将军，封蕲王。传同上。 [20]丙午：九月四日。 [21]浙西之功：指弘冀遣柴克宏在常州击败吴越兵一事。 [22]武宣：《谥法》，克定祸乱曰武，圣善周闻曰宣。 [23]句容：县名，县治在今江苏句容市。张洎（jì）：滁州全椒（今安徽全椒县）人。博涉经史，多知典故，尤善建议。初官南唐中书舍人，入宋为参知政事。传见《宋史》卷二百六十七。 [24]防微而慎德：防微杜渐，砥砺德行。 [25]文献：《谥法》，慈惠爱民曰文，聪明睿哲曰献。

［26］擢洎为上元尉：提拔张洎为上元县的县尉。上元，县名，县治在今江苏南京市。唐代县有赤、畿、望、紧、上、中、下七等的差别。京都所治为赤县，京都附近的县为畿县。上元为唐都金陵所治县，为赤县；句容为畿县，张洎从句容到上元，均任县尉，有提升之意，故称“擢”。［27］三省：尚书省、门下省、中书省。［28］文献太子：即弘冀。［29］司议郎：东宫属官，掌侍从规谏、驳正启奏、并录东宫记注，职拟给事中。［30］掌百司关启：指司议郎掌握各部门的奏报文书。关启，通报启奏。［31］气类不同：气味不相投。［32］郑王从嘉：即李煜，初名从嘉，即位前封郑王。［33］巡徼（jiào）：巡察。［34］侵官：越职侵权。［35］饶州：治所鄱阳，在今江西鄱阳县。［36］壬寅朔：十一月一日。［37］庆陵：后周世宗陵，在今河南郑州市。

南汉主以中书舍人钟允章，藩府旧僚，擢为尚书右丞、参政事，甚委任之。允章请诛乱法者数人以正纲纪，南汉主不能从，宦官闻而恶之。南汉主将祀圜丘[1]，前三日，允章帅礼官登坛，四顾指挥设神位，内侍监许彦真[2]望之曰：“此谋反也！”即带剑登坛，允章叱之。彦真驰入宫，告允章欲于郊祀日作乱。南汉主曰：“朕待允章厚，岂有此邪！”玉清宫使龚澄枢、内侍监李托[3]等共证之，以彦真言为然，乃收允章，系含章楼下，命宦者与礼部尚书薛用丕杂治之。用丕素与允章善，告以必不免，允章执用丕手泣曰：“老夫今日犹几上肉耳，分为仇人所烹。但恨邕、昌幼，不知吾冤，及其长也，公为我语之。”彦真闻之，骂曰：“反贼欲使其子报仇邪！”复白南汉主曰：“允章与二子共登坛，潜有所祷。”俱斩之。自是宦官益横。李托，封州人也。

辛亥[4]，南汉主祀圜丘，大赦。未几，以龚澄枢为左龙虎观军容使、内太师，军国之事皆取决焉。凡群臣有才能及进士状头[5]或僧道可与谈者，皆先下蚕室[6]，然后得进，亦有自宫以求进者，亦有免死而宫者，由是宦者近二万人。贵显用事之人，大抵皆宦者也，谓士人为门外人，不得预事，卒以此亡国。

唐更命洪州曰南昌府，建南都，以武清节度使何敬洙为南都留守，以兵部尚书陈继善为南昌尹。

周人之攻秦、凤也，蜀中恟惧；都官郎中[7]徐及甫自负才略，仕不得志，阴结党与，谋奉前蜀高祖[8]之孙少府少监王令仪为主以作乱，会周兵退而止。至是，其党有告者，收捕之，及甫自杀。十二月，甲午[9]，赐令仪死。

端明殿学士、兵部侍郎窦仪使于唐，天雨雪，唐主欲受诏于庑下[10]。仪曰："使者奉诏而来，不敢失旧礼。若雪沾服，请俟他日。"唐主乃拜诏于庭。

契丹主遣其舅使于唐，泰州团练使荆罕儒[11]募客[12]使杀之。唐人夜宴契丹使者于清风驿，酒酣，起更衣，久不返，视之，失其首矣。自是契丹与唐绝。罕儒，冀州人也。

（以上为第十二段，写南汉主杀贤良任宦官，弹丸小国宦者近二万人。南唐更命洪州为南昌府，建南都。）

【注释】

[1]祀圜丘：即祭天。圜丘，祭天的土坛。 [2]许彦真：南汉内侍监，仕中宗父子。向中宗进谗言杀害钟允章后，与龚澄枢共专国政。后因龚澄枢要审查他通先朝李丽姬事，又欲谋杀澄枢，反被澄枢以谋反罪名下狱，族诛。 [3]李托：封州封川（今广东封开县）人，南汉内侍监。纳二养女于后主，遂专国政。官骠骑上将军、内太师。宋师伐南汉，被俘，杀于汴京。传见《宋史》卷四百八十一。 [4]辛亥：十一月十日。 [5]状头：进士第一人称状头。 [6]蚕室：古时受宫刑的牢狱。 [7]都官郎中：官名，属刑部，掌徒流配隶。 [8]前蜀高祖：指前蜀王建。[9]甲午：十二月二十三日。 [10]庑下：堂周的廊屋。 [11]荆罕儒：冀州信都（今河北衡水市冀州区）人。仕后周，官泰州团练使。入宋，为郑州防御使。后因恃勇轻敌，死于战场。传见《宋史》卷二百七十二。 [12]募客：重赏购求的刺客。

【点评】

本卷点评后周世宗示信南唐、南唐主李璟贬逐奸佞、《资治通鉴》记事止于周恭帝即位三件史事。

一、后周世宗示信南唐。后周世宗南伐南唐，三次亲征，用兵三载，夺得江北之地，即议和而罢兵。后周世宗对南唐议和使者说："朕本兴师止取江北，尔主能举国内附，朕复何求！"和议成，后周世宗赐给南唐主书信慰问，说："沿长江的各支军队，以及两浙、湖南、荆南的军队都要撤走，正在围攻南唐庐州、蕲州、黄州的三支军队停止围攻，后撤到郊外，南唐三州的将士和家属回归南唐，上路后周军才来接管三州城市。长江上的南唐船只，如需往来，可以停靠在北岸再回到南岸。"后周世宗如所承诺，诏命吴越和荆南的军队各回本地。后周世宗没有一气灭江南，也是对王朴之策的修正，而不是统一了江南以后再北向用兵契丹。契丹是中原之大敌，据有燕云十六州，居高以临中原，不逐走契丹，不收复燕云之地，则中原国防不固。两宋积贫积弱，导致蒙元入主中原，是其证也。自朱温以来，后梁、后唐、后晋、后汉，只有中原两河及关中之地，四围强敌，正如王夫之所说："守不固，兵不强，食不裕"（《读通鉴论》卷三十），则无力与契丹争胜负，石重贵之覆亡是其证也。后周世宗不是不想统一江南，由于李唐拒战坚决，人心尚固，必欲灭之，耗费时日，有误北伐契丹，所以得江北之地而停止用兵。江北之地尽归中原，后周地广兵强，所降南唐之兵收编为六军，南唐效顺，厚奉资财以足财用，示信南唐，全境平安，北伐无后顾之忧，所以后周世宗一年后就有强力大举北伐契丹，不幸染病而功不成。其后宋太祖一统江南之后再欲北伐，连机会都没有了。后周世宗之志，重在逐契丹，收燕云，一雪中原之耻，是一位难得的雄略之主。他没有能够继汉、唐之盛，此天不佑中原也！

二、南唐主李璟贬逐奸佞。当初，冯延己以取中原之策邀宠于南唐主，自谓不凡，夸夸其谈，常以天下为己任。翰林学士常梦锡多次奏言冯延己浮诞，不可信任。常梦锡说："奸言似忠，陛下不悟，国必亡矣！"等到唐主臣服于后周，南北和议成，冯延己及其党盛称周主为大朝，常梦锡讥讽说："诸公常常说要使皇上成为尧舜，怎么今天自甘为小朝廷呢！"南唐太傅兼中书令宋齐丘多结党羽，枢密使陈觉、副使李征古皆其党羽骨干，仗着宋齐丘的势力骄横傲慢。宋齐丘、陈觉、李征古等误国，导致南唐兵败，割地议和，南唐主叹息流泪，说："没想到我的国家沦落到这个地步。"李征古不仅不安慰唐主，还目无尊长地说："陛下哭有什么用，是酒渴多了，还是找奶妈子，哭哭啼啼像啥话。"唐主脸色大变，李征古仍有恃无恐，举止自如。这时司天监奏报："天象变化，人主应当避开帝位祈求消灾。"南唐主说："我正想让出帝位，国家托付给谁呢？"李征古说："宋公是缔造国家的元老，国事可以交给他。"这时陈觉出使周朝回来，矫传周主之命诛杀主张抗击周师的宰相严续。南唐主怀疑陈觉公报私仇，他知道二人一向不和。南唐主没有贸然听陈觉的话，而是请示周主，陈觉借刀杀人的阴谋败露，南唐主醒悟，将冯延己、宋齐丘，以及其党陈觉、李征古悉数贬逐，幽囚宋齐丘于九华山，宋齐丘不堪其辱，自缢而亡。这时常梦锡已死，南唐主叹曰："常梦锡劝朕除掉宋齐丘，遗憾的是他没有看到宋齐丘今天的下场。"

三、《资治通鉴》止于周恭帝即位。后周世宗柴荣有七子。前三子在郭威起兵时为后汉所杀。第四子柴宗训嗣位，史称恭皇帝。第五子为柴熙让，第六子为柴熙谨，第七子为柴熙诲。恭帝即位，封三皇弟为王，熙让封曹王，熙谨封纪王，熙诲封蕲王。纪王熙谨卒于宋太祖乾德二年（964），熙让、熙诲不知所终。显德六年（959）六月十九日癸巳，后周世宗辞世。次日，即六月二十日甲午，梁王柴宗训立，年仅七岁。后周世宗病逝之前十日，才立宗训为梁王。《新五代史》载，显德七年（960）春正初四月甲辰，“逊于位，宋兴”。恭帝七岁即位，在位半年后亡国。欧阳修，宋臣，不书恭帝禅位之事，及其所终，只书“逊于位，宋兴”五个字。逊，顺也，谓恭帝能顺乎天命，让出帝位，为宋讳也。薛居正仕周入宋，所修《旧五代史》记述赵匡胤发动陈桥驿兵变夺位，恭帝禅让后封郑王，建隆三年（962）出周郑王于房陵，开宝六年（973）周郑王殂，年二十岁。恭帝归葬于后周世宗庆陵之侧，陵曰顺陵，有司拟谥曰恭。司马光作《资治通鉴》五代史事终止于周恭帝即位，也是全书终篇，避免了周亡宋兴的记述，为宋避讳也。载述一代王朝，没有结尾，不符史例。司马光为了避宋讳，就不顾其他了。史官言事，应以实录示信，薛居正的做法，才是应当肯定的。

当然，司马光把《资治通鉴》的下限只写到五代，也避免了写宋朝当代史，少了触犯禁忌的风险，保全了《资治通鉴》，也是一得。

全书卷终

附录一　司马光进书表[1]

臣光言：先奉敕[2]编集历代君臣事迹，又奉圣旨[3]赐名《资治通鉴》，今已了毕者。

伏念臣性识愚鲁，学术荒疏，凡百事为[4]，皆出人下，独于前史，粗尝尽心[5]，自幼至老，嗜之不厌。每患迁、固以来[6]，文字繁多，自布衣之士[7]，读之不遍，况于人主，日有万机，何暇周览[8]！臣常不自揆[9]，欲删削冗长，举撮机要[10]，专取关国家盛衰，系生民休戚[11]，善可为法，恶可为戒者，为编年一书，使先后有伦[12]，精粗不杂，私家力薄，无由可成。

伏遇英宗皇帝，资睿智之性，敷[13]文明之治，思历览古事，用恢张大猷[14]，爰诏下臣，俾之编集。臣夙昔所愿，一朝获伸，踊跃奉承，惟惧不称。先帝仍命自选辟官属，于崇文院置局[15]，许借龙图[16]、天章阁[17]、三馆[18]、秘阁[19]书籍，赐以御府笔墨缯帛及御前钱以供果饵[20]，以内臣为承受，眷遇[21]之荣，近臣莫及。不幸书未进御，先帝违弃[22]群臣。陛下绍膺大统，钦承先志，宠以冠序，锡之嘉名，每开经筵[23]，常令进读。臣虽顽愚，荷两朝知待如此其厚，陨身丧元，未足报塞，苟智力所及，岂敢有遗！会差知永兴军[24]，以衰疾不任治剧[25]，乞就冗官[26]。陛下俯从所欲，曲赐容养[27]，差判西京[28]留司[29]御史台[30]及提举西京嵩山崇福宫[31]，前后六任[32]，仍听以书局自随[33]，给之禄秩，不责职业[34]。臣既无他事，得以研精极虑[35]，穷竭所有，日力不足，继之以夜。遍阅旧史，旁采小说，简牍盈积，浩如烟海；抉擿幽隐[36]，校计豪厘。上起战国，下终五代，凡一千三百六十二年，修成二百九十四卷；又略举事目，年经国纬[37]；以备检寻，为《目录》三十卷；又参考群书，评其同异，俾归一涂，为《考异》三十卷：合三百五十四卷。自治平开局，迨今始成[38]，岁月淹久，其间抵牾[39]，不敢自保，罪负之重，固无所逃。臣光诚惶诚惧，顿首顿首。

重念臣违离阙庭，十有五年，虽身处于外，区区之心，朝夕寤寐，何尝不在陛下之左右！顾以驽蹇[40]，无施而可，是以专事铅椠[41]，用酬大恩，庶竭涓尘[42]，少裨海岳[43]。臣今骸骨癯瘁[44]，目视昏近，齿牙无几，神识衰耗[45]，目前所为，旋踵遗忘[46]，臣之精力，尽于此书。伏望陛下宽其妄作之诛[47]，察其愿忠之意，以清闲之宴[48]，时赐省览，监前世之兴衰，考当今之得失，嘉善矜恶[49]，取是舍非，足以懋稽古之盛德[50]，跻[51]无前之至治，俾四海群生[52]，咸蒙其福，则臣虽委骨九泉[53]，志愿永毕矣。

谨奉表陈进以闻。臣光诚惶诚惧，顿首顿首，谨言。

【注释】

[1]司马光进书表：标题为注译者所加，表文另起页。原表文直接在全书正文之后。司马光于元丰七年十一月进呈此表。宋神宗颁发“奖谕诏书”，略。 [2]先奉敕：指奉宋英宗之命。[3]又奉圣旨：指奉宋神宗之命。司马光原题名《通典》，宋神宗赐名《资治通鉴》。 [4]凡百事为：大凡做任何事情。 [5]尽心：用全力。 [6]迁、固以来：从司马迁、班固以来。司马迁著《史记》，班固著《汉书》，创纪传史，文字浩繁。迁、固以来至司马光，纪传史积数已达15部，司马光删繁化简而为编年史《资治通鉴》。 [7]布衣之士：此指无职任的知识分子。 [8]何暇周览：没有时间一一读完纪传史。周览，一一遍读。 [9]不自揆：即不自量力。揆（kuí），度量、揣度。[10]举撮机要：摘取大略要义。 [11]休戚：福和祸，喜乐与忧虑。 [12]先后有伦：指编年体使历史事件先后有序。 [13]敷：布、施。 [14]大猷：大的谋划。 [15]崇文院：官署名。宋初沿唐制，以史馆、昭文馆、集贤院并秘阁总为崇文院，掌图书经籍、修史等事。置局：设立修史机构。 [16]龙图：龙图阁，官署名，设学士、直学士、待制等官，掌太宗御书、御制文集、典籍图画、宝瑞之物及宗正寺所进属籍、世谱等。 [17]天章阁：官署名，设学士、直学士、待制等官，掌真宗御制，后亦掌图籍、符瑞、宝玩之物。 [18]三馆：史馆、昭文馆、集贤院，总称三馆。 [19]秘阁：宋太宗端拱元年（988），于崇文院建秘阁，选三馆真本书籍、古画墨迹及国史、宗正寺所进属籍等藏其中。 [20]果饵：果品、糕饼，泛指食物。 [21]眷遇：爱重礼遇。[22]违弃：死亡的讳称。 [23]经筵（yán）：宋代为皇帝讲解经传史鉴特设的讲席。 [24]永兴军：路名，治所京兆，在今陕西西安市。当时司马光以端明殿学士身份出知永兴军。 [25]治剧：处理繁重难办的事务。 [26]冗（róng）官：无专职的闲散官员。 [27]曲赐容养：这是委

婉的说法，意为委曲赐给，包容养育。［28］西京：宋以开封为东京，洛阳为西京。［29］留司：留守衙署。［30］御史台：官署名，主纠察。司马光任此职，实为闲职。［31］提举：官名，管理专门事务的职官。提举嵩山崇福宫：即管理嵩山崇福宫的长官。崇福宫在河南嵩山，为道观。［32］前后六任：西京留司御史台两任，提举嵩山崇福宫四任，共六任。［33］书局自随：书局，《资治通鉴》的写作班子，由司马光点名当时史学大家刘攽、刘恕、范祖禹等。原在都城开封，司马光到西京洛阳，称书局自随。［34］职业：分内应做的事。［35］研精极虑：聚精会神，竭尽全力。［36］抉擿幽隐：从浩如烟海的古籍中抉发出细微的有用资料。［37］年经国纬：以编年为纲，以分国的事件为内容。［38］自治平开局，迨今始成：司马光修《资治通鉴》始于仁宗嘉祐年间；英宗治平三年四月十八日正式置书局，至神宗元丰七年十一月全书告竣，以设书局起计日，前后历时十九年，即公元 1066 年至 1084 年。［39］其间抵牾：指书中难免有疏漏及矛盾的错误。［40］驽蹇：驽马和蹇驴，比喻才能低下。蹇（jiǎn），跛足。［41］铅椠：古代用以书写的工具。铅，铅粉笔，写字用。椠（qiàn），古代用木削成以备书写的版片。［42］庶竭涓尘：竭尽微薄的力量。涓尘，比喻微末。［43］少裨海岳：对天下稍有裨益。［44］臞（qú）瘁（cuì）：因劳累而瘦弱困病。［45］神识衰耗：精神与记忆力减退。［46］旋踵遗忘：转身就忘。旋踵，转动脚后跟，即转身，形容时间短暂。［47］妄作之诛：责备写得不好。妄作，随随便便的创作，谦辞，谓《资治通鉴》写得不好。［48］清闲之宴：清闲安乐的时候。［49］嘉善矜恶：扬善责恶。矜，自夸，此指贬斥。［50］足以懋稽古之盛德：足可以发扬古代的大德。懋，盛大、褒美。稽古，考古。［51］跻（jǐ）：登、升。［52］四海群生：全天下的黎民百姓。［53］委骨九泉：埋骨地下。死的委婉语。

附录二 资治通鉴大事编年

【说明】

《大事编年》为本书的附录，回照全书，以助阅读，以备检索。“大事编年”以纪年系事，纪年包括帝王庙号、谥号、姓名、年号、公元、干支等项内容，全面反映《通鉴》的纪年。大事行文，如序号、月份，分条排列，只简明摘引《通鉴》所载内容，主要为以下 10 个方面：

1. 帝王的即位与丧葬；
2. 重要历史人物的活动与卒年；
3. 经济、政治制度的变革与重要法令的颁布；
4. 社会各阶级、阶层尖锐复杂的矛盾斗争；
5. 重大的军事活动与战争；
6. 民族关系；
7. 中外关系；
8. 重要的科技文化的发明与发现；
9. 生产工具和生产技术的改进；
10. 重大的自然变异与灾害。

周威烈王姬午

二十三年（戊寅，前 403）

周王正式册命晋大夫魏斯、赵籍、韩虔为诸侯。史称“三家分晋”。

二十四年（己卯，前 402）

周威烈王姬午死，子姬骄立，是为安王。

周安王姬骄

二年（辛巳，前 400）

秦简公悼子死，其子立，是为惠公。

四年（癸未，前 398）

楚围郑。郑人杀相国驷子阳。

六年（乙酉，前 396）

郑相驷子阳之党杀郑繻公，立其弟乙，是为康公。

宋悼公购由死，子田立，是为休公。

九年（戊子，前 393）

晋烈公止死，子倾立，是为孝公。

十一年（庚寅，前 391）

秦攻韩宜阳，夺取六邑。

齐国田和迁其君齐康公至海上，使食一城，以奉其先祀。

十二年（辛卯，前 390）

秦、晋战于武城。

十三年（壬辰，前 389）

齐田和求为诸侯。魏文侯为田和请于周王及诸侯。

十五年（甲午，前 387）

秦攻蜀，夺取南郑。

魏文侯死，太子击立，是为武侯。

秦惠公死，子出公立。

十六年（乙未，前 386）

周王初命齐大夫田和为诸侯。

十七年（丙申，前 385）

秦庶长子改迎立献公，杀出子及其母。

齐太公死，子午立，是为桓公。

二十一年（庚子，前 381）

楚悼王死。贵戚大臣作乱，攻吴起；起伏于王尸上，王尸中箭。

葬楚悼王，太子臧立，是为肃王。肃王杀作乱者七十余家。

二十三年（壬寅，前 379）

齐康公死，无子，至此姜氏亡。田氏遂并齐而有之。

齐桓公田午薨。子齐威王因齐立。

二十六年（乙巳，前 376）

周安王骄死，子喜立，是为周烈王。

魏、韩、赵共废晋靖公为家人而分其地。

周烈王姬喜

元年（丙午，前 375）

韩灭郑，迁都至郑。

三年（戊申，前 373）

燕僖公死，子桓公立。

宋休公死，子辟公立。

卫慎公死，子训立，是为声公。

五年（庚戌，前 371）

魏攻楚，夺取鲁阳。

韩国严遂杀哀侯，国人立其子懿侯。

魏武侯死，未立太子，子罃与公中缓争立，国内乱。

六年（辛亥，前 370）

齐威王来朝。

魏败赵军于怀。

楚肃王死，无子，立其弟良夫，是为宣王。

七年（壬子，前 369）

周烈王喜死，弟扁立，是为显王。

魏公子罃杀公中缓而立，是为惠王。

周显王姬扁

元年（癸丑，前 368）

赵侵齐，攻取长城。

三年（乙卯，前 366）

魏、韩两国国君会于宅阳。

秦败魏、韩联军于洛阳。

五年（丁巳，前 364）

秦献公败三晋之军于石门，斩首六万。周天子赐秦献公黼黻之服。

七年（己未，前 362）

秦在少梁击败魏军，擒魏将公孙痤。

燕桓公死，子文公立。

秦献公死，子孝公立。孝公发奋修政，欲使秦国强大。

八年（庚申，前361）

秦孝公招纳贤才，卫国公孙鞅入秦，献富国强兵之策。

十年（壬戌，前359）

秦孝公以卫鞅为左庶长。卒定变法之令。

韩懿侯死，子昭侯立。

十二年（甲子，前357）

魏、韩两国国君会于鄗。

十三年（乙丑，前356）

赵、燕两国国君会于阿。

赵、齐、宋三国国君会于平陆。

十四年（丙寅，前355）

秦孝公、魏惠王会于杜平。

十五年（丁卯，前354）

秦在元里击败魏军，攻取少梁。

魏惠王攻赵，围邯郸。

十六年（戊辰，前353）

齐救赵，战于桂陵，魏将庞涓被擒。史称齐魏桂陵之战。

十七年（己巳，前352）

秦大良造（秦最高官职）卫鞅攻魏。

十八年（庚午，前351）

魏归还赵邯郸，与赵在漳水结盟。

韩昭侯以郑人申不害为相。

十九年（辛未，前350）

秦商鞅建冀阙宫庭于咸阳，迁以为都。

赵成侯死，公子緤与太子争立；緤败，逃奔至韩。

二十一年（癸酉，前348）

秦商鞅实行赋税法。

二十五年（丁丑，前344）

诸侯会于京师洛阳。

二十六年（戊寅，前343）

周王致伯于秦，诸侯皆贺秦。

二十八年（庚辰，前341）

魏庞涓攻韩，韩求救于齐。齐孙膑破魏军，庞涓自杀。史称马陵之战。

二十九年（辛巳，前 340）

秦卫鞅率军攻魏，诱执魏公子卬。魏献河西之地与秦和。

秦封卫鞅商於十五邑，称卫鞅为商君。

楚宣王死，子商立，是为威王。

三十一年（癸未，前 338）

秦孝公死，子惠文王立。

秦公子虔之徒告商君谋反，商君被害，尽灭其家。

三十二年（甲申，前 337）

韩相申不害死。

三十三年（乙酉，前 336）

邹人孟轲见魏惠王，主张以仁义为先。

三十四年（丙戌，前 335）

秦攻韩，夺取宜阳。

三十五年（丁亥，前 334）

齐王、魏王会于徐州，相与为王。

三十六年（戊子，前 333）

韩昭侯死。子宣惠王立。

洛阳人苏秦游说燕、赵、韩、魏、齐、楚，并相六国，合纵六国联合抗秦；魏人张仪入秦，秦王以为客卿。

齐威王死，子辟强立，是为宣王。

燕文公死，子易王立。

三十七年（己丑，前 332）

秦惠王欺齐、魏，与共攻赵，以瓦解六国合纵之约。

三十九年（辛卯，前 330）

秦攻魏，围焦、曲沃。魏割少梁、河西地与秦。

四十年（壬辰，前 329）

秦攻魏，夺取汾阴、皮氏、焦等地。

楚威王死，子槐立，是为怀王。

四十一年（癸巳，前 328）

秦公子华、张仪率军攻取魏蒲阳，不久又归还魏，用以迫使魏献上郡十五县与秦。

四十二年（甲午，前 327）

秦取西戎国义渠为县，以其君为臣。

四十三年（乙未，前 326）

赵肃侯死，子武灵王立。

四十四年（丙申，前 325）

四月，秦初称王。

四十五年（丁酉，前 324）

秦张仪攻魏，取陕。

四十六年（戊戌，前 323）

秦张仪及齐相、楚相会于啮桑。

韩、燕皆称王。唯赵武灵王令国人称己为君。

四十七年（己亥，前 322）

张仪从啮桑归而免相，相魏。

四十八年（庚子，前 321）

周显王扁死，子定立，是为慎靓王。

燕易王死，子哙立。

孟尝君招贤纳士，名重天下。

周慎靓王姬定

元年（辛丑，前 320）

卫再贬号为君。

二年（壬寅，前 319）

魏惠王死，子襄王立。

三年（癸卯，前 318）

楚、赵、魏、韩、燕五国攻秦，战于函谷关，五国军队败退。

四年（甲辰，前 317）

秦在修鱼击败韩军，诸侯震恐。

张仪复辅助秦王。

五年（乙巳，前 316）

巴蜀相攻，俱告急于秦。秦惠王从司马错计，取蜀。

燕王哙禅位燕相子之。

六年（丙午，前 315）

周王定死，子延立，是为周赧王。

周赧王姬延

元年（丁未，前 314）

齐攻燕，诛子之，杀燕王哙。

齐宣王死，子地立，是为湣王。

三年（己酉，前 312）

春，秦军在丹阳大破楚军。

燕人共立太子平，是为燕昭王。昭王以乐毅为亚卿，任以国政。

韩宣惠王死，子仓立，是为襄王。

四年（庚戌，前 311）

张仪游说楚王、韩王、齐王、赵王、燕王连横以事秦。五国许之。秦王以六邑封张仪，号武信君。

秦惠王死，子武王立。诸侯得知张仪与武王有隙，皆背叛连横，复合纵。

五年（辛亥，前 310）

张仪诡说秦武王而辅助魏。仪辅助魏一年而死。

秦王、魏王会于临晋。

六年（壬子，前 309）

秦初置丞相，以樗里疾为右丞相。

七年（癸丑，前 308）

秦王、魏王会于应。

秋，秦王派甘茂、庶长封率军攻韩宜阳。

八年（甲寅，前 307）

甘茂攻拔韩宜阳。韩公仲侈入秦请和。

八月，秦武王与孟说举鼎，绝脉而死。武王无子，国人立其异母弟稷，是为秦昭襄王。

赵武灵王北略中山之地，至房子，至代。

赵武灵王出胡服令，招骑射以教百姓，防备边境。

十年（丙辰，前 305）

秦将军魏冉尽诛公子壮、惠文后、昭王异母兄弟及大臣，逐悼武王后（魏人）回魏。昭王年少，秦宣太后及魏冉专国政。

十二年（戊午，前 303）

齐、韩、魏因楚背叛合纵而合兵攻楚。秦出兵救楚，三国退军。

十三年（己未，前 302）

楚太子自秦逃回楚。

十四年（庚申，前 301）

蜀守辉背叛秦，秦司马错入蜀杀辉。

秦庶长奂会韩、魏、齐军攻楚，夺取重丘，杀其将唐昧。

十五年（辛酉，前 300）

秦樗里疾死，以赵人楼缓为丞相。

十六年（壬戌，前 299）

五月，赵武灵王传国于次子何，是为惠文王。武灵王自号“主父”。

秦以会盟诈计诱扣楚怀王。

齐归还楚太子，楚人立之，是为顷襄王。

十七年（癸亥，前 298）

秦得知楚又立王，怒而发兵击楚，斩首五万，夺取楚十六城。

赵惠文王封其弟为平原君。平原君好士，食客数千人。

十九年（乙丑，前 296）

楚怀王病死于秦，秦人归其丧。楚人悲怜怀王。

齐、韩、魏、赵、宋同攻秦。秦归韩武遂、归魏封陵以和。

魏襄王死，子昭王立。

韩襄王死，子咎立，是为釐王。

二十年（丙寅，前 295）

赵发生“沙丘之乱”，主父饿死

二十二年（戊辰，前 293）

秦将白起在伊阙击败韩、魏军。秦以白起为国尉。

二十五年（辛未，前 290）

魏以河东地四百里、韩以武遂地二百里与秦。

二十六年（壬申，前 289）

秦大良造白起、客卿司马错攻魏，至轵，夺取六十一城。

二十七年（癸酉，前 288）

十月，秦昭王称西帝，派使者立齐滑王为东帝。齐王称帝二日而归帝号。

十二月，秦昭王亦去帝号，复称王。

二十九年（乙亥，前 286）

齐滑王发兵攻宋。宋国灭亡。

三十一年（丁丑，前 284）

燕乐毅率燕、秦、魏、韩、赵五国军队攻齐，大破齐军。燕取齐七十余城，唯莒与即墨两城未下。

三十二年（戊寅，前 283）

蔺相如不畏强秦，完璧（和氏璧）归赵，赵王以相如为上大夫。

三十五年（辛巳，前 280）

秦司马错发陇西兵，由蜀攻取楚黔中。楚献汉水以北及上庸地与秦。

三十六年（壬午，前 279）

秦将白起攻取楚鄢、邓、西陵。

赵王与秦王会于渑池。

燕昭王死，子惠王立。惠王使骑劫代将而召乐毅。乐毅怕回国被诛，遂奔赵国。

齐将田单以火牛阵大破燕军，复齐国。迎齐王入临淄。

三十七年（癸未，前 278）

秦将白起攻破楚都郢。楚襄王迁都于陈。

三十八年（甲申，前 277）

魏昭王死，子安釐王立。

三十九年（乙酉，前 276）

魏安釐王封其弟无忌为信陵君。

四十一年（丁亥，前 274）

秦穰侯攻取魏四城，斩首四万。

四十二年（戊子，前 273）

赵、魏攻韩华阳。秦发兵救韩，在华阳大破魏军。又击败赵军。

楚使者黄歇至秦，说服秦与楚约亲。

四十三年（己丑，前 272）

楚使黄歇侍太子完至秦为质。

四十四年（庚寅，前 271）

王使赵奢治国赋，民富而府库充实。

四十五年（辛卯，前 270）

秦围赵阏与，赵派赵奢率军救之。赵奢大破秦军。

魏人范雎入秦，向秦王进“远交近攻”之策。

四十九年（乙未，前 266）

范雎为丞相，封为应侯。

赵惠文王死，子丹立，是为赵孝成王。

五十年（丙申，前 265）

齐襄王死。子建立，年少，国事全决于其母君王后。

五十二年（戊戌，前 263）

秦武安君白起攻取韩南阳，断绝太行道。

楚顷襄王死，太子完即位，是为考烈王。楚王以黄歇为相，号为春申君。

五十三年（己亥，前 262）

秦白起攻取韩野王，断绝上党通韩都（新郑）之路。上党郡守冯亭附赵。

五十五年（辛丑，前 260）

秦左庶长王龁攻取上党。

秦将白起大破赵军于长平，坑赵降卒四十万。

五十六年（壬寅，前 259）

秦将白起欲乘胜破赵，丞相范雎忌之，说服秦王与韩、赵和。白起从此和范雎有隙。

秦将王陵复率军攻赵，白起称病，未出征。

五十七年（癸卯，前 258）

赵王派平原君求救于楚。毛遂自荐同往。楚王乃与赵歃血定纵约。

信陵君窃符救赵。

五十八年（甲辰，前 257）

秦昭王赐剑白起自杀。

信陵君魏公子无忌在邯郸城下大破秦军，赵国得存。

阳翟大商人吕不韦入秦说华阳夫人以秦太子庶子异人为嫡。

五十九年（乙巳，前 256）

秦王派摎攻西周。周赧王入秦，尽献其三十六邑，三万人口。西周亡。

秦昭襄王稷

五十二年（丙午，前 255）

蔡泽入秦，代范雎为相，数月免。

秦迁西周公于𢠸狐之聚。

楚迁鲁于莒而取其地。

五十六年（庚戌，前 251）

秦昭王死，孝文王立。以子楚（异人）为太子。赵人奉子楚夫人及子政归秦。

秋季，赵平原君死。

秦孝文王柱

元年（辛亥，前 250）

秦孝文王死，子楚立，是为秦庄襄王。

秦庄襄王子楚

元年（壬子，前 249）

吕不韦为秦相国。

秦王派吕不韦在巩讨灭东周，东周亡。秦置三川郡。

二年（癸丑，前 248）

楚王改封春申君于吴。

三年（甲寅，前 247）

秦将蒙骜攻魏。信陵君率五国军队在黄河以西击败蒙骜，追至函谷关而还。

秦庄襄王子楚死，太子政立。国事决于吕不韦。

秦始皇帝嬴政

元年（乙卯，前 246）

秦凿郑国渠成，灌田四万余顷，关中更加富饶。

二年（丙辰，前 245）

赵孝成王死，子悼襄王立。

赵悼襄王使乐乘代替廉颇。廉颇怒，奔魏入楚，后死于寿春。

三年（丁巳，前 244）

秦发生大饥荒。

赵王以北方良将李牧为将，攻取燕武遂、方城。

四年（戊午，前 243）

七月，秦发生蝗灾、瘟疫；令百姓缴纳粟千石，则拜爵一级。

六年（庚申，前 241）

楚、赵、魏、韩、卫五国合纵攻秦。秦军出击，五国军队败走。

楚迁都寿春。

九年（癸亥，前 238）

秦寒冻，百姓有冻死者。

秦王嬴政亲政。

长信侯嫪毐为乱，秦王使相国发卒攻毐，毐被夷三族。

楚王死，李园遂杀春申君。太子立，是为幽王。

十年（甲子，前 237）

秦吕不韦免相，出都前往封国，于秦王十二年饮鸩死。

秦驱逐客卿。楚人李斯上书进谏，秦废逐客令。

十一年（乙丑，前 236）

赵悼襄王死，子迁立，是为幽缪王。

十三年（丁卯，前 234）

秦将桓龁击败赵军，斩首十万。

赵王以李牧为大将军，击败秦将桓龁。赵封李牧为武安君。

十四年（戊辰，前 233）

韩非为韩使至秦，李斯甚嫉，害其自杀于狱中。

十五年（己巳，前 232）

秦攻赵，遇赵将李牧而还。

十六年（庚午，前 231）

代郡地震，台屋墙垣大半毁坏，地东西裂开一百三十步。

十七年（辛未，前 230）

秦派内史胜灭亡韩国，俘虏韩王安，以其地设置颍川郡（郡治阳翟）。

赵国发生大饥荒。

十八年（壬申，前 229）

秦王翦、杨端和行反间计于赵嬖臣郭开，赵杀大将军李牧，废司马尚。

十九年（癸酉，前 228）

秦将王翦大破赵军，攻克邯郸，俘虏赵王迁。赵国亡。

二十年（甲戌，前 227）

燕太子丹使卫人荆轲入秦刺秦王，未遂被杀。

二十一年（乙亥，前 226）

十月，秦王翦攻破燕都蓟城，燕王率其精兵东保辽东。

秦派李信、蒙恬率二十万人攻楚。

二十二年（丙子，前 225）

秦将王贲攻魏。魏王假投降，魏国亡。

二十三年（丁丑，前 224）

秦将王翦大破楚军于蕲。

二十四年（戊寅，前 223）

秦王翦、蒙武俘楚王负刍。楚亡。

二十五年（己卯，前 222）

秦将王贲攻辽东，俘燕王喜。燕亡。

二十六年（庚辰，前 221）

秦将王贲从燕南攻入齐都临淄。齐王田建降。齐亡。

秦统一六国。秦王改号曰“皇帝”，命为“制”，令为“诏”，自称曰“朕”。自称“始皇帝”。

秦分天下为三十六郡，郡置守、尉、监。

秦收天下兵器至咸阳销毁；统一度量衡；迁天下豪杰十二万户至咸阳。

二十七年（辛巳，前 220）

秦始皇西巡陇西、北地。在全国筑驰道。

二十八年（壬午，前 219）

秦始皇东巡，封泰山、禅梁父。东游海上，南登琅邪。

东巡途中，派齐人徐市率童男童女数千人入海求不死之药。

二十九年（癸未，前 218）

秦始皇东游至博浪沙，遭韩贵族张良及力士伏击，误中副车。始皇求刺客不得，令天下大索十天。

三十一年（乙酉，前 216）

使黔首自报土地亩数。

三十二年（丙戌，前 215）

秦始皇东巡碣石，派卢生入海求仙。又巡北边。派将军蒙恬发兵三十万北攻匈奴。

三十三年（丁亥，前 214）

始皇攻取南越，置桂林郡、南海郡、象郡，以贬谪民五十万人戍守五岭，与越人杂居。

蒙恬北逐匈奴，收河南地，设四十四县。修西起临洮，东至辽东长城一万余里。

三十四年（戊子，前 213）

秦始皇从丞相李斯建议，下令烧毁秦记以外列国史书。

三十五年（己丑，前 212）

秦始皇在渭水南上林苑营造朝宫。七十万人分造阿房宫及骊山陵。

坑杀四百六十余名儒生。

三十六年（庚寅，前 211）

在东郡陨石上，有人刻“始皇帝死而地分”。始皇尽杀石旁居民。

三十七年（辛卯，前 210）

七月，始皇病死沙丘宫。丞相李斯与宦官赵高立胡亥为太子。胡亥继位，是为二世皇帝。

九月，葬始皇于骊山。

秦二世胡亥

元年（壬辰，前 209）

七月，陈胜、吴广于大泽乡起兵反秦，据陈，自立为王，号“张楚”。

八月，武臣自立为赵王。

九月，沛人刘邦起于芒、砀山泽间，收兵三千余人，号沛公。

同月，项梁与侄项羽杀死会稽郡守殷通，举吴中精兵八千，占领所属各县。

同月，齐贵族田儋自立为齐王。赵王武臣部将韩广自立为燕王。周市迎立魏公子咎为魏王。

二年（癸巳，前 208）

十二月，秦军破陈。陈胜退至下城父，被其车夫庄贾杀害。

正月，赵王武臣为叛将李良所杀。

三月，刘邦攻取下邑。项梁渡江击秦，陈婴、英布、蒲将军率军归附项梁。梁拥兵六七万，驻屯下邳。梁谓秦嘉背陈胜王而立景驹，大逆不道。于是击杀秦嘉，景驹败逃死于梁地。

六月，项梁在民间求得楚怀王孙心，立为王，仍称楚怀王，定都盱眙。同月，项梁在定陶败死。楚怀王迁都彭城。

同月，秦二世腰斩李斯于咸阳，并夷三族。以赵高为丞相，事无大小皆决于高。

闰九月，楚怀王派沛公收陈胜、项梁余众西攻秦。

三年（甲午，前 207）

十一月，宋义率军进至安阳，逗留不进。项羽杀宋义，率军击秦。

十二月，项羽亲率全军渡黄河，破釜沉舟，持三日粮，与秦军九战，大破之。

七月，章邯投降项羽。

八月，刘邦克武关。赵高逼二世在望夷宫自杀。立二世兄子子婴为秦王。

九月，秦王子婴杀赵高于斋宫，并夷其三族。

汉太祖高皇帝刘邦

元年（乙未，前 206）

十月，沛公（刘邦）进军霸上，秦王子婴投降，秦朝灭亡。

十一月，沛公与秦人约法三章：杀人者死，伤人及盗抵罪。废除秦朝的严刑酷法。

同月，项羽活埋秦降卒二十余万于新安城南。

十二月，项羽设宴鸿门，沛公与会，几杀沛公。

同月，项羽屠咸阳，杀秦降王子婴，烧秦宫室，火三月不灭。

二月，项羽分封，自立为西楚霸王，都彭城。又分封十八诸侯王。

四月，诸侯罢兵，各就国。项羽引兵东归；刘邦就国为汉王。

同月，汉王刘邦任命韩信为大将。

八月，汉王采纳韩信之谋，偷越陈仓，平定三秦。

二年（丙申，前205）

正月，项王击齐，坑田荣降卒，大掠齐地，齐人群起反抗。

四月，刘项彭城大战，汉军五十六万全军覆没。于是，诸侯复背汉亲楚。

五月，陈平背楚归汉。

六月，关中大饥，米一斛（石）钱一万，人相食。

三年（丁酉，前204）

十月，井陉之战，韩信破赵，斩陈馀泜水上。

十二月，九江王英布归汉。

四月，汉陈平用反间计，使项羽疑范增。范增怒而辞官，途中病死。

五月，楚围荥阳，汉将纪信假降项羽，掩护汉王逃出荥阳至成皋。汉王采纳辕生建议，进军宛、叶间，调动楚军南下，使项王疲于奔命。

六月，项王陷荥阳、成皋。

八月，彭越率军攻楚后方。

四年（戊戌，前203）

十月，项王与汉军相持于广武。

同月，项羽用暗箭射中刘邦胸口，刘邦急忙退守成皋。

十一月，韩信在潍水大破齐楚联军，尽定齐地。

八月，项羽与刘邦缔结和约，以鸿沟为界，中分天下。

五年（己亥，前202）

十二月，垓下之战。项王突围败逃，至乌江岸边，自刎身亡。

二月，刘邦即帝位于汜水之阳，是为汉太祖高帝；西都洛阳。立故粤王无诸为闽粤王。

五月，高帝下诏罢兵归农。

同月，戍卒娄敬建言徙都关中，高帝即日迁都。

六年（庚子，前 201）

十月，人有告楚王韩信反，高帝伪游云梦，会诸侯于陈，械系韩信以归，废为淮阴侯。

正月，封同姓王，以镇抚天下。

五月，尊太公为太上皇。

九月，韩王信以马邑降匈奴。

七年（辛丑，前 200）

十月，博士叔孙通定朝仪。

同月，高帝自将兵击匈奴于平城，在白登被围七日。

八年（壬寅，前 199）

三月，令贾人毋得衣锦、绣、绮、縠、絺、纻、罽，不得操兵器、乘车、骑马。

九年（癸卯，前 198）

冬季，高帝取庶民女子名为长公主，以妻单于。使刘敬往匈奴缔结和亲约。

十一月，高帝纳刘敬强本弱末之术，徙齐、楚大族昭氏、屈氏、景氏、怀氏、田氏五族及豪杰于关中，共十余万口。

十一年（乙巳，前 196）

正月，吕后诛杀淮阴侯韩信，夷灭三族。

三月，诛杀彭越，夷灭三族。

五月，立赵佗为南粤王。

十二年（丙午，前 195）

十月，英布败死。

四月，高帝驾崩。

五月，皇太子刘盈即皇帝位，是为孝惠皇帝。

汉孝惠皇帝刘盈

元年（丁未，前 194）

正月，始筑长安城。

二年（戊申，前 193）

七月，萧何死，曹参代何为相，凡事无所变更，一遵何约束。

三年（己酉，前 192）

春季，汉匈和亲。汉以宗室女为公主，嫁匈奴冒顿单于。

五月，立闽越君摇为东海王，世号东瓯王。

四年（庚戌，前 191）

正月，举民孝、悌、力田者，免除本人赋役。

三月，废除挟书灭族的律令。

五年（辛亥，前 190）

夏季，大旱，江河水少，溪谷水绝。

七年（癸丑，前 188）

八月，惠帝驾崩。太后临朝称制。

汉高皇后吕雉

元年（甲寅，前 187）

冬季，吕太后欲封诸吕为王。王陵以高帝有“非刘氏而王，天下共击之”之约，坚决反对。

正月，废除秦朝所定夷灭三族罪和妖言令。

二年（乙卯，前 186）

正月，地震；羌道、武都道山崩。

七月，行八铢钱。

六年（己未，前 182）

四月，匈奴侵犯狄道，进攻阿阳（属天水郡）。

同月，行五分钱。

七年（庚申，前 181）

十二月，匈奴侵犯狄道。

七月，陈平用陆贾计；与太尉周勃相结，谋划制止诸吕的篡权活动。

八年（辛酉，前 180）

四月，长江、汉水泛滥。

七月，吕太后驾崩。

九月，太尉周勃与丞相陈平等共同诛杀诸吕。

闰九月，代王刘恒即皇帝位，是为孝文皇帝。

汉孝文皇帝刘恒

前元年（壬戌，前 179）

十二月，除秦连坐律。

正月，文帝立子启为皇太子。

四月，齐、楚地震，二十九座山同日崩，大水溃出。

同月，南越王赵佗称臣入贡。

二年（癸亥，前178）

十一月，下诏令举贤良方正能直言极谏者。

正月，贾谊上《论积贮疏》。

三年（甲子，前177）

五月，匈奴掠上郡。

四年（乙丑，前176）

以贾谊任长沙王太傅。

五年（丙寅，前175）

四月，更造四铢钱；除铸钱禁令，使民得自铸。文帝赐邓通蜀严道铜山，使铸钱。吴王刘濞开采豫章铜山铸钱，煮东海水为盐。吴、邓钱遍布天下。

六年（丁卯，前174）

文帝复以宗室女至匈奴和亲。

同月，贾谊上疏陈治安策。

十一年（壬申，前169）

六月，匈奴屡次侵犯，太子家令晁错上疏陈策，文帝采纳，募民迁至塞下，以备匈奴。

十二年（癸酉，前168）

十二月，黄河在酸枣决口，冲溃金堤，征发大军堵塞。

三月，晁错上《论贵粟疏》，文帝准奏。又从晁错言，免农民本年租税之半。

十三年（甲戌，前167）

五月，下诏除肉刑。

六月，下诏免除田租。

十四年（乙亥，前166）

冬季，匈奴老上单于率十四万骑兵侵犯朝那、萧关，文帝派张相如等击逐塞外。

十五年（丙子，前165）

九月，文帝亲策贤良能直言极谏者，擢升晁错为中大夫。错上言请削诸侯。

十六年（丁丑，前164）

四月，使博士、诸生议巡狩、封禅事。

后元年（戊寅，前163）

三月，因连年水旱、疾疫，谷物不丰。

二年（己卯，前162）

汉复与匈奴和亲。

六年（癸未，前158）

冬季，周亚夫屯兵细柳，军纪甚严，文帝拜亚夫为中尉。

四月，大旱，发生蝗灾。开山泽之禁；减服御，裁官员；开仓赈济灾民。

七年（甲申，前157）

六月，文帝死。葬于霸陵。太子启即皇帝位，是为景帝。

汉孝景皇帝刘启

前元年（乙酉，前156）

五月，复收一半民田租税，三十而税一。

同月，诏令减笞刑。

二年（丙戌，前155）

秋季，汉与匈奴和亲。

八月，以陶青为丞相，以晁错为御史大夫。

三年（丁亥，前154）

正月，晁错上《削藩策》，景帝从其策，吴楚七国联合起兵反，景帝信谗言冤杀晁错，七国兵不退，于是派周亚夫率军征讨。

三月，平定了吴楚等七国叛乱。

五年（己丑，前152）

正月，汉和亲公主出嫁匈奴单于。

七年（辛卯，前150）

十一月，废太子刘荣为临江王。

四月，立胶东王刘彻为皇太子。

中元六年（丁酉，前144）

六月，匈奴侵入雁门、上郡，上郡太守李广以百骑拒匈奴数千骑兵。

后元年（戊戌，前143）

五月，上庸地震二十二日，城垣坏。

周亚夫呕血而死。

二年（己亥，前142）

四月，诏令二千石各修其职；不尽职守者由丞相上奏皇帝议罪。

五月，诏：民资产四万，纳四算即可得官。

三年（庚子，前141）

正月，下诏劝农桑，禁止官吏征发百姓开采黄金、珠、玉。

同月，景帝死，太子刘彻即位，是为孝武皇帝。

汉孝武皇帝刘彻

建元元年（辛丑，前 140）

十月，武帝用“建元”为年号。此为用年号纪年之始。

同月，广川人董仲舒在举贤良对策中提出“大一统”治国方略，武帝悦，以其为江都相。准丞相卫绾奏请罢黜以申（不害）、韩（非）、苏（秦）、张（仪）之言治国的贤良。史称“罢黜百家”。

二月，通行三铢钱。

三年（癸卯，前 138）

十月，大臣议者主张务摧抑诸侯王，中山王刘胜悲怨。汉武帝乃厚诸侯之礼，加亲亲之恩。

同月，河水浸溢平原，大饥荒，人相食。

七月，东瓯（一名瓯越）请举国内迁，乃置其于江淮之间。

九月，武帝选拔文学材智之士，先后有庄助、朱买臣、吾丘寿王、司马相如、东方朔、枚皋、终军等，并在武帝左右。

四年（甲辰，前 137）

本年，南越王赵佗死。

五年（乙巳，前 136）

春季，罢三铢钱，流通新铸半两钱。

同季，置五经博士。

五月，发生大蝗灾。

六年（丙午，前 135）

匈奴来请和亲，武帝许。

元光元年（丁未，前 134）

十一月，武帝从董仲舒建议，初令郡国推举孝、廉各一人。

二年（戊申，前 133）

十月，武帝派方士入海求神仙，并炼丹药。

六月，武帝从大臣王恢议，诱匈奴单于入塞，伺机出击。匈奴单于将十万骑兵入武州塞，距马邑一百余里觉，引军还。从此匈奴绝和亲，然与汉互通关市未绝。

五年（辛亥，前 130）

正月，武帝派唐蒙出使夜郎，置犍为郡；派司马相如出使邛、筰，为置一都尉，属于蜀郡。

七月，制定“见知法”。

六年（壬子，前 129）

春季，从大司农郑当时议，诏令征发数万人开漕渠。

同季，匈奴入上谷，卫青等四将分路出击，斩七百人，赐卫青爵关内侯。将军李广被匈奴俘，用计才得以逃归，赎为庶人。

元朔元年（癸丑，前 128）

秋季，匈奴杀辽西太守；侵渔阳、雁门，武帝复拜李广为右北平太守。匈奴称李广为“汉之飞将军”，避之，数年不敢入右北平。

同季，东夷君南闾等归附汉，汉置苍海郡。

二年（甲寅，前 127）

正月，武帝采纳主父偃议，颁布“推恩令”。

同月，匈奴侵入上谷、渔阳，卫青、李息击之，取得河南地（黄河南河套地区）。封卫青为长平侯。汉于此立朔方郡，筑朔方城。

夏季，募民十万人迁至朔方。

同季，迁郡国豪杰及资三百万以上置茂陵。

三年（乙卯，前 126）

冬季，军臣单于太子於单降汉。

夏季，张骞出使西域还，武帝拜为太中大夫，拜随从甘父为奉使君。

四年（丙辰，前 125）

夏季，匈奴侵入代郡、定襄、上郡，杀掠数千人。

五年（丁巳，前 124）

春季，匈奴右贤王屡次侵扰朔方，武帝派卫青等出击，俘匈奴裨王十余人，男女一万五千余人，牲畜数十百万。拜卫青为大将军，诸将皆受其节制。

六月，为博士官置弟子五十人，第其高下，以补郎中、文学、掌故；选择擢升精通一经以上的官吏，可至二千石。

秋季，匈奴入代郡杀掠官民一千余人。

六年（戊午，前 123）

二月，大将军卫青率六将军出定襄击匈奴。

四月，卫青率六将军出定襄复击匈奴，俘斩一万余人。票姚校尉霍去病随同出征，俘斩匈奴二千余人，因功封冠军侯。

元狩元年（己未，前 122）

三月，淮南王刘安（刘长之子）、衡山王刘赐（刘安弟）谋反，事发自杀。所牵连列侯、二千石 、豪杰等，死数万人。

四月，立皇子据为太子，年七岁。

二年（庚申，前 121）

三月，票骑将军霍去病率一万骑兵出陇西击匈奴。

夏季，霍去病复与公孙敖、张骞、李广等分道击匈奴。

秋季，匈奴浑邪王率四万余人降汉。武帝赏赐数十巨万，封浑邪王为漯阴侯。

三年（辛酉，前 120）

秋季，匈奴入右北平、定襄杀掠一千余人。

同季，山东发生大水灾，迁其饥民共七十余万人于关西及朔方实边。

本年，武帝置乐府，使司马相如等为诗赋；以宦者李延年为协律都尉。

四年（壬戌，前 119）

冬季，造新钱币，用白鹿皮造皮币；又杂造银、锡为“白金”共三品（圆形、方形、椭圆形）；销半两钱（重四铢），改铸三铢钱。

同季，武帝以洛阳商人子桑弘羊主持计算，初算缗钱（对商人按资产征税）。

夏季，汉匈漠北之战。武帝命卫青、霍去病各率五万骑兵，分出代郡、定襄，向漠北穷追匈奴。卫青出塞千余里，捕斩一万九千人，至窴颜山赵信城而还。霍去病出塞二千余里，斩虏获七万零四百四十三级，封狼居胥山而还。此役，共杀匈奴八九万人，从此匈奴远遁，漠南无王庭。

五年（癸亥，前 118）

同月，罢三铢钱，改铸五铢钱。

六年（甲子，前 117）

六月，诏令派博士褚大、徐偃等六人分巡郡国，检举兼并土地之徒及有罪的官吏。

九月，大司马冠军侯霍去病死。

元鼎二年（丙寅，前 115）

本年，在郡国置均输官，以通货物。废白金钱。禁止郡国铸钱，专令上林三官铸钱，非三官钱不得流通。

本年，张骞出使乌孙还。从此西域和汉开始互通往来。武帝得西域大宛汗血马，名为“天马”。

三年（丁卯，前 114）

四月，关东十余个郡、国发生饥荒，人相食。

五年（己巳，前 112）

十一月，南越王相吕嘉反，立建德为王。

秋季，派伏波将军路博德、楼船将军杨朴等率军分五路击南越。

九月，诸侯王祭宗庙，坐献酎金色恶夺爵者一百零六人。

同月，西羌十万人反，匈奴入五原杀太守。

六年（庚午，前 111）

冬季，派李息、徐自为率十万人讨平西羌。

同季，路博德、杨仆火烧番禺城，南越亡。以其地置南海等九郡。

同季，汉平南夷，置牂柯郡。在西夷之地置越嶲郡等四郡。

同季，派横海将军韩说、楼船将军杨仆等击东越。

同季，汉置张掖、敦煌二郡，迁民实之。

元封元年（辛未，前 110）

十月，东越人杀东越王余善降汉，悉迁其民于江淮之间。

四月，武帝封泰山，禅肃然山。

二年（壬申，前 109）

四月，征发士卒数万堵塞瓠子河决口，令群臣、从官自将军以下皆负薪，终于堵住决口。

秋季，派杨仆、荀彘出辽东征讨朝鲜。

同季，滇王降汉，以其地为益州郡。

三年（癸酉，前 108）

夏季，朝鲜尼溪参使人杀朝鲜王右渠降汉。汉以其地为乐浪、临屯、玄菟、真番四郡。

四年（甲戌，前 107）

夏季，天大旱。

是年，匈奴屡犯边境。

五年（乙亥，前 106）

四月，长平侯卫青薨。

同月，汉置交趾、朔方、冀、幽、并、兖、徐、青、扬、荆、豫、益、凉等州，共十三部，皆置刺史。

六年（丙子，前 105）

秋九月，乌孙派使者愿娶汉公主，为昆弟。汉以江都王刘建女细君为公主，嫁给乌孙王昆莫。

太初元年（丁丑，前 104）

五月，编定《汉太初历》，以正月为岁首。

八月，武帝派使者至西域大宛求善马，宛王不肯。武帝派贰师将军李广利攻宛。

二年（戊寅，前 103）

秋季，李广利攻大宛不利，还至敦煌。

同季，匈奴俘汉将赵破奴，汉军全军二万人没于匈奴。

三年（己卯，前 102）

正月，武帝东巡海上，求神仙。

四月，武帝东巡还，封泰山，禅石闾。

秋季，匈奴大举攻入定襄、云中，杀掠数千人，破坏汉所筑城障；又使右贤王入酒泉、张掖，掠数千人。汉将任文击退匈奴，救回被掠军民。

本年，汉大举发兵攻宛。宛贵人杀其王毋寡降汉。

四年（庚辰，前 101）

春季，大宛破后，汉自敦煌西至盐泽往往起亭，而在轮台、渠犁置卒屯田，供给出使西域者。

天汉元年（辛巳，前 100）

三月，苏武等出使匈奴，被囚。

二年（壬午，前 99）

五月，贰师将军李广利出天山击匈奴，被围。将军赵充国率壮士解之。

九月，李陵率军击匈奴，被围，全军覆没而降。

同月，颁布《沈命法》，敢藏匿盗贼者夺其命。

三年（癸未，前 98）

二月，由国家专营卖酒。

三月，武帝东巡，封泰山，求神仙。

秋季，匈奴入雁门。

四年（甲申，前 97）

正月，李广利等分三路出击匈奴，战不利，引归。

太始元年（乙酉，前 96）

正月，迁郡国豪杰至茂陵。

二年（丙戌，前 95）

秋季，白渠建成。

征和元年（己丑，前 92）

十一月，巫蛊始起。

二年（庚寅，前 91）

闰四月，以江充为使者，治巫蛊狱。坐死者前后数万人。

七月，太子捕杀江充等，起兵反，败，至八月，自杀。

三年（辛卯，前 90）

正月，匈奴入五原、酒泉，杀两都尉。

三月，派李广利、商丘成、马通分三路击匈奴。

五月，将军成娩率楼兰等六国兵围车师，俘其王及臣民而还。贰师将军李广利击败匈奴。

六月，李广利败降匈奴。

九月，田千秋诉讼太子冤，武帝感悟，族灭江充家。

四年（壬辰，前 89）

六月，任命赵过为搜粟都尉。过教民代田法。

二年（甲午，前 87）

二月，诏立年八岁的弗陵为皇太子，以霍光为大司马、大将军，金日磾为车骑将军，上官桀为左将军，辅助幼主。又以桑弘羊为御史大夫。武帝死。弗陵继位，是为孝昭皇帝。

汉孝昭皇帝弗陵

始元元年（乙未，前 86）

夏季，益州夷反。水衡都尉吕辟胡大破之。

二年（丙申，前 85）

三月，派使者以籽种、口粮赈贷贫民。

四年（戊戌，前 83）

三月，西南夷姑缯、叶榆复反，派大鸿胪田广明击之。

六年（庚子，前 81）

二月，举贤良文学问民疾苦，众议盐铁官营之事，史称盐铁会议。

同月，匈奴释苏武归汉。苏武等九人还至京师，拜为典属国。

七月，从贤良文学之议，罢榷酤官。

元凤元年（辛丑，前 80）

九月，燕王、盖长公主以谋反自杀，同谋上官桀、上官安、桑弘羊等皆族诛。

三年（癸卯，前 78）

正月，匈奴右贤王等进犯张掖郡，张掖太守大破匈奴。

冬季，辽东乌桓反，汉拜中郎将范明友为度辽将军，击败之。

四年（甲辰，前 77）

六月，中郎傅介子出使楼兰，诱杀其王安归，改其国名为鄯善。

五年（乙巳，前 76）

夏季，大旱。

秋季，罢象郡，分属郁林、牂柯。

六年（丙午，前 75）

正月，招募郡国徒筑辽东、玄菟城。

夏季，乌桓复侵边塞，派范明友击之。

汉昭帝元平元年（丁未，前 74）

二月，诏令减口赋钱十分之三。

四月，昭帝死，年二十三，无嗣。大将军霍光承皇后诏，迎昌邑王刘贺（武帝孙，昌邑哀王之子）至长安，即皇帝位。

六月，贺为天子，淫戏无度，太后诏令废之，归刘贺于昌邑。

七月，霍光等迎立武帝曾孙、十八岁的病已入未央宫，即皇帝位，是为中宗孝宣皇帝。

汉孝宣皇帝刘询

本始元年（戊申，前 73）

春季，大将军霍光专权，亲属满朝，皆任要职。

五月，免收本年田租赋。

二年（己酉，前 72）

秋季，派田广明、范明友、常惠共击匈奴。

三年（庚戌，前 71）

六月，任命韦贤为丞相，魏相为御史大夫。

冬季，匈奴、乌孙交兵，匈奴败，大衰，前附匈奴各国全都瓦解。

四年（辛亥，前 70）

三月，宣帝立霍光女为皇后。

四月，四十九郡国同日地震，死六千余人。

二年（癸丑，前 68）

三月，大司马、大将军霍光死。

三年（甲寅，前 67）

六月，以魏相为丞相。

十月，诏流民还归者，权借公田，贷种、食，免赋役。

四年（乙卯，前 66）

七月，大司马霍禹（霍光子）与母霍显及霍云、霍山（皆霍光兄霍去病孙）等谋诛丞相魏相、平恩侯许广汉，废宣帝而立禹。事泄，霍云、霍山、范明友自杀，霍禹腰斩，霍显及诸姊妹皆弃市；与霍氏相连诛灭数十家。至八月，废皇后霍氏。

元康元年（丙辰，前 65）

正月，龟兹王及其夫人朝汉。

汉卫候冯奉世击莎车，攻拔其城，莎车王自杀。

二年（丁巳，前 64）

五月，诏令受灾严重的郡国免除本年租赋。

同月，宣帝原名病已，改名询。

同月，匈奴击汉在车师屯田官兵，郑吉率渠犁（西域国名）屯田兵七千人救之，被匈奴所围。宣帝派常惠率张掖、酒泉骑兵至车师，迎郑吉及其官兵还渠犁。

四年（己未，前 62）

本年，派光禄大夫义渠安国行视诸羌，分别善恶。

神爵元年（庚申，前 61）

七月，赵充国率军击败西羌。遂上屯田奏。宣帝下诏罢兵，独充国留屯田。

二年（辛酉，前 60）

九月，匈奴日逐王率其众降汉，汉骑都尉。郑吉并护车师以西北道，故称都护。都护的设置，从郑吉始。

五凤元年（甲子，前 57）

七月，匈奴五单于争立，国内大乱。

二年（乙丑，前 56）

八月，匈奴屠耆单于少子右谷蠡王姑瞀楼头降汉。十一月，匈奴呼韩邪单于左大将乌厉屈与其父率数万人降汉。

三年（丙寅，前 55）

三月，诏减天下口赋，赦殊死以下。

六月，置西河、北地属国以处匈奴降者。

四年（丁卯，前 54）

春季，匈奴单于称臣，派弟右谷蠡王入侍。汉减戍卒十分之二。

同季，宣帝采纳大司农中丞耿寿昌奏言，令边郡设常平仓以便民。

甘露元年（戊辰，前 53）

正月，匈奴呼韩邪单于及郅支单于各遣子入侍。

四月，冯夫人（冯嫽）奉宣帝诏，锦车持节，立元贵靡为大昆弥，乌就屠为小昆弥。

二年（己巳，前 52）

正月，诏令减民算赋三十（汉律，人出一算，一算一百二十钱）。

十二月，匈奴呼韩邪单于至五原塞，愿朝汉。

三年（庚午，前51）

正月，匈奴呼韩邪单于来朝，赞谒称藩臣而不名，使就邸长安。

二月，遣使发骑兵一万六千人送呼韩邪单于出朔方归国，并转边谷以供食用。自乌孙以西至安息诸国近匈奴者，皆尊汉朝。

同月，在麒麟阁（在未央宫中）画功臣十一人像，霍光居首而不署名。

五月，诏令诸儒进《五经》同异。

冬季，皇太子宠妃司马良娣病死，太后择元城王政君入宫侍太子，本年，生子名刘骜，为嫡皇孙。

黄龙元年（壬申，前49）

正月，匈奴呼韩邪单于来朝，至二月归国。

十二月，宣帝驾崩，皇太子刘奭继位，是为孝元皇帝。

汉孝元皇帝刘奭

汉元帝初元元年（癸酉，前48）

三月，以三辅、太常、郡国公田及苑可省者借给贫民作为耕地；资财不满千钱的，贷给种、食。

九月，关东十一郡、国发大水，民饥以旁郡钱谷相救。

本年，初置戊己校尉，使在车师故地屯田。

二年（甲戌，前47）

二月，陇西地震。

四月，立子骜为皇太子。

同月，关东饥馑，齐地人相食。

五年（丁丑，前44）

四月，诏令罢盐铁官、常平仓；博士弟子不限员以广学者。民有能通一经的，免其徭赋；省刑罚七十余事。

永光元年（戊寅，前43）

二月，诏令丞相、御史举荐质朴、敦厚、逊让、有行者擢用；光禄每年以此四科考核郎、从官，定等第高下。

二年（己卯，前42）

十一月，大破陇西叛羌。

三年（庚辰，前41）

十一月，复盐铁官；置博士弟子员千人。

五年（壬午，前 39）

秋季，颍川大水。

本年，黄河决口。

二年（甲申，前 37）

六月，东郡人京房，上疏屡言灾异，有验。元帝数召问，中书令石显嫉恨房。月余，以“诽谤政治，归恶天子”罪弃市。

十一月，齐、楚地震，大雨雪。

三年（乙酉，前 36）

冬季，西域都护甘延寿、副校尉陈汤共诛斩郅支单于于康居，斩阏氏、太子、名王以下 1518 人。

竟宁元年（戊子，前 33）

正月，匈奴呼韩邪单于来朝，愿为汉婿。元帝以后宫良家子王嫱字昭君赐单于。

五月，元帝死。

六月，太子刘骜即位，是为孝成皇帝。以长舅王凤为大司马大将军，领尚书事。

汉孝成皇帝刘骜

二年（庚寅，前 31）

夏季，匈奴呼韩邪单于死。

三年（辛卯，前 30）

秋季，关内大雨四十余天。长安大乱。

十二月，诏举贤良方正能直言极谏之士。

四年（壬辰，前 29）

正月，罢中书宦官；初置尚书员五人。

秋季，黄河在东郡金堤决口，淹四郡三十二县。

十一月，乌孙兵围西域都护段会宗。

河平元年（癸巳，前 28）

春季，堵塞黄河决口。三十六日，堤成。

二年（甲午，前 27）

六月，成帝封舅王谭、王商、王立、王根、王逢时五人为列侯，世谓之“五侯”。

三年（乙未，前 26）

二月，犍为地震，山崩。壅江水，水逆流。

八月，刘向奏《洪范五行传论》，讽喻外戚势盛。

同月，黄河又于平源决口，复派王延世等治河，六个月完工。

四年（丙申，前 25）

正月，匈奴单于来朝。

六月，罽宾国派使者使汉。

二年（戊戌，前 23）

秋季，关东大水。

三年（己亥，前 22）

六月，颍川铁官徒申屠圣等一百八十人起事，不久失败。

四年（庚子，前 21）

闰九月，乌孙内乱，西域诸国上书，愿复得前都护段会宗，成帝从之。诸国皆亲附。

鸿嘉元年（辛丑，前 20）

本年，匈奴搜谐若鞮单于遣子入侍。

四年（甲辰，前 17）

秋季，勃海、清河、信都河水泛滥成灾。

永始元年（乙巳，前 16）

五月，皇后王政君之侄王莽，先拜为黄门郎，又封新都侯，南阳新野之都乡为新都侯国。迁骑都尉、光禄大夫、侍中。

二年（丙午，前 15）

三月，凉州刺史谷永谏成帝不要违道纵欲，溺于宴乐。成帝大怒。

十一月，免丞相薛宣为庶人，以翟方进为丞相。

三年（丁未，前 14）

十一月，尉氏人樊并等起事，失败。

十二月，山阳铁官徒苏令等起事，被捕斩。

元延二年（庚戌，前 11）

四月，乌孙内乱，汉派段会宗前往安辑。

康居复遣子入侍。

三年（辛亥，前 10）

正月，蜀郡岷山崩塌，堵塞岷江三日，江水竭。

秋季，命右扶风发民入南山。捕熊罴禽兽送长杨宫射熊馆。

绥和元年（癸丑，前 8）

二月，诏令立定陶王刘欣为皇太子。

十一月，大司马王根因久病，荐王莽自代。以王莽为大司马。莽欲取名，更为俭约。

十二月，罢刺史；更置州牧。

二年（甲寅，前 7）

三月，成帝死。四月，皇太子刘欣即皇帝位，是为孝哀皇帝。

六月，诏罢乐府官。

九月，地震，自京师至北边郡国三十余处，死四百余人。

同月，待诏贾让上治河策。

汉孝哀皇帝刘欣

建平二年（丙辰，前 5）

六月，以建平二年为太初元年，号曰“陈圣刘太平皇帝”，至八月罢。

同月，汉派使者责匈奴单于，告令归还乌孙质子。单于受诏遣归。

四年（戊午，前 3）

正月，大旱。

八月，谏大夫鲍宣上书陈述时政。

元寿元年（己未，前 2）

正月，诏令公卿大夫举贤良方正能直言者各一人。

十二月，以董贤为大司马、卫将军，贤时年二十二岁。

二年（庚申，前 1）

正月，匈奴单于及乌孙大昆弥伊秩靡皆来朝。

五月，正三公官名，分职：大司马掌兵事，大司徒掌民事，大司空掌水土事。

六月，哀帝死。太皇太后王政君以王莽为大司马、领尚书事。

七月，迎元帝庶孙中山王箕子为嗣。九月，中山王箕子即皇帝位，年九岁，是为孝平皇帝。太皇太后王政君临朝，大司马王莽秉政。

汉孝平皇帝刘衎（箕子）

元始元年（辛酉，1）

二月，以王莽为太傅，号安汉公。

六月，诏：天下女徒罪已定者，放归家，月出钱三百雇人应役。

二年（壬戌，2）

春季，黄支国（在南海中，离长安三万里）献犀牛。

四月，郡国大旱，蝗灾。

九月，王莽暗示匈奴单于令使王昭君女须卜居次云入侍太皇太后。

王莽为匈奴单于颁行四条戒规，改名囊知牙斯为知。

三年（癸亥，3）

夏季，王莽长子王宇等谋反莽，事泄，宇下狱死，因此被牵连而死的有数百人。

四年（甲子，4）

二月，立王莽女为平帝皇后。

夏季，王莽加称号“宰衡”（周公为周太宰，伊尹为商阿衡，以“宰衡”尊之），位上公。

同季，王莽奏立明堂、辟雍、灵台。

冬季，以羌人所献地为西海郡。

同季，分京师置前辉光（领长安以南诸县）、后丞烈（领长安以北诸县）二郡。更改公卿、大夫、八十一元士官名、位次及十二州名、分界。

五年（乙丑，5）

五月，王莽加九锡。

十二月，王莽置毒酒害死平帝。王莽居摄践祚。

汉王莽

居摄元年（丙寅，6）

三月，立汉宣帝玄孙刘婴为皇太子，号为孺子。

四月，安众侯刘崇等起兵反莽，攻宛，不得入而败。

五月，王莽称“假皇帝”。

二年（丁卯，7）

五月，更造货币：错刀（一值五千），契刀（一值五百），大钱（一值五十），与五铢钱并行。

始初元年（戊辰，8）

十一月，期门郎（皇宫护卫）张充等六人谋共劫王莽，被诛。

十二月，王莽即真天子位，定国号为“新”。

新皇帝王莽

始建国元年（己巳，9）

正月，王莽废孺子刘婴为安定公。

同月，王莽大改内外官名及宫室、郡县等名。

同月，王莽因“劉”字为“卯、金、刀”，诏令禁刚卯（一种玉佩）、金刀。罢错刀、契刀及五铢钱。

四月，徐乡侯刘快起兵反莽，败死。

同月，王莽改名天下田为“王田”，奴婢为“私属”，皆不得买卖。男口不满八而田超过一井（九百亩）的，分余田给九族、邻里、乡党。无田当受田的如制。

秋季，派五威将王奇等十二人四出宣扬新朝威德，匈奴、西域，皆授新室印授。

冬季，置五威司命。

同季，派五十人分至郡国铸钱。

二年（庚午，10）

二月，诏令推行五均、赊贷法。

十二月，王莽改匈奴单于为“降奴服于”。派立国将军孙建等十二将分路穷追匈奴。

同月，王莽是改作金、银、龟、贝、钱、布之品，称为宝货。

三年（辛未，11）

本年，黄河在魏郡决口，淹没清河以东数郡。

四年（壬申，12）

二月，本年，以洛阳为东都，常安为西都。

同月，高句骊、涉貉叛变，王莽派严尤击斩高句骊侯。

五年（癸酉，13）

二月，太皇太后（王莽改号为新室文母）王政君死。

同月，西域诸国反叛新朝。

本年，废除禁挟铜、炭之法。

天凤元年（甲戌，14）

本年，匈奴单于咸求和亲。

本年，缘边大饥，人相食。

本年，益州蛮夷尽反。

本年，王莽复申下金、银、龟、贝之货，颇增减其价值。每一改币，民用破业而大陷刑。

二年（乙亥，15）

五月，谕匈奴单于改为恭奴善于。

本年，邯郸以北大雨，淹死数千人。

三年（丙子，16）

六月，始赋官吏俸禄，自 66 斛至万斛，共 15 等。

冬季，大发天水等地官民十万人击句町（西南夷国名）。

本年，五威将王骏等至西域，被焉耆伏兵击杀。

四年（丁丑，17）

八月，新市人王匡等聚众反，藏于绿林山中。

五年（戊寅，18）

正月，王莽令收取诸军吏及缘边吏大夫因贪污致富者家财的五分之四，以助边费。许官吏告其将，奴婢告其主。

本年，扬雄死。其哲学著作有《太玄》《法言》。

本年，琅邪人樊崇在莒起兵。

六年（己卯，19）

春季，王莽大募天下丁男、死罪囚、官民奴，称“猪突、豨勇”，以为锐卒；税天下官民资财，三十取一，以充军费。

地皇元年（庚辰，20）

正月，置前、后、左、右、中大司马之位，赐诸州牧至县宰皆有大将军、偏、裨、校尉之号。

九月，王莽在长安城南造九庙。

同月，马适求谋诛王莽，事发被杀，牵连而死者数千人。

二年（辛巳，21）

正月，王莽派军击青、徐贼及句町。

秋季，霜灾，蝗灾，关东大饥。

同季，民因私铸钱币犯法男女至十万数，愁苦死者十之六七。

三年（壬午，22）

二月，关东人相食。

四月，王莽派太师王匡、更始将军廉丹讨樊崇。崇恐其众与莽兵乱，皆涂红眉毛以相识别，称为“赤眉”。

同月，绿林军因疾疫，王常、成丹西入南郡，号“下江兵”；王凤等北入南阳，号“新市兵”。

同季，汉宗室刘縯及弟刘秀率舂陵子弟七八千人起兵反莽。

汉淮阳王刘玄

更始元年（癸未，23）

二月，新市、平林、下江将帅共立刘玄为皇帝。

三月，刘秀等攻陷昆阳、定陵、郾。

六月，昆阳之战。莽军大溃。

七月，刘歆、董忠谋劫王莽降汉，事泄，刘歆自杀；斩董忠，族灭。

同月，成纪人隗嚣起兵应汉。茂陵人公孙述在成都起兵。

九月，汉军入长安。

十月，刘玄以刘秀行大司马事，持节北渡河，镇抚州郡。

十二月，卜者王郎在邯郸称皇帝。

二年（甲申，24）

二月，刘玄都长安。

五月，刘秀攻陷邯郸，杀王郎。

同月，刘玄派使者立刘秀为萧王，令罢兵。刘秀以河北未平推辞，不就征。

秋季，萧王刘秀，击败铜马等农民军。

同季，公孙述自立为蜀王。

冬季，刘玄派使者至匈奴，单于示不再称臣。

同季，赤眉军樊崇等西击长安。

同季，刘秀派邓禹率军入关，自引军北徇燕、赵。

汉世祖光武皇帝刘秀

建武元年（乙酉，25）

四月，公孙述在成都称帝。

六月，刘秀在鄗南即皇帝位，是为汉世祖光武皇帝，建元建武。九月，定都洛阳。

同月，赤眉军立刘盆子为帝。

九月，赤眉入长安；刘玄出奔，刘秀封刘玄为淮阳王。

同月，刘玄投降赤眉。十二月，被赤眉军缢杀。

十二月，隗嚣自称西州上将军。卢芳诈称武帝曾孙，匈奴单于迎立其为汉帝。

二年（丙戌，26）

正月，刘秀悉封诸功臣。

同月，赤眉焚掠长安后引兵西向。邓禹入长安。

八月，刘秀大破五校。

九月，赤眉击败邓禹，复入长安。延岑击败赤眉军。

十一月，刘秀派冯异入关代邓禹。

三年（丁亥，27）

闰正月，冯异在崤底大破赤眉，赤眉余众东奔宜阳，刘秀亲统六军严阵以待。刘盆子及丞相徐宣等降，奉上所得传国玺绶。

三月，以伏湛为大司徒。

同月，彭宠攻陷蓟城，自称燕王。

四月，延岑既破赤眉，欲居关中。冯异击走延岑，平定关中。

四年（戊子，28）

二月，邓禹击败延岑。岑奔蜀，公孙述以之为大司马。

十月，隗嚣使马援奉书至洛阳见刘秀。

五年（己丑，29）

四月，班彪著《王命论》，劝隗嚣专心事汉，嚣不听。班彪遂为窦融画策，融以为从事，甚礼重之。

同月，窦融归附汉。

十月，耿弇大破张步。张步斩苏茂降汉。齐地平定。

同月，初起太学。

十二月，窦融承制立莎车王康为汉莎车建功怀德王、西域大都尉，五十五国全属之。

六年（庚寅，30）

正月，大司马吴汉等斩董宪、庞萌，江、淮、山东平定。

六月，并减四百余县，减损吏职，十置其一。

十一月，诏令郡国减田租，三十税一。

十二月，刘秀派马援率骑兵耀兵威以示陇右诸将，招降之。

七年（辛卯，31）

冬，杜诗为南阳太守，政治清平。百姓称颂。

八年（壬辰，32）

十二月，高句骊王派使者贡献，刘秀复其王号。

九年（癸巳，33）

六月，派将驻屯常山等四郡以备匈奴。

同月，复置护羌校尉。

十年（甲午，34）

正月，吴汉在平城击败匈奴。

十一年（乙未，35）

夏季，陇西太守马援大破先零羌。

十二年（丙申，36）

十一月，吴汉、臧宫在成都大破公孙述，述死。蜀地平定。

本年，马援击败参狼羌（武都西羌种名）及诸种，降者万余人。

十三年（丁酉，37）

二月，诏令诸王皆降为公、侯。

四月，吴汉自蜀凯旋。刘秀增邑更封功臣，但不用功臣为政。

十四年（戊戌，38）

秋季，莎车王贤、鄯善王安派使者贡献。西域诸国苦匈奴重敛，皆愿属汉，复置都护。刘秀因中国新定，不许。

十五年（己亥，39）

二月，派吴汉率马成、马武军北击匈奴。

四月，诏令州郡检核垦田户口。派谒者考实二千石长吏阿枉不平者。

十六年（庚子，40）

二月，交趾女子征侧与其妹征贰反叛，自立为王。

同月，汉复行五铢钱。

十七年（辛丑，41）

十月，刘秀废皇后郭氏，立贵人阴氏为皇后。

本年，帝赐莎车王贤大将军印绶。莎车王恨，自称大都护，诸国皆服属。

十八年（壬寅，42）

本年，罢州牧，置刺史。

十九年（癸卯，43）

四月，伏波将军马援斩征侧等，平定岭南。

六月，立东海王刘阳为皇太子，改名刘庄。

洛阳令董宣敢于搏击豪强，京师震栗。

二十年（甲辰，44）

九月，马援自交趾还，请击匈奴，自誓："男儿要当死于边野，以马革裹尸还葬耳！"

二十一年（乙巳，45）

冬季，车师前王、鄯善、焉耆等 18 国皆遣子入侍，愿得都护。刘秀许之。

二十二年（丙午，46）

本年，匈奴单于派使求和亲。

本年，鄯善、车师复依附匈奴。

二十三年（丁未，47）

正月，南郡蛮反叛，派遣武威将军刘尚击破之，迁徙其种人置于江夏。

同月，武陵蛮反叛，派遣刘尚率军征讨，全军覆没。

二十四年（戊申，48）

七月，武陵蛮进犯临沅，派马援征讨。

十月，匈奴日逐王比自立为南单于，派使至东汉称臣。从此匈奴分为南北两部。

二十五年（己酉，49）

正月，辽东边界貊人犯边，太守祭肜招降之。祭肜又招抚鲜卑、乌桓等，使其击匈奴，从此匈奴衰弱，边塞无寇警，鲜卑、乌桓并入朝贡。

三月，南匈奴单于又派使者朝贡，求使者监护，遣子入侍。

本年，在上谷宁城重新设置乌桓校尉，互通贸易往来。

二十六年（庚戌，50）

正月，增百官俸禄。

令南单于入居云中。始置使匈奴中郎将，派兵卫护。

秋季，南匈奴单于遣子入侍。

冬季，北匈奴攻击南匈奴，再次下诏，南单于迁至西河美稷，使段彬、王郁留西河拥护之。

二十七年（辛亥，51）

五月，北匈奴派遣使者到武威请求和亲。不允。臧宫、马武上书建议征伐剿灭北匈奴，诏亦不许。

二十八年（壬子，52）

六月，诸王宾客乱法纪，下诏郡县收捕，死者上千人。

同月，北匈奴派使者进贡名马和裘，再次乞求和亲。赐以缯帛、弓矢。

三十年（甲寅，54）

五月，发生大水灾。

三十一年（乙卯，55）

五月，发生大水灾、蝗灾。

中元元年（丙辰，56）

二月，封禅泰山、梁父，祭祀天地。

改年号为建武中元元年。

本年，建造明堂（明政教之堂）、灵台（天子观象望气之台）、辟雍（太学）。向天下宣布图谶。

二年（丁巳，57）

二月，光武帝刘秀驾崩。太子刘庄即皇帝位，是为显宗孝明皇帝。

汉显宗孝明皇帝刘庄

永平元年（戊午，58）

七月，马武等大败叛羌。

同月，祭彤使鲜卑征讨赤山乌桓，斩其首领，震动塞外，西北广大地区都来归附。

二年（己未，59）

正月，祭祀光武皇帝于明堂，始服冠冕、玉佩行事。

十月，初行养老礼。

三年（庚申，60）

二月，立贵人马氏为皇后，皇子刘炟为太子。

同月，明帝为纪念中兴功臣，于南宫云台为二十八位将领画像。

四年（辛酉，61）

十月，于阗王广德攻打莎车，诱杀其王贤，并其国。匈奴发诸国兵围攻于窴，广德请降。

五年（壬戌，62）

十二月，北匈奴侵扰云中被南单于击退。

七年（甲子，64）

北匈奴派使节请求互通贸易往来，许之。

八年（乙丑，65）

三月，为防止南匈奴与北匈奴交通，始置度辽营，以度辽将军领之。

十月，楚王刘英奉黄缣、白纨赎罪，诏还之，令其助伊蒲塞（梵语，男性佛教信徒）。此为中国人崇信佛教见于记录之始。

北匈奴仍侵扰边塞不止。

九年（丙寅，66）

本年，明帝崇尚儒学，自皇太子诸王侯及大臣子弟、功臣子孙，全都受经。又为外戚“四姓小侯”的子弟在南宫立学。置五经师，选择高能的人授课。匈奴也派子弟就学。

十年（丁卯，67）

闰四月，上使校官弟子作雅乐，演奏鹿鸣，帝自奏埙、篪。

十二年（己巳，69）

春季，西南哀牢王柳貌率其民归附中原。

四月，下诏修治黄河汴渠堤。

本年，五谷丰登，牛羊遍野，百姓殷富。

十三年（庚午，70）

四月，汴渠竣工。黄河、汴河分流，六十年水患得以控制。

十一月，楚王刘英谋反，废。

十五年（壬申，72）

三月，明帝东巡至鲁，幸孔子宅，亲御讲堂，命皇太子、诸王说经。

十二月，派遣耿秉、窦固等屯驻凉州，出击北匈奴。

十六年（癸酉，73）

二月，派遣祭肜等四路军队出击北匈奴。窦固至天山，击败呼衍王，留军士屯田伊吾庐城，置宜禾都尉。

同月，窦固派遣假司马班超出使西域，至鄯善国。夜火攻击杀匈奴使者，使鄯善王无二心，纳子为质。班超以功升军司马，又出使于阗等国，西域各国与汉断绝六十五年，至此恢复往来。

本年，云中太守廉范大败入侵的北匈奴。

十七年（甲戌，74）

二月，西南夷白狼、槃木等百余国，皆称臣奉贡。

十一月，派遣窦固、耿秉等出敦煌、昆仑塞，击车师。复置西域都护及戊己校尉。

十八年（乙亥，75）

八月，明帝驾崩。皇太子炟即位。是为肃宗孝章皇帝。

十一月，北匈奴围攻柳中城，与车师共攻戊校尉耿恭。调遣张掖、酒泉、敦煌三郡及鄯善兵共七千余人救援。

本年，京师及兖州、豫州、徐州大旱。

汉肃宗孝章皇帝刘炟

建初元年（丙子，76）

正月，酒泉太守段彭大败车师。下诏罢戊、己校尉及都护官。班超留屯疏勒。

本年，南单于与边郡及乌桓共同击败北匈奴。

二年（丁丑，77）

三月，罢伊吾庐屯兵，北匈奴复居其地。

八月，派遣马防、耿恭攻打叛羌，斩四千余人，解临洮之围。

三年（戊寅，78）

四月，下诏停止治理虖沱、石臼河。

闰四月，班超率领疏勒、康居、于寘、拘弥兵攻破姑墨（西域国名）。

四年（己卯，79）

十一月，下诏："将、大夫、博士、郎官及诸儒会白虎观，议《五经》同异。"史称"白虎观会议"。

五年（庚辰，80）

二月，下诏举直言极谏。

本年，班超上书请求开发经营西域，章帝采纳。

六年（辛巳，81）

廉范改禁民夜作的旧制。

八年（癸未，83）

六月，北匈奴三木楼訾大人稽留斯等率三万余人至五原塞请降。

本年，章帝拜班超为将兵长史。

元和元年（甲申，84）

六月，大鸿胪韦彪认为选举应以才行为先，不可纯以门第等级；尚书人选不宜多用郎宫。

七月，禁酷刑。

十二月，北匈奴复请互市，帝许之。

十二月，班超发疏勒、于寘兵攻击莎车。疏勒王忠受莎车贿赂反。班超又立其府丞成大为疏勒王，派人游说康居王执忠而归其国。

二年（乙酉，85）

正月，下诏民有产子者免除三年赋税。怀妊者赐胎养谷。

同月，南单于长死，单于汗之子宣立，为伊屠于闾鞮单于。

三月，章帝幸鲁，在阙里祭祀孔子及七十二弟子。

三年（丙戌，86）

九月，烧当羌攻陇西，其首领被获。陇西太守张纡放遣之。羌即解散。

本年，疏勒王诈降。班超击斩之，南道遂畅通。

章和元年（丁亥，87）

三月，护羌校尉傅育伐烧当羌，被杀，死吏士八百八十人。

七月，护羌校尉张纡置毒酒犒赏降羌，伏兵击杀其酋豪八百余人。

十月，北匈奴大乱。五十八部、二十八万人至云中、五原、朔方、北地投降。

同月，曹褒撰汉礼一百五十篇。

本年，班超攻打莎车，莎车降。从此威震西域。

二年（戊子，88）

正月，章帝驾崩。太子肇继位，是为孝和皇帝。

四月，罢郡国盐铁之禁，纵民煮盐、铸铁。

十月，派遣窦宪、耿秉出塞，讨伐北匈奴。

汉孝和皇帝刘肇

永元元年（己丑，89）

六月，窦宪大败北匈奴。

九月，以窦宪为大将军，窦氏势倾朝野。

二年（庚寅，90）

五月，车师惧，前后王各遣子入侍。

十月，汉派左谷蠡王师子等率军出鸡鹿塞，北单于受伤逃走。获阏氏及男女五人，斩首八千。

三年（辛卯，91）

二月，窦宪等在金微山大败北匈奴，获其母阏氏，斩名王以下五千余级。北单于逃遁。

十月，龟兹、姑墨、温宿诸国皆降汉。

十二月，复设置西域都护、骑都尉、戊己校尉官。任命班超为西域都护。

四年（壬辰，92）

六月，窦氏父子兄弟阴谋篡逆。和帝令其与弟自杀，仅瑰保全。

同月，班固因受窦宪的牵连，病死狱中。所著《汉书》未就，下诏班昭踵而成之。

同月，任命宦者郑众为大长秋（职掌奉宣中宫命），参与政事。东汉宦官用权自此始。

十月，武陵、零陵、澧中蛮反叛。羌豪迷唐反，复寇金城塞。

五年（癸巳，93）

九月，北匈奴单于於除鞬因窦宪死北还。派将追斩之。

同月，北匈奴衰败，鲜卑徙居其地，归并匈奴余种十余万落，势力渐盛。

六年（甲午，94）

正月，南匈奴单于安国妒贤嫉能，欲杀左贤王师子。骨都侯喜为等起而杀安国，立师子为单于。

七月，班超征发龟兹、鄯善等八国兵大破焉耆、尉犁。

十一月，大破北匈奴。

七年（乙未，95）

九月，京师地震。

八年（丙申，96）

七月，南匈奴右温禺犊王乌居战反叛。度辽将军庞奋等破之。

九月，京师蝗灾。

九年（丁酉，97）

三月，西域长史击斩车师后王。

八月，鲜卑侵犯肥如（属辽西郡），杀掠官民。

闰八月，烧当羌进犯陇西，派刘尚等率汉、羌、胡兵击退之。

十二月，班超派甘英出使大秦、条支，至安息西界，临大海（波斯湾）而还。

十年（戊戌，98）

五月，京师大水。

十二月，烧当羌豪迷唐等率种人至汉贡献。

十三年（辛丑，101）

八月，羌豪迷唐反叛，护羌校尉周鲔与金城太守侯霸击破之。

十一月，下诏，缘边郡人口十万以上，每年举孝廉一人，不满十万二年举一人，不满五万三年举一人。

同月，鲜卑进犯右北平，入渔阳，渔阳太守击破之。

十四年（壬寅，102）

春季，安定降羌烧何种反叛，被郡兵击灭。

班超自西域至洛阳，九月卒。

本年，初封大长秋郑众为鄛乡（属南阳郡）侯。宦官封侯自此始。

十六年（甲辰，104）

十一月，北匈奴派使者称臣贡献，愿和亲。未许。

元兴元年（乙巳，105）

春季，高句骊王掠夺辽东6县。

九月，辽东太守打败高句骊。

十二月，和帝驾崩。子隆即皇帝位，是为孝殇皇帝。尊邓后（邓禹孙女）为皇太后。太后临朝。

汉孝殇皇帝刘隆

延平元年（丙午，106）

四月，鲜卑进犯渔阳，渔阳太守张显追击，战死。

六月减宫廷用度，旧太官、汤官（主酒）经用年近二万万，自是裁数千万。

八月，殇帝崩。太后定策迎立清河王子祜继位，是为孝安皇帝。邓太后仍临朝。

九月，西域诸国在疏勒攻都护任尚。遣西域副校尉梁慬驰救。大破之。

汉孝安皇帝刘祜

永初元年（丁未，107）

正月，蜀郡徼外羌降附。

三月，永昌徼外僬侥种夷降附。

五月，九真徼外夜郎蛮夷举士内附。

六月，罢西域都护及伊吾庐、柳中屯田吏士。

同月，陇西诸郡降羌在郡县为吏民豪右所徭役，大为寇掠，断陇道。郡县不能制。赦除诸羌相连结谋叛逆者罪以离散之。

十二月，诏邓骘等率五营及诸郡兵五万人驻屯汉阳以备羌。

本年，鲜卑大人燕荔阳朝贺。赐以王印绶，令止乌桓校尉所居宁城（属上谷郡）下，鲜卑 120 部各遣子入侍。

二年（戊申，108）

正月，邓骘被钟羌击败。梁慬破诸羌万余人。

闰七月，蜀郡徼外羌献土内附。

冬季，任尚被先零羌豪滇零打败。众羌势大盛。

十一月，先零羌豪滇零自称天子，于北地招集诸羌断陇道，寇掠三辅。南入益州，梁慬率兵赴击，连破走之。

三年（己酉，109）

三月，京师大饥。民相食。

四月，令官民入钱谷，可得到关内侯、虎贲、羽林郎、五官、大夫、官府吏、缇骑、营士，各有差。

七月，张伯路等掠夺滨海九郡，杀二千石、令、长。遣侍御史督州郡兵击破之。

九月，雁门乌桓率众王无何允与鲜卑大人丘伦等及南匈奴骨都连兵侵犯五原，汉军大败。

十一月，以大司农何熙行车骑将军率军二万，诏辽东太守耿夔率鲜卑军，以梁慬行度辽将军，击破南单于。

本年，并、凉二州大饥，人相食。

四年（庚戌，110）

二月，南匈奴进犯常山。

同月，先零羌攻褒中。

同月，朝歌宁季等数千人攻杀长吏，屯聚连年，州郡不能禁。朝歌长设计驱散之。

三月，南单于降，奉还所掠汉民男妇及羌所掠转卖入匈奴者一万余人。

同月，先零羌复攻褒中，太守郑勤战死，死三千余人。

四月，六州蝗灾。

五年（六亥，111）

二月，先零羌犯河东，至河内。使北军中候朱宠率五营士屯孟津。诏魏郡、赵国、常山、中山造坞候六百一十六所。

三月，任尚在上党破羌。

六年（壬子，112）

四月，诏建武元功二十八将皆绍封。

元初元年（甲寅，114）

三月，诏遣兵屯河内通谷冲要三十六所，皆作坞壁，设鸣鼓，备羌寇。

九月，羌豪号多攻掠武都、汉中、巴郡。汉中五官掾程信击败之。号多走还，与羌豪零昌合。侯霸在枹罕击败之。

二年（乙卯，115）

春季，护羌校尉庞参以恩信招诱诸羌，号多等率众降。

十月，庞参等分路攻击进犯的先零羌零昌，兵败。

同月，虞诩为武都太守，人足家给，一郡平安。

三年（丙辰，116）

二月，苍梧、郁林、合浦蛮夷反叛。派任逴督州郡兵讨伐。

六月，中郎将任尚在丁奚城击破先零羌。

十一月，苍梧、郁林、合浦蛮夷降。

十二月，任尚在北地击零昌。

四年（丁巳，117）

四月，辽西鲜卑进犯，郡兵与乌桓大人于秩居等共击败之，斩首一千三百级。

六月，张乔招诱叛羌，稍稍降散。

九月，任尚招募效功种羌号封刺杀零昌，封为羌王。

十二月，越巂夷大牛种封离等反叛，杀遂久令。

同月，任尚等大破先零羌狼莫（零昌之谋主）。西河虔人种羌上万人降邓遵，陇右平定。

五年（戊午，118）

六月，高句骊与涉貊进犯玄菟。

十月，鲜卑进犯上谷，攻居庸关。

同月，邓遵募上郡全无种羌雕河刺杀狼莫。诸羌自是瓦解，三辅、益州无复寇警。

六年（己未，119）

七月，鲜卑进犯马城塞。度辽将军率南单于击破之。

本年，北匈奴复降服西域诸国。敦煌太守招抚之，车师前王及鄯善王复来降。

永宁元年（庚申，120）

三月，北匈奴率车师后王共杀汉吏，赶走车师前王。鄯善告急。置西域副校尉居敦煌，遥控西域。

六月，护羌校尉马贤击破沈氐羌。当煎羌攻金城，马贤出塞斩首千余还。烧当、烧何羌复犯张掖。

建光元年（辛酉，121）

春季，护羌校尉马贤召斩当煎羌豪卢忽；俘斩二千余。

同季，冯焕等击高句骊，高句骊王宫袭玄菟、辽东、杀伤二千余人。

三月，邓太后死。安帝始亲政事。

四月，高句骊又与鲜卑进犯辽东，太守战死。

九月，鲜卑其至鞬进犯居庸关，云中太守阵亡。鲜卑又围马城，被耿夔等击败。

十二月，高句骊、马韩、涉貊围玄菟，夫余王遣子率二万余人与州郡并力征讨破之。

延光元年（壬戌，122）

四月，河西雹大如斗。

十月，烧当羌因饥困降。

二年（癸亥，123）

四月，以班勇为西域长史，率军驻屯柳中。

十一月，鲜卑其至鞬在曼柏攻南匈奴。

三年（甲子，124）

正月，班勇征发鄯善、龟兹、姑墨、温宿兵万余人，击败北匈奴，收车师前部千余人，西域始复通。

本年，京师及诸郡国二十三地震，三十六大水、雨雹。

四年（乙丑，125）

三月，安帝驾崩。皇后阎氏定策，迎北乡侯刘懿立，是为少帝。

七月，班勇征发敦煌、张掖、酒泉、鄯善、疏勒、车师前部兵击车师后部，斩俘八千余人。斩车师后王军就及匈奴持节使者。

十月，北乡侯刘懿死。

十一月，中常侍孙程等拥立废太子济阴王刘保继位。是为孝顺皇帝。孙程等皆为列侯。从此宦官权势日盛。

汉孝顺皇帝刘保

永建元年（丙寅，126）

二月，陇西钟羌反叛，马贤在临洮斩首千余级，羌众皆降。

十月，班勇使人斩东且弥（西域国名）王，更立其王。车师六国皆平。遂发诸国兵击北匈奴，呼衍王逃走，其众二万余人皆降。

二年（丁卯，127）

二月，辽东鲜卑攻玄菟，乌桓校尉耿晔发缘边诸郡兵及乌桓兵出塞击之，鲜卑三万人降。

三月，西域长史班勇、敦煌太守张朗破降西域北道焉耆。

三年（戊辰，128）

正月，京师地震。

四年（己巳，129）

本年，于窴王杀拘弥王，立其子为拘弥王，派使贡献。

五年（庚午，130）

四月，京师旱灾。京师及郡国十二蝗灾。

六年（辛未，131）

三月，复令在伊吾开设屯田。

九月，整修太学，共二百四十房，一千八百五十室。

阳嘉元年（壬申，132）

三月，扬州六郡章河等掠夺四十九县，杀伤长吏。

二年（癸酉，133）

六月，引公卿所举敦朴之士，使之对策。李固直陈外戚、宦官专权之弊，顺帝采纳，任为议郎；马融博通经籍，美文辞，也拜议郎；张衡才高于世，而无骄尚之情，任太史令。

三年（甲戌，134）

四月，车师后部司马率后王加特奴大败匈奴。

五月，张衡请禁图谶（宣扬预言、神灵、怪异之书）。

七月，钟羌良封等复寇陇西、汉阳。

十月，护羌校尉马续击败钟羌。

四年（乙亥，135）

春季，北匈奴呼衍王侵车师后部。

二月，准允中官（宦官）得以养子袭爵。

同月，马贤大破钟羌。

永和元年（丙子，136）

十二月，象林（属日南郡）蛮夷叛变。

同月，武陵澧中、溇中蛮因增收租布，杀乡吏反叛。

二年（丁丑，137）

二月，广汉属国都尉击败白马羌。

同月，武陵叛蛮被武陵太守击败。

三年（戊寅，138）

五月，吴郡丞羊珍反叛，攻郡府，太守王衡破斩之。

六月，九真太守祝良、交趾刺史张乔慰诱象林蛮，招以威信，降者数万。由是岭南复平。

十月，烧当羌那离等侵略金城，被校尉马贤击败。

四年（己卯，139）

三月，烧当羌那离等复反，马贤俘斩一千二百余级。

五年（庚辰，140）

同月，南匈奴句龙王吾斯、车纽侵犯西河、围美稷，杀朔方、代郡长吏。

五月，度辽将军马续击败吾斯、车纽；使匈奴中郎将陈龟逼迫南单于自杀。

九月，令扶风、汉阳修筑陇道坞三百所，置屯兵。

同月，南匈奴句龙王吾斯等立车纽为单于，与乌桓、羌胡等数万人攻破京兆虎牙营，掠夺并、凉、幽、冀四州。

十二月，遣使匈奴中郎将张耽击败车纽。

六年（辛巳，141）

正月，马贤与且冻羌战，贤等战死，东西羌会合，势大盛。

闰正月，巩唐羌攻陇西、三辅，烧园陵、杀掠吏民。

三月，武都太守赵冲追斩巩唐羌。诏赵冲督河西四郡兵为节度。

九月，诸羌攻打武威。

十一月，以执金吾张乔行车骑将军事，率兵一万五千屯三辅。

汉安元年（壬午，142）

八月，南匈奴句龙吾斯等复掠并州。

同月，派杜乔等八人分行州郡，举贤黜奸。

十月，罕羌降，唯烧何种羌未下。罢张乔军屯。

二年（癸未，143）

四月，护羌校尉赵冲等在参䜌（属安定郡）击败烧当羌。

闰十月，赵冲在阿阳击败烧当羌。

同月，凉州自九月以来，地震一百八十次，城寺败坏，死者甚众。

建康元年（甲申，144）

春季，护羌从事马玄被诸羌引诱，率羌众逃出塞。领护羌校尉卫琚追击。

四月，使匈奴中郎将马寔打败南匈奴左部。胡、羌、乌桓皆降。

同月，顺帝死，太子即位，是为孝冲皇帝。皇太后临朝。

汉孝冲皇帝刘炳

永嘉元年（乙酉，145）

正月，冲帝死。太将军梁冀与太后定策立渤海孝王鸿之子刘缵（八岁）为皇帝，是为孝质皇帝。

同月，广陵张婴复聚众数千人起事，占据广陵。

二月，诸羌离湳、狐奴等五万余户降左冯翊（官名，相当于郡太守）梁并。陇右复平。

七月，庐江盗贼起事，滕抚遣司马王章击败之。

十一月，历阳人华孟自称黑帝，攻杀九江太守杨岑，被滕抚击败，东南悉平。

汉孝质皇帝刘缵

本初元年（丙戌，146）

四月，令郡国举明经诣太学。自大将军以下皆遣子受业；岁满课试，拜官有差。自是游学增至三万余人。

闰六月，梁冀使左右置毒于煮饼而进之，质帝死。

同月，梁冀迎蠡吾侯刘志即位，是为桓帝。太后临朝。

汉孝桓皇帝刘志

建和元年（丁亥，147）

十一月，清河人刘文与南郡人刘鲔勾结预立清河王蒜为帝，事败，被杀。梁冀诬前太尉李固、杜乔与谋，李、杜皆下狱死。

和平元年（庚寅，150）

二月，太后诏归政于帝。

元嘉元年（辛卯，151）

正月，群臣朝贺，大将军梁冀带剑入禁中。尚书张陵叱令出，敕羽林、虎贲夺剑。冀跪谢，陵不应，即劾奏，请廷尉论罪。诏以一岁俸赎。百官肃然。

四月，京师旱，任城、梁国饥，民相食。

同月，北匈奴呼衍王攻伊吾屯城。诏敦煌太守马达率兵救之。

二年（壬辰，152）

正月，西城长史王敬妄杀于阗国王，被于阗人所杀。

永兴元年（癸巳，153）

七月，郡国三十二蝗灾，河水泛滥，数十万户饥穷流徙，冀州尤甚。冀州刺史朱穆纠察宦官，反征穆治罪。太学生刘陶等数千人上书论穆冤，赦之。

同月，车师阿罗多归，与卑君争国。戊校尉严详许复阿罗为多王。迁卑君于敦煌，以后部三百户与之。

永寿元年（乙未，155）

二月，司隶（州，治洛阳）、冀州饥，人相食。

秋，南匈奴左薁鞬、台耆、且渠伯德等攻美稷，东羌应之。

二年（丙申，156）

七月，鲜卑大人檀石槐尽据匈奴故地，进犯云中。

三年（丁酉，157）

四月，九真郡人朱达等结蛮夷，诛县令，攻九真郡，太守战死。都尉魏朗击败之。

延熹元年（戊戌，158）

十二月，南匈奴诸部与乌桓、鲜卑进犯缘边九郡。北中郎将张奂潜诱乌桓，使斩匈奴、屠各（匈奴别种）渠帅，诸胡皆降。

二年（己亥，159）

二月，鲜卑进犯雁门。六月，鲜卑进犯辽东。

八月，大将军梁冀秉政十九年，威行内外，天子拱手，以私怨杀人至众。桓帝密诏宦官单超等定计诛冀。梁冀既诛，封单超等五人皆为县侯。

黄琼举奏州郡贪官暴行，至于死及迁徙者十余人。

十二月，烧当、烧何等八种羌攻陇西金城塞，被护羌校尉段颎击败之。

三年（庚子，160）

闰正月，西羌与烧何大豪攻张掖，段颎追至积石山，斩烧何大帅，降其余众还。

同月，泰山人叔孙无忌攻杀都尉，被中郎将宗资击溃。泰山太守皇甫规到任，寇虏悉平。

四年（辛丑，161）

六月，零吾羌与先零诸羌侵扰三辅。

七月，减公卿以下俸禄。贷（tè，假借）王侯半租。占卖关内侯、虎贲、羽林缇骑、营士、五大夫，钱各不等。

十一月，先零、沈氐羌进犯并、凉二州，中郎将皇甫规击之，降者十余万。

五年（壬寅，162）

三月，沈氐羌攻张掖、酒泉。皇甫规抚降十余万口。

五月，零陵贼攻入苍梧、桂阳、南海。遣使督州郡兵击之。

十月，武陵蛮攻江陵。

十一月，车骑将军率兵征武陵蛮，荆州平定。

六年（癸卯，163）

五月，鲜卑攻辽东属国。

十二月，太尉杨秉条奏五十余贪残官吏，或死或免，天下肃然。

七年（甲辰，164）

五月，荆州刺史度尚募诸蛮夷大破艾县贼，降者数万。

十月，护羌校尉段颎击败当煎羌。

八年（乙巳，165）

二月，段颎击败罕姐羌。

五月，太尉杨秉死。秉清白寡欲，尝称“我有三不惑：酒、色、财也。”

八月，初令郡国有田者，按亩敛税，每亩十钱。

九年（丙午，166）

正月，诏公卿郡国举至孝。

同月，司隶（州名，治洛阳）、豫州饥荒。死者十之四五。

六月，南匈奴、乌桓、鲜卑入塞，掠夺九郡。

七月，鲜卑复入塞与东羌共寇武威、张掖。

本年，第一次党锢之祸。捕李膺等二百余人。

永康元年（丁未，167）

五月，禁锢党人。“党人”二百余人皆归田里，书名三府，禁锢终身。

十月，先零羌攻掠三辅。张奂遣将大败之。

十二月，桓帝驾崩。太后临朝，定策迎立解渎亭侯刘宏，是为孝灵皇帝。

汉孝灵皇帝刘宏

建宁元年（戊申，168）

二月，护羌校尉段颎在逢义山大败先零羌。

九月，中常侍曹节矫杀陈蕃、窦武。迁太后于南宫。

十二月，鲜卑及涉貊攻幽、并二州。

二年（己酉，169）

七月，段颎在射虎谷大破先零羌，分置安定、汉阳、陇西三郡。东羌全部平定。

十月，第二次党锢之祸。

三年（庚戌，170）

冬季，凉州刺史孟佗派从事、戊己校尉、西域长史率汉及西域兵征疏勒，无功引去。

四年（辛亥，171）

七月，以太常宗俱为司空。司徒桥玄免职，以前司空许栩为司徒。

熹平元年（壬子，172）

七月，以朱雀阙匿名书讥刺曹节，收系太学生一千余人。

十二月，鲜卑攻并州。

二年（癸丑，173）

正月，瘟疫流行。

十二月，鲜卑攻幽、并二州。

四年（乙卯，175）

三月，诏诸儒正《五经》文字。命议郎蔡邕为古文、篆、隶三体书之，刻石立于太学门外，是为熹平石经。

同月，朝议因钩党狱起，乃制婚姻之家及幽、并两州人士不得交互为官，是为三互法。蔡邕上书请除之，朝廷不从。

五月，鲜卑攻幽州。

五年（丙辰，176）

闰五月，永昌太守曹鸾上书请开党禁，被收斩。于是诏州郡更考党人门生、故吏、父子、兄弟在位者，全都免官禁锢。

本年，鲜卑攻幽州。

六年（丁巳，177）

四月，鲜卑攻掠汉三边。

八月，派遣护乌桓校尉夏育出高柳，破鲜卑中郎将田晏出云中，使匈奴中郎将臧旻率南单于出雁门，各率万骑，三路并击鲜卑。汉军大败，死者十之七八。

十二月，鲜卑万余人攻辽西，辽西太守赵苞率二万人击败之。

光和元年（戊午，178）

二月，置鸿都门学。待诸生优于太学。

本年，初开西邸卖官。令长随县丰约而价不等。又私令左右卖公卿，公千万，卿五百万。

二年（己未，179）

十月，司徒刘郃等谋诛宦官，皆下狱死。

三年（庚申，180）

四月，江夏蛮反。

十二月，苍梧、桂阳民起事，零陵太守杨琁攻破之。

四年（辛酉，181）

正月，初置马骥（善马）厩丞，领受郡国调（征发）马。豪右垄断，马一匹至二百万。

本年，灵帝作列肆于后宫，使诸采女贩卖，更相盗窃争斗。帝着商贾服，从之饮宴为乐。

五年（壬戌，182）

正月，诏公卿举刺史、二千石为民蠹害者。太尉许馘、司空张济依附宦官，收取贿赂。而反虚纠边郡正直清廉者二十六人。

七月，板楯蛮攻掠巴郡数年，太守曹谦抚降之。

六年（癸亥，183）

本年，巨鹿人张角自创立“太平道”的十余年间，徒众数十万，遍布青、徐、幽、冀、荆、扬、兖、豫八州。遂置三十六方，各立渠帅。大方马元义等先收荆、扬数万人。定于三月五日内外一起起事。

中平元年（甲子，184）

春季，张角弟子唐周上书告密。遂收捕马元义车裂于洛阳。令下冀州捕张角。角驰敕诸方，一时俱起。皆着黄巾以为标帜，人称“黄巾贼”。

二月，张角自称“天公将军”，弟张宝称“地公将军”，弟张梁称“人公将军”。天下响应，京师震动。

三月，以何进为大将军，率兵屯京师。置函谷等八关都尉。大赦党人。发全国精兵，遣卢植、皇甫嵩、朱俊分击黄巾军。

同月，南阳黄巾张曼成攻杀太守褚贡。

五月，皇甫嵩等大破波才。

六月，南阳太守秦颉击斩张曼成。

七月，巴郡人张修以“五斗米道”聚众起事，寇郡县。

八月，黄巾首领张角病死。

十月，皇甫嵩在广宗斩张梁。

十一月，皇甫嵩在曲阳击斩张宝。

同月，张曼成余党以赵弘为师，据宛城，众十余万。朱俊击斩弘，破宛城，黄巾破散。

二年（乙丑，185）

二月，自张角之后，各地盗贼并起。大者二三万，小者六七千人。

本年，灵帝在西园造万金堂。

三年（丙寅，186）

十月，武陵蛮反叛，郡兵讨破之。

十二月，鲜卑攻幽、并二州。

四年（丁卯，187）

四月，金城人韩遂杀边章等，拥兵十余万。陇西太守李相如等。与遂联合，攻掠三辅。

十月，长沙人区星自称将军。长沙太守孙坚讨平之。

本年，卖关内侯，值五百万钱。

五年（戊辰，188）

二月，黄巾余部郭大等在西河白波谷起事，攻太原、河东。

三月，屠各胡（即匈奴）攻杀并州刺史张懿。

同月，选列卿、尚书为州牧。以太常刘焉为益卅牧，太仆黄琬为豫州牧，宗正刘虞为幽州牧。州任之重，自此而始。

八月，初置西园八校尉。

六年（己巳，189）

二月，左将军皇甫嵩在陈仓大败王国。

四月，灵帝驾崩。皇子辩即位。太后临朝。

八月，中常侍张让、段珪等诛大将军何进。司隶校尉袁绍收诸宦官，无少长皆斩之。

九月，董卓废少帝为弘农王，立陈留王刘协，是为孝献皇帝。

十一月，以董卓为相国，赞拜不名，入朝不趋，剑履上殿。

汉孝献皇帝刘协

初平元年（庚午，190）

正月，关东诸郡皆起兵讨董卓，推勃海太守袁绍为盟主。

三月，董卓胁献帝迁都长安。

六月，董卓坏五铢钱，改铸小钱，货贱物贵，谷每石至数万钱。

二年（辛未，191）

二月，以董卓为太师，位在诸侯王上。

同月，孙坚大破董卓兵，入洛阳。

四月，董卓至长安。

七月，袁绍自领冀州牧。

十月，青州黄巾攻勃海，公孙瓒在东光大破之。

十一月，公孙瓒攻袁绍，冀州等多背绍从瓒。瓒自置刺史，改置郡、县守、令，以涿郡人刘备为平原相。

三年（壬申，192）

正月，袁绍在界桥大败公孙瓒。

四月，司徒王允与司隶校尉黄琬等密谋以吕布为内应，斩董卓。

同月，王允以董卓同党收捕著名文学家、书法家、左中郎将蔡邕，邕死于狱中。

同月，青州黄巾击杀兖州刺史刘岱，州吏迎曹操为兖州刺史。

六月，董卓部将李傕、郭汜等攻陷长安，杀黄琬、王允。

十二月，曹操收降黄巾兵三十余万，号青州兵。

四年（癸酉，193）

正月，曹操击败袁术军。

三月，魏郡兵与黑山贼于毒等攻陷邺城，杀太守。

六月，袁绍斩于毒及左髭丈八等，斩万余级。

秋季，曹操因陶谦士卒杀其父曹嵩，引兵击陶谦，攻拔十余城。

兴平元年（甲戌，194）

二月，平原相刘备援救陶谦。谦表备为豫州刺史。

四月，曹操攻陶谦，略地至琅邪、东海，所过残灭。陈留太守张邈叛操迎吕布。

七月，关中大旱，长安中人相食。

八月，曹操与吕布会战濮阳。

十二月，陶谦死，刘备代领徐州。

二年（乙亥，195）

正月，曹操在定陶打败吕布。

七月，献帝东归。

十月，以曹操为兖州牧。

十二月，李傕、郭汜等追献帝，在泓农东涧打败王室军队。

同月，献帝夜渡黄河，驻安邑。

建安元年（丙子，196）

七月，献帝还至洛阳。

同月，曹操迎献帝东迁许昌。以操为大将军，封武平侯。

同月，孙策取会稽。策自领会稽太守。

十月，以操为司空，行车骑将军事。

同月，曹操募民屯田许昌，得谷百万斛，仓廪皆满。

同月，吕布攻刘备，刘备奔曹操，操以为豫州牧。

二年（丁丑，197）

正月，袁术在寿春称帝，自称仲家。

三月，拜袁绍为大将军，兼督冀、青、幽、并四州。

九月，曹操东征袁术。术走渡淮，由是衰落。

三年（戊寅，198）

四月，诏关中诸将段煨等征讨李傕，夷其三族。

十二月，曹操引沂水、泗水灌下邳城。月余，城破，吕布被诛灭。

同月，袁绍在易京包围公孙瓒。

四年（己卯，199）

三月，袁绍攻灭公孙瓒。乌桓助绍，绍赐乌桓蹋顿等单于印绶。

六月，曹操派刘备东出徐州，截击北上的袁术，不让二袁结合。袁术受阻，呕血而死。

八月，袁绍声言南下清君侧，出动精兵十万诛讨曹操。曹操进军黎阳。

九月，曹操返回许昌，分兵把守官渡。

十二月，曹操亲临官渡布防。刘备杀徐州刺史东胄，遣使与袁绍连兵讨操。

五年（庚辰，200）

正月，曹操东征打败刘备，进取下邳，擒关羽。刘备投奔袁绍。

二月，袁绍攻曹操，进军黎阳。

四月，关羽斩杀颜良，解曹操白马之围。

同月，孙策被刺客所杀。弟孙权代领其众。

九月、十月，袁曹官渡之战。袁绍大败。

同月，张鲁据汉中，与刘璋为敌。

六年（辛巳，201）

九月，曹操率军在汝南击刘备，刘备投奔刘表。刘表使屯新野。

七年（壬申，202）

五月，袁绍死。子谭与尚争立。

八年（癸未，203）

二月，曹操在黎阳打败袁谭、袁尚。

八月，袁尚击败袁谭，袁谭向曹操求救。

九年（甲申，204）

八月，曹操引漳水攻破邺城，袁尚逃奔中山。

十月，高干以并州降。

十二月，曹操击败袁谭，略定诸县。

十年（乙酉，205）

正月，曹操追斩袁谭。

同月，袁熙、袁尚逃奔乌桓。

十月，并州刺史高干叛变。

十一年（丙戌，206）

三月，高干败亡。并州全部平定。

十二年（丁亥，207）

八月，曹操率大军击乌桓，斩蹋顿。袁尚、袁熙等奔辽东太守公孙康。

九月，公孙康斩袁尚、袁熙。

十一月，曹操至易水，代郡乌桓单于普富卢、上郡乌桓单于那楼来贺。

同年，诸葛亮于隐居地襄阳隆中，为刘备对策。史称“隆中对”。

十三年（戊子，208）

六月，罢免三公官职，复置丞相、御史大夫，以曹操为丞相。

八月，曹操杀孔融。

同月，刘表死，子刘琮嗣位。

九月，曹操占领荆州，又追击刘备，刘走夏口，曹操遂据有江陵。

十一月，赤壁之战。孙刘联军大破曹操军。操留曹仁守江陵，乐进守襄阳，引军北还。

十二月，刘备引兵南徇：武陵、长沙、桂阳、零陵四郡。

同月，益州牧刘璋遣别驾张松致敬于曹操，张松劝刘璋与刘备相结，刘璋从之。

十四年（己丑，209）

十二月，周瑜打败曹仁，攻占江陵。

十五年（庚寅，210）

春季，曹操颁布“唯才是举”令。

冬季，曹操在邺造铜爵台（一作铜雀台）。

十二月，刘备借孙权荆州。周瑜病死巴丘。

十六年（辛卯，210）

三月，韩遂、马超等十部起兵反操，屯据潼关。

九月，曹军渡过渭河，与韩遂、马超定日会战，大破之。遂、超奔凉州。

十二月，刘璋遣法正率四千人迎接刘备。刘备留诸葛亮、关羽等守荆州，自率步兵进入益州。

十七年（壬辰，212）

正月，诏曹操赞拜不名，入朝不趋，剑履上殿。

五月，曹操杀马腾，夷三族。

九月，孙权造石头城，迁治秣陵，改称建业。

十二月，刘备斩刘璋名将杨怀、高沛，率兵进据涪城。

十八年（癸巳，213）

五月，封曹操为魏公，加九锡。

同月，刘备进军包围雒城。

九月，马超战败，奔张鲁。

十九年（甲午，214）

三月，曹操位在诸侯王上。

闰五月，诸葛亮留关羽守荆州，与张飞、赵云率兵逆流而上攻克巴东。

同月，刘备入成都，领益州牧。诸葛亮辅佐刘备治蜀。

十一月，曹操杀伏皇后及所生二皇子，灭其族。

二十年（乙未，215）

三月，曹操亲自率兵击张鲁。

五月，孙刘中分荆州。以湘水为界。

七月，曹操攻破汉中，张鲁遁。徙汉中百姓八万余人至洛、邺。

八月，孙权围合肥无功。

十一月，张鲁投降曹操。

二十一年（丙申，216）

五月，曹操进号魏王。

二十二年（丁酉，217）

二月，曹操进军攻打孙权。

四月，诏魏王曹操设天子旌旗，出入称警跸。

十月，曹操冕十有二旒（古天子以丝绳贯玉垂冕前后，作为装饰，共十有二垂）。

同月，刘备率诸将进兵汉中。

二十三年（戊戌，218）

七月，曹操亲自率军击刘备。

十月，南阳官民苦于徭役，宛城守将侯音反。

二十四年（己亥，219）

正月，刘备破斩夏侯渊。

三月，曹操率大军自长安至汉中。赵云孤军击败操军。刘备赞其“一身是胆”。

五月，操引汉中诸军返回长安，刘备遂拥有汉中。

七月，刘备自称汉中王。

八月，关羽攻打樊城，水淹于禁等七军，禁降。

十月，陆浑民孙狼等起兵附关羽。自许昌以南，遥应关羽。羽威震华夏。曹操议迁许都以避其锐。

同月，孙权派吕蒙袭取江陵。

十二月，关羽遁走。孙权将潘璋断羽归路，在章乡获羽及其子关平，斩之。

魏世祖文皇帝曹丕

黄初元年（庚子，220）

正月，曹操病死洛阳。曹操子曹丕即王位。

同月，尚书陈群立九品官人之法，即州郡设中正官选拔人才。

十月，曹丕称皇帝，改元皇初，国号“魏”。建都洛阳。

十一月，曹丕废汉献帝为山阳公。

二年（辛丑，221）

正月，魏封孔子后代孔羡为宗圣侯，奉祀孔子。

四月，汉中王刘备在成都即皇帝位，改元章武。史称“蜀汉”或“蜀”。以诸葛亮为丞相。

同月，孙权迁都至鄂，改鄂名为武昌。

七月，刘备攻吴，孙权派陆逊拒之。

八月，孙权向魏称臣。文帝拜孙权为吴主，加九锡。

三年（壬寅，222）

二月，鄯善、龟兹、于阗王各遣使贡献。从此魏复通西域，置戊己校尉。

同月，刘备率领诸将屯于夷道猇亭。

闰六月，陆逊火攻刘备，刘备败走，连夜逃入白帝城。

九月，魏帝命曹休、张辽、臧霸等攻吴。

十月，孙权临江拒守。

十一月，吴、蜀互相遣使，复通友好。

四年（癸卯，223）

二月，魏将张郃以数万军攻吴濡须，不能胜。

三月，刘备于白帝城托孤于诸葛亮。

四月，刘备崩于永安。

五月，太子刘禅继位，是为蜀后主。改元建兴。封丞相诸葛亮为武乡侯，领益州牧。政事无巨细，咸决于亮。

六月，蜀益州郡耆帅雍闿归附于吴，并结孟获等诸夷起兵叛变。

十月，蜀派将邓芝出使东吴修好。孙权遂绝魏。

五年（甲辰，224）

八月，魏文帝曹丕大兴水师伐吴。至广陵还师。

六年（乙巳，225）

三月，诸葛亮率军南征讨伐雍闿。

七月，诸葛亮至南中，所在皆捷。七纵七擒夷人首领孟获，益州、永昌、牂柯、越嶲四郡平定。

十月，魏文帝攻吴，临江而还。

七年（丙午，226）

五月，魏文帝曹丕死。皇太子曹叡继位，是为明帝。

魏烈祖明皇帝曹叡

太和元年（丁未，227）

三月，蜀诸葛亮率军向北出师汉中，筹备攻魏，临行，上出师表。

十二月，魏将孟达，阴许复归蜀。

二年（戊申，228）

正月，司马懿斩孟达。

同月，诸葛亮首次出师攻魏。马谡违亮节度，街亭失守谡。

五月，魏三路进攻东吴。

八月，吴陆逊败魏将曹休于石亭。

十二月，诸葛亮第二次出师攻魏，粮尽而还。

三年（己酉，229）

春季，诸葛亮第三次出师攻魏，取魏武都、阴平二郡。

四月，吴王孙权即皇帝位，改元黄龙。

同月，蜀遣卫尉陈震使吴贺称尊号。吴、汉约中分天下。

九月，吴迁都建业。

十月，魏明帝诏刑律用郑玄章句，置律博士。又诏陈群等删约汉法，制《新律》十八篇。

四年（庚戌，230）

春季，孙权遣将军卫温、诸葛直率军万人，渡海求夷洲、亶洲。

七月，魏诏曹真、司马懿分路进攻蜀汉。

八月，诸葛亮屯军成固赤坂，严阵以待。

九月，魏明帝诏曹真等班师。

五年（辛亥，231）

三月，诸葛亮第四次出师伐魏。围祁山，造木牛运粮。魏命司马懿率军抵御。

五月，蜀魏两军交战，魏兵大败。

六月，亮因粮尽退军。

十月，吴将孙布诈降，魏扬州刺史王凌中计被袭。

六年（壬子，232）

三月，吴遣周贺等从海道入辽东，向公孙渊求马。

九月，魏将田豫在成山击斩从辽东返回的吴使周贺。

十一月，曹植死。植为汉魏之际著名诗人。

青龙元年（癸丑，233）

三月，吴派太常张弥等率军万人，送金宝珍货，九锡备物，封公孙渊为燕王。

十二月，魏明帝昭拜公孙渊为大司马，封乐浪公。

本年，诸葛亮以木牛运粮至斜谷口，准备攻魏。

二年（甲寅，234）

二月，诸葛亮第五次出师攻魏。约吴同时共举。

四月，诸葛亮至郿，进据渭水之南五丈原。

五月，吴应蜀约攻魏。

七月，魏明帝亲率水军东征孙权。吴军退兵。

八月，司马懿与诸葛亮对峙百余日，亮多次挑战，魏军固守。

同月，诸葛亮积劳成疾，卒于军中。

同月，吴拜诸葛恪为抚越将军，领丹阳太守，镇压山越（当时称今江苏、浙江、安徽、江西、福建等省山岭地区土著居民为“山越”）。

三年（乙卯，235）

正月，以大将军司马懿为太尉。

四月，后主以蒋琬为大将军、录尚书事。

四年（丙辰，236）

春季，吴铸大钱，大泉五百。

景初元年（丁巳，237）

三月，魏以十二月为岁首。改本月为孟夏四月，改《太和历》为《景初历》。

七月，公孙渊据辽东自立为燕王。

九月，冀、兖、除、豫四州大水。

十月，诸葛恪至丹阳，平定山越。

二年（戊午，238）

二月，吴铸一以当千大钱。

六月，司马懿攻公孙渊，进围渊都襄平。八月，公孙渊被斩，辽东四郡平定。

三年（己未，239）

正月，魏明帝死。太子曹芳继位，曹爽、司马懿辅政。

同月，魏复改正月为岁首。

魏邵陵厉公曹芳

正始元年（庚申，240）

越嶲蛮夷屡次叛蜀汉，杀太守。后主以张为越嶲太守，恩威并治，郡界平定。

二年（辛酉，241）

四月，吴兵四路攻魏。

六月，吴军撤军。

闰六月，邓艾在淮北、淮南屯田，开河渠，增灌溉，通漕运。

三年（壬戌，242）

七月，孙权派聂友、陆凯攻儋耳、珠崖。

四年（癸亥，243）

正月，吴将诸葛恪击魏六安。

五年（甲子，244）

正月，孙权以上大将军陆逊为丞相。

三月，曹爽入汉中。蜀将王平令刘敏据兴势。

五月，蜀费祎进据三岭截击。曹爽苦战得回，损失甚众。

六年（乙丑，245）

七月，吴将军马茂谋杀孙权及大臣以降魏，事泄被杀。

八月，吴派校尉陈勋率屯田兵及作士（手工业兵士）三万人凿句容中道。

十一月，蜀汉大司马蒋琬死。

七年（丙寅，246）

二月，幽州刺史毌丘俭攻高句骊屠丸都。

九月，蜀汶山平康夷反，姜维领兵讨平之。

八年（丁卯，247）

二月，孙权诏迁运武昌宫殿木材砖瓦修缮建业宫。

三月，魏大将军曹爽专擅朝政，多树亲党，屡改制度。司马懿不能禁，与爽有隙。

五月，司马懿称病，不参与政事。

本年，雍、凉二州羌胡叛魏降蜀，姜维率军出陇右应之，与魏军在洮西大战。胡王白虎文、治无戴从姜维入蜀。

九年（戊辰，248）

十二月，吴交趾、九真夷攻没城邑。孙权以陆胤为交州刺史。胤喻以恩信，五万余家归降。

嘉平元年（己巳，249）

正月，司马懿乘曹爽兄弟陪帝祭扫高平陵之机，矫太后命而夺曹爽兵权，处死曹爽及其党羽，史称高平陵事变。

秋季，蜀姜维攻魏雍州，无功而还。

二年（庚午，250）

十月，魏庐江太守文钦诈降诱吴。

十一月，吴派十万军队在堂邑筑涂塘，淹北道，防魏。

十二月，魏王昶等分道击吴。

同月，蜀姜维复攻魏西平，不克。

三年（辛未，251）

四月，魏太尉王凌谋废帝立楚王曹彪。事泄，司马懿率军讨伐王凌。

五月，王凌势穷，饮药死。懿治穷其罪，凡相连者皆夷三族。

六月，赐楚王曹彪死。

八月，司马懿死。其子司马师为抚军大将军，录尚书事。

十一月，孙权诏诸葛恪以大将军领太子太傅，一统军国大政。

四年（壬申，252）

正月，魏以司马师为大将军。

四月，吴大帝孙权死。太子孙亮即位。

五年（癸酉，253）

正月，蜀大将军费祎被魏降人郭循（一作修）刺杀。

三月，吴诸葛恪征发二十万人众攻魏。

四月，蜀姜维围狄道（属陇西郡）攻魏。

五月，吴诸葛恪围攻新城，连月未下。

十月，吴孙峻等谋杀诸葛恪，并夷三族。

魏高贵乡公曹髦

正元元年（甲戌，254）

二月，魏司马师杀李丰及夏侯玄等。

六月，蜀姜维攻陇西。

九月，魏司马师废魏帝曹芳。立高贵乡公曹髦。

十月，蜀姜维攻陷魏河关、临洮。

二年（乙亥，255）

正月，魏镇东将军毌丘俭等在寿春起兵，讨伐司马师。败，俭被夷三族。

二月，诏以司马昭为大将军，录尚书事。

八月，蜀姜维攻魏，在洮西大败魏将王经。进围狄道。不意魏兵突至，退驻钟提。

甘露元年（丙子，256）

正月，蜀姜维进位大将军。

七月，姜维率众至上邽，与魏将邓艾战于段谷，败退。

八月，诏司马昭加号大都督，奏事不名，假黄钺。

九月，吴丞相孙峻死。

十一月，吴孙綝为大将军。

二年（丁丑，257）

五月，魏征东大将军诸葛诞据寿春。派人至吴，称臣请救。司马昭诏讨伐诸葛诞。吴遣将领兵援诞。

六月，魏军屡败吴军，在寿春包围诸葛诞。

十二月，蜀姜维率军出骆谷攻魏。

三年（戊寅，258）

二月，司马昭攻克寿春，杀诸葛诞。吴援军被俘及死者数万。

九月，孙綝废吴帝孙亮为会稽王。

十月，迎琅邪王孙休即帝位，是为景帝以孙綝为丞相。

十二月，吴帝孙休杀孙綝，夷其三族。

魏元皇帝曹奂

景元元年（庚辰，260）

四月，魏诏司马昭为相国，封晋公，加九锡。

五月，魏帝曹髦见司马昭威权日重，不甘为傀儡，愤而领亲兵攻司马昭，不胜被杀。司马昭迎常道乡公曹璜。

六月，曹璜改名曹奂。即皇帝位。

同月，吴兴建浦里塘，功费无计，军民多死亡。民皆愁怨。

同月，吴孙亮被废黜，在途中自杀。

三年（辛巳，262）

十月，蜀姜维攻打魏洮阳，被邓艾击败。维退至沓中。

谯郡嵇康素有文才，崇尚老、庄，与阮籍、阮咸、山涛、向秀、王戎、刘伶饮酒清谈，轻蔑礼法，号称“竹林七贤”。

十月，魏以钟会为镇西将军，都督关中，准备攻蜀。

四年（癸未，263）

五月，魏诏诸军大举攻蜀汉。

十月，蜀汉向吴告急。吴遣将攻魏。

同月，魏司马昭始为相国、晋公、受九锡。

同月，魏将邓艾从阴平凿山通道，先至江油，进克涪县，攻破锦竹，斩诸葛瞻等。进至成都。汉主降艾。又敕命姜维等罢兵投降。蜀亡。

咸熙元年（甲申，264）

三月，晋公司马昭进为王。

三月，刘禅迁洛阳。封为安乐公。

五月，司马昭奏恢复五等爵位（即公、侯、伯、子、男）。

七月，魏司马昭奏定礼仪、法律、官制。

七月，吴景帝孙休死。乌程侯孙皓继位。

九月，魏以司马炎为抚军大将军。十月，魏司马昭立司马炎为世子。

晋世祖武皇帝司马炎

泰始元年（乙酉，265）

八月，司马昭死。太子司马炎继为相国、晋王。

冬季，吴迁都武昌。

十二月，司马炎自称皇帝，改魏为晋（史称西晋），建都洛阳。司马炎即位为晋武帝。废魏帝曹奂为陈留王。

二年（丙戌，266）

三月，吴遣史吊祭司马昭丧。

十二月，吴主还都建业。

三年（丁亥，267）

六月，吴建昭明宫，陆凯等谏不听。

九月，晋禁星气、谶纬之学。

四年（戊子，268）

六月，晋修律令成。

九月，晋青、徐、兖、豫四州大水灾。

十月，吴交州刺史刘俊等攻交趾失败。郁林、九真皆附晋。

五年（己丑，269）

二月，晋以羊祜等都督荆州、徐州诸军事，准备灭吴。

六年（庚寅，270）

正月，吴军进扰晋涡口。

四月，吴以陆抗都督信陵、西陵等诸军事，以防晋。

六月，晋秦州刺史胡烈在万斛堆讨伐鲜卑秃发树机能，兵败被杀。

十一月，吴孙秀归晋。

七年（辛卯，271）

正月，匈奴右贤王刘猛叛变出塞。

同月，吴帝孙皓大举进兵图晋，晋遣将屯军寿春防备。吴师退军。

七月，吴薛珝与陶璜等攻交趾，俘晋将杨稷、毛炅等。九真、日南复归吴。

八年（壬辰，272）

二月，晋皇太子纳贾南风为妃。

八月，吴西陵督步阐。晋援军不得进。

十月，吴陆抗遣军讨步阐降晋。

十二月，陆抗攻陷西陵，诛步阐夷三族。

同月，晋羊祜与陆抗对境，各保分界，使命常通。

九年（癸巳，273）

四月，晋武帝选公卿以下女备六宫。选择未完，禁止天下嫁娶。

十年（甲午，274）

三月，晋诏取良家及小将吏女五千人入宫。

七月，吴大司马陆抗病重，上疏慎守西陵。

咸宁元年（乙未，275）

六月，鲜卑拓跋力微遣子沙漠汗进贡。

十二月，晋洛阳瘟疫流行，死以万计。

二年（丙申，276）

十月，征南大将军羊祜上疏请求伐吴。晋帝赞同。

三年（丁酉，277）

三月，晋平虏护军文鸯击败树机能，诸胡二十余万降。

五月，吴将邵颚等率七千余人降晋。

八月，兖、豫、徐、青、荆、益、梁七州大水灾。

四年（戊戌，278）

六月，晋羊祜抱病入朝，面陈伐吴之计。武帝善之。更遣张华就问筹策。

十一月，晋羊祜死。

同月，杜预至荆州，击败吴名将西陵督张政。

五年（己亥，279）

正月，匈奴左部帅刘豹死，子刘渊继位。

十一月，晋武帝发兵二十余万，分六路攻吴。

太康元年（庚子，280）

正月，晋杜预、王浑等攻吴，所向皆捷。

三月，晋军攻破吴都，吴亡，全国统一归晋。

五月，杜预还镇襄阳，兴修水利，灌田万余顷。

本年，州郡及户口，计有十九州，一百七十三郡国，二百四十五万九千八百四十户。

本年，诏："……悉去州郡兵，大郡置武吏百人，小郡五十人。"

二年（辛丑，281）

三月，诏选吴孙皓宫女五千人入宫。

三年（壬寅，282）

正月，晋后将军王恺、散骑常侍石崇皆富于财，竞相斗富。

三月，安北将军严询在昌黎击败慕容涉归，斩获万人。

四月，贾充死。武帝许之以外孙为世孙，博士秦秀因其奸回弑逆，请谥荒公。武帝不从，谥曰武。

十二月，齐王司马攸德望日隆，荀勖、冯统、杨珧等以为武帝万岁后太子不得立。帝以为然，诏令齐王就国。大臣纷纷上书挽留，帝不听。

四年（癸卯，283）

十一月，河南及荆、扬等六州发大水。

五年（甲辰，284）

正月，刘毅上疏，条列九品中正制有八大弊端，主张废之，实行土断。晋武帝终不能改。

本年，塞外匈奴胡太阿厚率部落二万九千三百人降晋，令其住在塞内西河。

七年（丙午，286）

夏季，鲜卑慕蓉廆攻辽东，已故扶馀王依虑子依罗向晋东夷校尉何龛求援。龛派贾沈攻廆，复扶馀国。

秋季，匈奴胡都大博及萎沙胡各率种落十万余人至雍州降晋。

八年（丁未，287）

本年，匈奴都督大豆得一育鞠等率种落一万一千五百人降晋。

十年（己酉，289）

四月，慕容廆遣使请求降晋。

五月，诏拜廆为鲜卑都督。廆因辽东僻远，迁居徒河青山。

晋孝惠皇帝司马衷

永熙元年（庚戌，290）

四月，晋武帝死。太子司马衷继位，是为晋惠帝。立妃贾氏为皇后。以武帝杨皇后父杨骏总揽朝政。

十月，以刘渊为匈奴五部大都督。

元康元年（辛亥，291）

三月，皇后贾南风杀杨骏等，并夷三族。废皇太后杨氏为庶人。

六月，贾后杀汝南王司马亮，又杀楚王司马玮；八王之乱开始。

三年（癸丑，293）

六月，弘农天降雨雹，水深三尺。

四年（甲寅，294）

本年，大饥荒。

五年（乙卯，295）

六月，荆、扬、兖、豫、青、徐六州大水灾。

十月，武库失火，焚毁数代珍宝及二百万人器械。

十二月，鲜卑拓跋禄官分其国为三部。晋人附者渐多。拓跋氏开始兴起。

六年（丙辰，296）

夏季，匈奴郝散弟度元与冯翊、北地马兰羌、卢水胡一道反叛，杀北地太守张损。

八月，匈奴郝度元击败雍州刺史，秦、雍氐、羌皆反叛，立氐帅齐万年为帝，围攻泾阳。

十一月，晋遣周处等攻齐万年。

同月，关中饥荒，瘟疫流行。

十二月，略阳清水氐杨飞龙外甥令狐茂搜，居仇池，关中人士多依附之。

七年（丁巳，297）

正月，令周处击齐万年。处力战而死。

七月，雍、秦二州大旱，疾疫流行，一斛米值万钱。

八年（戊午，298）

九月，荆、豫、徐、扬、冀五州大水。

同月，巴氐李特率流民入蜀求食。

同月，讨伐齐万年，皆破敌。

九年（己未，299）

正月，孟观败氐众，擒获齐万年。

同月，江统作《徙戎论》以警朝廷。

永康元年（庚申，300）

四月，赵王伦废贾后为庶人。旋又矫诏赐贾后死。伦杀司空张华等，皆夷三族。伦自为相国。

八月，淮南王司马允起兵与赵王伦激战，结果允被诱杀。

十一月，益州刺史赵廞反。

永宁元年（辛酉，301）

正月，张轨求为凉州刺史。击败鲜卑，威振西土。

同月，赵王伦逼迫晋惠帝退位，自称皇帝，改元建始。

同月，流民首领李特逐赵廞，迎平西将军罗尚为益州刺史。

三月，齐王冏起兵讨赵王伦，成都王颖、河间王颙应之。

四月，惠帝复位。囚赵王伦，随即赐死。

六月，诏齐王冏为大司马，加九锡，辅政。成都王颖为大将军，河间王颙为太尉。

八月，东莱王蕤与左卫将军王舆，谋废冏，事觉，废蕤为庶人，诛舆，夷三族。

十月，李特在蜀中起义。

太安元年（壬戌，302）

五月，李特自称大将军、益州牧、都督梁益二州诸军事。

十一月，齐王冏，骄奢擅权，大造府第，臣民失望。河间王颙等上表列冏罪状。

十二月，长沙王乂等讨冏，冏大败，被斩首，同党皆夷三族。

本年，鲜卑宇文单于，攻慕容廆，败。辽东孟晖率数千家降廆。

二年（癸亥，303）

正月，李特渡江击罗尚，蜀郡太守降。晋遣宗岱、孙阜救罗尚。

二月，罗尚袭斩李特。李流率特残部还保赤祖。

五月，李雄劝李流同心抵抗，结果大败阜军。从此李流器重李雄，委以军事重任。

八月，河间王颙、成都王颖讨长沙王乂，进攻洛阳。

闰十二月，李雄攻入成都。

永兴元年（甲子，304）

正月，东海王越囚长沙王乂，张方杀之。

三月，河间王颙表颖为皇太弟。颙为太宰。

七月，东海王越奉惠帝北征司马颖。在荡阴失利，司马颖迎惠帝入邺城。

八月，匈奴左贤王刘渊，在离石被推为大单于。

十月，李雄称成都王。

本月，刘渊迁都左国城，建国号“汉”。十六国开始。

十一月，张方拥惠帝及成都王颖、豫章王炽等迁往长安。

二年（乙丑，305）

六月，凉州刺史张轨击降陇西太守韩稚，又击斩鲜卑若罗拔能，俘十余万口。

同月，司马腾联合拓跋猗㐌，败刘渊。晋诏假猗㐌为大单于。猗㐌死，子普根立。

七月，东海王越传檄州郡，欲率军迎惠帝，被推为盟主。

八月，豫州刺史刘乔发兵拒东海王越。

十月，成都王颖为刘乔继援。

光熙元年（丙寅，306）

五月，东海王越前锋祁弘接连击败河间王颙。弘等奉惠帝还洛阳。

六月，成都王李雄称皇帝，国号大成。

八月，司马越为太傅，录尚书事。

十一月，惠帝吃饼中毒死（一说被司马越毒死）。皇太弟炽即皇帝位，是为孝怀皇帝。八王之乱结束。

晋孝怀皇帝司马炽

永嘉元年（丁卯，307）

二月，陈敏败死夷三族。

七月，晋以琅邪王司马睿为都督扬州·江南诸军事镇建业。

十月，羯人石勒等归附刘渊。

同月，慕容廆自称鲜卑大单于。

二年（戊辰，308）

正月，刘渊派石勒等十将东下攻赵、魏。

二月，张轨长子张寔督兵讨伐张越，平定凉州。

七月，刘渊攻陷平阳，迁都于蒲子。上郡鲜卑、氐人归刘渊。

十月，汉王刘渊即皇帝位。

十一月，石勒等进攻魏郡、汲郡、顿丘。

三年（己巳，309）

正月，汉刘渊迁都平阳。

三月，刘渊遣将攻陷延津，沉三万男女于黄河。

夏季，大旱，江、汉、河、洛皆干涸可涉。

本季，刘聪、王弥、石勒等连败晋将，上党太守以壶关降。

八月，刘渊命刘聪等进攻洛阳。聪大败而还。

十月，刘渊复遣刘聪等攻洛阳。晋将反击获胜。

四年（庚午，310）

二月，汉将石勒、王弥围攻徐、豫、兖州。攻冀州诸郡，九万余民归附。

同月，幽、并、司、冀、秦、雍六州蝗灾，草木、牛马毛全被吃尽。

七月，汉刘渊死。太子刘和即位。刘聪起兵杀和等，即帝位。

十月，刘琨向拓跋猗卢请兵二万，击败白部鲜卑。刘琨表猗卢为大单于。

十一月，东海王司马越率兵四万向许昌。

五年（辛未，311）

正月，石勒攻拔江夏。二月，石勒进拔许昌。

四月，王衍等奉东海王司马越丧还葬东海，石勒率轻骑追赶，在宁平城纵骑围射，晋将士死十余万人。又杀王衍及诸王公等。

六月，刘聪将王弥、刘曜等攻陷洛阳，俘晋怀帝，士民死三万余人。

同月，司空荀藩等传檄四方，推琅邪王司马睿为盟主。

八月，刘聪遣将攻陷长安。

十二月，冯翊太守索綝与安定太守贾疋图兴复晋室，迎秦王司马业入雍城。

同月，慕容廆伐并鲜卑连、津二部。

六年（壬申，312）

二月，石勒在葛陂课农造舟，将攻建业。司马睿命纪瞻聚兵寿春抵御。勒军饥疫北徙。

四月，贾疋等围长安，刘曜连败逃奔。秦王司马业从雍进入长安。

七月，石勒进据襄国，郡县壁垒多降，运其粮谷至襄国。刘聪以石勒都督冀、幽、并、营四州诸军事。

九月，贾疋等奉秦王司马业为皇太子。

晋孝愍皇帝司马邺

建兴元年（癸酉，313）

二月，刘聪杀晋怀帝。

四月，秦王司马邺在长安即皇帝位，是为孝愍皇帝。

同月，晋愍帝命幽、并二州三十万军直指平阳。

八月，司马睿任命以范阳人祖逖为奋威将军。祖逖以北伐为己任。

本年，代公猗卢以盛乐为北都，平城为南都。

二年（甲戌，314）

二月，以张轨为太尉、凉州牧。

五月，西平武穆公张轨死，子寔摄父位。

六月，汉刘曜攻长安，不利。

三年（乙亥，315）

二月，以琅邪王司马睿为丞相、大都督。

同月，晋诏拓跋猗卢为代王。

同月，任命陶侃为广州刺史。

九月，汉刘聪命石勒为陕东伯，得专征伐。

四年（丙子，316）

三月，代王猗卢被其长子所杀，左将军等率晋人及乌桓三万家归附刘琨。

七月，平阳大蝗灾，百姓死者十之五六。

十一月，刘曜攻陷长安，愍帝出降。以帝为怀安侯。

同月，石勒击败刘琨。

十二月，丞相司马睿准备北伐。

晋中宗元皇帝司马睿

建武元年（丁丑，317）

三月，琅邪王司马睿在建康称晋王，改元建武，史称东晋。

同月，司马睿以慕容廆为都督辽左杂夷流民诸军事、大单于。

六月，豫州刺史祖逖进入谯城，准备北伐。

十一月，建太学。

十二月，刘聪杀晋愍帝。

大兴元年（戊寅，318）

三月，晋王司马睿即皇帝位，是为中宗晋元皇帝。改元大兴。

五月，晋刘琨被段匹磾所杀。

七月，拓跋郁律击败刘虎，西取乌孙故地，东据勿吉以西。

同月，汉刘聪死，子刘粲继位。

八月，靳准杀刘粲，自号大将军、汉天王。遣使告晋，迎怀愍之丧。

十月，刘曜称帝。

同月，石勒攻靳准。氐、羌、羯十余万落归附。

二年（己卯，319）

四月，汉主刘曜迁都长安。

同月，南阳王司马保自称晋王。

同月，石虎打败祖逖。

同月，石勒派石虎在朔方大破鲜卑日六延。

六月，刘曜改国号为“赵”，史称前赵。

十一月，石勒称王，国号“赵”，史称后赵。

十二月，平州刺史崔毖联合高句丽、段氏、宇文氏共击慕容廆。廆以离间计破之，据有辽东。

三年（庚辰，320）

二月，冀州刺史邵续被石虎擒获，北方藩镇俱尽。

五月，晋王司马保被部将幽杀。

同月，刘曜设立太学，选一千五百人。

七月，祖逖练兵积谷，准备进取河北。

十二月，高句丽进攻辽东，被慕容仁击败，从此不敢犯境。

四年（辛巳，321）

三月，石勒据有幽、冀、并三州。

九月，豫州刺史祖逖死。

十一月，石勒禁止酿酒。

十二月，晋以慕容廆都督幽平二州、东夷诸军事，封辽东公。

永昌元年（壬午，322）

正月，王敦，在武昌举兵反叛。沈充在吴兴举兵响应。

二月，前赵刘曜攻杨难敌，难敌退保仇池。曜封难敌为益、宁、南秦三州牧，武都王。

三月，王敦进军石头城，敦素忌周顗、戴渊二人之才，杀之。

四月，王敦还武昌。

五月，王敦遣周虑袭杀梁州刺史甘卓。

闰十一月，晋元帝死。司空王导辅政，太子绍即皇帝位。是为明帝。

十二月，前凉张茂使将军韩璞攻取陇西、南安，设置秦州。

晋肃宗明皇帝司马绍

太宁元年（癸未，323）

四月，王敦自领扬州牧。

七月，刘曜自将定陇上，迁秦州大姓二千余户至长安。

八月，兖州刺史郗鉴与晋明帝谋讨王敦。

二年（甲申，324）

正月，王敦杀周嵩等，尽杀周氏。

五月，张茂死，子张骏继位。晋拜骏为凉州牧、西平公。前赵刘曜拜骏凉州牧、凉王。

同月，王敦拜养子王应为武卫将军，为己之副。

六月，明帝遣王导等率军同讨王敦。

七月，敦以兄王含为元帅，率水陆军五万向京师。

三年（乙酉，325）

五月，晋明帝以陶侃为荆州刺史。

六月，石勒连败刘曜，因此司、豫、徐、兖之地皆归于后赵，与晋以淮水为界。

闰八月，晋明帝死。皇太子司马衍继皇帝位。是为显宗成皇帝。皇太后临朝称制，以司徒王导录尚书事，与庾亮、卞壶共辅朝政。

晋显宗成皇帝司马衍

咸和元年（丙戌，326）

十月，庾亮诛南顿王司马宗。

十二月，石勒始立秀、孝试经之制。

本年，张骏徙陇西、南安民二千余家至姑臧。

二年（丁亥，327）

五月，前凉张骏闻刘曜为后赵所败，乃去赵官爵，复称晋大将军、凉州牧。

十一月，苏峻为乱，遣参军邀祖约，共讨庾亮。

十二月，苏峻属将攻陷姑孰。苏峻祖约之乱爆发。

三年（戊子，328）

二月，苏峻进逼建康。尚书令卞壸苦战而死。庾亮逃奔寻阳。

四月，庾亮、温峤邀陶侃共讨苏峻。

五月，陶侃率众至寻阳。与庾亮、温峤同趋建康。

同月，苏峻逼成帝迁至石头城。

同月，太后诏造谕三吴，使起兵救天子。于是吴兴太守虞潭等皆起兵响应。

七月，陶侃督水军向石头城。庾亮、温峤等与苏峻交战。苏峻被击斩。峻弟逸闭城自守。

八月，后赵石虎与前赵刘曜战于高候，石虎大败。后赵襄国大震。

十二月，石勒率军进入洛阳城，大败赵兵。擒刘曜，杀之。

四年（己丑，329）

二月，温峤等诸军攻石头，击斩苏逸等。

三月，晋论诛灭苏峻之功，重用陶侃、郗鉴、温峤等。

同月，庾亮乃求外镇效力，镇芜湖。

九月，石虎大破前赵兵。追至上邽，杀刘熙、刘胤及王公卿校以下三千余人。又迁其九千余人至襄国，坑五千余人于洛阳，俘获数万。前赵灭亡。

本年，河南王吐延遇刺身亡，其子叶延立，称其国为“吐谷浑”。

五年（庚寅，330）

二月，后赵石勒称大赵天王，行皇帝事。

五月，前凉张骏因前赵亡，复收河南地。

九月，石勒称皇帝。

六年（辛卯，331）

夏季，赵主石勒诏公卿以下每年举荐贤良方正。

九月，石勒以洛阳为南都。

七年（壬辰，332）

秋季，陶侃复得襄阳。

八年（癸巳，333）

正月，石勒派使臣与晋修好。晋拒之。

五月，辽东慕容廆死。六月，廆子皝嗣。

七月，石勒死。子石弘继位，石虎专权。

十月，石生、石朗起兵讨伐石虎，兵败被杀。

同月，慕容皝兄弟内讧。其庶兄翰出奔段氏，弟仁举兵据辽东。

九年（甲午，334）

正月，仇池王杨难敌死，子毅立，遣使向晋称藩。

二月，辽西段氏攻慕容皝。

四月，石虎迁秦州三万余户至青、并二州。

同月，慕容仁自称平州刺史、辽东公。

六月，陶侃病死。

同月，成主李雄死。太子李班继位。

八月，晋下诏遣使祭慕容廆；拜慕容皝镇军大将军、平州刺史、大单于、辽东公。使者皆被慕容仁扣留。

十月，李雄之子李越谋杀李班，李期即皇帝位。

十一月，后赵石虎废主石弘，自称居摄赵天王。不久杀弘及太后程氏等。

咸康元年（乙未，335）

九月，石虎迁都至邺。

本年，前凉张骏被远近称之为贤君。西域诸国焉耆、于寘等朝贡。

二年（丙申，336）

正月，慕容皝讨伐擒杀慕容仁，平定辽东。

七月，辽西段辽约宇文逸豆归进攻慕容皝，大败。

十二月，石虎大兴土木。是时后赵大旱。

岁末，林邑王范文遣使奉表入贡于晋。

三年（丁酉，337）

二月，石虎称大赵天王。

三月，晋立太学。

十月，慕容皝即燕王位。史称前燕。皝向石虎称藩。

本年，拓跋翳槐复国。

四年（戊戌，338）

正月，慕容皝约会石虎，讨伐段辽。

三月，慕容皝设伏兵大破段辽军。

同月，石虎迁段国民二万余户至于司、雍、兖、豫四州。

四月，成汉王李寿废李期改国号为汉。

六月，晋以司徒王导为丞相，罢司徒官。

九月，汉主李寿尽诛李雄诸子。

十月，代王拓跋翳槐死，十一月其弟什翼犍继为代王。

五年（己亥，339）

七月，晋丞相王导死。

六年（庚子，340）

正月，庾亮死。

三月，代王什翼犍始都云中之盛乐宫。

九月，后赵石虎征兵运粮，取民马，准备进攻前燕。

十月，燕王慕容皝率军袭赵，掠三万余家而归。

七年（辛丑，341）

正月，慕容皝筑龙城。

三月，晋成帝册立皝为燕王。

十月，匈奴刘虎攻代王领土西部，被代王什翼犍击败。

八年（壬寅，342）

六月，晋成帝死，弟琅邪王司马岳继位，是为康皇帝。

十月，燕王慕容皝迁都龙城。

十二月，后赵石虎在邺城大兴土木百姓徭役繁重，贝丘人李弘遂聚众起事，被杀。

晋康皇帝司马岳

建元元年（癸卯，343）

二月，高句丽王钊称臣于燕王慕容皝。

七月，康帝下诏议经略中原。

八月，汉主李寿死，子李势继位。

同月，石宣进击鲜卑斛谷提，斩首三万。

二年（甲辰，344）

正月，燕王慕容皝进攻宇文逸豆归，斩其猛将，逸豆归逃跑，死于漠北。宇文氏散亡。

九月，晋康帝死。皇太子司马聃继位，是为孝宗穆皇帝。皇太后褚氏临朝称制。

晋孝宗穆皇帝司马聃

永和元年（乙巳，345）

正月，后赵石虎发诸州二十六万人修洛阳宫；征调百姓二万头牛配朔州牧官；征民女三万余人配东宫及王侯。致使荆楚、扬、徐之民流叛将尽。

同月，燕王慕容皝悉罢苑囿给无田之民，极贫者给耕牛。

八月，晋以桓温为安西将军，都督荆、司、雍、益、梁、宁六州诸军事、领护南蛮校尉、荆州刺史。

十二月，前凉张骏击焉耆，焉耆降。

本年，燕王慕容皝开始不用晋年号。

二年（丙午，346）

正月，燕攻拔夫余国，俘获其王玄及部落五万余人还。

五月，前凉王张骏死，子重华继位。

同月，后赵攻前凉张重华，迁其七千余户至雍州。前凉抵御后赵，斩赵军五千人。

三年（丁未，347）

三月，晋桓温灭成汉。

八月，后赵石虎悉掘前代陵墓，取其珍宝。又征男女十六万人，筑华林苑。

十月，武都氐王杨初向晋称藩，命为雍州刺史、仇池公。

四年（戊申，348）

九月，燕王慕容皝死。

十一月，燕慕容皝子慕容俊继位。

五年（己酉，349）

正月，后赵石虎称皇帝，改元太宁。

四月，晋拜慕容俊为幽平二州牧、大单于、燕王。

同月，后赵石虎死。子石世即位。

五月，石世兄石遵举兵杀世自立。石遵兄石冲不服起兵，败死。

六月，晋桓温得知后赵内乱，在安陆屯兵，遣将经营北方。

七月，晋征北大将军褚裒率军三万北伐，八月北伐失利。

九月，前凉张重华自为丞相、凉王、雍秦凉三州牧。

十一月，后赵武兴公石闵杀石遵，立义阳王石鉴。闵为大将军。

十二月，后赵石闵囚石鉴，对胡、羯人，无论贵贱、男女、少长全斩之。

同月，燕王慕容俊遣使约前凉张重华共击后赵。

六年（庚戌，350）

正月，石闵改国号为“卫”，改姓李，改元青龙。国内大乱。

闰正月，卫李闵杀石鉴，并杀石虎二十八孙尽灭石氏。自立为皇帝，改元永兴，国号大魏，史称冉魏。

同月，原后赵姚弋仲、蒲洪各有据关右之志。蒲洪击败弋仲，自称大都督、大将军、大单于、三秦王，改姓苻氏。

二月，燕王慕容俊分三路攻后赵。

三月，慕容俊攻拔蓟，迁都于此。

同月，魏主李闵复姓冉。

同月，后赵新兴王石祗在襄国即皇帝位。

八月，苻健自称晋征西大将军、雍州刺史，入据关中。

十月，苻健入长安。

七年（辛亥，351）

正月，苻健即天王、大单于位，国号大秦都长安。

二月，后赵石祗去皇帝号，称赵王，遣使向前燕及姚弋仲求援。

三月，石祗遣将攻冉闵，冉闵大败，与十余骑走还邺。

四月，石祗被部将刘显所杀，后赵灭亡。

七月，刘显在襄国称帝。

十一月，姚弋仲遣使向晋请降。晋以之为六夷大都督、大单于、高陵郡公。

八年（壬子，352）

正月，苻健称皇帝。

三月，姚弋仲死。子襄领其众，被秦军击败，率众归晋。

四月，燕王慕容俊大败魏冉闵。

五月，燕在龙城斩冉闵。

七月，秦丞相苻雄徙陈、颖、许、洛之民五万余户至关中。

九月，晋殷浩北伐。

十一月，燕慕容俊即皇帝位，都蓟。

九年（癸丑，353）

五月，前凉张重华攻秦上邽，秦苻愿战败。

十月，晋殷浩北伐前秦。浩大败。

十一月，前凉张重华死，子曜灵立，称凉州刺史、西平公。

十二月，前凉张祚（张重华庶兄）废张曜灵，自为凉州牧。

十年（甲寅，354）

正月，张祚自称凉王。

二月，桓温分路北伐攻秦。

四月，晋桓温与前秦在蓝田交战，秦兵大败。随后，桓温与秦丞相苻雄在白鹿原交战，失利，死万余人。

六月，桓温迁关中三千余户还至襄阳。

十一年（乙卯，355）

二月，前秦大蝗灾，百草无遗，牛马相啖毛。

六月，前秦苻健死，子苻生即位。

十二月，高句丽王钊向燕王慕容儁纳质献贡，请归其母。燕许之，并以钊为营州刺史，封乐浪公。

十二年（丙辰，356）

二月，前凉张玄靓向前秦称藩。

八月，桓温北伐，击败姚襄。

九月，桓温留将镇洛阳，返回建康。

十一月，燕将慕容恪围攻广固，段龛投降，掠定齐地。

升平元年（丁巳，357）

五月，秦主苻生派将激襄出战。姚襄兵败被杀。

同月，匈奴单于贺赖头率部三万五千人归降前燕。燕人置之于代郡平舒城。

六月，苻坚杀苻生，去皇帝号，称大秦天王。以王猛为中书侍郎。

十一月，燕王慕容儁迁都至邺。

十二月，秦苻坚以王猛代程卓为左丞官。坚又举异才，修废职，劝农桑，恤困穷，立学校，旌节义。

二年（戊午，358）

九月，秦大旱，苻坚减膳撤乐，开山泽之利，息兵养民。

十二月，晋将荀羡北攻燕，败还。

三年（乙未，359）

六月，凉州牧张瓘，猜忌苛虐，与辅国将军宋混相攻，兵败自杀。宋混代为辅政，请张玄靓去凉王尊号，复称凉州牧。

八月，晋诸葛攸击燕，诸葛攸兵大败于东阿。

十月，谢万等北击燕，未战而兵溃，于是许昌、颍川、谯、沛诸城都被前燕攻占。

四年（庚申，360）

正月，燕王慕容俊死，子慕容暐即位。

八月，征西大将军桓温请谢安为司马。

十月，乌桓独孤部、鲜卑没奕干各率数万人降前秦。

五年（辛酉，361）

正月，匈奴刘卫辰掠民献给前秦，苻坚责之，使归所掠。卫辰叛秦附于代。

五月，晋穆帝死，琅邪王司马丕继位，是为哀皇帝。

十二月，晋哀帝诏玄靓为凉州刺史、护羌校尉、西平公。

同月，苻坚命州郡举孝悌、廉直、文学、政事之士。

晋哀皇帝司马丕

隆和元年（壬戌，362）

正月，晋减田租。

二月，前燕派吕护进攻洛阳。

五月，桓温派将助守洛阳。

同月，桓温上疏请迁都洛阳。

同月，秦王苻坚亲临太学，考第诸生经义，与博士讲论。

兴宁元年（癸亥，363）

五月，晋诏加桓温侍中、大司马、录尚书事。

十月，代王什翼犍大破高车，俘获万余人，马牛羊百余万头。

二年（甲子，364）

二月，前燕攻掠河南。

三月，晋于庚戌日（初一）大阅户口，令所在土断（西北士民侨寓东南的，户口编入所在郡县），谓“庚戌制”。

四月，前燕击败晋军，攻陷许昌、汝南、陈郡，迁万余户至幽、冀二州。遣将屯许昌。

八月，前燕遣将屯兵盟津，准备攻取洛阳。

三年（乙丑，365）

二月，晋哀帝死。皇太后诏以琅邪王司马奕即位，是为废帝海西公。

三月，前燕攻克洛阳。

八月，秦王苻坚击降曹毂。燕将邓羌擒刘卫辰。

十月，梁州刺史司马勋叛晋，自称成都王。

晋废帝海西公司马奕

太和元年（丙寅，366）

五月，司马勋败死。

同月，代王什翼犍向前秦进贡。

十月，晋加司徒司马昱丞相、录尚书事。

二年（丁卯，367）

四月，李俨被前凉击败。王猛等救之，大破凉军。

五月，前燕太原王慕容恪死。

七月，燕将攻破敕勒，获马牛数万头。

十月，前秦苻氏晋公柳等举兵反苻坚。

同月，代王什翼犍击败匈奴刘卫辰。

三年（戊辰，368）

正月，苻坚遣将分讨晋公柳等。

九月，前燕王公、贵戚多占民为荫户。

十二月，晋诏加桓温殊礼，位在诸侯王上。

四年（己巳，369）

四月，桓温率军五万北伐前燕。

七月，桓温至枋头，燕拒温。

九月，桓温数战不利，于是退军，被击大败。

十月，袁真据寿春反晋降燕。

十一月，燕将慕容垂投奔前秦苻坚。

同月，苻坚派王猛等率军三万前燕。

五年（庚午，370）

四月，苻坚以王猛、杨安等十将征伐前燕。

十一月，苻坚亲率精锐赴邺。俘燕王慕容暐。前燕灭亡。

同月，苻坚以王猛为都督关东六州诸军事、车骑大将军、冀州牧，镇邺，进爵清河郡侯。

十二月，苻坚迁慕容暐以下并鲜卑四万余户至长安。

晋太宗简文皇帝司马昱

咸安元年（辛未，371）

正月，前秦苻坚迁关东豪杰及杂夷十五万户至关中。

四月，王猛在枹罕击败张天锡，张天锡称藩。

十一月，桓温废晋帝为东海王，以丞相、会稽王司马昱为帝，是为太宗简文帝。

二年（壬申，372）

三月，秦王苻坚诏令关东之民选送通一经一艺者；官百石以上，不通一经一艺者，罢为民。

六月，秦以王猛为丞相、中书监、尚书令。

七月，晋简文帝死。群臣朝议立太子昌明为帝，是为烈宗孝武皇帝。

晋烈宗孝武皇帝司马曜

宁康元年（癸酉，373）

七月，晋南郡公桓温死。

冬季，秦王苻坚派遣部将攻取晋梁、益二州。邛、莋、夜郎皆归附前秦。

二年（甲戌，374）

二月，晋以王坦之为都督，出镇广陵，诏谢安总中书。

三年（乙亥，375）

七月，王猛死。

十月，苻坚诏禁老、庄、图谶之学，犯者弃市。使太子、公卿百官子弟及将士皆就学受业。

太元元年（丙子，376）

八月，前凉张天锡拒秦，败，请降。前凉亡。秦尽据凉州郡县。

九月，晋除度田收租制，王公以下，每人税米三斛，免除劳役。

十月，秦派大军三十万击代。

十二月，代王什翼犍被杀。其孙拓跋珪与母投奔贺讷（贺兰部酋长贺野干之子）。代亡。

二年（丁丑，377）

春季，高句丽、新罗、西南夷皆遣使向前秦进贡。

春季，晋朱序镇守襄阳。

十月，晋诏求文武良将。谢玄应诏，在京口招募勇士时称“北府兵”（晋人称京口为北府）。

三年（戊申，378）

二月，秦王苻坚遣苻丕等攻襄阳。

四月，晋梁州刺史朱序固守中城。

四年（己卯，379）

二月，苻丕攻占襄阳，掳晋将。

三月，晋皇亲百官俸禄减半。

五月，秦兵向南进犯，离广陵百里。

六月，晋将谢玄连败秦兵，解三阿之围，收复盱眙等地。

五年（庚辰，380）

三月，前秦苻洛反，苻坚派窦冲等征讨。

五月，窦冲生擒苻洛。

六年（辛巳，381）

正月，晋帝在殿内立精舍，使诸沙门居住。

二月，东夷、西域六十二国向前秦进贡。

十二月，前秦进犯竟陵，晋将桓石虔等大破之。

七年（壬午，382）

五月，幽州蝗灾。

九月，车师前王、鄯善王入朝前秦。苻坚命吕光等进伐西域。

十月，苻坚会群臣，议攻晋，皆谓晋未可图，坚不听。

八年（癸未，383）

五月，晋伐前秦，攻襄阳；攻蜀，陷五城。

七月，晋在武当击败秦军。

八月，苻坚派苻融等率步骑二十五万为前锋，苻坚亲率六十余万步兵、二十七万骑兵攻晋。

九月，晋派谢石、谢玄等率军八万抗秦。

十月，苻坚使朱序劝降谢玄。

十一月，晋秦淝水之战。晋军大败前秦，秦军败逃，风声鹤唳，死者遍野。苻融被杀。苻坚逃回洛阳。

同月，前秦慕容垂请奉诏书镇慰北鄙边民。坚许之。

十二月，晋初开酒禁，增民税米，每人五石。

九年（甲申，384）

正月，慕容垂反秦，在荥阳自称大将军、大都督、燕王。史称后燕。

二月，燕王垂率丁零、乌桓众二十余万以飞梯地道攻邺，不克。

三月，前秦北地长史慕容泓据华阴，自称雍州牧、济北王。

四月，苻坚派姚苌征讨慕容泓，苌兵败至渭北，被推为盟主。姚苌自称万年秦王。史称后秦。

同月，慕容泓进向长安，改元燕兴。史称西燕。

七月，前秦吕光击败龟兹，西域三十余国归降吕光。

九月，晋谢玄遣将攻据秦鄄城，河南城堡都来归附。

十二月，慕容時暗中与长安鲜卑慕容氏谋杀秦王苻坚。事泄，暐及其宗族、长安城中鲜卑人不论男女老少一律被杀。

十年（乙酉，385）

正月，西燕慕容冲在阿房即皇帝位。

三月，前秦吕光用骆驼二万余头载外国珍宝奇玩，驱骏马万余匹从龟兹还师。

四月，后燕、前秦攻战经年，幽州、冀州大饥荒，人相食。

同月，后秦王姚苌坑杀新平太守苟辅等及男女五千人。

五月，西燕主慕容冲攻长安，苻坚出奔五将山。

七月，姚苌部将吴忠擒获苻坚，送至新平。

八月，晋谢安死。

同月，后秦王姚苌缢杀秦王苻坚，苌谥坚为“壮烈天王”。

九月，吕光还至姑臧，自立为凉州刺史。

同月，乞伏国仁自称大单于，领秦、河二州牧，筑勇士城为都。史称西秦。

十二月，后燕慕容垂定都中山。

十一年（丙戌，386）

正月，拓跋珪在牛川即代王位。

同月，后燕王慕容垂称皇帝。

二月，西燕左将军韩延杀慕容冲，立冲将段随为燕王。

同月，代王拓跋珪迁都至盛乐。

四月，代王拓跋珪改称魏王，国号魏。史称北魏。

同月，后秦姚苌在长安即皇帝位，国号大秦。

六月，西燕向后燕慕容垂称藩。

十月，西燕慕容永在长子即皇帝位。

十二月，吕光自称凉州牧、酒泉公，都姑臧。后凉始此。

十二年（丁亥，387）

正月，后秦姚苌迁秦州豪强三万户至安定。

八月，后燕慕容垂立刘显弟可泥为乌桓王。

十二月，凉州大饥荒，人相食。

十三年（戊子，388）

六月，苑川王乞伏国仁死。弟乾归被推为大单于、河南王。

九月，河南王乾归迁都金城。

十四年（己丑，389）

正月，前秦苻登以河南王乾归为金城王。

二月，后凉吕光自称三河王。

同月，魏王拓跋珪大败吐突邻部，尽迁其部落还。

五月，金城王乾归大败侯年部。

八月，姚苌击败苻登。

十五年（庚寅，390）

正月，西燕慕容永进攻洛阳，被击败。

四月，前秦魏揭飞自称冲天王，率胡、氐攻后秦杏城，被斩。

同月，魏王拓跋珪联合后燕击败贺兰等三部。纥突邻、纥奚降魏。

本年，吐谷浑视连死，子视罴立，督励将士，欲建功业。

十六年（辛卯，391）

二月，后燕慕容垂遣将攻贺兰部的贺染干及贺讷。

六月，后燕将擒获贺讷，迁贺染干部至中山。

七月，魏与后燕绝交。

十月，拓跋珪因柔然不归附，击降之，迁其部众于云中。

十一月，匈奴刘卫辰遣子攻魏，被拓跋珪击败。卫辰被杀。

十二月，拓跋珪杀刘卫辰宗党五千余人，自黄河以南匈奴诸部皆降魏。

十七年（壬辰，392）

六月，后燕慕容垂击败翟钊。

八月，后凉吕光遣将攻金城王乾归，大败。

十二月，前秦休官（少数民族部落名）权千成占据显亲，自称秦州牧。

十八年（癸巳，393）

正月，权千成降金城王乾归。

六月，前秦窦冲自称秦王。

八月，洛阳氐帅杨佛嵩叛晋，归附后秦。

十一月，后燕慕容垂征发七万军队进攻西燕。

十二月，后秦姚苌死，太子姚兴自称大将军。

十九年（甲午，394）

春季，前秦苻登大举进攻后秦。

夏季，苻登被击败入马毛山。

五月，后燕慕容垂大破西燕慕容永军。

同月，后秦姚兴即皇帝位。

七月，后秦主姚兴与前秦苻登战，苻登战败被杀。

同月，吕光以子吕覆为都督玉门以西诸军事、西域大都护，镇守高昌。

八月，后燕兵破城杀慕容永。西燕亡。

十月，乞伏乾归杀杨定、苻崇。前秦亡。

十二月，乞伏乾归自称秦王。史称西秦。

二十年（乙未，395）

三月，晋朋党竞起。

五月，后燕慕容垂派太子慕容宝等率军伐魏。

六月，西秦王乾归迁至西城。

十一月，魏王拓跋珪在参合陂大破后燕军。

二十一年（丙申，396）

四月，燕王慕容垂死。

六月，魏王拓跋珪遣将击斩后燕广宁太守，迁其部落至平城。

四月，后燕定士族旧籍，校阅户口，使军营封荫之户全归入郡县。

同月，吕光即天王位，国号大凉。

七月，魏王拓跋珪称尊号，始建天子旌旗。

九月，魏军临晋阳，大破后燕，夺取并州。

同月，晋孝武帝死，太子司马德宗继位，是为安皇帝。

十月，魏王拓跋珪进军中山，常山以东诸郡县皆附于魏。

十二月，晋封仇池杨盛为仇池公。

晋安皇帝司马德宗

隆安元年（丁酉，397）

正月，后燕击败魏围邺城的军队。

同月，秃发乌孤自称西平王。建都西平，史称南凉。

四月，后凉吕光杀匈奴沮渠罗仇，罗仇弟子蒙逊起兵，攻陷凉州临松郡，屯据金山。

五月，魏王拓跋珪撤中山之围。后燕慕容详即皇帝位。

同月，蒙逊从兄沮渠男成推后凉建康太守段业为凉州牧。史称北凉。

十月，魏军大破慕容麟，攻克中山。

二年（戊戌，398）

正月，慕容德据滑台称燕王。史称南燕。

同月，魏王拓跋珪将北归，征发士卒万人凿直道，又迁山东六州吏民杂夷十余万人以实代。

七月，魏王拓跋珪迁都至平城。

九月，刘牢之代王恭都督兖、青、冀、幽、并、徐、扬、州、晋陵诸军事。

十月，后燕慕容盛即皇帝位。

十二月，魏王拓跋珪即皇帝位。令朝野皆束发加帽。

三年（己亥，399）

二月，魏军大破高车三十余部。

同月，段业即凉王位。

三月，魏置五经博士，增国子太学生员共三千人，命郡县大索书籍，皆至平城。

七月，后秦攻晋洛阳。

同月，武威王秃发乌孤死。

同月，慕容德进据广固为都，青、徐、兖州郡县归附甚众。

十月，晋孙恩起义。

十二月，晋军击败孙恩。孙恩又逃入海岛。

同月，后凉王吕光自号太上皇帝，立太子吕绍为天王。吕光死，子吕纂攻绍，绍自杀。吕纂即天王位。

四年（庚子，400）

正月，后燕慕容盛自贬称为庶人天王。

同月，西秦王乞伏乾归迁都苑川。

五月，孙恩攻会稽。

七月，乞伏乾归与后秦姚兴战，大败。八月投降后秦。

十一月，晋刘牢之击孙恩。孙恩逃入海。

同月，李暠自称凉公，都敦煌。史称西凉。

本年，慕容德在广固即皇帝位，改元建平。

五年（辛丑，401）

二月，孙恩第三次登陆，被刘牢之击走入海。

同月，后凉将吕超杀吕纂，拥吕隆为天王。

四月，北凉王段业杀沮渠男成，其弟沮渠蒙逊举兵反。

五月，沮渠蒙逊至张掖，斩段业。

六月，孙恩攻至丹徒，刘裕击败孙恩。孙恩复入海。

八月，后燕王慕容盛被段玑等所杀。太后丁氏拥慕容熙称天王，改元光始。杀段玑三族。

九月，后凉吕隆遣使降后秦。

十二月，南凉秃发利鹿孤派傉檀攻吕隆。

元兴元年（壬寅，402）

正月，晋下诏讨桓玄，桓玄举兵东下。

三月，桓玄入京师，总揽朝政。废会稽王司马道子，杀司马元显等。

同月，孙恩攻临海，兵败投海死。余众推其妹夫卢循为主，桓玄欲招安循为永嘉太守。

同月，河西王秃发利鹿孤死，弟傉檀立，改元弘昌。

四月，三吴大饥荒。

五月，卢循反晋，被刘裕击败。

十二月，晋桓玄杀司马道子。

二年（癸卯，403）

八月，后秦将齐难迁吕隆宗族、僚属及民万户至长安。后凉灭亡。

九月，桓玄为相国、楚王，加九锡。

十二月，桓玄即皇帝位，废晋安帝为平固王，迁至寻阳。

本年，魏主拓跋珪始命有司制冠服。

三年（甲辰，404）

二月，晋益州刺史毛璩传檄远近，罗列桓玄罪状，率军屯白帝以讨桓玄。

同月，刘裕等举兵征讨桓玄，进军京师。

三月，刘裕攻入建康。

同月，魏诏罢不满百户县。

五月，桓玄挟安帝至江陵。至枚回洲，被益州督护冯迁所杀。

闰五月，桓玄余党桓振在江陵劫晋安帝。

九月，魏改革官制。

十月，卢循攻陷广州。

十一月，魏命宗室置宗师，以辨宗党，品举人才，如魏、晋中正之职。

义熙元年（乙巳，405）

正月，刘毅击败桓振，进入江陵。

同月，后秦王姚兴以鸠摩罗什为国师，又命鸠摩罗什翻译西域《经》《论》三百余卷。佛教大盛。

二月，晋安帝返回建康。

三月，桓振袭击江陵，被击斩。

四月，刘裕都督荆、司等十六州诸军事。

七月，仇池杨盛向后秦请降。

同月，后秦以南乡等十二郡归晋。

十月，李暠迁都酒泉。

二年（丙午，406）

正月，魏诸州设立三刺史，郡设立三太守，县设立三令长。

三年（丁未，407）

闰二月，刘裕杀殷仲文，夷其族。

四月，仇池氐王杨盛复与晋通。

六月，匈奴人赫连勃勃自称大夏天王，国号夏。史称胡夏、大夏。

七月，后燕冯跋推慕容云为天王，云杀慕容熙。后燕亡。北燕始。

本年，李暠派沙门法泉奉表至建康。

四年（戊申，408）

正月，刘裕录尚书事。

七月，后秦攻大夏，被击败。

十一月，南凉秃发傉檀复称凉王。

五年（己酉，409）

三月，晋刘裕请伐南燕。

四月，夏王赫连勃勃掠后秦平凉七千余户。

六月，刘裕遣将偷袭临朐。

七月，乞伏乾归复国称秦王。

九月，后秦姚兴率军攻夏王赫连勃勃，败还。

十月，北燕王高云被离班、桃仁所杀。冯跋杀班、仁，在昌黎即天王位。

同月，魏王拓跋珪被其子清河王绍所杀。珪子齐王嗣杀绍即位。

六年（庚戌，410）

二月，刘裕攻陷广固城，南燕亡。

二月，秃发傉檀攻沮渠蒙逊，大败。迁于乐都。

五月，卢循进抵淮口，刘裕力战击败。

同月，魏击柔然，可汗社仑弟斛律立，称蔼豆盖可汗。

八月，沮渠蒙逊征伐李暠，与暠结盟而还。

九月，乞伏乾归攻克后秦略阳等郡。

十二月，卢循、徐道覆与刘裕交战。循兵大败，径还番禺。

七年（辛亥，411）

正月，乞伏乾归复向后秦请降，拜为河南王。

四月，卢循败奔交州龙编，被交州刺史杜慧度击败，投水而死。

八月，乞伏乾归击败秃发傉檀，掠牛马十余万。

同月，沮渠蒙逊攻打李暠，大败。

八年（壬子，412）

六月，乞伏公府杀乞伏乾归。七月，乾归长子炽磐杀公府。

八月，炽磐自称河南王。

同月，沮渠蒙逊即河西王位。

十二月，晋太尉刘裕派朱龄石伐蜀谯纵。

九年（癸丑，413）

三月，刘裕杀诸葛长民及其弟。

同月，刘裕请行桓温“庚戌”土断制度。

同月，赫连勃勃在朔方水北、黑水之南筑统万城。

七月，朱龄石入成都，谯纵自缢而死。

十年（甲寅，414）

五月，秃发傉檀大破乙弗等部，乞伏炽磐乘虚攻陷乐都。

六月，南凉王秃发傉檀向西秦投降。南凉灭亡。

十一月，魏主拓跋嗣派使者巡行诸州，审核守宰资财，非其家资，皆登记为赃物。

十二月，柔然可汗大檀侵魏。

十一年（乙卯，415）

正月，刘裕征讨司马休之。

三月，赫连勃勃攻陷后秦杏城，活埋士卒二万人。

同月，沮渠蒙逊攻陷西秦广武郡。

五月，司马休之奔后秦。

同月，晋诏加刘裕剑履上殿，入朝不趋，赞拜不名。

同月，赫连勃勃与沮渠蒙逊结盟。

十二年（丙辰，416）

二月，乞伏炽磐与沮渠蒙逊结亲。

同月，后秦姚兴死，太子姚泓继位。

同月，仇池氐王杨盛与夏王赫连勃勃相继进攻后秦。

八月，刘裕率水陆大军讨伐后秦。

十月，晋兵入洛阳。

十二月，晋诏以刘裕为相国，封十郡，备九锡之礼，位在诸侯王上。

十三（丁巳，417）

二月，西凉李暠死，子李歆立。

四月，刘裕败魏军于黄河上。

同月，沮渠蒙逊攻李歆，大破之，斩首七千余级。

五月，魏置天地四方六部大人。

八月，晋将王镇恶入长安，姚泓等请降。

九月，刘裕入长安。送姚泓至建康，斩于市。后秦亡。

十一月，刘裕东还。

十四年（戊午，418）

三月，晋遣使问候魏。

六月，刘裕始受相国、宋公、九锡之命。

九月，魏命诸州调整民租，每户五十石。

十月，晋封西凉李歆为酒泉公。

同月，留守长安的晋兵大乱。夏王赫连勃勃乘机进据咸阳。

十一月，朱龄石弃长安，奔潼关。

同月，夏王赫连勃勃至长安，即皇帝位。

十二月，刘裕缢杀晋安帝，奉安帝弟琅邪王司马德文继位，是为恭帝。

晋恭皇帝司马德文

元熙元年（己未，419）

二月，夏主赫连勃勃返回统万城。

同月，晋宗室司马顺明等及平阳太守薛辩降魏。

四月，西秦征西将军乞伏孔子率骑兵五千在弱水大败吐谷浑觅地。觅地投降。

七月，刘裕进爵为宋王。

宋高祖武皇帝刘裕

永初元年（庚申，420）

正月，西秦王乞伏炽磐立子乞伏暮末为太子，改元建弘。

五月，魏杀晋宗室降魏而又谋反者，平城豪杰坐诛者数十人。

六月，刘裕即皇帝位，定都建康，改元永初。国号宋，史称刘宋。废晋恭帝为零陵王，东晋亡。

七月，李歆攻沮渠蒙逊，兵败被杀。蒙逊入酒泉。

冬季，李歆弟李恂入敦煌，为凉州刺史。

二年（辛酉，421）

正月，沮渠蒙逊率军二万进攻敦煌李恂。

三月，沮渠蒙逊攻陷敦煌，李恂自杀。西凉亡。

九月，宋帝使人杀零陵王（晋恭帝）。

十月，宋诏蒙逊为凉州刺史。

三年（壬戌，422）

正月，西秦将乞伏孔子等大破契汗秃真。

三月，秦、雍流民入梁州，宋派使者送一万匹绢，以荆、雍谷米赈济。

四月，诏封仇池公杨盛为武都王。

五月，宋武帝刘裕死。太子刘义符即皇帝位，是为少帝。

九月，魏大发兵攻宋。

十一月，魏攻陷滑台。

十二月，宋沿河诸郡多被魏占据。

宋营阳王刘义符

景平元年（癸亥，423）

正月，魏攻陷宋金墉城。

闰四月，魏攻虎牢，城陷。魏占据司州全部，兖、豫诸郡县。

十一月，魏攻许昌、汝阳，宋军败退。

同月，魏明元帝拓跋嗣死，子拓跋焘立，是为世祖太武皇帝。

同月，魏太武帝崇奉道士寇谦之，在平城起天师道场，道教盛行。

宋太祖文皇帝刘义隆

元嘉元年（甲子，424）

五月，宋徐羡之等废少帝为营阳王。

六月，徐羡之使人杀少帝；从江陵迎宜都王刘义隆。

八月，宜都王刘义隆至建康，即皇帝位，是为太祖文皇帝。改元元嘉。

十月，吐谷浑王阿柴死，弟慕璝继位。

二年（乙丑，425）

四月，魏遣使与宋通好。

七月，西秦大破黑水羌。

八月，夏主赫连勃勃死，太子昌即皇帝位。

十月，魏分五路攻柔然。

三年（丙寅，426）

正月，宋文帝杀徐羡之、傅亮等。谢晦以除君侧之恶为名，在江陵起兵。

二月，谢晦被击败，送建康斩首。

九月，大旱，蝗灾。

十一月，夏接连攻陷西秦数城，大杀掠。

同月，魏袭击夏都统万城，夏战败，魏掠牛马十余万，迁其民万余户还。

十二月，魏兵入夏长安，秦、雍氐羌降魏；北凉沮渠蒙逊与氐王杨玄皆附魏。

四年（丁卯，427）

六月，魏主乘虚攻夏都统万。夏兵大败。夏主奔上邽。魏王攻入统万。

八月，西秦王炽磐向魏入贡。

十一月，魏以仇池王杨玄为南秦王。

五年（戊辰，428）

二月，魏攻夏主于上邽，夏王退屯平凉。

同月，夏主赫连昌攻魏被擒，其弟赫连定还平凉即皇帝位。

三月，魏攻夏战败。夏复取长安。

五月，西秦王乞伏炽磐死，太子乞伏暮末即位。

十月，宋攻魏济阳、陈留。

本年，师子国王刹利摩诃及天竺迦毗黎王月爱派使节向宋贡献。

六年（己巳，429）

正月，沮渠蒙逊攻陷西秦西平。

四月，魏崔浩等撰成《国书》三十卷。

五月，魏攻柔然，柔然可汗西逃，部落四散，魏俘斩甚众。

七月，柔然纥升盖可汗死。子吴提立，称敕连可汗。

同月，仇池氐王杨玄死，其子保宗立。其弟难当废保宗，自称秦州刺史、武都王。

八月，魏击降高车数十万部落，获马牛羊百余万。

十二月，北凉沮渠蒙逊、吐谷浑王慕璝派使节向宋进贡。

七年（庚午，430）

三月，宋文帝有恢复河南之志，派数路舟师步骑进发。魏集结兵力于河上进行防备。

九月，北燕王冯跋死，弟弘即天王位，杀冯跋子一百余人。

十月，宋立钱署，铸四铢钱。

同月，魏攻陷宋洛阳、虎牢。

同月，西秦乞伏暮末率一万五千户入魏，其故地皆入吐谷浑。

十一月，宋派檀道济率众伐魏。

八年（辛未，431）

正月，夏主赫连定击败西秦乞伏暮末，西秦亡。

二月，宋将檀道济军至历城，粮尽，引还。

六月，夏主杀乞伏暮末及其宗族五百人。

同月，吐谷浑王慕璝击败夏，执夏主赫连定归。夏亡。

八月，沮渠蒙逊以子入质于魏。

九月，魏以沮渠蒙逊为凉州牧、凉王。

十月，魏命崔浩更定律令。

九年（壬申，432）

五月，宋帝派使者访问魏。

七月，宋益州刺史垄断铁器，致使商人失业。流民许穆之等继而起事，涪陵、江阳、遂宁诸郡守弃城逃跑。

十年（癸酉，433）

正月，魏轻徭薄赋，关中安定。

二月，魏遣使至宋，为太子晃求婚。

四月，北凉沮渠蒙逊死。子牧犍继河西王位。

九月，魏以氐王杨难当为南秦王。

十一月，杨难当攻宋，据汉中地。

十二月，魏派使者访宋。

十一年（甲戌，434）

二月，魏与柔然和亲。

闰三月，宋全部收复汉中故地。

十二年（乙亥，435）

正月，北燕派使者向宋称藩进贡。宋封冯弘为燕王。

三月，北燕向魏进贡。

四月，北燕至宋求援。

五月，龟兹、疏勒、乌孙、焉耆、悦般、渴槃陁、鄯善、车师、粟特九国向魏进贡。

六月，高句丽王琏向魏进贡。

同月，宋扬州诸郡大水。

十一月，魏屡伐北燕，北燕王冯弘密派使者向高丽求援。

十三年（丙子，436）

三月，宋司徒刘义康矫诏斩檀道济。

同月，氐王杨难当自称大秦王。

五月，北燕王冯弘逃往高丽。北燕亡。

本年，宋诏太史令钱乐之更铸浑仪。

十四年（丁丑，437）

四月，赵广等归降。益州平定。

九月，魏封吐谷浑王慕利延为西平王。

十一月，魏派使出使西域，招抚九国。西域十六国从此每年朝贡不绝。

本年，北凉派使者向宋献杂书及《甲寅元历》，并求杂书。

十五年（戊寅，438）

二月，宋以吐谷浑王慕利延为陇西王。

三月，高丽王遣将杀北燕王冯弘。至高丽迎冯弘的刘宋将王白驹等擅杀高丽将使，高丽王以专杀罪执王白驹送刘宋。

十六年（己卯，439）

三月，魏攻宋上洛。

同月，仇池氐杨保宗率人奔魏，封武都王。

九月，魏军至姑藏，沮渠牧犍降。北凉亡。

是岁，魏主以儒学诱导王公子弟；命崔浩修国史。

十七年（庚辰，440）

二月，魏遣使访刘宋。

本年，氐王杨难当去大秦王称号，复称武都王。

十八年（辛巳，441）

正月，魏以沮渠无讳为酒泉王。

八月，魏遣使访宋。

十一月，魏将攻陷酒泉，沮渠无讳败逃。

十九年（壬午，442）

正月，魏帝至道坛受符箓，从此成为定制。

六月，沮渠无讳据鄯善，鄯善王奔且末。李宝从伊吾入敦煌。

五月，宋平定仇池。杨难当奔魏。

七月，魏分路攻宋。

九月，沮渠无讳屠高昌城。阚爽奔柔然。沮渠无讳遣使至宋。宋诏沮渠无讳为凉州刺史、河西王。

十月，柔然派使至建康。

十二月，宋诏鲁郡修孔子庙及学舍。

同月，李宝向魏称藩，魏以李宝为沙州牧、敦煌公。

二十年（癸未，443）

二月，魏屡败宋军。

四月，杨文德进围仇池，自号仇池公。

五月，魏打败杨文德，杨文德向宋求援。

七月，宋文帝诏以杨文德为北秦州刺史、武都王。

九月，魏兵发四路进攻柔然，无功而还。

十一月，宋助杨文德攻魏，宋将姜道盛兵败而死。

二十一年（甲申，444）

正月，魏太子拓跋晃劝民稼穑，垦田大增。

同月，魏主严禁私养沙门、巫觋。

同月，魏主下诏，禁止私立学校。

六月，沮渠无讳死，弟安周代立。

八月，魏遣使访宋。

九月，宋以沮渠安周为凉州刺史、河西王。

同月，柔然敕连可汗死，子处罗可汗立。

本年，李宝向魏朝贡，被留。

二十二年（乙酉，445）

正月，魏遣使访宋。

七月，宋击败缘沔诸蛮，获十万余人。迁一万余人至建康。

八月，吐谷浑王慕利延被魏军所逼，西入于阗，杀其王，据其地。

九月，卢水胡盖吴聚众反魏，自号天台王。

十二月，范晔被杀。

二十三年（丙戌，446）

二月，盖吴向宋求援。宋以盖吴为雍州刺史、北地公，派兵声援。

同月，魏武帝灭佛，尽斩长安沙门，焚毁经像，让各地效法。

五月，盖吴收兵屯杏城，自号秦地王。

八月，魏军击败盖吴，盖吴被杀。

二十四年（丁亥，447）

三月，魏迁定州丁零三千家至平城。

六月，宋制大钱，一当两。

二十五年（戊子，448）

正月，氐王杨文德叛魏，被击败。弃城奔宋汉中。

二月，魏杀潞县叛民二千余家，迁离石民五千余家至平城。

五月，宋停止使用当两大钱。

十二月，魏进攻龟兹，西域平定。

二十六年（己丑，449）

三月，宋募民数千家充实京口。

九月，魏攻伐柔然，获胜。从此柔然衰弱。

十二月，宋沔北诸山蛮攻雍州，被宋建威将军沈庆之等击败。

二十七年（庚寅，450）

正月，宋沈庆之屡破雍州蛮；大羊蛮粮尽请降，庆之迁其至建康为营户。

二月，魏武帝攻宋，连下郡县。

三月，因与魏交战，宋减内外百官三分之一俸禄。

六月，魏武帝以“暴扬国恶”的罪名诛杀崔浩。

七月，宋分数路攻魏。

十月，魏武帝亲率大军御宋。

十二月，魏武帝直趋瓜步，声言渡江。宋帝从采石至暨阳，陈舰列营。

二十八年（辛卯，451）

正月，魏从瓜步北还。围盱眙，不克。

三月，魏移徙五万余家宋降民分置于平城近畿。

二十九年（壬辰，452）

正月，魏中山的宋民起事，皆被杀。

二月，魏中常侍宗爱弑北魏武帝，立南安王拓跋余，以宗爱为大司马、大将军、太师、都督中外诸军事。

七月，吐谷浑王慕利延死，拾寅立，请命于宋、魏。宋封为河南王，魏封为西平王。

十月，魏宗爱杀魏帝拓跋余。殿中尚书源贺等立皇孙拓跋濬，是为高宗文成皇帝。杀宗爱等，夷三族。

十二月，魏驰佛教之禁。

本年，魏废《景初历》，改行《玄始历》。

三十年（癸巳，453）

二月，宋太子刘劭杀其父宋文帝自立。

三月，宋武陵王刘骏率部讨劭，州郡响应。

四月，刘骏至新亭即皇帝位，是为世祖孝武皇帝。

五月，刘骏等进入建康，杀刘劭等。

宋世祖孝武皇帝刘骏

孝建元年（甲午，454）

正月，宋铸孝建四铢钱。

二月，宋南郡王刘义宣等举兵反。

六月，刘义宣等皆败死。

二年（乙未，455）

八月，宋祭祀郊庙，初设备乐。

十月，宋武帝使有司制定削弱王侯车服、器用、乐舞的制度。

大明元年（丁酉，457）

二月，魏进攻宋兖州。

七月，宋实行土断制。取消侨置郡县。并雍州三郡十六县为一郡。

二年（戊戌，458）

正月，魏令禁酒。

同月，魏增设内外候官，察百官过失。

六月，宋于吏部置尚书二人，以分其权。

十月，魏攻宋清口，战败。

十一月，魏攻宋青州，被氐人辅国将军焦度击败。

三年（己亥，459）

四月，宋竟陵王刘诞据广陵对抗朝廷，沈庆之奉命征讨。

七月，沈庆之攻克广陵，杀刘诞三千余人，以女子赏军。

四年（庚子，460）

正月，魏派冯阐访宋。

三月，魏攻宋北阴平，被击败。

七月，宋遣使访魏。

十月，宋讨伐沿长江一带诸蛮。

十一月，魏卢度世等访宋。

本年，柔然攻高昌，杀沮渠安周，灭沮渠氏，以阚伯周为高昌王。高昌称王始此。

五年（辛丑，461）

三月，宋派使者访魏。

三月，魏征发并、肆州民五千人修治河西猎道。

十月，魏游明根等访宋。

六年（壬寅，462）

正月，宋孝武帝在中堂策问秀才、孝廉。

二月，宋恢复百官原额俸禄。

九月，宋规定沙门致敬人主。

十月，魏游明根等访宋。

十月，南徐州从事史祖冲之制定新历法，不果施行。

七年（癸卯，463）

十月，魏游明根等第三次访宋。

八年（甲辰，464）

闰五月，宋孝武帝死。太子刘子业继位，是为前废帝。

七月，柔然处罗可汗死，子予成立，号为受罗部真可汗，攻北魏，败还。

七月，宋罢孝建以来所改制度，一切恢复元嘉旧制。

本年，宋境内共有二十二州，二百七十四郡，一千二百九十九县，九十四万户。

本年，宋东方诸郡（指三吴及浙江东部五郡），连年旱饥，饿死者十之六七。

宋太宗明皇帝刘彧

泰始元年（乙巳，465）

二月，宋铸二铢钱。

五月，魏文成皇帝拓跋濬死，太子拓跋弘即皇帝位，是为献文帝。乙浑专权。

五月，魏开酒禁。

五月，宋尚书令柳元景等谋立江夏王刘义恭。事发，皆被杀。

五月，宋废帝为其姊山阴公主置面首三十人。

十二月，宋湘东王刘彧弑废帝，即皇帝位，是为太宗明皇帝。

二年（丙午，466）

正月，宋晋安王刘子勋在寻阳即皇帝位。徐州刺史薛安都、冀州刺史崔道固等皆起兵响应。朝廷所保，只有丹阳、淮南等数郡。

二月，魏冯太后临朝称制。

三月，宋停止用新铸钱（元嘉四铢，孝建四铢），专用古钱。

八月，宋将沈攸之诸军至寻阳，斩晋安王刘子勋。

九月，魏立郡学，置博士、助教、生员。

十月，宋明帝赐宋孝武帝余子死。

三年（丁未，467）

正月，魏将与薛安都击败宋将沈攸之等。于是淮北四州（青、徐、冀、兖）及豫州淮西（新蔡、谯、梁、陈、南顿、颍川、汝南、汝阴诸郡）地，被魏所据。

三月，魏攻宋青州，连拔四城。

八月，魏造大佛像，高四十三尺，用铜十万斤，黄金六百斤。

同月，宋将沈攸之败还，弃军资器械以万计，下邳等地被魏据有。

四年（戊申，468）

正月，魏攻宋武津、义阳，被宋击败。宋东徐州、东兖州等地守将皆降魏。

四月，宋减郡县田租之半。

同月，宋在许昌击败北魏军。

五年（己酉，469）

正月，魏攻陷东阳。于是青、冀二州被北魏据有。

二月，魏免除上中下三品九等交租法及十五种杂调。

三月，魏攻宋汝阴，被击败。

五月，魏迁青、齐民至平城，立平齐郡使居住。

五月，魏依沙门统（僧官）昙曜奏，以民与奴分别为僧祇（大众）户和佛图户。

十一月，魏遣使至宋修好和亲。自此每年互通信使。

六年（庚戌，470）

四月，魏击败吐谷浑王拾寅。

九月，宋立总明观，置祭酒一人，儒、玄、文、史学士各十人。

同月，魏击败柔然。

七年（辛亥，471）

八月，魏献文帝传位于太子宏，是为高祖孝文皇帝。

泰豫元年（壬子，472）

正月，宋大阳蛮帅桓诞以沔水以北、滍、叶以南八万余落归降魏。

四月，宋明帝死。太子苍梧王刘昱继皇帝位，是为后废帝。

宋苍梧王刘昱

元徽元年（癸丑，473）

正月，魏员外散骑常侍访宋。

四月，魏以孔子二十八世孙为崇圣大夫。

七月，魏诏：河南六州（青、徐、兖、豫、齐、东徐）民，每户收绢一匹，绵一斤，租三十石。

十二月，柔然侵魏，柔玄镇二部敕勒响应。

二年（甲寅，474）

五月，柔然派使者访宋。

六月，宋萧道成为中领军，参预朝政。

六月，魏停止一人犯罪杀死一门或一房的刑法。

七月，柔然进犯魏敦煌。

三年（乙卯，475）

六月，魏禁杀牛马。

四年（丙辰，476）

六月，魏冯太后毒死太上皇。尊冯太后为太皇太后，再次临朝称制。

宋顺皇帝刘准

升明元年（丁巳，477）

四月，宋阮佃夫等谋废立，事发被杀。

七月，萧道成使人杀后废帝，迎安成王刘准即帝位是为顺帝。以萧道成录尚书事。

十二月，宋荆州刺史沈攸之起兵反萧道成。

十二月，宋中书监袁粲据石头城起兵反萧道成，败死。

二年（戊午，478）

正月，沈攸之兵败自杀。

二月，宋加萧道成太尉、都督南徐等十六州诸军事。

四月，宋萧道成杀南兖州刺史黄回。

五月，魏禁止皇族、贵戚及士民之家与百姓通婚。

九月，宋诏进萧道成假黄钺、大都督中外诸军事、太傅、扬州牧。

十月，魏员外散骑常侍访宋。

齐太祖高皇帝萧道成

建元元年（己未，479）

三月，宋以太傅萧道成为相国，总揽朝政，封齐公，加九锡。

四月，宋进萧道成为齐王。随即萧道成即皇帝位，改元建元，是为齐太祖高皇帝，建都建康，史称南齐。刘宋亡。

四月，魏废弃候官（魏太祖置候官，以伺察内外）。

十一月，魏奉宋降王刘昶，分兵攻齐。

同月，齐约柔然攻魏。

二年（庚申，480）

正月，魏陷齐马头戍；又攻钟离，被败还。

同月，齐荆、湘、雍、郢，司群蛮，攻杀县令、太守，被齐兵击败。

二月，魏攻齐寿阳，魏败退。

二月，齐检定户籍。

八月，魏数路军攻齐。

九月，柔然派使者访齐。

闰九月，魏攻齐朐山，败走。

十月，淮北四州（青、冀、徐、兖）民群起反魏。

十一月，齐以氐王杨后起为北秦州刺史、武都王。

三年（辛酉，481）

正月，魏军攻齐淮阳，先胜后败。

二月，魏沙门法秀谋起事于平城，被擒杀。

同月，齐在淮北大破北魏军。

四月，魏镇压淮北民，掠三万余人至平城。

九月，魏平定淮北四州。

同月，吐谷浑王拾寅死，子度易侯位。

四年（壬戌，482）

正月，齐诏置国子学生二百人。

三月，齐高帝萧道成死。太子萧赜继位，是为世祖武皇帝。

七月，魏发五万人治灵丘道。

九月，魏以氐王杨后起为武都王。

齐世祖武皇帝萧赜

永明元年（癸亥，483）

正月，齐复州郡县官吏田禄。

三月，齐诏，郡县官吏任职以三年为限，谓之“小满”。

七月，魏派李彪访齐。

十月，齐派刘缵访魏。

十二月，魏始禁止同姓通婚。

本年，魏秦州民因刺史残暴，遂反，魏孝文帝斩刺史。

二年（甲子，484）

正月，范缜著《神灭论》。

五月，魏派李彪等访齐。

十一月，魏派李彪等再次访齐。

三年（乙丑，485）

正月，魏焚毁图谶、秘纬，留者死。

三月，魏置学馆，选师教导诸王。

十月，魏实行均田制。

本年，齐唐寓之起义。

四年（丙寅，486）

闰正月，齐、魏均以氐王杨集始为武都王。

二月，魏实行三长法。

三月，柔然派使者访魏。

十二月，柔然侵犯魏边塞。

本年，魏改中书学为国子学。

五年（丁卯，487）

正月，魏定乐章，非雅者除之。

十二月，魏重修《国书》，改编年为纪、传、表、志。

六年（戊辰，488）

四月，荒人桓天生自称桓玄宗族，屡次勾结魏兵攻齐，屡败。

同月，齐将攻魏泚阳，不能拔，乃还。

七年（己巳，489）

八月，魏派邢产等访齐。

十二月，齐颜幼明等访魏。

八年（庚午，490）

四月，魏击败地豆干（国名）的多次侵犯。

八月，吐谷浑伏连筹杀齐使。

本年，齐以百济王牟大为百济王。

九年（辛未，491）

五月，魏孝文帝更定律令，亲自断决疑狱。

十月，魏建成明堂、太庙。

十一月，魏大定官品，考诸牧守。

本年，齐制成新律。

十年（壬申，492）

四月，魏颁行新《律令》。

九月，氐王杨集始攻齐汉中，失败，向魏请降。魏封其为汉中郡侯、武兴王。

十二月，齐司徒参军萧琛，范云访魏。

十二月，齐命太子家令沈约编撰《宋书》。

十一年（癸酉，493）

二月，魏孝文帝始行耕籍之礼。

二月，齐武帝死。孙萧昭业继位（后被废弑），是为郁林王。

九月，魏派高聪等访齐。

九月，魏孝文迁都洛阳，实施汉化改革。

齐高宗明皇帝萧鸾

建武元年（甲戌，494）

二月，齐刘敩等访北魏。

六月，魏卢昶、王清石访齐。

七月，齐西昌侯萧鸾杀齐帝，立新安王萧昭文为帝。

九月，魏对官吏实行三年一考，决定升迁或罢黜。

九月，萧鸾大杀诸王。

十月，萧鸾废齐帝为海陵王（不久被害），自为皇帝，是为高宗明皇帝。

十二月，魏帝禁士民穿胡服。

十二月，魏孝文帝诏，代民迁至洛阳者免租赋三年。

二年（乙亥，495）

四月，魏孝文帝至鲁，亲自祭祀孔子，封孔子后人为崇圣侯。

六月，魏禁止在朝廷使用鲜卑语。

同月，魏索求秘阁所没有的佚书。

同月，魏代人迁至洛阳者皆为河南洛阳人。

六月，魏依改用长尺、大斗。

八月，魏立国子、太学、四门小学。

九月，魏六宫、文武皆迁至洛阳。

是岁，魏诏铸太和五铢钱。

三年（丙子，496）

正月，魏改拓跋氏为元氏。功臣旧族的姓也全改变。以卢、崔、郑、王为四大姓。

四月，魏侵犯齐司州。

八月，魏太子不愿南迁，不久被废。

四年（丁丑，497）

四月，魏孝文帝诏赐废太子元恂死。

八月，魏军从洛阳出发攻齐。

同月，杨灵珍叛魏降齐。

十月，齐以氐帅杨灵珍为北秦州刺史、仇池公、武都王。

永泰元年（戊寅，498）

正月，魏军又陷齐沔北各郡。

同月，齐逐一诛斩齐太祖、世祖、世宗子。

三月，齐在涡阳屡次击败魏军。

七月，齐高宗明帝死，皇太子萧宝卷继位。

九月，魏北伐高车。

齐东昏侯萧宝卷

永元元年（己卯，499）

三月，魏孝文帝亲征，击败齐军。

四月，魏孝文帝病死。太子元恪继位，是为世宗宣武皇帝。

八月，齐始安王遥光等起兵，败死。

闰八月，齐帝东昏侯大杀大臣。

是岁，王肃为魏制官品百司，皆从江南之制。

二年（庚辰，500）

正月，齐豫州刺史裴叔业降魏。齐讨叔业。

三月，齐军围攻寿阳，被魏军击败。

同月，齐平西将军崔慧景举兵攻建康。

四月，崔慧景败死。

八月，魏军在肥口击败齐军，淮南被魏据有。

齐和皇帝萧宝融

中兴元年（辛巳，501）

三月，南康王萧宝融在江陵即皇帝位，是为和帝。

五月，魏太尉、咸阳王禧等谋反，事泄，赐死。

七月，齐雍州刺史张欣泰等谋立建康王萧宝寅，事泄，被杀。

同月，柔然犯魏边塞。

九月，魏征发五万人筑洛阳坊。四十天筑成。

同月，齐萧衍率军围攻建康。

十一月，魏东豫州刺史田益宗领兵攻齐，齐军战败。

十二月，齐征虏将军王珍国杀齐帝，迎萧衍入城。

同月，萧衍以宣德太后令追齐帝为东昏侯；萧衍为中书监、大司马、录尚书事。

梁高祖武皇帝萧衍

天监元年（壬午，502）

正月，诏进位大司马萧衍相国，封梁公。备九锡之礼。

二月，齐诏梁公萧衍，进爵为王。衍杀齐明帝子孙。

四月，梁王萧衍在建康即皇帝位，是为梁高祖武皇帝。奉齐和帝为巴陵王，不久杀之。

同月，梁武帝诏令以金赎罪。

五月，梁江州刺史陈伯之等起兵反梁。

六月，陈伯之兵败奔魏。

八月，梁武帝命删定《梁律》。

本年，江东大旱，民多饿死。

二年（癸未，503）

四月，梁颁行新律。

十月，魏兵攻梁，攻陷大岘等三城；进拔焦城，破淮陵。

同月，魏立氐王世子杨绍先为武兴王。

三年（甲申，504）

八月，魏攻陷梁义阳。

九月，梁以吐谷浑王伏连筹为河南王。

九月，柔然侵魏。魏北边筑东西九城以防之。

十一月，魏设置国学。

同月，梁废除以金赎罪。

十二月，魏修律令。

四年（乙酉，505）

四月，梁州十四郡地为魏所有。

六月，梁立孔子庙。

八月，魏军攻梁雍州，大破梁军。

十月，梁大举攻魏。

十一月，魏军从涪城退军，巴西归梁。

五年（丙戌，506）

正月，魏攻克武兴，虏氐王杨绍先，遂灭仇池杨氏。

二月，梁魏战于梁城，梁败。

三月，魏咸阳王禧之子翼向魏宣武帝求葬其父，魏宣武帝不许，则与其弟昌、晔投奔梁。

三月，梁伐魏，在胶水击败魏。

四月，魏发军十万拒梁。

九月，梁大败于洛口。

十月，柔然库者可汗死，子伏图立，号为佗汗可汗，改元始平。向魏请和，不许。

十一月，梁军二十万救助钟离（今安徽凤阳）。

六年（丁亥，507）

正月，魏中山王英率军攻钟离，守将昌义之率将士奋力抵抗。

二月，梁武帝派豫州刺史韦睿率军救钟离。又击退魏英军。

三月，梁韦睿等乘淮水暴涨，驾战舰击魏，又加以火攻，魏军大溃。

六月，梁冯翊等七郡叛梁降魏。

九月，魏开辟斜谷旧道。

七年（戊子，508）

正月，梁定百官九品十八班制。

二月，梁置州望，郡宗、乡豪各一人，负责搜罗推荐有才能之士。

五月，梁置十二卿。

八月，魏京兆王元愉据冀州称帝，魏督军讨伐。

九月，魏尚书李平为都督北讨诸军，大败元愉，并擒获元愉。

同月，魏尚书令高肇诬害彭城王元勰。

十月，魏悬瓠军主白早生杀豫州刺史司马悦，归附梁。

十二月，魏尚书邢峦击斩白早生等，收复失地。

本年，柔然向魏献貂裘请和，魏帝不许。

本年，高车在蒲类海北杀柔然佗汗可汗。其子丑奴立。

八年（己丑，509）

十一月，魏帝为诸僧及朝臣讲《维摩诘经》。时洛阳盛行佛教，州郡共有一万三千多寺。

九年（庚寅，510）

三月，梁武帝至国子学讲学。诏皇太子以下及王侯之子皆入学受业。

闰六月，梁击斩聚众反叛的宣城郡吏吴承伯及其党羽。

十年（辛卯，511）

十二月，梁大败北魏军，夺回朐山。

十一年（壬辰，512）

十月，魏立皇子元诩为太子，始不杀其母。

十一月，梁修《五礼》（吉、凶、军、宾、嘉），共八千零一十九条。

十二年（癸巳，513）

闰三月，著名文学家、史学家沈约死。

十四年（乙未，515）

正月，魏宣武帝死。皇太子元诩继位，是为肃宗孝明皇帝。

十五年（丙申，516）

二月，魏攻陷梁硖石。

七月，魏攻陷梁东益州。

本年，魏造永宁寺。

同年，柔然伏跛可汗大败高车。

十六年（丁酉，517）

十月，魏诏代都未南迁的士民，皆听其留居。

十二月，柔然向魏请和。

十七年（戊戌，518）

十月，魏派宋云与比丘惠生到西域求取佛经。

十八年（己亥，519）

二月，魏吏部尚书奏立选举停年格。

普通元年（庚子，520）

正月，高句丽世子安遣使向梁进贡。

七月，魏侍中元义幽禁胡太后。

十二月，魏派刘善明访梁，始复通和好。

二年（辛丑，521）

正月，梁在建康设置孤独园，以收养穷民。

十一月，魏攻东益、南秦叛氐，败还。

三年（壬寅，522）

二月，魏宋云、惠生从西域乾罗国返回洛阳，取回佛经一百七十部。

十一月，魏颁行《正光历》。

四年（癸卯，523）

四月，魏人破六韩拔陵起义。诸镇汉、夷民响应。

同月，洛阳龙门石窟共用十八万二千余工，已凿成部分。

十二月，梁废铜钱，铸铁钱。

五年（甲辰，524）

四月，魏高平镇民推敕勒酋长胡琛为高平王，响应破六韩拔陵。

八月，东西部敕勒皆起兵响应破六韩拔陵。

同月，魏下诏改镇为州。

十月，梁攻陷魏建陵城、曲木、琅邪等。

六年（乙巳，525）

正月，魏徐州刺史元法僧据州称帝，魏发兵攻打，法僧降梁。

三月，柔然阿那瑰率军十万，为魏征讨破六韩拔陵。

五月，梁攻魏益州。

同月，柔然头兵可汗大败破六韩拔陵，拔陵南渡北河。

十二月，魏山胡（即汾州稽胡）刘蠡升叛魏，称天子。

七年（丙午，526）

正月，魏五原降户鲜于修礼等在定州左城率流民反。

九月，葛荣攻据瀛州，自称天子，国号齐。

十一月，梁将夏侯亶进攻魏境，所向皆下。

大通元年（丁未，527）

正月，葛荣破魏殷州，杀刺史崔楷，进围冀州。

同月，莫折念生攻岐州，北华州、豳州群起响应，关中大乱。

三月，梁武帝舍身（即把身体施舍给佛）同泰寺。

十月，魏尚书令萧宝寅据关中，自称齐帝。

十二月，葛荣率众在漳水击杀魏将。

二年（戊申，528）

正月，杜洛周陷魏定州、瀛州。

二月，葛荣击杀杜洛周，并其众。

同月，六州讨虏大都督尔朱荣举兵南下，魏孝明帝被胡太后所害，立临洮王世子钊为帝。军洛阳。

三月，魏将尔朱荣进兵河内，拥立长乐王子攸为帝，是为孝庄帝。四月，尔朱荣遣骑兵执灵太后及幼主，送至河阴，皆沉于河，史称“河阴之变”。

七月，魏加尔朱荣柱国大将军、录尚书事。

九月，葛荣率军围邺城，为尔朱荣所败，葛荣被擒，其众散尽。

同月，魏以尔朱荣为大丞相，都督河北畿外诸军事。

中大通元年（己酉，529）

四月，魏上党王元天穆及尔朱兆（尔朱荣从子）击败邢杲。

同月，魏北海王元颢击败魏军，在睢阳即帝位。

五月，元颢入洛阳宫，魏帝北行。

闰六月，尔朱荣击败元颢，杀颢。

七月，魏帝返回洛阳。

九月，梁武帝再次舍身同泰寺。

同月，魏将尔朱荣平定幽州。

十二月，梁兖州刺史张景邕等降魏。

二年（庚戌，530）

九月，魏孝庄帝与城阳王徽等谋，诛杀权臣尔朱荣等。

十月，尔朱兆等推长广王晔为皇帝。

十二月，尔朱兆入洛阳宫，缢杀魏孝庄帝。

本年，陈庆之屡破魏军，开田六千顷。

三年（辛亥，531）

二月，魏尔朱世隆等废长广王晔，立广陵王元恭为帝，是为节闵帝。

四月，著名文学家梁昭明太子萧统死。

十月，魏将高欢立元朗为帝。

四年（壬子，532）

闰三月，高欢在邺城大败尔朱兆。

四月，高欢入洛阳，废元朗及节闵帝元恭，立平阳王元修为帝，是为孝武帝，高欢为大丞相、天柱大将军。

七月，高欢入晋阳，尔朱兆北逃。

六年（甲寅，534）

二月，魏孝武帝以宇文泰为大都督。

七月，高欢进入洛阳。魏孝武帝逃往长安，依宇文泰。

十月，高欢立元善见为帝，是为孝静帝，史称东魏。从此，魏分裂为东、西二魏。

十一月，东魏迁都于邺。

闰十二月，宇文泰毒杀魏孝武帝，立元宝炬为帝，是为西魏文帝，都长安。史称西魏。

大同元年（乙卯，535）

正月，元宝炬在长安即位。

三月，西魏丞相宇文泰命有司制定二十四条新制颁行。

同月，西魏大行台左丞，制定公文格式及计帐、户籍之法。

七月，宇文泰与高欢互相声讨。

同年，柔然头兵可汗与东魏和亲。

二年（丙辰，536）

三月，著名医药学家陶弘景死。

九月，东魏侯景攻梁。

十月，梁击败东魏侯景。

同月，东魏高欢督诸军伐西魏。

本年，西魏关中大饥，人相食。

三年（丁巳，537）

正月，西魏宇文泰以计大败东魏。高欢撤军。

九月，柔然助西魏攻东魏，败还。

闰九月，东魏高欢自将攻西魏。

十月，西魏宇文泰至沙苑，以伏兵击败高欢。史称“沙苑之战”。

同月，宇文泰部将攻陷东魏洛阳，河南诸郡多归附西魏。

四年（戊午，538）

二月，东魏收复南汾、颍、豫、广四州。

同月，西魏、柔然和亲。

七月，东魏侯景等焚烧洛阳。

八月，西魏宇文泰大破东魏。

十二月，东魏改《停年格》。

五年（己未，539）

九月，东魏筑邺城。

十一月，东魏派使者访梁。

同月，梁分州为五品。

六年（庚申，540）

二月，西魏铸五铢钱。

七年（辛酉，541）

九月，西魏宇文泰用苏绰建议，减官员，置屯田，又为六条诏书，行强国富民之法。

同月，东魏颁行新法令，名为《麟趾格》。

八年（壬戌，542）

二月，西魏初置六军。

四月，东魏派李绘访问梁。

八月，东魏以侯景为河南道大行台，以防备梁、西魏，讨叛逆。

九年（癸亥，543）

三月，东魏高欢与西魏宇文泰在邙山大战。

十年（甲子，544）

正月，交州李贲自称越帝。

七月，西魏更改度量制。

十月，东魏括户大使分行诸州。

十一年（乙丑，545）

六月，西魏苏绰作《大诰》。

同月，东魏高欢娶柔然头兵可汗之女。

中大同元年（丙寅，546）

八月，东魏迁洛阳《石经》五十二碑至邺。

同月，东魏、西魏大战于壁。

大清元年（丁卯，547）

正月，东魏丞相高欢死。

同月，东魏侯景与高氏不和，据河南叛归西魏。

二月，西魏以侯景为上谷公。

同月，侯景上表于梁，愿举豫、襄等十三州降，梁封景河南王。

同月，东魏高澄囚孝静帝于含章堂。

十一月，东魏大破梁军。

二年（戊辰，548）

二月，东魏与梁复通友好。

八月，侯景据寿阳起兵。

十月，侯景引兵逼临长江，直入建康。

十一月，临贺王萧正德即皇帝位。

三年（己巳，549）

三月，侯景攻陷台城，幽禁梁武帝，纵兵劫掠。废萧正德为大司马。

五月，梁武帝被侯景所制，忧愤成疾而死。皇太子萧纲为帝，是为梁简文帝。

同月，梁西江督护陈霸先等在南海起兵。

八月，东魏高澄被杀，其弟高洋执政。

梁太宗简文皇帝萧纲

大宝元年（庚午，550）

正月，梁将陈霸先进军南康。

同月，西魏获取梁安陆，遂尽据汉中地。

五月，高洋废孝静帝，自为皇帝，建都邺，国号齐，是为齐显祖文宣皇帝。史称北齐。

八月，北齐始立九等户法。

十月，侯景自加宇宙大将军、都督六合诸军事。

十二月，西魏开创府兵制。

二年（辛未，551）

同月，梁将陈霸先进军江州。

三月，西魏文帝死。太子元钦立，是为废帝。

六月，侯景在巴陵战败。

同月，突厥可汗土门向西魏求婚。宇文泰以公主嫁之。

八月，侯景废梁简文帝，立豫章王萧栋为帝。

十月，侯景杀简文帝。

十一月，侯景即皇帝位，国号汉，封萧栋为淮阴王。

梁世祖孝元皇帝萧绎

承圣元年（壬申，552）

三月，王僧辩与陈霸先击败侯景。

四月，梁武陵王萧纪在四川成都即皇帝位。

同月，侯景兵败，被部下所斩。

六月，北齐派谢季卿至梁，贺平定侯景之乱。

十一月，梁湘东王萧绎在江陵即皇帝位，是为世祖元皇帝。

二年（癸酉，553）

正月，北齐铸“常平五铢钱”。

三月，西魏宇文泰派原珍等伐蜀。

七月，梁武陵王萧纪兵败，被杀。

闰十月，梁在东关大破北齐军。

三年（甲戌，554）

正月，西魏作九命之典，叙述内外官爵，改流外号为九秩。

正月，西魏宇文泰废帝元钦，立齐王元廓，是为恭帝。

三月，西魏及北齐使者访问梁。

十一月，西魏军攻梁，入江陵，梁元帝出降。

十二月，西魏杀梁元帝。

梁敬皇帝萧方智

绍泰元年（乙亥，555）

正月，梁王萧詧在江陵即皇帝位，向魏称臣。是为中宗宣皇帝。史称后梁。

同月，北齐立贞阳侯萧渊明为梁主，派兵送还梁。

二月，梁晋安王萧方智在建康即梁王位。

五月，王僧辩迎贞阳侯萧渊明至建康即帝位，向北齐称臣。

六月，北齐修筑长城，全长九百余里。

九月，陈霸先在京口举兵，废萧渊明。

十月，晋安王萧方智即皇帝位，是为敬皇帝。仍向北齐称臣。

十二月，梁将大破北齐军。北齐派使者向陈霸先求和。

同年，突厥成为塞外大国。

太平元年（丙子，556）

正月，西魏仿《周礼》，初建六官。

六月，陈霸先在建康大破北齐军。

九月，梁以陈霸先为丞相、录尚书事。

十月，西魏宇文泰病死，子宇文觉嗣位，侄宇文护总理朝政。

同月，西魏恭帝禅位于宇文觉。

陈高祖武皇帝陈霸先

永定元年（丁丑，557）

正月，周公宇文觉称天王，是为孝闵帝，建都长安，国号周，史称北周。

九月，梁进丞相陈霸先为相国，总揽朝政，封陈公。

同月，北周宇文护废天王宇文觉为略阳公，拥立宁都公宇文毓为天王，是为世宗明皇帝。

十月，陈霸先受禅称帝，是为陈武帝。建都建康，国号陈。

二年（戊寅，558）

三月，北齐护送梁永嘉王萧庄至湓城即帝位。

五月，陈武帝舍身大庄严寺。

十二月，高凉太守冯宝死，其妻冼氏统领州部。

三年（己卯，559）

六月，陈武帝陈霸先死。

同月，陈霸先侄临川王陈蒨继位，是为世祖文皇帝。

同月，北齐主大诛元氏，前后共死七百二十一人。

八月，北周天王宇文毓始称皇帝。

十月，北齐高洋死，太子殷继位，是为废帝。

陈世祖文皇帝陈蒨

天嘉元年（庚辰，560）

四月，北周宇文护杀周明帝，以宇文邕为帝，是为高祖武皇帝。

八月，北齐常山王高演为帝，是为肃宗孝昭皇帝，以废帝为济南王。

二年（辛巳，561）

七月，北周铸“布泉”，一当五，与五铢钱并行。

十一月，北齐孝昭帝死。其弟长广王高湛继位。是为世祖武成皇帝。

三年（壬午，562）

闰二月，陈铸五铢钱。

四年（癸未，563）

正月，北周作《大律》十五篇。

三月，北齐筑长城二百里，置十二戍。

四月，北周行养老礼。

五年（甲申，564）

三月，齐颁行均田令。

六年（乙酉，565）

二月，北周迎突厥可汗女为后。

四月，北齐武成帝高湛禅位于皇太子高纬，是为齐后主。武成帝号为太上皇帝。

天康元年（丙戌，566）

四月，陈文帝死，皇太子陈伯宗继位，是为废帝。

本年，北齐始用士人为县令。

陈临海王陈伯宗

光大元年（丁亥，567）

闰六月，北齐左丞相斛律金死。

九月，北齐山东大水。

二年（戊子，568）

十一月，陈安成王陈顼废陈帝为临海王。

陈高宗宣皇帝陈顼

太建元年（己丑，569）

正月，陈安成王陈顼即皇帝位，是为高宗宣皇帝。

十二月，北周、陈互派使者通好。

二年（庚寅，570）

二月，陈册封冼夫人，赐驷马安车一辆，鼓吹一部，如刺史之仪。

十二月，北周平定越嶲，设置西宁州。

三年（辛卯，571）

四月，北周攻取齐宜阳等九城。

六月，北齐攻取北周汾州，又攻取四戍。

四年（壬辰，572）

二月，北周分派使者访问突厥和北齐。

三月，北周杀宇文护及其诸子。

六月，北齐杀丞相斛律光。

本年，突厥木杆可汗死，其弟立，是为佗钵可汗。

五年（癸巳，573）

正月，北齐以高阿那肱录尚书事，与侍中穆提婆、领军大将军韩长鸾号称“三贵”，害国害民。

二月，北齐后主喜好文学，设置文林馆。

三月，陈宣帝命镇前将军吴明彻、都官尚书裴忌领军十万伐北齐。

九月，北周太子宇文赟娶大将军随公杨坚女为妃。

十二月，北周武帝召集群臣及沙门、道士，辨三教先后次序，以儒教为先，道教为次，佛教为后。

本年，陈几乎尽复江北、淮泗地。

六年（甲午，574）

五月，北周禁佛、道二教。

六月，北周铸五行大布钱。

七年（乙未，575）

二月，北齐后主荒淫无道，民不聊生。

七月，北周发兵六路攻齐。

八月，北周军入齐境，攻取河阴，进围洛口。

九月，北周武帝病，引军返回。

八年（丙申，576）

十月，北周武帝大发兵攻齐，破齐晋州。

十二月，北齐后主兵败至晋阳。

同月，北齐后主退至邺城，禅位于皇太子高恒。

九年（丁酉，577）

正月，北齐太子高恒即皇帝位。尊齐后主为太上皇。

同月，北周军攻下邺城，北齐幼主禅位于任城王高湝。幼主自为宋国天王。北周军追至青州南邓村，擒齐太上皇及幼主等人。北齐亡。

八月，北周议定权衡度量制。

十一月，北周免东土及江陵所掠为奴婢者为民。

同月，北周开始施行《刑书要制》。

十年（戊戌，578）

六月，北周武帝病死。太子宇文赟继位，是为宣皇帝。

十一年（己亥，579）

正月，周宣帝废《刑书要制》，颁行《刑经圣制》。

同月，北周宣帝传位于太子阐，是为静皇帝。宣帝自称天元皇帝。

七月，陈用大货六铢钱。

十一月，北周铸永通万国钱。

十二月，北周攻取谯、北徐州，于是长江以北地皆入北周。

十二年（庚子，580）

五月，北周宣帝死。时静帝八岁，以随国公杨坚为左大丞相，总揽朝政。

同月，杨坚革除宣帝苛政，作《刑书要制》。

六月，北周相州总管尉迟迥起兵攻杨坚。

七月，北周青州总管尉迟勤、郧州总管司马消难举兵响应尉迟迥。司马消难投奔陈以求援。

八月，尉迟迥及尉迟勤败死。

十二月，北周以大丞相杨坚为相国，总理朝政，进爵随王。杨坚杀周室诸王。

十三年（辛丑，581）

二月，北周相国、随王杨坚废周静帝为介公。杨坚自为皇帝，是为隋高祖文皇帝，建元开皇，国号隋。

同月，隋除北周六官，依汉、魏旧制。

九月，隋铸五铢钱。

十月，隋制定新律。后世多遵用隋律。

十四年（壬寅，582）

正月，陈宣帝死。太子陈叔宝即皇帝位，史称陈后主。

六月，隋在龙首山造新都。

十二月，隋命名新都为大兴城。

陈长城公陈叔宝

至德元年（癸卯，583）

三月，隋迁都大兴城。

同月，隋减丁役，废除盐、酒由政府专营。

四月，隋文帝诏令攻突厥，分八路出塞。大破沙钵略可汗及故齐将高宝宁。

六月，突厥攻隋幽州。隋将李崇力战，殉国。

八月，隋进攻突厥。

十一月，隋罢诸郡为州。

十二月，隋更定新律，共十二卷五百条。

本年，隋在卫州设置黎阳仓，陕州设置常平仓，华州设置广通仓储粟。水运关东及汾、晋地粟至长安。

二年（甲辰，584）

六月，隋文帝诏宇文恺凿广通渠，以通漕运。从大兴城至潼关三百余里。

九月，隋文帝不喜浮华文辞，诏令天下公私文翰以散文实录。

同月，突厥沙钵略可汗向隋请求和亲。隋以千金公主嫁之。

三年（乙巳，585）

五月，隋诏郡、县设置义仓，以防备荒年。

同月，隋命州县大索貌阅，并立输籍法，下达各州。

八月，突厥沙钵略派子库合真入朝。突厥从此每年贡献不绝。

同年，隋在朔方、灵武修筑长城，长七百里，以防胡寇。

四年（丙午，586）

同月，隋向突厥颁行历法。

祯明元年（丁未，587）

正月，隋令各州每年贡士三人。

二月，隋征发十万余人修长城。

四月，隋在扬州开山阳渎，通漕运，准备攻陈。

九月，后梁安平王萧岩降陈。随文帝遂废梁国，后梁亡。

二年（戊申，588）

三月，隋文帝下诏暴陈后主二十条罪恶。

十月，隋文帝发兵八路攻陈，皆受晋王杨广节度。

十一月，隋文帝亲自为将士饯行，陈师誓师。

十二月，隋军逼临长江。陈后主以长江天堑，不设备，依旧奏伎、纵酒、赋诗。

隋高祖文皇帝杨坚

开皇九年（己酉，589）

正月，隋晋王杨广入建康，陈亡。

二月，隋置乡正、里长治民。

同月，陈境皆平，计得三十州，一百郡，四百县。

十年（庚戌，590）

五月，下诏改革府兵制。

六月，规定民满五十岁免役收庸（以布帛代替力役）。

十二年（壬子，592）

七月，免去苏威官爵。

八月，各州判死刑，全移大理寺按复。

十二月，隋以杨素与高颎专掌朝政。

十三年（癸丑，593）

二月，诏在岐州北营建仁寿宫。

同月，禁私修国史。

同月，销毁前代金石乐器。

十四年（甲寅，594）

四月，隋诏行新乐。

六月，诏废公廨钱。

八月，关中大旱。

十五年（乙卯，595）

二月，收天下兵器。

三月，仁寿宫落成。

十二月，诏盗边粮一升以上者斩首，并没收家产。

十六（丙辰，596）

六月，诏工商不得为官。

十一月，以光化公主嫁给吐谷浑世伏可汗。

十七年（丁巳，597）

二月，史万岁击平南宁羌。诸夷派使者请降。

四月，诏颁张胄玄的新历法。

同月，文帝以安义公主嫁给突厥突利可汗。

十八年（戊午，598）

二月，隋文帝命汉王杨谅等水陆三十万大军征伐高丽。

九月，隋军无功返回，死者十之八九。

十九年（己未，599）

二月，突厥突利可汗投奔隋。

八月，尚书左仆射高颎被免官。

十月，以突利可汗为启民可汗，又以义成公主嫁。

二十年（庚申，600）

十月，文帝废太子勇为庶人。

十一月，文帝立晋王杨广为皇太子。

十二月，诏禁毁佛道神像。

仁寿元年（辛酉，601）

五月，突厥九万人降隋。

六月，诏废太学、四门及州县学。

七月，改国子学为太学。

二年（壬戌，602）

三月，突厥思力俟斤可汗等兵败远遁。

闰十月，诏修定五礼（指吉、凶、军、宾、嘉五礼）。

十二月，废蜀王秀为庶人。

本年，隋文帝逐渐疏忌杨素。

三年（癸亥，603）

本年，龙门大儒王通献《太平十二策》。

同年，突厥步迦可汗部尽归启民可汗。

四年（甲子，604）

七月，隋文帝病危，卧与百官诀别。在大宝殿驾崩。太子杨广即皇帝位，是为隋炀帝。矫诏赐太子勇死。

八月，汉王杨谅（文帝子）起兵反叛。

隋炀皇帝杨广

大业元年（乙丑，605）

三月，诏将作大匠宇文恺等在洛阳营建东京。

同月，开凿运河，北起洛阳，南至扬州。

五月，炀帝筑西苑，穷极华丽。

八月，炀帝游江都。州县令献食，穷极水陆珍奇。

二年（丙寅，606）

十月，下诏改修律令。

十二月，在洛阳北设置回洛仓，置洛口仓。

本年，搜求天下乐工，集于东京。

三年（丁卯，607）

三月，炀帝派朱宽入海，访异地风俗，到达流求国。

四月，颁行新律。

同月，隋改州为郡，改度量衡依古制；设置五省三台、五监、十六府，废除伯爵、子爵、男爵，只留王、公、侯三等。

五月，修驰道。

六月，炀帝入突厥境，突厥在境内开辟御道三千里。

七月，征发一百余万人修筑长城。

同月，大臣高颎、贺若弼等，以“诽谤朝廷”被杀。

八月，炀帝临启民可汗帐。

十月，使裴矩通西域。

四年（戊辰，608）

正月，征发一百余万人开凿永济渠。

二月，炀帝派崔君肃慰谕西突厥处罗可汗。

三月，倭王多利思比孤进贡。

同月，炀帝出塞巡视长城。

四月，诏在汾州北建造汾阳宫。

十月，赤土王派其子那邪迦随使入贡。

五年（己巳，609）

正月，禁止民间造铁叉、搭钩等兵器。

本年，核实户口。

六年（庚午，610）

正月，炀帝在洛阳盛陈百戏以夸示诸蕃酋长。

二月，隋将陈稜等献流求俘。

十二月，凿江南河，从京口至余杭，八百余里。

七年（辛未，611）

二月，炀帝下诏征讨高丽。

七月，山东、河南大水，漂没三十余郡。

十二月，西突厥处罗可汗来朝。

本年，百姓相聚，义军纷起。

八年（壬申，612）

正月，炀帝分西突厥处罗可汗众为三部。

同月，进军平壤。

三月，围辽东城。

六月，隋水军中伏兵大败。

七月，隋陆军大败于萨水。

十一月，以宗女嫁给高昌王。

本年，大旱灾，疾疫。

九年（癸酉，613）

正月，诏征各地兵集涿郡，修辽东古城，贮备军粮。

三月，炀帝赴辽东督师。

同月，当时各地反隋武装蜂起。

四月，炀帝至辽东，派宇文述等率军趋平壤。

六月，杨玄感在黎阳起兵誓师反隋。

同月，炀帝得知杨玄感起兵，引军还。

八月，杨玄感西趋潼关，败死。

本年，杜伏威、辅公祏率众起事。

十年（甲戌，614）

二月，诏复征兵，百路共击高丽。

三月，炀帝至涿郡。士兵多逃亡。

七月，至怀远镇。高丽派使者请降，炀帝班师。

十一年（乙亥，615）

二月，炀帝下诏“民悉城居”。

四月，以李渊为山西、河东抚慰大使，承制升黜选补郡县文武官。

八月，炀帝北巡。在雁门被突厥围困三十二天。

十月，下诏令江都再造龙舟。

十二年（丙子，616）

正月，在毗陵郡东南修宫苑。

七月，炀帝三游江都。

十月，李密投靠翟让。合军包围荥阳，破张须陁。

十二月，鄱阳林士弘起事，自称皇帝。

同月，诏以李渊为太原留守。

同月，窦建德大破隋军，自称将军。

隋恭皇帝杨侑

义宁元年（丁丑，617）

正月，杜伏威大败隋将陈稜。

同月，窦建德据乐寿，称长乐王。

同月，卢明月转掠河南、淮北，自称无上王，被隋将王世充击斩于南阳，余众皆散。

二月，梁师都起兵反隋，刘武周起兵反隋，依附突厥。

同月，瓦岗军一举攻克兴洛仓。

同月，隋东都越王侗派刘长恭等征讨李密，大败。瓦岗军尽收其辎重器甲，声威大振。翟让推李密为主，号魏公，建元永平，拜翟让为上柱国、司徒、东郡公。

三月，突厥始毕可汗立贼帅刘武周为定杨可汗，梁师都为大度毗伽可汗。

同月，郭子和在榆林反隋，自称永乐王，附突厥。

四月，薛举起兵反，自称西秦霸王。

同月，孟让率军攻入东都外郭。

同月，李密率军复取回洛仓，逼进东都。

同月，李渊起兵晋阳。

六月，李渊定入关之计。

七月，李轨起兵反隋，自称河西大凉王。

同月，窦建德击败薛世雄。

八月，李渊夺取霍邑。

九月，炀帝在江都以寡妇、处女配军士。

同月，武阳郡丞元宝藏降李密。密以元宝藏为魏州总管，以其门客魏徵为元帅府文学参军，掌记室。

十一月，李渊率军攻克长安，尽除隋朝苛禁。

同月，瓦岗军内讧，李密杀翟让。

同月，李渊迎代王侑即皇帝位，是为恭帝，遥尊炀帝为太上皇。李渊为大丞相，进封唐王。

十二月，李世民大败薛仁果。

同月，隋河东守将屈突通降唐。

唐高祖神尧大圣光孝皇帝李渊

武德元年（戊寅，618）

同月，李密击败王世充，进逼东都。

三月，宇文化及缢杀隋炀帝。

同月，吴兴太守沈法兴起兵据江南十余郡。

四月，李建成、李世民率军返回长安。

同月，梁王萧铣即帝位。

五月，隋恭帝禅位于唐。唐王李渊即皇帝位，是为唐高祖，改元武德。

同月，隋越王侗即皇帝位，是为皇泰帝。

六月，李密降隋。

八月，唐招抚李轨。封凉王。

同月，杜伏威奉表降隋。

九月，王世充大破李密。

同月，宇文化及称帝。

十一月，徐世勣投降唐。

十二月，李密叛唐，被盛彦师斩首。

二年（己卯，619）

二月，唐初定租、庸、调法。

闰二月，窦建德大破宇文化及，擒杀之。隋封建德为夏王。

同月，瓦岗军将秦叔宝、程知节等跃马降唐。

三月，隋将王薄等降唐。

四月，王世充废隋皇泰帝，自称皇帝。

五月，王世充杀隋皇泰帝。

七月，唐置十二军分统关内诸府，督以耕战。

九月，唐军击败梁师都，与突厥联兵。

同月，沈法兴称梁王。

同月，李子通称帝。

同月，杜伏威降唐。

同月，刘武周据并州，又攻陷晋州。

十月，唐征发全部关中兵讨伐刘武周，由李世民统领。

三年（庚辰，620）

正月，李世勣复归唐。

四月，李世民大破刘武周部将宋金刚，尉迟敬德降世民。刘武周所得州县皆归于唐。

六月，唐封杜伏威为吴王。

九月，王世充所部二十五州降唐。

十一月，突厥处罗可汗死，颉利可汗立。

四年（辛巳，621）

正月，秦王李世民与秦叔宝、程知节、尉迟敬德等率精锐骑兵大破王世充。

二月，李世民围洛阳宫城。

三月，李世民击败窦建德。

五月，窦建德受伤被俘。王世充投降，唐军进入洛阳。

七月，李世民至长安，在太庙献俘。

同月，初行开元通宝钱。

八月，窦建德部将刘黑闼起兵。附近诸州多响应。

同月，唐军在饶阳被刘黑闼击败，黑闼兵势大振。

十月，以秦王李世民开馆延请文学之士十八人号“十八学士”。

五年（壬午，622）

正月，刘黑闼称汉东王。

三月，李世民大败刘黑闼，刘黑闼逃奔突厥。山东全部平定。

七月，杜伏威入朝，拜太子太保，仍兼行台尚书令，留长安，位在齐王元吉上。

同月，冯盎率所部降唐，以其地设置八州，岭南全部平定。

十月，刘黑闼屡败唐军。

十一月，太子李建成请受诏讨伐刘黑闼。

十二月，李建成等击败刘黑闼。

本年，高丽王建武遣还隋末被俘战士上万人。

六年（癸未，623）

正月，刘黑闼被下属执送李建成。斩之。

八月，辅公祏反唐，据丹阳称帝，国号宋。

十月，突厥屡为边患。

七年（甲申，624）

正月，每州设置大中正一人。

二月，唐派使者册封高丽王、百济王、新罗王。

同月，唐高祖亲临国子监，诏诸王公子弟各就学。

三月，唐厘定官制中央，设置三公、六省、御史台、九寺、将作监、国子学、天策上将府、十四卫。定文散官二十八阶，武散官三十一阶，勋官十二等。

同月，唐军屡败辅公祏部，公祏被执斩首。江南平定。

四月，初定均田租、庸、调法。

八月，李世民在豳州阵前离间颉利、突利可汗，突厥撤军请和亲，世民许之，并与突利结为兄弟。

八年（乙酉，625）

正月，突厥、吐谷浑请互市，许之。

四月，西突厥统叶护可汗请婚，许之。

八月，突厥攻并、潞、沁、韩等州。颉利可汗大掠朔州，唐军数战不利。

九月，令检校度量衡。

九年（丙戌，626）

四月，高祖下诏淘汰僧、尼、道士、女冠（女道士），庸猥粗秽者令还乡里。

六月，玄武门之变。房玄龄、长孙无忌、尉迟敬德等力劝世民杀建成、元吉。世民率长孙无忌等伏兵玄武门（宫城北门），杀太子建成、齐王元吉及其诸子。

同月，高祖立世民为皇太子，委以国事。

同月，李世民以魏徵为谏议大夫。

七月，唐以秦府旧部为将相。

同月，派魏徵宣慰山东。

八月，唐高祖传位于太子李世民，是为唐太宗。

同月，突厥颉利可汗进军至渭水便桥北，太宗与房玄龄等六人轻骑至渭水，隔水责颉利负约。颉利有惧色，请和。太宗与之便桥上结盟。突厥引兵退。

九月，太宗设弘文馆，选文学之士虞世南、褚亮、姚思廉、欧阳询等以本官兼学士，随时商榷政事。

十二月，太宗励精求治，数引魏徵入内室，问以得失。徵知无不言，太宗皆欣然采纳。

唐太宗文武大圣大广孝皇帝李世民

贞观元年（丁亥，627）

正月，唐改元贞观。

同月，更议定律令，放宽绞五十条，改为加役流。

二月，裁并州县，因山川形势，分为十道。

六月，山东大旱。

十二月，太宗告谕大臣直谏。

同月，定选人制度，为“四时听选，随阙注拟”（应试获选的人，由尚书省随缺额注册拟官）。

同月，并省文武官，中央留文武六百四十三人。

同月，回纥酋长菩萨大破颉利可汗。

同月，西突厥统叶护可汗派使者献重礼以迎公主，颉利从中阻挠，未成婚。

二年（戊子，628）

正月，太宗君臣论政。魏徵说：“兼听则明，偏信则暗”“人主兼听广纳，下情得以上通。”

三月，关内旱饥。

四月，突厥政乱，太宗派柴绍击梁师都，包围朔方。师都被部下所杀。

三年（乙丑，629）

二月，以房玄龄为左仆射，杜如晦为右仆射，以魏徵守秘书监，参与朝政。

八月，太宗因颉利既请婚，又援梁师都，遂派兵部尚书李靖等击之。

九月，突厥俟斤九人率众降唐。

同月，李靖等分道出击突厥。

闰十二月，时远方诸国至唐朝贡者甚众，服装怪异。从中书侍郎颜师古之请，作《王会图》，图写以示后人。

同月，牂柯党项酋长来降。

四年（庚寅，630）

正月，李靖等击败突厥，颉利可汗退驻碛口。

二月，又大破之于阴山，颉利大酋长皆率众降。

三月，突厥颉利可汗往依苏尼失，被俘送京师。

同月，唐代名相杜如晦死。

四月，突厥亡，其十万人降唐。

五月，分突厥故地为十州，置都督府，分统其众。突厥人入居长安者近万家。

八月，唐定品官服色。

十一月，废除鞭打脊背之刑。

同月，高昌王麹文泰入朝。

五年（辛卯，631）

五月，用金帛赎回沦落突厥男女共八万人。

同月，林邑、新罗派使者奉献，倭国派使者进贡。

六年（壬辰，632）

七月，焉耆王突骑支派使者入贡，高昌大掠焉耆。

本年，党项羌前后归附计 30 万人。

七年（癸巳，633）

三月，李淳风造成浑天黄道仪。

九月，山东、河南四十余州水灾，派使者赈济。

八年（甲午，643）

正月，以李靖等分赴全国，察官吏清浊，问民间疾苦。

七月，山东、河南、淮、海之间大水灾。

十一月，吐蕃赞普弃宗弄赞派使者入贡，请婚。太宗派冯德遐前往慰抚。

九年（乙未，635）

三月，诏民户资产宜分九等。

五月，李靖大破吐谷浑。

十年（丙申，636）

正月，突厥残部答布可汗阿史那社尔率众降唐。以社尔为左骁卫大将军，留长安。

本年，唐改定府兵制。

十一年（丁酉，637）

正月，房玄龄等受诏定律。

三月，房玄龄等上所定《新礼》。

六月，太宗自选刺史。

十二年（戊戌，638）

正月，高士廉等奉上所撰《氏族志》，以崔氏为第一。太宗命以本朝官爵品秩为高下，以皇族为首，外戚次之，崔氏第三。共二百九十三姓。

八月，唐太宗以侯君集为行军大总管，督步兵骑兵五万击吐蕃。

九月，唐击败吐蕃。吐蕃退兵，派使者谢罪，复请婚。太宗准允。

十三年（己亥，639）

二月，诏令停止诸王、功臣子孙世袭刺史职。

七月，令突厥及诸胡返回漠南旧地，并告谕薛延陀等各守疆土，不得渡过沙漠南侵。

十二月，侯君集等率军击高昌。

同月，西突厥分建南庭、北庭，以伊列水为界。

十四年（庚子，640）

二月，太宗大征天下名儒为学官，高丽、百济、新罗、高昌、吐蕃派子弟至长安求学。太宗命孔颖达等撰定《五经正义》，令学员学习。

三月，流鬼国在靺鞨以北，从未通中国，派使者经三重翻译至唐入贡。

八月，侯君集等军至碛口，高昌王麹文泰犹惧死，子智盛立。唐军攻其交河城，智盛出降。

九月，唐在交河城设置安西都护府。

十月，吐蕃赞普献金五千两及珍玩数百作聘礼，至唐请婚。太宗许以文成公主。

十五年（辛丑，641）

正月，命李道宗送文成公主至吐蕃。赞普以婿礼见道宗，爱慕唐之风俗文化。

七月，因西突厥沙钵罗叶护可汗屡派使者入贡，乙毗咄陆可汗渐强，西域诸国多归附。乙毗咄陆可汗擒杀沙钵罗叶护可汗。

十一月，薛延陀真珠可汗渡漠南击突厥，太宗命李世勣等兵分五路救突厥。

十二月，李世勣等大破薛延陀，其众至漠北。人畜冻死者十之八九。

十六年（壬寅，642）

九月，安西都护击败西突厥乙毗咄陆可汗。太宗派使者立乙毗射匮可汗，乙毗咄陆可汗西奔吐火罗。

十一月，高丽王武被臣下盖苏文残杀，立王弟子藏为王。

十七年（癸卯，643）

正月，魏徵死。太宗自制碑文，亲为书石。

二月，太宗命在凌烟阁图画功臣二十四人肖像。

四月，太子承乾谋反事泄，废为庶人，同谋者侯君集等皆伏诛。

同月，立晋王李治为皇太子。

闰六月，下诏以高丽王藏为高丽王。

九月，新罗因百济与高丽连兵绝其入朝之路，向唐求援。太宗派使制止高丽用兵。

十八年（甲辰，644）

二月，太宗因高丽不听勿攻新罗的谕告，欲击高丽。

九月，安西都护郭孝恪击败焉耆与西突厥。

十一月，太宗命张亮、李世勣率军分由海、陆击高丽，并诏新罗、百济、奚、契丹分路击之。

十九年（乙巳，645）

二月，沧州刺史席辩因贪赃罪被处死。

四月，太宗至北平。李世勣攻陷盖牟城。

五月，张亮攻陷卑沙城。

同月，李世勣等攻陷辽东城，以其城为辽州。

六月，高丽白岩城降，以其城为岩州。

同月，太宗至安市城，大破高丽军，高丽高延寿等请降。

九月，安市城险固兵精，唐军久攻不下，粮食将尽，下诏班师。

二十年（丙午，646）

正月，乔师望等大破薛延陀。

同月，派孙伏伽等二十二人巡察四方。

五月，高丽派使者谢罪。

六月，西突厥乙毗射匮可汗派使者入贡，且请婚。太宗准允，命割龟兹等五国以为聘礼。

同月，遣将分路击薛延陀。薛延陀遣使奉表犹持两端。太宗派李世勣及九姓敕共图之，咄摩支降。

八月，敕勒诸部的，回纥、拔野古等十一姓各派使者入贡。

九月，太宗至灵州，敕勒诸部派使至，愿奉太宗为天可汗。

二十一（丁未，647）

正月，诏以回纥部为瀚海府，其他十二部地分别为府、州，各以其酋长为都督刺史。

四月，设置燕然都护府。

五月，李世勣军渡辽水击高丽，无功而还。

八月，骨利干（铁勒部落之一，居于蒙古高原大沙漠以北的瀚海之北）派使者入贡。

十二月，高丽王派其子谢罪。

二十二年（戊申，648）

二月，结骨（汉时谓坚昆，唐时又谓黠戛斯，居于阿尔泰山与杭爱山之间）酋长失钵屈阿栈入朝。

五月，王玄策大破中天竺。天竺城邑聚落降者五百八十余所。

同月，新罗相金春秋入朝。

二十三年（乙酉，649）

正月，徒莫祇等蛮归附，以其地为四州。

五月，著名军事学家李靖死。

同月，太宗驾崩。太子李治即位，是为高宗。罢辽东之役。

七月，于阗王伏阇信入朝。

八月，地震，晋州尤甚，死五千余人。

同月，葬文皇帝李世民于昭陵，庙号太宗。

唐高宗天皇大圣大弘孝皇帝李治

永徽元年（庚戌，650）

正月，高宗召朝集使询问百姓疾苦。长孙无忌与褚遂良同心辅政。

九月，突厥尽归附，设置单于、瀚海二都护府。

二年（辛亥，651）

七月，西突厥沙钵罗可汗攻扰庭州，杀数千人。令梁建方等征讨。

闰九月，下诏颁行长孙无忌等所删定的律、令、式。

三年（壬子，652）

正月，吐谷浑、新罗、高丽、百济派使者入贡。

同月，以褚遂良为吏部尚书、同中书门下三品。

六月，派兵部尚书崔敦礼等率军发薛延陀余众渡黄河，设置祁连州使居处。

四年（癸丑，653）

二月，房遗爱娶高阳公主，以谋奉荆王元景为帝罪被诛。

十一月，初，睦州女子陈硕真起事，自称文佳皇帝。被扬州刺史房仁裕等击斩。

五年（甲寅，654）

三月，初，太宗才人武氏在太宗死后入感业寺为尼。高宗召武氏回宫，拜为昭仪。

四月，大食击杀波斯王伊嗣侯，王子卑路斯奔吐火罗（中亚古国）。大食退兵，吐火罗立卑路斯为波斯王。

六月，恒州大水，淹五千三百家。

六年（乙卯，655）

二月，派程名振、苏定方率军击高丽，援助新罗。

五月，派程知节征讨西突厥沙钵罗可汗。

九月，高宗欲立武昭仪为后，长孙无忌等劝谏，不听。

十一月，册封武氏皇后。王皇后、萧妃后被武后害死。

同月，中书侍郎李义府参知政事。时人说义府笑中有刀。

显庆元年（丙辰，656）

正月，废皇太子李忠，以为梁王。立武后子代王李弘为皇太子。

八月，程知节等大破西突厥。

九月，括州暴风，海水淹没四千余家。

二年（丁巳，657）

闰正月，命苏定方从北道讨伐西突厥沙钵罗可汗。

十二月，苏定方大破沙钵罗可汗。沙钵罗奔石国，被擒。

同月，以洛阳宫为东都。

三年（戊午，658）

正月，长孙无忌等奉上所修新礼，下诏颁行。

六月，程名振、薛仁贵等击高丽，攻陷赤烽镇。

十一月，李义府恃宠贪婪无厌，被贬为普州刺史。

四年（己未，659）

四月，许敬宗诬长孙无忌谋反，安置黔州。削夺褚遂良等官爵。

六月，诏改《氏族志》为《姓氏录》。以武后族为第一等，其余按官品高下分，共九等。于是以官品入士流者甚多。

七月，许敬宗派人至黔州逼令长孙无忌自杀。诏斩柳奭、韩瑗。从此政归武后。

同月，薛仁贵在横山击败高丽。

五年（庚申，660）

三月，百济屡侵新罗。新罗求救。命苏定方率军攻伐百济。

八月，苏定方水陆军大破百济，百济投降。

十月，高宗病，目不能视，政事委武后裁决。

龙朔元年（辛酉，661）

三月，派刘仁轨会新罗兵击败百济。

七月，苏定方围平壤城。

九月，契苾何力在鸭绿水击败高丽。

二年（壬戌，662）

三月，铁勒九姓合众十余万抵抗唐军，薛仁贵三箭射杀三人，大败铁勒九姓，追度漠北，俘叶护兄弟三人还。

同月，以契苾何力为铁勒道安抚使。遂定铁勒九姓。

三年（癸亥，663）

二月，迁燕然都护府于回纥，改名瀚海；迁故瀚海都护于云中古城，改名云中。

四月，李义府卖官聚敛财富，下狱，除名，流放巂州。

五月，吐蕃大破吐谷浑。以郑仁泰等屯兵凉、鄯二州，以备吐蕃。

六月，以苏定方节度诸军，援助吐谷浑。

九月，孙仁师等攻陷百济周留城，平定百济。

麟德元年（甲子，664）

十二月，武后垂帘听政。从此天下大权，全归中宫。中外谓为“二圣”。

二年（乙丑，665）

闰三月，疏勒引吐蕃侵于阗，命崔知辩救之。

十月，武后上表请参与泰山封禅礼（登泰山筑坛祭天称为“封”，在山南梁父山上辟基祭地称为“禅”）。诏皇后参与封禅祭地神。

乾封元年（丙寅，666）

正月，高宗在泰山封禅。归途中至曲阜，祭孔子。

五月，铸乾封泉宝钱，一当十。

九月，庞同善大破高丽兵，泉男生与同善合兵。

十二月，以李勣为辽东道行军大总管，击高丽。

二年（丁卯，667）

三月，唐在羌地所置十二州被吐蕃所破，悉罢之。

九月，李勣攻陷高丽新城，又连下十六城。高丽袭别军，薛仁贵大破之，攻下三城。

总章元年（戊辰，668）

二月，唐军攻陷高丽扶余城、大行城。

九月，李勣围平壤月余。高丽王降。

十二月，唐在平壤设置安东都护府，留兵二万镇抚。

本年，京师及山东、江淮旱灾、饥荒。

二年（己巳，669）

四月，迁高丽三万八千二百户置于江、淮之南。

本年，裴行俭等定量才授官法，后为定制。

咸亨元年（庚午，670）

四月，吐蕃攻陷西域十八州等。唐罢龟兹、于阗、焉耆、疏勒四镇。派薛仁贵等击吐蕃，并援送吐谷浑还故地。

八月，郭待封与薛仁贵等征伐吐蕃，两人不协，致使唐军大败于大非川，与吐蕃约和而还。

二年（辛未，671）

四月，以西突厥阿史那都支为左骁卫大将军兼匐延都督，以安集五咄陆之众。

三年（壬申，672）

正月，昆明蛮十四姓二万三千户归附，设置三州。

二月，迁吐谷浑至灵州，以其部落设置安乐州，以可汗诺曷钵为刺史。吐谷浑故地皆入于吐蕃。

四年（癸酉，673）

三月，诏令刘仁轨等改修国史。

闰五月，燕山道总管李谨行在瓠芦河西大破高丽叛众。

十月，名画家阎立本死。

上元元年（甲戌，674）

正月，派刘仁轨等击新罗。

八月，皇帝称天皇，皇后称天后。

十二月，于阗王、波斯王来朝。

二年（乙亥，675）

二月，刘仁轨等大破新罗，新罗派使者入贡谢罪。

三月，高宗风眩甚重，议使天后摄政。中书侍郎郝处俊等劝谏，止。

同月，武后引文学之士撰《列女传》《臣轨》《百僚新戒》《乐书》，共千余卷，并密令参决奏议表疏，以分宰相之权，当时称北门学士。

四月，太子弘死，时人以为武后毒酒所害。

仪凤元年（丙子，676）

八月，诏令今后每四年派五品以上京官至桂、广、交、黔等地精选官吏，时人称为南选。

九月，将军权善才、范怀义误砍昭陵柏，罪当除名，高宗命杀之。大理丞狄仁杰固谏，二人除名，擢升仁杰为侍御史。

二年（丁丑，677）

二月，遣还故高丽王高藏，以为辽东州都督，封朝鲜王，并遣前百济太子扶余隆归。高藏至辽东暗通靺鞨反叛，召还，扶余隆不敢返回。于是高氏、扶余氏亡。

十二月，大发兵征吐蕃。

三年（戊寅，678）

九月，李敬玄军在青海被吐蕃击败，工部尚书刘审礼被俘，遂收余众还鄯州。

调露元年（己卯，679）

二月，吐蕃赞普死，子器弩悉弄立，年八岁。高宗欲乘机图之，裴行俭谏止。

七月，裴行俭智擒西突厥十姓可汗阿史那都支。送波斯王泥洹师归国。留王方翼在安西，使筑碎叶城。

十月，单于大都护府突厥阿史德温傅、奉职二部叛变，二十四州酋长皆响应。派萧嗣业等击之，唐军大败。

永隆元年（庚辰，680）

三月，裴行俭在黑山大破突厥。

七月，吐蕃尽据诸羌地。地方一万余里，声势甚盛。

十月，文成公主死于吐蕃。

开耀元年（辛巳，681）

正月，突厥侵扰原、庆等州。

闰七月，裴行俭击降阿史那伏念，俘执阿史德温傅，平定突厥残部。

永淳元年（壬午，682）

四月，唐安西都护王方翼分别在伊丽水及热海击败西突厥，平定西突厥。

五月，关中地区水旱蝗灾、疾疫相继，两京间死者相枕于路，人相食。

七月，高宗欲封五岳，在嵩山南建奉天宫，李善感谏阻，时人称为“凤鸣朝阳”。

弘道元年（癸未，683）

十二月，高宗死，遗诏太子显即位，是为中宗。政事皆取决于太后。

唐则天顺圣皇后武曌

光宅元年（甲申，684）

二月，废中宗为庐陵王。立豫王李旦为皇帝，是为睿宗。政事决于太后。

同月，刘仁轨上疏陈述吕后祸败事以申规戒。

九月，太后改元光宅。旗帜皆为金色。改东都为神都。又改官名。

同月，时徐敬业在扬州起兵。敬业使骆宾王起草檄文，历数武后之罪。武后派李孝逸等率军讨伐徐敬业。

同月，徐敬业兵败，与骆宾王等被部下所杀。捕斩魏思温等，事平。

十二月，杀单于道安抚大使程务挺。流放夏州都督王方翼。

垂拱元年（乙酉，685）

二月，朝堂置登闻波（在西朝堂，使臣民击鼓上闻）和肺石（在东朝堂，即赤石，百姓可站在石上控诉地方官吏），有击鼓立石的，令御史受状以闻。

十一月，太后以僧怀义为白马寺主。

二年（丙戌，686）

正月，太后下诏归政于睿宗。睿宗固辞。太后复代行皇帝职。

三月，太后令铸铜为匦，以受天下表疏。从此，盛开告密之门。并任用酷吏来俊臣等。

三年（丁亥，687）

七月，唐将黑齿常之等在黄花堆大破突厥。

本年，全国大饥荒，山东、关内尤甚。

四年（戊子，688）

五月，武后加尊号为圣母神皇。

八月，诸王欲起兵匡复李氏社稷。

九月，武后大杀唐诸王。

十二月，明堂落成。

永昌元年（己丑，689）

闰九月，赐故相魏玄同死。从此内外大臣坐死及流贬者甚众。

十一月，始用周正。改本月为载初元年正月，以十二月为腊月，明年正月为一月。

同月，宗秦客改造“天”“地”等十二字以献，颁行。太后自名“曌”，改诏曰制。

同月，周兴奏除唐亲属籍。

天授元年（庚寅，690）

二月，太后在洛城殿策贡士，殿试自此始。

七月，僧法明等撰《大云经》，说武太后是弥勒佛下世，应代唐为主。

八月，杀故太子贤二子。唐宗室杀戮将尽。

九月，太后改唐为周，改元天授。武后称圣神皇帝，以睿宗为皇嗣，赐姓武氏。立武氏七庙。立武承嗣等为王。

十月，命天下武氏皆免除赋役。

二年（辛卯，691）

二月，周兴流放岭南。杀索元礼以慰人望。

四月，升释教于道教之上。

七月，迁关内数十万户以充实洛阳。

长寿元年（壬辰，692）

一月，来俊臣诬告任知古、狄仁杰、裴行本等谋反。贬狄仁杰等为县令，流放裴行本等至岭南。

二月，吐蕃、党项万余人内附，分置十州。

五月，江淮旱饥，饿死者甚众。

七月，太后自垂拱以来，任用酷吏诛杀唐宗室贵戚数百人，大臣数百家，刺史、郎将以下无数。朱敬则等多上疏言酷吏之害，太后采纳其言，制狱渐衰。

十月，王孝杰等大破吐蕃，收取龟兹、于阗等四镇。

二年（癸巳，693）

正月，令宰相撰《时政记》，每月送史馆。《时政记》从此始。

一月，有人告睿宗谋反。太常工人安金藏自剖心以证明睿宗不反。

同月，命举人停学《老子》，改学太后所撰《臣轨》。

延载元年（甲午，694）

二月，王孝杰在冷泉及大岭分别击败吐蕃和突厥。

八月，武三思率四夷酋长请在端门（洛阳皇城正南门）外铸天枢，铭记功德，黜唐颂周。

九月，来俊臣坐赃贬同州参军。

天册万岁元年（乙未，695）

四月，天枢铸成。名大周万国颂德天枢。

万岁通天元年（丙申，696）

腊月，太后封神岳（嵩山）、禅少室（嵩山西峰），免除天下百姓一年赋税。

九月，突厥攻凉州，擒都督。

同月，吐蕃复派使者请和亲，并请罢唐安西四镇戍兵，求分十姓突厥（即五咄陆、五弩失毕）地。

神功元年（丁酉，697）

正月，箕州刺史刘思礼谋反事发，武懿宗令刘思礼诬引朝士，于是宰相李元素等三十六家海内名士遭族灭，连坐流窜者一千余人。

同月，张易之、张昌宗兄弟侍太后。

六月，来俊臣被杀。

闰十月，狄仁杰复相位。

圣历元年（戊戌，698）

正月，改元圣历。

三月，召庐陵王还东都。

九月，立庐陵王哲为皇太子，复名显。

二年（己亥，699）

腊月，赐太子姓武氏。

九月，黄河泛滥，漂没济源百姓庐舍一千余家。

久视元年（庚子，700）

六月，命张易之、张昌宗等在内殿撰修《三教珠英》，掩饰饮宴之迹。

闰七月，吐蕃侵犯凉州，唐休璟大破吐蕃。

九月，狄仁杰死，仁杰曾向太后举荐张柬之、姚元崇等数十人。

长安元年（辛丑，701）

九月，太后年迈，政事多委托张易之兄弟。

十一月，以郭元振为凉州都督。

二年（壬寅，702）

正月，初设武举。

八月，张昌宗兄弟势倾朝野。赐爵张昌宗邺国公。

十一月，太后命苏颋复审来俊臣等罗织的大狱，雪免者甚众。

三年（癸卯，703）

四月，吐蕃献马、黄金求婚。

六月，突厥默啜请以女嫁给皇太子之子。

同月，乌质勒攻陷碎叶，并西突厥。

九月，贬魏元忠，流放张说至岭南。

本年，吐蕃内乱。

四年（甲辰，704）

十月，太后以张柬之为宰相。

十二月，宋璟等力奏收张昌宗下狱，太后特赦之。

唐中宗大和大圣大昭孝皇帝李显

神龙元年（乙巳，705）

正月，张柬之等拥太子入宫，斩张易之、张昌宗，逼太后传位于太子。中宗复位。

二月，恢复国号曰唐。

同月，立妃韦氏为皇后。韦后临朝干预朝政。

同月，以武三思为司空。

四月，以魏元忠为兵部尚书。

五月，大权尽归武三思。

十一月，太后则天死。遗制：去帝号，称则天大圣皇后。

神龙二年（丙午，706）

闰正月，太平等七公主皆开府，设置官属。

七月，武三思杀敬晖等五王，势倾朝野。

十二月，安乐公主势倾朝野，自请为皇太女，中宗虽不从，也不谴责。

景龙元年（丁未，707）

四月，以金城公主嫁吐蕃赞普和亲。

七月，太子重俊矫制调禁卫军杀武三思。入宫，事败死。

十月，张仁愿大破突厥。

二年（戊申，708）

三月，张仁愿在黄河北岸修筑东、中、西三座受降城。从此突厥不敢南下，减戍兵数万人。

四月，设置修文馆大学士、直学士、学士，以善写诗文者充任。

七月，中宗、韦后及公主多营佛寺。辛替否上疏谏，不听。

三年（己酉，709）

本年，关中饥荒。

唐睿宗玄真大圣大兴孝皇帝李旦

景云元年（庚戌，710）

正月，命左骁卫大将军杨矩送金城公主往吐蕃。睿宗自送公主至始平。

六月，安乐公主与韦后合谋毒杀中宗。请韦后临朝摄政。

同月，太子李重茂即位，是为少帝。

同月，相王李旦子隆基与太平公主等起兵入宫，杀韦后、安乐公主。少帝让位于相王李旦。相王即位，是为睿宗。

同月，立李隆基为皇太子。

同月，加太平公主实封满万户。公主权倾人主。

七月，宋璟与姚元之协力革除中宗弊政。

十月，以薛讷为左武卫大将军兼幽州都督。节度使之名自薛讷始。

二年（辛亥，711）

二月，太平公主结党欲害太子。睿宗用宋璟、姚元之、张说计，命太子监国，安置太平公主于蒲州。

五月，派使者巡察十道，分山南为东西道，又分陇右为河西道。

十月，依太平公主之请，韦安石等罢相。以刘幽求等为宰相。

唐玄宗至道大圣大明孝皇帝李隆基

先天元年（壬子，712）

七月，睿宗下诏传位于太子。

八月，太子李隆基即位，是为玄宗，尊睿宗为太上皇。

开元元年（癸丑，713）

二月，封靺鞨大祚荣渤海郡王，以其所部为忽汗州。从此去靺鞨号，专称渤海。

七月，太平公主与窦怀贞等阴谋废帝。帝与郭元振等先发制人，杀尽公主党与，赐公主死。

八月，突厥可汗求婚，许以南和县主嫁之。

十月，以姚元之为宰相。纳元之所献十事。

二年（甲寅，714）

正月，设置左右教坊以教俗乐。又选乐工数百人，玄宗在梨园教法曲，称乐工为“皇帝梨园弟子”。又选伎女，置宜春院。

同月，命淘汰天下僧尼，还俗者一万二千余人。

三月，毁武后所造天枢。

六月，吐蕃派宰相尚钦藏来献盟书。

七月，薛讷等率军击契丹，唐军大败。

八月，吐蕃十万军攻扰临洮。

十月，薛讷于武街大破突厥。王晙在大来谷大破吐蕃。

同月，派尉迟瓌出使吐蕃，宣慰金城公主。

十二月，设置陇右节度大使，领鄯、秦、河、渭等十二州。

三年（乙卯，715）

二月，突厥十姓降者前后一万余帐，跌跌都督思泰等也率众来降。命以河南地安置。

五月，山东蝗灾。

十一月，张孝嵩发兵出龟兹西数千里，威震西域，大食、康居、大宛等八国请降。

四年（丙辰，716）

二月，松州都督孙仁献大破吐蕃。

六月，突厥可汗默啜被杀。于是拔曳固、回纥、同罗、霫、仆固五部来降。

闰十二月，姚崇罢相，以宋璟继为相。

五年（丁巳，717）

三月，命在柳城复设置营州都督。

七月，陇右节度使郭知运在九曲大破吐蕃。

十二月，以东平王外孙杨氏为永乐公主，嫁给契丹王李失活。

六年（戊午，718）

正月，宋璟上书止广州官民为其立遗爱碑。

同月，命禁止恶钱。

七年（己未，719）

二月，俱密、康（即汉康居）、安三国上表称被大食国所侵，乞救兵。

本年，设置剑南节度使，领益、彭等二十五州。

八年（庚申，720）

正月，宋璟罢相。弛钱禁，恶钱复流通于市。

四月，派使者赐乌长王、骨咄王、俱位王册命，以褒奖其不被大食所诱叛唐。

同月，源乾曜拜相，乾曜请派子出京。

十一月，突厥在甘州大破唐军。

九年（辛酉，721）

七月，张说大破入寇的党项。

本年，因《麟德历》渐不周密，玄宗命僧一行更造新历。

十年（壬戌，722）

八月，小勃律因被吐蕃所攻，求救于北庭节度使张嵩。唐出兵与小勃律大破吐蕃。自此数年吐蕃不敢侵犯。

同月，张说奏请减缘边戍兵二十余万使还农。玄宗从之。

同月，张说请召募壮士充宿卫，玄宗从。兵农之分自此始。

十一年（癸亥，723）

九月，吐谷浑脱离吐蕃，至沙州降唐。

十一月，命选府兵及白丁十二万，谓之“长从宿卫”，一年轮换二次。州县不得役使。

十二年（甲子，724）

四月，命太史监南宫说等进行天文测量。

六月，仍以宇文融为劝农使，巡行州县，与官民论定赋役。

十三年（乙丑，725）

四月，改集仙殿为集贤殿，置学士、直学士等。

同月，玄宗将东巡封禅，恐突厥乘机入寇，遣袁振征其大臣随同封泰山。

十月，僧一行、梁令瓒等制成水运浑天仪。

十一月，玄宗封泰山，禅社首。

十四年（丙寅，726）

正月，以玄宗从甥女陈氏为东华公主，嫁给契丹王李邵固；以成安公主女韦氏为东光公主，嫁给奚王李鲁苏。

七月，黄河南北大水灾。

十五年（丁卯，727）

九月，突厥毗伽可汗派使者入贡，并献吐蕃侵扰瓜州时约突厥连兵书。于是准许突厥在西受降城互市，以帛换其马。

十六年（戊辰，728）

八月，吐蕃复入寇，河西军大破之于祁连城下，获其大将一人。

同年，杨思勖斩叛獠陈行范，擒获何游鲁、冯璘，斩首六万人。

十七年（己巳，729）

二月，巂州军击败西南蛮，攻陷昆明及盐城。

八月，始禁私卖铜铅锡及以铜为器皿。开采铜铅锡者售于官。

十八年（庚午，730）

四月，吏部尚书裴光庭变任人唯能为按年限授官晋级。

五月，契丹将可突干杀其王李邵固，胁奚叛唐，投降突厥。

六月，派十八总管兵征讨奚、契丹。可突干侵犯平卢，被击败。

十九年（辛未，731）

正月，宦官高力士谮害玄宗幸臣王毛仲，王毛仲被贬官赐死，从此宦官权势更盛。

同月，吐蕃使者称金城公主求《毛诗》《春秋》《礼记》，与之。

九月，吐蕃请在赤岭互市，准许。

二十年（壬申，732）

三月，信安王李祎大破奚、契丹。契丹可突干远遁。迁奚酋李诗琐高部落至幽州境内。

本年，全国有七百八十六万一千二百三十六户，四千五百四十三万一千二百六十五人。

二十一年（癸酉，733）

正月，玄宗派大门艺（武艺弟）发兵击勃海，并使新罗兵夹击。遇大雪，无功而还。

三月，以韩休为黄门侍郎、同平章事。休守正不阿。

二十二年（甲戌，734）

二月，秦州地震，房屋毁坏，压死四千余人。

五月，李林甫深结宦官及妃嫔，因而为相。

六月，张守珪大破契丹。

二十三年（乙亥，735）

十二月，册杨玄琰女为寿王妃。

二十四年（丙子，736）

正月，命天下逃户于年内自首。

三月，委礼部侍郎执掌贡举。

四月，张守珪遣平卢讨击使安禄山击奚、契丹，兵败，张守珪执安禄山送京师，为之请命。宰相张九龄固争请杀之，玄宗不从，竟赦之。

十一月，张九龄为相以直言著称，李林甫屡中伤之，于是罢相。从此李林甫用事。

二十五年（丁丑，737）

正月，初置玄学博士。

二月，明经加问大义十条，对明务策三首；进士加试大经（《礼记》《左传》）十帖。

同月，赵惠琮等矫诏令河西节度使崔希逸击吐蕃，在青海西大破之。从此吐蕃复绝朝贡。

九月，敕以岁稔谷贱伤农，命增时价十分之二三，和籴东、西畿粟各数百万斛。从此关中蓄积盈溢。

二十六年（戊寅，738）

六月，立忠王玙为太子。后改名亨。

九月，册南诏王蒙归义为云南王。

二十七年（己卯，739）

八月，碛西节度使盖嘉运等击平突骑施，威镇西陲。

同月，陇右节度使萧炅击败入寇的吐蕃。

二十八年（庚寅，740）

十一月，金城公主死。

本年，全国共计一千五百七十三个县，八百四十一万二千八百七十一户，四千八百四十三万三千六百九十人。海内富安。

二十九年（辛巳，741）

正月，命各州县如遇有饥馑，先开仓赈济，然后奏闻。

八月，以安禄山为营州都督，充平卢军使，两蕃（指奚、契丹）、勃海、黑水四府经略使。

天宝元年（壬午，742）

正月，分平卢别为节度，以安禄山为节度使。

同月，设置十节度、经略使，以备边防。

三月，李林甫为相，谓之“口有蜜，腹有剑”。

二年（癸未，743）

正月，安禄山入朝，玄宗宠待甚厚。

三月，引浐水为潭，以聚江淮运船，潭名为广运潭。

三年（甲申，744）

三月，以平卢节度使安禄山兼范阳节度使。

八月，玄宗册拜回纥骨力裴罗为怀仁可汗。

本年，初令百姓十八岁以上为中男，二十三岁以上为成丁。

四年（乙酉，745）

八月，册封杨太真为贵妃。

九月，安禄山欲以边功邀宠，屡次侵掠奚、契丹。奚、契丹各杀公主反，被安禄山讨败。

五年（丙戌，746）

正月，以王忠嗣为河西、陇右节度使，兼知朔方、河东节度事。

七月，杨贵妃宠遇日深，中外争献器服珍玩。

本年，宰相李林甫陷害异己。

六年（丁亥，747）

正月，李林甫杀韦坚兄弟等。

同月，以范阳、平卢节度使安禄山兼御史大夫。

同月，李林甫因王忠嗣功名日盛，忌之。王忠嗣屡次上言安禄山必反，李林甫更恶之。

十一月，王忠嗣被李林甫诬有逆言，贬王忠嗣为汉阳太守。

十二月，以高丽人高仙芝为安西四镇节度使。

七年（戊子，748）

四月，以高力士加骠骑大将军。

六月，赐安禄山铁券（铁刻朱书之符契）。

十二月，哥舒翰筑神威军城、应龙城，使吐蕃不敢近青海。

八年（己丑，749）

三月，朔方节度等使张齐丘在中受降城西北五百余里木剌山筑横塞军城。

六月，哥舒翰攻吐蕃石堡城。唐军死数万人，陷城。

九年（庚寅，750）

五月，赐安禄山爵东平郡王。唐将帅封王自此始。

八月，以安禄山兼河北道采访处置使。

本年，南诏王阁罗凤因云南太守张虔陀逼迫辱骂，起兵，攻陷云南，杀虔陀，取夷州（西南夷归附所设的羁縻州）三十二。

十年（辛卯，751）

正月，安禄山出入后宫不禁。

二月，以安禄山兼河东节度使。

四月，剑南节度使鲜于仲通击南诏蛮大败。南诏王阁罗凤向吐蕃称臣。

十一年（壬辰，752）

二月，命出粟帛及库钱数十万缗至两市回收恶钱。

五月，京兆尹杨国忠加御史大夫、京畿关内采访等使，领二十余使。

六月，吐蕃兵救南诏，剑南兵在云南击败之，攻克三城。

十一月，李林甫死。以杨国忠为右相（中书令）。

十二月，以平卢兵马使史思明，充任卢龙军使。

十二年（癸巳，753）

五月，命岭南五府兵击南诏。

同月，安禄山与杨国忠交恶。

八月，赐哥舒翰爵西平郡王。

本年，安西节度使封常清大破大勃律。

十三年（甲午，754）

正月，加安禄山左仆射。

六月，唐兵击南绍，大败。

本年，户部奏：天下户九百零六万九千一百五十四，人口五千二百八十八万零四百八十八人。唐代户口盛极于此。

十四年（乙未，755）

二月，安禄山请以番将三十二人代替汉将。玄宗不听宰相韦见素言，从安禄山之请。

八月，免除百姓本年租庸。

十一月，安禄山诈称有密旨令其入朝讨伐杨国忠，发所部兵及同罗、奚、契丹、室韦共十五万人，在范阳起兵叛唐。河北州县望风瓦解。

同月，玄宗得知安禄山反，募兵抵抗。命高仙芝统率诸军东征。

十二月，平原太守颜真卿起兵讨安禄山。

同月，朔方节度使郭子仪击败安禄山军，乘胜攻陷静边军。

同月，常山太守颜杲卿起兵，讨叛，河北十七郡皆附朝廷。

唐肃宗文明武德大圣大宣孝皇帝李亨

至德元载（丙申，756）

正月，安禄山自称大燕皇帝，建元圣武。

同月，命郭子仪发兵进取东京。郭子仪荐李光弼，以李光弼为河东节度使。置南阳节度使。

二月，李光弼收复常山，史思明屡被李光弼所败。

四月，郭子仪、李光弼合兵在九门县城南大破史思明。官军继攻陷赵郡。

五月，郭子仪、李光弼在嘉山大破史思明及安禄山援军。

同月，哥舒翰在灵宝与安禄山将崔乾祐交战，大败。

同月，潼关失守，玄宗仓皇西逃。

同月，玄宗行至马嵬驿。军士哗变，怒杀杨国忠，并请杀杨贵妃，玄宗被迫缢杀杨贵妃。

六月，唐玄宗南往成都，太子北趋灵武。

同月，安禄山入长安，杀掠无算。

七月，杜鸿渐等迎太子至灵武。太子即位，是为肃宗。尊玄宗为上皇天帝，改元至德。

七月，唐将张巡在雍丘大破安禄山军。

同月，肃宗以颜真卿为工部尚书兼御史大夫。由此诸道才知太子在灵武即位，徇国之心更坚。

同月，郭子仪等率军五万从河北至灵武。

八月，郭子仪、李光弼二人同拜相。

同月，肃宗派使者至回纥请兵。

十二月，永王李璘反谋据金陵，如东晋故事。

同月，张巡与许远在宁陵城西北大破叛将杨朝宗。

二载（丁酉，757）

正月，安禄山为其子安庆绪所杀，安庆绪即位。

同月，史思明以十万军围太原月余，李光弼败于太原。

同月，张巡、许远合兵守睢阳（今河南商丘市南）不足万人，贼将尹子奇率十余万众围攻。

二月，郭子仪，平定河东。

同月，陇右、河西、安西及拔汗那、大食诸国入援。

同月，史思明为范阳节度使，安庆绪不能制。

同月，永王李璘败死。

五月，南阳失守。

八月，睢阳士卒剩六百人。张巡向贺兰进明告急，贺兰进明坐视不救。

九月，元帅广平王俶与副元帅郭子仪率朔方等军及回纥、西域军从凤翔攻长安。大破叛军，收复西京。

十月，睢阳城陷。张巡、许远被俘死。

同月，收复东京。

同月，肃宗入西京。

十一月，张镐率五节度使攻取河南、河东诸郡县。

同月，追赠颜杲卿、许远、张巡等死节之士，官其子孙。

同月，史思明降唐。以思明为归义王、范阳节度使，使率所部讨伐安庆绪。河北皆归于唐。

同月，百官接受安禄山官爵者，以六等定罪。

乾元元年（戊戌，758）

二月，免百姓本年租庸。复以载为年。

五月，命停采访使，改黜陟使为观察使。

同月，赠故常山太守颜杲卿太子太保，谥忠节，以其子威明为太仆丞。

七月，初铸乾元重宝钱，与开元通宝并行。

同月，肃宗册命回纥可汗为英武威远毗伽阙可汗，以幼女宁国公主嫁之。

九月，安庆绪在邺郡犹据七郡六十余城。帝命朔方郭子仪等七节度使讨伐，以宦官鱼朝恩为观军容宣慰处置使。

十月，唐军复破安庆绪。包围邺城。安庆绪求救于史思明，史思明发兵十三万救邺城。

十一月，唐军攻占魏州。

十二月，史思明又陷魏州。

同月，平卢节度使王玄志死，裨将杀玄志子，推侯希逸为平卢军使。节度使由军士废立自此始。

二年（己亥，759）

正月，史思明在魏州自称大圣燕王。

同月，张皇后与李辅国勾结，横行禁中，干预政事。肃宗颇不悦，但无可奈何。

三月，郭子仪等九节度使在相州（乾元元年邺郡改为相州）战败。

同月，史思明，诱杀安庆绪，返回范阳。

同月，史思明自称大燕皇帝。以子朝义为怀王，改范阳为燕京，改州为郡。

七月，以李光弼代子仪为兵马元帅。不久以赵王系为天下兵马元帅，光弼副之。

九月，铸乾元重宝大钱，加重轮，一当五十。

同月，史思明渡河攻陷汴州，郑州、滑州等相继陷没。

同月，史思明攻河阳，被李光弼多次击败。

上元元年（庚子，760）

四月，李光弼屡败史思明。

闰四月，史思明入东京。

六月，定三品钱值。命京畿，开元钱与乾元小钱皆当十，其重轮钱当三十，诸州另定。时思明铸顺天、得一钱，一当开元钱一百。

九月，李辅国强迁玄宗由兴庆宫至西内。

同月，在荆州置南都。

二年（辛丑，761）

正月，史思明改元应天。

同月，荆南节度加领潭、岳、彬、邵、永、道、连、涪八州。

同月，李光弼被迫出师东京。官军大败。河阳、怀州陷落。

三月，史思明被其子史朝义部将缢杀。朝义即皇帝位，改元显圣。

四月，青、密、兖、郓等兵击败史朝义兵。

八月，加李辅国兵部尚书。

九月，命去尊号，只称皇帝；去年号，只称元年。以建子月（十一月）为岁首，月皆以所建为名。停京兆、河南、太原、凤翔四京及江陵南都号。

同月，江淮大饥，人相食。

宝应元年（壬寅，762）

正月，租庸使元载搜刮江南。致使百姓相聚山泽为群盗。

二月（建卯月），复以京兆为上都，河南为东都，凤翔为西都，江陵为南都，太原为北都。

同月，则以郭子仪为汾阳王，命知朔方、河中、北庭、潞泽节度行营兼兴平、定国等军副元帅，征发京师布、绢、米以镇抚之。

四月，肃宗死。李辅国等杀张后等。引太子李豫与宰相相见，即位，是为代宗。

同月，高力士遇赦还，至朗州，得知玄宗死，号恸，吐血而死。

同月，李辅国恃功益骄横，代宗称辅国为“尚父”。

五月，命乾元大小钱皆以一当一，民始安之。

九月，回纥举兵入援，征讨史朝义。

十月，以雍王李适为天下兵马元帅，在陕州会诸道节度使使及回讫，进讨史朝义。

同月，仆固怀恩攻克东京。回纥军入东京，肆行杀掠。

十一月，以仆固怀恩为河北副元帅。

同月，史朝义屡次战败，奔莫州，被包围。

唐代宗睿文孝武皇帝李豫

广德元年（癸卯，763）

正月，史朝义屡败，其部将田承嗣李怀仙投降，朝义自缢于林中。

闰正月，以降将薛嵩、田承嗣、李怀仙节度河北诸镇。

三月，以梁崇义为襄州刺史、山南东道节度留后。

六月，以田承嗣为魏博节度使。承嗣以壮者为兵，数年间有众十万。又选勇健者万人为牙兵，使之自卫。

七月，吐蕃入大震关，攻陷兰、廓、河、鄯等九州，自凤翔以西，邠州以北，皆非唐有。

十月，吐蕃率吐谷浑、党项、氐、羌二十余万入寇，过邠州，代宗始闻，出逃奔陕州，吐蕃入长安焚掠。乃立广武王承宏为帝。郭子仪收兵四千人遣将入城，吐蕃乘夜逃走。

十一月，太常博士柳伉上疏陈述程元振误国、致长安沦陷罪。代宗削其官爵，放归故里。

同月，吐蕃攻陷松、维、保三州及云山新筑二城，于是剑南西山诸州也归于吐蕃。

二年（甲辰，764）

正月，仆固怀恩既不被朝廷所用，遂反。命以郭子仪为关内、河东副元帅、河中节度使等、朔方节度大使，以瓦解怀恩之势。

二月，郭子仪至汾州，仆固怀恩之众尽归郭子仪。

三月，以刘晏为河南、江淮转运使，疏通汴水，均节赋役。从此每年运米数十万石供给关中。

同月，免除仆固怀恩河北副元帅、朔方节度等使，其余官爵如故。

七月，税天下青苗钱以给官俸。

同月，太尉兼侍中，河南副元帅李光弼死。

八月，仆固怀恩引回纥、吐蕃十万将入寇，京师震骇。诏郭子仪出镇奉天（今陕西乾县）。

九月，仆固怀恩与回纥、吐蕃进逼奉天，京师戒严。虏见子仪大军，不战而退。

永泰元年（乙巳，765）

正月，加李抱玉为凤翔、陇右节度使。以其从弟李抱真为泽潞节度副使。

三月，本年春无雨，一斗米值千钱。

五月，畿内麦子丰收，京兆尹第五琦请税百姓田，十亩收其一，帝从之。

七月，成德节度使李宝臣等收集安史余党，各拥劲兵数万，自署将吏，不供贡赋，朝廷不能制。

九月，吐蕃至奉天。代宗命郭子仪等屯泾阳等地，下诏亲征。

十月，吐蕃退遇回纥，复相与入侵，兵围泾阳。郭子仪劝说回纥共击吐蕃，回纥从之。唐与回纥合兵追击，破吐蕃。

大历元年（丙午，766）

二月，元载专权，恐奏事者揭其私，乃请：百官论事，先告于宰相，定其可否。刑部尚书颜真卿上疏反对，被贬为峡州别驾。

八月，以宦官鱼朝恩判国子监事。

本年，郭子仪自种百亩田，将校士卒皆种田。

二年（丁未，767）

七月，代宗信佛。元载、王缙、杜鸿渐为相，三人皆好佛，造寺无穷。中外臣民皆废人事而奉佛，政刑日益紊乱。

三年（戊申，768）

六月，幽州兵马使朱希彩等杀节度使李怀仙，希彩自称留后。

八月，吐蕃十万侵犯灵武。二万攻邠州，被击败。

四年（己酉，769）

五月，册仆固怀恩女为崇徽公主，嫁回纥可汗。

五年（庚戌，770）

三月，宦官鱼朝恩势倾朝野。元载乘机奏请诛之，鱼朝恩被缢杀，于是元载权倾内外。

七月，京畿饥荒。

六年（辛亥，771）

本年，户部侍郎韩滉作赋敛出入之法。

七年（壬子，772）

十月，以朱泚为幽州、卢龙节度使。

八年（癸丑，773）

一月，永平节度使令狐彰死。将士欲立其子建，建誓死不从。

十月，魏博节度使田承嗣求为相。加承嗣同平章事。

同月，吐蕃十万侵扰泾、邠、郭子仪派浑瑊击讨，先败后胜。

九年（甲寅，774）

三月，以皇女永乐公主许配魏博节度使田承嗣之子田华。代宗欲固结其心，而承嗣益骄。

九月，回纥白天在长安杀人，有司擒获，代宗释而不问。

十年（乙卯，775）

正月，田承嗣反，攻陷相州。承嗣不奉诏，又取洺州、卫州。

四月，命河东等九道兵征讨田承嗣。

十一年（丙辰，776）

二月，田承嗣上表请入朝。下诏赦其罪，复其官爵，听其与家属入朝。

五月，汴宋留后田神玉死，都虞候李灵曜作乱。

十月，田承嗣派兵救李灵曜，败还。灵曜被官军击败，擒送京师斩首。

十二年（丁巳，777）

三月，以田承嗣反复，命征讨。承嗣复谢罪。乃止。

同月，宰相元载专横纳贿，赐自尽，妻、子皆伏诛。

四月，太常卿杨绾拜相。杨绾性清俭简素。其为相，朝野相贺。

同月，诏令增加京官俸禄。

五月，下诏整顿地方武官及官俸。

十月，西川兵大破吐蕃于望汉城。

本年，藩镇始割据。

十三年（戊午，778）

七月，吐蕃侵扰盐州、庆州，郭子仪派朔方军击退。

十四年（己未，779）

三月，淮西将李希烈等驱逐节度使李忠臣。以希烈为淮西留后，继为节度使。李忠臣以检校司空、同平章事留京师。

五月，代宗死，太子适即位，是为德宗。遗诏以郭子仪摄冢宰。

同月，分郭子仪权。诏尊子仪为尚父，加太尉兼中书令，增实封满二千户，所领副元帅诸使皆免去。

八月，以道州司马杨炎为门下侍郎，并同平章事。

十月，吐蕃与南诏合兵十万，分三路入侵。李晟等率军大破之。

十二月，诏令天下金帛财赋皆归左藏，一如旧制。

唐德宗神武孝文皇帝李适

建中元年（庚申，780）

正月，下诏颁行宰相杨炎所奏两税法。

同月，杨炎与刘晏有隙，杨炎奏于德宗。诏罢刘晏转运、租庸、青苗、盐铁等使。不久贬为忠州刺史。

六月，回纥相顿莫贺，自立为合骨咄禄毗伽可汗，派使者来请命，册其为武义成功可汗。

七月，刘晏被杨炎陷害，诏赐死。

八月，张光晟杀回纥使者董突等九百余人。回纥请得光晟以复仇，德宗贬光晟官以慰其意。

二年（辛酉，781）

五月，增商税为十分之一（杨炎定两税法，商贾三十分之一）。

同月，魏博田悦、淄青李正己、成德李惟岳三镇叛唐。

六月，郭子仪死。

七月，加李元忠北庭大都护，以郭昕为安西大都护、四镇节度使。

十月，杨炎被卢杞构陷，贬崖州司马，途中缢杀之。

三年（壬戌，782）

正月，马燧等在洹水复大破田悦，田悦逃至魏州。

二月，朱滔、王武俊叛变，与悦联合。

五月，淮南节度使奏，本道税钱每一千请增二百，则诏令诸道税钱皆如淮南；又盐每斗价增一百钱。

同月，回纥可汗派使者随唐使者入见，索马值绢一百八十万匹。诏以帛十万匹，金银十万两偿还其马值。

十一月，朱滔、田悦、王武俊、李纳等叛将结盟称王。卢龙留后朱滔为盟主。

十二月，李希烈反，自称天下都元帅，建兴王。

四年（癸亥，783）

正月，陇右节度使张镒与吐蕃尚结赞盟于清水。

同月，诏颜真卿宣慰李希烈。朱滔、王武俊、田悦、李纳并劝希烈称帝。李希烈欲以颜真卿为宰相，颜真卿叱之。

三月，江西节度使曹王李皋击败李希烈，攻拔黄州、蔡山、蕲州。希烈还蔡州。

六月，初行税间架、除陌钱法。

七月，命礼部尚书李揆为入蕃会盟使。

十月，援救哥舒曜的泾原兵经过长安哗变。德宗出奔奉天。泾原乱兵入宫大掠，奉废居京师的原泾原节度使朱泚为主。

同月，朱泚自称大秦皇帝，率军攻奉天。

十一月，各道兵讨伐朱泚。李怀光在礼泉击败朱泚军。朱泚闻之逃归长安。奉天围解。

十二月，李怀光被宰相卢杞所阻，咫尺不得见德宗，李怀光上表暴扬卢杞罪恶，德宗不得已贬卢杞为新州司马。

兴元元年（甲子，784）

正月，德宗下罪己诏：除朱泚外，李希烈、田悦、王武俊、李纳等皆赦其罪。

同月，唯李希烈称帝，国号大楚。

二月，李怀光反，与朱泚勾结。德宗奔梁州。

五月，李晟收复长安。浑瑊等攻克咸阳。

六月，朱泚逃奔吐蕃，至彭原，被其部下所杀。

七月，德宗返回长安。

同月，李怀光派使者谢罪。德宗派孔巢父赴河中宣慰。巢父轻躁，被军士所杀。怀光复反。

十月，复以宦官分典禁旅。

本年，蝗灾遍于远近，草木无遗。路上饿殍相望。

贞元元年（乙丑，785）

四月，马燧、浑瑊在长春宫南击败李怀光，掘堑围宫城。李怀光将相继来降。诏以燧、瑊为招抚使。

七月，大旱，灞水、浐水将枯竭，长安井皆无水。

八月，马燧与浑瑊等诸军进逼河中，怀光穷迫自缢死。

十二月，户部奏本年共有一百五十州入贡（时河朔诸镇及淄青、淮西皆不入贡，河、陇诸州没于吐蕃）。

二年（丙寅，786）

九月，德宗与李泌商议恢复府兵。

三年（丁卯，787）

正月，南诏求附唐。

五月，以浑瑊为会盟使，率二万余人赴盟所清水，与吐蕃定盟。吐蕃背约劫盟，大败唐兵。

六月，李泌入相。

七月，革除两税之外的违法聚敛。

同月，募戍卒在京西垦荒种地；又募人入粟补充边地官吏。

九月，吐蕃大掠汧阳、吴山、华亭。继攻陷华亭及连云堡。

同月，回纥屡求和亲，许咸安公主嫁回纥可汗。

四年（戊辰，788）

五月，吐蕃得唐人，以其妻子为质，使其将率军入寇，俘掠人畜上万而去。

九月，下诏免除税外聚敛。于是东南百姓复安其业。

同月，回纥合骨咄禄可汗派其妹及国相以下一千余人来迎公主，因绝吐蕃。

同月，西川军大破入寇的吐蕃。

五年（己巳，789）

十月，韦皋派军与东蛮、两林蛮在巂州台登谷大破吐蕃，渐复巂州之境。

六年（庚午，790）

春，下诏迎岐山无忧王寺佛指骨。

五月，吐蕃攻陷北庭。

六月，回鹘又被吐蕃所败，安西音讯断绝。

七年（辛未，791）

四月，安南加重赋敛，群蛮酋长杜英翰等以赋敛苛重起兵反。

七月，以赵昌为安南都护，群蛮安定。

八年（壬申，792）

四月，吐蕃攻扰灵州，毁营田。被击退。

七月，河南、北，江、淮、荆、襄、陈、许等四十余州大水，淹死二万余人。

八月，韦皋获吐蕃大将论赞热。

同月，宰相陆贽上言，边储不赡，由于措置失当。请减少漕运，以大部分米置于水灾州县粜之。令京兆、边镇和籴，以补缺数。

九年（癸酉，793）

正月，初收茶税。

二月，德宗认为宰相陆贽过于清慎，如鞭靴之类，亦可接受。陆贽上奏：贿道一开，辗转滋甚，鞭靴必及金玉，溪壑成灾矣。

五月，云南王异牟寻，派使者上表，请弃吐蕃归唐，德宗令韦皋派使慰抚。

十年（甲戌，794）

正月，剑南、西山羌、蛮二万余户来降。

同月，云南王异牟寻与唐使者结盟。

同月，异牟寻在神川大破吐蕃。派使者来献捷。

四月，陆贽上奏请均节财赋，凡六条。

十一年（乙亥，795）

十月，南诏攻取吐蕃昆明城；又虏施、顺二蛮王。

十二年（丙子，796）

正月，各节度、观察使，皆加检校官。

六月，以宦官为护军中尉。藩镇将帅多出自其所统领的神策军。

同月，德宗专意聚敛。浙东判官严绶竭府库以进奉，征为刑部员外郎。

十三年（丁丑，797）

十二月，张建封具奏宫市（指宫中买外间物，随意给价。有的至空手而还。名为宫市，实际类似抢劫）之弊。不听。

十四年（戊寅，798）

闰五月，屯驻在长武城的神策军作乱，为都虞候高崇文平定。

十月，夏州军在盐州西北击败吐蕃。

十五年（己卯，799）

八月，彰义节度使吴少诚进围许州。掠西华。诏削少诚官爵，令诸道征讨。

十六年（庚辰，800）

正月，以夏绥节度使韩全义为蔡州四面行营招讨使。

四月，义成监军薛盈珍肆虐军中，诬陷节度使姚南仲。德宗召回薛盈珍掌机密。

五月，韩全义素无勇略，在溵水（源出河南登封市）南被吴少诚击败。

十月，韩全义屡败。会吴少诚谢罪。乃罢兵。诏复少诚官爵。

十七年（辛巳，801）

九月，韦皋在雅州大破吐蕃。进围维州及昆明城。

十八年（壬午，802）

正月，骠国（古代缅甸骠人所建的国家）王摩罗思那派其子入贡。

同月，西川节度使韦皋在维州大破吐蕃，擒获吐蕃大相论莽热。

十九年（癸未，803）

三月，以杜佑为检校司空、同平章事。

十二月，监察御史韩愈上疏：京畿百姓穷困，本年税钱及草粟等应征，而未得者，请等来年蚕麦。韩愈坐贬阳山令。

二十年（甲申，804）

九月，太子诵患风疾，不能言。

唐顺宗至德弘道大圣大安孝皇帝李诵

永贞元年（乙酉，805）

正月，德宗崩，太子诵即皇帝位，是为顺宗。

同月，王叔文入翰林院决事。

二月，王叔文欲掌国政，引韦执谊为相，已用事于中，与相唱和。

同月，罢除时奉。罢“五坊小儿”及宫市。继罢盐铁使月进钱。

三月，诏陆贽、阳城等赴京师。

同月，加杜佑度支及诸道盐铁转运使，以王叔文为之副。

同月，顺宗久病不愈，从宦官俱文珍等之请，立广陵王李淳为皇太子，改名纯。

五月，王叔文欲夺宦官兵权，未遂。

同月，宦官俱文珍等恶王叔文专权，削其翰林职。

六月，韦皋上表，请权令皇太子监国。王叔文因母丧去位。

七月，俱文珍等屡请令皇太子监国。许之。令太子纯主管军国政事。

八月，顺宗自称太上皇，令太子即皇帝位，是为宪宗。

同月，贬王伾开州司马，王叔文渝州司户。

十一月，贬王叔文党，韦执谊等八人被贬为司马，史有“八司马”之称。

唐宪宗昭文章武大圣至神孝皇帝李纯

元和元年（丙戌，806）

正月，西川节度副使刘辟反，命左神策行营节度使高崇文等征讨。

四月，策试制举（皇帝自诏曰制举）之士，元稹、独孤郁、白居易、萧俛、沈传师等出。

同月，元稹上疏论谏官的重要。

九月，高崇文攻克成都。擒刘辟，送京师斩首。

十月，分西川资、简、陵、荣、昌、泸六州隶属东川。以高崇文为西川节度使，以严砺为东川节度使。

本年，回鹘入贡，始偕摩尼（僧人）来。

二年（丁亥，807）

四月，以右金吾大将军范希朝为朔方、灵、盐节度使，以革除安史乱后，边将由本军任命之弊。

十月，镇海节度使李锜反。征发淮南等兵讨伐。不久锜被部下执送长安，杀之。

同月，召白居易为翰林学士。

本年，宰相李吉甫撰《元和国计簿》呈上。

三年（戊子，808）

四月，宪宗策试贤良方正直言极谏举人。牛僧孺等直陈时政之失，试官署为上第，宪宗赞许。李吉甫恶牛僧孺等直言，压制牛僧孺等，于是始结牛李党争之怨。

四年（己丑，809）

三月，成德节度使王士真死，其子副大使王承宗自为留后（后为节度使）。

闰三月，诏减免租税，出宫人，绝进奉，禁止掠压良人卖为奴婢。

四月，吐蕃复请和，许之。

十月，制命削除王承宗官爵，遣左神策军中尉吐突承璀督军讨伐。

五年（庚寅，810）

正月，会诸道兵击王承宗。

三月，河东节度使范希朝等在木刀沟大破王承宗。

七月，王承宗派使者请罪。下诏仍以王承宗为成德节度使。

同月，卢龙节度使刘济次子刘总毒杀刘济自领军务。

六年（辛卯，811）

九月，用宰相李吉甫言，并省内外官吏八百零八员，诸司流外一千七百六十九人。

七年（壬辰，812）

十月，魏博都知兵马使田兴奉土地兵众归朝，宪宗册命以田兴为魏博节度使。

十一月，宪宗派裴度至魏博宣慰，用150万缗钱赏将士，六州百姓免除一年赋役。

九年（甲午，814）

二月，李绛屡以足病辞位，罢为礼部尚书。

闰八月，彰义节度使吴少阳死，其子吴元济匿丧自领军务。

十月，任命严绶为申、光、蔡招抚使，督诸道兵招讨吴元济。

十年（乙未，815）

三月，平卢节度使李师道发兵欲助吴元济。并派人烧毁河阴转运院军储。

六月，李师道遣人刺杀宰相武元衡。

十一年（丙申，816）

正月，削王承宗官爵，命河东等六道兵征讨。

六月，高霞寓攻吴元济，官军大败。宪宗不罢兵。

九月，饶州大水，漂失四千七百户。

十二年（丁酉，817）

五月，李光颜在郾城击败三万淮西兵。

同月，征讨王承宗兵历二年无功，罢河北行营，各使还镇。

七月，大水。

同月，宰相裴度请自往督战伐吴元济，许之。以为淮西宣慰招讨处置使。

十月，李愬等雪夜袭取蔡州。获吴元济，淮西平定。

十三年（戊戌，818）

正月，平卢节度使李师道献沂、密、海三州。

二月，横海节度使程权请举族入朝，准许。

四月，王承宗献德、棣二州。诏复王承宗官爵。

七月，令宣武、魏博、义成、武宁、横海五道兵讨李师道。

十二月，宪宗派中使率众僧迎佛指骨于凤翔法门寺塔。

同月，李愬与李师道军交战十一次，全胜。师道忧悸成疾。

十四年（己亥，819）

正月，韩愈上表极力反对迎佛骨。宪宗大怒，贬韩愈为潮州刺史。

二月，李师道疑部下刘悟有他志，欲杀悟。事泄，刘悟捕斩李师道，淄青事平。

四月，诏命诸道节度、都团练、都防御、经略等使所统支郡兵马，并令刺史统领。

本年，吐蕃攻扰盐州。灵武牙将史奉敬从后路大破吐蕃，盐州解围。

十五年（庚子，820）

正月，宪宗暴崩。

闰正月，宦官梁守谦等共立太子恒为帝，是为穆宗。

同月，穆宗见柳公权字，爱之，以为右拾遗、翰林侍书学士。

五月，以元稹为祠部郎中、知制诰（撰拟诏书）；朝论鄙元稹。

同月，谏议大夫郑覃等向穆宗谏游宴。帝不能用。

唐穆宗睿圣文惠孝皇帝李恒

长庆元年（辛丑，821）

三月，卢龙节度使刘总奏请弃官为僧，遁去，死于定州境内。

四月，翰林学士李德裕（李吉甫子）、元稹与中书舍人李宗闵有隙，二人借贡举不公共倾宗闵。从此德裕、宗闵各分朋党，互相倾轧。达四十年之久。

九月，以钱重物轻，令两税皆输布、丝、丝绵；唯独盐、酒课用钱。

十月，元稹与知枢密魏弘简相结，求为宰相。裴度上表请驱除。元稹虽除翰林，待之如故。

二年（壬寅，822）

正月，魏博节度使田布受中使监军掣肘，出讨幽镇无功，愤而自杀。以魏博先锋兵马使史宪诚为魏博节度使。

三月，昭义军乱。

三年（癸卯，823）

三月，户部侍郎牛僧孺拜相。李德裕以为宰相李逢吉引牛僧孺排斥自己，由此牛、李之怨愈深。

四年（甲辰，824）

正月，穆宗死。太子即位，是为敬宗。

四月，卜者苏玄明与染坊工人张韶相结，煽诱染工一百余人入宫作乱，禁军合击，事平。

唐敬宗睿武昭愍孝皇帝李湛

宝历元年（乙巳，825）

二月，敬宗游幸无常，亲昵群小。浙西观察使李德裕献《丹扆六箴》规劝之。

七月，盐铁使王播进羡余绢一百万匹。

二年（丙午，826）

五月，卢龙（幽州）军乱。

十二月，宦官苏佐明等杀敬宗。宦官王守澄等尽杀刘克明等，拥立江王李涵即位，是为文宗，改名昂。

唐文宗元圣昭献孝皇帝李昂

太和元年（丁未，827）

四月，以太仆卿高瑀为忠武节度使。改变自唐代宗大历以来节度使多出于禁军之惯例。

八月，横海节度副使李同捷不受诏赴任兖海节度使，发七道兵征讨。

二年（戊申，828）

三月，文宗亲策制举人，刘蕡对策，极陈宦官专权之祸。

闰三月，考官惧宦官，不敢取。刘蕡因此不得仕于朝。

九月，因王庭凑助李同捷，削其官爵，命诸军四面进讨。

三年（己酉，829）

四月，李同捷屡败请降，宣慰使柏耆取同捷至京师，途中斩之，据为己功。

六月，魏博军乱，杀史宪诚。拥牙将何进滔知留后。

同月，王庭凑通过邻道微露请服之意；赦免王庭凑及将士，复其官爵。

四年（庚戌，830）

正月，李宗闵引荐牛僧孺为相。二人排斥李德裕之党。

二月，山南西道兵乱，受监军杨叔元指使，杀节度使李绛。

三月，新任山南西道节度使温造杀作乱新军八百余人，流放杨叔元。

十月，以李德裕为西川节度使。蜀人粗安。

五年（辛亥，831）

三月，帝与宰相宋申锡谋诛宦官。谋泄，宦官王守澄等诬告宋申锡谋立漳王。贬漳王为巢县公，宋申锡为开州司马，坐死及流窜者数百人。

九月，吐蕃维州副使悉怛谋率众至成都来降。李德裕派兵据其城，奏欲派生羌攻吐蕃以雪耻。牛僧孺反对。诏以执悉怛谋及其众皆归还。吐蕃尽杀之。德裕更加怨恨牛僧孺。

七年（癸丑，833）

二月，李德裕拜相，文宗与之论朋党事，德裕说："方今朝士三之一为朋党"。德裕因此得以排斥其所不悦者。

同月，杜牧愤河朔三镇之凶暴，而朝廷议者专事姑息，于是作《罪言》；又伤府兵废坏，作《原十六卫》。

八年（甲寅，834）

十月，幽州军乱，驱逐节度使杨志诚，推兵马使史元忠主留务。

同月，李宗闵复相，李德裕罢相。

十一月，李宗闵和李德裕各有朋党，互相挤援。

九年（乙卯，835）

四月，李德裕被排挤，先贬为太子宾客，又贬为袁州长史。

五月，以宦官仇士良为左神策中尉，以分宦官王守澄权。守澄不悦。

六月，郑注诋毁李宗闵于文宗。贬李宗闵为明州刺史。七月，再贬李宗闵为处州长史。

九月，以郑注为凤翔节度使。李训忌郑注，出注至凤翔，欲既诛宦官，并图注。

十月，李训、郑注密奏文宗，请除王守澄。派中使李好古至其第鸩杀之。

十一月，甘露之变。宦官、朝官相仇杀，宦官胜。中尉仇士良杀宰相王涯等朝官。此后宦官权力极大。

开成元年（丙辰，836）

二月，昭义节度使刘从谏上表问王涯等人罪名，声讨仇士良等擅领甲兵诛戮。

二年（丁巳，837）

十月，国子监《石经》成。

三年（戊午，838）

正月，仇士良派盗杀中书侍郎、同平章事李石未遂。李石屡上表辞相位。出为荆南节度使。

九月，义武节度使张璠死，生前告诫其子张元益举族归朝。

十月，以张元益为代州刺史。

本年，吐蕃赞普彝泰死，弟达磨立，荒淫无道，吐蕃势更衰。

四年（己未，839）

三月，裴度死。

十月，起居舍人魏謩谏文宗观看起居注（皇帝言行录）。

十一月，文宗受制于宦官，自比周赧王、汉献帝。

五年（庚申，840）

正月，文宗病危，宦官仇士良等矫诏立颍王李瀍为皇太弟，废太子成美仍为陈王。文宗死，李瀍即位，是为武宗。

十月，回鹘廅驭可汗被攻杀，诸部逃散，从此回鹘不振，黠戛斯（唐初结骨，属突厥）兴起。

唐武宗至道昭肃孝皇帝李瀍

会昌元年（辛酉，841）

六月，武宗崇道教，命道士在三殿建道场，亲授法箓（道教用以“驱鬼召神”或“治病延年”的秘密文书）。

同月，李德裕以私怨罢牛僧孺相位为太子少师。

十二月，派使者慰问回鹘，赈米二万斛。

二年（壬戌，842）

十二月，因争立赞普，吐蕃大乱。

三年（癸亥，843）

六月，仇士良以老病致仕。

同月，吐蕃相论恐热忌鄯州节度使尚婢婢，掀起内战。

九月，吐蕃尚婢婢大破论恐热。

四年（甲子，844）

六月，裁减州县佐官一千二百一十四员。

八月，昭义部将郭谊等杀刘稹投降。昭义乱平。

九月，李德裕借昭义事罗织东都留守牛僧孺、湖州刺史李宗闵罪。三贬之，至十一月，以牛僧孺为循州长史，宗闵长流封州。

五年（乙丑，845）

八月，唐武宗灭佛。诏陈列佛教之弊，宣告中外，毁寺院，令大部分僧尼还俗。

六年（丙寅，846）

武宗死，皇太叔李怡（忱）即位，是为宣宗。

四月，李德裕罢相，渐贬逐其党。

唐宣宗元圣至明成武献文睿智章仁神聪懿道大孝皇帝李忱

大中元年（丁卯，847）

闰三月，唐宣宗兴佛。命武宗会昌五年所废寺院，听僧尼修复。有司不得禁止。

二年（戊辰，848）

正月，回鹘散弱。

三年（己巳，849）

二月，吐蕃秦、原、安乐三州及石门等七关来降。

七月，泾原等诸道兵取三州及七关。

闰十一月，李德裕死，朋党之争渐平。

四年（庚午，850）

九月，吐蕃论恐热击败尚婢婢，大掠河西鄯、廓等八州。

五年（辛未，851）

十月，张义潮略定瓜、伊、西、甘、肃、兰、鄯、河、岷、廓十州，派使者入献图籍。陷于吐蕃河、湟之地尽归于唐。

十一月，在沙州置归义军。以张义潮为节度使、十一州观察使。

六年（壬申，852）

十二月，严禁私度僧、尼。

七年（癸酉，853）

四月，定行刑折杖法。

八年（甲戌，854）

二月，中书门下奏请增补拾遗、补阙之缺员。

十月，宣宗认为甘露之变，宰相王涯、贾𫗧等无罪，下诏皆雪其冤。

同月，宣宗曾与宰相令狐绹谋尽诛宦官。宦官窃见其奏，更恶朝士。

九年（乙亥，855）

闰四月，令各县据人贫富及役轻重作差科簿，每有役事据簿定差。

七月，浙东军乱，逐观察使李讷。

十二月，康季荣前为泾原节度使，擅用官钱二百万缗，事觉，贬季荣为夔州长史。

十年（丙子，856）

三月，下诏安抚回鹘。

五月，以韦澳为京兆尹。韦澳为人公直，豪贵惧之。

十一年（丁丑，857）

四月，岭南溪洞蛮屡次侵扰，派宋涯为安南、邕管宣慰使。

五月，容州军乱，驱逐经略使王球。

十二年（戊寅，858）

七月，宣州军乱，逐观察使郑薰。

八月，河南、北，淮南大水，淹没数万家。

十三年（己卯，859）

八月，宣宗死。宦官王宗实下诏立宣宗长子郓王李温为皇太子，改名漼。不久即位，是为懿宗。

十二月，南诏酋龙自称皇帝，国号大礼，攻陷播州。

唐懿宗昭圣恭惠孝皇帝李漼

咸通元年（庚辰，860）

二月，裘甫大破官军，自称天下都知兵马使，铸印名天平。声震中原。

六月，朝廷以前安南都护王式为浙东观察使，统率忠武等道兵击裘甫。裘甫被擒送京师斩首。浙东平定。

三年（壬午，862）

四月，懿宗崇奉佛，屡幸诸寺，施予无度。

五月，分岭南为两道，广州为东道，邕州为西道；各置节度使。

七月，徐州武宁军乱。

八月，邕州军乱。

四年（癸未，863）

正月，懿宗游宴无节，左拾遗刘蜕上疏谏，不听。

三月，南蛮侵逼邕州。

十二月，南诏侵扰西川。

五年（甲申，864）

正月，西川击败南诏。

三月，岭南西道节度使康承训在邕州损兵八千，杀南诏兵不满三百人，谎奏报大捷，贺。

六年（乙酉，865）

五月，募强弩三万人，在洪州置镇南军。

南诏陷嶲州。

九月，安南都护高骈击败峰州蛮。

七年（丙戌，866）

三月，诏召南诏使至京师。

十月，拓跋怀光在廓州擒斩论恐热。尚延心击败其部众，迁置岭南。吐蕃从此衰绝。

十一月，在安南置静海军，以高骈为节度使。

九年（戊子，868）

七月，戍桂州兵乱。

十月，桂州戍兵攻克宿州，庞勋自称兵马留后，攻入徐州，囚观察使崔彦曾，城中归附者一万余人，表请旌节。

十一月，勋大破泗州救兵。

闰十二月，庞勋全歼围都梁城官军。

十年（己丑，869）

二月，徐州行营都招讨使康承训率诸道兵进讨庞勋。以沙陀骑兵为前锋，屡破庞勋。

四月，庞勋称天册将军。九月，庞勋败死。

十一年（庚寅，870）

二月，南诏围攻成都，值援军大破南诏兵。南诏解围去。

八月，魏博军乱，杀节度使何全皞，推韩君雄为留后。

十二年（辛卯，871）

正月，以魏博留后韩君雄为节度使。

十三年（壬辰，872）

八月，归义节度使张义潮死，曹义金代领军府。以义金为归义节度使。此后回鹘攻陷甘州，其余诸州属于归义的多被羌、胡所据。

十四年（癸巳，873）

三月，懿宗派遣敕使到法门寺迎佛骨，自京师至法门寺300里间，车马昼夜不绝。

四月，佛骨至京师，懿宗降楼膜拜，迎佛骨入禁中。三日，出置安国崇化寺。

七月，懿宗病重，宦官刘行深、韩文约立帝少子普王李俨为皇太子。懿宗死，年四十一岁。皇太子俨继位，是为僖宗。

八月，关东、河南大水。

唐僖宗惠圣恭定孝皇帝李儇

乾符元年（甲午，874）

本年，濮州人王仙芝聚众数千，在长垣起事。

二年（乙未，875）

六月，黄巢聚众数千人响应王仙芝。

七月，蝗虫遮天蔽日，所过一片赤地。

三年（丙申，876）

九月，王仙芝攻陷汝州，执刺史王镣，东都大震。

十二月，王仙芝攻蕲州，王镣为书说蕲州刺史裴偓为仙芝表请官爵。授仙芝为左神策军押牙。仙芝欲降唐，被黄巢所阻。仙芝遂不受命。

四年（丁酉，877）

闰二月，南诏王酋龙死，子法立，派使者至岭南西道请和。诏许之。

同月，王仙芝派尚君长再度请降于唐。

五年（戊戌，878）

二月，招讨使曾元裕在黄梅大破王仙芝，杀五万余人，追斩仙芝，余党散去。

同月，尚让率仙芝余众归黄巢于亳州，推巢为主，号冲天大将军，置官署。巢屡被官军击败。诏以巢为右卫将军，就郓州解甲。巢不至。

三月，黄巢转战南北。

四月，时连年旱灾、蝗灾，耕桑半废，府库虚竭。

六年（己亥，879）

九月，黄巢不受朝廷所授率府率（太子宫武官），攻陷广州。

十月，黄巢在岭南，士率因瘴疫死者十之三四，于是从部下议，从桂州北还。陷潭州，进逼江陵。唐荆南节度使王铎弃城奔襄阳。

广明元年（庚子，880）

五月，黄巢在信州击败张璘，势复振。

七月，黄巢从采石渡长江，高骈命诸将严备。诏河南诸道发兵备黄巢。

十一月，黄巢入汝州。进克东都，留守刘允章率百官迎谒；黄巢入城，坊市安宁。

十二月，黄巢攻克潼关，自率大军直趋长安。田令孜率神策兵五百拥僖宗奔成都。巢入长安。

同月，黄巢即皇帝位，国号大齐。

同月，凤翔节度使郑畋密修守备，训士卒。军势大振。

中和元年（辛丑，881）

三月，黄巢部将朱温率军攻陷邓州，戍守邓州以扼荆、襄。

同月，郑畋大破黄巢军。

四月，黄巢在长安大破官军，军势复振。上黄巢发号为承天应运启圣睿文宣武皇帝。

五月，忠武监军杨复光击败朱温，复取邓州。

十月，凤翔行军司马李昌言逼走凤翔节度使郑畋。

二年（壬寅，882）

正月，以王铎充诸道行营都都统，以攻黄巢。

四月，王铎以诸道兵逼进长安。长安百姓皆避乱深山筑栅自保，义军坐食空城。

九月，黄巢所署同州防御使朱温投降河中节度使王重荣。唐以朱温为同华节度使。

十月，唐以朱温为右金吾大将军、河中行营招讨副使，赐名全忠。

十二月，以李克用为雁门节度使。

三年（癸卯，883）

二月，李克用在梁田陂大破黄巢将尚让。

四月，黄巢与李克用等战于渭南，屡败。黄巢力战不胜，焚宫室东走。

六月，黄巢军屡败，纵兵掠河南、许、邓、孟、郑、汴等数十州。

七月，加朱全忠东北面都招讨使。

同月，诏令李克用为河东节度使。

四年（甲辰，884）

三月，黄巢围陈州近三百天，大小数百战不能克。

四月，黄巢退军故阳里（陈州城北），陈州围始解。

六月，黄巢解陈州围后，屡被李克用击败，东逃至泰山狼虎谷，为其甥林言所杀，黄巢起义至此，十年而灭。

光启元年（乙巳，885）

三月，僖宗还至长安。

十二月，王重荣与李克用合兵，大破朱玫等。李克用进逼京城。田令孜奉僖宗奔凤翔。乱兵所过，焚掠无遗。

二年（丙午，886）

正月，李克用与王重荣表请僖宗还宫，并请诛田令孜。田令孜挟帝赴兴元。

三月，凤翔百官萧遘等请诛田令孜。诏加王重荣应接粮料使。重荣因僖宗未诛田令孜，不奉诏。

四月，邠宁节度使朱玫奉襄王李煴权监军国事。玫自兼左右神策十军使，奉煴回京师。

五月，朱玫自加侍中、诸道盐铁、转运等使；诸藩镇受其命者十之六七。

六月，李克用、王重荣与神策军将杨守亮共讨朱玫。

十月，襄王李煴即皇帝位，遥尊僖宗为太上元皇圣帝。

十二月，朱玫部将王行瑜斩朱玫，襄王奔河中，王重荣杀襄王煴。

三年（丁未，887）

四月，淮南乱。大将毕师铎囚高骈。迎宣州观察使秦彦为帅。

六月，河中牙将常行儒杀节度使王重荣。

同月，以张全义为河南尹。全义招怀流散，劝之耕种，无严刑，无租税，民归之如市。

文德元年（戊申，888）

三月，僖宗死。其弟寿王杰即位，改名敏，后又改名晔，是为昭宗。

四月，朱全忠派军击败李克用。全忠表其将丁会为河阳留后，遂兼有河阳；复以张全义为河南尹。从此全义尽心附全忠。

五月，朱全忠大发兵击秦宗权，大破之于蔡州南，围蔡州。

十二月，蔡州将申丛执秦宗权投降朱全忠，于是朱全忠兼有淮西。

唐昭宗圣穆景文孝皇帝李晔

龙纪元年（己酉，889）

正月，王建大破陈敬瑄将山行章于新繁。

二月，朱全忠送秦宗权至京师斩首。

六月，李克用大破昭义节度使孟方立。众奉其弟孟迁为留后，向朱全忠求援，全忠派将领共守邢州。

同月，以杨行密为宣歙观察使。

大顺元年（庚戌，890）

五月，以宰相张濬为河东行营都招讨制置宣慰使，督诸道兵讨伐李克用。

六月，更命义成军为宣义。以朱全忠为宣武、宣义节度使。

十月，宰相张濬在赵城被李克用击败。

二年（辛亥，891）

正月，朱全忠击魏博罗弘信，五战皆捷，弘信派使者厚币请和。魏博从此服于朱全忠。

八月，王建击败陈敬瑄，境内州县皆被王建所取。建自称西川留后。

十二月，孙儒屡次击败杨行密，行密求救于兵据苏州的钱镠，镠以兵粮助行密。

景福元年（壬子，892）

二月，凤翔节度使李茂贞等五节度使擅自举兵攻兴元（今陕西汉中市）杨守亮。

四月，在杭州置武胜军，以钱镠为防御使。

八月，以杨行密为淮南节度使、同平章事。行密招抚流散，轻徭薄敛，未及数年，淮南公私富庶。

二年（癸丑，893）

二月，李克用围邢州，大破成德节度使王镕。卢龙节度使李匡威救王镕，击败李克用。

四月，朱全忠攻克徐州，时溥举族自焚死。

闰五月，以武胜防御使钱镠为苏杭观察使。

九月，以钱镠为镇海节度使。

同月，派禁军讨伐李茂贞，大败。茂贞等乘胜进逼长安。

十月，以茂贞为凤翔节度使兼山南西道节度使，于是茂贞尽据 15 州之地。

乾宁元年（甲寅，894）

三月，李克用杀李存孝。其另一骁将薛阿檀，密与存孝通，恐事泄，自杀。从此克用兵势渐弱，而朱全忠独盛。

八月，杨复恭、杨守亮将赴河东，被镇国军节度使韩建擒获，送长安斩首。

十二月，李克用大破卢龙节度使李匡筹。克用陷幽州。

二年（乙卯，895）

正月，护国军节度使王重盈死。

五月，王行瑜、韩建、李茂贞率军至长安，杀前宰相韦昭度等及宦官数人。并请授王珙于河中，调王珂于同州。

六月，李克用以讨伐王行瑜等为名，举兵南下。

七月，长安大乱，昭宗出奔南山。李克用奉表问帝起居。昭宗以克用为邠宁四面行营都招讨使。

三年（丙辰，896）

二月，藩镇干预朝政。朱全忠荐举兵部尚书张濬为相。李克用表请发兵击朱全忠，声言："濬朝为相，臣则夕至阙庭。"

五月，钱镠进兵至越州，董昌去帝号，复称节度使。镠兵骗董昌出而斩之。

七月，李茂贞入长安，帝出奔，宫室市肆被茂贞焚烧俱尽。

十月，李茂贞上表请罪，并献助修宫室钱。

四年（丁巳，897）

正月，韩建围行宫，胁迫昭宗令诸王所领军士并纵归田里。殿后四军皆遣散。

同月，立德王祐为皇太子，改名裕。

同月，朱全忠兼并郓州、兖州（今山东济宁市兖州区）。

八月，韩建诬诸王谋反，杀十一王。

九月，李克用军与刘仁恭军战，大败。

同月，削李茂贞官爵。命将讨伐李茂贞。

同月，朱全忠大举进击杨行密；淮南震恐。

十一月，杨行密与朱瑾大破朱全忠军。杨行密从此保据江淮之间，朱全忠不能与之争。

光化元年（戊午，898）

正月，昭宗下诏罪已，恢复李茂贞姓名官爵，罢诸道征讨凤翔之兵。

同月，李茂贞、韩建修复长安宫阙，以奉帝归长安。

三月，朝廷以朱全忠为宣武、宣义、天平三镇节度使。

八月，昭宗至长安。

二年（己未，899）

三月，朱全忠救魏博。刘仁恭接连大败，全忠势益盛。

十一月，朱全忠兼有陕、虢。

十一月，马殷尽据湖南境。

三年（庚申，900）

四月，朱全忠发兵击刘仁恭。

六月，宰相崔胤与昭宗谋去除宦官。流放宦官宋道弼等，皆赐自尽。于是崔胤专制朝政。

七月，李克用派军救刘仁恭，击败朱全忠军。

十一月，宦官左军中尉刘季述率禁兵入宫，囚禁昭宗，矫诏令太子继位，以昭宗为太上皇。

天复元年（辛酉，901）

正月，杀刘季述等，迎昭宗复位，废太子为德王。封朱全忠为东平王。

二月，朱全忠既征服河北，又取河中。护国军节度使王珂投降。

三月，朱全忠以六路大军攻李克用，接连攻下沁、泽、潞、辽等州。

同月，朱全忠军进抵晋阳城下。

闰六月，崔胤请昭宗尽诛宦官，谋泄，胤写信给朱全忠，称受密诏，令全忠率军迎帝至东都。

十一月，宦官韩全诲逼昭宗出奔凤翔。

二年（壬戌，902）

五月，封钱镠为越王。

八月，王建派将领攻李茂贞山南西道，拔兴元。

十二月，李茂贞写信给朱全忠请和，许之。

三年（癸亥，903）

正月，李茂贞与朱全忠和解。

同月，朱全忠拥帝还长安，宦官所领左、右神策所统内外八镇兵皆归属六军（左右神策、左右龙武、左右羽林）。

八月，王建进爵蜀王。

十二月，崔胤借朱全忠兵力以诛宦官。全忠击败李茂贞，吞并关中，威震天下，遂有篡夺之志。

天祐元年（甲子，904）

正月，朱全忠称李茂贞等兵逼京畿，奉表迫帝迁都洛阳。

三月，昭宗派使者密诏告急于王建、杨行密、李克用等以图匡复。

八月，朱全忠弑昭宗，立辉王李祚为皇太子，改名柷，是为哀帝。

昭宣光烈孝皇帝李柷

天祐二年（乙丑，905）

二月，朱全忠杀德王裕等昭宗九子。

六月，朱全忠聚集被贬朝士30余人于白马驿，皆杀之。

十一月，吴王杨行密死，子杨渥为淮南节度使。

三年（丙寅，906）

正月，魏博牙军父子相继，势固骄横，天雄节度使罗绍威恶之不能制，借朱全忠军诛牙军。

十月，刘仁恭求救于李克用。李克用攻潞州以牵制朱全忠。

闰十二月，朱全忠得知潞州失引军还。

后梁太祖神武元圣孝皇帝朱温

开平元年（丁卯，907）

四月，梁王朱全忠逼哀帝禅让，自即皇帝位，是为梁太祖。国号大梁，改名晃。唐朝灭亡。

五月，契丹主耶律阿保机率三十万人侵云州，河东节度使李克用与之和，约共击梁。

九月，以吴王钱镠为吴越王，以高季昌为荆南节度使。

同月，王建即皇帝位，国号大蜀，史称前蜀。

二年（戊辰，908）

正月，河东节度使李克用死，立其子李存勖为嗣。

五月，晋王李存勖趋上党。大破梁军。晋王归晋阳，休兵行赏；举贤才，宽租赋；抚孤穷。禁奸盗，因此境内大治。

同月，蜀王建会李茂贞，并结李存勖合攻梁雍州大安府（长安）。军败。

十月，温韬暴掠雍州，挖掘唐帝诸陵。

三年（己巳，909）

正月，后梁迁都洛阳。

三月，以韩逊为颍川王。

四月，后梁封王审知为闽王，刘隐为南平王。

七月，以刘守光为燕王。

八月，江西之地尽归杨隆演。

四年（庚午，910）

正月，卢龙节度使刘守光久围沧州。刘廷祚力尽出降。

二月，高澧奔吴。至三月，吴越王钱镠以钱镖为湖州刺史。

六月，加楚王马殷天策上将军。殷置左右相。

八月，吴越王钱镠筑捍海石塘，拓广杭州城，从此钱塘富庶。

十二月，颁布《梁律令格式》。

乾化元年（辛未，911）

正月，晋军在高邑大破梁军。

八月，刘守光即皇帝位，国号大燕。

二年（壬申，912）

三月，义昌军将张万进杀节度使刘继威（刘守光子），自为留后。改义昌军为顺化军，以张万进为节度使。

五月，晋将周德威大破燕军。

六月，朱晃病重，召假子友文欲托付后事。次子友珪杀父朱晃。并矫诏杀友文。朱友珪于是发丧即皇帝位。

后梁均王朱瑱

三年（癸酉，913）

二月，后梁均王朱友贞（朱晃第三子）结禁军杀朱友珪，在开封即帝位，是为梁末帝。

三月，朱友贞改名锽，后又改名瑱。

十一月，晋王李存勖攻克幽州，燕亡。

四年（甲戌，914）

十二月，蜀大破南诏于大渡河。

贞明元年（乙亥，915）

正月，蜀斩三蛮王于成都，从此南诏不复犯边。

六月，晋王李存勖入魏县兼领天雄军节度使，又袭取德州；至七月，陷澶州。

九月，晋先后攻取梁相州、邢州、沧州、贝州，于是河北全境几皆入于晋。

本年，契丹王耶律阿保机称皇帝，是为太祖。

三年（丁丑，917）

十月，后梁加吴越王钱镠天下兵马元帅。

四年（戊寅，918）

正月，蜀复改国号“汉”为“蜀”。

六月，蜀高祖王建死，太子王衍即皇帝位，是为后主。

七月，徐温以徐知诰执吴政。从此江淮间旷土尽辟，桑拓满野，国致富强。

十一月，越主刘岩改国号曰汉，史称南汉。

十二月，后梁军与晋军在濮州大战，晋丧大将周德威，梁军大败。

五年（己卯，919）

四月，后梁命吴越王钱镠大举伐吴。吴越将钱传瓘在狼山江大破吴将彭彦章。

七月，吴大丞相徐温率诸将在吴锡大破吴越将钱传瓘。

八月，吴徐温与吴越王钱镠和好。

六年（庚辰，920）

四月，后梁河中节度使冀王朱友谦归于晋。

九月，后梁攻朱友谦，围同州，友谦求救于晋，晋王派军救之。至此大破梁军，斩获甚众。

龙德元年（辛巳，921）

十月，晋王在德胜大破梁军。

十二月，契丹大举南侵。

二年（壬午，922）

正月，晋王李存勖率军大破契丹。

后唐庄宗光圣神闵孝皇帝李存勖

同光元年（癸未，923）

四月，晋王李存勖在魏州即皇帝位，是为庄宗。国号大唐，史称后唐。以魏州为兴唐府，建东京；在太原府建西京；以镇州为真定府，建北都。

十月，后唐兵入大梁，梁亡。

十二月，后唐庄宗迁都洛阳。

二年（甲申，924）

正月，岐王李茂贞派子至唐入贡，上表称臣。

同月，后唐复用宦官监军，藩镇皆愤怒。

八月，以租庸副使孔谦为租庸使。谦重敛急征以充帝欲，民不聊生。

三年（乙酉，925）

正月，契丹攻幽州。

六月，后唐庄宗命建楼以避暑，每天役使万人。

九月，后唐庄宗以皇子魏王李继岌为伐蜀都统，枢密使郭崇韬为副，发兵六万攻蜀。

十一月，蜀主王衍投降唐。从出师至克蜀，共七十天，得节度十，州六十四，县二百四十九。

闰十二月，因宦官进谗言，唐庄宗疑郭崇韬有异志，皇后刘氏密令魏王继岌，使杀郭崇韬。

后唐明宗圣德和武钦孝皇帝李亶

天成元年（丙戌，926）

二月，魏博军乱杀指挥使杨仁晸，拥将赵在礼为帅。

同月，李绍琛反唐，自称西川节度等使，图进成都。

三月，李嗣源入汴州。

四月，庄宗死于乱兵。李嗣源入东都洛阳，即帝位，是为明宗，改名亶。

六月，明宗命收斩禁军作乱者三千家。

九月，阿保机次子耶律德光即位，是为太宗。

二年（丁亥，927）

二月，保义节度使石敬瑭，受诏兼六军诸卫副使。

六月，后唐军击败高季兴，复取夔州。

八月，后唐册礼使至长沙，楚王马殷建国。立宫殿，置百官。

三年（戊子，928）

三月，西川节度使孟知祥与东川节度使董璋争盐利，知祥收重税，商旅不再往东川。

同月，楚王马殷大破荆南高季兴。

七月，准许民间造曲酿酒。

十二月，闽王王延钧度民二万多为僧。

四年（己丑，929）

四月，楚铸锡钱，百值铜钱一，流入内地。唐重申禁铁锡钱。

长兴元年（庚寅，930）

正月，西川节度使孟知祥派使者入梓州与东川节度使董璋图并力拒朝廷。

三月，荆南高从诲派使者奉表告绝于吴。吴击之不克。

五月，孟知祥屡上表请割云安等十三盐监隶于西川，准允。

六月，后唐命防御、团练使，刺史、行军司马、节度副使，自今以后皆由朝廷任命，诸道不得奏荐。

八月，以前忠武节度使张延朗为三司使（盐铁、户部、度支为三司，为最高财政长官），三司使之名自此始。

九月，董璋、孟知祥举兵反。命石敬瑭率军伐蜀。

二年（辛卯，931）

二月，后唐将石敬瑭因粮运不继，烧营北还。

同月，孟知祥派军略地，攻陷忠州，至三月又攻陷万州、夔州等。

十二月，后唐听任百姓自铸农具并杂铁器。

三年（壬辰，932）

三月，吴越王钱镠死，子钱传瓘立，去国仪。废除民田荒绝者租税。

十一月，以石敬瑭为北京（庄宗同光年初，以镇州为北都，太原为西京；后废北都复为镇州，以太原为北京）、河东节度使，兼大同、振武、彰国、威塞等军蕃汉马步总管。

四年（癸巳，933）

正月，闽王王延钧即皇帝位，国号大闽，改名璘，是为惠宗。

二月，以孟知祥为东西川节度使、蜀王。

十一月，明宗病重，秦王李从荣入宫侍疾反叛被杀。不久明宗死。

十二月，宋王李从厚即皇帝位，是为后唐闵帝。

后唐潞王李从珂

清泰元年（甲午，934）

闰正月，蜀王孟知祥在成都称帝，是为后蜀高祖。

二月，后唐调凤翔节度使潞王李从珂为河东节度使。从珂拒命起兵。

四月，潞王李从珂至洛阳，即皇帝位，是为废帝，缢杀闵帝于魏州。

七月，后蜀主孟知祥死，太子仁赞即皇帝位，改名昶，最为后主。

二年（乙未，935）

五月，契丹攻扰新州、振武。

六月，石敬瑭以防备契丹为名，求增兵运粮。

十月，福王王继鹏杀闽主王廷钧即皇帝位，改名昶，是为康宗。派使者奉表于后唐。

后晋高祖圣文章武明德孝皇帝石敬瑭

天福元年（丙申，936）

五月，迁石敬瑭为天平节度使，敬瑭拒命。遣张敬达等征讨。

七月，石敬瑭求救于契丹，称臣，以父礼事之，并割让卢龙一道及雁门关以北诸州。契丹主同意至仲秋倾国赴援。

九月，契丹主耶律德光率五万骑兵在晋阳城外大破唐军。

十一月，契丹主耶律德光册封石敬瑭为大晋皇帝，是为后晋高祖。晋割幽云等十六州与契丹，每年贡帛三十万匹。

闰十一月，契丹主耶律德光与石敬瑭率军南下，赵德钧父子迎降，系往契丹。后唐废帝自焚。敬瑭入洛阳，后唐灭亡。

二年（丁酉，937）

正月，契丹以幽州为南京。

同月，后晋帝以桑维翰兼枢密使。数年间，中原稍安。

二月，大同节度判官吴峦闭城拒命。应州马军都指挥使郭崇威也耻臣于契丹，挺身南归。

三月，后晋迁都汴州。

十月，吴齐王徐知诰在金陵称帝，国号唐，是为南唐烈祖。

三年（戊戌，938）

三月，后晋禁民造铜器。

八月，后晋石敬瑭称耶律德光为父皇帝，契丹主止晋帝称臣，令称“儿皇帝”。

十一月，听任公私自铸“天福元宝”铜钱。

四年（己亥，939）

正月，党项等攻掠朔方，节度使冯晖到任，厚遇其首领拓跋彦超，境内遂安。

四月，后晋废除枢密院。

同月，闽主王昶无道，造三清殿于禁中，用黄金数千斤铸宝皇大帝等像。政无大小，皆由巫者传达宝皇的命令裁决。

七月，后晋颁行新定编敕。

五年（庚子，940）

二月，闽主王曦与其弟建州刺史王延政不和相攻。

五月，安远节度使李金全叛后晋，归于南唐，后晋派军征讨。

六年（辛丑，941）

六月，成德节度使安重荣耻臣于契丹，上表斥晋帝以父事契丹，言必与契丹决战。

同月，闽主王曦颁布卖官政策。

八月，吴越王钱元瓘死。九月，子钱弘佐即王位。弘佐躬勤政务，命免除境内三年租税。

七年（壬寅，942）

六月，后晋高祖石敬瑭死。其兄子齐王石重贵立，是为出帝。

七月，循州博罗县吏张遇贤称中天八国王，置百官。击败南汉军，番禺以东州县多被攻陷。

八月，南唐主兴利除害，变更旧法，删定为《升元条》三十卷，颁行。

十一月，食盐复为官卖。

后晋齐王石重贵

八年（癸卯，943）

二月，闽富沙王王延政在建州称帝，国号大殷。

九月，后晋与契丹构隙。

十二月，契丹南扰，后晋筑边城，征兵防备契丹。

本年，水旱蝗灾严重。民死数十万，流亡的人不可胜数。

开运元年（甲辰，944）

正月，契丹攻后晋，陷贝州，攻太原。后晋派河东节度使刘知远等率军抵御。

三月，契丹北归，所过焚掠。

同月，闽将朱文进杀景宗王曦自立，向后晋称藩。殷主王延政攻之不克。

六月，黄河在滑州决口，淹汴、曹、单、濮、郓五州。

八月，以河东节度使刘知远为北面行营都统，以抵御契丹。

二年（乙巳，945）

正月，契丹攻邢、洺、磁三州、杀掠将尽，入邺都境。晋将力战却之。后晋出帝征诸道兵，下诏亲征。

二月，后晋军连克泰州、满城、遂城。又接连击败契丹。

三月，闽将李仁达等据福州，奉僧卓岩明为帝。闽主王延政讨之。

八月，南唐攻克建州，闽主王延政降。

十一月，派使者册封王武为高丽王，使攻契丹。

三年（丙午，946）

七月，黄河在杨刘决口，从朝城北流。

九月，契丹侵扰河东、定州，被刘知远等击败。

十月，后晋派天雄节度使杜威等大举进攻契丹。

十一月，后晋杜威等被契丹击败。契丹大举入侵。

十二月，杜威等投降契丹，契丹主派降将张彦泽先取大梁，后晋出帝石重贵投降，后晋灭亡。

后汉高祖睿文圣武昭肃孝皇帝刘暠（本名知远）

天福十二年（丁未，947）

正月，契丹主耶律德光入大梁，废晋帝为负义侯，置于黄龙府；废东京，降开封府为汴州。后晋藩镇争上表称臣，唯彰义节度使史匡威据泾州拒命，雄武节度使何重建斩契丹使者，以秦、阶、成三州降蜀。

二月，契丹主耶律德光服汉衣冠，受百官朝贺，称制大辽会同十年。

同月，后晋河东节度使刘知远在晋阳称帝，称天福十二年。令诸道诛契丹人。

同月，各地纷起攻契丹，攻陷宋、亳、密三州。

三月，耶律德光北归，后晋百官数千人相随。复以汴州为宣武军，以萧翰（述律太后兄子）为节度使。

四月，耶律德光病死于杀胡林。

五月，契丹永康王耶律兀欲即皇帝位，北归。

同月，刘知远派史弘肇等收复泽州等地，契丹在河南者相继北去。

六月，刘知远入汴州，复以汴州为东京，改国号为汉，仍称天福年，是为后汉高祖。

同月，契丹耶律兀欲自称天授皇帝，是为辽世宗。

乾祐元年（戊申，948）

正月，后汉帝刘知远改名暠，不久，病死。

二月，皇子刘承祐即皇帝位，是为后汉隐帝。

三月，契丹弃定州城北去，原义武节度使孙方简据之，后汉复其官职。于是晋末陷于契丹的土地皆复归于汉。

同月，三镇拒命。赵思绾据长安、李守贞据河中、王景崇据凤翔反。汉派军征讨李守贞等。

八月，后汉以郭威统率征讨三镇军队。郭威采纳冯道之策，以官物厚赐士卒，从此众心归附。

十一月，李守贞求救于南唐。南唐救守贞，败还。

后汉隐皇帝刘承祐

二年（己酉，949）

五月，赵思绾喜好食人肝，吞人胆。以妇女、儿童为军粮。计穷出降。至七月被郭威所斩。

七月，李守贞自焚。

十月，吴越募民垦荒地，不收税。

同月，契丹攻扰河北，后汉派枢密使郭威督诸将抵御。

十一月，王景崇自焚死。河中、长安、凤翔三镇全部平定。

三年（庚戌，950）

六月，黄河在郑州决口。

十一月，马希萼倾境内军攻长沙，自称顺天王。

同月，后汉隐帝派人持密诏赴邺都杀郭威。郭威率军赴东京，隐帝亲出抵御，被乱兵所杀。郭威入东京，立高祖侄武宁节度使刘赟为皇帝。

十二月，郭威至澶州，军变，拥威为皇帝。返回东京，废刘赟为湘阴公。

后周太祖圣神恭肃文孝皇帝郭威

广顺元年（辛亥，951）

正月，郭威即皇帝位，国号周，是为后周太祖。

同月，后周太祖革除旧弊。犯盗窃及奸者，依后晋天福元年以前刑法论处，罪人非反逆，不得诛及亲族，没收家产。

同月，郭威杀湘阴公刘赟。后汉高祖刘知远弟刘崇在晋阳称帝，是为北汉世祖。

同月，后周太祖郭威下诏罢免四方贡献珍美食物。

二月，后周太祖悉毁后汉宫中珍宝玉器，令今后凡珍华悦目之品，不得入宫。

三月，后周颁布律令，沿淮军镇，各守疆域，不得纵兵民擅入南唐境；商旅往来不得禁止。

九月，契丹主耶律兀欲被杀，诸部奉耶律德光子述律为帝，述律改名明，是为穆宗。

十月，南唐灭楚。

十二月，后周大破契丹、北汉军。

二年（壬子，952）

二月，南唐主好文学，开进士科，及第者三人。不久又罢贡举。

五月，后周太祖郭威亲征慕容彦超，拔兖州，慕容彦超赴井死。

六月，后蜀大水。

十月，南楚将刘言等击败南唐武安节度使边镐，收复湖南，唯有郴、连两州落入南汉。

同月，契丹发大水，流民数十万人散居河北，诏赈济之。

十一月，后周改前朝不准百姓私自买卖牛皮的禁令，计田十顷，税取一皮，其余听任百姓自用及买卖，唯禁止卖给敌国。

三年（癸丑，953）

五月，蜀相毋昭裔出私财百万营建学馆，且刻板印《九经》，从此蜀中文学复盛。

六月，《九经》版成。

七月，南唐大旱，饥民多渡淮北上。

九月，东自青州、徐州，西至丹州大水灾。

显德元年（甲寅，954）

正月，后周太祖郭威死，养子晋王郭荣（柴荣）即皇帝位，是为世宗，太祖先前屡戒郭荣要薄葬。

三月，后周与北汉战于高平。后周世宗自率亲兵督战，宿卫将赵匡胤身先士卒。北汉军大败，北汉主逃归晋阳。后周世宗以赵匡胤为殿前都虞候。

四月，后周太师、中书令冯道死。

十月，后周世宗招募天下壮士，命赵匡胤选拔武艺超绝者为殿前诸班，其骑步诸军，各命将帅选拔。从此士卒精强，所向无敌。

十一月，后周世宗派李谷堵塞黄河连年自杨刘至博州等处决口，役使六万人，三十日完工。

本年，湖南大饥荒，百姓食草木实。

后周世宗睿武孝文皇帝柴荣

二年（乙卯，955）

正月，自后晋、后汉以来，漕运不给斗耗，纲吏多因亏欠抵死。诏令每斛给耗一斗。

同月，诏令疏通深、冀间胡卢河，在河旁李晏口筑城，派军戍守。

四月，后周世宗令群臣议致治之策。比部郎中王朴认为须取得民心。世宗欣然采纳。

五月，后周世宗谋取秦州、凤州，派将攻蜀。

同月，后周下诏拆废佛寺。禁止私度僧尼，只有两京（开封、洛阳）、大名府、京兆府、青州听任设立戒坛（僧尼受戒之所）。

九月，后周世宗敕立监采铜铸钱，民间铜器、佛像五十日内皆输官给值；过期不输，隐匿五斤以上处死。

十一月，后周世宗派李谷等督十二将征伐南唐。

十二月，后周军在寿州城下击败南唐军。后周世宗令吴越王弘俶出兵击南唐。

三年（丙辰，956）

正月，后周世宗亲征南唐。其将李重进大破南唐。赵匡胤击败南唐水军。

二月，后周世宗命赵匡胤攻克滁州。周军攻扬州，南唐奉表称臣并进贡，后周不许，攻克扬州。

三月，南唐又派使者奉表向后周请和，贡奉甚丰。后周世宗因淮南地半数已为周所有，欲尽得江北之地，不许。

四月，南唐军二万渡江攻六合，赵匡胤军不满二千，奋击大破南唐军。南唐精兵丧失殆尽。

后周军所至劫掠，南唐百姓相聚山泽，积纸为甲，被称为“白甲军”。后周军屡被白甲军击败。前所得南唐诸州，多复为南唐所有。

十月，后周以赵匡胤为定国节度使兼殿前都指挥使。

四年（丁巳，957）

正月，周军久围寿州。击败南唐援军。后周世宗亲攻寿州。

三月，南唐清淮节度使寿州守将刘仁赡病重，监军使等开城投降。改清淮军为忠正军，以表彰仁赡之气节。

四月，诏令疏通汴水北入五丈河，从此齐鲁舟船皆可达大梁。

五月，诏令定《刑统》一书。

五年（戊午，958）

正月，后周世宗欲引战舰自淮河入长江，在北神堰受阻，凿鹳水以通其道。十天凿通。巨舰数百艘皆入长江，南唐大惊。

三月，后周世宗屡破南唐军。南唐派使者上表请和，请献江北四州，每年输贡物数十万，周帝准允。于是江北平定，周得州十四，县六十。

五月，南唐主避后周讳，改名景。去帝号，称国主，去年号，用周正朔。

十月，后周世宗派使者三十四人分行诸州，均定田租。诏诸州并乡村，以百户为团，每团置耆长三人。

六年（己未，959）

四月，后周世宗亲征契丹。以韩通为陆路都部署、赵匡胤为水路都部署。攻取益津关、瓦桥关、莫州。

五月，后周世宗攻取契丹瀛州。议取幽州，因帝病班师。

六月，以赵匡胤兼殿前都点检。

同月，后周世宗死。子宗训即皇帝位，年七岁，是为恭帝。

七月，南唐铸当十大钱“永通泉货”，又铸当二钱“唐国通宝”，与开元钱并行。